Originally published in France as:

Histoire secrète du sport by François Thomazeau

© La Découverte, 2019

CURRENT CHINESE TRANSLATION RIGHTS ARRANGED THROUGH DIVAS

INTERNATIONAL,

PARIS 巴黎迪法国际

发展脉络能在一定程度上代表体育政治的沿革。此前国际足联是英伦一派掌权，但1974年巴西人阿维兰热击败英国人斯坦利·劳斯，标志着拉丁系的崛起。拉丁系长袖善舞，纵横捭阖，后来又控制了国际奥委会和国际田联等机构。1998年，阿维兰热离任后传承给布拉特，那年主席大选时，我正在法国报道世界杯，当时也听说了一些传闻。但直到看了这本书才知道，布拉特是如何通过"非常手段"上位的。

此后，我对于足球与体坛政治有了浓厚的兴趣。除了球员、教练、球队，我也会关注体育领域的政治家。当然，平时球迷不会关心，我也没有兴趣写太多，只有到了足球界与体坛有极重要事件时，"足球政治"才会站上前台，例如俄罗斯和卡塔尔如何拿到世界杯主办权、国际足联的主席们如何被一锅端。

如果不了解体育中关系复杂的政治，不能真正参透体育世界背后的内幕，对于一些足球事件的了解就会流于肤浅，对国际体坛的态度亦如是。例如2002年世界杯的争议事件，一般人只会谴责东道主，但这么大的运作，仅靠东道主的力量是远远不够的。这事件牵涉到国际足联两大派别的凶猛内斗，世界杯之前，国际足联秘书长鲁菲宁联合欧足联主席约翰松、郑梦准等人，联手想把布拉特赶下国际足联主席宝座。虽然这次"宫廷政变"流产，但站在布拉特一方的国家遭了殃，在世界杯上被布拉特的"对头"们联手整惨了……

这本书也有关于中国体育的段落。经历了长期被遗忘的状态之后，中国体育终于在20世纪80年代起实现飞跃，但中国运动员在国际体坛的待遇绝非一帆风顺，遭人冷眼、质疑也绝非罕见。原因何在？无非就是当代国际体坛背后各种形态、力量的掺杂与作祟。这样的故事在足球和体育历史上从不鲜见。

　　再以足球项目为例，中国足球在国际体育舞台上历来只是旁观者、受气包，但随着中国在世界的角色越发重要，中国足球也渐渐成为主角。例如，布拉特原来希望 2022 年世界杯在中国进行，但由于某些原因未能成功，故而只能倾向于第二选择美国。结果普拉蒂尼入局帮助卡塔尔拿到世界杯主办权，引发美国怒火，并导致布拉特和普拉蒂尼双双落败。倘若没有疫情，中国原本将在 2021 年举办首届世俱杯，虽然现在无法确知新日期，但中国肯定已经在考虑申办世界杯了，下一个比较现实的年份是 2034 年。

　　移动互联网时代，信息极度过剩，且快餐过多。如果想真正洞悉体育世界、了解国际体坛背后的风云变幻、真正读懂体育，历史书应是不二之选。我相信，愿意深研这本书的读者，可能将不仅仅作为一个普通体育迷而存在，他还将扮演体育研究者的角色，甚至有可能成为中国体育事业的参与者甚至操盘者，希望这本书能对您的成长道路有所助力。

骆　明

《体坛周报》总编辑

金球奖中国唯一评委

序
何为"体育"？

    诚然，在现代体育诞生之前，体育运动已有多种形式，古代运动会、古代网球、各种竞赛、马术表演、马上比武、剑术……，但它们并不能被严格冠以"体育"之名。在参与者心中，这些项目更多象征着娱乐、仪式或艺术。随着时间的推移，当贵族们驱赶自己的赛马、让仆人之间进行一对一的生死相搏时，这也难以称为体育，其本质是金钱的游戏。相互之间的争夺并不是为了占据天时地利、打破纪录或强健体魄，而是为了与其他贵族进行赌博，运动本身的激情被这种功利性的目的所取代。

    正如我们在本书中揭到的那样，体育是一种诞生于19世纪中叶、前所未有的社会现象。它聚焦于与身体有关的活动，并以个人、集体参与的形式在全球范围内得到广泛传播。曾经形式各异的游戏因体育而变得规范化、在规则上趋向统一，比赛与竞争得到空前的鼓励与提倡。最初，体育运动或文化追求改善年轻人的身体状态以便于更好备战。它很快被纯粹、毫无功利性的竞技项目所替代，跑步、网球、足球……，这些项目受到令人难以置信的欢迎，其中最具天赋的参与者将成为全球范围内的明星人物。

一些英国著名学校成了现代体育的重要发源地。体育运动在兴起之初显得保守而带有理想主义色彩，但经历了诸多变革后发展到今天，拥有了数十亿追随者。如今的体育早已成为一项成熟的产业，2018 年全年就产生了大约 8500 亿美元的价值。除宗教外，没有任何一项人类活动可以在从无到有的过程中经历如此迅猛与狂热的发展速度——体育着实掀起了一股热潮。在现代体育一个世纪沧海桑田的发展过程中，流行音乐风靡于年轻人之中并大获成功，成为少数类似体育运动蓬勃发展的现象之一。相比音乐的历史，"摇滚"的概念与衍生物简直不值一提，但它确实成了人们性情中最纯粹情感的极佳表达方式。体育运动亦如是。

以足球为例，这一风靡世界的项目可以称为严格意义上的"体育"出现的最显著例子。现代足球最初发轫于乡间的游戏，此后转变为节日期间特定条件下的比赛，被赋予了仪式感。足球运动在英国公立学校中得到快速发展，成为学生体育文化中新的愉悦身心之选。现代足球发展伊始，各个学校内部的规则不尽相同，使比赛规则制度化、统一化成了大势所趋。在规则得到完善之后，最初的现代足球逐步演变为标准橄榄球、13 人制橄榄球和如今我们所看到的足球运动。1863 年，英格兰足球总会在工人阶级的大力支持下宣告成立。如今的足球运动在那时并不起眼，但历经百余年的发展已成为全球范围内拥有 3 亿从业者（其中 4000 万持有各类证件）与超过 11 万名职业球员、估值 4000 亿欧元的全球第一运动。

诚然，业界对"体育"的定义因时间与实践的变化不断推陈出新。随着今日电子竞技的出现与发展，这个问题再次被推向前台：如果将电竞归入体育行列，是否意味着它符合一个半世纪以来体育在实践中约定俗成的规范？欧洲委员会2001年曾给出这样的诠释："'体育'是指所有形式、标准与身体有关的活动或竞赛，目的是体现或改善身体与精神状态、发展社会关系、取得竞争成果。"

时至今日，体育史学家依然分为不同的两派：一部分将"体育"的概念归结为古代与中世纪的游戏与运动；另一部分认为"体育"是大致起源于英国工业革命的一种令人耳目一新的社会现象。我们毫无疑问属于第二个阵营，意图努力尝试翻开历史画卷，解读这种现象的前因后果和不为人知的秘密。

目 录

第二部分　宣传时代（1936～1972）

第三部分　体育事业的胜利（1972～1998）

第四部分　变革时期（1998～2018）

导　论
揭开体育的神秘面纱

　　全球最具影响力的体育日报《队报》[①] 有一句经典广告语："团队成就体育传奇。"（法语中"团队"与《队报》均为 l'Équipe）这句巧妙的一语双关凸显了体育之于媒体的价值。这里对"传奇色彩"的强调并非对《队报》夸大其词的批评。体育与报纸行业拥有相似的起源，它们并行发展、相互依托，有些如今影响力巨大的赛事正是出自媒体人的精心设计（如《队报》发起欧洲冠军杯）。两者的关系有时会比实际报道的要更为密切，这其中也有历史原因的作用。体育发展的历史常常伴随着传说与神话故事的流行，这几乎成了现代体育保持自身地位、丰富内涵的原因之一——它汇聚了英雄主义、传奇色彩，交织着不断产生的种种独特与真实的壮举。

　　在讲故事成为一种时尚之前，体育就早已经以故事的形式在各种报纸的最后几页进行讲述、说明与加工。报纸对体育的描写与流行戏剧及其人物有异曲同工之妙：有高低优劣、有胜

---

① 《队报》（l'Équipe）创立于 1900 年的法国，前身为《汽车与自行车报》，是全球范围内最权威的体育日报之一，曾发起欧洲足球冠军联赛、环法自行车赛等诸多世界知名赛事。

负成败，也有英雄与凡人。体育与媒体的结合因此得以大获成功，它完全超越了冷冰冰的结果本身。

得到普及之后，体育并没有脱离与媒体的密切关系。媒体在之后对体育运动进行了深入开发，使之走上荧屏并逐步促成了支付转播权费用的产生。这些媒体成为体育运动的主要收入来源，这样的大背景注定了两者难以分割。如何批评或质疑这一受到巨额资助、种类多样、丰富大众生活的现象？为了招揽受众、卖出报纸与取得广告收入，我们又怎么可能避免倾向于适当地夸张、加工，使其趋于理想化呢？

考虑到上述情况，人们在记录体育运动时不必拘泥于对信息严格的还原，而是更应接近于宣传的形式——甚至一如某些文化新闻在最极端情况下的宣传。整个 20 世纪，体育也成了民族主义乃至沙文主义的主要载体。在国与国之间较量时，体育运动是唯一需要演奏国歌的场合，这也有利于体育评论员秉持冷静与公正的职业态度。体育史缘何经常以党派、爱国主义、无条件与激情四溢的方式被讲述，原因大致在此。

在本书解析与体育有关的"秘史"时，我们试图超越灯火通明的体育场与闪烁的奖牌范畴，摒弃对体育运动神话般的陈词滥调，并暂时放下对运动员的赞颂与钦佩——无论他们多么富有传奇色彩。我们将深入更衣室与各种协会的办公室内部，细致挖掘体育运动的前世今生。一个行业的建立并不能等同于其本质也浮出水面，即使它能在每年创造数千亿美元的价值。

我们讲述的体育秘史不只着眼于耀眼的纪录、辉煌的成就、独特的个性抑或种种现象，而是意在提醒各位读者：体育

（尤其是高水平体育）首先是一个有着巨额收入的庞大产业，具有最顶尖水平的参与者获得全世界都艳羡的薪水。本书从另一个角度展示了世界体育史的发展进程，我们的目的是解析体育产业的架构、资金状况，并探究一名运动员、一位冠军以及一个传奇与神话是如何炼成的；同时像针对镜光灯下的赛场明星一般将焦点对准更衣室内部，聚焦那些默默从事体育运动却看似毫不起眼的人群。我们无意对体育行业的某些部分进行谴责或揭短，而是要分析：体育行业在建立之初拥有的超越自我、团结协作的理念是如何被一步步误导，成为今天大众眼中的"借口"乃至股市层面的价值观呢？

如果对体育运动的理解局限于照片中展现的英雄主义与传奇色彩，将目光停留于表面，我们就很难挖掘其内在的本质，忽视背后某些并不光彩的事件：毫无人性的牺牲、为了胜利与获得冠军施展的阴谋诡计和使用的违禁药物。人们有时会忽视那些体育英雄的阴暗面乃至悲剧，纵使他们万众簇拥、粉丝无数。例如我们忘记了马拉多纳的缺陷与犯下的错误、拳王阿里所遭受的种族歧视——尽管这无法抹去他们在赛场上的骄人成绩以及无数被伤病所累、默默无闻的运动员的焦虑与痛苦。

我们对体育界暗箱操作、密谋贪污、频繁欺骗所"成就"的一项项纪录和重大赛事的举办深感不齿。这一切让我们最终明白了体育并非业界所宣传的那样"传奇"，是纯洁与公平的避风港；相反，体育运动有时恰恰真实反映了不公与存在缺陷的一面，甚至成为这些消极因素的宣传者。

就定义而言，体育象征着整个世界对理想的追求，其中竞争既是手段，也是目的。现代体育与第二次工业革命同时出现在19世纪下半叶，它们均取得飞速发展，成为第一批大众化的社会文化图景之一，这绝非单纯的巧合。从那时起，体育开始对其推动者、宣传者实施反作用：在潜移默化中促成价值观的演变。最初的体育是业余主义的避难所，这种业余主义试图反对19世纪英国工业社会的传统价值观；此后在意识形态战争最激烈之时，体育成为政治宣传的一种工具，并在20世纪末成为重商主义者借以发声的手段。步入日新月异的21世纪，体育的受欢迎程度依然在全世界范围内大幅度增长，这具有重大意义。

体育世界提倡公平公正环境下的努力、证明一切皆有可能，并非事先被看好的一方总是最终的赢家。胜利与失败之间只有"是否配得上"的争议，成王败寇是体育主旋律之一，褒奖极少数胜利者、忽略大多数失败者反映出它某种程度上充当了不平等世界观的载体。

在过去的20年间，体育首先揭示了一种制度的崩溃。这种制度介于体育的原则与实践、参与者所谓的自愿地位与产生的可观收入、不同项目协会的半公开管理与任免的日益私有化之间。体育既是当代社会面临挑战的一个缩影，也会在某个时候成为挑战的牺牲品，因此，对体育行业的后花园进行探秘有着非凡意义。

第一部分
业余时代（1820～1936）

一

引　言

弗朗索瓦·托马佐

　　确定体育最初的起源本身就是一种具有极大风险的做法。我们的目的并非要追溯体育的精确起源，因为倘若穷根究底，总会发现含有更加古老体育元素的年代。在任何时代，孩子们都会玩耍，男人之间都会组织各种较量——无论是为感谢神明、财源广进抑或单纯作为消遣与快乐。众所周知，作为奥林匹克的发源地，体育在希腊自古就扮演着重要的地位，承担着完美的教化功能。柏拉图曾是一名运动员，色诺芬发表过一篇关于骑术的论文；罗马人则将商业化引入马戏团的表演，成为今天体育比赛对现场观众收费的雏形；在中世纪，各种形式的竞赛、狩猎与游戏成为贵族之间流行的娱乐项目，也成为另一种形式的竞争。

　　根据目前的定义，古代到 19 世纪这段时间标志着体育的最初兴起。与身体有关的活动和娱乐项目往往与军事密切相关，随后剑术与马术在法国得到发展，两种不同风格的"艺术"融为一体，直接催生了后来的战争艺术。正是在这片土壤上，体育将逐渐向我们如今的定义靠拢。尽管在很长一段时间内，剑术参与者并不愿将这一项目列入其认为微不足道的"体育"范畴，但马术与赛马着实引领了一股风尚，体育的各项元素与原则在此体现。因此，最初的田径比赛常常在赛马场进行——之后的越野跑、3000 米障碍跑的发明正是汲取了赛马的灵感，参赛者由人替代了马。事实上，由于场地匮乏与条件所限，部分最早的足球比赛也会在赛马场进行。

然而，一些"路人"也在最初的体育竞赛中成了参与者。他们的参与更多是为了投注谁胜谁负而获得金钱——这与体育最初的理念显然谈不上完全相符，赌注在无形中助长了各种形式的作弊。19 世纪初，相当一部分体育赛事观众的目光并非聚焦于赛场本身，而是他们投注的盈亏。在拿破仑帝国瓦解、英国成为世界霸主与欧洲处于相对和平的时期，这些体育活动的发展绝非偶然。它们的流行与工业革命亦步亦趋，从经济与技术角度看都具有极大吸引力。尽管体育运动在一段时间内被认为是专门用来训练军人，但当赛跑与拳击登上历史舞台后，这样的理念很快消弭于无形。体育很快以一种独立现象被大众接受，因此，体育的诞生（重生）将成为教育家、军人与体育从业者之间一场论战的开始，每一方都认为自己掌握了"体育"的内在本质。

当一些趣味性十足但对身体要求较高的运动（如足球、橄榄球、网球或自行车）逐渐取代学校原有的军训课程、体育课的枯燥练习时，它们注定会得到快速发展。部分开明的英国公立学校人士主张引入这些运动，目的不单单是将学生培养成未来的士兵，而且要将他们塑造成能在今后投身英帝国工业革命并巩固其经济霸权地位的可用之材。体育运动中不仅蕴含着军人所必需的力量与气势，也有竞争精神以及为达到目标所付出的艰辛与牺牲。通过对表现的深入分析，这些英国教育家可以明确区分体育运动中的参与者、搅局者与诱惑下渴望获得利益的"路人"，其中最著名的是托马斯·阿诺德。①

人们对学校、团队、单位、帝国旗帜的意兴阑珊催生了对体育业余主义的崇拜。体育业余主义指运动员无法从所从事的项目中获取报酬与奖赏，它为上流阶层保留了这些问世不久的新兴活动，而时间与金钱短缺的工人阶级最初则被排除在外。

体育业余主义的存在为现代奥林匹克之父顾拜旦的理想提供了充足养分。他与弗朗茨·雷谢尔（Frantz Reichel）、乔治·德·圣克莱尔（Georges de Saint-Clair）一道将其纳入实践，并在法国与其他国家传播，直至奥运会得到恢复。我们不能只看到体育运动在英国的风靡与特定发展情况，它将成为20世纪最重要的大众活动之一，也将成为资本家进行工业统治的工具。体育能成为一股热潮有多方面因素的作用，如同工业革命的目的并非只是压迫与奴役由此产生的工人阶级。

在逐步壮大的过程中，体育伴随着技术、科学与人类学层面的神秘感。在最初醉心于这种崭新的神秘主义的人群之中，商人、工业领袖或政治家寥寥无几，较为频繁出现的往往是诗人与作家——如英国浪漫主义诗人、法国作家保罗·费瓦尔（Paul Féva）与泰奥菲尔·戈蒂耶（Théophile Gautier）等。

---

① 托马斯·阿诺德（Thomas Arnold, 1795–1842），英国著名近代教育家。在拉格比公学担任校长期间，他用先进的教育与管理方法取得了巨大成功，使拉格比公学成为许多学校的典范。

在 19 世纪末 20 世纪初，体育不仅是世界范围内最伟大的乌托邦之一，也堪称书写了最恒久成功的一大社会现象。年轻人成为体育运动的主要追随者，他们在参与体育运动过程中找到了自我认同、学会了团结一致。业余体育主义包含着对最纯粹、理想化的浪漫主义的追求。不可否认的一点是：这些现代体育开山鼻祖们最初的梦想会随着时间的推移遭到嘲讽、曲解与抛弃，但他们留下的实实在在的创举——为"体育"这一现象所创造的组织架构、规则条文、具体实践与价值观，则成为后世标杆。

二

英国，现代体育的鼻祖

弗朗索瓦·托马佐

想要精确追踪"体育"一词最初使用的痕迹，难度颇大。人们普遍认为，"体育"一词最初出现的雏形是法语中"desport"的变式。它出现在15世纪中叶的英国，意指人们工作之外的娱乐与活动。近4个世纪之后，当体育活动逐步在英国流行之时，该词以英文形式回到法国。当时的"体育"以娱乐功能为主，尚未包含竞争的概念，这对于人们理解是什么让体育成为一种崭新的现象至关重要。

英国公立学校和大学里的年轻人热情地投身于让他们感到快乐的体育运动中。他们果断选择了以业余参与的方式感受身心愉悦，拒绝与金钱、赌注产生瓜葛。对竞赛进行投注在当时已十分流行，为参与者提供报酬也成为必然。19世纪末，大英帝国在昔日拿破仑帝国的废墟上强势崛起，从侧面证明了一部分英国精英人士在战场之外超越自我、不屈服于其他阶层意志的愿望，现代体育也逐步产生。

正如我们所知，早在18世纪的赛马与随之产生的投注问世时，体育比赛的基础就已奠定。而从18世纪末开始，英吉

利海峡两岸的赛马场将成为体育发展的直接见证者——无论是
服装还是场地与规则。如今流行的公路跑最初来源于贵族的赌
注：让他们的仆人就跑步中的耐力展开竞争，这很容易让人想
起现代马拉松。类似的竞赛早在很久之前就已被证实，例如
17 世纪英国作家塞缪尔·佩皮斯（Samuel Pepys）在 1663 年 7
月 30 日的日记中记载：

> 今天，整个小镇都在谈论班斯特德唐斯举行的盛大赛
> 跑，比赛在李、约克公爵的仆人与一位著名跑者之间展
> 开。尽管公爵与几乎所有人都投注跑者成为第一，但最终
> 李获得了胜利。

这类比赛的参赛者服装酷似骑师，颜色不同，并配有鞭子
刺激他们在比赛中取得好成绩。它成为一股风尚也有媒体行业
的功劳，早期的媒体对这些在公路上被驱使的竞争者有过详细
报道。在一部出版于 1813 年的著作中，沃尔特·汤姆
（Walter Thom）就向前一个世纪的著名跑者致敬，其中就包括
在 1796 ~ 1810 年创造了诸多壮举的巴克莱上尉（Robert
Barclay Allardyce）。这位田径先驱的比赛获得了众多投注，最
著名的一次是在 1809 年，方圆上千英里的投注者连续一个多
月为他投注大量的几尼①。巴克莱上尉在 42 天内成功接受了
所有挑战，沃尔特·汤姆也源源不断地送上对他的报道，包括
这位苏格兰军人的身体状态、速度与比赛特征，并将其与之前

---

① 几尼：英国旧金币，约合 21 先令。

的著名运动员进行比较。这些热情洋溢的报道不仅显示人们对这类运动的关注，也反映出 19 世纪初人们对身体及运动的新认识。

在巴克莱上尉的影响下，这种当时尚未被称为体育的活动将在该世纪中叶达到受欢迎的顶峰，尤其是在引入它的加拿大和美国。人们最初的挑战在公路和乡村展开，此后进入封闭的场地之中，例如索尔福德的博罗花园、谢菲尔德的海德公园球场与伦敦的老布朗普顿球场和大西洋彼岸的体育场等，这些场地内都建有赛道。如果它们受到了广泛的关注，首先是因为比赛本身具有投机者觊觎的投注而不是参赛者本身的表现，它们通常被冠以"战斗者"或"赛马"之名。这样的趋势影响了同时期的摔跤与拳击比赛，它们吸引了数以万计观众（或投注者）的目光，尤其是在英格兰北部。

浪漫主义色彩下的业余体育

与对竞赛进行投注以及运动参与者时常弄虚作假相矛盾的一点是，他们的做法反而在客观上推进了严格意义上体育术语的问世。体育在肥沃的土壤上诞生，除了那些已经广为流行的项目，人们在乡间的传统活动——拔河、投掷、球类游戏最终融合——完成了一次华丽的蜕变：板球运动给了更多出自英国著名学校或家庭出身良好的年轻人追逐梦想、感受纯粹欢乐的机会。即使他们可以从参与的运动中获得报酬，长辈仍会提醒他们不要忘记自己的业余参与者身份，从而避免在博彩的诱惑下迷失方向，向投注者与金钱靠拢。

公立学校的教师明白如何利用好体育的教化功能：进行体育活动是为了向国家输送年轻有为、充满能量的未来领袖与社会精英。但当时的社会环境对这股热潮有何影响，人们所了解的并不多。年轻人对身体与运动的新认识与浪漫主义者对自然的迷恋不谋而合。18 世纪末，英国诗人威廉·华兹华斯（William Wordsworth）开始访问法国、瑞士和德国，他与塞缪尔·泰勒·柯勒律治（Samuel Taylor Coleridge）一道沿着英格兰西北部湖泊地区的小径漫步。著名的赛艇帆船赛、温德米尔的年度乡村运动会都在那里举行。畜牧业与铁路行业的发展为体育赛事打下了可观的群众基础，也同样吸引了著名作家狄更斯。在 1858 年亲身经历不少体育赛事后，他做出了这样的描述："我们可以找到各式各样的娱乐活动：长度大约一英里的赛跑、狗之间的较量、不同形式的跳高与跳远……场地中最具亮点的项目显然是撑竿跳高。"

在华兹华斯之后，另一位著名的拳击爱好者约翰·济慈（John Keats）在苏格兰与爱尔兰的湖畔地区散步；罗伯特·路易斯·史蒂文森（Robert Louis Stevenson）骑着一头驴翻越塞文山脉、在法国北部河流上独泛轻舟，并在 1876 年发表的一篇文章中赞颂了户外运动带来的"令人愉悦的陶醉"。这些著名文学家成了户外运动的忠实拥趸。

得益于这些基础，现代体育终将得到迅猛发展，以令人惊叹的势头征服世界——这与第二次工业革命后出现的"自由时间"概念和逃离城市化的需求不无关系。19 世纪初的英国社会相对稳定，社会渴望出现更多的规则，这促使为橄榄球、足球等项目培养年轻人的教练提出更规范的要求，对运动进行趋向于"规范"的改造。从伊顿到威斯敏斯特，从牛津到剑桥，赛艇运动也成为象征团队精神的重要准绳。

无论如何，英国新一代上流阶级、贵族与大资产阶级都将利用体育来传播和维护自身所代表的价值观。身体对抗、摔跤、各种形式的竞赛层出不穷，比赛的地点从田野、城市或村庄逐步进入大学。自此，所有种类的活动进一步推动了现代体育的诞生与发展。

据史料记载，1850年，牛津大学埃克塞特学院的学生由于缺乏组织赛马活动的马匹，于是通过会议决定以跑步来代替骑马。在他们的行动下，业余田径就此诞生；而在1866年，这些学生创办的业余田径俱乐部制定了严格的纪律规则：参与者必须是"从未参加各类公开比赛的绅士"或"从未与相关专业人士一道获得过报酬"，同时"从未将体育作为过谋生手段"且"不得为工人、手工业者或日工"。

法国现代体育萌芽：亲英国，仇德国

在英国流行的体育运动迅速扩张到阿尔比恩海岸以外，席卷英联邦国家与欧洲大陆。在约30年的时间里，大学交流、英法之间上层社会与旅游往来十分频繁，作为一种时尚的体育也迅速在与英国隔海相望的法国流行开来。当时的法国精英（尤其是年轻一代）表现出对英国的认同与热情，开始开展足球（包括橄榄球）、网球、跑步与赛艇等运动；自行车项目也在法国经历了个性化与特殊的发展。

一时间，从英吉利海峡对岸引入的词汇成为宠儿，英语在某种程度上成为官方语言。在巴黎、里昂或波尔多的上流街区以及在高中与学院，我们的体育从业者沉浸在创立俱乐部并处理相关事宜的乐趣之中。这些俱乐部有的成立于咖啡馆，命名时会被加上"竞技"或"体育"的后缀。据称奥尔泰兹战役（1814）结束后，威灵顿军队的两名苏格兰军官留在波城河岸上打起了高尔夫球，这为 1856 年欧洲大陆第一家高尔夫俱乐部的建立奠定了基础。

1876 年，在法国北部和比利时的运河上泛舟时，史蒂文森惊讶地偶遇了布鲁塞尔皇家水上体育协会的运动员。这些热情洋溢的运动员用英文向他讲解技术要领并邀请他参加一项比赛，如同他自己是土生土长的英国运动员那样。"他们都很有礼貌、热情，谈话时字里行间都穿插着英语专业术语、英国造船商与英语俱乐部。试问有哪一种宗教拥有像体育一样的伟力，可以将不同的人牢牢团结在一起。"

如同华兹华斯、济慈与史蒂文森一样，许多法国作家也对体育倾注了极大热情。与戈蒂耶、自己的父亲保罗·费瓦尔类似，小费瓦尔（Paul Féval Jr.）在《疯狂体育》（1906）中描绘了体育带给人情绪的触动："自从自行车运动在人们的体育生活中占据重要位置、热潮从工人阶级上升到贵族阶层时，布洛涅森林的木材甚至成为自行车产业的来源。"

1902 年，勒内·德伊瓦尔（René D'Yval）在周刊《燃烧的激情》中讲述了他如何与康多塞中学的同学一起思考法式体育场的构造：

　　　　大约 20 年前，左岸高中的 20 多名学生时常利用课余时间在卢森堡花园见面、组织竞赛。我们组织比赛并不是为了打破纪录，单纯是出于对对抗的热爱。我们最初甚至没想过组织体育活动，但它确实让我们收获了愉悦，因此我们专门成立了一个小组。我们计划在未来组建一个更具规模的团体并定期召开会议，地点就设在卢森堡公园。

在谈论活动地点的命名时，有人曾胆怯地提出希腊语"stadion"——在希腊，这是年轻运动员们进行锻炼的场所。这个想法让我们兴奋不已，大家随即决定用更容易被法国人理解的"stade"命名。

这些体育的崭新信徒中就包括了顾拜旦、雷谢尔等法国现代体育的奠基人，他们的梦想仍然是尽可能与高手过招。起步不久的法国体育俱乐部逐步增加与英国对手的对抗，等待他们的通常是被动挨打的局面，但观众认为这是必须交的学费，旨在让自身在未来更强大。身为英国拥护者的法国人身上同样具有德国恐惧症，这使得许多年轻人在1871年普法战争的色当人溃败之后走向体育、野蛮其体魄。

法国大学生与中学生对体育的热情同样源自一种拒绝，这与英国学生有些类似：他们并不推崇过于严苛的军事化训练，而是意在用更令人愉悦的体育来代替。同样是付出体力消耗的活动，这一变化将助推法国体育走上发展的快车道。

参考文献

Walter THOM, *Pedestrianism*, D. Chalmers & Co., Aberdeen, 1813.

Thomas HUGHES. *Tom Brown's School days*, Macmillan, Londres, 1857.

Noël TAMINI, *La Saga des pedestrians*, Edior, Rodez, 1997.

Gaston MEYER, *Le Grand Livre de l'athlétisme français*, Calmann-Lévy, Paris, 1975.

Robert-Louis STEVENSON, *À la pagaie sur l'Escaut, le canal de Willbroecke, la Sambre et l'Oise*, Émile Lechevalier, Paris, 1900.

Paul FÉVAL Fils, *Folle des sports*, tome 1 et 2, A.-L. Guyot, Paris, 1906.

三

橄榄球的诞生与传奇人物威廉·韦伯·埃利斯

奥利维耶·维尔普勒

　　据说，威廉·韦伯·埃利斯（William Webb Ellis）是橄榄球运动的创始人，当今橄榄球世界杯的奖杯正是以他的名字来命名的。关于他的传说早已广为流传，但经专家考证，有关他的一切故事都纯属虚构。埃利斯的父亲出生于威尔士，是一名骑兵士官，1812 年在阿尔布埃拉战役中阵亡。他本人出生于曼彻斯特附近的索尔福德，正是在这里，他的命运彻底改变了。在沃里克郡的拉格比公学，他为足球后来发展成橄榄球做出了巨大的贡献。

　　18 世纪末，上流社会的英国大学遭到了学生们的反抗，主要针对学校极端严酷的教育。这促使那些以纪律和节俭著称的学校不得不寻求新的方法来镇压学生的反抗，并以此在学生中间建立一种等级制度和自律意识。其中一些学校希望充分利用学生的主动性，让他们参加体育运动，使得他们没有足够力气再去组织反叛活动，伊顿公学、温彻斯特公学和沃里克郡的拉格比公学就是这样做的。

　　在当时，橄榄球比赛规则还没有被制定出来，但基本上是将足球规则和爱尔兰投掷球规则相结合。比赛一般在学生的课余时间进行，场地设定在拉格比公学的"围栏"中，对球员数量以及暴力行为没有明确规定。根据比赛规则，球员们必须用脚踢球，可以用身体阻挡持球者，在手抓住球的情况下不允许继续前进。开球方的队员必须站在球的后方。当进攻队员攻入防守方的得分区并持球触地，该进攻队完成达阵（不计分）。达阵后，进攻方可获得一次踢球机会，如果踢出的球高过球门，可得 1 分。有时候，比赛的参加人数超过 100 人，还可能持续数天。比赛不设置裁判，由双方的队长商议决定判罚结果。如果两人无法达成一致，可以中止比赛。比赛结束后，双方会在酒吧中通过互殴来决定比赛赢家。

1816 年，韦伯·埃利斯的母亲带着他搬到了沃里克郡。作为士兵遗孀，她靠着微薄的抚恤金把儿子送入拉格比公学，这里是不向普通百姓收取高昂学费的。韦伯·埃利斯享有这里的奖学金，虽不善于骑马，却成为校内一名出色的板球运动员。更重要的一点在于他是一个性格孤僻的人，喜欢说谎。1823 年的某一天，拉格比公学正在举办校内足球比赛，韦伯·艾利斯因为一次踢球失误感到懊恼，抱起球跑向对方球门，此一动作虽然犯规，却引起在场观众的兴趣。此后该校学生比赛中抱球跑的事情便频频发生，直到 1830 年学生们将其定为正式规则，并逐渐演变为现代橄榄球运动的标志性动作。

与此同时，英国大学改革运动的发起者托马斯·阿诺德爵士于 1828 年被任命为拉格比公学橄榄球运动的负责人，正是他制定了足球的第一项规则。韦伯·埃利斯于 1825 年离开拉格比，去往牛津大学学习，所以这两位对橄榄球发展起到重要推动作用的人从未见过面。1828 年阿诺德来到拉格比时，学生们已经制定好一些基本规则，其中之一是由新生对抗老生，新生们头戴海盗帽作为攻击方持球进攻，老生是防守方，双方各 40 名队员。韦伯·埃利斯当时被视作橄榄球运动的先驱，其同事曾表示，韦伯·埃利斯在离开前就坚信自己将成为一个伟大的人，后来他也的确做到了。根据拉格比公学的档案，1867 年时每队参赛人数限制在 20 人，其中 15 名是前锋。久而久之，比赛在英国其他地区也逐渐流行起来，比如在名校剑桥和牛津，而牛津大学正是第一支橄榄球队的诞生地。在这里，橄榄球规则得到完善并逐渐成为今天的形式，特别是允许手抱球跑来替代用脚带球。相反，在 1863 年的剑桥，人们就质疑用手抱球或者用腿夹住球是否过于危险，因为这会导致对方使用伸手拉人或者伸腿跘人的动作，造成进攻方受伤。

1863 年，剑桥和伦敦两地的人们开始讨论橄榄球规则的制定，最终支持用手持球的那一方获得了胜利。同年，因为与英格兰足球协会矛盾不断，英国主要的几个橄榄球俱乐部决定退出足协，原因在于，橄榄球运动的倡导者反对那些拒绝身体对抗的人。

1871 年 1 月，就在关于拉人行为的争论还没有结束的时候，英式橄榄球联盟（RFU）在法国移民阿瑟·吉耶马尔的提议下成立。同年 7 月，温布尔登队长伦纳德·梅顿受邀起草适用于整个英国的橄榄球规则，早年他是一名律师，在一场比赛中受了重伤。他制定的规则是用抱腿来代替勾腿跘人，并引入了越位犯规。越位会被判罚并列争球，如果球出界，则在球越过场地边界的地方重新开始比赛。最重要的是，达阵后的踢球规则改为需要踢球超越目标横杆。

那时的韦伯·埃利斯被任命为牧师。他曾在克里米亚战争中服役，后来担任马格达伦·拉弗教区（埃塞克斯）的校长，他自那之后再也没踏上过运动场。1872 年，这名橄榄球运动的贡献者在门顿去世，并被埋葬在那里，他的坟墓由法国橄榄球联合会负责维护，现在已经成为许多橄榄球运动员的朝圣地。韦伯·埃利斯几乎没有参加过橄榄球比赛，也不了解之后由梅顿制定的橄榄球规则，这片球场看似并不属于他，但冥冥之中他却做出了决定性的个人贡献。直到今天，人们也没有忘记他的卓越地位，他的雕像仍然树立在离教堂不远的拉格比镇中心广场，迎接着八方来客。

参考文献

Olivier VILLEPREUX, *Le Larousse du rugby*, Larousse, Paris, 2008.

Romain ALLAIRE, Jean-Pierre GONGUET et Olivier VILLEPREUX, *L'Histoire passionnée du rugby français et international*, Hugo&Cie, Paris, 2008.

Richard ESCOT et Jacques RIVIÈRE, *Un siècle de rugby*, Calmann-Lévy, Paris, 1997.

四

法国唤醒了体育文化

弗朗索瓦·托马佐

　　1870 年 9 月 1 日，普法战争中著名的色当会战打响。法军没能顶住普鲁士军队疾风骤雨般的进攻，最终在色当投降。战败意味着法兰西第二帝国走向覆灭，德国人在走向统一的过程中还兼并了阿尔萨斯与摩泽尔地区。当莱昂·甘必大（Léon Gambetta）与茹费理（Jules Ferry）鼓动人民起义时，这个国家的复仇欲望愈发强烈。在这样的大背景下，一种论调甚嚣尘上：倘若法国在敌人面前处于下风，那是因为法国士兵们缺少与对方同等的力量、训练与身体条件。

　　这种印象很容易让人联想起几十年前法国在莱茵河对岸的邻居：1806 年的耶拿战役中，普鲁士人在拿破仑面前溃不成军。这场惨败反而激起了德国人对强健体魄的向往，从而推动了体操与体育运动在德国的发展，体育馆的数量不断增加。加之本身怀有复仇意味明显的民族主义，德国人终于卷土重来，在色当斩获大捷。

　　启蒙运动时期，著名教育家约翰·伯恩哈德·巴泽多（Johan Bernhard Basedow）曾在开设的学校中将重点放在体育锻炼与游戏上，这是普鲁士关于体育运动的最初尝试。在1810~1811年被法国占领时期，极端民族主义者路德维希·雅恩（Ludwig Jahn）推动体操的内涵进一步扩大。他创立名为"Tedverein"的体操俱乐部，并在德国各地迅速得到推广，其中的神话元素、礼拜仪式对一个世纪后的纳粹主义产生了重大影响。

与此同时，被后世誉为瑞典体操之父的佩尔·亨里克·林（Pehr Henrik Ling）将体操文化植入校园，提出了身体发展的原则；瑞士也不甘落后，教育家裴斯泰洛齐（Johan Heinrich Pestalozzi）受卢梭启发将体育运动重新引入学校教育。在体操重新引起人们兴趣的过程中，新教也起到了一定作用。对于马丁·路德而言，体操对新教所传之处影响巨大——它既可以"塑造人们强健有力的四肢，使身体保持健康"，也可以"使年轻人免于懒惰与放荡、远离酒精与赌桌"。

无论如何，当拿破仑战争使其成为英勇士兵的原型时，关于法国人慵懒但不失活力的神话在19世纪末建立起来了。然而，如果仅以此断定法国在当时对体育潮流完全无动于衷，那显然有失偏颇……

体操军事化与大众化

在引爆全德国热情的"Tedverein"风靡的同时，西班牙人弗朗西斯科·阿莫罗斯（Francisco Amoros）与瑞士人福基翁·海因里希·克里亚斯（Phokion Heinrich Clias）分别使体操文化在军队与校园中逐步树立起来。作为裴斯泰洛齐的竞争者，克里亚斯让体操的热度在英格兰与荷兰一点点攀升。

阿莫罗斯 1770 年生于巴伦西亚。当雅恩在德国、林在瑞典推广运动体操的同一时期,他负责掌管西班牙的军事体育,并在首都马德里创办了一所军事体育学校。作为一名波拿巴主义者,阿莫罗斯于 1813 年被迫流亡法国,圣西尔元帅(Gouvion-Saint-Cyr)邀请他在军队中打造体育文化。1819 年,由阿莫罗斯牵头创办,一所相当正规的军事体育学校在巴黎建成,开法国军事体育之先河。

阿莫罗斯的去世恰逢 1848 年使路易·拿破仑·波拿巴(Louis Napoléon Bonaparte)掌权的那场革命爆发。这位在未来复辟帝制的拿破仑一世的侄子对英国有着强烈的好感,对体育运动的价值也并没有视而不见——尤其是他脆弱的健康状况推动了温泉疗养的发展,这种疗养方式贯穿了他在第二帝国统治的黄金时代。1852 年,路易·拿破仑·波拿巴登上皇帝之位,被元老院尊为拿破仑三世。他创办了茹安维尔军事学校,让阿莫罗斯的两位弟子路易·达吉(Louis d'Argy)、拿破仑·莱内(Napoléon Laisné)管理事务,由他们负责学校体育教学大纲的制定并提出相关建议。

在法国的官修体育史上,这种思想常常被人们遗忘,然而它的作用却不可忽视。拿破仑三世是圣西门主义的拥护者,后者主导的哲学运动对综合工科学校影响显著。拿破仑·莱内正是在综合工科学校教授体操,他积极宣扬科技进步、动力在工业中的地位,以及诸如苏伊士运河与东西方交汇等伟大成就。

另一位在法国体育发展史上具有重要地位的人物艾梅·戈达尔(Aimé Godart)同样是圣西门主义虔诚的支持者。1837年,在巴黎沙普塔尔街 32 号,这位路桥工程师创办了以综合工科学校创始人蒙日命名的学校（如今的卡诺高中）。体育在该校受到极大重视，一些如雷贯耳的名字也与这所学校联系起来：部分建筑由大名鼎鼎的古斯塔夫·埃菲尔设计；学校的一名体育老师正是皮埃尔·德·顾拜旦（Pierre de Coubertin）！

日后回忆这段往事时，顾拜旦常常提起他如何受到英国人启发，每周两至三次与学生前往布洛涅森林进行体育运动（其实该校在体育项目上的涉猎面还不止于此，学校甚至拥有一支足球队）：

> 带板凳的游览车歪歪斜斜地将年轻骑士们带到动物园马场前；公共马车把一部分人拉到卡特朗花园，把另一部分带往湖边；花园内聚集着对两轮自行车兴趣浓厚的学生；其他地方的项目不尽相同：大家在湖上会租用贵妇人形状的船只泛舟；但很快，它们被学校定做的带有可活动板凳的多桨小快艇取代。最后，只要愿意，大家都可以去往一块巨大的木制草坪上打棒球。

与此同时，在马戏团等行业重要人物的力推下，体育运动一下子以大众化的姿态迅速风靡。这些人物中最著名的是伊波利特·特里亚（Hippolyte Triat），他曾经是一名钢丝演员，其不走寻常路、充满浪漫主义的风格吸引了小说家保罗·费瓦尔的眼球。在费瓦尔的笔下，人们可以看到对特里亚顶礼膜拜式的赞扬：他是一位孤儿，年轻时曾救了一位所乘马匹脱缰的西班牙人的性命，他推行的独特健身方法受到了众多街头艺人的青睐。他被恩人送到布尔戈斯的耶稣会学校完成教育。

我们不妨来读一段费瓦尔的小说：

> 早在上世纪末，卢梭与几位德国学者就曾对复辟以来没落的状况发出警告。1830 年以来，阿莫罗斯上校就提升了体操在军队中的地位，并尝试将其引入民间机构——但他后面付出的努力只在巴黎几家不起眼的机构取得局部胜利。有一点必须承认：正如盲人的单簧管无法使音乐会充满和谐气息一样，阿莫罗斯及其追随者在体育方面也没有足够的知识储备或时时进行合理推断、把控全局。使体操运动真正复兴或是说创造现代体操的重任落到了另一个人身上，他最初在布鲁塞尔与巴黎声名鹊起，之后在法国与整个欧洲受到欢迎。
>
> 想要对这位创造者与他的体系做出全面判断，首先应当去香榭丽舍大街看看他的遗产。到达环形交叉路口后，经蒙田大道左转就可以来到特里亚的纪念碑前。纪念碑诚然只是个名词，然而稀奇实用的纪念碑就不止于此了。这好比每个人都可以当演员的剧院一样，它是一个可以制造喜悦的独特所在，因为在别处享受的快乐会逐渐化为烦躁，在这里却变得更加纯粹。它为闲人提供庇护所，让勤劳的人得以休息，为健壮的年轻人提供竞技场与游泳池……在这里，被我们文明所征服的男性气概将制造一股新的力量，最终演变为具有广泛而深远影响的体育馆。

与同时期的英国诗人相比，我们发现费瓦尔对特里亚的褒奖同样带有对浪漫主义的渴望，但并没有那么功利，更多是出于对力与美的仰慕。在费瓦尔的回忆中，与色当溃败所显示的相反：军事体操早已深深植根于法国军队中，无论是士兵抑或艺人都对体育的价值深信不疑；但从严格意义上而言，色当会战之后的学校体育才真正一点点使法国得到了长足发展。

如同我们看到的蒙日学校那样，法国自 18 世纪末、19 世纪初起一直在进行野蛮学生体魄的尝试。作为先驱式的人物，特里亚本人于 1848 年提出了一项关于男女体操与健美的教育改革方案，得到了有关部门的响应。6 年后，另一位圣西门主义者、公共教育部长伊波利特·福图尔（Hippolyte Fortoul）颁布条令，使体育成为高中的必修课程："体育是帝国中学教育的一部分，它应当成为一种需要场地与设备、有规律的教育形式。"

然而在当时，这一决定想要付诸实践却困难重重：学校中并没有专门为之预留的场地；按照特里亚走钢丝或阿莫罗斯在军队推行的标准选择合适的教师同样殊为不易。当局认为这一条令算不上事关重大，因而不信任也成了实施它的阻碍。即使阿莫罗斯参加了 1847 年特里亚所创办体育馆的落成典礼，但法国在 1870 年前有关学校体育的尝试都是由诸如施罗伊德（巴黎消防队长）等军人小心翼翼推进的。

1867 年，维克托·迪吕伊（Victor Duruy）当选为法国公共教育部长。迪吕伊上任后邀请圣路易医院的让-巴蒂斯特·伊莱雷（Jean-Baptiste Hillairet）博士领导一个小型委员会，对当时法国学校体育状况进行调查。伊莱雷医生此后显然与达吉、拿破仑·莱内等茹安维尔军事学校的教师们进行了长谈，他建议让军事机构成为培养教师的前沿阵地："在法国拥有像瑞典、普鲁士那样的体操学校之前，从茹安维尔这类学校进行教师遴选不是更有好处吗?"

除去有关学校体育的建议,伊莱雷还对体育与健身走向大众化开了绿灯。他从特里亚的一位得意门生欧仁·帕斯(Eugène Paz)身上受益颇多,后者在殉教街开设了一家人气颇高的健身房,并建议伊莱雷调查国外的体育教育情况。帕斯的另一个身份是孔多塞中学的教师,曾游历德国并受到启发,是法国体育教育"去军事化"的重要主导者之一。但有些矛盾的是,出自军旅的教官们耗费心血维持体操运动的地位,却忽视了对平民乃至新兵身体素质的培养。1869 年 2 月 3 日,迪吕伊出台新规,将体育列为必修课的范围扩大到高中与大学,并设立体操教学资格证书(CAEG)。

色当会战的"余震"

如果没有在色当的溃败,迪吕伊出台的法令很可能像"先辈们"那样收效甚微,但色当一役加速了其推进。1871年,特里亚因为在他的体育馆内召开了一次有利于公社运动、由女性主导的会议(该会议为女子体操运动打下了基础)而失宠,其中一位参与者是巴黎公社社员儒勒·阿利克斯(Jules Allix)的女儿;特里亚的学生帕斯则成为领导体操项目变革的先锋,他甚至在位于殉教街的健身房开设课程以示对甘必大的支持,师徒两人都因此受到有关方面的敌视。

1872 年,茹安维尔军事学校对普通大众敞开大门;翌年,欧仁牵头创建了法国体操协会联盟(USGF),这些协会如雨后春笋般冒出,一如 60 年前的德国。这场运动不仅得到费瓦尔等名人的大力支持，也受到了包括埃米尔·左拉（Émile Zola）与公共教育部长儒勒·西蒙（Jules Simon）及其继任者保罗·贝尔（Paul Bert）、民族主义者保罗·德鲁莱德（Paul Déroulède）等一些重要政客的关注。西蒙本人就是一位体操爱好者，还将迪吕克的法令推广到小学；德鲁莱德认为体操是一种卓有成效的培养爱国者的方式。

在有关 19 世纪 60 年代法国与欧洲体操运动发展的详细报告中，伊莱雷博士没有一处用到"体育"一词。对他而言，开展身体运动旨在改善年轻人与孩子们的健康状况，为他们将来应征入伍打好基础。伊莱雷同时也指出了英国模式的独特性，但他并未察觉到由身体运动与竞赛游戏构成的"体育"接下来会对这个国家有多么重要的影响。伊莱雷在报告中指出："毫无疑问，英国是开展体育运动中最符合国民习惯与传统的国家。那里没有官方法规，但体育运动始终如火如荼。与其说他们持之以恒，倒不如说他们采用了一种令人难以抗拒的训练方式。在诸如温切斯特、伊顿、哈罗、拉格比、什鲁斯伯里、麦钱特－泰勒斯、圣保罗、牛津、剑桥、威斯敏斯特、利兹与达勒姆等大部分老牌名校中，体育锻炼都在教育中起到了巨大作用：部分学校每周会花上 15 个甚至是 27 个小时进行板球等球类运动、水上运动与格斗运动教学。然而，英国并不存在像德国、瑞士或法国那样循规蹈矩的体操运动。"

法国的体育比赛数量虽然不多但得以高质量推广，使体育的种子得到了广泛的播撒，在中学、大学阶段，工农阶级的年轻力量很快加以仿效，事实证明，日后将结出累累的硕果。茹安维尔军事学校管理层推动体育教育逐步向功利主义、军事化转变，这在学校课程的变革中得到了淋漓尽致的体现。如果说 1882 年出现的"学校营"使体育教育培养士兵的思想得到延伸，那么 9 年后的《体操运动与学校体育手册》则考虑到了风俗的变化，指出"军队足以使年轻一代变得更敏锐、强壮、勇敢，并把他们培养成训练有素、严守纪律的士兵。另一方面，它引入了包括划船、击剑、游泳等在邻国受到极大重视却被我们忽略的体育项目，以及拳击、棍术与钓鱼等适合小学生的运动"。

与阿莫罗斯奉行规则严明的体育教育理念不同，培养出帕斯的孔多塞中学、与顾拜旦关系密切的蒙日学校以及拉卡纳尔中学等学校里一系列痴迷英国模式的学生创建了名为"法国体育""竞技"的诸多俱乐部。这些俱乐部在校外对跑步、足球、橄榄球与网球等项目的普及与竞赛推广做出了重要贡献，它们都属于体育范畴。至于 18、19 世纪之交的体操项目，则更多地出现在军旅演习和健身房中，并随着工业革命的发展常常被用于表演及训练中。

参考文献

Paul FÉVAL, « La gymnastique ancienne et moderne. Le gymnase Triat », *Le Musée des familles. Lectures du soir,* vol. 23, 1855-1856.

Pierre DE COUBERTIN, *L'Éducation anglaise en France*, Hachette, Paris, 1889.

Edmond DESBONNET, *Les Rois de la force, histoire de tous les hommes forts depuis les temps anciens jusqu'à nos jours*, Librairie athlétique, Paris, 1911.

Jean-Baptiste HILLAIRET, *Enseignement de la gymnastique dans l'université*, Imprimerie nationale, Paris, 1878.

五

击剑，法国体育的精髓

弗朗索瓦·托马佐

　　与自行车、法式拳击类似，击剑运动是法国少数较少受到英国影响的体育项目之一。它在法国体育界具有特殊地位，反映出体育由最初被视作艺术向务实方向的转变。

　　1554 年，议会关于大学生的法令中首次出现了体育范畴上的"击剑"："许多学生没有把心思放在学业上。因为害怕被老师看到，他们经常偷偷摸摸从偏僻小道去郊区的击剑教师与剑客那里。"大半个世纪过后，1622 年的法国出现了在未来很长一段时间内被认为最"高贵"的武器——花式剑。18 世纪中期，史上最伟大剑客之一的博埃西埃（Nicolas Texier de la Boëssière）力推金属网纱状面具，击剑运动就此开启了一个新时代。

　　博埃西埃是圣乔治骑士的弟子，后者在击剑与音乐上有很高的造诣，是第一个被封为骑士的混血人种，1787 年在伦敦的一场比赛使他登上神坛。圣乔治骑士深深影响了另一位热衷击剑的混血儿大仲马（Alexandre Dumas），这位文豪经常光顾奥古斯丁·格里西耶的击剑馆，就像同时代的几位著名文学家戈蒂耶（Théophile Gauthier）、诺迪埃（Charles Nodier）与费瓦尔那样。在这些文学家的进一步影响下，有关斗篷与击剑的小说在真正的爱好者之中成为现实并逐步得到推广，爱好者们像小说中的英雄一样勇敢、富有激情地练习击剑。

法国大革命后，资产阶级纷纷拥抱击剑运动。司法决斗自亨利四世时期起被禁止，但在 19 世纪初与《三个火枪手》、《复仇雄心》等侠客小说一道成为时尚。1826 年至 1834 年间，光是"荣誉决斗"就造成了 200 人死亡。纯粹主义者对把剑作为决斗的首选武器嗤之以鼻，但他们无法阻止这股热潮。

现代击剑的雏形正是孕育在 1820 年至 1850 年的这股热潮之中。在重量级人物的影响下，这项运动变得更简洁。这一时期最著名的人物包括埃内（Robert Aîné）、被誉为"伟大贝特朗"的贝特朗（Bertrand）和格里西耶（Augustin Grisier）。建立于 1852 年的茹安维尔军事学校将这项运动在军队中组织起来、纳入实践，使击剑成为一个特殊的项目。出自茹安维尔军事学校的大师们为上流社会上了一课，譬如鲁洛（Adolphe Rouleau）就曾为在金字塔街道热衷于此的第二帝国贵族起到过带头作用。

这一时期，击剑运动的评判标准由技术、速度与风格等让位于计算击中次数，发生了从炫技到竞技化的转变。从运动技术的角度统计成绩并不容易，有时一些细节甚至无法给出准确的评判标准。在击剑作为竞技体育之初，运动员击中一次有效部位就可以算得上是一种荣耀！1936 年柏林奥运会引入电子设备之前，人们进行了无数次尝试与创新。

击剑运动逐步呈体系化使其流失了一部分最初的纯粹。19 世纪，来自意大利与法国学校的击剑大师们时常对垒，这一转折点带来了击剑运动的黄金时代。1891 年 4 月发生在法国剑客梅里尼亚克（Louis Mérignac）与意大利大师皮尼（Eugenio Pini）之间的对决堪称经典中的经典，最终人称"大老板"的梅里尼亚克取得胜利，并在接下来的生涯中保持不败。随着时间推移，击剑运动一点点由礼貌性攻击向真正的竞技体育转变。1896 年雅典奥运会上，花剑与佩剑项目受到了极大关注；四年后，重剑项目在巴黎奥运会上完成首演，本土作战、深受欢迎的选手阿亚（Albert Ayat）成为重剑亮相奥林匹克舞台后的首位冠军。

1913 年，国际剑联（FIE）在位于巴黎协和广场的法国汽车俱乐部（ACF）会议室内宣告成立，后者至今仍是法国最大的击剑俱乐部。ACF 在成立之初拥有梅里尼亚克与其子吕西安两位大师，他们将成为戈丹（Lucien Gaudin）这位至今仍被业界誉为击剑运动最伟大运动员的导师。戈丹继 1924 年奥运会拿下两块金牌之后，又在 1928 年阿姆斯特丹奥运会拿下两金·银三块奖牌。戈丹也是·名银行家，1934 年因风险投资失败，以自杀的方式结束了自己的生命。

梅里尼亚克同样是法国击剑史上极富传奇色彩的人物，他发起建立了位于沃尔内街 7 号的文艺社团。该社团于 1880 年成立，专为艺术家与艺术爱好者所设立，分为画家/雕塑家、水彩画家/粉画家/雕刻家两组。在这里，击剑与文化巧妙地融为一体、和谐共处，为艺术家们的创作提供了独特的灵感。该社团于 20 世纪 60 年代末销声匿迹，其间也有带出了多位当代大师的击剑好手拉卡泽（Pierre Lacaze），他在法国国家体育学院（INSEP）任教期间，通过将击剑搬上戏剧与拍摄之中，使这项运动重拾艺术化。

为了重现过去击剑室内的一些原貌，昔日的 ACF 大厅与卡诺中学的击剑室得到了保留，那里正是戈丹与顾拜旦开始挥舞剑柄的地方。

参考文献

Gérard Six, *Escrime, l'invention du sport*, Les Quatre Chemins, Paris, 2007.

六

皮埃尔·德·顾拜旦和"奥林匹克理想"的模糊性

弗朗索瓦·托马佐

很难找出比皮埃尔·德·顾拜旦更具争议性的人物了。1937年，在他去世80年后，"奥林匹克运动会的复兴者"创造的盛事凝聚了诽谤者与拥护者的成见，他们经常将奥林匹克运动及其成就与偏差，与这位自1925年后就不再担任国际奥委会（IOC）主席，并且实际上对奥运会的发展几乎没有什么影响的人混为一谈。

那么，他究竟是天才的梦想家还是守旧的帝国主义者？这取决于我们支持还是厌恶奥运会，这位急躁易怒的贵族在20世纪初对理想主义运动的主张从一个极端走向另一个极端。也许主要是因为他既是新宗教的颂扬者、"进步"的坚定拥趸，同时又是捍卫自身阶级价值观念的保守派。因而，任何公正客观的描述都应当考虑到这个人所具有的两面性，而且还要把他置于时代背景当中，针对他，不需要溢美之词或过多的辩解。今天当人们谈到顾拜旦时，通常要列出一份长长的论战清单，并试图分清虚幻和现实。

多次苏醒的奥林匹克

皮埃尔·德·顾拜旦，奥运会的创始人？在某种程度上，的确如此，1894 年，他在索邦大学设立了旨在恢复奥林匹克运动会的国际委员会，该委员会后来演变为国际奥林匹克委员会（CIO），他发起活动让奥运会成为惯例，并且至今几乎没有间断举办过（除了两次世界大战，以及在对创始人不利的情况下之外）。但这也使得人们完全忘记了，奥林匹克理想被希腊人自己就至少复兴过两次，还被英国医生威廉·佩尼·布鲁克斯（William Penny Brookes）复兴过一次，他是 1850 年温洛克奥运会的创始人。

在希腊，是希腊亿万富翁埃万杰洛斯·扎帕斯（Evangelos Zappas）资助了"扎帕斯奥运会"，其中 1859 年、1870 年、1875 年和 1888 年这几届奥运会只为希腊语地区的参赛者准备。这个想法来自记者、诗人帕纳吉奥蒂斯·索特索斯（Panagiotis Soutsos），他和英国浪漫主义派的诗人们一样，渴望看到古希腊思想的复兴。尽管自 1850 年以来在什罗普郡马奇温洛克商业小镇举办的温洛克奥运会只是一个本地比赛，但威廉·佩尼·布鲁克斯的雄心却比皮埃尔·德·顾拜旦大得多。乡村医生的职业经历使他深信体育竞技有强身健体的作用，他也认为有必要着手"鼓励人们参加户外活动，以提升城镇和温洛克附近的居民，特别是温洛克工人阶级的道德、体能和智力水平"。奥运会至今仍在举办，其名誉主席是三级跳远运动员乔纳森·爱德华兹（Jonathan Edwards），奥运会对顾拜旦有深远的影响，他于

1890 年拜访了布鲁克斯，并在思想上受到了极大启发。

　　然而，顾拜旦这位法国男爵于 1863 年出生于一个严肃的天主教传统贵族家庭，并受耶稣会士的教导，远不如他的英国启发者那么"社会化"。当他在芒什海峡的另一端旅居时，英国精英阶层的教育制度给这位法国人留下了深刻的印象，在当时，此制度彰显了这个国家在商业、王室和工业方面的实力，并提供了一个和讨厌的德国抗衡的方式，尤其在色当惨败发生后。他的计划在法国体育运动联合会（USFSA）和他创办的《体育评论》杂志中不断得到完善，主要面向白色人种和出身上流社会的男性运动员。

　　顾拜旦从青年的教育中认识到，体育让一类精英可能出现，那是会引领世界走向进步与和平的精英。他深信文明是有等级之分的，因此，他的计划既有和平主义、人文主义、国际主义色彩，同时又有精英主义、殖民主义色彩，确实也还有厌恶女性和种族主义的色彩。

　　1892 年，他在聚集于索邦大学的少数贵族面前起草了他的计划："有这样一些人，当您在谈论乌托邦时，他们要和你讨论战争的消亡问题，您说得并不是毫无道理；但是还有其他一些人相信发生战争的可能性在逐渐减少，我不认为那里是乌托邦。显然，电报、铁路、电话、对科学的热情研究、会议，以及展览在促进和平上起的作用远胜于所有外交条约和协议。啊，我希望田径运动能做得更多。出口桨手、赛跑运动员、击剑手：这是未来的自由贸易，而在引入古欧洲风俗的那一天，和平事业将获得全新的有力支持。这足以鼓舞您的仆人现在就考虑他规划的第二部分，他希望您能像一直以来帮助他那样，在这件事上仍会帮助他，并希望能与您一起追求和实现这项基于现代生活基础的伟大而仁善的事业：重建奥林匹克运动会。"

两年后，在同一个露天剧场，顾拜旦非常成功地战胜了一切怀疑，号召将近两千人参加了即将成为国际奥林匹克委员会的代表大会。恢复奥林匹克运动会以及在雅典举办第一届现代奥林匹克运动会的提议被投票通过，雅典奥运会用到的部分比赛场地设施是从扎帕斯奥运会上继承下来的。这个机构已经启动运行了，但机构的建立者从未预料过它的迅猛发展，特别是因为缺乏方法和信念，首届奥运会仅取得了微不足道的成就。尤其是 1900 年奥运会，仅作为巴黎世界博览会的一部分而举办，是一次彻底的失败，这也使得顾拜旦下定决心，绝不再把举办权委托给一个国家了。

失望将相继而来，因为他会逐渐看到自己创造的事物离他而去。在雅典，他不情愿地接受了德国代表团的出席，这是由另一位奥林匹克运动先驱、化学家维利巴尔德·格布哈特（Willibald Gebhardt）促成的。20 年后，原定于 1916 年在柏林举办的奥运会被取消了，让他大受打击的是，他发现，奥林匹克休战是不现实的想法。1918 年后，他的理想显得更加荒谬了，就在世界大战的战败者被奥林匹克运动排斥在外的时候，他梦寐以求的非政治主义对他的继任者们来说只是今后维护既定秩序和遏制一切叛乱想法的借口。

被纳粹主义诱惑

随着时间的流逝，奥运会的受喜爱程度会增加，当然顾拜且也会逐渐被遗忘。1936年，纳粹德国举办奥运会时，"奥林匹克运动的复兴者"是一个垮掉的，疲惫的，痛苦的人。如果他让自己接受了纳粹政权的利诱，那是因为希特勒在拉扯他，奉承他，向他提供了手段，也是因为意识到他的祖国和他的运动都不再接受他的事实了。从1892年他提出理想宣言到1937年逝世，近半个世纪过去了，这期间法国贵族目睹了业余主义的破产、观赏体育的传播、政治控制、利益和成绩的诱惑取代了致力于更美好的人性、更强健的体魄、更纯粹事物的愿望，这在许多方面都类似于法西斯意大利或纳粹德国的新人类理想。

清点顾拜旦所有的错误也自然会引起关注，包括他的试验，疑虑，阶级反思。1891年，在给《体育评论》杂志读者的回复中，他排斥向所有社会阶层开放体育运动的做法。他写道：

有人问我对从统治阶级和工人阶级同等招募人员然后成立混合协会这件事情的看法。理论上，我完全赞同这个想法；实际上不会这么做，因为它假定已经解决了一个几乎不存在的问题：社会平等问题。因为这种完美的平等只存在于公共纪念碑和硬币上，我们坚决反对混合协会。

但是，那时世界大战发生了。社会的发展改变了男爵的观念。30年后，顾拜旦表达了截然相反的观点："我仍然坚信体育运动是和平最强有力的要素之一，而且我对它未来的效用充满信心。……体育运动不该只留给某些较富裕或不太忙碌的社会群体，而应该把它推广到所有群体中，使人人触手可及，无一例外。……我对工人阶级有很多期望，强大的力量蕴藏在工人阶级中，他们让我觉得有能力做大事。"（《运动的指导原理》，1922 年）

对于让女性参加奥运会以及更广泛地参与到体育运动中，他的观念变化不大。因此，1912 年 7 月，他强烈反对建立"在男子大奥运会之外的女子小奥运会"。他断言，这种比赛是"不切实际，无趣，难看"甚至是"不正确的"。他肯定，奥林匹克理想必须遵循以下"格式"："对男子田径运动的定期庄严的赞颂是以国际主义为基础，以忠诚为手段，以艺术为框架，以女性的掌声为奖赏。这种结合了古老理想与骑士阶层传统的方式是唯一健康的和唯一令人满意的方式。"尽管 1928 年的奥运会完全对妇女开放，但他重申，这样做是"违背'他的'意愿"的。最终在 1936 年，即他去世前不久，他仍坚持并写下："唯一真正的奥林匹克英雄，我说过，是成年男子。因此，奥运会不该有女性也不该有集体运动。"严肃并遵循道学，他一生都认为女人不应该在公众场合表现自己，而她的角色必须始终是一位母亲："她首先是男人的伴侣，一个家庭未来的母亲，而且她必须依照这个不可变的未来受到相应的教育。"他对女性的这种不信任甚至使得一些历史学家提出顾拜旦是同性恋，不过，这一论点是没有确切证据支撑的。

这种教育和环境也使他成了一个坚定的反德雷福斯派，如同环法自行车赛的创始人亨利·德格朗日（Henri Desgrange）那样，他也是一个激进的殖民主义者，就像儒勒·费里（Jules Ferry）一样。

至于他不能否认的种族主义倾向，这句最常被引用的话似乎没有歧义："所有其他种族都必须效忠白人，因为白色人种本质优越。"对 40 多年来转载过这句话的人来说，非常不幸，这句话是伪造的。这套可怕的说辞实际上源于加拿大学者伊夫·皮埃尔·布隆涅（Yves-Pierre Boulongne），他在他的作品《皮埃尔·德·顾拜旦的生活和教育学著作》（拉梅拉克市，1975）中阐释了一些被认为是顾拜旦的思想。不过，他对人种等级制度的信仰是无可争辩的，他披着殖民主义色彩的外衣，体育运动被他当作殖民主义的一个工具。

如果说他不赞同工人参加体育运动，并且想在体育运动中排挤女性，那么他这种种族主义就不是种族隔离主义，这与美国现行的做法不同，美国在 1904 圣路易斯奥运会上将黑人和白人观众分开，还组织了"部落"赛，顾拜旦后来斥责这场化装舞会般的闹剧。顾拜旦的种族主义是殖民主义类型的，它将体育运动当作一种对低等人的"文明开化"工具。从这个意义上讲，他从不为民族或种族排斥行为辩护，因为他将体育运动视为一场由白人男性精英引导的"教化"其他大洲的运动员的征战。他还传递了一些最令人发指的有关人种的刻板印象。

顾拜旦在谈到亚洲人时写道："黄色人种的人们令人敬佩地似乎准备好从正在成型的竞技体育的征战中受益。他们准备好了，无论是个人还是集体。他们以个体的名义准备好了，因为他们的耐力、坚韧、耐心、天生的柔韧性，他们自我克制，保持缄默，隐藏痛苦和努力的习惯已经最有效地塑造了他们的身体。"

至于非洲人，在悲叹一番当时移民对黑人的刻板印象的同时（散漫，懒惰"和一种并非没有魅力的无知的温和"），顾拜旦还认为体育运动能成为服务于殖民使命的有力手段："现在是时候开始用体育运动征服非洲了，这片体育运动至今几乎没有踏足过的广袤大陆；也是时候给非洲人民带来从肌肉的有条理的努力中获得的乐趣，以及由此产生的一切好处。"

顾拜旦的种族主义言论可以和儒勒·费里比肩，费里在1885年7月提出"（高等民族的）职责是开化低等民族"。顾拜旦在体育界看到了一种为这种"职责"服务的工具。毫无疑问，通过施行他的计划和想法，以及鼓励在殖民地发展起源于欧洲的体育运动，奥林匹克运动会将在帝国主义事业中发挥作用，这不会阻碍被殖民者反过来从这些体育活动中获得好处然后挑战西方的统治。这类反转中最惊人的一个例子是印度全民对板球运动的热情，它是英国移民的最佳运动项目，还成为印度民族团结的因素之一，这让一位有趣的观察家、作家拉姆·古哈（Ram Guha）大呼："板球是一项印度国民运动，却是由英国人不小心发明的。"

体育观众成祸害

奥林匹克理想中关于民族主义的部分更是模糊不清。如果说顾拜旦的民族主义倾向是不可否认的，那么在他将体育运动视为缔造和平的活动时，他的真挚也是不容置疑的。希腊让奥林匹克休战成为敌对城邦的和平聚会，从希腊的示例中受到启发，男爵从未想过有一场旨在脱离了国家民族束缚的个人之间的竞赛。这个观念直到1968年才被美国短跑运动员约翰·卡洛斯（John Carlos）动摇。

但是与此同时，两次世界大战也发生了。他的国际会议计划的另一目的就是让敌对的国家在体育比赛期间可以聚集在一起，并提出替代武装对抗的软性方案。奥林匹克理想本质上不具有民族主义色彩，但是它一直携带着朝这个方向生长的种子。

查尔斯·莫拉斯（Charles Maurras）对奥运会的态度很好地表明了这一点。他一开始坚决反对奥林匹克的理想并评价其为"世界主义的"。这位极右翼作家在1896年被法国《宪报》（*La Gazette*）特派到雅典奥运会，当场他就完全改变了观念。他写道，"当第一个想法被发表时，我承认我火力全开怒批了它。这个新的国际体育比赛让我不满意……我认为，这种民族混合很可能不会得到一个对现代国家明智而合理的等级划分，而会导致极其混乱的世界主义"。他继续写道："亲身经历改变了我的看法。我先前的那些理由并非没有根据，但并不完整。我忽略了两个主要特征。就世界主义而言，我认为在这方面没有什么可担心的，因为，当几个不同的种族聚在一起，不得不常常来往，却并不是因为有同感而团结在一起，他们会渐渐地彼此憎恨，相互斗争，同时他们认为更加了解彼此了。"由此，莫拉斯解释说，奥运会能够动员法国抵抗"我们最凶恶的敌人"，盎格鲁-撒克逊人。因为"现代奥林匹克运动会有助于在拉丁民族面前暴露出大胆的世界帝国王位觊觎者的数量、力量、影响力、狂妄自负和滑稽可笑"。

从本质上讲，顾拜旦的和平主义计划也因此成为完全适合民族主义事业的工具。就像莫拉斯一样，纳粹政权最初也反对奥林匹克运动，又在 1936 年心甘情愿地转变观念了。

不管他最初的计划有什么优缺点，顾拜旦都无奈地见证了体育竞赛的飞速发展。这不由得让人想起 19 世纪初，从赌马发展起来的比赛和挑战，以及顺势建立起来的、受管控的公立学校的体育制度。顾拜旦希望运动员们高贵无私，却发现自己面对的是一群消极的、有偶像崇拜习惯的观众。“我们不得不再次强调，体育观众已经变成祸害。他们降低了运动员的道德水平，让运动员对已经完成的动作产生不必要的担忧，还让他们有了低级的欲望。……运动员逐渐成为一名沉醉在掌声中的演员，并总是为这种渴求而过度兴奋”，他在 1910 年的《奥林匹克评论》中写道。他也预感到体育运动不可抗拒地要向观赏体育方向演变了。

参考文献

Pierre de COUBERTIN, *Pédagogie sportive*, Les Éditions G. Crès et Cie, Paris, 1922.

Yves-Pierre BOULONGNE, *La Vie et l'œuvre pédagogique de Pierre de Coubertin, 1863-1937*, Léméac, Ottawa, 1975.

七

古代奥林匹克运动会：
一场古代伍德斯托克音乐节？

弗朗索瓦·托马佐

在 19 世纪末提出复兴奥林匹克运动会时，皮埃尔·德·顾拜旦从古代奥林匹克运动会的理想化愿景中得到启发。那些他强调的原则：业余主义、去政治化、和平主义、公平竞争，是希腊人完全不知道的；并且，古代奥林匹克运动会并不对所有人开放，而是仅限于希腊自由民参加。古代奥运会自公元前 776 年起每四年举办一次，至公元 393 年已有近 1200 年的历史，而这一时期还存在着一些其他定期举办的"体育"赛事，例如在科林斯举行的科林斯地峡竞技会、在尼米亚举行的尼米亚竞技会和在德尔菲举行的皮提亚竞技会。这些竞技活动首先都具有宗教意义。从这一层面来说，现代奥林匹克运动会即使也设置了"典礼仪式"，尤其是在 1936 年纳粹奥运会（柏林奥运会）之后，却大大淡化了受宙斯庇护的古代奥运会的神圣色彩。如果开幕式上放出的几只鸽子能够承担现代奥运会点燃圣火的费用，那么一百多头牛就不必再以国际奥委会的名义献祭给体育场之神了。

澳大利亚记者托尼·佩罗特在 2012 年出版了关于古代奥运会的一本书——《赤裸的奥林匹克》（*Naked Olympics*），他将古代奥运会形容为"一场混乱的摇滚音乐会，等同于古代伍德斯托克音乐会"。奥林匹亚遗址地处伯罗奔尼撒半岛伊利亚州的一个偏远地区，到这里的路程不仅遥远还很危险。遗址围绕一座宙斯神庙建造，神庙里竖立着由雕刻家菲迪亚斯（Phidias）雕刻的神像。当地只有莱尼达奥（Leonidaïon）一家旅馆，用来专门接待贵宾，其余每四年来参加典礼和比赛的 4000 名观众睡在豪华或普通的帐篷里，甚至还有人直接裹着衣服睡在地上。这里的卫生条件堪忧，夏季河流干涸（古代奥运会也和现在一样在 6 月或 7 月举办），还要充当游客的厕所。饮用水稀缺又昂贵，酒会少一些，街头小贩靠着出售或新鲜或不新鲜的食物而致富，虫蝇成群飞舞，众多疾病滋生。那时的历史学家的叙述让人联想起死亡、斗殴的场景，卖淫也是环境的组成部分。秩序维护工作由持鞭子的值班人负责。

尽管条件艰苦，但据希腊作家萨莫萨塔的琉善（Lucien）所说，"无数人"赶着去参加比赛。人们把去参加奥运会当作朝圣，对于提亚纳的神学家阿波罗尼奥斯（Appolonios）来说，"没有任何一件大事能使人和神都如此高兴"。体育赛事本身倒不是十分必要的。在奥运会的这五天里，一些游行活动和宗教典礼相继举行，观众们利用在此地停留的时间，在付费导游的陪同下参观神庙和奥林匹克遗址。诗人们吟唱着他们最新的创作，画家们展出他们最新的作品，奥运会也是一场文化盛事。

男女运动巨星

对于运动员来说，能被选上代表城邦参加奥运会就是最大的认可。优胜者的名字会成为传说，而一次奥运会的胜利将保证他们此后一生的名誉与财富。如果说他们只获得了一个橄榄花冠作为唯一的奖品，那么他们将在接下来整个希腊全年举行的众多体育赛事中通过声望牟利。奥运会的比赛项目非常少：赛跑（跑距 192 米的单程赛跑，双程赛跑，跑距 4200 米的长跑，武装赛跑），赛马（四马拉车赛和二马拉车赛，骑马赛，小马驹赛），混斗（古希腊式博击，拳击，摔跤）和最重要的体育盛事——五项全能（赛跑、跳远、掷铁饼、投标枪、摔跤）。

一些体育明星的名字被人们铭记，例如摔跤手米隆·德·克罗托内（Milon de Crotone），据说他在奥运会期间吃了半头牛，还有在公元前 396 年以神圣四马战车车主身份参赛并成为第一位女性奥运冠军的斯巴达的茜尼丝卡（Cynisca）公主，她成为古希腊女性的标杆，激励了其他女性，此后又有十多位女性马车车主夺得桂冠。马术比赛是唯一允许女性以马车车主或教练员身份参加的竞技项目，但是，已婚妇女不得进入奥运会场地。

至于女子比赛赫拉运动会（Héraia），则是在奥运会结束 15 天后在原场地举行，主要项目是赛跑。据帕萨尼亚（Pausanias）在《希腊志》（Description de la Grèce）中的叙述，参赛者排成一列，身着短希腊裙，袒露一边的肩膀和乳房，这是一种结合了传统亚马孙女战士民族服饰的着装。鉴于赫拉神庙早于宙斯神庙存在，赫拉运动会甚至也有可能比奥运会更古老。然而，我们很难得出关于古希腊女性地位的定论。女性地位在不同时期有所变化，并且在不同的城邦，情况也有所不同。比如在斯巴达，年轻女孩与男孩一起接受教育，斯巴达人认为，强健的妇女能孕育更健康的后代。

茜尼丝卡的胜利也可以被理解成斯巴达人的挑衅，而不是女性解放的标志。根据一些学者的说法，斯巴达领袖向世人展示女性也能参加马术比赛，是想要借此让不基于体力比拼的马术比赛声誉扫地。从公元前 7 世纪开始，斯巴达人首先开始裸体参加比赛，而后这成为奥运会的规则，并一直延续到奥运会被废止。运动员为了在比赛时减少脱水会在身上抹油，而摔跤手擦粉则是为了方便近身搏斗。

哲学家柏拉图（Platon）（希腊语意为"宽阔的肩膀"）尽管没有作为选手参加奥运会，但他是一位经验丰富的摔跤手，有资料显示他曾参加过地峡竞技会和皮提亚竞技会；《理想国》（la République）的作者也作为观众去了奥林匹亚，和那些最朴实的观众分享口粮和临时床铺；爱比克泰德（Épictète）也在《语录》（les Fragments）中提起过奥运会，而且大多数希腊思想家都被奥运会深深吸引。因此竞技体育训练是希腊年轻人的必修内容，并且竞技体育训练从未被认为与智力教育是此消彼长、相背相反的。

铤而走险，永恒的欲望

如果试图跟现代体育比较，那么古代奥运会的条件和宗旨有天壤之别。希腊人对个人表演绝没有兴趣，对他们而言，没有什么口号比"重要的是参与"更陌生了。竞赛的唯一目的是取得胜利，而且只有获胜者才能得到奖励。古代比赛没有银牌和铜牌：被击败的人甚至会成为人们嘲讽和羞辱的对象。

同样，业余主义这一概念也是不存在的。运动员都是专业的，由教练带领培训，教练凭自己的学识和教学手段赚钱。除了明显的宗教色彩外，希腊的运动会还充满了政治色彩，运动会事实上产生于诸如斯巴达、雅典和底比斯这样的城邦国家兴起之际。体育运动的对抗是温和交锋与对峙的特殊时刻，让双方可以相互交流和相互了解。公元前416年，阿尔西比亚德斯（Alcibiades）率领的代表团在奥运会上取得胜利，才因此确立了他在雅典的统治地位。与之相反，388年，叙拉古（Syracuse）僭主大狄尼西奥斯（Denys l'Ancien）因在诗歌比赛中朗诵了可鄙的诗文，在奥林匹亚公众面前出了丑。而他的下场是被逐出奥林匹亚，权威也受到损害。

我们可以在现代奥运会的创建过程中看到相同的地缘政治巧合，因为现代奥运会是随着19世纪末民族国家的产生而出现的。矛盾的是，尽管现代奥林匹克运动提倡去政治化，但两次世界大战中断了20世纪的奥运会，相反，古代奥林匹克休战在一千多年间几乎没有被打破过。即使斯巴达和雅典之间的伯罗奔尼撒战争让各个城邦相继抵制奥运会，也没有让奥运会被取消，对众神的虔敬不允许它们这样做。甚至在364年，当阿卡迪亚人进攻奥林匹克场地，与厄里斯人争夺领属权时，奥运会仍在继续举行，观众甚至从这一没有预料到的战争场景中获得了乐趣。

古代和现代奥运会的共同点无疑是永恒的铤而走险和作弊的欲望。公元前 388 年，一个名为尤波罗斯（Eupolos）的赛萨利摔跤手试图贿赂他的三个对手在比赛时"躺下"。这类腐败的行为都会受到严厉的惩罚，有时是被刻成雕像，不是用来纪念胜利者的荣耀，反而是彰显作弊者的耻辱，曝光作弊者，让他受到公开谴责。如果说当代运动员承诺遵守奥林匹克誓词，践行"没有兴奋剂和药品的运动会"，那么他们的希腊祖先就要被禁止使用巫术了。但据说有许多药水和药膏可以提高运动能力，一种名为"大力神种子"的著名药粉可以增强体力，人们对它的成分一无所知。老普林尼（Pline l'Ancien）也提及了木贼的功效，木贼是一种用于收缩脾脏的植物，古人认为此物可用来治疗腰腹疼痛。重点还是要关注饮食，和那些食用训练所必需的肉类的运动员。

参考文献

Tony PERROTTET, *Naked Olympics. The True Story of the Ancient Games*, Random House, New York, 2004.

八
1900年巴黎奥运会和佚名舵手之谜

弗朗索瓦·托马佐

照片上，男孩被两个结实的小伙子包围着，他们是荷兰舵手弗朗索瓦·勃兰特（François Brandt）和罗劳夫·克莱恩（Roelof Klein），这个戴着帽子的小家伙看上去忧郁又严肃。奥林匹克运动会和赛艇历史学家们称，这个小男孩是1900年巴黎奥运会赛艇双人项目的获胜者，荷兰队的这位舵手，也许是奥林匹克运动会历史上年龄最小的金牌得主。他大约8岁，但没人确切知道他是谁，他的身份已成为奥运会几大未解谜团之一。

数十年来，国际奥林匹克历史学家学会主席，也是被誉为该领域圣经的《奥林匹克全书》的作者大卫·沃勒钦斯基（David Wallechinsky）一心想解决这个问题，但没有成功。这张照片是这位昙花一现的冠军留下的唯一痕迹，于20世纪60年代被荷兰历史学家安东尼·比克（Anthony Bijkerk）发现。比克后来采访了本国首次获得奥运冠军的这两个家庭，但也没能解开这个谜。在当时，选用儿童作舵手以减轻艇重的做法并不罕见。因此最年轻的法国奥运奖牌获得者也是舵手，在1936年的柏林奥运会上以14岁的年龄摘得两枚奖牌的诺曼·

范德诺特（Noël Vandernotte），当时就在他叔叔的船上做舵手。1900 年，据说勃兰特和克莱因曾与年龄更大、体重更重的队友赫曼努斯·布罗克曼（Hermanus Brockmann）为预赛争吵过，然后他们从人群中选择了一个孩子来提升获胜概率。

2016 年夏天，一个新的假设出现了，历史学家帕塔·纳兹维利什维利（Paata Natsvlishvili）向国际奥林匹克历史学家学会提交了一份论文，他在文中声称已经确定了这个男孩的身份。据他说，那是一位名为乔治·尼古拉泽（Giorgi Nikoladze）的格鲁吉亚人，是体育运动和划船项目的深度爱好者，他 1900 年在巴黎度假。但是，格鲁吉亚研究人员提供的照片并没能让怀疑者们信服。这个谜依然存在。

到目前为止，能被证实的最年轻的奥运奖牌获得者仍是希腊体操运动员迪米特里奥斯·兰德拉（Dimitrios Loundras），他是双杠队的成员，在 1896 年雅典奥运会上获得第三名，那时他仅仅 10 岁零 218 天。即使有一天能弄清这位佚名舵手的身份，他也不能被认为是最年轻的奖牌获得者：1900 年，勃兰特和克莱因并没有收到奖牌，他们收到的是一座女歌手的青铜雕像。

"似非而是"的奥运会

这件轶事揭示了整个 1900 年奥运会的业余程度。这次奥运会历时 5 个月，只作为世界博览会的一部分，那时世博会是当局的大事，甚至许多参加者都不知道自己参加过奥运会，其实这届奥运会可以改名为世博会的国际体育运动竞技赛。比赛章程是世博会委员制定的，与皮埃尔·德·顾拜旦无关，比赛项目包括套袋赛跑和钓鱼比赛。对奥运会的复兴者来说更大的侮辱是，由于提供了现金奖金，女性和职业运动员也被允许参赛。最早的女奥运选手就是槌球运动员，槌球运动是向女性推荐的一项运动，如果我们相信官方的报道："轻视槌球是错误的。它发扬了配合的精神，我们已经看到它把爱吵架的年轻女孩们改造成推理者了，还把推理者改造得通情达理了。"然而，这项女子槌球赛仅吸引了一位付费观众。

高尔夫球赛也少了些运动性，更加民间化。比赛由市长组织，在贡比涅（Compiègne）举行，汇集了当地出身良好的 30 多名选手和热情的民众。男子高尔夫球赛的获胜者是美国人查尔斯·桑兹（Charles Sands），他也在巴黎参加了网球比赛，但很快就被淘汰了。女子高尔夫球赛冠军的头衔被来自芝加哥的豪门继承人玛格丽特·阿伯特（Margaret Abbott）摘取，她和她的母亲一起来法国学习艺术。她在 1955 年去世，却一直不知道自己是美国第一位奥运会冠军！

说起 1900 年奥运会中那些别致生动的比赛，必须要算上跳远和骑马跳高，还不能忘记游泳障碍赛，比赛时，游泳选手必须要爬杆子，还要从船身下方游过。法国人夏尔·德·文德维尔（Charles de Vendeville）在水下游泳比赛中夺冠。这项游泳比赛大受追捧，因为比赛正是在塞纳河进行的！

皮埃尔·德·顾拜旦曾希望将奥运会与世界博览会同时举行，借此扩大奥运会的知名度，但他不得不承认自己的失败，"奥林匹克运动能够在这次庆典中幸存下来就是一个奇迹"，他这样记录道。

参考文献

David WALLECHINSKY et JAIME LOUCKY, *The Complete Book of the Olympics*, remis à jour tous les quatre ans.

Daniel MÉRILLON (dir.), *Concours internationaux d'exercices physiques et de sports. Exposition universelle internationale de 1900, à Paris*, Imprimerie nationale, Paris, 1901.

九
“小女王”，德雷福斯事件和
环法自行车赛的诞生

让－菲利普·布沙尔

这个故事可以告诉我们传媒公司在当时有多么强大的力量，这是任何精神力量所不能比拟的，即使是最强大的进取心也必须让位于更强大的力量。但在法国体育史中，这是一个意义重大的时刻。在第一辆脚踏自行车上市仅仅40年后，传媒业内部的竞争推动了全球最盛大的年度体育赛事的诞生。

19世纪末期，体育报纸的头条内容主要侧重于自行车，许多报纸都是在当时诞生的，例如1854年创立的《运动》报（此前是日报，之后转为两周发行一次）、1876年的日报《体育回顾》、1882年的周报《自行车》和1888年的周报《体育小报》。

这些报纸中，最受欢迎的当属由保罗·卢梭和皮埃尔·吉法尔（Pierre Giffard）于1892年创办的周报——《自行车》。吉法尔时年39岁，早先在《小巴黎人》报和《费加罗》报工作了近十年，之后成了一位著名记者。1890年，他为由马里诺尼印刷公司经营的《小日报》（*Le Petit Journal*）撰稿，此报单日销量超过 100 万份。他本来主要报道的是武装冲突的内容，但当人们于 19 世纪 80 年代末发明了自行车后，他认为这种工具会造福大众，所以沉醉于自行车相关的项目。

就像当时的许多记者一样，他发起了各种各样的比赛，其内容都会发表在《小日报》上。1891 年，每十年举办一次的巴黎－布雷斯特－巴黎自行车赛问世（1901 年，该项赛事被报纸《自行车与汽车》接管，在 1911 年该报发行第三期时，吉福德从他的糕点师那里订购了一个自行车形状的蛋糕，并称之为"巴黎布雷斯特"）。此外他出版了一本书以颂扬他眼中自行车的所有优点，并将书命名为《自行车女王》。独特的封面（一个年轻女子将自行车高举过头顶）和书名使这本书逐渐流行起来，以至于"小皇后"这个词很快就成为人们对自行车的代称了。

意识形态、传媒、法律和选举：全方位冲突

1892 年，吉法尔发起了巴黎－贝尔福长跑比赛，1896 年，他创办了巴黎的第一个马拉松赛，同年，他选择全身心地投入到他的报纸《自行车》中。日后该报成为第一家法国体育日报，他以前只用化名"阿拉托"为此报撰稿。由于此报影响力变得越来越大（日发行 30 万份），吉法尔意识到他的一些观点会得到人们的响应，因此，他开始支持皮埃尔·德·顾拜旦男爵恢复奥运会的计划。同时他还是一名进步人士，他是 19 世纪 90 年代末法国德雷福斯冤案中德雷福斯上尉的支持者。此案中一方势力认为德雷福斯蒙冤，另一方认为德雷福斯

背叛了祖国。回溯历史，吉法尔的这一选择使他承受了巨大的经济损失。

《自行车》报的主要广告商是汽车制造商德·迪翁－布顿。这家制造公司由飞行员乔治·布顿和儒勒－阿贝尔·德·迪翁（Jules-Albert de Dion）伯爵于 1883 年创立，仅用十年就成为法国最大的制造公司。迪翁一生都是极右分子，所以当 1899 年 6 月德雷福斯上尉被宣判无罪时，迪翁因参与煽动反对德雷福斯的斗殴被捕。之后，吉法尔迫使他辞去法国汽车俱乐部副主席一职（该俱乐部于 1895 年创立，但一直以来都被政府威胁，要求其解散）。两人自此结下了梁子。

迪翁和吉法尔之间本就存在意识形态争端，之后大众所不了解的一场经济利益冲突使二人关系更加恶化。迪翁的公司觉得《自行车》报上的广告位价格太高，此外，二人对汽车发展的看法也存在分歧。迪翁崇尚精英主义，提倡举办公路赛车。吉法尔则认为汽车的发展要面向大众，出于安全原因，他希望比赛只在赛道上进行。之后，吉法尔创立了法国摩托俱乐部，对汽车行业构成了巨大威胁，成为法国汽车联合会的竞争对手，这使得他经常被针对。

当迪翁从《自行车》报上撤下所有广告，并鼓励汽车和赛车业的其他负责人（如米其林·克莱门特）也这样做时，这场对抗已经上升到私人恩怨层面。为了削弱他的潜在对手，迪翁在 1900 年买下了周刊《自行车与汽车》并降低了广告费，决定使其成为《自行车》报的头号竞争对手。1900 年 10 月 16 日，第一期《自行车与汽车》以 5 美分的单价出版，该版印于黄页上。随后两人因报纸名称打起了官司，因为两份报纸的名字中都含有"自行车"。最终吉法尔于 1903 年 1 月 2 日申请并获得了"自行车"一词的版权，《自行车与汽车》报改名为《汽车》（l'Auto）报。与此同时，他们的竞争继续在议会选举中进行。

1900 年，吉法尔代表共和党在滨海塞纳省第二选区（伊维托）竞选议会议员。尽管一开始他的呼声很高，但最后还是竞选失败。迪翁则立刻在伊维托地区传播吉法尔去年出版的《马之终结》一书，以此来羞辱他。迪翁在 1902 年首次当选为卢瓦尔省议会议员（并再次当选连任至 1923 年），但同年《汽车》报却经营困难，面临破产。尽管这样，在两家报纸的竞争中，《汽车》报的销量仍然是《自行车》报的四倍。迪翁想要为报社做最后一搏，此时作为前《自行车》报的一名记者，吉奥·勒福尔成了改变这一切的人.

首届环法成功举办，受害者却是……

早在 1902 年，《汽车》报就发起了从马赛到巴黎的自行车比赛，但想要击败《自行车》报，还需要付出更大的努力。亨利·德格朗热（Henri Desgrange）早先从事文职工作，辞职后参加自行车比赛并创了比赛记录，之后他在《汽车》报任记者并最终接替迪翁成为该报的老板。他集思广益，希望手底下的员工能够提出建议来为报社取得更大的成功。1902 年 12 月 20 日，德格朗热和手下的一名主编勒福尔在蒙马特大道上的一家酒馆聚会，勒福尔向他提议举办环法自行车赛来促进报纸的发行，这令德格朗热陷入深思。

两个月后，在 1903 年 1 月 19 日，《汽车》报宣布举办有史以来规模最大的自行车赛，即环法自行车赛。颇为讽刺的是，此时的吉法尔已经离开了《自行车》报，成为《晨间》报的记者。1904 年 11 月，《自行车》报宣布破产。1910 年，德格朗热希望吉法尔和《汽车》报合作，吉法尔表示同意，双方多年的冲突终于化解。1921 年吉法尔离开人世。

从一个突然的想法到环法自行车赛的诞生，《汽车》报只用了 6 个月的时间就实现了。德格朗热的成功离不开勒福尔和另一名主编戈德特的贡献。戈德特之子雅克日后成为《队报》和环法自行车赛的总裁，他深知环法对于《汽车》报的重要性，所以不惜花费重金完善这项赛事。

德格朗热本人在赛事组织方面略显固执，他总是希望通过增加比赛的难度系数来提高观赏性。很长一段时间内，他都不希望选手"舒服"地完成比赛，所以拒绝在比赛中引入很多创新设计，比如自由轮（1897 年发明，1912 年引入环法）或变速装置（1908 年开始售卖，直到 1937 年才获得环法授权）。在这方面，他的想法和一些赛跑运动员是一致的，比如 1924 年的佩利西耶兄弟。此外，他还是一个精明的商人。1930 年，他授权一些品牌可以在比赛的赛道上投放广告，还创建了车队制度。同年，他决定参赛选手应按国籍来划分车队（由参赛国承担所有费用）而不是按品牌来组队（这会破坏比赛的竞技性）。

第一届环法自行车赛就取得了巨大的成功。这项总长 2428 公里的赛事令观众们着迷。比赛分为六个赛段（巴黎 - 里昂；里昂 - 马赛；马赛 - 图卢兹；图卢兹 - 波尔多；

波尔多 – 南特；南特 – 巴黎）。《汽车》报的销量随着比赛的
流行呈爆炸式增长。第一届比赛于 1903 年 7 月 19 日在阿夫雷
城落幕，欢庆的人群陪同骑手们一直走到王子公园球场，人们
在这里进行最后的游行。比赛冠军毛瑞斯・盖利（Mauris
Garin）被如此盛大的场面吓坏了，他甚至要求在汽车里举行
最后一次游行以免"被热情的人群杀死"。作为赛事的主办
方，《汽车》报的代表阿尔方斯・施泰纳斯拒绝了他的要求并
这样解释道："是的，比赛太成功了，热情的人群好像的确让
我们成了受害者。但这是一个愉快的成就，所有《汽车》报
的读者都是我们的朋友！"

参考文献

Édouard SEIDLER, *Le Sport et la Presse*, Armand Colin, Paris, 1964.

Jacques MARCHAND, *Les Défricheurs de la presse sportive*, Atlantica, Biarritz, 1999.

Jacques MARCHAND, *La Presse sportive*, Éditions du CFPJ, Paris, 1989.

Corinne COUDERC, *La Presse écrite française entre 1850 et 1900*, Mémoire de DEA Sciences de l'information, université Jean-Moulin Lyon-3, 1990 (disponible sur <www.enssib.fr>).

Hugh DAUNCEY, « Entre presse et spectacle sportif, l'itinéraire pionnier de Pierre Giffard (1853-1922) », *Le Temps des médias*, n° 9, 2007 (disponible sur <www.cairn.info>).

Philippe TÉTART, *Histoire du sport en France*. Tome 1 : *Du Second Empire au régime de Vichy*, Vuibert, Paris, 2007.

Jacques SERAY, *Pierre Giffard. Du Paris-Brest à l'affaire Dreyfus*, Le Pas d'Oiseau, Toulouse, 2008.

十

1904：险些"二世而亡"的环法

弗朗索瓦·托马佐

2013 年，历史悠久的环法自行车赛迎来了整整第 100 届赛事。然而这项赛事在初创阶段充满波折，险些在举办两届后成为历史。

20 世纪初，法国著名的《汽车》报生意惨淡，陷入巨大危机。该媒体内部开会提出举办这一项大赛来增加报纸销量、走出困境——这看似无奈之举却深刻地改写了体育史。当 1904 年第二届环法自行车赛举行时，事实证明主办方早在前一年就巧妙地用设立赌注的形式避开了一切可能的风险与陷阱。

第二届赛事结束后，负责主管赛事的《汽车》报主编亨利·德格朗热在 1904 年 7 月 24 日的报纸个人专栏中直言不讳地表达了沮丧：

> 又一届环法自行车赛结束了，我很担心这会是最后一届赛事。它既取得了成功，也将因其成功、因其释放出的盲目激情、因无知者与恶人的肮脏质疑而走向消亡。在第二届环法结束的时刻，我们感到厌烦、泄气。这三周的时

间里，我们蒙受了最恶劣的侮辱与伤害。

可以这么说，无论是参赛者还是观众都有意无意地偏离了主办方的初衷。有的参赛车手偷偷搭乘汽车；有的车手明目张胆地几次坐汽车，直到接近赛段终点时，才重新踏上自行车踏板；观众直接无视路上的人行道。

最终，毛瑞斯·盖利连续第二年斩获冠军。在他卫冕成功当年的 11 月 30 日，即比赛结束后 4 个月，法国自行车联合会（UVF）开出一纸震惊体坛的罚单。包括毛瑞斯·盖利与弟弟塞萨尔·盖利（César Garin）、吕西安·波蒂埃（Lucien Pothier）、伊波利特·奥库蒂里耶（Hippolyte Aucouturier）在内的 6 名车手被法国自行车协会取消了当年成绩，上述提到的四个人正是第二届环法的前四名。

由于曾经在比赛中搭乘火车，毛瑞斯在痛失冠军的同时被禁赛两年，而波蒂埃则遭遇终身禁赛。冠军被剥夺并未让毛瑞斯怀恨在心，他之后还开了一家名为"环绕法国"（Au Tour de France）的酒吧。有关部门没有做出详细说明，但那些参赛车手并未感到吃惊。

回顾 1904 年环法的第一赛段，波蒂埃就曾在一次碰撞中人仰马翻，但损失 15 分钟似乎影响不大，他很快回到了领骑队伍中。第一赛段结束后就出现了选手被取消资格的情况，赛段第三名皮埃尔·舍瓦利耶（Pierre Chevalier）因为比赛途中搭乘汽车而失去了后续参赛机会。

第二赛段由里昂到马赛。当车手们骑行到位于赛段途中的圣埃蒂安山口时，暂列榜首的是阿尔弗雷德·富尔（Alfred

Faure）。富尔有一群阵容庞大的"后援团"，他们手持木棍从
灌木丛中突然出现，想要殴打包括毛瑞斯·盖利在内的一众追
赶者，以确保富尔摘得头名。为了维护秩序、让比赛恢复正
常，主办方甚至不得不动用了枪支。可下一赛段依然幺蛾子不
断，这次的麻烦制造者换成了上一赛段出局的车手费尔南·帕
扬（Fernand Payan）的拥趸。从第四赛段开始，赛道上的钉子
引发了一连串车手遭遇爆胎，这正是帕扬粉丝们的"杰作"。

　　谈到这里，人们可以理解德格朗热心中的苦涩，然而他已
经开始筹划下一年的赛事了。最终，1904 年环法自行车赛的
冠军属于绰号为"油子"的亨利·雅德里（Henri Jadry），他
更为人熟知的名字是亨利·科尔内（Henri Cornet）。倘若环法
在举办两届后彻底"腰斩"，那么他本该以 19 岁 11 个月的年
龄成为该项赛事史上最年轻的总冠军。

十一

英国人发明了体育，法国人推动体育全球化

让－菲利普·布沙尔

你能设想一下没有裁判参与的体育竞赛吗？这在现实中显然不可行。自从英国举行有规律的体育比赛开始，裁判或仲裁人（扮演裁决比赛结果的主角）就是场上不可或缺的一部分。裁判存在的一个重要原因是运动员时常无法精通因地区或学校差异而不同的规则，这使得体育运动一开始就出现了"主场哨"的雏形。如果规则因时间与地点而各自迥异，很难想象一项体育运动能取得长足发展，例如：如何建立积分榜与排名？正是这方面的思考激发了 19 世纪末（在法国从 1901 年开始）的俱乐部、合作伙伴以及体育协会领导人的灵感。

通常，从这个角度而言，是英国人发明了现代体育，而法国人的管理使其走向规范化。事实上大部分体育项目的规则都已在英国确立，而法国籍领导人另有远见：在不列颠之外确立国际体育运动的框架，让英国人嫉妒他们特权的同时保持在本土与英联邦国家既有的体育赛事建制。

为了更好地组织与管理这些发源于英国的体育运动，使其为己所用，来自法国与其他非英联邦国家的体育领导人深知：

他们应建立相关机构。其中最令人震撼的便是顾拜旦，这位深受英国体育影响的法国贵族在 1894 年当选国际奥委会主席，并提出恢复奥运会；一战前的 15 年间，多数项目的国际联合会纷纷在巴黎宣告成立，这同样令人瞩目，此时英国传统体育项目（如网球、足球、橄榄球等）正通过法国在整个欧洲大陆开始风靡。无论是 1900 年的国际自行车联盟（UCI），还是 4 年后的国际足联（FIFA）、国际汽联（FIA），还有 1913 年的国际网联（ITF）均在巴黎宣告成立。

然而，这些在国际范围内体育一体化的尝试遭到了英国人的敌视，大不列颠人不愿被剥夺自身的"特权"。几项规模最大的国际体育赛事——奥运会、世界杯足球赛、环法自行车赛与欧洲足球冠军联赛均由法国人发起，这使得英国人十分不爽并试图搅局。由此看来，体育由英国人发明、在法国人的组织下走向全球化便更为确凿了。

我们是否应当记得那一场比赛：1906 年 11 月 1 日，法国国家足球队建队史上首次与英格兰交锋，结果被英格兰业余代表队以 15 比 0 的比分横扫？这场看似夸张的比赛显示出英国人在这一运动中的超前地位。超越国家范畴的体育联合会的建立可以削弱这种霸权地位，使其他国家通过国际比赛的形式在竞技层面迎头赶上成为可能。

难以避免的相爱相杀

英国人并未等待一个国际联合会的出现来组织足球比赛。在 1823 年的一场足球比赛中，日后的传奇人物威廉·韦伯·

埃利斯情急之下将球抱在怀中狂奔破门，这一犯规之举反而催生了橄榄球的诞生。英国高等学校不断对足球竞赛规则进行补充、完善，这使得需要成立一个协会将它们联合起来组织竞赛，避免在自身理解的规则下各自为战。1863 年 10 月 26 日的会议是决定性的。11 家伦敦的俱乐部与学校代表齐聚一家名为"Freemasons"的酒馆，商讨改变足球运动相对分散的状况，对规则条文进行统一，讨论结果获得了众人的认可。这次会议标志着英格兰足球总会（FA）的诞生，会议也对足球的尺寸与重量进行了规定。

同年 12 月 8 日，由布莱克希思（Blackheath）带领的几位拥护橄榄球打法的后卫与英足总终止合同，并创建了英格兰橄榄球联合会（RFU），橄榄球与足球正式分家；1869 年，足球运动废止了规则中一切与手的联系（除守门员外）；翌年，英足总的成员协会超过了 50 家。1872 年，世界上最古老的体育赛事之一——英格兰足总杯正式创办；从 1888 年起，英足总将顶级联赛的创办提上了议程。当国际赛事在大不列颠境内如火如荼之时，欧洲大陆却几乎听不到谈论足球的声音。在准备第一场"国际比赛"的过程中，英格兰代表队受限于其他国家尚未成型的组织结构而难觅对手，于是在 1872 年 11 月的最后一天，他们与苏格兰历史最悠久俱乐部之一的"女王公园"展开交锋。随后根据英格兰足总的模式，大不列颠境内的另外三家协会：苏格兰足总（1873 年）、威尔士足总（1873 年）、爱尔兰足总（1880 年）相继成立。

由英国人构想的国际比赛原则得到了公众认可，逐步取得了巨大的成功。此刻他们需要成立一个机构用来规范比赛。

1882 年，大不列颠的四家足总联合成立了国际足球协会理事会（IFAB）。该机构负责起草、维护与修订足球竞赛规则，并使规则在所有参加足球运动的国家中趋向统一。1884 年，由英国四个足球协会参加、每年一届的国际比赛——大英四角锦标赛（British Home Championship）正式出炉。考虑到当时与欧洲大陆的帝国之争，彼时的英国人认为这一切已经足够，没有必要在英联邦之外建立新的联合会。

于是，无论在 1904 年国际足联的创建过程中还是 1930 年由儒勒·雷米特（Jules Rimet）发起的第一届世界杯上，英国人的身影都没有出现。直到 20 年后的 1950 年，英格兰代表队才首次站在世界杯的赛场上。1953 年 11 月 25 日，英格兰队在本土遭遇一场大败（3 比 6 不敌匈牙利），"三狮军团"发现他们的欧洲对手正逐渐后来居上。

鉴于 20 世纪初英国人的不闻不问，欧洲大陆的领导者们产生了组织自身比赛的愿望，但当时业余主义与职业体育的拥护者们依然争论不休。在欧洲范围内，形形色色的协会、联合会与联盟纷纷成立，试图将各家体育俱乐部联结成一个整体。在法国，有不少于 10 家机构尝试规范自行车这项在一战前（1881～1910 年）最普遍的运动。而在与法国接壤的德国，五家联合会从 19 世纪 90 年代起同时着手组织足球运动，这使得德国成为当时几乎唯一一个拥有地区联合会的国家，这些联合会有自己内部的联赛。随后在 1900 年，德国足协成立；首个地区联合会成立近 80 年后的 1963 年，德国足协决定将德甲联赛设立为全国性职业联赛。

在荷兰与丹麦之后，又有不少国家设立了本国的足球协会，包括新西兰（1891 年）、阿根廷（1893 年）、智利与瑞士、比利时（1895 年）、意大利（1898 年）、德国与乌拉圭（1900 年，其中德国保留地区联赛）、匈牙利（1901 年）与芬兰（1907 年）等。在法兰西，雷米特正担任法国体育运动联合会主席一职，管理 25 万名持证会员的他认为是时候将各国足球协会聚集到一起了。

法国领导者的王朝

1904 年 5 月 21 日，国际足联在位于巴黎的法国体育运动联合会总部宣告成立。在国际足联成立宣言中，儒勒·雷米特强调：每个国家只有一个联合会能得到国际足联的承认。这一决定埋下了冲突的隐患。当英格兰足总于 1905 年短暂加入国际足联（一战后退出，直到二战后才最终加入）时，他们是明确反对法国体育运动联合会的——后者坚决维护业余体育主义，而英足总则是职业性质的协会。英格兰足总还提出由自己代表整个英国，把苏格兰、威尔士与北爱尔兰排除在外。

法国体育运动联合会并木得到其他国家联合会的支持，于 1908 年脱离了国际足联管辖。另一家协会——法国邦际协会（CFI）借此机会走向前台，在国际足联中代表法国。雷米特在 1910 年加入法国邦际协会，该协会在他的支持下于 1919 年演变为法国足协。法国体育运动联合会很快看到失去控制足球运动对自身影响力的削弱，随即在 1912 年 7 月 12 日，斯德哥尔摩奥运会闭幕后不久，与另外 17 个国家的体育联合会共同参与了国际田径联合会（IAAF）的创办。一战后，法国体育运动联合会开始分化为多个特定项目的联合会，并于 1920 年创建了法国橄榄球联合会（FFR）。同年 10 月，法国田径联合会（FFA）宣告诞生；翌年，法国游泳联合会（FFN）的雏形法国游泳与救援协会成立。

法国人对体育组织的关注带来了一股新浪潮。法国体育的领导者们让体育在世界范围内向国际机构的组织形式靠拢，他们自身也将在未来具有巨大影响力：之后的国际奥委会主席顾拜旦、国际足联主席雷米特、法国体育运动联合会主席与国际田联发起人雷谢尔、国际网联主席瓦莱（Henri Wallet）以及国际自行车联盟的德格朗热等无一不是法国人。这些领导者们开启了一个国际体育界的法国王朝——他们的存在使得法兰西在世界体育舞台上无论竞技结果如何，都会具有相当分量的话语权。

尽管如此，法国人并未触及足球竞赛规则——负责组织足球运动的国际足联与拥有更改规则权利的国际足球协会理事会令人有些意外地各司其职、和平共处，为足球运动国际化做出了突出贡献。提到这里需要指出：如果没有国际性质的联合会，有的运动项目会在关注度、海外传播效果方面大打折扣，比如板球与美国的部分项目。以板球为例，19 世纪后半段其在英国学校里的受欢迎程度几乎不逊于足球与橄榄球，但此后并没有像这两项运动一样大范围传播出去。尽管其中有多方面的原因，但正如该项目首个联合会——"帝国板球理事会"（1965 年成为国际板球大会、1989 年更名为国际板球理事会）的名字一样，该联合会规定板球运动只欢迎大英帝国与英联邦国家参与，这在一定程度上阻碍了自身发展。

参考文献

Jean-Philippe BOUCHARD et Alain CONSTANT, *Un siècle de football*, Calmann-Lévy, Paris, 1996.

Renaud LEBLOND et Yves RIMET, *Jules Rimet, le père du Mondial*, Librinova, 2018.

十二
工人体育和天主教福利会体育

弗朗索瓦·托马佐

　　在法国，体育运动在崇拜英国的高中生中十分流行。最初，工人组织认为那是专属于"游手好闲的富人精英"的活动。风靡学校的体育并未得到工人阶级的推崇，他们正确地察觉到这是在有意培养斗争牺牲品。工业革命时期，"企业"运动受到雇主的支持，或是出于让工人远离小酒馆的目的，例如在吉斯（Guise），戈丹建立的"工人之家"就解决了这一问题；或是为了在企业内部营造一种"家庭"精神，例如标致公司、雪铁龙公司，位于埃因霍温（Eindhoven）的飞利浦公司，还有位于勒沃库森（Leverkusen）的拜耳（Bayer）公司就曾有过尝试，尽管并没有受到工会或工人政党的欢迎。

　　另一方面，教会通过青少年福利会或私立教育机构，更早发现了这些有趣的竞技运动的吸引力，他们在反对世俗教育和抵制在茹安维尔军事学校［参见本部分第十九篇］鼓动下发展起来的体操运动时都充分利用了这一点。因此，法国体操和运动联合会（FGSPF）中信奉天主教的体育领袖们自1900年起对足球运动给予优先权，以区别于那些世俗的、往往是反教权的联合会，例如由欧仁·帕斯（Eugène Paz）在1870年色当惨败后创建的法国体操协会联盟（USGF），或是由法兰西竞赛俱乐部（Racing Club de France）和法兰西体育场俱乐部（Stade Français）的会员们在1887年共同建立的法国体育运动联合会，皮埃尔·德·顾拜旦在该联合会中担任秘书长。

1906年，法国体育运动联合会决定以政教分离的名义惩罚应罗马教皇庇护十一世的邀请、前往罗马参加竞技联合的一些俱乐部，此时，足球运动也就成了真正的宗教战争的中心。作为反击，许多俱乐部随后归附了全法天主教竞技体育联盟（FGSPF）。联合会秘书长夏尔·西蒙（Charles Simon）通过创建法国邦际协会，即法国足球总会前身，非常有智慧地把日益流行起来的足球运动掌握在自己手中。福利会体育一度获得胜利。

此时一定要提到一位让这场神父与反宗教者之战人人皆知的人物：德尚神父。1900年，这位热衷竞技运动的神父创立了圣约瑟夫·欧塞尔（Saint Joseph d'Auxerre）青少年福利会。1904年9月4日，埃米尔·康比斯（Émile Combes）在约讷省（Yonne）就政教分离发表了演讲，一年后他成为主使者。他在一片混乱和倒彩声中被人群送到火车站，其中的大部分人是德尚神父的少年之家的成员。谨慎起见，德尚神父在第二年将福利会更名为欧塞尔青年足球协会（AJA），不料欧塞尔青年足球协会随着时间的推移成为法国最大的足球俱乐部之一，并且其体育场也以神父之名命名。1907年，福利会之间的斗争甚至造成一起发生在巴黎郊区的死亡事件，根据天主教媒体的报道，福利会在迪尼（Dugny）举办比赛活动，其间，"酗酒者帮派"的"暴徒"在一场自行车赛中杀死了一个年轻的堂区教民，还重伤了一位神父。

正是在这种背景下，法国才出现了工人体育。尽管在比利时和德国，工人体育已经获得了广泛的发展，并且受到在 19 世纪创立的体操公司的支持，但它在法国仍处于萌芽阶段。1906 年，《人道报》（L'Humanité）唯一的体育记者亚伯拉罕·亨利·克里霍夫（Abraham Henri Kleynhoff）自发创立了体育与体操联合会（FSGT）。他在让·饶勒斯（Jean Jaurès）的日报专栏中详细介绍了以下目标：

1. 发展肌肉力量，净化无产阶级青年的肺部。

2. 让年轻人把注意力聚焦在健康和令人愉悦的事情上，以缓解酗酒和不良交往的情况。

3. 引导年轻同志入党。

4. 通过组织运动会来宣传党。

5. 在年轻的社会党人中发扬协会和组织的精神。

（《人道报》，1908 年 5 月 4 日）

克林霍夫意识到体育运动现象的广泛性和工人们对一种能摆脱劳动生活的方法的需求，而且他还察觉到了工人阶级出身的冠军们与日俱增的名望，例如环法自行车赛的车手或是某些拳击手。1913 年，工人体育在国际社会主义体育协会（ASIEP）中结盟，但并没有停止组织各自的比赛活动，他们用这种方式来对抗"资产阶级体育运动"，比赛和表演都不是这类活动的第一要务。但是它的发展受到了阻碍，因为社会党人和共产党人在工人运动上产生了分歧，此时苏联为疏远国际奥委会创立了红色体育国际（IRS），红色体育国际机构组织了自己的国际比赛，即斯帕塔基亚德（Spartakiades）。如果说工人运动对精英体育的影响无关紧要，那么另一方面，它对大众体育的发展则有重大的影响，并成为人民阵线时期莱奥·拉格朗日（Léo Lagrange）对休闲活动进行改革的起因。1936 年是工人体育史上的一个里程碑：为对抗柏林奥运会，一系列"反奥运会"比赛在巴塞罗那举办起来了。这些颇受欢迎的比赛，开始于佛朗哥将军发动政变后的第二天，又因西班牙战争的爆发而中断。［参见第二部分第五篇］。

在第二次世界大战和 1952 年苏联加入国际奥委会之后，工人体育的理想消散在普通体育运动中了，因为体育上的成就成了东方国家对外宣传的一个重要依据。

如果说工人体育在远离官方奥林匹克运动的路上发展，那么皮埃尔·德·顾拜旦和推崇英国精英阶层运动项目的人们倒是没有完全忽视工人们的运动。首先迷恋"艰苦奋斗与激烈竞争塑造精英"观念的奥林匹克精神的复兴者，很快就注意到工人阶级对体育运动的热情，然后，他在 1909 年成立了大众体育协会，试图以此来引导管理工人运动，协会的"实用"目的是让工人能够从体育运动中受益。但是，在他心中，与其说这是在帮助工人提升地位，不如说是在教他们去接受现实。

参考文献

André GOUNOT, « Le sport travailliste européen et la *fizkul'tura* soviétique : critiques et appropriations du modèle "bourgeois" de la compétition (1893-1939) », *Cahiers d'histoire. Revue d'histoire critique*, n° 120, 2013.

十三
业余主义与职业体育的漫长拉锯战

弗朗索瓦·托马佐

综览本章的之前部分，我们以现代视角了解了体育是如何从英国的公立学校发展起来的。英国的学校体育既反对贵族们的赌注游戏（让手下仆人在跑步或拳击中生死相搏），也站在了军事启发下的运动文化（目的只是训练年轻人使其更好的参战）的对立面。

体育在 19 世纪的诞生与其业余主义的黄金时期相对应。业余体育主义汲取了古代奥运会的灵感，既追求体育在实践中的纯粹性，也为体育运动内部的阶级斗争埋下了种子。此时的体育只适用于一些富有的年轻人，他们有大把空闲时间与足够的条件互相竞争，无须纠缠于运动装备、外出比赛的费用。

表现与纪录：体育，工业革命的一面镜子

在法国，这种最"纯粹"的业余主义受到了顾拜旦、圣克莱尔的鼎力拥护。在这两位法国体育运动联合会创始人的拥护下，奥林匹克成为一种由白人男运动员唱主角，以近乎宗教

的形式，向普通民众指明"文明开化"的道路。在英吉利海峡的另一侧，这样的体育观念与工业革命同步兴起，这绝非巧合。事实上，它与"表现"的观念密不可分，这种观念在古代体育、马术等带有博彩性质的运动、乡村比赛中都有所缺失。

随着人们在 18 世纪中期开始使用秒表计时，赛马不再单纯是一匹马与一群对手竞争定优劣的游戏，"纪录"的诞生使得赛马在整个群体中的地位有了更直观的表现方式。这一观念与工业革命期间特有的思想与行为几乎齐头并进，科技的发展来自生产力飞速的进步，它需要一些措施来证明自己的真实性。因此，体育成了衡量人类进步的准绳，激励着人们在训练与技术的促进下不断提升身体运动能力。

除本身的象征意义之外，一个个体育神话的诞生见证了人类不断超越自我上限的过程：4 分钟内跑完 1 英里曾被认为是人类的极限，但班尼斯特（Roger Bannister）于 1954 年突破了这一极限；1968 年奥运会上，海因斯（Jim Hines）成为人类历史百米首次跑进 10 秒的纪录缔造者；1985 年，布勃卡（Serguei Bubka）惊天一跃让世界撑竿跳纪录突破了 6 米大关；也许运动员们的下一个突破口，是在 2 小时内跑完全程马拉松。

现代体育的衍生与发展印证着资本主义的两大基本理念：对竞争的鼓励、对表现无条件的追求，它们体现出的价值观与达尔文思想的传播不无关系。业余体育主义在很大程度上将这些价值观神圣化，并为自身发展披上了道德与浪漫主义色彩的外衣——根据业余主义的理念，一切"为了进步"的活动首先关注的是人类自我价值的提升，而非仅为赚钱。

1978 年，美国著名社会学家古特曼（Allen Guttmann）在个人著作《从仪式到纪录：现代体育的本质》中分析了现代体育区别于古代或中世纪的七个显著特征：世俗化（没有宗教内涵）；追求公平公正（让每个人在公平环境中竞争）；专门化（马拉松运动员不会参加铅球比赛，滑冰运动员也不会同时兼项举重）；理性化（对所有参与者进行有效的管理）；官僚主义化（各项目联合会的创立意味着领导层的上台）；量化的（对体育项目与运动员成绩进行量化）；对创造纪录极度渴求。对于这些定义，批评者指出：古特曼的部分解释源于古代体育，而忽略了诸如媒体、商业化等现代元素的作用。有一点令人称奇：现代体育的这七个构成元素可以在很大程度上适用于商界，因为后者在 19 世纪末开始逐步形成气候。

从传播、普及、推广技术手段等角度看，工业革命成为现代体育发展的有力推手。以城市化为例，它使得英国与其他欧洲国家的社会/领土组织形式发生了巨大变革，有助于人们形成依恋感与自我认同，从而催生与城市密切相关的不同团队；不同国家之间、乡村与城市之间的体育都具有其特殊性，城市化带来对社会生活管理的加强，这也促成了体育向一休化发展。现代交通工具使依附于某一城市或企业的运动队之间可以更加频繁、有规律地进行比赛；而取消对新闻界的征税扩大了报纸、广播的受众，这对与媒体关系紧密的体育运动发展大有裨益。

尽管工人群体的收入此时依然微薄，但中产阶级的出现带来了体育行业新的变化——无论是在门票收入、建造体育场还是各类运动器材、媒体等方面，体育都与市场、工业产品愈发相像。工业家们很快意识到：这是一座有利可图的金矿。他们可以充分利用体育活动改善自身形象，或借此向职员们灌输生产力、团队合作与身为团队一员的价值。

作为现代奥运"先知"顾拜旦的一大信条，神圣的业余主义始终是国际奥委会恪守的准则。这一局面持续到了 20 世纪 80 年代初，导致许多有违这一准则的运动员被挡在奥林匹克大门之外。业余主义让体育规则与价值留存一些神圣的铜锈，同时也必然会对体育的发展造成破坏。

来自英国公立学校的奥林匹克主义与精英主义体育支持者明确表示：他们会站在业余主义一边。然而随着体育走向民主，它的职业化趋势不可避免。工人阶级出身的孩子可以通过成为顶级运动员改变自身命运，媒体对这类群体的报道赋予了体育正能量：它提供了一个平台，每一位普通大众都存在依靠天赋和努力触及更美好生活的可能性；而在 80 年代后期、业余主义在高水平运动中几乎绝迹之前，这些构想在实践中遭遇了不小阻力。

在 19 世纪最后四分之一的时间跨度里，博彩相关的体育项目（如拳击、与严格的现代体育有所区别的赛马）与一些新发展的业余主义体育项目（如田径、橄榄球）长期共存，其他项目则迅速转向职业化。棒球运动便是明证，美国于 1876 年成立了职业性质的国家联盟。该联盟以"特许经营权"作为重要的组织架构，代表不同城市的球队展开竞争、分享联赛收入。棒球为篮球、冰球与美式橄榄球等其他项目开启了很好的先例，这些项目在此后长时间内推行有利于球队的"保留条款"，一直到 1975 年被球员通过长期努力推翻。随着历史进程不断向前，人们发现体育形成了一种真实存在的经济模式，它不仅是与赌注相关的游戏（即使博彩今日仍是体育的一部分），而且是一种表演、一门生意，蕴藏着巨大的效益。

也正是从这个时间节点起，观察者们意识到：体育正逐渐成为社会与经济变革最直观的反映之一。在 1889 年的一次演讲中，著名棒球爱好者马克·吐温（Mark Twain）热情讲述了自己观看两支美国球队参加国际赛事的场景："我去了一趟桑威奇群岛，那里四季如夏、生活惬意而美好，如同被定格住的安息日。那些男孩子们在那里打棒球！棒球啊！这项运动象征了这个狂热、具有颠覆性、高速发展的 19 世纪，它是动力、进步、快节奏与斗争等特点的表达，肉眼可见而又值得自豪。"从这位文豪的描述中不难看出，19 世纪末起，体育成为一种在当时具有"现代特色"的崭新现象，且初步拥有了现代体育的大部分特征（由古特曼所定义）。

体育职业化的发展

在英国这片体育热土上，职业化问题使足球世界一分为二，催生了足球与现代橄榄球这两项互相竞争的运动，它们也分别成立了各自的联合会。对现代足球的发展起到重要作用的英足总以棒球为参考，于 1888 年推出了由俱乐部参加的联盟与联赛，打下了日后英格兰四级联赛最初的基础。相反地，英国橄榄球联合会（15 人制）依然一边倒地忠于业余主义，保留了在学校中一点点完善的原有规则，并拒绝举行俱乐部之间的联赛。

在此后的几十年间，15 人制橄榄球依然是为数不多坚守业余主义阵地的体育项目之一，但这并不意味着内部分裂的情况不会出现。橄榄球联合会要求所属球员必须恪守业余精神、不得领取比赛津贴，这引起了北方代表劳工阶级部分球队的不满。1895 年，以约克郡与兰开夏地区为首的多家俱乐部脱离原有组织，成立了新的联盟（13 人制）。自此，它们可以向这些大部分身份为劳工的球员支付酬金。

这种对业余主义近乎狂热与偏执的拥护在赛事组织上很快得到体现。从 1931 年起的连续 16 年间，英式橄榄球联盟作为 15 人制橄榄球管理机构，以"棕色业余主义"①为由将法国排除在五国锦标赛之外——当时法国国内的橄榄球联赛架构分明、趋于职业化，且拥有强大而受欢迎的俱乐部。

体育纯粹主义与现实主义的纷争波及了多个项目，影响力极大的足球也不例外，法国足球史也因此受到直接影响。一战后足球运动在法国的受欢迎程度节节升高，这引起了法国体育运动联合会的注意。视顾拜旦、圣克莱尔理念为圭臬的法国体育运动联合会认为足球过于偏向职业化，因而对其进行了抵制。经历了一段时间的低潮后，法国足球迎来了赞助商与一位贵人的支持。这位重要角色不是他人，正是日后世界杯的创办者、法国足球职业化的设计师雷米特。

现代奥运会自推出起就坚定地将业余主义奉若神明，这一情况在奥林匹克大家庭一直持续到了 20 世纪 80 年代。可以毫不夸张地说，不少奥运项目的明星因参加过某些比赛、与所谓的"职业"画上等号而被视作异端，遭到除名，造成了运动

---

① "棕色业余主义"指非法向正式注册的业余运动员支付报酬。

生涯的缺憾乃至毁灭性打击。

法国体育界最为戏剧化的案例发生在中长跑运动员拉杜梅格（Jules Ladoumègue）身上。这位在 20 世纪 30 年代与芬兰选手努尔米（Paavo Nurmi）一道被公认为当时最具天赋的跑者在 1932 年遭到了本国的禁赛处罚，理由是他曾在生涯初期参加过一些有奖金的比赛，这种接近职业运动员的身份是不被允许的。按照原本的竞技状态，他本有很大希望在几个月后的洛杉矶奥运会上创造佳绩。

拉杜梅格尚未出生时，父亲就在一起造船厂事故中遇难；17 岁时，母亲又因为火灾撒手人寰，这位命运悲苦的运动员成了工人阶级心中的神，他是工人阶级通过体育实现自我价值的完美代表。但在为富有的精英子弟所保留、在被有关方面始终坚持的业余主义面前，他的一系列世界纪录并未得到应有的重视。当 1943 年他的禁令被解除时，37 岁的拉杜梅格早已过了生涯黄金期，无缘参加洛杉矶奥运会。无独有偶，努尔米也在洛杉矶奥运会开赛前因为同样的原因遭到一个月的禁赛，同样与这项大赛擦肩而过。

将目光投向美国，参加过棒球、田径与橄榄球的全能选手索普（Jim Thorpe）的例子更能说明问题。作为美洲原住民，索普的印第安名字是 Wa-Tho-Huk，意为"光明之路"。他很小就显出过人的运动天赋，在 1912 年斯德哥尔摩奥运会上获得现代五项与十项全能两枚金牌。但在之后不久，有报道称索普曾在奥运会前参加棒球比赛并领取奖金，这导致他遭到国际奥委会禁赛的同时所获金牌也被撤销。一直到大半个世纪后的 1983 年，国际奥委会才解除了索普的禁令，此时这位天才选手已去世近 30 年。

自成立之初，国际奥委会内部一直坚定不移地维护顾拜旦的业余主义与种族主义、性别歧视的思想。二战后就任国际奥委会主席（任期为 1952 ~ 1972 年）的美国人布伦戴奇（Avery Brundage）是业余主义的忠实信徒，他就曾多次反对为索普平反昭雪——考虑到布伦戴奇在运动员时期也曾参加了 1912 年奥运会现代五项、十项全能的比赛，而同胞索普是他的主要竞争者，这样的反对令人更加疑窦丛生。

拉杜梅格的无产者身份与索普的红皮肤清晰表明：在那个时代，业余主义也是一种带有歧视色彩的工具。运动员出身的布伦戴奇对高山滑雪项目毫无好感，他剥夺了该项目奥地利名将施兰茨（Karl Schranz）参加 1972 年札幌冬奥会的资格，后者可能是滑雪项目的史上最佳之一。布伦戴奇做出该决定的理由是施兰茨在开赛前得到了滑雪装备制造商的间接资助作为酬金，这一举动足以让奥地利人被认定为"职业化"。施兰茨的回复揭示了两者的矛盾根源："如果布伦戴奇先生和我一样穷，我一定会认真思考：他是否会持有不同态度？如果我们一直严格遵循他的指示，那奥运会只是有钱人的游戏。"

企业化的体育

1903 年，德国的医药业巨头拜耳制药在总部所在地勒沃库森创建了一家综合性体育俱乐部。勒沃库森旗下最为人熟知的是足球俱乐部，该队 1951 年升上德国顶级联赛之后逐步成为如今德甲联赛的一支劲旅。法国著名汽车品牌标致

（Peugeot）的品牌发源地位于索肖，与标致集团直接关联的索肖足球俱乐部成立于 1928 年，此后成长为法国豪门。集团家族的让－皮埃尔三世毫不讳言：球队的成立与高层对足球的热爱有直接联系。"无论是从集团层面还是愈发流行的体育层面，这支球队都有责任去赢得更多我们的拥护者。在法国各地比赛期间，球队都会带上标致汽车的旗帜，与来自这个国家四面八方的强队抗衡。"

其他依附于知名企业的欧洲俱乐部都有一些响亮的名字，其中包括飞利浦集团所有的 PSV 埃因霍温，与阿涅利（Agnelli）家族和菲亚特集团（Fiat）关联的尤文图斯。法国巴黎高等商业经济管理学院副教授德博尔德分析指出："一项在意大利的研究表明，菲亚特员工罢工的天数与尤文图斯的战绩有着密不可分的关联；而当俱乐部竞技成绩越糟糕时，员工的不满程度也越高。"

各项目普遍向职业化发展的趋势使得体育逐渐成为一项规模庞大的产业。整个 2018 年，全球体育行业的总营业额就超过了 8500 亿美元。俱乐部本身也在趋向于企业化，例如有的足球俱乐部在交易所上市，有的被诸如俄罗斯寡头、海湾地区酋长或美国富豪收购。

尽管愈发受到商业化与金元主义的影响，但业余主义依然长期生存了下来，在以休闲为主的体育运动中相当活跃，且仍在管理机构层面占有一席之地：与国际足联、主管法网赛事的法国网联等机构相似，国际奥委会的委员也都属于没有薪水的志愿者。但在这样的背景下，这些机构有时滋生腐败的可能性会更大。

参考文献

Mickaël Correia, *Une histoire populaire du football*, La Découverte, Paris, 2018.

十四
英法拳击之争

弗朗索瓦·托马佐

这是法国体育史上一个举足轻重的时刻，它完美反映出源自英国的体育项目对欧洲大陆其他国家的传统秩序产生的影响：在 19 世纪与 20 世纪的交汇点上，各种形式的战斗将英法两国的拳击运动推向了对立面，两种风格迥异拳击的支持者们都渴望抢占这项运动的制高点。

在法语中，法式拳击可以用"savate"一词表示，它又称法国踢腿术。该说法的原意是"旧鞋子"，它源自曾经在巴黎街头小混混之间的搏斗，是 19 世纪末 20 世纪初法国较为官方化的一种格斗方式。

勒库尔（Charles Lecour）首先将英式拳击的元素（尤其是运用拳头进攻）融入其中，之后沙勒蒙（Joseph Charlemont）在茹安维尔军事学校训练课程的基础上进一步加以改造，得到了阿莫罗斯的大力支持。沙勒蒙使得原有的法式拳击看上去在自卫上更优雅、更符合潮流，一时间在上流社会风靡开来。沙勒蒙时常前往自己的法式拳击馆，它与欧仁·帕斯的健身房均位于殉道者大街。沙勒蒙的目的与另一位体操大师特里亚无异，他们都将成为参加巴黎公社的失败者，在恢复声誉前只得被迫流亡比利时。

英式拳击发展于 17 世纪末，最初形式是贵族间的赌注。随着比赛目标向将对手击出拳台演变，这项运动开始融入更多暴力元素。1857 年，英国方面对规则进行修订，规定拳手必须戴上拳击手套比赛，且不得搂抱或击打对手腰部以下位置等，这就是标志着现代拳击规则框架初步形成的"昆斯伯里规则"。这些规则在苏格兰昆斯伯里九世伯爵道格拉斯（John Douglas）的支持下，由威尔士体育界领袖人物钱伯斯（John Graham Chambers）起草，并以伯爵名义出版。规则当中的一些条款至今仍然适用。

两种拳击的差异远远超出了体育范畴，它们甚至受到了两国更高级别领导者的关注（整个 19 世纪的法国境内都禁止英式拳击）。两者的对立在两国拳手为数不多的直接交锋中均有体现，比赛过程与赛后报告均十分混乱、容易引发误会。在 1830 年勒库尔与英国人斯威夫特（Owen Swift）的直接对话中，两人都选择了按照本国规则比赛。倘若当时勒库尔遭遇惨败且舆论不过分迷信法国媒体，那么在接下来的较量中，法国人可能会是稍稍占据优势的一方。24 年后，法国人维涅龙（Louis Vigneron）轻松击败了一位名叫迪克森（Jack Dickson）的英国拳手，后者在英国拳击界几乎没有打出任何成绩。

更有说服力的较量发生在 1896 年，沙勒蒙的弟子参加了在英国举行的巡回赛，其中包括他的儿子夏尔与最具天赋的学生卡斯泰雷斯（Victor Castérès）——坊间流传，后者曾在一场由昆斯伯里伯爵亲自执裁的比赛中大胜一位英国拳手威尔逊

（但此事无法在英国方面的资料中找到）。

　　很快，一场被法国舆论定调为"世纪之战"的对决即将隆重上演。1899 年 10 月 19 日在巴黎佩尔戈莱斯大街的体育馆内，沙勒蒙与经验丰富的英国拳手德里斯科尔（Jerry Driscoll）狭路相逢。这场英法精英的较量在七个回合之后揭晓悬念，沙勒蒙最终胜出。考虑到对手曾在比赛中祭出类似法式拳击的"飞腿"，法国人胜利的含金量更加毋庸置疑。这场比赛为法兰西观众灌注了爆棚的信心，他们在赛后大声高呼"法国万岁"与"Fachoda"① 讽刺对手，留下意欲抗议却无可奈何的英国人。

　　关于这场比赛的报道，人们很难找到比英法两国媒体反差更大的版本。卡斯泰雷斯向《费加罗报》（Le Figaro）解释道："这场对决让我对法式拳击的优点更加深信不疑。但需要承认的一点是：这些英国人在训练方面优于我们，他们背后有上百场实战的积累，而我们并没有。法式拳击的目标是在避开对手进攻的情况下施加致命打击，不计代价。最重要的一点是：我们并非职业拳手，这一类人在法国不存在。大家都是老师，这一点和英国区别很大。"

　　英国方面的反应如何？官方喉舌之一路透社对此战嗤之以鼻："没有什么比这场比赛的安排更荒谬、更有失公允了。两名裁判都是法国人，其中一位还是沙勒蒙的父亲，另一位年轻人对规则的生疏肉眼可见！而当德里斯科尔因伤痛直不起腰

---

　　① Fachoda 是苏丹的一个小镇。当时英法两国在非洲进行激烈的帝国主义殖民地争夺，两国关于该地区产生了严重分歧。

时，现场的混乱局面令人惊讶。观众们急不可耐地冲上拳台拥抱沙勒蒙，并宣布他赢得胜利。"

在这场"世纪之战"胜利的鼓舞下，法国拳击界展开了新的尝试。1903 年，法国首次主办世界锦标赛取得了圆满成功，还见证了沙勒蒙在瓦格拉姆大厅举行的师徒之战中对卡斯泰雷斯的胜利。当天晚上，由法国体育先锋雷谢尔领导的法国拳击联合会组织了在法国境内的首场英式拳击比赛。《户外运动》杂志用大篇幅报道了这一冲击法国传统的创举："无论从哪个角度，英国拳击似乎都不适合我们——它的激烈程度、暴力色彩与法国的传统格格不入，而这场特殊的比赛却清晰地反驳了这一观点。法式拳击融合了灵活性、优雅与力量，法国人喜爱这样的抑扬顿挫，但他们并不抵触英式拳击带来的暴力感，有时反而需要这种感觉。这可能与部分人的预想相反。"

1907 年，卡庞蒂埃（Georges Carpentier）夺得了法国青年拳击锦标。这位天才很快转向更能吸金、更富激情与流行的英式拳击。13 年后，他将次重量级世界冠军收入囊中，这在某种程度上促成了法国拳击的转变。传统的法式拳击依然带有 19 世纪末与养生、艺术、军事有关的传统，地位逐步下滑，相对而言，英式拳击在 20 世纪前半段成为全球最受欢迎、最能赚钱的职业体育项目。

十五

美国体育的特殊性：封闭的联赛与欧洲模式竞争

奥利维耶·维尔普勒

　　除极少数项目之外，欧洲大部分集体项目联赛都遵循"开放式"原则，这意味着一支队伍可以参加某一项比赛，但也有可能根据成绩而被剥夺参加该项比赛的资格。在欧洲大陆，无论是三大球还是手球、水球联赛都被划分为不同的等级，这给予了各家俱乐部表现优异参加最高水平比赛的机会，也增加了因为战绩欠佳而降入低级别比赛的可能。人们将其称作升级（升入高级别联赛）与降级（降入低级别联赛），在升降级制度下，整个联赛系统是开放的。

　　而在美国（与加拿大），情况则截然相反：棒球、美式橄榄球与冰球等项目的参赛队由联盟官方指定，即使有队伍排名垫底，他们也会留在该级别联赛里继续征战下一个赛季。新球队的加入标准并非由竞技层面决定，而是主要依据联盟整体的经济因素（如联盟中的某支球队破产；接纳一支拥有宏伟蓝图、对整个联盟发展有利的新球队加入）。上下级别联赛之间没有升降级，低级别联赛的球队没有任何机会通过竞技成绩升级，这便是美国"封闭式"联赛的现状。

不同模式造悖论

这两种完全相左的联赛模式造成了一个奇怪的悖论。美国体育被视作极端自由主义的天堂，立法机构允许体育联盟不受宪法约束，以自由竞争方式实现真正的垄断并强化内部规则，而在相对不那么自由的欧洲，球员的市场价值是不断变化的。职业经理人通过运作球员在价格波动的市场不断流动来投机，以此维持转会市场的经济泡沫：最大的城市吸引最富有的投资者，坐拥规模最大的俱乐部，建造容量最大的体育场。

在欧洲占据上风的逻辑引发了更激烈的竞争，这在足球界体现得淋漓尽致：每一家俱乐部在与对手展开竞争时都表现得像一家企业，这有时会催生挑战传统体育逻辑的"不走寻常路"。以 AC 米兰俱乐部前主席贝卢斯科尼（Silvio Berlusconi）为例，这位前意大利总理利用自己的财政大权在转会市场上引入球员之后，甚至不等到这些球员出场就将他们转手出售！

美国的运作体系与欧洲迥异：在经济因素不可或缺的情况下，诸如职业棒球大联盟（MLB）、国家橄榄球联盟（NFL）、职业篮球联赛（NBA）与国家冰球联盟（NHL）等顶级联赛联盟通过确定俱乐部整体预算、球员薪资与转会市场花费框架，从而更好地为联赛的经济利益服务。换言之，联盟本身类似于一个捍卫联赛职业化的工会。

简单而言，欧洲的俱乐部是标准的经济实体，其他同级别联赛的俱乐部拥有能与之匹敌的经济能力是他们不愿意看到的，赞助商的投资能否收到回报很大程度上取决于队伍的竞技成绩；美国体育的标准经济实体则是联盟，其内部俱乐部在赛场上相互竞争，但在经济层面互相帮助，目标是共同盈利。

话虽如此，但如果像某些历史学家一样抱有美国体育模式存在着"社会主义"体系和欧洲存在极端自由主义的想法，那未免太过片面。美国的体育赛事组织可能受到更多条条框框的约束，但它首先追求的是在联盟内部兼顾最大利润与激烈竞争，以此吸引体育迷们的眼球。事实上，美国的体育大联盟实现了资本主义企业家的一大理想：垄断局面的形成某种程度上消灭了竞争，也可以使他们不再受到反垄断法的羁绊。

棒球的例子

棒球在美国的发展历程是上述悖论的生动例证，它证明了美国体育并非在做慈善，而是一门生意：在尽可能限制体育比赛不确定性影响的前提下，通过某种竞争形式追求最大利润。

在美国，棒球运动是最早成立全国联盟的运动。1876 年，芝加哥白袜队的投资人赫尔伯特（William A. Hulbert）创办了国家联盟（National League），吸纳了来自波士顿、辛辛那提、圣路易斯、哈特福德、纽约、费城与路易斯维尔等地的球队。许多老板采取铁腕治军的策略，工资低、性格倔强的队员被解约甚至终身禁赛，其中一些人不得不通过操纵比赛勉强维持生计。赫尔伯特在芝加哥的继任者斯伯丁（Albert G. Spalding）让棒球成为一项全国性的运动，考虑到体育首先是运动员们表演的舞台，他在明星的宣传普及与周边衍生品（T 恤、棒球与棒球帽等）上下足了功夫，使棒球运动走向市场化。时至今日，斯伯丁依然是一家知名的运动装备品牌。

然而，球员的待遇却没有因此得到提升，老板们不愿为他们加薪。这一情况促成了一家崭新联盟的组建，被国家联盟排除在外与对该联盟不满的相关人士意在通过另立山头的方式，与国家联盟分庭抗礼。于是在 1900 年，布莱恩·约翰逊（Bryan Johnson）创办了美国联盟（American League），成功迫使国家联盟展开了谈判。三年后，两家联盟共同发起了"世界棒球系列赛"，并借此机会成立了职业棒球大联盟（MLB），后者至今仍在管理这项运动。球员被牢牢控制，一直到 1976 年他们都受到"保留条款"束缚，该条款使得球员与一支球队签约几乎等于签下了整个职业生涯的卖身契①。为了捍卫自身权益，球员们进行了艰苦卓绝的罢工。MLB 的成功为美国体育提供了灵感，其他项目以类似的模式组织起来，针对球员权利的模式甚至也如出一辙。

"保留条款"在 1976 年的废止使得部分球员结束与原东家的合同成为自由身，可以直接与其他俱乐部商谈合同。这一变革的地位与足坛的博斯曼法案②在欧洲相当，造成了球员薪资的水涨船高，老板们愿意为了在转会市场上将优秀的自由球员招致麾下而不惜血本。它也催生了各大联盟纷纷出台保障措施，如规定球员薪资总额上限的工资帽，对不惜代价引援的俱

---

① "保留条款"规定，每支球队可以每年选取一定数量的队员"保留"下来，将他们的合同自动延长一年。

② 该法案以 1995 年比利时球员博斯曼的一纸诉状而得名。博斯曼当年意欲从比利时 RFC 列日转会至法国敦刻尔克，但后者无法匹配列日的转会费。根据当时的规则，引入合同到期的球员仍需支付转会费。博斯曼胜诉后，球员可以自行决定是否与球队续约，或与新俱乐部签约。

乐部征税。这些措施并非联盟讲究"道德至上"，而只是为了维护既有的体制与垄断、盈利的局面。

上述变革体现了欧美体育的主要差异。在欧洲，尽管出现了一些限制财政两极分化的趋势，老板们在转会市场与球员薪资方面依然不断增加投入，立法者选择保护球员权益；而在美国体育界，一系列变革产生了数量众多的诉讼与反诉讼，立法者更多地保护联盟整体，于是企业家选择压榨雇员。这离受到严格控制的"社会主义经济"还差得远呢！

两种不同的模式同样有可能造成了不同国家之间体育法的差异。欧洲国家体育的建立与发展是以半公共化、具有联合性的联合会为核心，而美国的核心是兼有组织结构私有化、商业开放化的联盟。两种模式在国际舞台上共同存在但难称井水不犯河水，尤其是篮球、冰球等两块大陆共同盛行的项目。今日的国际篮联（FIBA）管理世界范围内的篮球运动，但财力根本无法与 NBA 相提并论。NBA 推行奢侈税政策与部分特殊规则，这与 FIBA 截然不同（NBA 比赛的单节时间更久、三分线与篮筐的距离也比 FIBA 规定更长）。这种差别同样体现在冰球运动上：NHL 与国际冰球联合会（IIHF）在冬奥会上的具体规则有不小出入。

因此，北美各主要项目的体育大联盟通过控制特许经营权的财务，使其相对独立。相比于体育俱乐部本身，这些特许经营权更像是同一产业链上的商店，通过构建财政与运动员的互惠体系来优化整体营收，甚至还控制了大学球员迈向职业舞台的通道。而在大洋彼岸的欧洲，雇主们在缺乏秩序的情况下引入与出售国内外的年轻球员，也不能给他们任何成功的保证

（欧洲足球这套系统中还包括青训补偿机制：当一名球员转会时，之前培养过他的俱乐部能收到一定比例的补偿金）。

美国体育中不可避免地存在次级联赛（第二级别），然而它们不会在任何层面与顶级联赛展开竞争。体育经济学家、法国体育经济调查局科学委员会主席安德列夫（Wladimir Andreff）用卡特尔与美国相对封闭的联赛类比，定义这是一种"使俱乐部的整体收入与盈利最大化"的联赛模式。欧洲的体育公司优先关注自身和个体，它与美国只有一点相仿：电视转播费在高水平职业联赛中愈发占据重要地位。

特许经营权的转让

美国封闭的联赛体系首先意味着一种与市场的不确定性和竞技至上相反的保护主义，这与美国反垄断法的初衷背道而驰。但在两大棒球联盟的冲突之后，考虑到棒球"更类似于公开展览而不是生意"，美国最高法院于 1922 年裁定：该项目可以免于反垄断法的审查。1961 年《体育转播法》（Sport Broadcasting Act）正式通过，这一次的导火索换成了两个互为竞争关系的橄榄球联盟引发的争议，该法案将有权豁免反垄断法的范围扩大到了其他联盟。

前文提到过的"保留条款"是对联赛规定另一种形式的背弃，最终被自由球员制度所取代。为了避免球员薪资因此爆炸式上涨，大部分联盟设立了工资帽制度，它规定了球员工资总额的上限。同时，工资地板制度也保障了收入较低球员的工资下限，它与工资帽构成了特许经营权下的工资框架。

这样的框架使得俱乐部在自由球员与其他球员之间做出选择时必须考虑薪资平衡问题，同时对将要登上选秀舞台的年轻球员予以密切关注——俱乐部每年都会签下大学球员进入职业赛场。在选秀过程中，联盟力图寻求的平衡再次得到了体现：联赛排名较低的球队可以在接下来的选秀中优先获得选秀顺位较高的新人；在此基础上，任何球员都不能拒绝俱乐部的合约，任何俱乐部也不能强行要求招揽最棒的年轻球员。

正因如此，特许经营权控制了用于引进球员的花费，稳定了投资分布，但有些球员会因为拒绝就工资帽/工资地板进行重新谈判而罢工。以 NHL 的故事为例，劳资双方未能就纠纷达成协议引发球员罢工，联盟不得已做出了取消赛季的决定。

除此之外，北美体育还呈现另一个富有鲜明当地特色的特征：特许经营权的所有者会向联盟相关部门支付一笔准入费用。联盟此举的目的是从整体财政角度出发，力求实现品牌利润最大化。为了实现这一目标，特许经营权优先对于市场怀有依赖，而非一座城市、一个地区、一个国家甚至是一名观众。在欧洲，这一点几乎是令人不可接受的——你很难想象法国马赛俱乐部会将主场设在德国鲁尔区。

冰球运动最先在加拿大得到发展，随后逐步传播到美国中东部，也带来了这种特许经营权的"移民"：许多从业者为满足所有者需求，为其创造最大利润而流动于各个领域，实现了多领域的开拓。成立于 1967 年的明尼苏达北星队便是一个典型范例，该队在 20 世纪 70 年代与克利夫兰男爵队合并，于 1993 年迁往达拉斯，更名为达拉斯星队。特许经营权也可以进行崭新的创造，例如 NHL 在 2017 年通过对城市所在市场进行调研与评估后，正式批准来自拉斯维加斯的球队成为 NHL 的第 31 支球队。

某些特许经营权可以在消失后重出江湖。当特许经营权在商业上形势不佳时，可以选择搬迁到更有利于盈利的地区。1922 年成立的橄榄球俱乐部芝加哥红雀于 1960 年改名为圣路易斯红雀，此后于 1988 年迁往菲尼克斯，6 年后更名为亚利桑那红雀。而在澳大利亚、南非、新西兰、阿根廷与日本，橄榄球运动的这一模式得到了进一步发展：特许经营权是在五个国家共同有俱乐部参加的"超级橄榄球联赛"（Super 15）内部创建的。它给了球员开放的空间，没有降级之忧使得所有球队可以采用更赏心悦目的进攻打法吸引观众（最好的球员甚至由联盟支付工资）。

欧美之间的另一个差异还体现在如下方面：对于一位身在美国的投资者而言，将手伸进口袋成为特许经营权的老大还是不够的。他还得用一揽子商业计划说服其他总裁，以证明自己的构想可以为特许经营权与整个联盟带来巨大收益，需要详细计算与特许经营相关的整体商业营收（包括比赛日票房、广告、周边产品、停车场、商店、酒吧与餐厅等）。投资人还会受到另一层限制：为了保障整体利益，联盟可以强制规定特许经营权的驻地，例如要求将其放在未被充分开发的市场所在地。

有限的特许经营权数量与大量申请所有权的投资候选人之间的差异有时会催生一个崭新的、有竞争关系的联盟诞生。通常情况下，这样的联盟存在时间有限。大联盟总是会试图将竞争联盟中盈利能力最强的球队重新招致麾下，从而使竞争对手不可避免地走向解体。为了遏制可能的大户流失，大联盟会有意识让某些地区相对缺少球队，并维持长期的默认招标以允许新球队的加入。这种方式保证了联赛扩军或转让已有球队的可能性。

电视转播权与门票收入由拥有特许经营权的各个团队共享。在球场上座率得到保证的情况下，特许经营权可以与当地电视台签署协议并共享收入。它具体到 MLB 与 NBA 有细微的差别，这两个联盟内部球队存在预算差异，工资也没有严格上限。但需要注意的是，这两个联赛强制推行奢侈税制度，这是一个不能越过的门槛。在奢侈税制度下，工资总额高于联赛规定门槛的球队需要将超出部分按一定比例分配给小球队，这在某种程度上能够加强经济状况一般球队的战斗力。缴纳的数额需要根据相关球队的商业收入比例计算。它看上去相对公平，当然球员可以自由利用自己的形象通过赞助提升收入——尽管工资有天花板，但依然比欧洲高很多①。

关于开放与封闭式联赛或美欧体育模式的差别之争不能被简单归结为文化冲突。一些体育项目有从一种模式向另一种切换的趋势，譬如主阵地在欧洲的 F1 是一个封闭的联赛，参赛车队与车手必须保证在一段足够长的时间内参加该项赛事，以

---

① NFL 的顶薪球员罗杰斯（Aaron Rodgers）每个赛季可以挣得 2200 万美元，这与 NHL 芝加哥黑鹰队内两名顶薪球员工资之和相当。NBA 球星詹姆斯（LeBron James）在克利夫兰骑士效力时期，每个赛季的薪水约为 3100 万美元。在棒球界，球员合同出现了爆炸式增长。效力于底特律老虎队的卡布雷拉（Miguel Cabrera）在 2014 年曾签下一份 10 年 2.92 亿美元、第 11 年与第 12 年球队选项工资为 5000 万美元的超级大合同，这使得他成为这个星球上目前收入最高的运动员。

保证商业合作伙伴、投资人的利益；欧洲足球冠军联赛是世界范围内吸金能力最强的俱乐部赛事，对于参赛资格的获得有着明确规定，也会根据成绩分发奖金，但这依然无法阻止少数球队在该项赛事中占据霸权地位。2018 年 11 月，足球解密（Football Leaks）网站披露了以皇家马德里、拜仁慕尼黑、巴塞罗那与曼联为首的几家豪门俱乐部计划组成联盟向欧足联施压，以获得欧冠收益的绝对大头；该网站披露的内容还显示，这些俱乐部意欲共同创建一项由 16 支或 17 支球队参加的封闭赛事"欧洲超级联赛"，计划在 21 世纪 20 年代起正式实施。

最后要提到的是自行车运动。大量美国资本的注入使一些车队呼吁建立一个封闭的联赛系统——这样可保证世界巡回赛（World Tour，世界范围内顶级联赛）的参赛车队至少可以参加该项赛事五年，而不会遭遇降级或被第二级别联赛（Continental Pro）的车队取代。

参考文献

Wladimir ANDREFF, *Mondialisation économique du sport*, De Boeck, Bruxelles, 2012.

十六
美国与足球的错过

弗朗索瓦·托马佐

在1930年世界杯决赛中，东道主乌拉圭队以4：2战胜了邻居阿根廷队，成为该届赛事的第一个冠军得主，此事至今依然被球迷们津津乐道。但鲜有人知的是，那届大赛的第三名却是一个看似与足球有些陌生的国度——美国。

小组赛中，美国以两个3：0轻松战胜比利时和巴拉圭顺利出线，在半决赛却以1：6的惨痛比分被阿根廷扫地出门，结束了这次大赛旅程。在对阵巴拉圭的比赛中，美国球员帕特诺德40分钟内连入三球，成为第一名在世界杯比赛中上演帽子戏法的球员（当时他的第二个进球被算在了队友弗洛里身上。但国际足联2006年确认，世界杯的首个帽子戏法属于帕特诺德）。

为什么那届比赛中美国队有如此优异的表现？是大赛中的偶然性又或者只是昙花一现？恐怕很难说。但无论如何，1930年的美国人民正在享受欧洲足球（美式足球一般指橄榄球）带来的快乐。在当时，美国联赛经营状况良好，可惜的是最终因为内部矛盾和当时的经济大萧条而最终倒闭解散。

对于美国人来说，足球属于一项"进口运动"。因为在 20
世纪 20 年代，吸引美国体育迷们的是棒球和橄榄球。但在后
来，大量欧洲工人，尤其是英国工人，来到美国东海岸的一些
公司工作，这大大刺激了纽约和波士顿地区足球事业的发展。
1921 年，在曼哈顿的阿斯特酒店，一群企业家聚在一起决定
建立一个足球协会，于是美国足球联盟（ASL）诞生了。根据
规定，联盟中的俱乐部名额由纽约和波士顿平均分配，有时这
些俱乐部暗中受到社会帮派的控制，又或者常常与一些劳动密
集型的欧洲企业相关联，比如欧洲钢铁巨头伯利恒钢铁公司的
球队。

当时的美国橄榄球联盟仍处于起步阶段，冰球和篮球联盟
机制也不完善，相比之下，ASL 在建立之后立即取得了成功，
并吸引了数万名美国观众，好像足球即将成为一项地道的美国
运动。国际足联同样对这种狂热非常重视，ASL 的俱乐部拥有
强大的财力，他们向欧洲球员提供丰厚的合同，这些球员之中
的许多人当时还只是在踢半职业比赛。那个时期苏格兰联赛的
俱乐部经常被美国俱乐部挖角。据统计，到 20 世纪 20 年代中
期，大约有 50 名欧洲国脚在美国联赛踢球。美国联赛的广泛
影响力吸引了国际足联的注意，以至于 1927 年在赫尔辛基召
开的国际足联大会中，ASL 的官员也受邀参加。

ASL 与当时隶属于国际足联的美国足协（USFA）势如水
火，因为 ASL 的俱乐部拒绝参加由国际足联组织的挑战杯
（因为差旅费价格高），而这正是国际足联的主要收入来源。
ASL 在 1928 年决定与 USFA 决裂，然而，ASL 内部出现分裂，
有三家联盟俱乐部选择留在 USFA。同时，国际足联只承认

USFA 旗下的比赛，这使形势更加不容乐观。不断的纷争给 ASL 俱乐部的预算带来了沉重的负担，而 1929 年的经济危机让俱乐部雪上加霜，最终，美国的联盟模式和欧洲的联邦模式之间的斗争使得美国的足球事业成了最大的受害者。国际足联强制执行其规定，结果却失去了这块适合足球发展的沃土。

尽管 ASL 在 1933 年宣告破产，但这些高水平球员成为美国国家队的基石，使得他们在 1930 年世界杯上取得了历史最好成绩。这支美国队中的大部分球员都是苏格兰移民，其中一些人在 ASL 解散后选择返回英国，比如前锋吉姆·布朗之后在曼联效力了几个赛季，而后卫亚历山大·伍德则转投莱斯特。

之后，美国方面多次尝试重建足球联赛，但最终没有什么起色。比如 1968 年成立的北美足球联盟（NASL），曾吸引贝利（Pelé）、贝肯鲍尔、克鲁伊夫（Johan Cruyff）和乔治·贝斯特等一众大牌球员，但还是于 1984 年破产。国际足联要求美国设立职业联赛，只有这样才可以授予他们 1994 年世界杯的主办权。1996 年，美国职业足球大联盟（MLS）成立并延续全今，由二十支美国球队及三支加拿大球队组成，观众人数逐年上升。

看上去美国与足球的牵手似乎缺乏缘分，这也使得女足运动发展受阻。尽管女足运动在美洲大陆出现的时间比在欧洲晚得多，但最终这项运动还是在这片土地上生根发芽。与美国的许多体育项目一样，女足运动的兴起受益于 1972 年通过的《第九修正案》，该修正案规定在国家支持的教育计划中不允许存在性别歧视。人们不希望女学生参与男生们热衷的那些暴力运动，所以足球文化在美国年轻女性中受到推崇，并在 20 世纪 80 年代风靡美国校园。

因此，尽管美国女足在 1985 年才第一次参加国际比赛，但其实她们早已打下良好的基础，并在 1991 年赢得首届女足世界杯冠军。1999 年美国本土世界杯，美国女足在决赛中通过点球大战第二次获得了世界冠军，这进一步激发了美国民众的热情。美国女足一步步成为世界豪强，至今获得了三次世界杯冠军（2019 年第四次获得冠军）和四次奥运会金牌。

然而，美国女足的成功并没有造就一个职业的美国女足联赛。在 1995 年美国女足联赛（USL-W-League）、2001 年女足联盟（Women's United football Association）和 2008 年女子职业足球协会（Women's Professional football）的尝试均以失败告终之后，美国足球联合会（american football federation）于 2013 年成立了全国女子足球联盟（National women's football League, NWSL），这项赛事的影响力日益增强。

参考文献

Colin JOSE, *American Soccer League 1921-1931. The Golden Years of American soccer*, Scarecrow Press, Lanham, 1998.

十七
赛车运动，工业产品橱窗和试验场

菲利普·泰塔尔

1893 年底，《小日报》宣布"举办一场没有马，而是由机械推进的汽车比赛"。在法国，这是首创。这项比赛是记者皮埃尔·吉法尔设计的，他也是具有开创性的自行车赛——巴黎 - 鲁昂（1891）自行车赛的发起人，更重要的是，作为《自行车》报的经理，他希望通过这个备受关注的比赛来提高报纸的销量。[参见本部分第九篇]。1894 年 7 月 19 日，比赛揭幕了。清晨，有 21 辆车从巴黎出发。在鲁昂，儒勒·阿贝尔·德·迪翁伯爵以平均时速 19 公里获胜。对伯爵来说，这种本质上是上流社会的"比赛"不仅是一种消遣和挑战，还是一个测试平台和宣传工具，因为他的胜利让他自己的品牌——德·迪翁（De Dion）增值不少。

第二年，一场新的比赛开始了，这次比赛希望能体现出真正的运动性质：巴黎 - 波尔多 - 巴黎汽车赛。该比赛汇集了三十辆使用石油、蒸汽、电力和汽油为动力的汽车。通过这次比赛，人们注意到"柴油"发动机的可靠性，米其林充气轮胎的功效（自行车技术革新的产物）以及装配厂商和发动机生产商的共同利益，如庞阿尔（Panhard）与凤凰（Phénix）和米其林兄弟（les frères Michelin）的合作，还采用了戴姆勒（Daimler）的引擎。

1896 年，赛程长达 1700 公里的巴黎－马赛－巴黎汽车和摩托车赛展现了机械工程和机动化的发展。在法国汽车总量只有 350 辆时，法国汽车俱乐部（ACF）组织的十个赛段的拉力赛大大刺激了潜在的购车者。参赛者们——尤其是标致、德拉海、罗切特－施耐德、庞阿尔和列瓦索尔的确从比赛中收获颇多，它们在比赛中证明了自家汽车的安全性和速度。在这种情况下，埃米尔·马亚德（Émile Mayade）驾驶着一辆庞阿尔，以超过 25 公里/小时的速度摘得桂冠，相较德·迪翁，6 公里／小时的增益似乎微不足道。但是，在这个时代，追求速度（铁路，自行车，工业生产力）是现代性与进步的象征，微小的增益似乎也值得重视。庞阿尔因此荣获"伟大的民族品牌"的称号（由新闻界授予），这种表述体现出，这些活动不仅对工业领域和体育领域有意义，还具有爱国主义色彩。

多年来，汽车赛和摩托车赛的数目成倍增长，尤其是像巴黎－阿姆斯特丹赛（1898），环法自行车赛（1899），以及巴黎－柏林（1901），巴黎－维也纳和巴黎－马德里（1902）这样的拉力赛。通过测试机器、引擎和车手，这些比赛（很快被添加到巡回赛中）具有检验产品和宣传品牌的作用。比赛上演并加剧了工业竞争，从汽车赛、摩托车赛到皮划艇赛，紧接着又有了航空比赛，这些机械动力运动比赛（自 1902 年巴黎－马德里拉力赛起，20 万名好奇的群众参加了比赛）像橱窗一样展示了技术动态和工业动态。从美好年代（Belle époque）起，体育与工业携手并进：这种连体关系贯穿了整个动力运动的历史。

被遗忘的"机动船"时尚

19 世纪 80 年代初，在巴黎发生了两个决定性的事件。1883 年，比利时工程师让·约瑟夫·雷诺阿（Jean-Joseph Lenoir）在船上安装了第一台四冲程发动机，以便将巴黎和茹安维尔勒蓬（Joinville-le-Pont）连接起来。1884 年，他成功连通了勒阿弗尔 - 坦卡维尔（Le Havre-Tancarville）路线。

与此同时，富有远见的机械师（也是将在 1901 年举行的莱宾赛的创始人），法国人费尔南·福雷正在研究一种带有两个气缸的电动点火发动机，这是电车必须配备的。完成测试后，他将发动机安装在船上，这次试验非常成功，他制造了一艘带发动机的小艇——沃拉普克号（le Volapück），并在拉佩码头（Quai de la Rapée）的工厂前向公众展示了该艇。很快，工厂订单爆满。

在 19 世纪末，福雷小艇是行业中最受欢迎的。该品牌竞争对手居于下风的原因是，从 1896 年起，巴黎帆船俱乐部（CVP）和法国汽车俱乐部就在梅兰湖共同举办帆船赛了，那时公众才见到第一批带发动机的小艇。1897 年，由庞阿尔、福雷和施耐德提供动力设备的小艇引起了轰动。

1898 年，这些"机动船"竞赛家喻户晓，甚至成为一种时尚，在 1903 年至 1914 年间日益流行的比赛中达到顶峰，其中包括在纳伊（Neuilly）桥和多维尔（Deauville）之间引起争议的"海边的巴黎"、"巴黎色彩（Les Couleurs de Paris）"还有在首都周围100多公里处举办的杜本内杯（Coupe Dubonnet）。费尔南·福雷认为，这些比赛引起了"真正的好奇心和公众的兴趣"。1907年，新闻界估计有20万好奇的民众从海上离开巴黎，这种盛况只在之前的穿越巴黎游泳赛上出现过。此外，在一年比一年密集的赛事日程中（摩纳哥帆船赛自1904年成为亮点），法国、德国、英国和美国的发动机制造商们开始比拼可回收发动机，这种发动机可以在汽车、摩托车、航空、民用海运（捕鱼、内陆水路）和军事等领域之间循环利用。

"机动船"的这个小传奇清楚地表明了工业机动化是如何决定性地影响了动力运动的历史走向，既在河流和海湾的浪潮中，也在石质山路上。

旺图山试验场

从山脚的贝多因（Bédoin）向上爬了两个半小时之后，三辆德·迪翁·布顿车出现在旺图山山顶。这项史无前例的冒险活动（自行车手和行人都没有尝试过）的发起者叫马利于斯·马斯（Marius Masse）。作为一名马赛汽车修理工和德·迪翁的经销商，他把自己的驾驶爱好和业务推广工作结合了起来。《运动的普罗旺斯》（*La Provence sportive*）导演阿道夫·伯努瓦（Adolphe Benoît）受到他的启发，想办一场山坡汽车赛。

第一届旺图山运动会于1902年9月16日举行，得到了伯努瓦的报社和阿维尼翁汽车俱乐部的支持。第一位冠军是保罗·肖沙尔（Paul Chauchard）。他驾驶着莱瓦索尔车，以 47 公里/小时的速度在 27 分钟内完成了 21.6 公里的上山路程。崎岖不平的山路，车手的冒险行为，以及在类似月球的道路上所达到的惊人速度立即为比赛赢得了良好的声誉。

多年来，随着技术创新，速度的显著提高和主办方的有意安排（如 1907 年雇用慢车），这项比赛成了经典，它在整个欧洲都享有盛名。但是，如果我们看一下媒体对它的报道，就会发现人们称赞的并不只是人类无所畏惧的勇气，更多的是机械的稳定性、引擎的力量和制造商的表现。1908 年，《高卢人》（Gaulois）的编辑们在文章中对变速箱、轮胎和曲轴质量的关注远远超过了对车手的胆识和技巧的关注。1911 年，我们在《航空报》（L'Aéro）上看到："这是非常艰难的考验，对一辆汽车来说过于苛刻了，因为汽车的引擎和与之相连的所有部件都必须绝对完美。"1913 年，《小日报》认为旺图山突出了"优质的法国制造"。1904 年，《资本家报》（Le Capitaliste）向读者解说了比赛的结果，都是为了宣传"民族"品牌 Brasier。1909 年，弗朗兹·瑞切尔（Frantz Reichel）在《费加罗报》中为"民族品牌的功绩"喝彩。简而言之，人们对法国的汽车和摩托车工程的颂扬远胜于对旺图山上大胆车手的称赞。

20 世纪 20 年代，在一战结束后，比赛也恢复了，这个第一试验场总是在比赛的知名度和难度上胜出，即使是经验丰富的车手也这样认为。同时，"运动 – 工业"的论证在萨尔索斯（Sarthoise）的道路上找到了一个主要的发言地。

勒芒 24 小时耐力赛试验场

　　如果说勒芒 24 小时耐力赛被允诺会发出比旺图山运动会更强的光芒，原因是它也诞生在同一个熔炉中：工业、体育和新闻界的共同利益。1923 年发起比赛的三位构想者的背景证实了这一点。西部汽车俱乐部的主席、比赛的主创人之一乔治·迪朗（Georges Durand）是萨尔索斯经济和工业组织的热心推广者；未来的赛事总监夏尔·法鲁（Charles Faroux）是《汽车生活》（*La Vie automobile*）的记者和体育记者协会主席；至于车队的财政总监埃米尔·科奎尔（ÉmileCoquille），他为英国制造商拉奇·惠特沃斯（Rudge-Whitworth）工作。

　　由此不难看出，这几位汽车的倡导人并不是体育的崇拜者。这就是为什么要将其与法国汽车俱乐部举办的大奖赛区分开，后者注重速度，把它作为一项纯耐力测试，首先侧重于名录上的汽车的可靠性，把汽车按发动机尺寸分类。在比赛中，绩效指数、行驶公里数和机械耐用性都将作为速度评价的标准。而 24 小时耐力赛被设计成制造商、设备制造商的展示平台和试验场，旨在能影响到已经全面扩张的市场（1922 年，法国汽车总量从 1900 年的 4500 辆增加到超过 12 万辆）。

　　1923 年，在第一届 24 小时耐力赛开始前夕，乔治·杜兰德（Georges Durand）总结了该赛事的理念："推动体育运动选手和制造商为投入销售的车型进行更加细致的准备，为此，通过增加常规比赛的时间来提升比赛难度。"实际上，24 小时耐力赛让这个计划具象化了，法国和欧洲的品牌都从竞争中获利，1923 年到 1939 年，三个国家实现了共赢：法国［Chenard et Walcker，洛林 - 迪特里希（Lorraine-Dietrich），德拉海（Delahaye），布加迪］，意大利［阿尔法·罗密欧（Alfa Romeo）］和英国［本特利（Bentley），拉贡达（Lagonda）］。

此外，与比赛限制相关的改革也没有中断过。从短期或中期来看，它们都对主流车型造成了影响。因此，在 1925 年，Chenard et Walcker 公司（1923 年的冠军汽车品牌）通过派出"坦克"车型参赛给人留下了深刻的印象。具有创新性的流线型车型在这次比赛中获得了第十名，但赢得了拉奇 - 惠特沃斯杯（1.1 升类别）以及性能指数榜（消耗量）和最快圈速榜的排名。两年后，制造商推出了"Y"系列，其车身灵感来自比赛模式。1925 年也出现了首批电动雨刮器和雾灯。由洛林 - 迪特里希开发，用于在清晨穿透勒芒赛道周围的薄雾的这些产品，被装配在夺冠的 B3/6 车型上，它继承了"独眼巨人"的绰号。1927 年，当时的标准是后轮驱动，但实业家莫里斯·弗纳耶（Maurice Fenaille）和驾驶员兼工程师阿尔伯特格·雷戈尔（Albert Grégoire）开发了一种前轮驱动汽车。他们的"Tracta"车型排名第七，是潜在买家的理想产品。"Tracta"一直销售到 1934 年，它也成为同年推出的雪铁龙及其著名的"Tractions"车型的灵感来源。

另一个不应忽视的角度是赛道本身这一人们关注的焦点。多年以来，赛道已经从红土场地变成越来越精细的路面，尤其是从 1926 年开始，发展成类似现代沥青的复合路面（石灰石碎屑浸在焦油和沥青乳液中）。同样，革新在提高赛车性能和突出优势方面也发挥着重要作用（1932 年，使赛车车速达到最高的洪迪耶尔直线赛道成为"桥梁与道路"的"国家实验室")。总而言之,在所有这些变化中,勒芒 24 小时耐力赛再一次突显了这项赛车运动的历史,从诞生之日至今,汽车比赛从未停止成为景观和工业试验的平台。

参考文献

Jean-Pierre BARDOUX *et al.*, *La Révolution automobile*, Albin Michel, Paris, 1977.

Jean-Louis LOUBET, *Histoire de l'automobile française*, Seuil, Paris, 2001.

Christophe STUDENET, *L'Invention de la vitesse. France, XVIIIe-XXe siècles*, Gallimard, Paris, 1995.

Philippe TÉTART, *Les Pionniers du sport*, Bibliothèque nationale de France/ La Martinière, Paris, 2016.

十八

无视传统的先锋：詹姆士·戈登·贝内特

弗朗索瓦·托马佐

对于当代体育迷来说，每当提到这个人的名字，人们便会想起一条大道，也就是通往罗兰加洛斯体育场入口的那条路。而在英语中，他的名字已经成为一句脏话，"Gordon Bennett!"意为"不得了"或者"我的天啊"。詹姆士·戈登·贝内特（James Gordon Bennett），一名生活在美国的苏格兰后裔，《纽约先驱报》的创始人。对于他的名字为何成为人们使用的一句感叹语，这一点仍存在争议。但戈登·贝内特与体育之间的联系却被详细记录了下来。

1872年父亲去世后，詹姆士·戈登·贝内特成为《纽约先驱报》的负责人。《纽约先驱报》是一家创新性的日报，最初主要发布股市信息和天气报道。父子俩的性格都比较古怪，但小戈登·贝内特要比父亲更有远见，在他治下报纸销量很高。首先，足智多谋的他派出最好的记者之一亨利·莫顿·斯坦利去寻找利文斯通博士（一位致力于寻找刚果河和尼罗河源头的苏格兰探险家）并报道他的事迹。同其他许多记者不同，亨利成功找到了博士并说出了那句名言，"我猜想，您就是利文斯通博士吧"。

通过对博士探险的独家报道，《纽约先驱报》进一步扩大了受众。戈登·贝内特那时是一个年纪轻轻就已经拥有百万身家的老板，但对于创新和体育他依然充满热情。他也想效仿亨利·德格朗热（环法自行车赛）以及皮埃尔·吉法尔［参见本部分第九篇］，创造一项新的体育赛事来进一步宣传自己的报纸。

一次特殊事件以及他怪异的性格迫使他流亡到了法国。1877 年除夕夜，戈登·贝内特到未婚妻卡罗琳·梅的父母家致敬。他们的婚期即将来临，但这位年轻的新闻界老板有更迫切的需求。按照纽约的传统，戈登·贝内特和朋友一起去了咖啡馆，喝得微醺，最重要的是，他需要尽快放松自己。他先是往三角钢琴中撒尿，然后又跳到壁炉上。"戈登·贝内特!"他的岳父大喊道。

未婚妻晕倒了，姐夫弗雷德里克承诺为被侮辱的家庭荣誉报仇。两天后，他把戈登·贝内特狠狠揍了一顿，案件在马里兰州和特拉华州边境的草地上开庭审理，双方对簿公堂。弗雷德里克保护了家族荣誉，但戈登·贝内特认为，必须要谨慎地同他的未婚妻一家划清界限，这种行为在这位报业继承人的身上并不罕见，他开的玩笑根本没有限度。有时，他会点燃雪茄，放火烧钞票；在餐馆里，他会拿走旁边餐桌上的桌布，借此表明他的到来。此外，为了发泄，他会赤身裸体地驾驶着自己的汽车在纽波特的街道上全速冲刺。

最后，贝内特于 1879 年被开除出他的俱乐部纽波特阅览室，因为他在一场赌博后，强迫自己马球队的同伴骑马进入这家俱乐部的豪华场所。不管怎样，在那之后他创立了自己的俱乐部——纽波特赌场，在那里，他配备了一个草地网球场。第一届美国网球锦标赛正是在这里举办，同时这也是今天网球名人堂的所在地。

在家庭事故发生后，这个可怕的年轻人于 1877 年初来到巴黎，并在那里出版了欧洲版的《先驱报》。这家报纸的巨大销量，桀骜不驯的态度和不断改革的创造力在欧洲得到延续。作为一名航海爱好者，他担任舵手为纽约游艇俱乐部赢得了首批跨洋比赛的其中一项冠军。平日里，他会在耶拿大道的住宅休息，去驾驶他的游艇，阅读《利西翠妲》或是去滨海博略的别墅度假。

贝内特被新技术迷住了，喜欢上了汽车，成为法国汽车俱乐部的第一批成员之一，也是第一个有组织国际比赛想法的人。贝内特杯于 1900 年 6 月在巴黎举行（与巴黎奥运会同年），贝内特非常积极地担任裁判和教练。比赛在巴黎与里昂之间举行，有大约三十支来自法国、比利时、英国和美国的车队参加，之后贝内特杯在德国、巴黎、奥地利和爱尔兰相继举办。这项赛事是如此成功，以至于有必要组织淘汰赛，尤其是在马恩岛，那里的人们对于机械运动非常狂热。

1906 年，贝内特杯成为 ACF 大奖赛，这是未来大奖赛的前身。戈登·贝内特坚持认为，每个汽车制造商均不能派出三辆以上的汽车参赛，这一要求遭到了当时在欧洲占主导地位的法国制造商的拒绝。《先驱报》的老板对此感到愤怒，于是他为飞艇气球设计了戈登·贝内特航空杯，第一届比赛从杜伊勒里宫起飞，至今这仍然是世界上最古老的航空比赛。1908 年，他发起了一场类似的飞机竞赛。在与著名的英国路透社的继承人路透男爵夫人结婚后，这位穿着裙子的赛跑运动员在他位于博略市纳穆纳的别墅退休。在那里，他推出了尼斯和他最喜欢的餐厅（名为 Réserve）之间的出租车服务，还配备了博略市的第一部电话。据说他的怪癖从未消失过。

参考文献

Edward MORRIS, *Rogues and heroes of Newport's gilded age*, History Press, Charleston, 2012.

Robert DICK, *Auto Racing comes of age*, McFarland & Co, Jefferson, 2013.

十九

军事体育学校和自然体育锻炼法

弗朗索瓦·托马佐

20世纪初，在两位健身运动先驱弗朗西斯科·阿莫罗斯和伊波利特·特里亚的活跃时期之后，不同体育文化潮流之间的差异变得越来越大［参见本部分第四篇］。茹安维尔军事学校是军事体操发展的重要地点，这里诞生了大量的军事体操教练。根据伊莱雷医生的调研，茹安维尔军事学校制定了许多条例，尝试将本地的军事训练方法和瑞典一些学校的训练方法相结合，相比较而言，这些瑞典的方法更提倡注意个人卫生。

通过法国体操协会联盟，欧仁·帕斯大量宣传一种更加接近普通公民的训练方式，但其中仍然包含军事哲学。由英语国家传来的"sport"（体育）一词开始在法国学校中流行起来，逐渐成为一种大众化的训练方式，并推动了法国体育运动联盟的发展。该联盟是由巴黎的中学生们创建的俱乐部所发展起来的，而奥林匹克之父顾拜旦也为这个联盟的发展起了推动作用。

同一时期还出现了其他一些具有开创性的人物，他们也对体操健美的发展产生了重大影响。继伊波利特·特里亚之后，埃德蒙·德博内在里尔建立了他的第一个体操中心，并于1899年把中心迁往首都巴黎。埃德蒙是一名举重爱好者，也是举重运动的先驱之一，同时，他也是最早将亚洲武术——柔术引入法国的人之一。他在1911年出版的《力量之王》一书中讲述了关于体育文化起源的历史，他也开创性地利用摄影来突出他的训练方法和展现他学生们的健美体形。

第一名举重界的世界冠军路易·乌尼当时因为强壮被称为"阿波罗"，这深深吸引了埃德蒙。埃德蒙拍下了乌尼的照片，这为他们那个时代的男性审美标准奠定了基础。他还把德国人欧根·桑多带到了法国，使得后者能到各地表演大力士的技艺，他的照片流传到千家万户，使他在美国和英国成为一个男性偶像，并开创了健美时尚。埃德蒙的成功建立在现代生活正在不断重视体力运动的信念之上，正如他在1908年的广告中说道："对于脑力劳动过多的人，想要获得放松就最好多参加不需要脑力的体育锻炼。"

乔治·德米尼十分认同特里亚的观点，他也相信体力运动会给身体带来许多益处。德米尼师承生理学家埃蒂安·朱尔斯·马雷，师徒二人在王子公园的生理研究站共同发明了高速摄影技术，可用来进行运动过程的分解，而这也促进了电影事业和生物力学的发展。德米尼的贡献在于他为体育文化带来了一种先进的科学的研究方法，这使得他也受邀加入了茹安维尔军事学校，但因为无法忍受校内的军事权威和阿莫罗斯留下的陈腐的教学方法，他在1904年选择离开。在1902年他曾表示："学校的错误在于将过大的教学权力交给了军事教官，但他们缺乏对运动以及保健的充分认识，他们只希望能强化部队的野蛮武力。"

离开那里后，他接管了由公共教育部在詹森德萨伊高中设立的高等体育课程（CSEP）。对于他来说，不用再忍受过去那种军队对学生体育训练的过分监督了。

与此同时，军事训练也将在乔治·赫伯特的影响下发展。作为洛里昂海军步枪学校的一名教师，他延续了德米尼的理想，创造了一种"自然方法"，旨在从人类在自然状态下的实践中汲取灵感。1912 年他写道："在地球上，人类在力量、健美和身体健康方面是最出色的物种，而野生部落或那些未开化的文明对体育运动或是体育锻炼缺乏重视。"

赫伯特是茹安维尔训练方式最强烈的反对者之一，他致力于发展女性体育教育，并于 1919 年在多维尔创建了一个名为拉帕莱斯特拉的女性运动中心。在 1912 年斯德哥尔摩奥运会上，法国表现不佳。次年，赫伯特成为由国际奥委会委员梅尔基奥·德·波利尼亚克创立的兰斯运动员学院院长。波利尼亚克当时是波美利香槟品牌的老板，他利用香槟收入为兰斯体育公园提供资金，成为其主要的体育赞助商。赫伯特支持德米尼的体育科学性研究。在他的大力支持下，当时法国最伟大的长跑运动员让·布因全力备战 1916 年的柏林奥运会（此前他在斯德哥尔摩奥运会中输给了芬兰选手约翰内斯·科勒赫迈宁）。

1914 年夏天，第一次世界大战爆发，赫伯特回到了他的海军步枪团。茹安维尔军事学校内的培训军官都被召集到前线，所以学校不得不暂时关闭。它于 1917 年 5 月重新开放，以确保预备役人员的基本训练并且为伤员提供恢复场所。让·布因在战争的第一个月就去世了，法国政府为了保护其他体育人才，委派拳击手乔治·卡庞蒂埃、橄榄球运动员阿道夫·若雷吉、乔治·安德烈和皮埃尔·勒登训练新队员。此举是赫伯特的建议，他的训练方式和思想将对法国的体育教育产生长久的影响。

　　在此之后，赫伯特一直在努力调和纯粹的体育文化与高水平体育训练之间的矛盾。但在 1925 年出版的《体育》一书中，他表示当时的体育教育已经偏离了正轨。他写道："运动是指各种方式的锻炼或是指追求体育成绩的体育活动，要求运动员克服以下因素：距离、时间、障碍、物质条件、危险性、动物、对手，甚至要战胜自己。"

参考文献

Georges HÉBERT, *Le Sport contre l'éducation physique*, Éditions EP&S, Paris, 1993 [1925].

Gilles BUI-XUÂN et Jacques GLEYSE, *De l'émergence de l'éducation physique, Georges Demenÿ et Georges Hébert : un modèle conatif appliqué au passé*, Hatier, Paris, 2001.

Jean-Michel DELAPLACE, *Georges Hébert, sculpteur de corps*, Vuibert, Paris, 2005.]

二十

"伟大的比赛":第一次世界大战中的体育运动

菲利普·泰塔尔

在体育史学中,战争时期经常被忽略。这种关注的缺乏是基于一种成见:这种观念认为,在战争序列中,就像在括号中一样,体育或多或少会沉寂一段时间,会暂时被困住,并从那时起会呈现一种强相关利益。实际上,战争期间的体育生活并不会消失,绝不会完全消失。此外,军事冲突对运动奇才的命途和运动员的表现有重大影响。第一次世界大战就是这样,对体育史产生了深远的影响,尤其是在法国。第一次世界大战中最令人震惊的一个方面就是足球树立起的威严。它在战壕中备受推崇,成为两次大战中最受欢迎的运动项目,而且在城市和偏远乡村中都大获成功。

当然,在1914年8月,战争的爆发让体育赛事日历被密封待用。比赛被取消,运动员被调动;体育新闻不再被报道,综合报的体育专栏让位给了战争编年史。突如其来的停摆打乱了体育运动,尤其是在基层,俱乐部因为运动员和领导的离开人数缩减。但是,自秋末起,虽然低调,体育运动毫无争议地实现了恢复,它首先在9月以足球和田径比赛的形式出现在被恢复的学校考试中。

与此同时，新闻业被重新调整。《汽车》报在 11 月重新露面，专栏在日报上重新出现。体育新闻诚然受到了武装冲突的影响，但它还是在和平时期与战争时期之间构建了连续体。就政府而言，其试图避免体育运动的崩溃，自 19 世纪末，当社会仍笼罩在法国在色当败于普鲁士人的阴影下时，当局就已开展了共和主义和爱国主义动员工作。

英雄主义和烈士名册

实际上，在战前，大多数大联盟，即法国自行车联合会、全法天主教竞技体育联盟（FGSPF）、法国体育运动联合会、法国体操协会联盟（USGF）掌管着职业的或具有军事意味的训练和比赛。因此，20 世纪 90 年代的体育文化包含了士兵培训，或者至少是让普通人具备士兵能力的培训。这一点体现在体育证书的颁发上（例如"自行车通讯员"———一种在两点之间传递信息的军事快递员　　证书，由法国自行车联合会在 1905 年发放）或者体现在提升军人的战斗力方面（例如刺刀测试）。

正是在这些基础上，从 1914 年冬天到 1915 年，这些大联盟联合起来成立了神圣联盟。他们强调对共和国的爱国忠诚并在战前发扬一种"旷达人生"的思想：运动员要为捍卫国家做出必要的贡献。实际上，和其他行业一样，体育界在战争中也付出了沉重的代价，有时著名运动员们的消失意味着烈士名册的更新，牺牲了的冠军变得更为崇高。

从 1914 年 9 月起，《快报》新开了"战争期间我们的运动员们"栏目，然后在数月内不断更文："运动员在战火中""前线足球""我们的击剑者和大赛""火中竞技者""我们的高手，我们的死者"。雷恩足球俱乐部的总裁欧内斯特·福利亚尔（Ernest Folliard）在《西部闪电报》（*L'Ouest-Éclair*）的运动员"留言簿"中做了同样的事情，在地方上出名或全国闻名的运动员不断消失在前线。《汽车》报在 1914 年 11 月 1 日重新营业时开了一个类似的专栏："我们的荣誉榜"。

1914 ~ 1918 年，超过 400 位著名运动员牺牲了，他们生前因在国际赛事中的优异表现或在全国比赛中夺冠而闻名于众。他们的名字是：勒内·丹蒂尼（René Dantigny）——法国800 米冠军，埃米尔·恩格尔（Émile Engel）——1914 年环法自行车赛冠军，二人均于 1914 年 9 月去世。还有：莱昂·乌利耶（Léon Hourlier）——1913 年六日比赛的冠军，弗朗索瓦·法贝尔（François Faber）——1910 年环法自行车赛冠军，还有米歇尔·索哈特（Michel Soalhat）——法国中距离赛跑十二次冠军，以上三人均于 1915 年去世。这场屠杀让男性人口像放血一样大量流失，但是，它具有很强的象征价值。

的确，这些人表现出了卓越和勇气。法国体育界的巨星之一计·布安（Jean Bouin）（1912 年斯德哥尔摩奥运会奖牌得主，1913 年在一小时内跑完 19021 米，创下当年的世界纪录）于 1914 年 9 月 29 日在默兹省（Meuse）前线牺牲，凸显了战士的英勇。布安成为一个象征，引用 1924 年出版的《体育百科全书》的一句话，他成为一位"模范"和"法国能量的规范产物"。简而言之，这位运动员成了战争英雄，因为他的身体素质、耐力、训练、团结意识和克己精神使他成为骁勇善战的军人的典范。因此，宣传活动通过散文和图像来颂扬死在前线的运动员们，以及收藏由体育朋友协会发行的《我们的光荣》系列明信片，这些明信片上印着穿着军装的体育明星。该协会还为光荣牺牲的运动员们集资制作英雄纪念碑。

体育运动在前线

战争时期的体育史并不只是英雄们的故事。1914 年底，前线情况稳定下来，很快，士兵们提出的主要问题是：大家担心自己无所事事，会出现士气低落甚至酗酒的情况。受英军的启发（英军在战士中推广足球运动），法国军官们在前线附近或多或少地开辟出了一些场地，用来进行体育运动。在休战期，根据军官和战士们的技能，橄榄球、拳击、田径，有时也包括击剑，甚至网球或滑雪等体育运动都在营地和前线开展过。但是参加体育运动需要有装备。

1914 年 11 月，《汽车》报和它的老板亨利·德格朗热为了给士兵供应装备行动起来。德格朗热发起了一项名为"士兵的工作"的活动，活动包括向前线运送运动器材。这项活动更为人们熟知的说法是"多毛球"，活动被其他报纸模仿或支持。参与进来的有《晨报》（Le Matin），《小巴黎人报》（Le Petit Parisien），《不屈者》（L'Intransigeant），《快报》和《工作报》（L'Œuvre）。这项活动后来由体育机构和慈善援助组织接手，以慈善认捐的形式向士兵、俘虏们送去了数千个足球，有时还有橄榄球和拳击手套。这项运动有利于振兴体育，在背后发挥了作用：它促使静止的军队围绕足球活动起来，推动了地区的、国际的（英国代表队，比利时代表队）或是学生与军人之间的比赛。

无论是出自军官的命令还是部队战士们的自发行为，体育锻炼对士兵来说都是一个题外话，正如《快报》所说，它打破了"漫长的战争序列的单调"（1915 年 2 月 22 日）。也正如历史学家保罗·迪特西奇（Paul Dietschy）所写，这是对公民生活的一种"虚拟"回归，是一种逃避"严酷的军事纪律"的方式。

在公开举行足球比赛时，交战双方有时会暂停枪林弹雨。同盟国与其对手德国就在分隔了双方战壕的无人区里进行了非常罕见的交流，1915 年 1 月发表在《西部闪电报》体育版上士兵的信证实了这场比赛：

> 在比利时的两个战壕之间，有一个默认的武器悬架。德国人用五彩的小灯笼装饰战壕的边缘。整夜，最欢快的歌声在两个战壕之间交替。黎明时分，我们甚至组织了一场足球比赛，双方之间的交流从未如此精致文雅。但是，我们周围的一些同伴被从远方射来的弹片杀死。我们暂停了比赛去埋葬我们的死者，并向彼此致敬。

体育运动尤其被总参谋部当作一种前线或后方回避战争的消遣方式。不过我们不能想象的是一支被运动病毒入侵了的军队。战争的严酷限制了这些人对体育的兴趣的或者说是渴望，对他们来说，精疲力竭是他们太过忠实的伴侣。

空中英雄

"伟大的比赛"这一隐喻，出自亨利·德格朗热，从 1914 年 8

月 3 日起，也用来刻画战争中的体育运动和运动员。武装冲突中的体育比赛这一比喻之后也常被使用。人们想象中的战场与赛场多少有些相似的部分，这关乎证明和赞扬对手在战斗中的价值。

铅球运动员或标枪运动员是出色的榴弹发射兵。自行车骑手和赛跑运动员将成为最好的通讯员；守门员被认为是出色的战壕卫兵；橄榄球运动员和拳击手在进攻和近身战斗中定能表现英勇。

这种体育与战争对应的故事集锦让运动员出身的士兵更受尊重。但是他们还应感激空中的高手。战争之前，几乎与运动员享有相同待遇的飞行员已经非常受欢迎了，但是，在战争中，无论是专业的飞行员还是临时的飞行员（许多驾驶员或自行车手终于实现飞行），都付出了沉重的代价。新闻界和军方在遵循维护英雄主义命令的基础上，大力推动流行画片的制作，加大对那些成为士兵的不知名运动员的颂扬，例如 1917 年在双翼飞机中丧生的自行车选手埃米尔·奎萨特（Émile Quaissart）；当然也有罗兰·加洛斯（Roland Garros）这样的著名自行车运动员，他于 1918 年在空战中牺牲。

1916～1918 年：体育赛事日历重新启封

在战争期间，大多数比赛都停止了。但是，自 1916～1917 年起，体育赛事日历逐渐恢复生气，这要从学术和军事领域开始。这份重生的日程表让日报专栏勉强算是恢复到正常状态，它们开始为读者提供真实的体育新闻。1918 年，这个变化为在《户外生活》（La Vie Au Grand Air）中适当地发表体育报道提供了理由。

孕育于一战期间的法国杯足球赛极具纪念意义，是体育复苏的标志。1915 年 6 月，全法天主教竞技体育联盟秘书长兼法国邦际协会创始人及主席夏尔·西蒙在阿拉斯（Arras）逝世。一年后，为了光耀他的身后之名，全法天主教竞技体育联盟依照英格兰足总杯的模式，举办了一场单场淘汰赛制的比赛，所有俱乐部均可参加。第一届有 48 个俱乐部参加，最终，奥林匹克巴黎（最终冠军）和 FC 里昂会师于 1918 年 5 月 5 日举行的决赛。

战争带来的麻木感促使其他体育运动也逐渐复兴。自行车运动在 1916 年和 1917 年恢复了名气，如埃尔厄尔巡回赛或巴黎－奥尔良巡回赛；1916 年，苏珊·朗格伦（Suzanne Lenglen）参加了蓝色海岸联赛，人们再次听到了关于网球的话题；1917 年恢复的穿越巴黎游泳比赛（始于 1905 年）也证明了体育的复苏。体育赛事日历的正常化不仅证明法国自美好年代以来体育赛事的普及，还证明了远离战争和重建暂时被战争轰隆声掩盖的"生活乐趣"的意愿。从这个角度来看，这是抵抗士气低落和疲倦的一种形式，比赛还有利于团结民众和增强爱国主义情感。

战争及其遗产

世界大战并没有让体育运动在这一时期萎靡不振，而是在体育的发展史上发挥了关键作用。第一，自 1915 年开始复苏的体育运动，在 1916 年后，被证实已经深深融入社会习俗、文化和大众激情中了。第二，战争的遗产。战争期间无论是在前线还是后方，足球都十分流行，书写了运动潮流史。这个圆球成为一项标准运动和战争的遗物，但战争的遗物不仅仅是足球。第一次世界大战让女子体育运动备受关注，以学术和女子俱乐部（d'Académia et de Fémina Sport）这样的巴黎综合体育俱乐部为中心，女子体育运动于 1915 年开始发展，随后有了一个女性联合会（1917），直到其解散（1936），一直都是女子体育运动传播的中心力量。

第三，由于备战，战争影响了体育的合法化。从 1870 年战败到 1914 年，最受军队和茹安维尔军事学校推崇的军备训练项目是体操［参见本部分第十九篇］。当然，在美好年代，茹安维尔军事学校已经进行了各种运动训练，特别是格斗运动。此外，"军事体育运动"开始受到军事训练理论家的青睐。但是，如果体育项目进入预备军火库，它们既不会被系统也不会被象征性地评估。随着战争的进行，体育的用途和表象发生了变化：鉴于体育对战争和烈士名册的援助与贡献，体育被合法化，作为与负重训练和体操运动价值相同的军备训练项目。

最后，战争还有另一个重大影响。直到 1914 年，体育联合会基本上都有很大的自治权。政府没有设定一项全国通用的公共体育政策，但是一些积极的政治参与者，如以里昂市长爱德华·埃里奥为首的市政体育政策的先锋派却提出他们的愿景。从 1914 年开始，支援了战争的主要体育机构改变了形势和人们的思想，因为他们与国家的关系更亲近了。体育正在成为一个国家的关键组成部分，这意味着人们要从新的角度来看待它。得益于 20 世纪 20 年代的领导人思维的转变，"体育部"突破重重阻碍终于成立，这是人民阵线的首创。

参考文献

Gilbert ANDRIEU, Christian BLAREAU, François COCHET, Paul DIETSCHY, Jean-Michel OPRENDEK, Thierry TERRET, Arnaud WAQUET, *Les Sportifs français dans la Grande Guerre*, Le Fantascope, Palaiseau, 2010.

François COCHET, Paul DIETSCHY, Bruno GUILLOTIN (dir.), « Le sport et la Grande Guerre », *Guerres mondiales et conflits contemporains*, n° 251, Presses universitaires de France, Paris, 2013.

Paul DIETSCHY, « La guerre ou le "Grand Match" : le sport, entre représentation de la violence et expérience combattante », *in* Rémy CAZALS, Emmanuelle PICARD et Denis ROLLAND (dir.), *La Grande Guerre. Pratiques et expériences*, Privat, Toulouse, 2005.

Paul DIETSCHY, « Le sport et la Première Guerre mondiale », *in* Philippe TÉTART (dir.), *Histoire du sport en France*, vol. 1, Vuibert, Paris, 2007.

Paul DIETSCHY, *Le « Grand Match ». Le sport français entre paix et guerre (1914-1920)*, doctorat d'habilitation à diriger les recherches, Institut d'études politiques de Paris, 2012.

Alexandre LAFON, *La Camaraderie au front, 1914-1918*, Armand Colin/ministère de la Défense, Paris, 2014.

Michel MERCKEL, *14-18 : le sport sort des tranchées. Un héritage inattendu de la Grande Guerre*, Le Pas de l'Oiseau, Toulouse, 2014.

Luc ROBÈNE (dir.), *Le Sport et la guerre, XIXe et XXe siècles*, Presses universitaires de Rennes, Rennes, 2012.

二十一
女子运动的起源

菲利普·泰塔尔

　　"运动员"形象的出现可以追溯到 19 世纪。但具体是什么时候呢？要回答这个问题，往往面临着三个困难。

　　首先，我们应该能够明确定义"女性体育"的概念。做到这点就要区分好娱乐、女性体育锻炼和严格意义上的"女性体育"。体育的概念首次出现是在 19 世纪 20 年代末，但直到该世纪末才具有了当代意义。然而，一些女性很早就开始锻炼身体了，但我们应该称她们这些"运动复兴"的先锋为运动员吗？又或者运动员是指 19 世纪 40 年代巴黎的游泳爱好者？还是 19 世纪 70 年代到 80 年代的年轻女学生们？其中包括来自无产阶级的体操运动员，来自富有家庭的击剑运动员，在梅兰湖上划独木舟的大资产阶级和 1895 年的自行车手们。

　　可以肯定的是，"女运动员"这个词和"女性运动"这个词是在 19 世纪 40 年代出现的。尽管如此，在 1904 年拉鲁斯编纂的《19 世纪百科大词典》中，50 年代和 60 年代使用的法语形容词"sportive"（译作体育性质的）仍然没有作为形容词或名词出现。简而言之，既然不能消除体育这个词的不确定性，在 19 世纪谈论"体育"就是不恰当的。直到"美好时代"（指从 19 世纪末开始，至第一次世界大战爆发）结束，这个表达才变得司空见惯。

回答我们最初问题的另一个困难是：19 世纪 70 年代的大多数运动先驱，例如远足者、骑行者、登山者，等等——都是匿名的，而且数量很少，不为人知。1874 年法国登山俱乐部成立时，妇女只占其中的不到 1%，到 1890 年也仅占 5%。此外，只有得到男人的需要与认可，女性才可以运动锻炼并向男人发起挑战，她们是在一个精英主义、保护性的社会里这样做的。她们锻炼的环境可以是在家庭友好的氛围中，在关注社会差异的社区中，在一些特殊空间（海滨城镇、温泉、美丽的社区）或者室内场所（器械室、网球俱乐部、游泳池、私人狩猎区、篱笆包围的别墅，等等）。

因此，在许多人眼中，精英阶层的"运动女性"只是空想，不可能成为现实。1885 年，德沃男爵在一本书的标题中使用了"运动女性"一词，在书中他描绘了一群女性运动员，比如，罗斯威勒男爵夫人和菲茨－詹姆斯公爵夫人是出色的女骑手；罗斯蒙特伯爵夫人被称为"美女枪手"；阿尔塔·维拉侯爵夫人的外号是"无情猎手"；赫维·德·圣德尼侯爵夫人对于球拍十分狂热；吉莉子爵夫人则是颇有成就的弓箭手。阿尔塞纳·德乌赛在其作品的序言中曾提到有如此多的运动女性和"高尚生活"，但事实是，绝大多数妇女都无法接触到这些高端的娱乐锻炼方式。因此，体育并不是通过这些近乎空中楼阁的项目或是同样难度颇高的登山运动完成对中产阶级的渗透，然后一步步受到普通工作者和工人阶级欢迎的。

第三个也是最大的困难是，直到 1905 年，女子运动社团和俱乐部才出现，并逐渐扩大了"运动的"（sportive）一词的知名度，并构成了制度发展的基础。然而，在 19 世纪 90 年代，一类众所周知的体育人物出现了：女子自行车手。那么，关于她们所面临的危险，我们大致了解什么呢？1894 年的一项调查显示，大多数医生认为骑自行车是一种对所谓弱势性别有害的活动。在女权主义日益高涨的背景下，骑自行车的妇女代表了一种新的、自由的、具有抗争性的女性。她们在公共场合所表现出的精神解放，动摇了一个男性权威不容置疑、权力崇拜属于男性的社会格局。另外，女性运动被视为一种带有性内涵的越轨行为。

1900 年，在《自行车与生殖器》一文中，卢多维奇·奥福洛维尔医生表示，长时间的骑车会导致"女性求偶狂、特征性歇斯底里症"和"性器官过度兴奋"，因为骑车会给女性带来一种"生殖器满足"的感觉。然而，自行车经销商依然毫不犹豫地贴出海报，在车子上面画上女性的裸体来宣传自行车的品质。不管怎样，体育运动引发的女性身体的性暗示与这个传统保守的社会是相冲突的。最后一个原因是，女性体育的概念遭到体育世界的领导人和捍卫者的拒绝，他们认为体育世界首先是属于男性的。

顾拜旦 1912 年的言论广为人知，他曾表示他将永远拒绝举办"女子奥运会"。这种观点反映了一种明显歧视女性和厌恶女性的心态：妇女既不具有社会性（因为女性主要在家扮演妻子、母亲和家庭主妇的角色），也不具有参加体育运动的自然性（因为身体条件比男性差）。然而，顾拜旦的表态与女子体育发展的大环境是背道而驰的。女子体育日益发展壮大，并且在其他方面，女性地位也得到提高。例如，在大资产阶级的沉闷环境下，女性运动比之前更容易被接受，又或者女性开始参与网球混合双打，或出现在帆船运动、短途旅行、攀岩运动中。但总的来说，女子体育的娱乐性要强于竞技性。

"女子冠军"一词登上历史舞台

因此，奥委会和顾拜旦的小圈子从来没有想过为女性专门创办奥运会，除去1900年巴黎奥运会以"示范"的名义允许一部分女性参加。尽管对女性依然存在一定的偏见，但是大众的态度正在慢慢改变，女运动员们，尤其是自行车女骑手，逐渐在大众领域占据了一席之地。这种思想演变的一个标志是"女子冠军"（Championne）一词的出现。在法国，第一个被授予这个称号的人是阿梅莉·勒加尔，她被人们称作"莉塞特小姐"。除了关于她的一些传说和一些重要的自行车成就，人们对她知之甚少。

在一个晴朗的日子里，年轻的布雷顿牧人阿梅莉看到一个英国人骑着自行车从沼地上经过，她立刻就被他的自行车吸引住了，于是他们开始聊天。尽管家境贫困，但阿梅莉的精神感动了这位英国游客，于是他答应阿梅莉等他一回家就送她一辆自行车，他真的照做了。然后她便开始参加自行车活动，就像英国人所说的"圣女贞德"一般。阿梅莉天生具有驾驶自行车的天赋，她成了美国人眼中的"巴黎自行车偶像"。让她如此出名的原因一方面是当时的时代背景，另一方面则是她出色的技术。

1894 年，自行车运动正日益流行，阿梅莉赢得了隆尚赛道 100 公里自行车赛的冠军，随后在巴黎锦标赛上创造了女子世界纪录（成绩已经无限接近男子自行车纪录），并成为法国第一个女子道路自行车赛冠军。她的成绩吸引角斗士品牌邀请她成为形象大使。直到 1898 年她移居美国之前，她的职业生涯一直充满赞誉。她是第一个被认可为"女子冠军"而不是女"冠军"或女性"冠军"的法国人，这一称号一直延续到 20 世纪 20 年代。莉塞特小姐对于女性运动具有开创性的意义。

她与玛丽·卡纳克、哈丽雅特·帕利亚德、贝安尼、马塞勒·鲍特罗、亨丽埃特·勒布朗以及塞波莱特小姐等自由行动女性组成小团体。她们在法国和英国发声，为女性体育形象的首次普及做出了贡献。

然后，在 20 世纪初，情况发生了变化。首先，出现了像米丁特赛跑这样的赛事。1903 年，这项赛事有 1000 名至 1500 名女性参加，可以选择步行或跑步，赛道设在巴黎和凡尔赛之间。据媒体报道，有 50 万观众到场观看，一些游泳运动员也参加了比赛。1903 年，在里昂，夏洛特·贝特朗成为第一个参加活水游泳比赛的女性；1905 年的塞纳河游泳比赛因为女性的参与注定要成为体育历史上的里程碑事件；来自中产阶级和工人阶级背景的许多年轻的女性游泳运动员和自行车运动员都发声要求妇女在公共场合参加体育活动。精英阶层也不例外。

随着比赛逐渐丰富，最优秀的女子网球运动员也开始受到媒体的关注，尤其是玛格丽特·布罗克迪（Marguerite Broquedis），她是第二位获得"女子冠军"称号的法国运动员。再来看看 20 世纪 10 年代女飞行员们的出现：玛丽·叙尔库夫、玛丽·马尔万、埃莱娜·迪特里厄。她们的勇敢通过大战获得了真正的认可。

这种女性运动的觉醒同时也影响了女子体育协会和女子俱乐部的诞生。首先，一些俱乐部在巴黎设立了女子分会，如 1902 年的前进俱乐部（l'En-Avant）和 1904 年的伏尔泰体育联盟。同时也出现了一些女子俱乐部，比如 1906 年的水神游泳俱乐部，巴黎和里昂的海鸥俱乐部（1907 年），里昂的游泳圈俱乐部（1914 年）。1912 年，法国举办了首届女子运动会；1909 年，第一个女子体操协会于里昂诞生；1911 年成立了法国女子体操协会联盟。1912 年，巴黎妇女体育基金会对田径和集体体育的发展产生了决定性意义。甚至女飞行员们也开始行动：1909 年，法国航空俱乐部妇女委员会正式改名为 La Stella。

然而，女性化仍然只是相对意义上的：因为只有几百名女性是俱乐部的成员，而联合会和工会总计有 150 万名成员。就这一时刻来说，女性运动虽然比 1900 年取得了很大进步，但直到一战开始前仍然处于起步阶段。

不管怎样，战争并没有扼杀这些女子运动发展的萌芽。1915 年，在巴黎，女子运动协会、前进俱乐部以及伏尔泰联盟的体育部门重新恢复秩序。著名记者古斯塔夫·德拉弗雷特在于泽斯公爵夫人的赞助下创立了一个新的俱乐部：学院俱乐部。这个俱乐部在巴黎资产阶级中招募新成员，并飞速壮大，到 1918 年已经有 3000 多名成员。1917 年，上面提到的这四家俱乐部共同创立了法国女子体育协会联合会（FSFSF）。1918 年 7 月，法国田径锦标赛诞生了，这是同类型比赛中第一个受到新闻界赞扬的。

爱丽丝·米利亚，女子运动的先驱

这次动员的主要发起人是爱丽丝·米利亚（Alice Milliat）。1912 年，作为巴黎妇女体育基金会的一员，她很快就接管了 FSFSF。战后，她成为女子体育运动的先锋式人物。然而，包括一些来自妇女的反对意见仍然存在。1918 年 9 月，罗斯·妮可（Rose Nicole）在《户外生活》上写道："人们担心，女子运动员可能因为运动员的身份和激烈的比赛而忘记了真正的身份：一名母亲。"

这些批评声的重点就在于女性的核心职能已经转移了。但在那个疯狂年代的解放精神和战争的推动下，联合会在 1921 年召集了 70 多个协会和大约 5000 名持有比赛许可证的女性。因此，从这一角度看，战争促进了女性运动的发展。然而，女子运动仍然没有获得与男子运动同等的重视。除了苏珊·朗格伦以外，其他女性运动员受到的待遇远非如此。苏珊拥有比其他 FSFSF 运动员们大得多的影响力，正是她定义了女运动员的形象。女明星、女英雄、法国大使……许多标签都可以和苏珊联系在一起。对于这样一位前所未有的名人和全民偶像，千言万语都不足以形容她，她在当时的影响力从一句广为流传的"啊，苏珊"［1926 年《大兵闹剧》（*Saint Granier*）的台词］

就可知一二。然而，其他女运动员是远远达不到苏珊的地位的，尤其是考虑到战后女性体育运动的情况并不稳定。旧的父权制社会的紧张局势再次抬头，爱丽丝·米利亚的努力正逐渐受到国家和国际联合会及其代表的反对。然而，1921 年和1922 年，她在摩纳哥组织了国际妇女大会，即所谓的"妇女奥林匹克运动会"。

新闻界对此进行了积极的报道。1922 年 8 月，体育观察家热奥·安德雷（Géo André）在《体育之镜》中指出：

> 许多记者和电影制作人对女运动员的兴趣表明，人们的好奇心是多么强烈。无数官员们涌入跑道的样子就像一群大黄蜂……在我看来，观众们的眼睛只盯着女运动员们裸露的双腿，而根本不在意她们完成的体育动作。

女子运动的定义模棱两可，可分为两种：合法化运动和好奇心运动。在反对者依然坚持己见的情况下，爱丽丝·米利亚通过寻求举办女子奥运会来作为回应，当然，这是一种挑衅，也是一种富有战斗性的行为。1934 年，她所举办的第四届比赛在伦敦开幕，来自 18 个国家的 250 多名参赛者参加了比赛，但不过是天鹅之歌（美好事物死前的哀鸣）。许多国家和国际组织，尤其是国际奥委会和国际田径联合会的反对，使得爱丽丝越发要提出抗争。

1928 年阿姆斯特丹奥运会首次允许妇女参加，但这些国际组织拒绝与女子运动联合会进行任何沟通和合作。这些女子联合会如果不想消失，就只能加入男性阵营。这一战略的结果是，国际奥委会和人民阵线政府在 1936 年解散了法国女子体育协会联合会及其国际解放运动，人民阵线政府没有采取解放行动，而是切断了对这些自由女性的资金支持。尽管如此，在两次世界大战期间，女性游泳运动员、网球运动员、击球手和赛车手都获得了大众认可，以至于在 1939 年，一个俱乐部的成员估计有 1.4 万人是女性，但对比之下，男性联合会的成员大约有 200 万。所以，通过这一数据，我们可以看到，女子运动还有很长的路要走。

参考文献

Pierre ARNAUD et Thierry TERRET, *Histoire du sport féminin*, L'Harmattan, Paris, 1996 (2 vol.).

Thomas BAUER, *La Sportive dans la littérature française des Années folles*, Presses universitaires du Septentrion, Villeneuve d'Ascq, 2011.

André DREVON, *Alice Milliat, pasionaria du sport féminin*, Vuibert, Paris, 2007.

Cécile OTTOGALLI-MAZZACAVALLO, *Femmes et alpinisme. 1874-1919 : un genre de compromis*, L'Harmattan, Paris, 2006.

Claude PASTEUR, *Les Femmes et la bicyclette à la Belle Époque*, France Empire, Paris, 1986.

Thierry TERRET, « Sport et genre », *in* Philippe TÉTART (dir.), *Histoire du sport en France*, vol. 1, Vuibert, Paris, 2007.

Philippe TÉTART, « La championne. Féminisation et adoption d'un mot et d'une nouvelle figure sociale (1830-1930) », *in* Benoît MUSSET (dir.), *Femmes et hommes nouveaux*, Presses universitaires de Rennes, Rennes, 2015.

二十二

苏珊·朗格伦：第一位女性体育明星

弗朗索瓦·托马佐

19 世纪末期的法国，人们都喜欢到海边享受阳光和沙滩，也是在这一时期，网球逐渐成为一种特有的消遣方式。1887 年 9 月，莫泊桑为法国报纸《吉尔·布拉斯》撰稿时曾强烈抨击网球运动，他说道："这个可怕的球拍简直给人们带来了一场噩梦，从早到晚都随处可见人们抱着它，挥舞着它，把它抛向空中或者坐在它上面。甚至有人把它放在面前看着你，就好像他们在监狱里。甚至有人像把玩吉他一样敲着球拍……这些人，这些可怜的穷人们都带有这种疯狂的标志，看上去就像疯狂的小丑摆动着铃铛一样。他们都患有这种被称为'草地网球'的英国疾病。"

在这篇讽刺性文章发表的 12 年后，苏珊·朗格伦于 1899 年 5 月 24 日在巴黎出生。她的弟弟在 1904 年去世，所以她的父亲夏尔希望让女儿通过参加网球或者其他体育运动来锻炼身体。他们在离贡比涅不远的马雷斯特 - 苏尔 - 马茨拥有一栋别墅，并且配有一块红土球场。正是在这里，苏珊度过了一个又一个夏天，并且不断提高着自己的网球水平。苏珊跑动能力很强，并且可以不停地用各种姿势击球。父亲的帮助使得苏珊一步步成长起来，并且戴上了帽子和手帕来参赛。

在父母的培养下，1912 年，13 岁的苏珊第一次参加了高水平比赛，随后她的名气越来越大。经过考虑，她的父母决定举家迁往巴黎，在那里发展女儿的网球事业。14 岁时，她在法国锦标赛中输给了玛格丽特·布罗克迪屈居亚军。三周后在圣克卢，这位神童击败了英国选手杰曼·戈尔丁。法国杂志《网球与高尔夫》的记者马塞尔·达尼诺斯震撼于苏珊的出色表现并写道："当她第一次击球时，你就会沉醉于她的高超球技了。无论球的落点在哪里，苏珊总能轻松地接到，好像在她脑中已经形成这样的思维定式了，就是接球并击球，直到获得胜利。"

可惜的是，一战的爆发使得苏珊前进的脚步不得不放缓。越来越难找到训练伙伴的她开始和从前线回来的军官朋友们一起训练，在这个过程中，她变得更加强壮，击球水平越来越高。随着一战结束，和平的到来也预示着苏珊要开始征服世界网坛了。从 1919 年到 1926 年，她六次获得法国网球公开赛的冠军，其间也多次摘得温布尔登网球公开赛的桂冠。

她的传奇生涯始于 1919 年 7 月 5 日的伦敦。尽管此前都是在红土上训练，苏珊依然很快适应了草地球场，并一举进入那届比赛的决赛。决赛中，她的对手是被称作"简单女士"的 7 次温网女单冠军多罗西娅·朗贝尔·尚贝尔。多罗西娅时年 40 岁，和苏珊的母亲年龄相仿。但在乔治五世国王和玛丽王后的关注下，苏珊丝毫没有掩饰战胜对方的强大决心。前两盘双方打平，最后的决胜盘两人都承受着巨大压力。尽管多罗西娅先拿下两分，但年轻的苏珊不为所动，迅速扳平比分。苏珊落后时的冷静以及对胜利的渴望使她最后战胜多罗西娅获得了冠军。"我无法忘记观众们的高昂情绪，体育界称我为那个'法国的小女孩'。尽管十分疲惫，但这是我最大的成就和最快乐的时刻。"

这是苏珊辉煌的职业生涯中所取得的第一个冠军。从1919年到1926年，她赢得了241个奖项，其中单打81次，女双73次以及混双87次。在大满贯比赛中，她赢得了31次冠军，其中12次是单打冠军。在1920年安特卫普奥运会中，苏珊轻而易举摘获女单金牌，同时还夺下混双金牌和女双铜牌。然而，由于病魔侵扰以及情场失意，她放弃了1924年的比赛，可能只有这些因素才能阻止她征服的脚步。1919年到1926年间，她只输过一场官方比赛：她因感冒在1921年的美国锦标赛中输给了美国人莫拉·玛洛里。

拒绝长袖上衣和长裙

苏珊彻底改变了女子网坛的格局，同时她也开创性地改变了女网球运动员的着装。她不穿紧身上衣或者长裙，相反选择穿更加便于在比赛中移动的过膝百褶裙。入场时她往往穿着一件毛皮大衣，还戴着项链和珠宝首饰，并且毫不畏惧地露出她美丽的白色服装，露出她裸露的脚踝和手臂，头上则扎着头带。

她开创的这种潮流被她的高级设计师让·帕图称作"朗格伦时尚"。这使得苏珊已经不仅仅是一名女运动员了，还是一位女明星，一个女模特。她的名气甚至超过很多男性网球冠军，可以和当红女明星约瑟芬·贝克以及莎拉·伯恩哈特相提并论。但是她脆弱的身体以及过度紧张的神经也为她的职业生涯增添了浪漫主义色彩。1921 年她受到百日咳的侵扰，两年后又得了黄疸，并且她的食欲逐渐下降，还经常莫名其妙的失眠。为了保持更好的竞技状态，她不得不服用一些药物。

自 1919 年以来，苏珊在世界女子网坛一直处于强势地位。1926 年，她又遇到了一位更年轻、更强壮，也更目中无人的女选手：时年 20 岁的美国人海伦·维尔斯。她是 1923 年、1924 年和 1925 年的美国三连冠，还获得了奥运冠军。这名扑克脸小姐拥有钢铁一般的强大神经。1926 年 2 月 16 日，苏珊和海伦在戛纳卡尔顿酒店的红土球场上进行了第一次对决。二人的比赛在当时是一件轰动世界的大事，无数民众和媒体前来观看，很多人乘载喷气机来到戛纳，甚至还有多位国王也亲临现场。上午 11 点，两名球员进入球场。苏珊穿着一件镶有山猫图案的白色外套；海伦头上戴着她标志性的遮光罩，身上穿着白色的短袖长裙。

但这场"世纪大战"只持续了一个小时就宣告结束。苏珊在两盘比赛中以 6 比 3 和 8 比 6 的比分战胜了对手。尽管她如愿赢得了这场比赛的胜利，但是苏珊也意识到属于她的时代已经过去了。海伦本可以在之后的法网公开赛中复仇，但她宣布了弃赛，之后二人再未在比赛中交过手。对于苏珊来说，此时距离她的第一个冠军头衔已经过去了七年，属于她的巅峰时代即将画上句号。1927 年，在与温布尔登网球公开赛的组织方发生争执后，她突然宣布结束自己的职业生涯。海伦·维尔斯取代苏珊成为网坛一姐。

　　对于苏珊来说，当她开始在美国巡回比赛并获得报酬时，她就已经成为网球界第一位职业运动员。她嫁给了一个美国的富二代，名叫鲍德温。但这对夫妇在1932年分开了。然而，苏珊依旧像之前一样大受欢迎。1936年，她终于实现了自己的梦想，开设了一所网球学校，她的灵感来自于为年轻女孩们开设的舞蹈课程。此后她一直关注着被人们称作法国网坛的"四个火枪手"的简·博罗特拉、雅克·布律尼翁、亨利·科歌和雷纳·拉科斯特。1938年，媒体透露苏珊已经得了白血病，并且几乎失明。7月4日，苏珊离开了人世，享年39岁。

　　在苏珊传奇的一生中，还有一段不为人知的插曲。这场保密性很高的比赛，将对她的职业生涯和网球运动的未来发展产生重大影响。1920年，她在费森德利的球场上同比尔·蒂尔登展开较量，后者是网球历史上最伟大的男球员之一。很少有报道称他们二人彼此厌恶。苏珊无法忍受这位球员的轻蔑态度以及他的行事方式，这后来给她带来了许多麻烦。比尔本就不喜欢女人，对于苏珊他更是厌恶，并且他毫不掩饰自己对这位女明星的反感："她穿着白色的外套，身着网球服，头上戴着红色的头巾，我真的希望附近有一头公牛。"

　　1920年春天，迫于朋友和观众的压力，这对死敌进行了一次切磋。比赛开始后，苏珊在赛场不停打转，因为比尔通过飘忽的击球使得苏珊不得不付出大量跑动，像抽打骡子一样戏耍着苏珊，借此来羞辱她。最终比分定格在6比0，对于比尔来说，这仿佛标志着他作为男人的优越性，但对于苏珊来讲，她此生也不愿再想起这场"性别大战"［参见第三部分第六篇］。此后她不断努力训练，希望能够达到男性运动员的水准。

参考文献

Philippe TÉTART, « Champion androgyne, combattante et danseuse. Portrait flou de Suzanne Lenglen (1913-1923) », *International Review on Sport & Violence*, n° 8, 2014.

Fabrice ABGRALL et François THOMAZEAU, *La Saga des Mousquetaires : la belle époque du tennis français*, Calmann-Levy, Paris, 2008.

二十三
广播、报刊、电影打造了体坛传奇

菲利普·泰塔尔

体育界与媒体界因巨大利益联手的故事可以追溯到 19 世纪末。通过组织自行车赛,新闻业创建了体育赛事日历矩阵,同时,它将体育运动转化为一种有号召力的产品,然后渐渐地,又发展成独家新闻。其实在更早的时候,体育运动就已出现在新闻上了。1828 年,从英语中借用的这个词首次出现在法国《种马场日报》(*Le Journal des haras*)中,这里的体育运动特指报纸的主题:狩猎和赛马运动。该刊物对"体育运动"的概念已经做了广泛的定义:"体育运动是英国人打赌的主题之一。运动这个词在我们的语言中不存在,在英语中的含义也不甚清晰,可以指打猎、赛跑、拳击等所有运动。总的来说,就是所有涉及人或动物的力量,技巧或敏捷度的活动"(《种马场日报》,1828 年 4 月 1 日)。为教区传教的日报认为"运动员是指所有体育迷;在通常意义上,可以说是'猎人'"。

不过,该报还是在某些专栏中介绍了其他真正意义上的运动员的项目——拳击,击剑,游泳——就像《费加罗报》、《巴黎评论》(*La Revue de Paris*)或是《神奇幻灯》(*La*

Lanterne magique）及其前卫的专栏"跑马场和训练员"（1834）一样。但是，这些专栏比起体育运动更多是在报道社会名流，谈论体育新闻是不得体的，更别说是体育报刊了。

精英事迹首当其冲

多年来，其他社交刊物也发表了关于体育运动的文章，尤其是《上流社会》（*La Bonne Compagnie*）。《运动与时尚评论》（*Sporting and Fashionable Review*，1852～1855）是第一个在刊名中提到体育运动的。但自 1854 年以来，真正为体育新闻的传播扫清道路的，是《世界人民体育报》。它的创始人欧仁·沙皮（Eugène Chapus）是一位偏爱赛马和狩猎题材的作家，也是巴黎体育界的敏锐行家。他富有远见又会审时度势，让记录精英阶层休闲生活的刊物受到人们的关注。因此，他邀请编辑们描写出上流社会的、旅游名胜和戏剧场所的图景，尤其是有关赛马场、狩猎和其他 30 种体育运动的新闻，包括划船、踢打术、摔跤、拳击、老式网球、台球。显然，他不打算让体育大众化。他在 1854 年写道："对体育运动的无上崇拜意味着贵族阶层在宁静愉悦中至高无上的享受，同时也是延续他们特权的另一种形式。"如果他推广了体育运动，他能从中获利，又能颂扬精英人士的生活艺术，能争取在报刊行业确立其垄断地位。此外，在 1862 年，根据司法裁定，他得到了 1860 年创刊的《水上运动》（*Le Sport Nautique*），并更名为《水上法国》（*La France Nautique*）。这是第一个关于体育运动的媒体竞争的案例。

《体育报》（Le Sport）是体育运动的第一台显示器。但这并不代表体育专栏作家此刻才觉醒。早在 1854 年，尽管是周刊，《费加罗报》也时不时地报道了赛马、击剑、游泳和拳击运动。报刊业为体育运动的发展提供了一个合适的，平稳增长的平台，例如日报《快报》，它在 1844 年将 0.1% 的版面用于体育新闻报道，到 1874 年变成 0.4%，可见，体育新闻的植入是很谨慎的。马术运动是最主要的内容。

自行车运动强力助推

19 世纪 60 年代后期，自行车运动冠军的出现是一个转折点。最著名的是《自行车画报》（Le Vélocipède Illustré），它是由记者兼作家理查德·莱斯克莱德（Richard Lesclide）于 1869 年与自行车制造商法伯（Fabre）共同创办的。因为他，新闻业参与了这项伟大的计划：1869 年，通过发起巴黎 - 鲁昂自行车拉力赛，他促成了不久将蓬勃发展的媒体和工业自产自销模式。

1870 年的战争叫停了自行车运动的发展。十年后，新闻自由相关法规的颁布（1881 年）、印刷工艺的现代化和工业化促使报刊媒体开启了新一阶段的扩张。《自行车运动》（Le Sport Vélocipédique，1880）、《自行车 - 运动与车手》（Véloce-Sport et Véloceman，1885）、《自行车评论》（La Revue Vélocipédique，1886）重拾火炬，为几代专业媒体的发展铺平了道路。

下一个十年的开端更是起了决定性作用：1891 年，日发行量 100 多万的《小日报》发起了巴黎 - 布雷斯特 - 巴黎自行车拉力赛。凭借 1200 公里的无补给赛程，该比赛登上了《小日报》的头版，还引起了其他日报的关注，让一路吃尽苦头的获胜者夏尔·特隆成了首位赛车冠军。这是一个先例。

自此，新闻媒体或是与设备制造商，或是和赛车场一起合作创造了许多"经典"（当时的公路自行车赛都希望达到类似的效果……）。这些赛车场始建于 1893 年［布法罗（Buffalo），塞纳河赛场（vélodrome de la Seine），然后在 1909年有了冬季赛场（Vel'd'Hiv）］。比赛主要由亨利·德格朗热倡导，他也是未来《汽车》报和环法自行车赛的创始人。

19 世纪 90 年代，自行车的价格下降了 50%，也迎来了三重效益协同增长时期：更多自行车和自行车手，更多比赛和更多好奇的人，更多观众，最终产生了更多自行车新闻的读者。在这种背景下，1892 年，记者皮埃尔·吉法尔创办了报纸《自行车》。在那之前，创办体育运动报刊通常是徒劳的尝试，除非与赛马热潮有关联。但《自行车》报成功了，并持续发行。到 19 世纪末，它成为综合性体育报纸，当时关于专项体育运动或综合体育运动的出版物数量激增（1880 ~ 1914 年共有超过 1000 种刊物）。严格来讲，我们正在进入体育媒体时代。三个定格印证了这个转折点。

阅读体育：走向大众实践

1898 年，报摊上出现了一种新刊物：《户外生活》，这是一个主打休闲和体育运动的半月刊。它的目标读者是精英人士。他们仍然是运动员的主体。但是，依靠插图和摄影作品，

《户外生活》迅速赢得了众多读者的青睐，并开始按周出版，成为运动媒体史上的一个标杆。

另一个关键期是 1900 年《汽车》报的问世。《汽车》是亨利·德格朗热［前自行车运动员，他还管理王子公园赛车场（Parc des Princes）］的构想，得到自行车和汽车制造商［德·迪翁 - 布顿、克莱蒙（Clément）和米其林（Michelin）］的资助。《汽车》报一面世就打出有竞争力的自产自销牌。他最大的成就就是发起了环法自行车赛（1903 年）［参见本部分第九篇］。

从 1905 年起，环法自行车赛就受到了广泛关注，报纸销量也开始飙升。从横渡巴黎赛到游泳赛（及其成千上万的观众），再到各省无数的步行赛、自行车赛、汽车赛等，《汽车》报的身影出现在各类赛事中。这种实践主义结合多项运动的密集报道，使它成为体育新闻的权威，也令竞争对手《自行车》报和《体育回响》（L'Écho des Sport）退居二线。

第三个标志是将体育专栏与受众更广的综合日报和政治日报相结合。直到 19 世纪末期，体育新闻、赛马爱好者、体操等总是出现在社会新闻版和社交新闻栏。接着专栏出现了，它们一点一点地占据了所有日报，证明了提供体育新闻服务的合理性（自 1904 年的《日报》起）。1914 年，它们占据了 5%至 6%的版面（是 1890 年的 20 到 30 倍）。某些刊物，例如《巴黎回响》（L'Écho de Paris）和《不屈者》给体育运动留出了超过四分之一的版面。

除此之外，它们还赞助比赛，这是一个体现报刊之间激烈竞争的典型例子：1905 年，汽车沙龙的汽车赛、摩托车赛和摩托艇赛由以下报刊承办或赞助：《户外生活》、《游艇小报》（*Yachting-Gazette*）、《法兰西汽车》（*La France Automobile*）、《汽车》，还有《晨报》、《高卢人》、《费加罗报》、《快报》、《小巴黎人报》、《闪电报》（*L'Éclair*）、《巴黎回响》、《小日报》和《辩论日报》（*Le Journal des Débats*）。

1914 年前夕，体育新闻和信息更加专业化了。早在 19 世纪 90 年代就组织起来的新闻工作者们（1891 年，巴黎体育报刊联合会；1895 年，自行车运动记者和体育报刊联合会），建立了一个公认的充满活力的世界。通常，他们具有以下特征：前运动员，与体育行业有联系，报社老板，参与俱乐部、联合会和比赛组织。保罗·卢梭（Paul Rousseau）就是这样一位前自行车运动世界纪录保持者，还是《体育世界》（*Monde Sportif*, 1903～1904）的创办者，法国拳击联合会创始人之一（1903），飞行俱乐部的主力成员，等等。简而言之，在体育世界里，新闻业、制造商、机构和管理者之间的利益混合是整体性的。随着摄影社 Rol（1904）和 Meurisse（1909）的出现，职业摄影记者也进入了专业化时代。随着顶尖刊物的发展，其他领域也更加多样化，例如拳击运动领域，就出现《指环》、《拳击、拳击手与运动》这类专业刊物。

体育新闻在体育文化传播历史中的重要性可从两个数据的对比中得出：1914 年，有 150 万法国人加入了体育或体操俱乐部（占人口总量的 2.5%），而仅综合日报专栏的潜在读者就有大约 4000 万（售出 900 万份）。总之，体育运动通过阅读和媒体消费进入了大众时代。

在战争期间，体育新闻没有消失。当然，由于各种限制和

战争新闻优先原则，大多数体育刊物都退让了。1914 年 11
月，《汽车》报以呼吁动员青年和士兵的方式重启运营。然
后，体育生活悄悄留下了印记，日报恢复专栏。从 1916 年到
1918 年，体育赛事日历再现光彩，专栏内容逐渐丰富。战争
结束时，体育运动收回了媒体权利。[参见本部分第二十篇]

油墨、电波和荧屏

　　战争中媒体依然坚持对体育新闻进行报道，这就能解释为
什么战争刚一结束，体育媒体就能重整旗鼓，并在此后不断增
强势头。在书面媒体中，摄影的威严加上杂志的担保使报价升
高。我们看看战前已有的刊物：《体育进行时》（*Sporting*，
1922 – 1926），《户外生活》和《体育之镜》（*Le Miroir des
Sports*）及新出的刊物：《运动》（*Sport*，1922 – 1926），《环球
体育画报》（*Le Sport Universel Illustré*，1922 – 1935），非常体育
（*Très Sport*，1922 – 1926），《比赛》（*Match*，1926 – 1938），
《体育之友》（*L'Ami des Sports*，1936 – 1937）。仅以南部地区
为例，该省有《普罗旺斯运动》（*La Provence Sport*，1920），《马
赛运动》（*Marseille-sports*，1920）和《自由运动》（*Sport Libre*，
Nice，1921）。大多数体育运动都在 1939 年前有了专门的刊物。
　　当时最著名的也是最受欢迎的运动当属自行车和足球，属
于后者的专刊有：《圆球》（*Le Ballon Rond*，1918），《足球》
（*Football*，1929）或《任意球》（*Coup Franc*，1936）。在日报
中，体育巩固了它的地位。20 世纪 20 年代唯一的《不屈者》
和十年后的《巴黎夜》（*Paris-Soir*）是主要刊物。那时，足球

和自行车都是先锋运动。1938 年，《西部闪电报》将 12% 的版面专用于足球，是 1914 年的十倍！最后，报社也在继续丰富比赛日程。《汽车》报仍在组织环法自行车赛，这是至上的赛事；共产主义新闻社组织自己的徒步赛和自行车赛。例子比比皆是。

广播在体育媒体领域的出现是一项重大创新。1923 年，广播（1921）刚诞生不久，体育就被添加在电台的日程上。记者雷蒙·德奥尔泰（Raymond Dehorter）建议 Radiola 电台报道位于塞纳河畔纳伊的布法罗体育场上的拳击比赛，拳击手乔治·卡庞蒂埃对战马塞尔·尼莱斯（Marcel Nilles）。5 月 6 日，Radiola 完成了第一次直播。几天后，Expoit 电台转播了法国橄榄球锦标赛的决赛。在 1924 年，该电台从热气球吊篮里评论了夏蒙尼冬奥会、五国锦标赛、自行车六日赛和巴黎奥运会。不过，广播只调动了很少的人。据统计，1922 年全国有 40000 台收音机，理论上有 20 万名听众。尽管如此，广播也没有放弃正在成为技术试验场的体育比赛和受大众欢迎的体育运动。20 世纪 20 年代末第一批广播放送的固定节目上线，例如《体育和比赛》（Le Sport et Les Courses，Radio-Vitus 电台，1926 年）。在新闻报道上，伟大的无线电革命正在发挥作用。

1927 年，图卢兹广播电台完成了对环法自行车赛的第一批相关新闻报道。1929 年，广播电台想要全面报道环法自行车赛，并希望能首次直播出发点或终点的实况。多亏了移动麦克风，Radio-PTT 电台完成了 96 期节目的录播，并在出发点或终点进行了多次直播。广播电台大获全胜：超过 14000 位听众感谢了电台。体育运动在广播节目单中越来越有存在感。

体育节目是成功的关键，首次直播就体现了这一点，无论是对戴维斯杯的报道（Coupe Davis，1932 年，Radio-PTT 电台），还是对环法自行车赛各阶段赛的报道（1937 年，Radio-37 电台），或是运动员 24 小时（24 Heures du Mans，1938 年，Radio-Cité 电台）。因为电台之间的竞争，体育运动在无线广播领域和社交层面的地位都得到了提升。在 20 世纪 30 年代末期，我们进入了大众收听广播的时代，当时有 500 万台收音机和超过 1900 万的潜在听众。

但同时，我们不能忘记体育的另一个媒体阵地：电影业。从《美人时代》（Belle Époque）开始。时事题材的电影成为传播时事的重要途径。第一批电影形式的报道发表了，例如《卡庞蒂埃传》（Le Roman de Carpentier），讲述了乔治·卡庞蒂埃的经历，随后他成为法国体坛的标志性人物（1913 年）。这种形式在两次世界大战中也没有中断。体育时事新闻越来越多。时事电影始终占有一席之地，有关乔治·卡庞蒂埃的对手、世界冠军、次重量级运动员、塞内加尔人巴特林·斯基（Battling Siki）的电影，在比赛结束后立刻就上映了（1922 年），还有百代电影公司（Pathé）制作的关于苏珊·朗格伦的网球技术的电影。

最后，让我们关注一下故事片。1925 年初，电影发展仍处在默片时代，《体育万岁》（Vive le Sport !）在美国发行后立即在法国上映了。十年后，有声电影被发明，有关体育的首批故事片借机出现了，例如雅克·塔蒂（Jacques Tati）和勒内·克莱蒙（René Clément）共同导演的《小心左边》（Soigne ton Gauche，1936）和皮埃尔·科隆比耶

（Pierre Colombier）拍摄的电影《体育之王》，该片讲述了名为费尔南德的服务员同时也是一名笨拙运动员的离奇冒险故事。

参考文献

Michaël ATTALI (dir), *Sport et médias du XIXe siècle à nos jours*, Atlantica, Biarritz, 2010.

Guy BERNÈDE, « Sport et radio », *Cahiers d'histoire de la radiodiffusion*, n° 79, 2004.

Julien CAMY et Gérard CAMY, *Sport et cinéma*, Éditions du Bailli de Suffren, Nice, 2016.

Édouard SEIDLER, *Le Sport et la presse*, Armand Colin, Paris, 1964.

Philippe TÉTART et Sylvain VILLARET (dir.), *Les Voix du sport. La presse sportive régionale à la Belle Époque en France*, Atlantica/Musée national du sport, Biarritz, 2010.

Philippe TÉTART, « La grande presse, le sport et la guerre (1913-1924) », *Guerres mondiales et conflits contemporains*, n° 251, 2013.

Philippe TÉTART (dir.), *La Presse régionale et le sport. Naissance de l'information sportive régionale (années 1870-1914)*, Presses universitaires de Rennes, Rennes, 2015.

Philippe TÉTART, « Lire le sport. Culture de masse & médiatisation du phénomène sportif à la Belle Époque », *Historiens et géographes*, n° 437, 2016.

Philippe TÉTART, « Football et médias en France (1867-1939). Du pittoresque au partage social de masse », *in* Bachir ZOUDJI et Didier REY (dir.), *Le Football dans tous ses états. Regards croisés sur le ballon rond*, De Boeck, Bruxelles, 2015.

Laurent VÉRAY et Pierre SIMONET (dir.), *Montrer le sport. Photographie, cinéma, télévision*, INSEP, Paris, 2000.

二十四
阿尔贝·伦敦和"道路罪犯"

弗朗索瓦·托马佐

1924 年 6 月 26 日，在环法自行车赛的第三赛段瑟堡－布累斯特，阿尔贝·伦敦（Albert Londres）就像今天环法自行车赛的大多数"追随者"一样，与车手紧紧相随。《小巴黎人报》的伟大记者身先士卒，他坐在雷诺车中，首次报道了环法自行车赛。谣言四起时他正在格朗维尔（Granville）：佩里西耶（Pélissier）兄弟在哪儿？这个惊人的新闻热度渐渐下降。他们放弃了！这对当下最受尊敬的记者来说是一件倒霉事。他的朋友亨利·德库安（Henri Decoin）是前奥运会游泳运动员（也是未来的电影导演），此时在为《自行车》报报道比赛，他把机密透露给阿尔贝：追上佩里西耶兄弟（即亨利·佩里西耶和弗朗西斯·佩里西耶，查尔斯·佩里西耶在 1929 年才开始参加环法自行车赛）。对于自行车赛一无所知的伦敦，接纳了同行的建议，掉头前往库唐斯（Coutances）。

当阿尔贝·伦敦到达下芒什省这个风景如画的县城时，街道上空无一人。他问一个孩子是否见过佩里西耶兄弟，当然！他们在火车站的咖啡厅里，"所有人都在那里！"小孩补充说。

库唐斯并不是每天都有幸接待真实的自行车传奇人物的。

环法自行车赛到 1924 年才有 21 年的历史。由于世界大战，此时它才举办第 18 届比赛。但它受欢迎的程度是非同凡响的，见识过其他比赛的阿尔贝·伦敦对这种热潮感到惊讶，环法自行车赛能让老人和孩子熬夜，让老妇人和运动员们早起，就只是为了看着自行车手们经过，因为这些 20 世纪 20 年代的超人们，从午夜或清晨出发，骑行超过 300 公里。

既然环法自行车赛如此受欢迎，佩里西耶兄弟自然也同样受到关注。这是一个自行车家族，长子让（Jean）在战争中牺牲，他的死亡使躲在他背后的弟弟亨利长期处在痛苦当中。确切地说，亨利是兄弟姐妹中真正的明星。他天生具有极低的心率，非凡的胸肌力量，像杜鹃鸟一样纤瘦（大家戏称他为"细绳"），他生来就是要成为自行车手的。他也是冠军，因为他最终克服了对环法自行车赛的厌恶并在 1923 年摘得桂冠。同时他也因古怪和叛逆的性格闻名于大众，他总是跟亨利·德格朗热唱反调，后者是《汽车》报和自行车赛的总监。这两个人的斗争让体育媒体尤其是《汽车》报获利。

"我们在用炸药前进"

在 1924 年的环法自行车赛中，亨利·佩里西耶勉为其难地参加了比赛。他不怎么喜欢环法自行车赛，他觉得比赛时间太长，过程也太艰苦了。他很清楚，山区赛段于他不利，并且他无法匹敌疑心病很重的意大利人奥塔维奥·博泰基亚（Ottavio Bottecchia），后者去年排名第二。这位来自弗留利

（Frioul）的泥瓦匠和亨利代表同一家自行车品牌 Alcyon 参赛。如果亨利赢了，面子也就保住了。

6 月 26 日，当亨利从瑟堡出发时，比赛监察员让他记起了比赛规则，因为一名监察员指出他为了御寒，在冲向中途站时穿了两件运动衫，这违反了规则。亨利做出了决定，他受够了。在库唐斯，他决定在兄弟弗朗西斯和法国冠军莫里斯·维尔（Maurice Ville）的陪同下下车离开，生活总有意外之喜，他因膝盖有伤，无论如何也不会走得太远。

当阿尔贝·伦敦走进咖啡馆时，他实际上见到了所有库唐斯人，他们在厅内围观这些尊贵的客人。三位自行车手坐在靠里边的位置，正在品尝巧克力。明星记者的出现是一件幸事。他们放下包袱，这里指的既是真正的背包也是心理的防备，开始清算和亨利·德格朗热之间的旧账。一切都过去了。环法自行车赛是一条苦路，是一种永久的折磨，要坚持下去，就得靠兴奋剂。他们从背包里取出"眼用可卡因"、氯仿和其他"含兴奋剂的"物质。正如弗朗西斯（Francis）总结的那样："我们在用炸药前进！"

对于环法自行车赛，阿尔贝·伦敦的出现是一种认可。如此有名的综合性报刊记者屈尊报道了比赛，这就是一种肯定。但结果却弄巧成拙。

阿尔贝·伦敦的文章引起了公愤。其余的新闻媒体都开始抢占话语权，体育新闻媒体带头称，这位巴黎记者任人摆布，这种看法不无道理。阿尔贝·伦敦不是新手了，他也许明白两兄弟的小把戏。20 世纪 90 年代，弗朗西斯·佩里西耶证实他们是利用了记者对自行车的无知而夸大扭曲了事实。

但是，阿尔贝·伦敦会放弃这样的独家新闻吗？当然不会。事实是，这篇引起轰动的文章演变成好几个传奇故事（后来历史学家已对其进行纠正）。据说，阿尔贝·伦敦在这篇报道中创造了"道路罪犯"一词，但是，在他发给编辑部的十三篇文稿中没有一篇使用过这个词。亨利·德库安（Henri Decoin）在他之前写过：自行车手身着条纹衫，全身沾满了泥污，看上去就像"阿尔贝·伦敦的罪犯"。前一年他因一篇关于劳改所的轰动性报道而声名鹊起。其他体育史学家指出，"道路罪犯"一词最早于 1906 年即在专业出版物中被使用。

无论真假，佩里西耶兄弟的证词通常被扭曲成对在自行车赛中使用兴奋剂行为的首次揭露。这又是一个谎言。靠药物来提高成绩是古老且有文献记载的方式。实际上，早在 1920 年举办环法自行车赛时，亨利·德格朗热就在《汽车》报中写道：

> 我们的一些自行车手们不屑服药。我们不会过分谴责类似手段，尽管这与我们一直以来坚持的体育运动理念背道而驰。

简而言之，佩里西耶兄弟的独家新闻实则是行业内公开的秘密。阿尔贝·伦敦在自行车运动史上的另一事件中也起着重要作用，1927 年，奥塔维奥·博泰基亚被人发现死在弗留利的小路上，他的头被石头砸中了。这位记者在 1924 年的环法自行车赛中与意大利人奥塔维奥建立起了友谊，还记录过他对社会主义的好感和对法西斯主义的尖锐批评。也正是这位记者，在《小巴黎人报》的一篇文章中暗示，1924 年和 1925 年环法自行车赛的冠军可能死于政治暗杀。但这件事尚未得到证实。

　　鲜为人知的是：在 1924 年的环法自行车赛期间，阿尔贝·伦敦利用每个赛段的休息日参观了疯人院，这是他于 1925 年发表的震惊大众的新闻报道——《在疯人院》——的背景。

参考文献

Albert Londres, « L'abandon des Pélissier et les martyrs de la route », *Le Petit Parisien*, 1925.

Jean-Pierre de Mondenard, *Trente-six Histoires du Tour de France*, Hugo & Cie, Paris, 2010.

二十五
世界杯足球赛的诞生

让－菲利普·布沙尔

如果按照最初的设想，世界杯本应被称作欧洲杯。1904年5月的巴黎，国际足联诞生了。其最初的目标是"组织一场国际足球锦标赛"，但国际足联首任主席，法国人罗伯特·盖林认为，参赛队伍都应该来自欧洲。事实上，正如他所想，国际足联的七个创始成员国都是欧洲国家：法国、比利时、丹麦、荷兰、西班牙（皇家马德里代表西班牙，西班牙皇家足球协会到1913年才成立）、瑞典和瑞士。德国足协也在当天表示愿意加入。

1912年，国际足联拥有21个成员国，在同年的斯德哥尔摩奥运会中，足球被正式列为奥运会项目，由国际足联所管辖，只有其成员国才能参加。即使是在一战爆发前，人们对奥运会足球赛的热情也丝毫不减，这让国际足联了解到足球的巨大魅力。1912年奥运会足球决赛，英国4∶2战胜丹麦获得冠军，这场比赛吸引了超过2.5万名观众到场观看。在世界上的任何角落，高水平的足球比赛都会带来观众，对女子足球来说也是如此，直到道德委员会利用影响力禁止了比赛。

1920 年安特卫普奥运会上，足球决赛在比利时和捷克斯洛伐克两队之间进行，约 42000 名观众见证了东道主比利时的胜利。因比赛中捷克队抗议裁判而中途罢赛，最终冠军称号归于比利时队。和奥运会其他项目一样，足球面向全世界，所以，1920 年，埃及代表非洲作为第一支非欧球队参赛；1924 年，美国和乌拉圭代表美洲参赛。官方的奥运会报告总结道："1924 年的奥运会（足球）比赛是一场史无前例的胜利，它激发了所有观众的热情。"更重要的是，足球比赛带来了 180 万法郎的收入，占所有奥运会比赛收入的三分之一。

因为奥运会带来的巨大收入，荷兰不希望失去 1928 年阿姆斯特丹奥运会的主办权。但在 1925 年，国际奥委会加强了反对职业化的运动，并决定不接纳正式职业运动员或从俱乐部领薪水的运动员。在荷兰人的坚持下，国际奥委会接受国际足联为"业余"球员设定的标准：单身球员可以获得最高工资标准的 75%，拥有家庭的球员可以获得 90%。换句话说，这些球员的确拥有专业水平。参加决赛（乌拉圭 2∶1 阿根廷）的乌拉圭和阿根廷队的球员都是来自意大利或南美的职业俱乐部，领着俱乐部的薪水。

两年一度的欧洲杯

随着时间的推移，国际奥委会很难容忍国际足联的业余标准，但因为其他一些规则也无法拒绝。特别是自那以后，国际足联的领导人一直在努力组织自己的比赛。早在 1926 年，他们就向会员国询问是否有兴趣发起国际锦标赛，次年他们就成立了一个研究委员会。

1928 年，国际足联大会在奥运会期间召开，会上决定举办世界杯。伟大的奥地利教练乌戈 - 麦斯尔提议每两年举办一次"欧洲杯"。德国足协主席费利克斯·林内曼提议举办两种世界杯：一种属于业余球员，四年一次；另一种属于职业足球运动员，两年一度。最后，法国足协秘书长亨利·德劳内提议每四年举办一次世界杯，对所有球员开放。他的提议以 23 票对 5 票获得通过。1929 年 5 月，乌拉圭足协承诺支付所有外国球队的费用，并将收入的 10% 捐给国际足联，成为主办第一届世界杯的国家，当时正逢乌拉圭建国 100 周年。

1930 年 7 月第一届世界杯举办前，国际足联有 41 个成员国，但许多欧洲国家都希望退出这届比赛。原因主要是 1929 年经济危机对股市造成巨大影响，同时因为主办国乌拉圭太过遥远，欧洲球员们需要乘船十多天才能穿越大西洋。时任国际足联主席儒勒·雷米特甚至需要在国际足联内部努力争取法国的参加。最后，只有四个欧洲国家（法国、南斯拉夫、比利时和罗马尼亚，以拉丁团结的名义）决定参加世界杯。奥地利因为经济危机退出了，意大利则不希望在这么长一段时间内失去自己的球员。尽管如此，这四支欧洲代表队还是为这项全球赛事增添了欧洲元素，使其保持"全球性"。

名利双收

尽管足球风靡一时，但让世界杯保持"全球性"，使各大洲都能参加也是非常关键的，国际足联在这方面付出了很大的努力。早在 1905 年，在德劳内的支持下，荷兰人卡尔·赫希曼便计划于一年后在瑞士举办首届世界杯，但 16 个受邀国家都拒绝参加。直到一战结束，国际足联也没能成功举办世界杯，但这段时间却见证了奥运会的逐渐繁荣。终于，国际足联决定每四年举办一次世界杯，并与奥运会相隔两年，使两项赛事的热度不会互相影响。

第一届世界杯成功举办并一直延续至今的关键因素就是人们对足球的热爱。首届世界杯决赛场地是乌拉圭的蒙得维的亚中央体育场，但其实在两场开幕战（法国 4∶1 墨西哥以及美国 3∶0 比利时）开始前的几个小时，中央体育场才宣告建成。尽管比赛期间经常下雨，甚至有时候会下雪，观众们的热情也丝毫未减。雷米特带着由雕刻师拉福尔创作的金杯开始了世界杯旅程，自此欧洲豪强们竞逐世界杯的绿茵故事开始了。

当时由于地理位置偏远，这届在乌拉圭举办的世界杯并没有在欧洲引起热议，但在乌拉圭的大街小巷，人们都在讨论足球，同时，这届赛事还吸引了 400 多名记者前往报道。根据规定，首届世界杯分为四组，其中有三组包含三支球队，有一组包含四支球队。在决赛中，乌拉圭在半场 1∶2 落后的情况下，最终 4∶2 逆转取胜。成千上万的乌拉圭国民走上蒙得维的亚的街头庆祝胜利。

世界杯所带来的商业影响是显而易见的。中心体育场几乎场场爆满，并且如比赛照片、目录等的衍生商品也在热卖。决赛当天，在阿根廷与乌拉圭之间的拉普拉塔河上，两国的船只穿梭不停。更让乌拉圭政府开心的是，球队获胜后举国狂欢，这大大提振了国内消费。因为在 1929 年华尔街股市崩盘后，整个南美洲都陷入了经济危机，乌拉圭比索在毫无政治影响的情况下甚至贬值了4%。这场世界杯的胜利一定程度上挽救了乌拉圭经济。

在大西洋的另一边，墨索里尼政权在退出竞选之前早就准备举办第一届世界杯，他们正密切关注着这一切。他将成为下一个组织者。

参考文献

Vincent DULUC, *Petites et Grandes Histoires de la Coupe du Monde*, Robert Laffont, Paris, 2014.

François THOMAZEAU, *Histoire de la Coupe du monde de football pour les Nuls*, First, Paris, 2018.

二十六
儒勒·雷米特，反顾拜旦式的足坛先驱

让－菲利普·布沙尔

当我们追溯体育发展的过往时，必须回到 19 世纪末深究，以免产生误会。这是因为在 21 世纪，职业体育等同于精英体育，而业余体育指的是在普通人中广泛传播、随即深受欢迎的运动。然而在 150 年前，一切都是截然相反的——在当时，业余主义体育象征着贵族、典雅与公正，专为时间与资源充足的参与者而准备。这正是现代奥林匹克之父顾拜旦的理念：他深受中世纪古代锦标赛的影响，意图效仿那些专为骑士准备的比赛。

然而，在儒勒·雷米特看来，体育运动的独特之处正在于其普遍性。雷米特并非马克思主义者，他并不把体育视作社会斗争的一种手段。但他坚信民众体育意识的形成将带来道德层面的提升，其本人也始终致力于扩大体育的影响力。

1873 年 10 月 14 日，雷米特出生在一个工人阶级家庭（祖父母是上索恩省的农场工人，父母是巴黎的杂货商人）。作为一名青少年时代的模范学生，雷米特顺利通过中学毕业会考后取得了法律专业学位，之后凭借过硬的本领来到巴黎一所

信托办公室工作。在巴黎，他发现了那里的街头足球，并决定将这项运动进一步推广，这无疑对该项目日后的发展影响深远。

作为一名宗教社会主义的信徒，雷米特对于体育的看法与马克·桑尼耶[①]不谋而合，他认为体育如同宗教，具有打破阶级和民族隔阂的功能。1897 年，雷米特牵头创办了红星俱乐部，这是一家专注于竞技体育的俱乐部，足球在其中占据了不可忽视的地位。红星俱乐部的一个突出特点是极具包容性，它对最贫苦的人们敞开大门，甚至还设有文学部门。

在足球运动茁壮成长的同时，红星俱乐部加入了法国体育运动联合会（USFSA）。1904 年，雷米特参与了在 USFSA 总部进行的国际足联创建工作。当 USFSA 三年后脱离国际足联时，雷米特意识到他们可能走入了一条死胡同：USFSA 禁止其俱乐部参加国际比赛。于是在 1910 年，雷米特与另外三位巴黎地区俱乐部的高层共同创建了加入法国邦际协会的足球联赛协会，该协会正是法国足协的前身。

在接下来的二十年间，倾向于业余主义体育与对体育职业化持开放态度的两派支持者展开了激烈的交锋。雷米特旗帜鲜明地站在后者一方，他离开了反对开展职业足球比赛的 USFSA，于 1919 年协助创建了法国足协（FFFA）并成为首任主席。他在法国足协主席的位置上累计工作 28 年，其间从 1921 年起兼任国际足联主席。

---

① 马克·桑尼耶（Marc Sangnier，1873 - 1950），法国著名天主教政治家，"宗教社会主义"的倡导者。曾牵头创建具有民主意识的社会政治运动组织"西永"。

雷米特以步兵中尉军衔参加了第一次世界大战并荣获法国军功章，战争没有阻挡他对体育运动普世主义的追求。在当选国际足联主席之前，雷米特果断拒绝了英国盟友将战败国协会排除在国际足联之外的要求。1928 年，英国的四个地区协会退出了国际足联，直到 20 年之后才重投怀抱。雷米特始终坚持自己"足球大家庭"的理念，因此他反对各大洲足协的创办。直到 1954 年雷米特卸任国际足联主席后，欧足联（UEFA）与亚足联（AFC）才宣告成立，此后分别成立的重要洲际协会包括非足联（CAF，1957 年）、中北美及加勒比海地区足联（CONCACAF，1961 年）。

1942 年，在维希政府①统治法国的背景下，雷米特用辞去法国足协主席的方式表达对有关方面限制足球职业化的抗议，但他仍然保留着国家体育委员会（CNS）主席的职务。在雷米特为 CNS 工作整整满十年的 1941 年，这一协会成了维希政府推行自身体育政策的前沿阵地。维希政府希望恢复过去的道德秩序，同时在政策上极力鼓吹业余体育主义，这是雷米特 40 年来始终反对的。他避开了前方可能的暗礁，于 1947 年从 CNS 辞职。

维希政权垮台后，雷米特于 1944 年回到法国足协。在离开 CNS 两年之后，这位元老级人物也卸下了法国足协主席职务。他辞职的直接导火索是法国足球的"萨尔州事件"：二战结束后，德国的萨尔州被法国兼并，雷米特萌生了让当地俱乐

---

① 维希政府是二战期间法国投降后、纳粹德国扶持组建的法国新政府。政府所在地为法国城市维希，故名。

部萨尔布吕肯参加法国联赛的想法。坊间以法国俱乐部作为例子进行反对：二战被德国兼并期间，斯特拉斯堡俱乐部也曾参加德国的顶级联赛。面对众俱乐部的强烈抗议，身心俱疲的雷米特选择了退休。约十年之后，雷米特于 1956 年 10 月 15 日去世，享年 83 岁。此时世界杯奖杯已经以他的名字（雷米特杯）命名了 6 年。

参考文献

John LANGENUS, *En sifflant par le monde : souvenirs et impressions de voyages d'un arbitre de football*, Snoeck-Ducaju et fils, Gand, 1943.

Jules RIMET, *L'Histoire merveilleuse de la Coupe du monde*, Union européenne d'édition/René Kister et Godefroy Schmid, Monaco/Genève, 1954.

Jean-Yves GUILLAIN, *La Coupe du monde de football : l'œuvre de Jules Rimet*, Amphora, Paris, 1998.

Didier BRAUN, Vincent DULUC, Régis DUPONT et Céline RUISSEL, *La Grande Histoire de la Coupe du monde*, L'Équipe, Boulogne-Billancourt, 2009.

Renaud LEBLOND et Yves RIMET, *Le Journal de Jules Rimet*, First, Paris, 2014.

二十七

运动与种族主义：打着奥林匹克旗号的
人类动物园

弗朗索瓦·托马佐

1904 年的奥运会是首次颁发金牌、银牌和铜牌的奥运会，是在欧洲大陆之外举办的第一届奥运会，也是继 1896 年雅典奥运会和 1900 年巴黎奥运会之后的第三届现代奥林匹克运动会。这届奥运会遭到皮埃尔·德·顾拜旦的抵制，他对美国奥委会在最后时刻决定将比赛从芝加哥转移到圣路易斯，使其能与世界博览会同时举行的决定感到愤怒。男爵考虑到经济因素，没有去圣路易斯。而由于在密苏里州出行困难，奥运会只吸引了少数运动员，且85%的参赛者都是美国人。美国在这届奥运会上总共获得了 242 枚奖牌，德国位列第二，获得了 13 枚。另外，根据主办方的安排，比赛拖拖拉拉持续了整整四个月。

但是，本届赛事让顾拜旦最气恼的是呈现"种族比赛"的特征，它专指"野蛮和未开化的部落"。圣路易斯世界博览会像 1900 年的巴黎世博会、马达加斯加的"透景画"展或 1906 年马赛的殖民地展览那样，向公众展示了真正的人类动物园，被称为"人种学展览"，并被认为是在自然环境中展示"野蛮人"。这个想法随后被传递到了主办方，他们将"人类学日"纳入了奥运会计划，目的是让被展出的"部落"的代表们参加网球等"白人"运动。

"据当时的报道，去说服土著参加他们不理解的运动项目在观众和一些参赛者看来是幽默的行为。"历史学家苏珊·布朗内尔（Susan Brownell）在《1904 年人类学日与奥运会：体育、种族与美国帝国主义》一书中记录道。在同一本书中，雷尼亚·达内尔（Regna Darnell）和斯蒂芬·奥·默里（Stephen O. Murray）回忆，这些比赛"基于英美优越的信念"，目的是让白人观众发笑，采用了那时正流行的黑人剧形式。但是，这些人类学运动会也使种族隔离主义者确信，他们在其中看到了种族有等级之分，这可能让美国这个熔炉的情况进一步恶化。

像在巴黎奥运会期间那样，顾拜旦愤怒地看到自己的奥运会被降格为博览会的影了，体育性质遭到蔑视，他谴责了这些明显背离奥林匹克精神的行为："当这些黑人、红人、黄人学会奔跑、跳跃、投掷并将白人甩在他们身后时，这些侮辱人的假面舞就会自然地脱下艳俗的华服。"由于财力不足，男爵没有去圣路易斯，也没有目睹那里发生了什么。但是，他的殖民主义倾向和"文明"的运动"开化"思想，甚至不可否认的种族主义，都不能和这种运动层面的南非种族隔离主义混为一谈，这种种族隔离制度很低劣，并不是试图通过运动的优雅来提升非白人"运动员"的素质。

圣路易斯奥运会遭到黑人群体的抵制，他们抗议种族隔离，种族隔离禁止非裔美国观众与白人一起参加世界博览会的比赛和表演。威斯康星州的历史学学生乔治·伯格（George Poage）是一名混血儿，当时他决定参加 200 米和 400 米栏赛跑，最后获得了两枚铜牌。他的历史论文在 1903 年开启，题目为《1860~1900 年间乔治亚州黑人经济状况的调查》，论文主题表明他对当时的黑人处境并不敏感。

可以确定的是，黑人运动员越来越希望与白人参加相同的比赛，这不一定是出于集体肯定的目的，而仅仅是想参与到最高水平的运动中。自行车手梅杰·泰勒（Major Taylor）就是这种情况，泰勒是第一位美国黑人冠军，他在 1899 年蒙特利尔的赛道上取得了胜利。在他之前，只有一位黑人运动员，即加拿大轻量级拳击手乔治·迪克森（George Dixon）获得过世界冠军（1890 年）。泰勒无疑是当时骑行最快的自行车运动员，但他在 1910 年退役时承认他在整个职业生涯中遭受了不少威胁和暴力，更不用说他一直是种族隔离的受害者，特别是在南部各州，这让他心力交瘁。他在自传中写道："生命太短暂，以至于无法在你的心中留下苦涩，这也是为什么我不记恨任何人。"

就像许多美国体育界（在文化领域亦然）的黑人先锋一样，泰勒在欧洲找到了和平天堂，尤其是在巴黎，那里的种族主义和偏见在殖民时期非常普遍，但种族隔离还没有制度化。法国的第一支橄榄球队在 1906 年被新西兰队以绝对优势大胜，其中包括两名有色球员乔治·杰罗姆和安德烈·韦尔盖斯。第一位黑人奥林匹克冠军是海地学生康斯坦丁·亨利克斯（Constantin Henriquez），他是 1900 年巴黎奥运会法国神圣橄榄球队的成员。

杰克·约翰逊:"伟大的白人希望一直
待在垫子上,不再站起来"

当泰勒结束职业生涯时,拳击手杰克·约翰逊(Jack Johnson)正处在自己的巅峰状态。作为首位黑人重量级世界冠军,这个得克萨斯人成为黑人群体中第一位真正的体育偶像。长期以来,约翰逊一直无法与最高水平的白人对手对决,即使在获得世界比赛机会前他已经如愿在会场上见过对手。毫不夸张地说,杰克·约翰逊一直追赶着重量级的世界冠军,加拿大人汤米·伯恩斯(Tommy Burns),希望能说服他和自己对决。没有任何美国的发起人同意在美国组织这场比赛,最终他们于 1908 年 12 月 26 日在悉尼展开了较量。

那场龙虎斗的场面令人着迷。约翰逊在力量、风度、技巧和强度等拳击的各个方面均胜过伯恩斯。约翰逊不断地激怒他的对手,一直微笑着并在他周围跳着萨拉班德舞,这让人一时分不清他和 60 年后的穆罕默德·阿里(Mohamed Ali)在搏斗中的状态(阿里在 1972 年击败杰里·夸里取得胜利)。在第 14 回合,来自加尔维斯顿的拳击手认为他玩够了。连续的可怕攻击震住了这位加拿大冠军,当警察命令摄影师停止拍摄时,加拿大冠军昏倒了。打败汤米·伯恩斯应获得 3 万美元,约翰逊却只得到 5000 美元,合同的不平等昭然若揭。

在 1927 年出版的自传《在拳击场内外》(*In the Ring and Out*)中,约翰逊写道:

　　"我实现了自己的人生抱负。"来自加尔维斯敦的黑人小男孩击败了世界拳击冠军，这在历史上是第一次也是唯一一次，黑人拥有了体育界和运动功绩上最伟大的称号之一。这是白人为之奋斗不懈的称号，是他们认为极为宝贵和十分渴望的称号。当然，我十分兴奋。赢得了这个冠军我极其高兴，但我要为自己守住它。白人倒在垫子上，我没有从中获得丝毫荣耀。唯一令我满意的是一个人打败了另一个人，而且打败别人的是我。对我来说，这不是种族的胜利，但确实有一些人是这样认为的，而且黑人赢得了世界冠军立即成了一个丑闻。寻找白人的希望开始了，严肃又激烈，但也有不加掩饰的挖苦。我一直对此感到遗憾。

　　这场胜利动摇了美国白人的信念，事实上也是种族隔离和复仇的转折。主办方对白人拳击手进行了审查，希望尽快找到能从麻烦制造者身上拿回冠军称号的拳击手。由于没有合适的候选人，一个传奇人物吉姆·杰弗里斯（Jim Jeffries）离开了乡村退休生活，他已在1905年还没有战败记录时就中止了职业生涯。1910年7月4日（国庆节），几次更换地点的"世纪之战"终于在内华达州的里诺开始了。约翰逊出色的能力再一次得到展现，迫使这位前世界冠军在第15回合就弃赛了。这场拳击比赛通过广播和新闻社的电传打字机进行直播，结果深深伤害了白人社会。十个城市爆发了骚乱，造成约二十人死亡，当然都是黑人。拳台搏斗的图像很快被禁。

　　就像后来的阿里一样，约翰逊成为被打压的对象。无论男女，都毫不犹豫地扮演起挑衅者的角色，他因行为不轨被起诉，并以携妓女（他的第二任妻子洛林·卡梅伦）越过州界为由被判刑。关于他的威望，非裔美国人群体中的一部分人也很排斥。当时黑人权利运动的监管人布克·华盛顿就是其中一员，他写道："在那些寻求提高种族地位和改善自身境况的人看来，非常可惜的是，约翰逊如此富有却利用名望伤害自己的同胞。"杰克·约翰逊的回应像拳击中的上勾拳那样不留情面："白人经常援引布克·华盛顿所写，例如对有色人群应采用的恰当的态度。我从未赞同过华盛顿的观点，因为我认为华盛顿也从未坦诚地看待问题或提出解决方案。我不知道有什么更有效的对抗种族偏见的方法，除了与其他种族的人放下对种族偏见的看法，奋起反抗。"

这两个人之间的辩论不停刺激着美国的黑人群体，这让人们开始考虑应该接受哪种说法：一个行为举止放荡的运动员用拳头打败了白人英雄？或是一场文人与美国精英在文化和科学领域上的争论？为什么不全选呢！约翰逊的胜利以及其他方面的功绩，无论如何都会改变白人社会对黑人的看法。加尔维斯敦的巨人结过三次婚，对象都是白人女性（这是黑人世界中的离经叛道之举），并且他在欧洲旅行期间经常拜访业内的大人物，就是为了利用自己的形象获利并逃脱制裁。

正如他所说："伟大的白人希望一直待在垫子上，不再站起来。"这不会妨碍美国白人在很长一段时间内反抗解除对杰克·约翰逊追随者的监控，一些人仍然认为，追随者们的挑衅对民权事业的发展弊大于利。事实是，约翰逊在1915年被杰西·威拉德（Jess Willard）击败后，人们要花22年的时间才能看到另一位黑人世界重量级冠军乔·路易（Joe Louis）的出现。他的经纪人十分谨慎地为他打造了一个圆滑形象。乔·路易只要是"绅士"，就可以成为世界冠军。

1932 年奥运会的转折点

无论如何，杰克·约翰逊和梅杰·泰勒都是体育界的先驱人物。1932 年，洛杉矶奥运会与 28 年前的圣路易斯的假面舞会毫无关联。非裔美国运动员占有最大的份额。埃迪·托兰（Eddie Tolan）赢得了奥运会的核心项目——田径比赛 100 米和 200 米的金牌，而他的同胞拉尔夫·梅特卡夫（Ralph Metcalfe）在这两个项目中获得了银牌和铜牌。这两位运动员有惊人的接班人，因为直到今天，从美国黑人运动员，到牙买加、西印度或非洲的黑人运动员仍主导着速度比赛。他们的成功更激发了黑人群体的热情，因为拳击不再是他们唯一擅长的运动，而且还因为洛杉矶奥运会的影像不能像有杰克·约翰逊参加的拳击赛那样被禁止传播。

新闻界和黑人艺术家们不会错过任何彰显非裔美国运动员才能的机会，并正面抨击了当时盛行的"科学"种族主义。种族主义盛行的美国为了寻求比黑人短跑运动员跑得更快的"伟大白人希望"而发展出了怪异的理论，根据这些理论，黑人具有"天生的"跑得更快，跳得更远或更高，击打得更厉害的品质。该理论的言下之意是，"身体上的优越性"（被描述为天生的或遗传的）也伴随着心智上较小的先天缺陷。这是一个陷阱，布克·华盛顿担心只强调杰克·约翰逊的成功会让黑人群体变得团结坚定。

1933 年，伊利诺伊州的白人小报 *Peoria Transcript* 中的一篇文章总结了埃迪·托兰、拉尔夫·梅特卡夫和杰西·欧文斯（Jesse Owens）在跑道上获得的成就：

> 我们也许看见了，在某些日子里我们为了发现新的白人希望而发出呼吁，也是为了恢复白人在竞技运动中至高无上的地位。……但是，在这些黑人的功绩中，有一些比体能发展更多的东西。最近在人类活跃的许多领域中出现了一种道德需求。美国人最近在黑人中发现了令人惊喜的才能，尤其是在音乐和戏剧领域。承认黑人是社会重要的一员，可以让他们展现出更多的才华。

不过，非裔美国短跑运动员的功绩，尤其是杰西·欧文斯在 1936 年柏林奥运会上夺得了四枚金牌［参见本部分第七篇］，加深了"黑人"有为竞速比赛而生的特质的观念（难以更正的无稽之谈"黑人跑得更快"）。在 20 世纪 30 年代，这种说法被美国媒体大肆宣扬，黑人运动员的脚跟更长，更结实，这使他们在短跑和跳远项目上占据优势。从那时起，黑人人类学家蒙塔格·科布（Montague W. Cobb）开始对非裔美国运动员的特殊性进行研究。1936 年，他在《健康与体育杂志》上发表了研究成果："科学并没有证明黑人有任何特征让他们在运动方面表现优异。"

科布指出，各个项目都有黑人运动员，而且与白人一样，他们的体质也因体育项目不同而有所差异，投掷运动员强壮、跳高运动员苗条："人类学家认为，黑人冠军之间没有一个生理特征，包括肤色，可以让人把他们区分开来，也不能区别于其他黑人。更进一步说，人类学家也没有找到白人短跑运动员的种族同质性。"他在文中这样写道。

参考文献

Marshall TAYLOR, *The Fastest Bicycle Rider in the World : the Story of a Colored Boy's Indomitable Courage and Success Against Great Odds : An Autobiography*, Wormley Publishing, Worcester, 1928.

Geoffrey WARD, *Unforgivable Blackness. The Rise and Fall of Jack Johnson*, Yellow Jersey Press, Londres, 2015.

Richard MOORE, *Bolt, la suprématie*, Hugo, Paris, 2015.

Jean-Philippe LECLAIRE, *Pourquoi les Blancs courent moins vite*, Grasset, Paris, 2012.

第二部分
宣传时代 （1936～1972）

一

引　言

弗朗索瓦·托马佐

　　回溯过往可以发现，体育史最富传奇性、最具生命力的一部分当属体育运动的非政治性。"体育无关政治"始终代表着体育界颇具分量的一种愿望，它超越了地缘政治带来的纠葛与纷争，始终是顾拜旦思想与现代奥运会的重要指引。正如现代体育坎坷的发展历程一样，这种愿望与现实甫一碰撞也遭遇了巨大阻力。随着时间推移，这种倾向甚至显示其自身带有的某种"政治色彩"：在它的驱使下，国际奥委会与几个主要项目的国际联合会倾向于支持那些拥有最具专制主义色彩的政府；这些联合会通常不会插手大型赛事主办国的内部事务，这意味着即使主办国政府公开嘲讽人权，国际联合会也不会干涉。

　　1980～2001年担任国际奥委会主席的胡安·安东尼奥·萨马兰奇（Juan Antonio Samaranch）曾经在求学期间接受过佛朗哥主义（带有法西斯色彩）的教育，他本人也成了佛朗哥的信徒。这位西班牙人曾毫不犹豫地指出：相比民主政体，在独裁统治下举办奥运会显然不需要那么烦琐。国际足联前秘书长杰罗姆·瓦尔克（Jérôme Valcke）持有类似观点，在 2014 年他曾宣称：民主政体可能是组织大型体育赛事的一大障碍——此时距离他因贪腐被停职仅有几个月时间。

历任国际奥委会主席几乎都持有这种"非政治"的观点。在它的名义下，埃弗里·布伦戴奇强烈反对抵制 1936 年希特勒主义的柏林奥运会；基拉宁勋爵（Lord Killanin）没有在 1972 年慕尼黑奥运会上提及战争中的以色列受害者。

国际奥委会唯一一次公开表示政治立场的情况发生在 1970 年，当时它因南非的种族隔离政策将该国从 IOC 除名。但正如国际奥委会高级委员迪克·庞德（Dick Pound）在《奥林匹克内幕》一书中所言，做出这一决定并非轻而易举：

> 它的艰难之处在于：将一个国家排除在奥运会之外，这样的行为不仅属于体育范畴，而且上升到了政治层面；但国际奥委会的原则之一是体育与政治相互独立。
>
> 当情况错综复杂时，令人生畏的百万富翁布伦戴奇起到了关键作用。布伦戴奇是一位白手起家的美国运动员，1952 年起担任国际奥委会一把手直到 20 年后退休。他为现代奥运会做出了重要贡献，但这位美国人发现承认一个事实并不容易：即使体育应当由停留在体育范畴内的相关机构进行管理，但它仍然会不可避免地触及政治问题，且这些问题往往是必须予以考虑且相当棘手的。

事实上，现代奥运会早在百年前就牵涉了政治。1920 年的安特卫普奥运会就出现了与顾拜旦思想相悖的一幕，德国、

奥地利、土耳其、保加利亚与匈牙利等一战战败国被挡在参
赛大门之外；苏联也因为与西方世界的对峙拒绝参加"资本
主义的奥运会"，且一直持续到1951年。体育领导人的非政
治化永远是一个站不住脚的命题，它无法阻止有关方面通过
体育来实现自身的政治目的。1934年意大利世界杯与1936
年柏林奥运会便是鲜活的例子，体育彻头彻尾成了政客们的
宣传工具。

希特勒起初对体育并不感兴趣。这个纳粹元首一度认为它
只能为帝国训练士兵服务，但很快发现国际奥委会可以为自己
的政见提供展示的平台。1933年起，纳粹德国每年在纽伦堡
举行纳粹党代会，宣传纳粹政治主张的同时进一步煽动民众情
绪。1936年柏林奥运会为希特勒提供了一个机会，使其可以
在国际舞台上证明德国的复兴、展示纳粹主义的意识形态。如
果纳粹政府掩盖了其反犹政策，它就会大肆鼓吹雅利安种族优
越论，对元首阿谀奉承一番。

二战结束后，苏联及其卫星国重回国际奥委会大家庭。它
们不仅在竞技层面怀有野心，更觊觎超出体育范畴的那部
分——将体育作为冷战中的一大推销工具。斯大林对苏维埃体
育界指明：他们的目标不只是参与，而且要赢得胜利。在美苏
冷战的40余年间，双方代表队在曲棍球与篮球等项目之间的
交锋同样被打上了地缘政治斗争的烙印，这场斗争没有硝烟却
分外残酷。棒球运动在身处社会主义阵营的古巴开展得如火如
荼，但这不影响该国对美国棒球豪门纽约洋基队的抵制。

在体育与政治挂钩方面，最惊人的例子当属东德（民主
德国）。东德在军事与经济方面受到西德（联邦德国）与苏联

的双重制约，若想在国际舞台上生存、占据一席之地，除了体育似乎没有更好的方法。东德在体育上可谓"煞费苦心"，为了让运动员赢得竞技胜利，进而宣扬制度优越性，该国悄然将兴奋剂的使用进行了制度化。东德与古巴在体育领域发展了人们后来耳熟能详的"软实力"，它相对更加温和，是官方外交、经济或军事之外另一种在国际舞台上展示自我的重要手段。

中国体育在 20 世纪 80 年代初的腾飞表明：体育是体现一个国家与一种制度伟大之处的重要载体。在这一持续半个世纪的宣传时代中，体育成了沙文主义与民族主义的关键支撑。与此同时，奥林匹克梦想的基础是每个个体都可以在机会与权利均等的情况下参与竞争，参赛者相比国家首先代表的是所属协会。

1968 年墨西哥城奥运会上，美国运动员约翰·卡洛斯（John Carlos）夺得了男子 200 米项目铜牌。他在奏国歌仪式上举起戴着黑拳套的拳头，并进行了一连串发问："为什么大家要穿自己国家的制服？为什么要奏国歌？为什么东德运动员就要击败西德对手？为什么我们不能穿同样颜色的衣服、用号码相互区分？是什么让奥运会与个人名义的竞争相互对立？"

当宣传时代落下大幕时，体育不再局限于奥运选手们所代表的国家。它的格局将更加开阔，并且即将成为一种品牌。

二

1934年与1938年世界杯：
墨索里尼式意大利的加冕

让－菲利普·布沙尔

在竞逐 1930 年首届世界杯举办权的争夺中，墨索里尼统治下的意大利引人注目。当申办进行到最后时刻，意大利因拒绝支付参赛队的差旅费用宣告退出，最终该届赛事主办权花落乌拉圭。由于英格兰对当时的国际比赛制度感到不满，意大利与奥地利一道成为欧洲两个重要的足球大国。1921 年，墨索里尼建立国家法西斯党，标志着法西斯统治在亚平宁半岛确立。在意大利法西斯政权看来，争取到成为世界杯东道主的机会将为自己带来诸多好处。

首届世界杯的成功让第二届赛事的主办权争夺更加激烈。在第一次与举办权擦肩而过后，意大利开始了争取主办 1934 年世界杯的工作，并最终如愿以偿在家门口捧起金杯。他们要感谢此时南美足球正在经历的困难时期，否则加冕之路绝不会如此轻松：巴西足坛陷入是否应当职业化的内耗；首届世界杯冠军乌拉圭拒绝参赛，他们对四年前多支欧洲球队拒绝来南美参赛做出了强硬的抗议，但也有自身 1924～1930 年黄金一代逐渐老化、卫冕难度极大的现实原因；而阿根廷则着实被意大利坑了一把，他们有着欧洲血统的优秀球员在墨索里尼的招揽下加入意大利国籍，"潘帕斯雄鹰"只得凭借以业余球员为班底的阵容参加世界杯。

意大利法西斯一上台就对足球充满热情？事实并非如此，他们为是否介入足球斟酌了一段时间。这是因为在当时意大利国内联赛中，球员的职业身份、赛场暴力与贪腐都已经相当普遍，这一切与政府的理念并不一致；作为狂热的民族主义者，他们也难以接受与足球有关的盎格鲁－撒克逊词汇。尽管该政权更钟情于发展田径，在集体运动中更多扶持橄榄球，但他们发现足球依然是意大利国内最受欢迎的运动。

1934：意大利足球走向法西斯化

为了将足球运动打上属于自己的烙印，意大利法西斯政府做出了一系列让足球"意大利化"的举动，特别是在运动词汇的表达中排除源自英语的术语。为了摆脱"football"这一深入大众骨髓的词语的困扰，意大利民族主义者决定用"calcio"一词代替，他们给出的解释是：英式足球来源于文艺复兴时期意大利一项名为"calcio florentin"的球类运动。意大利人还使用了"mister"一词来代替英语中的"coach"（教练）。

作为我们所熟知的大球会之一，国际米兰俱乐部的命名也出现在这次浪潮之中。由于认为俱乐部名称（Internazionale）过于国际化，法西斯政府在1928年强迫俱乐部改名为

Ambrosiana——该词起源于宗教，由圣昂布鲁瓦斯市大主教的名字命名；1935 年，都灵足球俱乐部（Torino Football Club）也完成了名称向意大利化的转变（Associazione Calcio Torino）。

在引援方面，法西斯政府禁止意大利球队引进外籍球员。1926～1927 年算是个例外，每队允许拥有两名外援。莱昂德罗·阿尔皮纳蒂（Leondro Arpinati）被任命为当时意大利足协的一把手，意大利足协总部在他任下于 1928 年由都灵迁往罗马。

1932 年，前法西斯民兵组织领导乔治·瓦卡罗（Giorgio Vaccaro）成为阿尔皮纳蒂的继任者。从那时起，在对埃塞俄比亚、厄立特里亚进行军事征服的同时，足球也成为意大利法西斯政府在国际舞台上宣扬国威、提升国家荣誉感的一种手段。他们还雄心勃勃地推进了一系列体育场的建设，新建场地遍布博洛尼亚、佛罗伦萨、热那亚、米兰、的里雅斯特、都灵与罗马等城市。为了使联赛更具竞争性，有关方面鼓励各俱乐部进行合并。俱乐部之外，意大利国家队成了法西斯政府的头号赌注。

为了让意大利国家队的实力更上一层楼，在国家队主帅维托里奥·波佐（Vittorio Pozzo）的要求下，意大利当局推进了南美移民后裔球员的入籍工作（尽管这意味着对身份证明弄虚作假），让部分南美籍意裔精英助阵意大利队。被意大利招揽的著名球员有帮助阿根廷闯入首届世界杯决赛的恩里科·瓜伊塔（Enrico Guaita）、雷蒙多·奥尔西（Raimundo Orsi）与路易斯·蒙蒂（Luis Monti）。

见多识广的波佐明白：他的任务不仅是带领球队赢下必要

的比赛，同时也需要展示一支成功的意大利团队。他花费巨大心血将两家竞争对手 AC 米兰（球队中后来有一部分人组建了国际米兰俱乐部）与尤文图斯的队员们组成的集体捏合成型，用自己的话说便是"用军事化的友谊将其牢牢黏合在一起，并加以巩固"。

在国家队，曾担任都灵与 AC 米兰主帅的波佐树立了严明的纪律，铁腕治军。用球员们的"铁血"来形容蒙蒂可能有些委婉，这位绰号"屠夫"的球员曾在一场比赛中造成对方四人受伤下场，使对手不得不放弃比赛。蒙蒂最恶名昭著的一役发生在 1934 年世界杯半决赛中，他在开场仅 5 分钟就造成了天赋异禀但身材瘦弱的奥地利核心球员马蒂亚斯·辛德拉尔（Mathias Sindelar）的骨折。失去了"足球莫扎特"的奥地利队面对来势汹汹的东道主方寸大乱，场上组织杂乱无章，最终以 0 比 1 不敌意大利。

一时间，意大利国家队成了这个国家的象征之一。随着本土世界杯日益临近，球员们被强制在比赛开球前行纳粹礼，连裁判都不能例外。主办球场的命名也体现了当时的大环境：罗马的法西斯国民党体育场、都灵的墨索里尼体育场……对赢得世界杯的狂热渴望促使绰号"Duce"① 的墨索里尼另外制造了一座奖杯以颁发给赛事冠军，这座奖杯是原有官方奖杯"胜利之翼"体积的六倍，被命名为"墨索里尼杯"。时任国际足联主席儒勒·雷米特事后点评道："在那一届世界杯期间，墨索里尼才是真正的国际足联主席。"此外，与裁判相关的传言

---

① 意大利民众对墨索里尼的尊称，意为"领袖"。

也持续发酵。当谈及本队进入该届赛事 1/4 决赛时，西班牙传奇门将里卡多·萨莫拉（Ricardo Zamora）点评道：

想要在意大利的土地上击败他们是不可能的，当时不会出现其他情况，你们理解我的意思吗？

在场外因素的压力下，本届赛事裁判的判罚多偏向于意大利一方，有关墨索里尼本人操控裁判的流言甚嚣尘上。决赛的主裁判是瑞典人伊万·埃克林德（Ivan Eklind），他恰好执法了半决赛意大利与奥地利的争议一战；助理裁判是比利时人路易·巴尔（Luis Baert），此人正是 1/4 决赛意大利对西班牙一役的主裁判。据传墨索里尼决赛前夜曾与裁判们相聚，共进晚餐，但这只是传言。当时决赛没有被全程录像，人们看到的仅有的图片是受到法西斯政权严格控制的。

举办这届世界杯对意大利的诱惑还在于经济层面。意大利财务官员表示：该届赛事除去广播费之外，创下了超过 350 万里拉的营收。球员们也得到了一笔额外收入，这笔钱被用来证明意大利国内对冠军成员的关心。而对于墨索里尼而言，这是一届大获成功的盛宴；这届比赛也使墨索里尼的盟友希特勒深受触动，德国法西斯领袖在两年后将柏林奥运会完全办成了展示纳粹德国的平台［参见本部分第四篇］。

1938：“要么赢球，要么去死”

在意大利队于本土捧起世界杯四年后，1938 年世界杯由法国主办。由于日本发动侵略中国的战争导致预选赛无法进行，该届比赛没有来自东亚的球队。由于国土遭到德国吞并，四年前杀进半决赛、有"奇迹之队"（Wunderteam）美誉的奥地利队也不可避免地遭到纳粹德国干涉。随着德奥两国合并，纳粹德国组建了一支前所未有的德国队：球队由德国与奥地利球员组成，球员被勒令在入场时行纳粹礼。在面对瑞士的1/8决赛重赛中，这些"德国人"制造了史上最暴力的比赛之一，但不够成型的他们在重赛中以2比4遭到淘汰。

尽管裁判不再像四年前那样照顾自己，意大利队依然是本届比赛最强的球队。这支球队对墨索里尼而言相当于一场豪赌，他向球员们发了封电报，内容是那句全世界熟知的"赢球或者去死"。在决赛2比4不敌意大利后，匈牙利门将安塔尔·绍博（Antal Szabó）可以用最美丽的"借口"来回顾这场比赛失利的结局："我丢了4个球，但拯救了他们的性命。"

绍博的自嘲不无道理。在1938年世界杯之前的四年里，国际体坛风云突变，1936年柏林奥运会被附加了很多场外因素。在这种大背景下，足球不仅是政治赌注或宣传手段，它甚至成了一种备战方式。意大利队在柏林奥运会上夺得了足球项目金牌，并在两年之后的世界杯上卫冕成功，连续三届大赛称霸追平了乌拉圭此前创造的纪录（1924年奥运会、1928年奥运会、1930年世界杯实现大赛三连冠）。对于墨索里尼而言，他唯有希望当时推行民主政体的法国队被自己的球队击败。

根据赛程安排，意大利与东道主法国在1/4决赛中狭路相逢，而两队球衣的传统主色调均为蓝色。意大利方面决定放弃身着蓝色球衣，但高层领导并未让球员身穿原有的白色客场球衣，而是将球衣颜色改成了黑色。此举正是参考了墨索里尼的党徒被称为黑衫党人（squadristi），具有浓厚的政治色彩。意大利队在该场比赛中以 3 比 1 战胜法国队，此役在墨索里尼看来是法西斯意识形态对民主的胜利。

意大利著名左后卫彼得罗·拉瓦（Pietro Rava）于 2005 年去世前，曾在国际足联电视台镜头面前回忆起了那个时代。对于希特勒在 1936 年奥运会上为自己颁发金牌一事，他毫不讳言认为那是自己生命中最美好的一天。他也道出了对 1938 年世界杯整体氛围的回忆：

在巴黎发生的某些场景冒犯了我。有一群被流放、获得法国共产党支持的意大利人出现在了人群中，试图破坏比赛并对我们全队进行言语攻击。万幸的是，大部分法国民众支持我们。

我们在意大利国内踢球时，根本不存在任何发生此类事件的风险，因为当局始终保持高度关注；而在国外，与法西斯政党有分歧的意大利人会发起反对运动。但总体而言，法国方面很好地接待了我们，根据我们的安排派遣警力保护全队安全。即使我们成了世界冠军，这段时期的意大利政治依然恐怖。

参考文献

Didier BRAUN, Vincent DULUC, Régis DUPONT et Céline RUISSEL, *La Grande Histoire de la Coupe du monde*, L'Équipe, Boulogne-Billancourt, 2009.

Chérif GHEMMOUR, *Terrain miné. Quand la politique s'immisce dans le football*, Hugo & Cie, Paris, 2013.

Paul DIETSCHY, *Histoire du football*, Perrin, Paris, 2010.

三

巴西足球的破坏

让－菲利普·布沙尔

在世界杯漫长的历史中，仅有巴西做到了历届赛事决赛圈全勤。但事实上在二战之前，巴西依然算不上足球强国。这一点桑巴王国怨不得他人，因为球队在前两届世界杯的糟糕表现（1930 年乌拉圭世界杯 1 胜 1 负、1934 年意大利世界杯 1 负）并非球员缺乏天赋，庸碌的高层才是最应为失利买单的罪魁。

被誉为"老虎"的天才射手阿图尔·弗雷德里希（Arthur Friedenreich）便是明证。这名黑人前锋是 20 世纪巴西足坛第一位真正意义上的超级球星，整个职业生涯攻入了不可思议的超过 1200 粒进球，却在 1930 年被祖国无情抛弃。首届世界杯前 5 年随巴西国家队出访欧洲期间，弗雷德里希的高光表现、独树一帜的假动作被当地媒体惊呼为"足坛国王"。但此后里约与圣保罗州政府卷入政治斗争，弗雷德里希效力俱乐部所在的圣保罗政府拒绝放人参加世界杯。

1934 年第二届世界杯，高悬在巴西队头顶上的达摩克利斯之剑换成了关于职业化的争斗。内耗还是严重影响了桑巴军团的战斗力，球队首轮便以 1 比 3 完败于西班牙遭到淘汰。即使主办方意大利承担了桑巴军团的差旅费，但在当时跨越大西洋长途跋涉仅打一场比赛同样是巨大的负担。1938 年世界杯主办国法国同样位于欧洲，巴西人犹豫许久才做出了确认参赛的决定。

于是，四年之后的法国世界杯，巴西人再次经历远洋航行来到欧洲大陆，他们在斯特拉斯堡的首场比赛险些重蹈四年前覆辙。面对另一支欧洲球队波兰，巴西队与对手上演疯狂进球大战，激战至加时才以 6 比 5 险胜。那场比赛后，足球史上首次出现了媒体提及的"世纪之战"这一形容词：桑巴军团上半时以 3 比 1 领先。中场休息时天降大雨，泥泞不堪的场地却见证了经典诞生。巴西队 25 岁的前锋莱昂尼达斯·达席尔瓦（Leônidas da Silva）因为将倒挂金钩这一高难度技术动作在足坛发扬光大而被冠以"黑钻石"称号，下半场他脱下球鞋，这是世界杯历史上罕见的一幕。

莱昂尼达斯在对波兰一战中上演帽子戏法，以一己之力助桑巴军团杀入下一轮的同时，他本人也在法国一炮而红。凭借华丽的技术、与队友蒂姆［全名埃尔巴·帕杜阿·利马（Elba de Pádua Lima）］的默契配合，他同队友们踢出了令人赏心悦目的足球，彻底征服了法国观众。当地球迷实际上早就注意到了这群来自南美的绿茵艺术家：他们对足球永不疲倦，火车站、车厢、酒店、更衣室里都能看到他们肆意施展才华的身影，这个足球国度也将在未来赢得世界杯。

巴西队此后在波尔多与捷克斯洛伐克 1 比 1 战平。由于当时尚未推出点球大战制度，两队只得重赛。莱昂尼达斯两场比赛均有斩获，他帮助桑巴军团在重赛中 2 比 1 力克又一个东欧对手，这是巴西人首次杀进世界杯四强。半决赛在马赛举行，桑巴人的对手依然来自欧洲。主帅阿德马尔·皮门塔（Adhemar Pimenta）对对手意大利过于"客气"，将莱昂尼达斯与蒂姆两员大将放在板凳上，理由是"为决赛蓄力"，最终以 1 比 2 失利证明他的这一布置成为败笔。

　　尽管莱昂尼达斯以 6 粒进球成为当届赛事的射手王，但他没能随队闯入在巴黎举行的决赛。一直到 20 年之后的 1958 年，国际足坛等来了巴西的又一代天才，桑巴军团才终于在瑞典问鼎［参见本部分第十九篇］。

四

1936年柏林：为纳粹主义服务的奥运会

弗朗索瓦·托马佐

柏林奥运会无疑是奥运历史上的一个最重要转折：它是真正意义上的第一届现代奥运会，为第二次世界大战后体育运动的发展奠定了基础，并预示了即将到来的民众狂热和商业热潮。

1933年，阿道夫·希特勒（Adolf Hitler）上台执政，接手了两年前德国获得了举办权的奥运会，但在当下，他并没有意识到自己可以从中获利。以约瑟夫·戈培尔（Josef Goebbels）为代表的纳粹理论家们最开始反对"全球比赛"，后来他们又逐渐改变了立场，但这并不意味着他们摒弃了种族主义。因此，在1932年洛杉矶奥运会之后，他们要求剔除黑人运动员："下届奥运会将于1936年在柏林举办，我们希望那些负责人知道他们的职责所在，期待着黑人被排除在外。"纳粹党机关报《人民观察家报》在1932年8月这样写道。

希特勒和他的亲信很快发觉，奥运会可以成为最好的宣传工具——通过体育运动，德国人可以拉拢运动员，并把他们的荣誉据为己有。这个想法一经提出，希特勒便决定任命汉斯·

冯·夏默·奥斯滕（Hans von Tschammer und Osten）为帝国体育部长。德国所有的体育联合会合并起来，受他监管，奥斯滕在体育运动中发现了动员群众的理想工具。他在《我的战斗》（Mein Kampf）一书中曾预测："数百万充满爱国情怀和攻击性的躯体在受过体育训练后，或许在两年内就有能力转变成一支军队。"新任总理将体育视为维护雅利安人种族优势和发扬国家运动员理念的工具，为政权和意识形态服务。奥斯滕对此毫不掩饰，认为去政治化的奥运会对纳粹来说是"不可思议的"，每个运动员都必须"首先是国家社会主义者"。

关于奥林匹克运动会，帝国总理期待实现两方面目标：通过展现热情好客和追求和平的德国来安抚民主国家；以奥运会为借口在各州狂热地重新武装、继续给人民灌输观念、进行种族清洗。奥斯滕完美地总结了这一双重计划：

> 让我们向其他国家公开坦诚地谈和平问题吧，但同时也要训练年轻一代，让他们至少有强健的体魄——万一未来束缚我们战斗力的阻碍被消除了呢？

从那时起，奥运会成为德国的国家事业。1935 年起，一列通往奥林匹亚和纳粹主义荣耀的火车——奥林匹亚火车来回穿梭，以便让民众参与其中。同时，希特勒下令在学校开展对奥林匹克运动会的学习；为了宣传《和平奥运》，德语、英语和法语节目在世界各地播放；柏林奥运会的海报通过旅行社四处分发，印有 14 种语言的宣传册也印制了 280 万份；奥林匹克巨钟"召集全世界的青年"聚集在柏林，后来成为国家标志，空中回响着整个国家的骄傲……

此外，德国人以古代凯旋大道为原型，在著名的菩提树大街上修建了奥林匹克大道。为了给盛大的游行活动留出足够的空间，他们甚至砍倒了百年的菩提树。德国还首创了奥运火炬接力仪式：首先在奥林匹亚重新点燃火炬，再手把手接力，并在开幕式当天将火炬传递至柏林体育场。最后，希特勒要求建造一个"巨大的"体育场。他设想的体育场应有 20 万个座位，但是建筑师维尔纳·马尔希（Werner March）让他回归了理性，即使最终体育场只有希特勒预想的一半大小，规模也足够雄伟了。

对于希特勒来说，最困难的事情是说服其他国家。自从他1933 年上台后，反奥运会人士就迅速活跃起来。1933 年 4 月26 日，一道政府法令将犹太人从所有的德国体育机构中赶了出去，许多运动员逃往国外避难。受到第一批抗议者的警告，国际奥委会很早就在担心种族问题。时任主席亨利·德·贝耶拉图尔（Henri de Baillet-Latour）甚至在 1933 年 5 月 21 日威胁要从柏林撤回奥组委。

对于这次动员，希特勒以象征性的行动予以回应，这也是为了让其他国家放心：犹太人西奥多·莱瓦尔德（Theodore Lewald）最终当选为组委会主席。1933 年 6 月 7 日至 9 日，在维也纳举行的国际奥委会会议期间，莱瓦尔德向奥林匹克机构担保一切将如大众所愿。遵从奥林匹克宪章，犹太籍运动员"原则上"不会被德国队排斥。实际上，莱瓦尔德没有任何实权，犹太籍运动员依然被俱乐部驱逐，不能参加训练和比赛，也永远无法参加选拔赛。

希特勒还做了一个"用于媒体宣传的"决定：让移民到美国的犹太籍击剑手海伦娜·迈耶（Helena Mayer）重回德国代表队。迈耶被当作一个非犯罪现场的证据，但她为自己的选择感到自豪，她后来获得了柏林奥运会女子花剑亚军。

1935 年 3 月 16 日，希特勒政权恢复了义务兵役制。同年 9 月，他颁布了反犹太人的纽伦堡法令，该法令将犹太人的地位降至社会大多数阶层之下。拉图尔再次担心起来，他于 11 月造访德国，在被说服且得到了保证后就踏上了返程之旅：

> 我很荣幸地告诉诸位，鉴于我与德国总理的访谈加上我自己的调查结果，我深信不疑，没有什么能阻止第十一届奥林匹克运动会在柏林（夏季）和加尔米施－帕滕基兴（冬季）举行……希望那些大跌眼镜的人意识到自己的错误，并与我们真诚地合作，使柏林和加米施－帕滕基兴奥运会能成为让全世界的青年受益的一场盛会。

从那时起，纳粹政权可以逍遥法外，悄悄地继续它的计划，直到人们齐聚柏林那一天。在德国的近邻法国，许多人呼吁抵制柏林奥运会。1936 年 5 月 3 日，人民阵线上台执政，这被认为是巴黎在明面上对柏林表现出了更强硬的态度。选举结束十天后，作家让·理查德·布洛克（Jean Richard-Bloch）在 5 月 13 日的《体育》杂志上对新的领导人提出了质疑：

> 看看那些希望参加柏林奥运会的人天真的心态吧。第二天，同他们取得的成就一样耀眼的希特勒军队将按照扩

张第三帝国的官方计划，入侵奥地利、包围捷克斯洛伐克。这不仅是一个假设，而且是一种可能性，足以左右自由的人们参赛的态度。

抵制行动终告无果

然而，彼时的法国政府有太多内政问题需要解决，并且仍然希望不要直接激怒德国。而且无论如何，前往柏林的不是法国政府，而是法国奥委会。此举无疑推动了事情的进程，每个人都将从中受益：政府挽回声誉，法国坚定的和平主义者莱昂·布鲁姆向德国展示了开放的姿态。希特勒自然十分满意，凭借宣传造势和他在外交抉择上的胆识，他成功说服了大多数国家前往柏林。

帝国不遗余力地说服了最顽固的国际伙伴。约阿希姆·冯·里宾特洛甫（Joachim von Ribbentrop）和奥托·阿贝茨（Otto Abetz）通过法国－德国委员会精心策划的游说活动在法国取得了成果，该委员会也将所有未来的法奸聚集在了一起。《时间报》1936 年 6 月 26 日描述了在法国进行德国奥林匹克宣传的机构：

　　总体看来，这种细致的宣传显示出极丰富的心理拿捏技巧。显然，他们在努力地迎合法国人的心理，甚至是我们的审美偏好。还要补充一点，这些宣传充满了诚意和打动人心的热情，致力于让人们从心底产生对体育的热爱。

这是他们想得到的。它巧妙地强调了国际体育赛事对和平的作用。

然而，希特勒已经展示了他要用奥运会做什么。1936 年 2 月 6 日至 16 日，共有来自 28 个国家的 600 多名运动员参加了加米施－帕滕基兴冬奥会，赛事最终圆满结束。希特勒毫不掩饰他的愉悦，然而一系列论战让他扫兴。为防止他得意忘形、目中无人，时任 IOC 主席拉图尔要求他声明奥运会不是政治平台。

1936 年 3 月，紧接着加米施－帕滕基兴冬奥会，希特勒公开挑战 1918 年的战胜国，尤其是法国。他在莱茵兰地区重新安置了军事设施，按照《凡尔赛条约》，这里是非军事化地区。这种事实上的入侵，在冬奥会结束后仅仅 20 天内，距柏林奥运会开幕不到 5 个月时就发生了，此举本来可以让同盟国清醒过来，但是法国仍然没有反应。希特勒此时透露了他打算在奥运会上扮演的外交角色，为了安抚邻居，他在对莱茵兰进行干预后于国会大厦发表讲话：

> 我已经消除了德国媒体对法国人民的所有仇恨。我竭尽全力地在唤醒青年群体对这种和解理念的理解，当然也取得了成功。当法国代表团几周前进入加米施－帕滕基兴的奥林匹克体育场时，他们可能已经注意到，我在一定程度上成功地促成了德国人民内部的变化。

此后的柏林奥运会打着同样的幌子。法国代表团继续参加，甚至举起双手在开幕式上游行，自称这是"奥林匹克致敬"，但让人分不出与纳粹致敬的区别。这就是公众的理解，公众永远让敌人欢呼。安德烈·弗朗索瓦·蓬塞（André François-Poncet）是为法国代表团参加奥运会而付出不懈努力的大使，他十分清楚该活动的重要性：

> 在纳粹政权的历史上，1936 年 8 月的柏林奥林匹克运动会，对于希特勒和第三帝国来说是一个高光时刻——即使不是最辉煌的一刻，但也绝对是高潮。在某些方面，它俨然让人回想起了百年之前，1808 年 10 月埃尔福特的拿破仑时代。

在柏林看来，奥运会在某个层面上取得了惊人的成就。希特勒打算举办第一届具有现代意义的奥林匹克运动会：从这个角度来说，主办方获得的认可比成功更重要。德国人展现出了模范式热情，里芬斯塔尔的摄像机传达了运动员的努力、出色的表现和比赛的火爆，一系列镜头让奥运会引起轰动并获得了前所未有的影响力。

杰西·欧文斯："希特勒并非看不起我"

赛道上，杰西·欧文斯（Jesse Owens）以他高超的水平在纳粹奥运会上大放光芒，而且他藐视政权。他的四枚短跑和长跑金牌被视为一种象征，他与德国跳高运动员卢茨·朗（Lutz Long）的友情也给人未来会和平的错觉。但是这位亚拉巴马州天才的获胜既无法阻止战争发生，也不会消除美国的种族隔离观念。

有传闻称希特勒拒绝与他握手。但事实与传闻略有不同：国际奥委会早就要求总理下达命令，在美国人进入竞技场之前不再祝贺任何获胜者。如果说有一名真正的黑人运动员被帝国总理轻视，那是跳高比赛的冠军科尔内留斯·约翰逊（Cornelius Johnson），这是田径比赛第一天的最后一名金牌得主。希特勒在他的房间接待了在之前的比赛中获得奖牌的德国和芬兰运动员，但是在授予约翰逊和他的同胞戴夫·阿尔布里顿（也是杰西·欧文斯的室友）奖牌之前，他就已经离开了体育场。也许是这种差别对待让国际奥委会主席拉图尔提醒体育部长注意有关规则。

关于希特勒蔑视欧文斯的争论，特使们相互矛盾的报告进一步煽动了言论，美国媒体也开始大肆报道。回国后，杰西·欧文斯告诉《纽约时报》（1936 年 8 月 25 日）：

> 希特勒？没有问题。您必须意识到他是一个非常忙碌的人。我想，当我还在赛场上与对手进行较量的时候，他已经离开了体育场。如果他对我微笑招手，我也会向他挥手致意。

杰西·欧文斯于 1936 年 10 月在堪萨斯城的一次会议上提到："不是希特勒看不起我，而是我们的总统冷落了我，他甚至没有给我发过电报。"的确，富兰克林·罗斯福是民主党人，欧文斯是共和党活动分子，而当时该政党是两者中种族隔离倾向较弱的一方。后来有几位目击者称，体育部长实际上在看台后面隐蔽处和黑人运动员握手了，这一说法从未得到证实。但是，杰西·欧文斯没有隐瞒自己在德国被接受的事实，他在那里被允许像白人一样进入各种场所，待遇远胜在本国。当他回到纽约华尔道夫酒店参加自己的庆功会时（美国当局明显缺席），甚至不得不乘坐服务梯以避免用到白人的专用电梯。

顾拜旦："感谢德国人民与领导"

如果说有一个人一直着迷于希特勒奥运会，那一定是奥林匹克运动会的复兴者——皮埃尔·德·顾拜旦。1936 年的顾拜旦已 73 岁，自 1925 年以来，他再也没有担任过 IOC 主席，不过保留着荣誉主席的身份。顾拜旦退休后去了瑞士，成了一个多病、刻薄、脾气暴躁的老人。是德国让他恢复了地位。

顾拜旦和阿道夫·希特勒没有机会见面，但他们却渐渐地相识相知，发现了对方的魅力。对奥林匹克运动会的复兴者而言，这种吸引力发展为内心的钦佩。顾拜旦承认，他对这个德国人很感兴趣，他被"这个奇怪的人物阿道夫·希特勒征服了"，这是他"在学习历史时遇到的最好奇、最意外的人物之一"。

原定于 1916 年在柏林举行的奥运会被取消，顾拜旦本就对此深表遗憾——那是他梦寐以求的"奥林匹克休战"。而德国人为柏林有史以来最伟大的奥运会所做的努力让他眼前一亮，希特勒也常常恭维这位老人。在举办奥运会之前的几年中，这位纳粹领袖多次奉承、赞美并致敬这位现代奥运之父。当时的顾拜旦深居简出、与世隔绝，几乎被世人遗忘，第三共和国的领袖甚至在 1935 年提名他为诺贝尔和平奖的法国候选人。顾拜旦一度不解，但他再次感受到自己的重要性与存在的意义，某种程度上完成了重生。

必须承认，希特勒是不吝啬奉承话的人：他向男爵保证德国将继续挖掘奥林匹亚遗址，继续进行古希腊圣地的重建工程；他会让《奥林匹克评论》在柏林重现，还要在德国竖立他的荣耀纪念碑。得知顾拜旦生活拮据后，他决定在奥运会开始前的两个月向他支付 1 万马克的年金，并让他参与到奥运会开幕和闭幕式的广播放送中。对此，顾拜旦表示：

> 第 11 届奥运会将不只是普通的回忆，它盛大、丰富，也是一次勇敢的回忆。我们有必要提前面对一些困难：体育部长反对他提出的口号——"我们要建设"（Wir wollen bauen），反对人们到处使用阴险和不正当的手段去摧毁已经建立起来的建筑。最后，也是充满希望的回忆，因为在有象征意义的五环旗帜下，人们结成了超越死亡本身的肉身联盟。谨感谢德国人民及其领袖取得的成就。

顾拜旦很满意，希特勒给了他梦想中的奥运会。即使是在奥运会之后，他仍然是希特勒的重点关注对象，后者 1937 年春天邀请他去柏林，顾拜旦由于疾病未能成行，1937 年 9 月 2 日，他在日内瓦逝世。在《日报》1936 年 8 月 27 日刊登的一期采访中，顾拜旦将柏林奥运会描述为楷模：

什么？被歪曲的奥运会？为宣传而牺牲的奥林匹克精神？这是完全错误的！柏林奥运会的巨大成功为奥林匹克理想锦上添花。全世界每个国家都有幸用自己的方式、按自己的想象去举办和庆祝奥运会。在法国，人们担心1936 年奥运会受到希特勒的军事力量和纪律的影响。怎么会这样呢？相反，奥运会带着祝福，披上人们四年来按自己想法编织的华服走了出来。

参考文献

Fabrice ABGRALL et François THOMAZEAU, *Berlin 1936 : La France à l'épreuve des Jeux olympiques*, Alvik, Paris, 2006.

Jean-Michel BLAIZEAU, *Les Jeux défigurés : Berlin 1936*, Atlantica, Biarritz, 2000.

Jean-Marie BROHM, *1936, Jeux olympiques à Berlin*, André Versaille, Bruxelles, 2008.

五
西班牙战争中的体育："人民的奥运会"

弗朗索瓦·托马佐

在小说《希望》一书中，安德烈·马尔罗（André Malraux）让人想起了那些依旧相信和平与人类友谊的运动员，他们反对柏林奥运会。1936年7月18日，战斗在巴塞罗那开始了：

> 士兵们在旅馆和香水店的巨幅广告下前进，步枪准备就绪。已经走过广告牌了吗？普伊格心想。所有无政府主义者持枪对峙。在旅馆的窗户上，穿着衬衫的家伙鼓掌雀跃（纳闷对峙者是公民还是士兵）：他们是参加奥运会的外国运动员。

当然，这届"奥运"不是14天后由希特勒政府组织的柏林奥运会，而是在巴塞罗那举行的人民的奥林匹克运动会，是由工人运动联合会以及所有来自欧洲、美国的体育领导者组织的，他们正在抵制纳粹奥运会。马尔罗对这届并行的奥运会的主办方并不陌生。7月5日，他的朋友，作家兼律师莱奥·拉格朗日和人民奥林匹克的加泰罗尼亚组织者一起参加了法国体育文化基金会（FSGT）在加奇举办的法国资格赛，他发表了一篇暗藏玄机而又激情昂扬的演讲。第二天，体育大臣莱昂·拉格朗日亲自接待了巴塞罗那的"反奥"组委会的委员们，并担保法国会支持他们。

马尔罗在《希望》中提到的这些运动员在西班牙战争中扮演了很重要的角色。乔治·索里亚（Georges Soria）在他的战斗记录中称，其中100名运动员是国际纵队的首批新兵。许多人是和平主义者，左派人士。还有很多人是犹太人。在1992年的纪录片《巴塞罗那1936》中，奥林匹克运动会被遗忘了，爱丽儿·卡马乔（Ariel Camacho）和洛朗·居约（Laurent Guyot）对离开的男人和女人发表了关于青年的希望，以及关于尚未实现的理想的讲话。"气氛是政治性的。人们在每个电台中听到的不是《马赛曲》，而是《国际歌》。到处是生机勃勃的景象。"其中一位参与者阿兰·阿亚尔（Alain Hayard）说道。

但是西班牙的情况越来越糟糕。7月18日，约300名法国运动员安全抵达，他们感到惊奇，因为他们当中的大多数人从未离开过所在郊区或城市。他们漫步在兰布拉大道上，去了蒙特惠奇的大型体育馆，那里已经有23个参赛国的代表。"当我们在开幕式的前夕到达巴塞罗那时，无政府主义者联盟的一位领导人以一种有点晦涩的方式提醒我们，第二天将发生非常重要的事情，"篮球运动员雷蒙德·迈耶（Raymond Meyer）回忆道，"实际上，第二天，位于我们旅馆附近的西班牙广场上听到了枪声。然而，加泰罗尼亚广场周围的战斗更加激烈。"

在混乱中，运动员们以小分队的形式冒险跑出旅馆。法国代表团的领袖们，法国体育文化基金会创始人、奥林匹克运动会的伟大推动者奥古斯特·德洛纳（Auguste Delaune）和代表团团长罗杰·曼森（Roger Mension）尝试组织具有可行性的活动。这些年轻人是田径、跳高或投掷项目的运动员，他们发现了内战的可怕之处。体育医生菲利普·当科斯（Philippe d'Encausse）负责强硬派的活动，他生动描述了当时的场面：

> 我们看到了一些没有功夫处理的尸体：其中有两名被杀的警卫，他们互相挨着；还有一个小士兵，头颅被炮弹敲碎了。这个可怜的年轻人的父亲跪在地上，靠着儿子，一直哭，一直哭……

投身战争的运动员

7月22日，在严守法规的人们的支持下，一场反对佛朗哥政变的示威活动爆发了。正是在这种情况下，一部分人团结起来，在战斗中和西班牙运动员碰面了。战斗过程中，一名叫迈克特（Mechter）的奥地利运动员牺牲了，这是冲突中丧生的首个外国公民，他让加泰罗尼亚当局迫切地想要遣返代表团。

翌日，主办方通过巴塞罗那广播电台正式宣布比赛取消。法国运动员乘坐帕奎特公司的两艘游轮"切拉号"和"杰内号"被遣返回国，他们万分颓丧地离开但很快又决定反抗离开西班牙的命运。包括美国代表团主席查金在内的一些人很快返回了国际纵队。强硬派讲述了"切拉号"和"杰内号"到港的情景：

> 来自工人体育联合会的数千名年轻人高唱《国际歌》和《马赛曲》，前往巴塞罗那参加人民的奥林匹克运动会。他们系着红领带，伸出拳头，欢呼跳跃以回应聚集在码头上的工人们。

波兰籍比利时足球运动员，耶斯克犹太体育协会成员伊曼纽尔·明克（Emanuel Mink）选择留下来。在与匈牙利朋友一起出现在民兵招聘办公室后，他随即加入了 Telman 组，该小组是由在巴塞罗那定居了几年的波兰犹太难民组成的队伍。他当时 23 岁，但不会说西班牙语。明克立即乘火车前往阿拉贡前线，他被分配到钡（Del Bario）特遣队，在 Tardiente 前线作战，并成为多姆布罗夫斯基旅帕拉福克斯营的士官。两次负伤后，他最终获得了博特温（Botwin）犹太连的指挥权，这个连也是最有名的国际纵队之一。

耶斯克体育协会对博特温连的创立，以及在卷入西班牙战争的犹太人中起着核心作用——因为在 1937 年的巴黎，决心加入共和党的志愿者聚集在一起并设计了团旗。耶斯克体育协会承诺，他们将负责志愿者的基础军事训练。

明克参与了他能参加的所有战役，一直在前线战斗，他是继国际纵队之后最后离开西班牙的志愿者之一。在离开前的最后几周里，他仍在培训一群想护送公民安全撤退到法国的志愿者。明克先后被关在居尔、阿热莱斯和圣塞浦路斯圣西普里安的营地里，他在 1941 年逃出了营地，加入了抵抗运动（la Résistance）。1942 年 3 月，他被驱逐到奥斯威辛集中营。

在善良的运动员们的关注下，西班牙内战首先在巴塞罗那爆发。由伯特·布莱希特（Bertold Brecht）的伙伴汉斯·埃斯勒（Hanns Eisler）为人民奥运会创作的主题歌一夜风靡，成为战争期间共和党战士的战斗之歌。

参考文献

Barcelone 1936, les Olympiades oubliées, documentaire d'Ariel C<small>AMACHO</small> et Laurent G<small>UYOT</small>, 52 minutes, 1992.

六

维希：混乱中的体育运动

弗朗索瓦·托马佐

1940 年 6 月 22 日，法国向纳粹德国投降。菲利普·贝当
（Philippe Pétain）于六日前上台执政，并立即将"享乐精神"
定为失利罪魁：

> 自（1918 年）我们取得胜利以来，享乐精神超过了
> 牺牲精神。我们要求得到的远超过我们已经付出的。我们
> 只想着节省精力；因而现在，我们遭遇了不幸。

听到一战中的英雄这样说，法国人可能会回想起色当惨败
后的那些日子——在体育和运动文化出现之前，法国在疯狂年
代松懈了纪律、道德和气势，而德国却在奋斗，在纯净的空气
中振作起来。传说中的懒惰法国归来了。

身体的净化与新生

1936 年 4 月，在人民阵线获胜前夕，皮埃尔·德里厄·

拉罗谢尔（Pierre Drieu La Rochelle）在《费加罗报》上自省同胞体质虚弱、道德衰败，还懒惰散漫、沉迷美食：

> 这会造成悲剧，当一个人离开这样松散的法国去到欧洲的任何一个国家时，就会立刻被充满活力和规律的身体活动吸引，在那个国家，规律的身体活动让他们在城市和乡村之间畅快呼吸，强烈的喜悦在身体里流动、跳跃。这种情况不仅出现在希特勒的德国或墨索里尼的意大利，在斯堪的纳维亚、波罗的海或巴尔干的任何民主国家都可以见到。更为严峻的是，一个民族不能与其所有邻邦以相同的节奏呼吸。

不久后，拉罗谢尔以"遏制这种衰落"为由转向拥护法西斯主义。在同一期的《费加罗报》中，苏珊娜·朗格伦描述了法国一个世纪前的体育运动情况。她确信：

> 毫不夸张地说，目前法国普遍缺乏体育教育，人们对体育的理解方式让整个国家趋向于发展出一种反体育精神，而不是践行体育精神；趋向于贬低人的身体价值而不是提高它。

所以，1940 年的战败是有迹可循的。在成就维希法国的精神的指引下，责任也划分得很清楚。怠惰懒散及其在政治上的表现——人民阵线规定的每周 40 小时工作制在纳粹德国面前不堪一击。莱昂·布卢姆（Léon Blum）政府做过什么也不重要了，该政府在 1936 年给了莱昂·拉格朗日第一个真正的体育部门，还推广了"自由时间"，旨在让年轻人和人民可以出门透透气和消耗体力。

在此之后，拉格朗日长期被右派讽刺为懒惰部部长。战后，他的朋友、拉罗谢尔的密友安德烈·马尔罗（André Malraux）曾为他辩护："听说他在组织体育运动时吸取了法西斯主义的教训；他只是反其道而行之，用一句话来概括：他试图在法国创造伟大的体育盛事，又无须付出血的代价。"

早在 1937 年，拉罗谢尔就向法国人民党（PPF）表示归附意愿，想加入雅克·多里奥（Jacques Doriot）发起的法西斯主义运动组织，还预言希特勒政权必然胜利。他在《与多里奥在一起》中写道：

> 纳粹德国已经在发展社会精神文明，但民主的法国仍沉溺在使人消沉的唯物主义中。得益于希特勒的"力量来自欢乐"组织，所有德国人都积极投入到体育运动中，而法国人则更喜欢去小酒馆或电影院看黑帮电影，然后回到家中准备一顿丰盛的晚餐。

不可否认的是，19 世纪初，体操俱乐部是从民族主义和复仇主义精神中诞生的，德国从中得到启发，把体育运动当成为第一次世界大战雪耻和培养战争人才的必要手段。阿道夫·希特勒在《我的奋斗》中就宣扬过此观念。在 1935 年的纽伦堡拉力赛上，帝国政治教育家库尔特·明希（Kurt Münch）阐述了他的想法："体操运动员必须能够在必要时用上他们已经学到的东西。"

这种重塑、强化、净化身体的观念成为纳粹党派和意识形态的中心思想，引起了新兴的法国极右派的极大兴趣。尽管它本来是由左派引进的，但左派在通敌过程中慢慢地发生了转变。

博罗特拉，贝当的部长

上述观念是维希体育政策的核心。观赏性体育运动拒绝重商主义和专业精神，他们认为那是在满足人民的低级本能，想要回到纯粹主义的观念中去，类似于法国体育运动先驱，尤其是顾拜旦所提倡的那样。顾拜旦没有掩饰过对希特勒的欣赏，尤其是在柏林奥运会期间，当德国总理让他再次被世人记起时，业余精神和体育文化再次成为流行语。

为了推行这项政策，贝当想起了一位"明星"，并任命他为教育和体育事务部总干事：他就是让·博罗特拉（Jean Borotra），首位法国温网冠军和著名的火枪手成员之一。其他成员包括亨利·科歇（Henri Cochet）、勒内·拉科斯特（RenéLacoste）和雅克·布吕尼翁（Jacques Brugnon），他们在 20 世纪 30 年代称霸国际网坛。

博罗特拉的态度也是即将来临的菲利普·贝当时代的许多名人的心理。这位"跳跃的巴斯克人"因在投降前再次拿起武器抗争而荣获一战十字勋章；他也曾像许多法国人那样热情地迎接权力的交接，并将贝当视为凡尔登的赢家，危在旦夕的法国的"救世主"。这位前网球运动员也曾是巴黎综合工科学校的学生，他在战后承认曾考虑过加入英格兰国籍，但当法国舰队在米尔斯克比尔港（Mers el-kebir）被英军重创后，他就打消了这个念头。1940 年 7 月 13 日，他欣然接受了贝当元帅授予他的职位，贝当曾在 1933 年和他私下见过面，并向他吐露了自己对新兵虚弱的身体状况的担忧。

为了完成任务，博罗特拉投入了与在球场上一样的热情，尤其是把体育运动当作发泄战败情绪和转移国家伤痛方面。受几年前拉格朗日创设了大众体育专利证书的启发，博罗特拉设立了国家体育专利证书。他还在 1941 年底向他在战争中遇害的前任致敬。博罗特拉提升了逐渐式微的体育在中、小学和大学中的地位，并把体育加入到会考中，同时重申了业余主义优先于专业精神原则。他对体育联合会大刀阔斧的改革也生效了。

尽管博罗特拉的言行并没有公然表现出他属于通敌阵营，但当局的做法仍让他背负了盲从的罪名。他在 1942 年发表的声明也是徒劳的，"没人知道解决犹太人大屠杀的最终方案"，他默许了 1940 年 10 月 3 日和 1941 年 3 月 29 日关于犹太人地位的法令并建立了处理犹太人问题的警察总署，维希也建立了主要用于审判共产党员的特别法庭。直到最后，他都在解释待在贝当元帅身边那两年的行为，称自己"有勇气为拯救国家而身败名裂"。

此外，博罗特拉仍坚持著名的"非政治主义"，这种思想允许体育当局在任何时候都可以接受不可接受之事。但是，对占领军来说，这种中立态度是远远不够的，他们指责当局在合作中没有尽全力，没能让德国和法国的年轻人通过体育运动联合起来。1942 年 4 月 18 日，皮埃尔·拉瓦尔（Pierre Laval）上台并坚决推行政府合作主义，让·博罗特拉被耶普·帕斯科特（Jep Pascot）上校取代，后者是佩皮尼昂和法国国家橄榄球队的球星、博罗特拉的部下，他加大了反职业体育运动的力度，并支持业余运动。人们通常认为是他彻底禁止联盟式橄榄球，但实际上，该禁令于 1940 年 10 月就颁布了，当时的部长还是博罗特拉。因此，"联盟式橄榄球赛之争"其实是维希政府内部两种体育观念斗争的标志。被免职后，博罗特拉成了一名备受瞩目、精明强干的"抵抗运动成员"。他被驱逐到萨克森豪森集中营，然后和其他法国名人一起被关押在位于蒂罗尔的伊特城堡中。他越狱未遂，但也是唯一一个由高等法院（负责审判法奸）替他开脱罪名的贝当派部长。

纳卡什和卡尔托内，命运的两极

雅克·卡尔托内（Jacques Cartonnet）和阿尔弗雷·纳卡什（Alfred Nakache）是法国当时最优秀的两名游泳运动员，他们截然不同的人生经历正好体现了两个法国政权在体育观念上的碰撞。战前，两人是游泳池里的死敌，他们的一切都是相反的——卡尔托内是家中独子，从小聪慧过人、随性而为，是一个有魅力的花花公子；纳卡什出生在阿尔及利亚的一个犹太家庭，家里有 11 个孩子，性格粗犷，生活艰苦，强壮且勤劳。从 30 年代中期开始，这位来自君士坦丁的年轻犹太人经常打破优雅的巴黎人创下的纪录。

1937 年，卡尔托内为法兰西人民党工作，成为体育事务发言人。他在多里奥政党的机关报中提笔为法西斯理念下推崇的"新人"辩护。而纳卡什撤回到自由区，在图卢兹不断取得战果，还在1941年受到了元帅的夸奖。他以自己的方式投身到抵抗运动中：指导犹太复国主义组织中犹太军新兵的体能训练。

几年后，卡尔托内也搬到了图卢兹，在《正午回声报》当记者，穿着自卫队制服在城里游走；纳卡什被人告发了犹太人身份，与妻女一起被关押在图卢兹的圣米歇尔监狱。在被转移到奥斯威辛集中营后，一家人就分开了，他的妻子和女儿死在了毒气室中。阿尔弗雷因颇有名气而被"宽大"处理，被分配到奥斯威辛集中营（不是灭绝营）的一间医务室里，那里的德国狱卒强迫阿尔弗雷在营地的泳池中取悦他们。

战争结束后，奥地利集中营的泳池为修正主义理论提供了素材，"被关进集中营的犯人"终于被善待。纳卡什的回归受到了指责，因为其他人都去世了。有些人谴责他得到特殊照顾，哪怕他在关押期间也失去了家人，他也在走向布痕瓦尔德集中营的可怕"死亡游行"行列之中，但这次"死亡游行"中其他能获得"特权"的犹太运动员都撒手人寰，例如拳击手维克多·佩雷斯（Victor Pérez）和别名"弗朗西斯小子"的弗朗西斯科·布纳古里奥（Francesco Buonagurio）。

他是被卡尔托内举报的吗？至少纳卡什的一些亲信认为如此。不过他本人从不信这些流言，他更倾向认为是接替他的队友举报了他，因为这个人赞同自卫队的理念。1944年，已成为法国自卫队体育运动委员的卡尔托内与维希政要一起折回了西格马林根。他在1945年被逮捕，但他跳上军用飞机逃脱了，那架飞机本来是要将他带回法国的。

卡尔托内被指控欺诈犹太人和挪用了给战俘的募款，又因缺席法庭被判处死刑。在 1947 年被发现前，他一直在佩鲁贾附近的一家修道院避难，后来被囚禁在一个专门关押不受欢迎的外国人的集中营里。"他们之所以强调我的名字是因为我是人们熟知的冠军，但是我在自卫队除了担任教官，没有做任何其他事情。对我的审判是在群情激愤、失去理智的情况下进行的"，他在第二次被逮捕时这样说道，并要求进行复审。1967年，他在意大利逝世。

如果说卡尔托内的案件太极端，那么许多法奸的事例都和获奖的运动员有关。另一位游泳运动员路易塞特·弗勒雷（Louiseette Fleuret）的故事既浪漫又悲壮。这位长距离游泳好手在 1936 年柏林奥运会上和一个德国人坠入爱河，她的德国爱人在战争期间成为盖世太保的密探。在被指控暴露了抵抗运动战士组织后，她在解放运动期间失踪了，1949 年，人们在突尼斯找到了她，她改名为路易丝·皮容（Louisette Pigeon）（取自她母亲娘家姓氏），经营着一家妓院。她在马赛被军事陪审团判处死刑，但她上诉巴黎方面，辩称自己的罪过在于太爱那位盖世太保密探，最终保住了性命。

莫里斯，"盖世太保的鬣狗"?

其实，流传最广且最具争议性的运动员通敌案例是维奥莱特·莫里斯（Violette Morris）通敌案，这位非同一般的人物的座右铭是："男人能做到的，维奥莱特也能做到。"这个军人之女的人生就像一部传奇，她从小被当成男孩子一样培养，成为法国疯狂年代中的一个大人物。

莫里斯身强力壮，在 20 年代参加过田径、足球、水球、拳击、自行车、汽车和空中竞赛，她每天抽三包美国香烟，仍夺得了 20 多个全国冠军，还打破了多项投掷运动世界纪录。她坦白自己是双性恋，为了不妨碍运动时穿裤子参赛，1930 年却因此获罪。她爱上了另一位全能选手拉乌尔·保利（Raoul Paoli），保利后来在好莱坞当演员，他在法国掀起了兰开夏式摔跤热潮。当莫里斯为了方便驾驶，选择接受乳房切除手术后，保利离开了她。

她的运动生涯结束后又陷入了财务危机。一些传记作者认为，她在 1936 年的柏林奥运会上被德国策反成为间谍，在那一届奥运会上，她只是一名观众。基本可以确定的是，自 1940 年起，她为巴黎的德国党卫军情报部门负责人赫尔穆特·克诺亨（Helmut Knochen）工作，之后她又加入了位于劳力斯顿街（rue Lauriston）的法国盖世太保分队，该分队由外号为拉丰的亨利·张伯伦（Henri Chamberlain）领导。

作家奥古斯特·勒·布勒东（Auguste Le Breton）称莫里斯为"盖世太保的鬣狗"，因为在漫长的审讯过程中，她对那些抵抗的妇女施加了最残酷的刑罚。第一批传记作者详细列出了她的暴行，人们分不清这些暴行是真的还是胡诌的故事。她的结局是这个双面人应得的，她曾是第一次世界大战中的英雄，一战时被聘为护理人员。她被法国国内武装部队（FFI）和情报部门判处死刑，1944 年 4 月 26 日，一队在诺曼底活动的抗德游击队员将开着车的莫里斯拦截下来并当场处决，同车的巴亚厄一家都是法奸，他们与两个孩子也一并被处死。

她的案子造成了一个棘手的历史问题。关于法国盖世太保的有效证词太少了，而且难以确定莫里斯在其中担任了什么样的角色。对她的处决表面上有些大的失误。我们倒推，她是否有可能是被创作出来的反派，一个行为放荡、性别不详的怪物，大男子主义的历史学家放出了这个怪人，并把她的人生当作反面例子？

玛丽·约瑟夫·博内（Marie-Josèphe Bonnet）在 2011 年出版的传记中（为了辩白）则刻画了一个完全不同的人物形象。在黑暗时期，她是有一些小手段的不重要的走私犯，偶尔当法奸的司机，是被条条框框毁掉的名人，她背负这些罪名太久了。无论是夸大其词还是未经审判就被定罪，解放和肃清的故事将随着时间的流逝而不断被改写。关于莫里斯的真相还有待确定。

戈代，报社老板的含糊话？

虽然引发的争议较小，但雅克·戈代（Jacques Goddet）在解放时期也扮演了泄密者的角色，他泄露了朋友内部的安排。在战前和战时是《汽车》报的编辑，然后在 1947 年创办了《队报》，又在占领期中保存了实力，他才能成为少数逃脱审判的报社老板。

从 1905 年出生到 2000 年去世，他的一生正好贯穿了整个 20 世纪，作为环法自行车赛奠基人之一的儿子和创办者亨利·德格朗日的真正接班人，戈代终归只有一个目标：他的报纸要与世界上最大的自行车赛一起流芳百世，并抵抗住政治风潮和意识形态浪潮。为了目标，有时需要妥协甚至直接放弃原则。

20 世纪 30 年代，戈代承认他不知道意大利墨索里尼政权要用体育运动做什么，他的心路历程可以从他对 1936 年的柏林奥运会的报道中探知一二。戈代深信体育运动神圣不可侵犯以及必须去政治化，所以他强烈反对抵制奥运的行为，他的报纸《汽车》报一定会对希特勒的奥林匹克式大弥撒进行让双方都能接受的报道，有时是批判性的报道，但通常都是恭顺讨好的。但在闭幕式结束的第二天，戈代在著名的专栏中叱责纳粹政权主办的"被歪曲的奥运会"。显然，保持了两周试探性的中立立场后，法国体育新闻界的态度已经从大力支持变成了愤怒拒绝。

同样的态度盛行于战争期间。作为狂热的贝当派分子，1940 年 10 月，他决定要让自己的日报继续发行，尽管部分权力还掌握在占领者手中，在冲突中，他要能够抵抗住施加给他的压力，才能重新发起环法自行车赛，在解放来临前的最后一刻他都在抗争。

这一阶段最微妙的时刻无疑是 1942 年 7 月发生的冬季赛车场大搜捕事件。没有人想过要把责任归咎于他，但是在警察行动时，13000 名犹太人聚集在他父亲 40 年前修建的运动场上，他是这个冬季赛车场的负责人，也是他在战前将其开放给法国人民党的。雅克·马尔尚（Jacques Marchand）曾在《队报》与戈代共事，后来他负责环法自行车赛，他确信那段时期是他老板一生中最灰暗的时刻："他不需要为运动场的征用

承担任何责任，那里成了镇压地点，他目睹了这一切，这将是
伴随他一生的沉重负担。"

1944 年 8 月 17 日，戴高乐将军一声令下，和在占领期中
发行的所有报纸一样，《汽车》报成为"通敌"报刊。戈代走
上了特别法庭。在证明了报社内部有一些法奸的英勇行为后，
他被无罪释放了，但刊名《汽车》报不再出现。不得不说，
报社老板充其量只是忽视了法奸的抵抗活动，正如马尔尚所
说："戈代在与我交流时，并没有对我说：'我不知道'，而是
说：'我不想知道。'，他不清楚这些事情。"

1945 年戈代被宽大处理，他将其归因于机会主义，这也
始终是他的标签，小心谨慎让他几乎毫发无损地度过所有风
暴。首先，他很幸运，《汽车》报的理事帕特里斯·托米内
（Patrice Thominet）在战争期间成为抵抗运动的英雄，人称
"纪尧姆上校"，他支持解放运动。此外，戈代在占领期时和
埃米利安·阿莫里很亲近，后者被贝当元帅指控以处理家庭问
题为名宣传维希政权。广告总办公室（OPG）是战前管理多
家基督教民主报标题广告的官办机构，戈代作为办公室主任，
利用职位之便允许地下新闻出现。凑巧推动了《汽车》报的
发行。

1947 年，阿莫里创办了《解放的巴黎人报》，并参与《队
报》和环法自行车赛的运营管理，环法自行车赛在同一年重
新启动。毫无疑问，他知道怎样做才有利于雅克·戈代事业的
发展。1965 年，阿莫里收购了《队报》，阿莫里集团也成为环
法自行车赛的唯一所有权人。

参考文献

Eugène RAUDE et Gilbert PROUTEAU, *Le Message de Léo Lagrange*, La Compagnie du livre, Paris, 1950.

Daniel AMSON, *Borotra, de Wimbledon à Vichy*, Tallandier, Paris, 1999.

Raymond RUFFIN, *Violette Morris, la hyène de la Gestap*, Le Cherche midi, Paris, 2004.

Marie-Josèphe BONNET, *Violette Morris : histoire d'une scandaleuse*, Perrin, Paris, 2011.

Denis BAUD, *Alfred Nakache, le nageur d'Auschwitz*, Loubatières, Carbonne, 2009.

Bernard PRETET, *Sports et sportifs français sous Vichy*, Nouveau Monde, Paris, 2016.

Guy VADEPIED, *Émilien Amaury. La véritable histoire d'un patron de presse au XXe siècle*, Le Cherche Midi, Paris, 2012.

七

联盟式橄榄球的命运之争

弗朗索瓦·托马佐

在橄榄球运动中，英式橄榄球（rugby union，15 人制）与联盟式橄榄球（rugby league，13 人制）是一对不折不扣的"老冤家"，两者最早的激烈竞争可以追溯到联盟式橄榄球的起源。1895 年，布拉德福德、哈利法克斯、赫尔、利兹、圣海伦、沃灵顿与威根等 22 家来自英国北部的橄榄球俱乐部脱离英式橄榄球联合会（RFU），另立山头组建了北部英式橄榄球联合会。

造成这一局面的重要原因是职业化的分歧。这些北方俱乐部主要由工人与矿工组成，他们希望能为抽出工作时间参加比赛的球员们给予误工补偿；但英式橄榄球联合会更多为学生与贵族阶级着想、奉行业余主义，故而完全拒绝了这种有悖于规则的想法。一场斗争在所难免。

联盟式橄榄球成功壮大

新成立的北部英式橄榄球联合会并不满足于"闹分裂"，

他们还有更大的野心。1906 年，该联合会对原有规则进行了修改，将每队上场队员减少到 13 人，同时取消了原有的争球方式，让橄榄球运动向快速、灵活发展，减少了其中的暴力元素。1922 年，该联合会演变为橄榄球联盟（RFL），将它旗下的橄榄球由英国北部推广到澳大利亚、新西兰，并将其命名为"联盟式橄榄球"。

提起上述两项运动时，人们常常会有这样的印象：英式橄榄球是接触式运动，而联盟式橄榄球则尽量避免接触。两者在比赛哲学与政治背景上有着天然分歧，英式橄榄球的拥趸以这种"绅士们的流氓运动"为自豪，并始终攻击联盟式橄榄球这一在他们口中的"流氓们的绅士运动"。

1931 年，由于法国方面坚持业余主义并不愿妥协，英国橄榄球管理层将其驱逐出了五国锦标赛。与英国多采取友谊赛赛制不同，法国橄榄球更多以俱乐部和锦标赛为组织形式，这就引起了人们的怀疑：法国人若要实行"棕色业余主义"也并非毫无道理，即暗中或多或少为球员支付工资。对于联盟式橄榄球的支持者而言，一场在巴黎 Pershing 体育场打响的比赛成为这项运动展示自我的绝佳平台。在约两万名观众的注视下，英格兰队与澳大利亚队上演了一场激烈的较量。

在两年之后的 1933 年，英国联盟式橄榄球的管理者们与法国橄榄球代表队成员让·加利亚（Jean Galia）取得联系，后者因为支持职业化而被法国橄榄球联合会禁赛。加利亚被认为是当时世界上最优秀的前锋之一，他致力于发展联盟式橄榄球，将大约 20 名与英式橄榄球管理者不睦的运动员招致麾下，其中包括当时最受欢迎的法国球员马克斯·鲁西耶（Max

Rousié)。这一被称为"加利亚男孩"的团体于 1934 年参加了一项在英伦三岛举办的巡回赛，并大获成功。

这种新式橄榄球在法国受到了空前欢迎，也对法国原有的英式橄榄球产生了巨大冲击：在法国橄榄球联合会（FFR）注册的 105 家俱乐部纷纷倒戈，于 1934 年至 1939 年间向联盟式橄榄球靠拢。1939 年，法国队在联盟式橄榄球欧洲杯上力压英格兰与威尔士，首夺该项赛事冠军。

维希政权，英式橄榄球复仇推手

在联盟式橄榄球势头愈盛的情况下，第二次世界大战为英式橄榄球的反扑提供了推手。维希政府任命让·博罗特拉为体育委员会主任，意欲推进业余主义体育全面复兴、摧毁职业化。联盟式橄榄球成为这次"收复战"的征讨对象，因为体育委员会在很大程度上受到英式橄榄球官员的控制。法国橄榄球联合会主席阿尔贝·吉内斯蒂（Albert Ginesty）与副手保罗·瓦弗内尔（Paul Voivenel）共同撰写了一篇毫不留情针对竞争对手的报道。

1940 年 10 月，联盟式橄榄球运动在法国遭到全面封杀，与这项运动有关的场馆设施等财产均被没收，并转移给英式橄榄球俱乐部。该做法也是出于当局"政治"与"哲学"的需要，因为战前多数联盟式橄榄球俱乐部受到左翼政府支持。一些英式橄榄球人士与维希政府关系格外密切，重要人物包括维希政府副总理赖伐尔的女婿勒内·德·尚布伦（René de Chambrun）、前法国国家队成员约瑟夫·帕斯科特（Joseph

Pascot）上校（即"耶普·帕斯科特"），后者于 1942 年接替博罗特拉成为体育委员会一把手。

除此以外，无论是法国乒乓球、羽毛球、室内网球等单项联合会，还是一些工人阶级的体育联合会都遭到了排挤，并被要求与国内局势步调一致。后者的代表包括体育与体操联合会（FSGT）同法国大众体育教育联盟（UFOLEP）。自行车、拳击与足球运动则获得了一定的宽大处理，当局给了他们三年时间彻底实现业余主义。

在维希政权的威逼下，联盟式橄榄球举步维艰。尽管该项运动在战后"沉冤得雪"，且于 50 年代重新受到巨大欢迎，但它的发展道路始终磕磕绊绊。在 1993 年漫长的法律纠纷过后，它获得了再次使用"橄榄球"命名自身的权利。尽管维希政府对联盟式橄榄球进行了洗劫，但俱乐部、管理者与球员们却无法获得赔偿。法国国家橄榄球队于 1949 年、1951 年和 1952 年三次站上欧洲之巅，并在皮格 - 奥贝尔（Puig-Aubert）与让·多普（Jean Dop）率领下夺得一项 1951 年在澳大利亚举行的非正式巡回赛冠军，也尝到了登上世界之巅的美妙滋味。《队报》将奥贝尔誉为"1951 年冠军中的冠军"。1968年，法国队还杀进了联盟式橄榄球世界杯的决赛。

但在 20 世纪 60 年代至 70 年代，联盟式橄榄球在与英式橄榄球喉舌媒体的较量中败下阵来。由于担心电视转播会削减门票收入，联盟式橄榄球与同期许多联合会一样拒绝走向荧屏。英式橄榄球在这方面显然大方一些，由两位名嘴罗歇·库代尔克（Roger Couderc）与皮埃尔·阿尔巴拉德约（Pierre Albaladéjo）组成的搭档一开始解说五国锦标赛就饱受好评，英式橄榄球成了法国电视台在冬天转播的主要项目之一。法国队在英式橄榄球项目上也有抢眼发挥，于 1968 年首夺大满贯奖杯。而在奥贝尔一代球员之后，联盟式橄榄球的发展放缓了速度，极低的媒体曝光度与拙劣的战绩使其在英式橄榄球面前黯然失色。

坎坷漫长的复苏之路

从 20 世纪 90 年代起，联盟式橄榄球走上了漫长的复苏之路。1995 年，前法国英式橄榄球国家队队长雅克·福鲁（Jacques Fouroux）尝试组建法国联盟式橄榄球的职业联盟，即法国橄榄球联盟（France Rugby League）。尽管该联盟成立之初一度发展迅速，但并未尝到太久甜头，就遭遇英式橄榄球通过自身影响力的打击。

前外交官、大学校长雅克·索佩尔萨（Jacques Soppelsa）曾于 1984～1987 年担任联盟式橄榄球的最高管理者，他努力尝试让这项运动在法国重现昔日辉煌。在律师让-德尼·布勒丹（Jean Denis Bredin）协助下，他领导了重新将该运动冠以"橄榄球"之名的斗争。索佩尔萨拒绝了时任法国橄榄球联合会主席阿尔贝·费拉斯（Albert Ferrasse）关于两家协会合并的建议——考虑到联盟式橄榄球俱乐部将被迫参加英式橄榄球比赛，这一"合并"实为吞并！

鉴于在任期间法国队成绩惨淡以及各俱乐部之间陷入区域主义纷争（联盟式橄榄球主要活跃在奥德省与北加泰罗尼亚），索佩尔萨威信日降。但他依旧在 2016 年试图再度掌权，这次他把目标对准了一个创建法国联盟式橄榄球锦标赛的委员会。该委员会意在效仿英国超级联赛模式，一支来自佩皮尼昂、名为加泰罗尼亚龙的球队恰好有参加该级别联赛的成功经历。另一支法国球队、1996年由橄榄球联盟创建的图卢兹奥林匹克参加了英国冠军联赛（第二级别），球队运作参考了美国大联盟的模式（联赛为封闭式）。索佩尔萨最终还是选择了辞职，他对这项在法国相对神秘、从未摆脱维希阴影的运动不再抱有幻想。

2000年，保留历史记忆的任务落到了历史学家让 - 皮埃尔·阿泽马（Jean-Pierre Azéma）身上。在利昂内尔·若斯潘（Lionel Jospin）担任法国总理期间，体育部长玛丽 - 乔治·比费（Marie-George Buffet）要求阿泽马评估二战期间不同体育项目联合会所遭受的损失。联盟式橄榄球也榜上有名，据统计损失数字为120万~240万法郎。然而，这份2002年发布的报告被共产党的继任者让 - 弗朗索瓦·拉穆尔（Jean-François Lamour）销毁了。

参考文献

Mike RYLANCE, *Le Rugby interdit. L'histoire occultée du rugby à XIII en France*, Mike Rylance Publishing, Cano et Franck, Limoux, 2006.

Louis BONNERY. *Le Rugby à XIII, le plus français du monde*, Cano & Franck, Limoux, 1996.

八

伦敦1948：朴素之中，奥运重生

弗朗索瓦·托马佐

因战争而中断整整 12 年后，1948 年第 14 届奥运会花落伦敦似乎并不是逻辑上的最佳之选。国际奥委会在 1946 年 5 月通过邮件投票的方式选择该届奥运会主办城市，候选城市除伦敦以及瑞士洛桑外，还有四座在二战中免受战火摧残的美国城市：洛杉矶、巴尔的摩、明尼阿波利斯和费城。

在当时，战争期间受到闪电战侵袭的英国首都百废待兴。仍有成千上万无家可归者与一部分人口需要配给物资，但在奥林匹克领导者们看来，这正是在二战废墟上完成涅槃重生的完美机会。早在一战时，顾拜旦有关冲突必须为奥林匹克让路的理念就已经受到了现实冲击：原定于 1916 年在柏林举行的奥运会就被迫取消。战争结束、世界回归和平时，一战战胜国认为邀请战败国参加 1920 年安特卫普奥运会是不合适的。

二战导致了两届奥运会的停办：原定于 1940 年举行的东京（后改为赫尔辛基）奥运会与 1944 年揭幕的伦敦奥运会。与此同时，坊间对上一届赛事（1936 年柏林奥运会）仍怀有苦涩的回忆——它完全成为纳粹政权的盛大集会，正是纳粹在奥运会三年之后将世界推向水深火热之中。伦敦是让奥林匹克精神再度焕发光彩的理想选择，将其作为 1948 年奥运会主办地象征着一种重生。考虑到当时英国的经济状况，这将是一届富有亲和力的赛事，而非柏林上一届的大操大办。

德日苏均告缺席

鉴于二战造成的紧张国际形势，本届奥运会并不以推动国家和解为目的，反倒以追求朴素为宗旨。出于自身信念，时任国际奥委会主席、瑞典人西格弗里德·埃德斯特伦（Sigfrid Edström）与来自美国的副主席埃弗里·布伦戴奇并不反对德国参赛；但这对于英国人而言是不可接受的，尤其是伦敦奥组委主席伯利勋爵（Lord Burghley），他不希望看到德国运动员在这块被本国空军炸成废墟的土地上竞争。1947 年，埃德斯特伦主席在给伯利勋爵的一封信中，表达了对后者态度的意外："在战争结束三年后，我对于您的态度感到惊讶。作为体育人，我们有义务为外交官们指出一条道路。"

二战轴心国中，只有意大利获得了赦免得以参加此次奥运会。此外，伯利勋爵更倾向于让苏联参加奥运会，因为这一做法与战后的协议更为贴近。布伦戴奇当年曾反对众多国家抵制柏林奥运会，但他对是否让苏联参加持保留态度，理由呢？在这名反共主义者看来，允许苏联重新回到国际奥委会怀抱无异于将"共产主义蠕虫"带到了奥林匹克的果实面前。

同样是国际奥委会委员的伯利勋爵曾于 1947 年前往莫斯科，出席了一项由两万名运动员参与的"体育日"活动，自那以后，苏联对体育的热情在他心中打下了烙印。布伦戴奇与埃德斯特伦对于西方媒体质疑苏联运动员业余主义的报道感到满意，但由于缺乏明显证据，他们能做的也只是重申规则：国际奥委会的成员协会并非代表国家，而是各个国家与地区的奥委会。由于当时苏联国内还未成立奥委会，因而他们的运动员只能参加下一届奥运会［参见本部分第十五篇］。

于是，这一届奥运会没有了苏联、德国与日本运动员的身影。来自 59 个国家的 4100 名运动员参加了本届比赛，其中包括 390 名女运动员。正如事先计划的那样，这是一届象征着重建与新生的奥运会，无论伯利勋爵还是埃德斯特伦都在努力强调这标志性的一点。

无家可归的运动员

如果说奥组委的目标是让奥运会回归简朴，那他们最终做到了。克莱门特·艾德礼（Clement Atlee）执掌的工党政府应允开启相关服务，但他们在赛事资金方面态度也很明确：伦敦奥组委不会拿到一分钱。伯利勋爵此后转向一家军事机构求助，后者在战争时期闻名英伦。该组织最终仅在南伦敦兴建一块带看台的自行车场地、耗资 12 万英镑建造了"奥运之路"，此外并未新建其他场馆。

在财政状况紧张的情况下，出售门票所得与当时显露雏形的体育市场为奥组委带来了一定收入。2 先令一张的门票售出超过 100 万张，带来了共计约 55 万英镑的门票收益。包括英国航空公司（BEA）在内的企业获得了在广告中使用奥运五环的授权，每次的费用是 250 镑。尽管预算有所削减，但本届赛事还是产生了 2.9 万英镑的小额利润。

温布利体育场见证了本届奥运会的一系列重要时刻，包括开闭幕式、田径比赛，而游泳项目的角逐是在与体育场毗邻的体育馆展开的。这两座场馆由所有者亚瑟·埃尔文（Arthur Elvin）提供给伦敦奥组委，他得到了奥组委的担保：一旦出现利润损失，他将获得一笔赔偿；同时田径跑道将会在赛后迅速被拆除，为当时极为流行、成为体育场重要收入来源的赛狗让路。

该届赛事运动员们的驻地被分配在不同的兵营中，包括英国皇家空军在阿克斯布里奇与西德雷顿的基地、位于里士满公园的军营等。瑞典代表团认为驻地的设施太过简陋，选择了入住酒店。不同国家的运动员们分别住在四人至六人间不等的房间，但他们共用同一间咖啡厅、同一家银行、同一间洗衣房乃至杂货店，当然还有同一家史密斯书店。

奥组委不欲新建奥运村的理由很明确——当时的伦敦正在经历着住房危机。由当地牧师领导的金斯顿寄居者协会等无家可归者组成的团体并非没有抗议的理由：尽管条件谈不上多奢华，4000 余名运动员还是有了各自的住所，而此时仍然有很多伦敦人居无定所。尽管该届赛事取得了成功，但仍有一部分英国人对家门口的奥运持强烈反对态度，他们认为英国政府有其他更重要的事情去做。

正当伯利勋爵在开幕式所在的周末为世界青年们取得和解而欣欣鼓舞时，利物浦爆发了种族骚乱，并迅速蔓延到了英国其他城市。早在两个月前，一艘载有 492 名牙买加工人的游艇

"温德拉什帝国号"便停靠在伦敦港。这些工人认为自己是英联邦正式公民（至少他们这样认为），因此被关于英国高薪工作的承诺所吸引。由于劳动力匮乏，英国政府萌生了让加勒比海地区侨民参与英伦重建的想法。在短短的几个月内，这些海外英国人的到来激起了极右组织与白人雇工的仇恨心理，他们对自己与廉价劳动力的竞争感到担忧。1948 年夏天的种族骚乱只是对新来者漫漫十年攻击之路的开始，这种仇视在 1958 年诺丁山种族骚乱中达到了顶峰。

正是在这种情况下，1938 年成立本国奥委会的牙买加历史上首次派出代表团参加奥运会。亚瑟·温特（Arthur Wint）在男子 400 米比赛中力压同胞赫布·麦肯利（Herb McKenley）夺魁，这是牙买加体育史上的一个里程碑时刻，也是该国走向解放的重要见证。牙买加于 1962 年取得独立，这个加勒比小国如今在短跑界独领风骚。温特在二战期间是英国皇家空军的飞行员，他在 1952 年赫尔辛基奥运会上摘得 4×400 米接力项目金牌，也在伦敦与赫尔辛基奥运会男子 800 米项目上各收获一枚银牌。他退役后成为一名医生，并于 1973 年至 1978 年担任牙买加驻英国高级专员。

灵活办赛的舞台

无独有偶，该届奥运会运动员的驻地之一恰好是亚瑟·温特于 1944 年作为飞行员居住的军营。在那个相对艰苦的年代，运动员们最主要担心的问题很简单：伙食。伦敦奥组委准备的鲱鱼、麦片粥与白煮肉等菜肴相对粗糙，但众人都在设法改善伙食。美国代表团进口了数吨牛肉，而瑞典代表团则抛下食堂去市区下馆子。英国媒体随后指出：这两个国家之所以在奖牌榜上傲视群雄，是受战争影响较小（瑞典战争时是中立国）的缘故；营养不良则是英国代表团表现糟糕的重要原因（英国在奖牌榜上名列第12，仅获得3枚金牌）。

法国代表团的情况乍一看相对好一些，斩获10枚金牌，排名奖牌榜第三，但事实上他们并未具备较强的团队意识——1936年兵败柏林后，他们只是对服装进行了粗略修改，整个团队的运作有不少让人诟病之处。法国奥委会订购的200吨食品因罢工被封锁在加来，当它们被送到前线运动员面前时已经过期。屋漏偏逢连夜雨，法国代表团的葡萄酒瓶被英国海关扣押，运动员服装直到最后一刻才抵达伦敦。

该届赛事期间，兵行奇招不仅仅是法国代表团的专利。由于缺乏手段，组织者采取了一系列可能的"就地取材"办赛方式。在炎热的天气下，开幕式被精简为最简单的形式。6000名运动员与随行人员排成长队进入温布利体育场，向英王乔治六世致意，随后一名特殊的火炬手点燃了主火炬（该火炬三天后一度意外熄灭）。开幕式的一个重要环节是放飞和平鸽，但实际上并未收到预期效果，5000只鸽子中约有一半因为高温被闷死在了笼子里。

不仅是开幕式的这一插曲，1948年奥运会的部分比赛同样因为种种客观条件受到了影响。美国运动员鲍勃·马赛厄斯（Bob Mathias）夺得了该届奥运会十项全能的金牌，当他参加标枪项目时正值夜幕降临，因此只能通过手电筒照明，冒着可能伤及裁判与观众的风险完成比赛；在马拉松项目中，组织者

别出心裁地将竞赛官员委派到比赛沿途的红色电话亭中，这样
他们只需花费几便士的代价即可告知组委会选手到达的时间。

残奥会初露雏形

　　尽管举办过程中处于艰难时世，一些引人入胜的创举依然
在这届伦敦奥运会上浮出水面。电子计时首次被应用于奥运舞
台（它的前身电动计时器与终点摄影装置在 1912 年斯德哥尔
摩奥运会上进行测试，随后在 1932 年洛杉矶奥运会与 1936 年
柏林奥运会启用），温布利体育场为这项技术注入了崭新元
素，因为在此举行的赛狗项目早已启用电子计时；前苏格兰橄
榄球代表队成员哈里·罗滕堡（Harry Rottenburg）在该届奥运
会上已转变身份成为工程师，他推出了对短跑运动具有革命性
影响的发明——起跑器。

　　更具新意的创举来自艾尔斯伯里的犹太医生路德维希·古
特曼（Ludwig Guttmann）。他是斯托克·曼德维尔医院的脊柱
科专家，二战开始前逃离德国，1944 年来到该医院救治伤员。
古特曼的患者大多在战争中负伤，他决定为这些患者组织体育
比赛。于是在伦敦奥运会举办的同时，古特曼组织了斯托克·
曼德维尔运动会，这被认为是残奥会的雏形。当该项赛事四年
后第二次在奥运年举行时，共有 130 名运动员参赛，其中不乏
外国运动员。

　　半个多世纪后，伦敦在 2012 年再度迎来奥运盛会。为了向
路德维希·古特曼医生的创举致敬，2012 年伦敦残奥会的官方
吉祥物被命名为"曼德维尔"［参见第四部分第三十一篇］。

参考文献

Guy Lagorce et Robert Parienté, *La Fabuleuse Histoire des Jeux olympiques*, O.D.I.L. 1972.

九
"缪斯五项"的奥运绝唱

弗朗索瓦·托马佐

1948 年伦敦奥运会是迄今为止最后一届拥有文艺项目的奥运赛事。尽管顾拜旦已于 1937 年去世,但将艺术与体育结合的奥运办赛理念是他一直以来推崇的。这位现代奥林匹克之父于 1906 年受到古代奥运会启发,在国际奥委会中专门成立一个委员会研究举办此类比赛的可能性。

后来,在 1924 年,顾拜旦男爵对这种将艺术创造与竞技体育融为一体的举措做出过解释,尽管这些举措夹杂着争议:"除去竞技体育本身之外,奥运会还需要其他元素。我们渴望看到某个民族的特性、诗意的怒放、对美学的崇拜——它们都是深深植根于古代奥运会的固有突出特点,有足够的理由在我们如今的时代延续。"在古代,颂诗专门为褒奖奥林匹克冠军所作,雕像为获胜者的荣耀而树立,与诗歌、历史有关的胜利被认为是真正的成功。

国际奥委会于是决定重设五个项目的奖牌——文学、绘画、雕塑、音乐与建筑,这些项目被称为"缪斯五项",具体要求是从体育运动中汲取灵感的原创作品。尽管这一想法提出

两年后迎来了 1908 年伦敦奥运会，然而真正实施要等到 1912
年的斯德哥尔摩。该届赛事期间，顾拜旦男爵化名乔治·霍罗
德（Georges Hohrod），与马丁·埃施巴赫（Martin Eschbach）
一起用自己的一篇《体育颂》赢得文学项目的金牌，此举瞒
过了当值裁判。

此类项目参赛者数量直到二战前一直呈上升趋势。然而，
纵使 1924 年有著名艺术家伊戈尔·斯特拉文斯基（Igor
Stravinsky）出任裁判，奖牌榜上依然鲜有如雷贯耳者。在为
数不多经验丰富的优胜者中，有两位格外惹人注目：在 1932
年阿姆斯特丹奥运会上夺冠的捷克作曲家约瑟夫·苏克（Josef
Suk）是一代巨匠安东宁·德沃夏克（Antonín Dvořák）的女
婿；而阿姆斯特丹奥运会主体育场——阿姆斯特丹奥林匹克体
育场的设计者、荷兰建筑师扬·威尔斯（Jan Wils）在 1928 年
斩获奥运建筑项目的金牌。

与文艺有关的奥运项目获奖者身上清晰地反映出体育与艺
术的结合。美国运动员沃尔特·怀南斯（Walter Winans）在
1908 年奥运会斩获名为"跑鹿"的 100 米射击单发赛冠军，
四年后在该项目屈居亚军，但他夺得了雕塑项目金牌。与
1896 年雅典奥运会拿下两金的匈牙利游泳传奇名将阿尔弗雷
德·豪约什（Alfréd Hajós）类似，怀南斯的荣耀源于自身出
色的运动能力与艺术天赋。

豪约什不仅在游泳项目中技艺超群，也入选过匈牙利国家
足球队，还曾短暂执掌过国家队教鞭。在个人运动生涯告一段
落后，他在建筑领域的天赋逐渐显露。1924 年在巴黎奥运会
建筑项目的比拼中，他凭借与同胞、前网球运动员德热·劳贝

尔（Dezsö Lauber）共同设计的体育场方案加冕冠军。此后他在匈牙利国内参与了众多体育建筑的设计与建造工作，其中就包括位于布达佩斯玛格丽特岛、三次承办欧洲锦标赛的水上中心，该建筑直到 2010 年才宣告"退休"。

我们可以将怀南斯、豪约什等名将与法国人夏尔 - 安托万·戈内（Charles-Antoine Gonnet）联系起来，他曾在 1924 年奥运会上参加两项截然不同的项目：夺得文学项目铜牌的同时也代表法国国家橄榄球队拿到亚军，尽管他没有在橄榄球比赛中出场。作家吉尔贝·普鲁托（Gilbert Prouteau）与体育记者阿莱士·维罗（Alex Virot）等人也在"缪斯五项"中拿到奖牌，他们无一不是将手中的笔与体育场、体育之美相融合。

1948 年伦敦奥运会上，以收藏邮票闻名的法国雕刻大师阿尔贝·德卡里（Albert Decaris）摘得雕刻项目的金牌，成为最后一位在奥运会"缪斯五项"中夺冠的法国人。他的夺冠表明裁判们并未两耳不闻窗外事，对自己所处的时局漠不关心。与之类似的还有英国人亚历克斯·汤姆森（Alex Thomson），他在二战期间担任英国皇家空军的官方画师，在绘画项目中笑到了最后。

随着艺术家们被许可出售自己的作品且成为职业行为，与文艺有关的奥运项目也逐渐淡出历史舞台。1949 年，"缪斯五项"从奥运项目中正式消失，它们将在接下来让位于奥运会组织的一系列文化活动。

十
心理准备的优势与局限

弗朗索瓦·托马佐

在研究体育运动时，有关人士通常会考虑到运动员的心理方面，这早已不是什么新鲜事。早在 1900 年，顾拜旦就在《两个世界》杂志上发表了一篇题为《运动心理学》的文章。1913 年 5 月，他甚至在洛桑组织了一次会议专门研讨这一问题，美国前总统西奥多·罗斯福和历史学家古列尔莫内·费雷罗出席了会议。会上大家都表达出运动不仅仅是肌肉活动的观点。

在顾拜旦的书中，这位现代奥运会创始人特别抨击了像乔治·德梅内和乔治·赫伯特这样的纯硬性体育文化的倡导者，尤其指责他们对体育持有一种"动物主义"的看法。1922 年，他在文章中写道："1913 年 5 月在洛桑举行的体育心理学大会标志着第一次尝试阻止动物主义这条有缺陷的道路。"他的方案提出了一系列尚未研究的问题，这标志着体育研究将进入一个新的领域。尽管业内依然存在着各种反对的声音，但仍有必要做出努力来钻研新的领域。

在顾拜旦时代，这一领域的实验已经存在。早在 1898 年，美国人诺曼·特里普利特就开始研究社会环境是否对自行车车手的赛场表现存在影响。随着时代的发展，现代体育的倡导者对心理学的发展，尤其是精神分析学产生了兴趣。20世纪20年代，弗洛伊德最著名的患者和追随者之一伊莲·多伊奇发表了一篇关于运动心理学的文章。他的女儿安娜·弗洛伊德有一位病人曾是前途无量的年轻足球运动员，但因为心理问题而无法接受同伴们对他的钦佩，于是不得不放弃了足球运动。

然而，人们在研究一种提升成绩塑造思维方式的方法时，还远远没有认识到大脑在取得运动成绩中扮演的关键角色。体育心理学是在两次世界大战之间兴起的。在这段时间里，体育开始在教育和文化中占据更加重要的地位，尤其是在美国、苏联和德国这三个新兴大国中不断取得进展。

首先，在20世纪20年代初，舒尔特（R. W. Schulte）在柏林体育学院建立了一个运动心理学实验室。他出版的书籍被认为是关于运动员心理准备的第一部实用指南。之后在苏联，彼得·鲁迪克在列宁格勒也建立了一个运动心理学实验室，苏联的研究人员将在该学科的国际发展中发挥重要作用。最后，美国心理准备研究的先驱科尔曼·格里菲思于1925年在伊利诺伊大学建立了一个运动研究实验室。作为第一个直接与运动员和教练合作的美国人，他参观了舒尔特在柏林的实验室，并于1938年被芝加哥小熊棒球俱乐部任命为心理学家。

在法国，第二次世界大战之前，赫伯特主义对心理准备和训练的控制推迟了运动心理学的出现。尽管顾拜旦在这方面发挥了先锋作用，但人们长期以来一直对体育心理学持怀疑态度。

巴德·温特的成功之道

正是在对精神分析格外敏感的美国，心理准备学，这项用于实践目的的体育心理学开始在 20 世纪 60 年代真正地蓬勃发展。布鲁斯·奥格尔维是一名心理学家，虽然从研究初期就受到了包括他同龄人在内的对手的挑战，但他将对顶级体育运动产生最显著、最持久的影响。他之前是一名摔跤手，甚至在伦敦练习摔跤以支付同安娜·弗洛伊德学习的费用，他是第一个与运动员一起使用"视觉"或"精神成像"原则的运动员。该原则需要由一名运动员把自己投入到比赛状态中，以便预测压力问题并做到心理干预。这一原则现在已成为心理准备的基础之一。

此外，奥格尔维还研究了家庭和社会背景对运动成绩的影响。作为圣何塞大学的教授，他有幸与该校田径队的负责人巴德·温特（Lloyd "Bud" Winter）相识。虽然当时人多数教练都对心理学持反对态度，但温特教授由于在第二次世界大战期间领导了美国空军飞行员的心理准备工作［参见下一篇］，因此对心理学的影响是十分敏感的。

他们二人作为高水平的体育教练和心理学家，成了一对绝妙搭档。合作的成果是非凡的，尤其是在奥运会上，布鲁斯·奥格尔维的《问题运动员》于 1964 年出版，巴德·温特的《放松与胜利》（*Relax and Win*）于 1981 年出版，都成为这一领域的重要参考书。除了在圣何塞的工作外，奥格尔维还与美国最大的足球、棒球和篮球队合作。此后，他将研究知名度对高水平运动员的影响及其转业问题，并警告说，他所说的"基座效应"会在运动员职业生涯结束或运动员受伤后达到顶峰。

20 世纪 60 年代末，随着运动心理学家加入 1965 年成立的国际运动心理学学会（ISSP），心理准备开始广泛传播开来。在学会内，东欧集团的研究人员如彼得·鲁迪克、德国人保罗·库纳特和捷克人米罗斯拉夫·万尼奥克尤其活跃。如巴德·温特训练美国飞行员一样，苏联人对运动员也应用了同样的放松方法，就像对他们的宇航员一样。在通过体育寻求国际承认的过程中，东欧国家不忽视任何可能使它们受益和变强的训练方法。米罗斯拉夫·万尼奥克是 1968 年墨西哥城奥运会捷克斯洛伐克队中第一位获得奥运会官方认可的心理学家，1970 年，他与美国作家布赖恩特 J. 克拉蒂合著了一本具有里程碑意义的书籍《心理学与优秀运动员》，也为东西方拉近关系做出了贡献。在法国，他也会出现在国家体育、专业知识和竞技成绩研究所（INSEP），试图在那里宣扬自己的正确观点。

一个大熔炉的诞生

冷战局面的形成促使西欧国家模仿东欧，因为西方运动员相信，心理条件的优势对于东欧运动员的成功起到了至关重要的作用。1978 年的世界象棋锦标赛上，阿纳托利·卡尔波夫和持不同政见的维克多·柯尔契诺依展开了一场最具讽刺意味的心理战。为了对抗拥有心理学家弗拉基米尔·祖哈尔辅助的卡尔波夫，柯尔契诺依请到两名美国瑜伽修行者史蒂文·德怀尔和维多利亚·谢菲尔德，二人绰号"达达"和"迪迪"。之前这两人曾在被指控谋杀一名印度外交官后获得保释。

从 20 世纪 70 年代开始，心理准备已经不再是一种飞跃，而是成为一种真正的时尚，并且已经超越了单纯的体育框架，成为适用于所有形式的活动，无论是艺术活动还是其他专业活动。伴随着这种趋势，心理教练也诞生了。在更衣室里，人们一般只谈论"压力"、"精神状态"或是"强大的头脑"，但就像胆固醇一样，压力可能是一把双刃剑。

在巴德·温特的理念问世后的 40 年里，法国军方实施了主要基于自我放松的"潜力优化技术"（TOP）计划。这种类似于催眠的技术，由哥伦比亚神经精神病学家阿方索·凯塞多在 20 世纪 60 年代发明，在运动员中非常流行，例如，在瑞士，雷蒙德·阿布雷佐尔在 1968 年格勒诺布尔和 1972 年札幌奥运会上成功地将这种方法应用于滑雪者。这种自我修行的方式，已经成为一个复合词语，内容包括各种自我催眠和放松的方法，在法国非常受欢迎，尽管它被谴责宗派偏离的医学界所拒绝。但无论如何，这种方法也有其局限性，比如 1992 年巴塞罗那奥运会期间的一场不幸，一名法国赛艇运动员在更衣室里因过于放松，以致错过了比赛。

这种体育心理主义的流行，与社会其他领域的个人发展潮流是相对应的。同时，在这个过程中也诞生了大量的新方法与实践者，他们是将科学、伪科学、常识、经验、经验主义和一些纯粹简单的江湖骗术加以结合来形成新方法。体育心理学家研究运动员的全部心理和社会层面的问题，他们拥有一个公认的法律和科学框架，但相比之下，运动心理准备学却缺少这种体系，这方面的研究人员是通过各种不同的技术来促进运动员比赛当天的表现。在这一领域中，有高学历的心理学家、退役运动员和军人、医生以及方法可疑的从业者。在某些情况下，一些旁门左道的方法和信念的力量同样能像已经被证明有效果的方法一样取得成功。

脆弱的高水平运动员有时候也需要依靠专业人士的建议，只要方法"行得通"。与自我放松同样备受争议的还有其他一些新诞生的方法，比如，据法国橄榄球队前队长克里斯托弗·多米尼奇称，是运动机能学帮他从抑郁症中走出来，拯救了他的生命；又比如以控制饮食为主的自然疗法，被绰号"马布塞博士"的伯纳德·赛恩斯手下的学生大量运用在自行车和田径运动中。

此外，还有许多放松和压力管理的方法，它们的名称通常随着发明者而更改：最古老的是约翰内斯·海因里希·舒尔茨（纳粹政权下负责研究治疗同性恋和大幅度治疗残疾的方法）在1932年开发的"自发训练"，以及由视觉化先驱、美国人埃德蒙·雅各布森创造的"渐进放松"法。其次，还有"生物反馈""应激接种系统""思考停止""系统脱敏疗法""积极印象强化""情感理性思维"，或是"神经语言编程"等，所有这些都结合了放松、视觉化以及自我暗示等多种方法。

带动畅销书风潮

不可否认，人们对体育心理的研究产生了许多受到大众欢迎的畅销书、作品和训练方法，并且还经常被运动员运用到日常训练中。

美国网球教练蒂姆·加尔韦于1971年出版了《身心合一的奇迹力量》一书，它基于以下原则为球员提供压力管理指南："无论你的户外比赛质量如何，要想象你内心深处也有一场比赛。你对于这个内在比赛的意识可以影响你这场外在比赛的成败。"因为这本书的热销，蒂姆·加尔韦在各个领域都阐述了这一原则，并出版了一本关于高尔夫、滑雪、音乐、工作等方面压力的书。因此，他成为第一批将自己的体育经验传授给决策者和企业家的教练之一，这种趋势正在蓬勃发展。

另一本畅销书是丹·米尔曼和他的书《深夜加油站遇见苏格拉底》，书中讲述了一名年轻的体操运动员和一名绰号为"苏格拉底"的老者的相遇，苏格拉底的教导将改变这名运动员的生活和他的职业生涯。扬妮克·诺厄从书中汲取了灵感并运用到她1991年戴维斯杯的备战过程中，最终帮助法国队击败美国队获得冠军。

更受读者喜欢的是保罗·富尔内尔所著的《运动员的头脑》一书。在这本书中，这位著名的"运动员的精神象征"甚至成了12本短篇小说中的英雄。富尔内尔写道："在一个没有人愿意被评判或估量的世界里，运动员们为了获得仅仅一分钟的荣耀而接受被分类、被重创、被击败，而这份荣耀往往永远不会到来，如果出现的话，它所能带来的痛苦可能是人类难以想象到的。"

参考文献

Pierre de COUBERTIN, « Psychologie du sport », *Revue des Deux Mondes*, 1900.

Paul FOURNEL, *Les Athlètes dans leur tête*, Ramsay, Paris, 1988.

Dan MILLMAN, *Le Guerrier pacifique. Un chemin vers la lumière*, Vivez soleil, Chêne-Bourg, 2002.

Bruce OGILVIE, *Athlètes à problèmes. Relations entraîneurs-entraînés*, Vigot, Paris, 1964.

十一

巴德·温特：放松的技巧

弗朗索瓦·托马佐

直至 1985 年去世，劳埃德·巴德·温特都是以培养天才闻名的教练。在圣地亚哥州立大学（State College）近 30 年的教练生涯中，他带出了多位美国优秀短跑运动员，例如李·埃文斯（Lee Evans）、汤米·史密斯（Tommie Smith）、约翰·卡洛斯（John Carlos）和罗尼·雷·史密斯（Ronnie Ray Smith）等响亮的名字，他们都在各自的时代改写了人类在跑道上的极限。

巴德·温特总共见证了他培养的运动员打破 37 项世界纪录，其中 27 人参加过奥运会。但是直到 1981 年，也就是他去世前四年，这名前新闻工作者才出版了《放松与胜利》一书来揭示成功的真正秘诀。在书中，这位跑道绅士还透露了自己如何率先注意到顶尖运动员的心理准备：简而言之，速度本质上源自放松。这一点得益于巴德·温特参加太平洋战争的经历，他当时的任务是为美国海军的飞行员找到一种放松的方法。他在书中写道：

在海军工作时，我们与美国最优秀的年轻人并肩作战。我们为他们提供世界上最好的飞机、最棒的教育，但从没有用实弹射击过他们。因此，在他们经历了第一次出现死亡的战斗后，其中有一些人在精神、身体上或在身心两方面都出现了障碍。我们损失了一名战士和他的战机。

在第二次世界大战之前，巴德·温特就已经开始了教练生涯。他受命与美国顶级的专家一起研究一种方法，使飞行员在战斗中能像在平时训练时一样轻松。他还写道："一旦消除了疲劳，人的协调性就得到了改善，速度和反应时间也会随之提升。在此基础上，学习的过程加速了，信心自然也建立起来了。"

1959 年接受《体育画报》（Sport Illustrator）的专题采访时，温特又一次提到那次战争任务，并阐述了过度紧张会造成的悲惨后果。日本人派出的轰炸机在夜间飞过太平洋基地上空，美国飞行员神经紧绷，根本无法入睡。这位顶级教练回忆道：

我们必须找到能让他们放松的方法。我们开发了一套教飞行员放松身心的方法，并在两组被试人员（每组 60 人）身上进行了测试。学会了如何放松的 60 名飞行员在所有需要身体协调的项目上都表现得更好。

整个培训持续了六周。在此期间，士兵们学会了想象场景和放松肌肉。他们使用诸如"冷静"之类的关键字来辅助调节自己的状态，关键字能让他们立即进入平静状态："这个简单的单词使他们在任何时刻都能在两分钟内入睡，无论是白天、晚上，还是在喧杂的机关枪枪声中。"

战争结束后，温特发现，尽管比赛成绩不如战争结果那么严重，但他训练的短跑运动员在比赛阶段也出现了身体趋于僵化，无法施展才能的情况。在接受《体育画报》采访时，他邀请记者泰德·毛勒（Ted Maule）观察他的爱徒雷·诺顿（Ray Norton）及其放松的能力：

> 看他的下嘴唇。这就是我们正在努力的方向，下嘴唇和手。如果下嘴唇放松并且在跑步时晃动，就说明他的上身放松了。运动员必须保持身心放松才能发挥出最快的速度。如果拮抗肌互相对抗，它们就会对人体不利。

巴德·温特还告诉毛勒一个他最喜欢的训练项目。他让运动员全速进行三场 30 码的赛跑。一轮结束后，他要求运动员第四次以轻松的方式完成远距离跑，这只是为了减压。每一次，运动员都是在最后一组跑得最快。这就是放松的艺术，它可以为运动员带来神奇的效果。

参考文献

Bud WINTER, *Relax and Win. Championship performance in whatever you do*, Oak Tree, 1981.

十二

医学和体育，争权的故事

克莱芒·吉尤

为了提升成绩，运动员们没有多加迟疑便想到了品尝所有植物的方法。赛马是最先有此征兆的项目，赛马运动在 19 世纪就出现了"添加剂"问题，即对马匹下药，以此提升或降低运动能力，从而影响投注结果。1890 年，在加拿大，两名马主因对他们的马使用药物而受到审判。七年后，负责全国赛马比赛，有极大影响力的纽约赛马会通过立法"结束了应受谴责的给马下药的做法"。不过此法能通过并不是出于健康方面的考虑，而是为了确保赌博的合法性。

英文的"兴奋剂"（dope）涵盖所有种类的药品，这个单词不仅仅适用于体育运动领域。尽管解释很牵强，但该术语最初仅表示一种调味品，可以蘸面包或食物的混合物。"服用兴奋剂"（doping）和其他与运动员相关的高雅术语在 20 世纪初进入法国，从 19 世纪 70 年代开始，"兴奋剂"（dopage）真正融入了法国，使用兴奋剂的现象长期以来一直被认为是无关紧要的事，但随着体育在法国的发展，它逐渐成为人们关注的焦点，并在国内外都发展成暴利行业。

"保健师"时代

早在 19 世纪 20 年代，体育主管部门就意识到了作弊问题，无论哪种作弊形式，都会损害他们的形象和信誉。1920 年，环法自行车赛的创始人亨利·德格朗日就对参赛选手采用药物治疗和服用兴奋剂的事情感到担忧［参见本部分第二十四篇］。1928 年，国际田径联合会（IAAF）正式禁止使用兴奋剂，与其说这条禁令是一项规定，不如说是一个美好的意愿。不重视兴奋剂问题的联合会既没有能力又缺乏物质基础，甚至缺乏建立有威慑性的检测设备库的决心。

医生虽然关注体育运动，但他们一向与高级别体育赛事保持距离。这个领域长期以来被"保健师"把控，"保健师"这个词语看起来比"庸医"体面一些，但其实后者更接近其本质。如何形容活跃在 19 世纪末的英国教练，外号"大波浪"的沃伯顿（"Choppy"Warburton）？至今没有人知道他给自行车赛冠军——英国兄弟亚瑟（Arthur）和托马斯·林顿（Thomas Linton）以及威尔士人吉米·迈克尔（Jimmy Michael）的药水瓶里装的是什么。1949 年，英国记者 C. H. 斯坦瑟通过观察得出结论：

> 沃伯顿关照过的冠军曾以惊人的速度惊艳众人，后来却出现了不可扭转的戏剧性的失败，对具有基本医学知识的人来说，这就是服用兴奋剂后会出现的情况。

虽然这些"保健师"让运动员拥有了超凡能量，但其实他们常常缺乏医学知识。亨利·芒雄（Henri Manchon）在1903年至1949年的环法自行车赛中被当成科学家，他有"环法自行车赛魔术师"的昵称，因为他能让人重新站起来，可实际上他并没有掌握多少医疗知识。19世纪40年代和50年代的几位赛道巨星都接受过磁疗师让·路易·诺耶（Jean-Louis Noyès）的诊疗，他的顾客还包括许多电影明星和一些政治人物（以戴高乐将军为例）。

一直到50年代，环法自行车赛的选手们都将自己的健康交由保健师负责，保健师起着医生和兴奋剂供应者的作用，就如同比亚乔·卡瓦纳（Biaggio Cavanna）之于福斯托·科皮（Fausto Coppi）、雷蒙·勒贝尔（Raymond Le Bert）之于路易森·波贝（Louison Bobet）。然而，来自圣布里厄的体疗医生与来自大圣梅昂的冠军之间的合作关系掀起了一场革命。与其他人不同，勒贝尔具有真正的科学知识，他定期测量波贝的体重和血压等身体数据，并用布里斯托尔表记录波贝身体数据的变化情况。勒贝尔总是将咖啡与神秘的溶液混合再装进波贝的水壶中。勒贝尔后来负责照顾其他冠军，如1959年的罗杰·里维埃（Roger Rivière），但他们的合作不久就中止了，里维埃认为勒贝尔在配药时过于谨慎了。

为了换掉勒贝尔，里维埃从1960年开始聘用昔日意大利田径运动员、化学建树颇高的安德里亚·米纳索（Andrea Minasso）。许多50年代的法国冠军的腿都由他负责照顾，他为冠军们准备了许多维生素药瓶。1960年的环法自行车赛期间，里维埃的职业生涯结束于佩尔儒雷山口（中央高原）的沟壑中，他过度使用了一种镇静剂：右吗拉胺。次年，没经过任何医学培训的"保健师"米纳索被圣伊天体育会的新任会长罗杰·罗歇（Roger Rocher）招募，一直工作到 1973 年。

战后不久，足球俱乐部、自行车队和田径运动员开始争夺"保健师"的秘密和技能。在这儿我们不得不提让·斯塔布林斯基和雅克·安克蒂尔的按摩师朱利安·施拉姆（Julien Schramm），他用混合了亚甲蓝的灭菌药膏给他们按摩，这样做只是为了唬住对手并使他们心生疑虑。施拉姆的确达到了目的：在他逝世后，一些冠军准备花大价钱找出神秘蓝色药膏的配方。

医生进入赛道

在 20 世纪五六十年代，有真才实学的医生逐渐取代了保健师。1960 年，博贝在专注于兴奋剂问题的《体育之镜》上谈道："环境需要净化。"安克蒂尔观察道："现在许多医生都有意愿为田径运动员配药，甚至开始专攻运动医学，大多数自行车运动员不仅有保健师，还有自己的私人医生。"

首位环法自行车赛五连冠选手安克蒂尔是一位先锋。从青春期开始，他就常去鲁昂的安德烈·博达（André Boëda）[①] 医生处问诊，博达是运动医学先驱专家之一，"安克蒂尔是首批向运动医生求助的运动员"，皮埃尔·贝尔托（Pierre Berteau）

---

① 我们提到的这桩轶事，即两人的合作，结局并不圆满：博达的妻子不久为了诺曼底的车手离开了他。而他的医生为了在足球方面开展事业也远离了自行车运动，成为法国足协和多个国家队的队医。

在 2017 年肯定地谈道，他是陪伴这位福特车队车手走完最后一段职业生涯的诺曼底医生。据他透露，"他的车队中有另一位车手充当'实验鼠'，负责试出每种药品会对人体产生什么影响或怎样在人体中发生作用。如果药物是有益的，那么安克蒂尔就会在比赛中使用它"。这只"豚鼠"是"伟大雅克"在城里的邻居，他本人的职业生涯也算辉煌，但他因心脏病英年早逝。安克蒂尔则在 53 岁时逝世。

实话实说，什么有效、什么无效，人们并不清楚。运动医学在当时还是一门新兴学科，直到 1928 年才得到国际性联合会——国际运动医学联合会（FIMS）的认可。这门专业在科学界不受重视，主要侧重研究体力活动。巴黎地区研究所（IREP）的保罗·安德烈·沙耶·贝尔教授（Paul-André Chailley-Bert）于 1951 年成为体育和运动应用生物学专业的首位教授。"直到 20 世纪 80 年代，我们还在使用 30 年代的知识概念"，贝尔多教授总结道。

运动心脏病学之父费尔南·普拉斯（Fernand Plas）在 50 年代也只能传授粗浅的知识，而且还没有任何设备可以用于测量跑步者的状态。在物质层面，70 年代的欧洲人比美国人落后了几年，对美国人来说，奥林匹克运动会值得大笔投资。皮埃尔·贝尔多回忆说："1976 年，我参观了位于波士顿的第一个运动医学中心，而在法国，那时我们还跑着去做心电图。"

在冷战时期，医生们很早就参与到"化学"军备竞赛中：苏联和美国处于领先地位，它们都在研发神药以助力自家运动员登上领奖台。美国举重队的医生约翰·齐格勒（John Ziegler）研究员就是一个真实的例子，在世界锦标赛期间，他通过灌醉对话者套取了苏联队的机密：睾酮。

回到美国后，他协助 Ciba 实验室研发了四氢大麻酮，并以"大力补"（Dianabol）为名出售。他希望这个产品既有类似睾酮的作用，同时又能避开其副作用。这种合成代谢类固醇很快在美国的各项运动中流行开来，当齐格勒医生发现美国举重运动员服用了远超规定剂量的药物后，他一生都为自己的实践而后悔。

"健康运动"

法国官方医学能朝着捍卫"健康运动"的方向发展，那要归功于二战后法国青年和体育秘书处医疗办公室的首席医生亨利·佩里埃（Henri Périé）。佩里埃明白，对体育界的在职看护人员进行分类势在必行，而且有必要按地区任命公职医生。"他向那些同样关注推行健康体育的运动医生敞开了大门，因为他看到某些同行在以违背医德的方式行事。"贝尔托解释道。法国反兴奋剂机构前科学顾问米歇尔·里厄（Michel Rieu）指出："他收到了死亡威胁，尤其是在他推动制定反兴奋剂法期间。"

亨利·佩里埃在皮埃尔·迪马（Pierre Dumas）身上看到了一个外强中干的接班人，后者在 1955 年至 1967 年担任环法自行车赛的首席医生，到 1980 年负责环法自行车赛的兴奋剂检测工作。抛开自行车运动不说，迪马是医学专业出身，本身也是体育迷——他曾是体育运动司（EPS）的教师和法国排球联合会的医生。双重身份让他在第一年负责环法自行车赛时就抵制兴奋剂的滥用，因为他目睹了让·马莱雅克在旺图山时身体出现不适的场景。他对媒体说："如果这种事情再次发生，我会毫不犹豫地控告某些机构企图下毒。"而那些实验室却在报纸的同一页刊登了如补脑剂之类的诱人广告。

皮埃尔·迪马既热爱自行车运动，又不希望悲剧发生，所以他的态度总是很矛盾。"在我看来，他太包庇这些行为了"，贝尔托认为。他对某些运动员和体育经理的手段非常了解，并或多或少地妥协了，尤其是有些知识没有足够的科学证据支撑，所以也无法禁止他们使用。

据《体育之镜》报道，环法自行车赛副主席费利克斯·莱维坦（Félix Lévitan）在 1960 年组织了一场讨论会，谈及困扰当时乃至今天的一个医疗问题。我们是否有权利改变个体的正常面貌？"有，用科学的方式"，意大利人恩里科·佩拉西诺（Enrico Peracino）是这样回答的，他是加斯托内·南奇尼（Gastone Nencini）的医生，后来在强悍的艾迪·默克斯（Eddy Merckx）的 Faema 车队担任队医。"我对待南奇尼就像修理工对待他的自行车一样：进行赛后修复。"对此迪马医生警告众人："永远不要忘记，在战争期间，我们曾尝试并成功地让受试者心理发生转变（特别是通过苯丙胺和心理准备）。"

在兴奋剂这件事上，迪马和以安克蒂尔为代表的运动员以及体育总监斐尔·吉米尼（Raphaël Geminiani）有分歧，但1963 年在乌里亚格 – 贝恩斯举办的第一届欧洲兴奋剂会议上，迪马发挥了关键作用。他支持莫里斯·赫尔佐格（Maurice Herzog）的反兴奋剂法，该法在两年后见证了文化层面上的反转："兴奋剂"不再只是兴奋剂。

兴奋剂和反兴奋剂：竞速开始

如果说是政界和部分医疗团队对兴奋剂设下了道德禁令，那么反兴奋剂斗争要做的事情就更多了。比利时生物化学家米歇尔·德巴克（Michel Debackere）独自一人在根特实验室开展反兴奋剂工作。1974 年，他找到了一种筛选当时流行的兴奋吡啶的方法，匹莫林中的碳集群，也可称之为"兴奋物质"。在 1977 年的某两个星期中，好几名自行车运动员因这项测试被发现使用兴奋剂。其中就有艾迪·默克斯，他的兄弟、药剂师米歇尔（Michel）在论文中记录了对兴奋剂的最终研究结果。

同一时期，摄取激素，尤其是对皮质类固醇的摄取也很流行，这与兴奋剂专家弗朗索瓦·贝洛克（François Bellocq）医生有关，他在 1976 年的论文中建议服用低剂量的合成代谢和皮质类激素来补偿人体在过度训练后流失的营养。"他是真正的精神领袖"，与他打过交道的里厄回忆起过往认为：

> 在所有的运动项目中，他都有让人感到不可思议的顾客。但凡我们敢说起贝洛克，就会收到强烈的抗议甚至威胁。曾经有一个关于非法交易虚假处方的调查牵扯到他，最终代表波尔多社会保障局开展调查的药剂师，却因贝洛克的关系网被调离岗位。

如果说真正的医生开始在体育界崭露头角，那么环法自行车车队却在 70 年代乃至之后还是迷信那些著名的"保健师"，这些人没有正统的医疗实践经验，实际上没有帮助，但他们知道如何说服别人一定要接受他们的建议。人称"马布斯医生"的伯纳德·塞恩斯（Bernard Sainz）就是一个典型，他加入了前短跑运动员赛勒·吉马尔（后来成为最伟大的法国体育总监）的团队，在随后的近半个世纪的时间里又与好几位运动员产生密切联系。他拒绝透露成分的"滴剂"，实际上是咖啡因提取物，这不禁让人联想到安克蒂尔的那位保健师的蓝色药膏，以及勒贝尔的药水。

参考文献

Roger BASTIDE, *Doping : les surhommes du vélo*, Solar, Paris, 1970.

Jean-Pierre DE MONDENARD, *Histoires extraordinaires des géants de la route*, Hugo Sport, Paris, 2012.

Jean-Pierre DE MONDENARD, « Historique et évolution du dopage », *Annales de toxicologie analytique*, vol. 12, n° 1, 2000.

Henri PÉRIÉ, « Chronique d'une médecine escamotée. La médecine du sport : 1921-2001 », *Cinésiologie*, n° 235, 2007.

十三

福斯托·科皮，医学体育先驱

克莱芒·吉尤

　　绰号"冠军之王"的福斯托·科皮是第一位现代自行车运动员。他对生物物质十分痴迷，同时也非常关注营养学和化学实验。这位意大利人因其所斩获的成就被视作战后最伟大的自行车手（世界冠军得主、两届环法自行车赛冠军和五届环意自行车赛冠军），并且他也是通过系统性服药来提升运动成绩的先驱者。

　　兴奋剂这个词的使用是不恰当的：这个概念起源于20世纪60年代末的反兴奋剂运动。在此之前，许多人都支持运动员通过服用一些像运动一样古老的化学物质来提高个人成绩，如果一名运动员选择这样做，他几乎不会受到任何负面评价。科皮认为没有理由不使用兴奋剂，其组成成分可能因运动项目或者记忆报告而变化。这种混合物的基础是几杯加糖的浓咖啡，最多可达七杯意式浓缩咖啡。有一种比较有名的兴奋剂被一些人称为"多托雷·福斯托"，其主要成分是"Peptocola"，这是一种以可乐和士的宁为基础的补品，此外还有两三种安非他命，商业名称为"右旋安非他命"（Simpamina）。这种"苯丙胺"后来被"甲基苯丙胺"（méthédrine）所取代，这种物质可以使人充满力气，因此深受二战士兵的欢迎。

战争期间，化学的日趋发展改变了兴奋剂的效率。在 1942 年的一份以小时为单位的记录中，福斯托·科皮服用了五粒"右旋安非他命"药片。他会后悔在 20 世纪 50 年代没有再试一次的机会，那时的他认为可以服用当时的药物来改善自己的表现。

意大利人将服药和无差异的饮食相结合，并且约束自己在比赛之外不喝咖啡，希望通过净化身体，来更大地提升比赛中兴奋剂的药效。

在职业生涯中某次接受记者马里奥·费雷蒂的电台采访时，科皮喝了自己放在运动衣背后口袋的饮料，他说道：

> "兴奋剂就像是运动员的后备能源。它是由一些秘密成分组成的，其中最重要的是苯丙胺以及运动员对药物能够奏效的信心。"
>
> "你也服药，福斯托·科皮？"
>
> "当然了。"
>
> "所有的自行车运动员都这样？"
>
> "是的，每个人，还包括那些嘴上说不要服药的人，我劝你不要拿着点燃的火柴靠近他们。"
>
> "你什么时候服药？"
>
> "当它能奏效的时候。"
>
> "什么时候？"
>
> "几乎每时每刻。"

福斯托·科皮的对手吉诺·巴塔利一直坚持说他没有服用

安非他命。然而，他众所周知的信仰并不是他唯一的兴奋剂：
"虔诚的吉诺"沉迷于咖啡。这种故作高尚让科皮感到十分困
惑，"这是他个人的问题"。而且，据科皮的说法，这是一种
职业错误："如果有一种药物能让我骑得更快，我会毫不犹豫
地服用它，只要它不损害我的健康。"

这名冠军之王之所以能够确定生活中的每个人都服用兴奋
剂，是因为他是由按摩师抚养大的。按摩师这一行当既能控制
运动员的肌肉，又能控制用药。科皮的伯乐比亚吉奥·卡瓦纳
是一名盲人，他让年轻的骑手们带着咖啡因和苯丙胺胶囊，在
6个小时内骑完了190公里。卡瓦纳说："这种方法不会让你
成为冠军，但它会帮助你集中精力。"

科皮使用的这种兴奋剂是"比利时罐"的前身（尽管前
者不如后者效力大），这种药物在比赛中有一个主要缺点：它
会阻碍运动员的恢复。1953年，卡瓦纳命令他的一名队员秘
密窥探瑞士选手雨果·科布雷的情况，使得科皮在到达的前一
天逆转了环意自行车赛。这位瑞士冠军不会忘记，在斯泰尔维
奥的崛起过程中，他将经历一次致命的失败。同样是在34岁，
他远没有科皮那样了解如何服用"炸弹"（即"比利时罐"）。

参考文献

William Fotheringham, *Fallen Angel : the Passion of Fausto Coppi*, Yellow Jersey Press, Londres, 2009.
Quando volava l'Airone, documentaire de Giancarlo Governi, Rai, 1998.

十四

体育与电视的完美结合

让－菲利普·布沙尔

在体育运动被真正冠以"体育"的名号之前，这种活动就已经具有很强的观赏性了。无论我们谈论的是米诺斯时代的克诺索斯斗牛比赛、中世纪足球赛还是古代以及现代的奥运会，观众们几乎总会出现在比赛最后的决胜时刻。曾经有一个世纪的时间，体育比赛是不向公众开放的，如果站在公开展示的角度，这些体育运动也具有很好的表演性质。在今天的体坛，观众早已成为比赛的一部分，我们无须强调这点。比如在足球比赛中，观众通常被称为"球队的第 12 个人"。主场比赛也经常被人们看作主队的一种优势。当某些球队违反规定时，有时会被处罚禁止观众入场，这也侧面展现了观众在现代体育运动中的重要性。

然而，体育的表演性质不能解释为何过去几年里体育比赛能在媒体世界中占据如此重要的地位，也不能成为体育比其他娱乐方式（马戏、音乐会、戏剧、电影……）更加吸引观众的理由。此外，在这一阶段，必须区分体育运动这个整体与少数职业体育比赛，这些职业比赛往往可以吸引大量的电视观

众，比如欧洲、非洲、亚洲和南美洲的足球比赛，北美的橄榄
球、篮球、棒球、曲棍球，英国和亚洲的板球运动。除此之
外，人们关注更多的是体育赛事（网球大满贯比赛、环法自
行车赛……），而不是体育运动本身。就法国而言，在 2016 年
的统计中，法国观看电视时间最长的前 100 名观众中，有超过
20% 的人关注足球，其中在前 20 名中有 15 人，前 10 名中有 9
人。2018 年，法国与克罗地亚的世界杯决赛吸引了近 2000 万
名法国观众观看。

法国电视一台 TF1 的前总裁帕特里克·勒莱（Patrick Le
Lay）曾这样总结自己的职业，他解释道，他的工作不过是把
人们大脑空闲下来的时间交给广告商，在谈论"停止报道"
足球时，他说："足球的费用太贵了，与广告费用相比根本不
创造利润。但是没有足球我们是运营不下去的。对于一个规模
很大的产业链来说，足球是必要条件。"在这方面，TF1 的分
支 M6 频道的转型是颇具启发性的。这个成立于 1998 年的小
频道，依靠宣称自己是"0% 足球"，从而逐渐发展壮大。如
今在根基稳固的情况下，M6 开始打足球牌，并参与所有的
投标。

体育和电视转播二者的结合取得了巨大的成功，那么其背
后的原因是什么？电影制作人（后续发展成为电影导演）给
出的第一个历史答案是美学。运动的姿态和动作，集合了综合
叙事过程中所需的动作、地点和时间的要素。早在 19 世纪末，
这项运动就开始了第一次时间摄影实验，由穿着制服的运动员
进行跳跃和跑步。

作为体操运动员和舞蹈家，同时集演员和导演于一身的德

国人莱尼·里芬施塔尔也敏锐地意识到运动形体的优美。作为一名纳粹宣传者，她出色地完成了希特勒政党集会的拍摄任务。之后她被委托为柏林奥运会拍摄电影，她拍了一部由两部分构成的、长达四小时的电影《奥林匹亚》（体育之神），影片细致介绍了比赛内容并扩大了其影响力。莱尼使用沿着田径跑道的跟拍摄像机，这样在比赛结束后方便重播一些比赛的集锦，他还会在赛后将摄像机放置在新的地方，例如在跳高跳远的场地前。她花了两年的时间来完成这部巨作，人们普遍认为这部电影是未来几十年电视上广泛使用的一些拍摄技术的鼻祖。但要报道一场体育赛事，两年的时间有点太长了。

勒内·吕科，一位开拓的天才

与此同时，在法国，一位名叫勒内·吕科的年轻助理导演与演员让·加潘成了好朋友。两人都喜欢足球，经常相约去体育场现场观赛。加潘是职业足球坚定的支持者，他说："球员能够吸引大量观众，他们就是球场上的艺术家，所以得到报酬是理所应当的。"多亏了加潘的显赫地位，吕科成功地筹集到了资金，制作了一部关于足球的电影《足球万岁》，随后法国足球协会委托他拍摄1938年法国世界杯。在科隆布，吕科在体育场的屋顶下建了一座人行天桥，以便可以让自己越过观众的头顶，因为在常规位置拍摄的话，观众在进球时的兴奋反应总会扰乱镜头。如果条件允许，他会喜欢在地面上拍摄。作为一名体育专家，他深知"视觉冲击"的重要性，因为他不可能拍摄所有的比赛画面（胶片价格昂贵，且占用大量空间）。

他明白，足球本身就是一个足够精彩的节目，根本不需要额外的修改和剧本。

即使当时的技术手段不允许，吕科也已经有了这样一种假设，即体育比赛应该是现场拍摄的。原因很简单，因为没有人能预知比赛结果，这就放大了比赛戏剧性的一面。多年后，Canal＋的体育主管米歇尔·德尼佐在21世纪早期以商业逻辑验证了这种直觉："优质的体育电视节目必须是独家的、现场直播的节目。否则，就一文不值了。"因为正是体育的戏剧性，其"独特的不确定性"，才决定了电视转播体育比赛的成功。这是体育在电视上取得成功的另一个关键：直播。

然而，直到20世纪50年代末，人们才成功地进行了电视上的现场直播。从1958年开始，环法自行车赛就开始了现场直播，传奇人物罗贝尔·沙帕特对此发表了评论，称这是一个巨大的成功。第二年，从直升机上拍摄的第一张照片带给了我们另一种维度的体验。导演皮埃尔·巴代尔、雷吉斯·福里西耶和让·莫里斯·乌格不断创新。1992年，福里西耶在直升机上为飞机中继站揭幕，这有助于避免由于天气原因造成的图像中断。然后，人们将Wescam公司出品的陀螺稳定镜头放置在直升机下面，这提供了大量"从空中看法国"的图像，也吸引了大量观众（70％的转播率）。因此，在环法自行车赛乱象频发（自1998年以来，退役、除名、对卫冕车手和潜力新星的大规模排斥……）的同时，观众人数却在不断增加。

同样，奥运会开幕式也吸引了大量观众，包括那些不怎么观看比赛的人。超级碗决赛是世界上最受欢迎的体育赛事之一，有超过十亿观众观看，是一场四个多小时的大型表演，其中 22 名橄榄球运动员的体育比赛只占转播的一小部分。在这种情况下，体育只是一个缘由，一个契机，多种类型的现场表演只是借体育之名来吸引观众。

难怪电视上的体育导演是最受欢迎的。在大型选举集会上，通常由 Canal + 或 TF1 的前体育导演来负责转播。因此，前足球导演热罗姆·勒翁被选中负责拍摄 2017 年总统大选前的初选辩论，可见之前的赛事转播经历已经让他声名远扬。相机的长焦拍摄在体育场被用来从远处捕捉运动的姿态，勒翁将这些设备转移到工作室，这使得他能够最大限度地将摄像机从运动员身边移开，从而在不丢失任何细节的情况下让运动员们变得自然。

参考文献

René LUCOT, *Magic City*, Pierre Bordas et fils, Paris, 1989.

Bernard POISEUIL, *Football et télévision*, Tekhne, Paris, 1992.

Éric MAITROT, *Sport et télévision, les liaisons dangereuses*, Flammarion, Paris, 1995.

十五
苏联进入国际体坛

弗朗索瓦·托马佐

在二战结束后的一段时间里，苏联和奥林匹克运动会一直上演着"你恨我，我也是"的戏码。在战胜德国后，迫于形势结盟的赢家们是时候亲近彼此了。但是这段关系的回暖并不顺利，并且冷战已经箭在弦上。苏俄在1917年脱离奥林匹克"大家庭"后，一直远离"资产阶级"国际运动会，组织了斯帕塔基亚德运动会，外国代表队在运动会上欠佳的成绩正好被用来衬托苏联模式的伟大。

苏联重返国际体坛的行为令人费解。斯大林似乎下定决心要让国家队走出去，但有一个简单的前提：他们要赢。时任体育委员会主席尼古拉·罗曼诺夫（Nikolai Romanov）在他的回忆录中解释称，上级指令非常明确：

> 从我们决定参加国外比赛的那一刻起，我们必须保证会取得胜利，否则那些自诩自由的资产阶级媒体就会把我们的国家和运动员贬得一文不值。这是真实发生的事。我必须给斯大林发专门的文件，向他担保我们会赢。

体育比赛结果的不确定性对克里姆林宫的主人来说是不存在的，但在 1946 年，意外就发生了，苏联运动员未获邀请擅自参加了在奥斯陆举行的欧洲田径锦标赛，最终惜败瑞典人，获得第二名的成绩。次年，在奥斯陆举行的欧洲速滑锦标赛上又出现了令人失望的结果。这些失败虽然是相对的，但罗曼诺夫仍暂时被撤职，并被尼古拉·阿波罗诺夫（Nikolai Apollonov）取代。

阿波罗诺夫与内务人民委员部（NKVD）的前领导人拉夫伦蒂·贝里亚（Lavrenti Beria）和政治警察的足球俱乐部——莫斯科迪纳摩关系匪浅。这是因为，尽管斯大林政府的威势在 20 世纪 50 年代初大不如前，但体育委员会和其他政府部门仍受到同样偏执的约束，在位的官员首先考虑的是无过即功。

1948～1951 年是阿波罗诺夫在任的时期。他为人谨慎、无为而治，所有支持重返奥运会赛场的人都被疏远，甚至受到处罚。莫斯科之前费尽力气想让工人运动会名声大噪［参见第一部分第十二篇］，但苏联在两种方案之间摇摆不定：坚持大众体育路线还是发展高端运动，后者长期以来被认为是资产阶级体育界的优势项目。

1951 年：苏联加入 IOC

随着外交平衡与国内逐步发展，两股体育力量也开始了共存的尝试。第二次世界大战迫使部分国家强行和解，各方势力和领土版图也发生了变化。与苏联不同，受其掣肘的国家，如波兰、捷克斯洛伐克和匈牙利，本就是国际奥委会的成员国，莫斯科方面明白体育可以成为巩固其国际影响力及主导地位的一种手段。

此外，莫斯科的对外宣传方针改变了：针对美国帝国主义，苏联打算宣扬自己是和平与民主的拥趸。正如尼古拉·罗曼诺夫在 1947 年对安德烈·日丹诺夫（Andrei Zhdanov，共产党和工人党情报局创办者，冷战理论鼻祖之一）所说："鉴于奥运会是和平的象征，我们非常希望苏联能参加伦敦奥运会。"

但是，苏联队几次走出国门都没取得令人满意的成绩，相关负责人认为想要让运动员展示出共产主义制度的优越性，1948 年的奥运会还不是最佳时机。莫斯科只派了一个由格列布·巴克拉诺夫（Gleb Baklanov）领头的观察团前往伦敦，使团出现的目的在于打压东欧奥委会和敷衍 IOC。

但是，仍有部分西方人在全力促成双方和解。国际田径联合会（IAAF）和伦敦奥组委主席伯利勋爵希望 1948 年的奥运会能传达重建与和平的声音，力图说服国际奥委会的同事们接受苏联重返国际体坛。这位前 110 米栏奥运冠军受罗曼诺夫邀请，在 1947 年参加了莫斯科体育运动日游行后，成为苏联在国际奥委会的主要支持者之一。数十年来，他一直坚持亲苏立场，三十年后，他全力扶持莫斯科申办 1980 年奥运会。

在经历了长期拖延和内部斗争后，苏联领导人改变了主意：1951 年，中央委员会和部长会议接受成立苏联奥林匹克委员会的决定，并向国际奥委会提出申请。伯利勋爵再次说服他的同事们接受苏联，尤其是两位重量级人物：时任 IOC 主席西格弗里德·埃德斯特伦和他的接班人埃弗里·布伦戴奇。很难想象会有比他们俩更抵触苏联模式的人了，执拗的反共主义者布伦戴奇丝毫没有掩饰自己的想法。在 1947 年的一份关于可能恢复苏联权利的报告中，他曾经写道："鉴于他们对公平竞技、体育精神和业余主义一无所知，我坚信他们只会给我们带来麻烦。"埃德斯特伦与其观点相近，他发问"我们在苏联认识谁？"意思是苏共领导人和 IOC 成员显然不在同一个世界。

　　埃德斯特伦是瑞典电工行业巨头通用电机公司（ASEA）的老板，属于深受业余主义熏陶的一类战前体育界领袖，他本人对这个实行"无产阶级专政"的国家的到来持非常消极的态度。1932 年，芬兰运动员帕沃·努尔米（Paavo Nurmi）因为非业余而被除名，埃德斯特伦是支持这一决议的奥运会领导之一。1951 年，国际奥委会中和他一样的保守派深信，苏联培养的运动员是伪装好了的职业化人士。奥运会机构派密使去了苏联，果然发现了累累罪行，青涩的运动员将大量时间用于训练，并由国家负责食宿，而且他们没有正式的工作。

　　尽管如此，苏联加入国际奥委会的决议还是于 1951 年 5 月在 IOC 全会上以 31 票赞同、3 票弃权、0 票反对获得通过。自此，没有什么能阻碍苏联运动员参加来年的赫尔辛基奥运会，东道国芬兰对此保持了中立外交立场。然而由于准备不足，苏联没有派代表队参加奥斯陆冬季奥运会。

　　冰球成为一项全国性运动，这是苏联体育思想转变的完美印证。自 1911 年起，当时名为"班迪球"的冰球运动就出现在俄罗斯冰冻的湖面上，这是一种最早能追溯到 16 世纪、源自荷兰的游戏。1946 年，根据国际联盟通过的相关竞赛规则，第一届苏联冰球锦标赛正式举行。由于空军俱乐部莫斯科 VVS

是斯大林的儿子瓦西里经营的，比赛从一开始就变得异常严肃。1951 年，在第一场国家队比赛中，苏联人在柏林击败了东德人。从 1952 年世锦赛第一次参加国际比赛起，苏联就展现出了非凡实力，并开始主宰这项运动，直到宣告解体。

这一时期，冰场是冷战的缩影。1962 年，东方国家集体抵制在科罗拉多州举办的世界锦标赛，因为主办方以柏林墙为由头，取消了东德的参赛资格。1970 ~ 1976 年，加拿大人抗议苏联违背业余主义，拒绝参加世锦赛。

在接下来的几十年中，因苏联进入世界体坛而引起的争论不休不止。苏联运动员是专业的吗？无论如何，在 1952 年赫尔辛基奥运会上，苏联踏进奥林匹克场地就是一种成功，更何况，穿着印有镰刀和锤子交叉图衣服的运动员帮助他们的国家最终取得了第二名，在奖牌榜上仅以 5 枚之差位列美国之后。

体育运动，冷战的核心

赫尔辛基奥运会不是和平的颂歌，而是冷战的见证。苏联拒绝让自己的运动员住在奥林匹克村，把他们和其他东方国家代表团一起安置到奥塔涅米，此地离波尔卡拉海军基地很近。显然，世界分为两个阵营。正如当时的奥运会十项全能冠军鲍勃·马蒂亚斯（Bob Mathias）所言，没有人会刻意掩饰这场对抗的政治色彩：

> 因为俄罗斯人，美国运动员承受了更大的压力。从某种意义上说，他们是我们真正的敌人。我们喜欢击败他

们，他们必须被打倒。在整个团队中，这是一种非常强烈的信念。

铁饼运动员尼娜·波诺玛洛娃（Nina Ponomaryova）夺得了苏联历史上首个奥运冠军后，立即成了国家英雄。1947年，在苏联的高水平运动突飞猛进之际，这位"肌肉小姐"（Mademoiselle Muscles）在获得金牌的四年后引发了一起外交事故，巧妙地映射了当时的东西方关系——她在前往英格兰参加墨尔本奥运会的预选赛时，由于身上藏有五顶没有付钱的帽子，在一家C&A百货商店被逮捕。她被捕后，外交官立刻介入，苏联也以退赛表示对这次"挑衅"的抗议。担心俄罗斯运动员投诚西方也成为当局的困扰。

赫尔辛基奥运会的另一个高潮是南斯拉夫与苏联之间的足球对决，以及铁托与斯大林关系的全面恶化。南斯拉夫队以3：1获胜，后续影响随即显现。苏联队的骨干来自莫斯科CDSA俱乐部（中央陆军俱乐部前身），该俱乐部很快解散，苏联当局转为支持斯巴达克，此后数十年，斯巴达克一直主导俄罗斯的足球运动。另一边，对南斯拉夫来说，这是一场胜利。正如中场球员斯捷潘·波贝克（Stjepan Bobek）解释的那样：

在1948年共产党和工人党情报局通过决议后，观看这场比赛就要考虑到政治大背景了。两国之间刮起了西伯利亚的风。

更激烈的一场比赛是四年后墨尔本奥运会上苏联与匈牙利之间的水球比赛，苏联红军刚在开赛前数周镇压了叛乱。在泳池中爆发的群殴以及公众的怒火迫使执法部门介入比赛。关于这场比赛，人们印象更多的是"墨尔本血浴"的场景，因为奥运会泳池的水的确被运动员的鲜血染红了。

苏联进入世界体坛后表现强势。1960 年到 1992 年的九次夏季奥运会，该国独立参加了七次，高居奖牌榜首位，冬季奥运会同样如此。1980 年，由莫斯科主办的夏季奥运会遭到抵制，因为这一届本该由美国人主办，为了报复，苏联抵制了接下来的洛杉矶奥运会。

在这个阶段，体育变成冷战的一种延续方式。苏维埃当局游离在奥林匹克运动会边界之外，还不断谴责 IOC 怀有偏见，认为其反动、有种族主义倾向。这些观点能站得住脚是因为在任的国际奥委会主席布伦戴奇（一直任职到 1975 年）是守旧派领导人的代表，美国要为了体育"去政治化"吞声忍让。早在 1951 年，此前坚决不涉政治的他就对共产党人出现在奥运会上感到担忧。此人早前说服了美国奥委会参加 1936 年的柏林奥运会，并长期为南非融入奥林匹克运动积极活动，尽管他也支持南非种族隔离制度。

1959 年，苏联的提议让布伦戴奇备受侮辱：建议国际奥委会按照联合国的模式运行，即每个国家的奥委会都有一个代表名额，这样便于苏联扩大影响力。这项提议在 1961 年遭拒绝，并声称永远不会被采纳，国际奥委会坚持自己的成员遴选模式，用布伦戴奇的话说，只有这样才能保证所有成员"都是同类，并在所谓的奥林匹克大家庭中受教"。换言之，IOC

成员协会都是志同道合的。

这种保守主义导致苏联开始充当第三世界国家的捍卫者，并将体育和奥林匹克运动会作为其主要的外交工具。在苏联加入"奥林匹克大家庭"十年后，正是"和平共处"时期开始之际，冷战的影响尤为明显。一方面，苏联通过资助体育装备和提供教练，将体育作为拉拢第三世界国家的外交手段；另一方面，国际奥委会成立了各种机构来试图消解苏联的势力：一个是反兴奋剂委员会，其隐藏的目的是披露使用兴奋剂的国家，当然大家希望是东方国家；还有一个是奥林匹克团结委员会，旨在削弱苏联在第三世界国家中的影响力，但该机构在1962 年由国际奥委会首位苏联成员康斯坦丁·安德里安诺夫（Constantin Andrianov）执掌。紧张的气氛也弥漫在新闻界：西方记者批评东方国家推行国家专业主义，而作为回击，苏联的同行则谴责西方体育普遍的商业化。

参考文献

David L. ANDREWS et Stephen WAGG (dir.), *East plays West. Sport and the cold war*, Routledge, Abingdon, 2007.

Pascal BONIFACE, *Géopolitique du sport*, Armand Colin, Paris, 2014.

Jérome GYGAX, *Olympisme et guerre froide culturelle. Le prix de la victoire américaine*, L'Harmattan, Paris, 2012.

十六

性别不明的运动员们

弗朗索瓦·托马佐

1980 年 12 月 4 日，克利夫兰的一家购物中心停车场发生了一起严重的持枪抢劫事件。罪犯逃逸，子弹在错误的时间、错误的地点击中了偶然出现的一位路人。如果没有对受害者进行尸检和档案调查，这将只是一条普通的悲哀的社会新闻，而不会挖掘出受害者不同凡响的命运。躺在血泊中的女人名叫斯特拉·沃尔什（Stella Walsh），1911 年 4 月出生于波兰北部，那时她叫斯坦尼斯瓦娃·瓦拉西维奇（Stanisława Walasiewicz）。

这位死者不是普通人，她是 1932 年洛杉矶奥运会女子 100 米冠军。从 30 年代入行到 50 年代初退役，她一直是世界田径界的佼佼者。她以 11 秒 8 的成绩成为女子 100 米的世界纪录持有者，同时也是跳远运动和铁饼运动高手，后来在 1936 年柏林奥运会上输给了美国的海伦·斯蒂芬斯（Helen Stephens）。

斯坦尼斯瓦娃·瓦拉西维奇在幼年时随家人定居美国，深受异文化影响的父母给她改名为斯特拉·沃尔什。由于没能获得美国国籍（直到 1947 年她才被授予美国国籍），她在 1932

年被迫为波兰队参加田径比赛。基于这些因素,沃尔什和斯蒂芬斯之间的竞争更加激烈了。波兰人对这位运动员在柏林的失败感到愤怒,他们指控斯蒂芬斯其实是男人,并要求她做女性性征检测。

在那个时代,运动员(更确切地说是女运动员)的性别常常会引起争议。尽管那时这个词尚未被使用,但在柏林奥运会开始前的几个月,有几名双性运动员上了头条新闻。其中捷克斯洛伐克的兹德纳·库布科娃(Zdena Koubková)和英国人玛丽·韦斯顿(Marie Weston)最具争议性。对于前者,舆论倒向她是"男性",1934 年,在她打破了 800 米世界纪录后,谣言愈演愈烈。几个月后,她做了外科手术,变成兹德内克·库贝克(Zdenek Koubek),不久后他开始打橄榄球。被誉为"德文郡的奇迹"的韦斯顿,在体检结果显示他具有双性生殖器之前,曾在铅球、铁饼和标枪等运动项目中摘得女子全国冠军头衔。1936 年 4 月和 5 月,这位选手接受了几次手术,变成了马克·韦斯顿(Mark Weston),同年 7 月他结婚了,并育有三个孩子。他的姐姐希尔达(Hilda)变成了哈利(Harry),但因长期抑郁,在 1942 年自杀。

由于体育界对女运动员的性别愈发关注,美国奥委会主席埃弗里·布伦戴奇(未来的国际奥委会主席)要求所有参加奥运会的运动员都要接受性别检查。在这种背景下,斯蒂芬斯接受了柏林奥运会安排的第一个女性性征检测,结果证实她是女性。后来有人说,斯蒂芬斯受到质疑是因为她蔑视了阿道夫·希特勒,在她取得胜利后,希特勒在包厢接见了她,并提议与她共度周末。

这位美国女短跑运动员绰号"富尔顿的闪电"，她在沃尔什身亡后守住了奥运冠军头衔。近半个世纪过去了，命运发生了奇特反转：意外死亡的后者的尸检报告显示，沃尔什具有男性生殖器官，显然她患有斯威伊尔综合征——一种作用于男性和女性染色体的遗传疾病。

"女性性征检测"的出现

在体育史上，男性生殖器官不明显、畸形或是直接被当成女孩培养的情况并不少见。如果说库布科娃和韦斯顿的变性案例促使主管部门从 30 年代后期开始关心运动员的性别问题，那么多拉·拉特延（Dora Ratjen）的情况则很难有合理的解释。作为跳高好手，这位德国运动员在柏林运动会上获得了第四名。相较另一名女子跳高运动员格莱特·贝格曼，德国的运动员选拔者更偏向于她，尽管她们水平相当，甚至后者更优秀（但由于犹太信仰）。一些检测显示，一直被当成女运动员培养的多拉·拉特延实际上是双性人。传奇怎会不需要宣传？这个故事被改编后通过 2009 年的电影《柏林 1936》进一步传播。根据电影内容，纳粹政权故意挑选了一名男性，以避免看到一名犹太女性运动员在柏林树立威望。

同样在 2009 年，《明镜周刊》的一项深度调查揭示了真相。拉特延实际上是偏见的受害者。首先是她父母的偏见，她的父母拒绝把她当成男孩，即使她十岁时就对父母坚称自己不是女孩。之后她参加了许多女子比赛，她拒绝在更衣室里脱衣服，这样就没人会发现她的秘密，以及避免她认为可能的麻烦出现。1938 年，拉特延遭到一名火车检票员举报，后者向当局告发车上出现了一个伪装成女性的游客。拉特延当年被马格德堡警方逮捕后接受了检查，结果证实她确实是一个男人，同时拥有"非典型"生殖器官。检察官认为拉特延没有滥用自身条件"以获取经济利益"，因此没有将其判刑，随后拉特延保证不再参加体育比赛，并最终把名字改成了海因里希（Heinrich）。她的案例清楚地表明：运动员的女性性征（一个有待严格定义的概念）不可避免地要与政治问题牵连了。

在纳粹倒台之后，众多东方国家在 1951 年重回奥林匹克大家庭，但这些国家当局受到众多非议，它们被指控使用了性别不明的运动员。1966 年欧洲田径锦标赛引进女性性征检测时，恰逢伊琳娜（Irina）和塔玛拉·普雷斯（Tamara Press）退役，二人被诋毁她们的人戏称为"普雷斯兄弟"。伊琳娜在 1960 年的罗马奥运会上夺得 80 米栏冠军，又在 1964 年的东京奥运会上摘得五项全能桂冠，而塔玛拉在这两次奥运会上包揽了铅球和铁饼金牌。塔季扬娜·切尔卡诺娃（Tatiana Chelkanova）、玛丽亚·伊特娜（Maria Itkina）和亚历山德拉·乔迪纳（Alexandra Tchoudina）等其他的苏联女子冠军同样受到了西方世界的普遍质疑。

但正如英国历史学家瓦妮莎·赫吉（Vanessa Heggie）所说，这些怀疑与拉特延一案相似，从未得到真正证实，只是人们的偏见在作祟：

通常，这些性别欺诈案例都用来解释为什么要进行女性性征检测。这些案例或真或假，符合大多数人的刻板印象。一些身强体壮的运动员声音低沉，他们活在极权体制下，如法西斯主义或共产主义政权。

实际上，尽管没有任何证据可证实关于普雷斯姐妹的传闻，但有关体育界双性人的文章仍用她们作例子。反之，在1960年罗马奥运会期间，对英国运动员的指控很快就被人们抛诸脑后，对法国短跑运动员莉亚·考拉（Léa Caurla）和克莱尔·布雷索尔（Claire Brésolles）的指控也同样很快被人遗忘。两人是法国4×100米接力跑运动员和1946年欧洲田径锦标赛的奖牌获得者，在50年代都接受了变性，后来又都成了父亲。

显然，引进女性性征检测是为了应对东方国家在世界体坛中日益扩大的统治力。但这项测试很快被证明既不可靠，又对相关的年轻女性具有侵犯性。在1966年的欧洲田径锦标赛上，参赛者被要求接受三名女妇科医生检查其生殖器官；同年的英联邦运动会上，运动员抱怨他们必须忍受亲密触诊；1967年，在温尼伯举行的泛美运动会上，参赛者们必须在专家评审团面前赤裸裸地走过……

有关部门后来又采用了一项相对避免直接接触的"巴尔"测试，但可信度很快受到质疑。1967年，4×100米接力奥运冠军和东京奥运会100米铜牌得主、波兰短跑运动员伊娃·克拉沃科夫斯卡（Ewa Kłobukowska）因这项测试的结果为"缺乏女性性征"而被停赛，并被剥夺了参加翌年墨西哥奥运会的资格。也是在这一年，她的第一个孩子出生了，她不得不等到90年代东方政治发生剧变，才证明她具有遗传特征，并终于恢复了名誉。

因此，1980 年沃尔什去世后的尸检实在算不上恰逢其时——那时距美国人抵制莫斯科奥运会过去仅仅数月。她亲身经历了这种性别矛盾、出生地波兰和成长地美国之间的差异所造成的痛苦。可以说，这一案例展现了冷战不为人知的一面。

比赛倾向于男女皆宜？

时至今日，性别、人种与女性性征（很难找到最适合的术语）问题对体育部门而言依旧很棘手。谁是女人，谁不是？我们应该依靠医学手段还是法律手段？应该相信出生证明还是荷尔蒙特征？这一连串问题并不是总能被轻易解决。

当然，最终人们更倾向依照法律原则。1976 年，美国网球联合会（USTA）认为他们找到了应对方法，他们借口称，按照法规，只有生下来是女性的人才能被视作女性，因而拒绝做过变性手术的勒内·理查兹（Renée Richards）[原名理查德·拉斯金德（Richard Raskind）]参加美国公开赛。纽约最高法院裁定理查兹胜诉，后者 1977 年闯进了美网双打决赛。

来自南非的卡斯特·塞曼亚（Caster Semenya）于 2009 年在柏林夺得 800 米田径比赛世界冠军，她的案例促使世界田径界的领袖提出了意识和规则方面的问题。许多观察家聚焦她"强壮的体质""突出的下颌""发育不良的乳房"等。女性性征测试结果表明她是双性人，其他测试显示她的睾丸激素水平天生偏高。然后，国际田联官方人士和部分医生打算在 2013

年实施一项规定，即只允许血液中睾丸激素水平低于 10 纳摩尔/升的运动员参加女子比赛。这个问题似乎被解决了。

然而在 2016 年，印度女子短跑选手杜特·钱德（Dutee Chand）的睾丸激素水平异常之高，她在里约奥运会开始前向国际体育仲裁法庭（CAS）提出上诉。法庭用长达 160 页的裁决书判她胜诉，并表示"由于女性天生的基因问题而排斥她是没有道理的"。塞曼亚在里约奥运会上担任南非代表团旗手，并获得了女子 800 米跑奥运冠军。

实际上，除了性别认同问题之外，或许运动员的参赛资格也有待进一步细化。许多运动项目，尤其是包括马术、帆船在内的动力运动更考验技术能力和对汽车或动物的掌控力而非纯粹的力量比拼，所以不需要区别参赛运动员的性别。弗洛伦斯·阿尔托（Florence Arthaud）、伊莎贝尔·奥蒂西耶（Isabelle Autissier）与艾伦·麦克阿瑟（Ellen McArthur）在长距离帆船拉力赛中的胜利证明了性别不是影响帆船比赛成绩的主要因素。20 世纪 70 年代后期，米歇尔·穆顿（Michèle Mouton）在汽车拉力赛上取得的成就也证明了女人可以在这些方面与男人竞争。我们也无须统计在马术运动中与男人公平竞争的女子冠军了。

甚至在一些女性较晚才被允许参加的"靠体力的"运动项目上，男女差距也在缩小。现在就断定男女通用运动项目有一天成为常态会有一些草率，但部分女子冠军一直希望能取消性别划分。以史上最成功滑雪运动员之一的林赛·沃恩（Lindsey Vonn）为例，她在加拿大路易丝湖（Louise）的速降比赛中获得过 14 次冠军，并在 2012 年要求参加在同一赛道上举行的男子速降比赛。国际滑雪联合会（FIS）拒绝了，理由是比赛明确分为男子世界杯和女子世界杯，而且没有人能同时参加两场。2017 年，沃恩再次被拒，她又申请参加 2018 年底在路易斯湖举办的男子速降比赛。但伤病打乱了她的计划，也使得国际滑雪联合会得以推迟发布一个麻烦的决定。

参考文献

Eric Anderson et Ann Travers, *Transgender Athletes in Competitive Sport*, Routledge, Londres, 2017.

Anaïs Bohuon, *Catégorie « dames »*. *Le test de féminité dans les compétitions sportives*, Éditions iXe, Paris, 2012.

Vanessa Heggie, « Testing sex and gender in sports ; reinventing, reimagining and reconstructing histories », *Endeavour*, n° 34, 2010.

Ruth Padawer, « The humiliating practice of sex-testing female athletes », *New York Times Magazine*, 28 juin 2016.

十七
FLN 十一人：阿尔及利亚独立大使

让 - 菲利普·布沙尔

在 1958 年 4 月 15 日这个看似平常的星期二，一次突发事件震惊了法国足球甲级联赛。在阿尔及利亚民族解放运动爆发近四年后的当天，9 名阿尔及利亚裔足球运动员突然失踪，这件事几乎登上了所有报纸媒体的头条。在一个普通的比赛日后两天，他们自发离开法国，去往意大利，并在那里乘上了飞往突尼斯的航班，成了"阿尔及利亚民族解放运动光荣之队"（FLN）的中坚力量。自那以后直到 1960 年 11 月 2 日，又有三批法甲和法乙的球员（11 名、15 名、32 名）跟随他们的步伐去往了非洲大陆。

这种"逃避"将在法国公众的脑海中留下深刻的印象，因为所有这些足球运动员本来都已经很好地融入了法国环境。作为职业足球运动员，他们拥有比其他人更高的收入，而且他们中的许多人都是家喻户晓的球星，比如拉希德·梅赫洛菲、穆斯塔法·齐图尼、阿卜杜勒 - 哈米德·布乔克等。没有人预料到他们会冒这么大的风险，为了一个尚未得到承认的国家的利益而离开法国，而且这个国家可能永远不会得到承认。这些球员大多是远离政治的，但民族解放阵线的幕后人士说服了他们参与进来。

让这些足球明星参与阿尔及利亚独立斗争是真正的天才之举。这支民族解放阵线球队在成立之初就受到突尼斯人民的欢迎，他们所取得的成就将大大有助于阿尔及利亚解放事业的合法化。虽然这支由早期的战斗人员所组成的球队没有得到国际足联的承认，但四年间，他们与东欧和亚洲不结盟国家的球队进行了多场比赛（战绩 65 胜 13 平 13 负，进 385 球，失 127 球）。

"人们将我们视为国家大使"。拉希德·梅赫洛菲表示，他本来是圣埃蒂安俱乐部的主力球员，1958 年离开时也不过 22 岁。1964 年 1 月 1 日，民族解放阵线队迎来了最后一场"友谊赛"，并以 2 比 0 战胜了德国。同年 12 月举行的下一场比赛将是独立的阿尔及利亚国家队的首场正式比赛，他们在非洲杯预选赛以 1 比 0 战胜突尼斯。虽然官方的故事是众所周知的，但阿尔及利亚足球运动员突然逃离的组织方式就不那么为人所知了。也许是因为奇闻趣事对人们的吸引力盖过了紧张和怀疑的情绪。

这一切都始于 1957 年 7 月的莫斯科青年节。时年 45 岁的穆罕默德·布梅兹拉格在退役后先后成为勒芒队和科尔马队的教练，当时他也选择支持阿尔及利亚的独立事业。在这个特殊节日里，他代表法国担任法国足协阿尔及利亚地区分部的负责人，并训练着一支身穿绿色球衣、挥舞着绿色和白色旗帜的阿尔及利亚足球队。

根据 FLN 方面的说法，他们希望穆罕默德在那一刻就能领悟到这支阿尔及利亚队蕴含的深层使命，即阿尔及利亚足球队渴望通过足球推动独立的想法。事实上，这样一支队伍已经存在了一年多，主要由一线战士组成，前身是因"当地人"和法国足球队之间的争议而组建的北非国家队。这支球队在突尼斯参加了几场比赛，分离主义分子的后方营地就设在突尼斯。1957年秋，FLN当局决定成立一支国家队。除了当时队内的这些只有业余水平的民族独立支持者，球队还需要更高水平的球员来推动国家事业的发展。因此，他们将目光转向了专业人士，但现在这些职业球员还在法国联赛效力，其中有些人还是前锋，他们正在为1958年在瑞典举行的世界杯做准备。在雷蒙·科帕、朱斯特·方丹和罗歇·皮安托尼的率领下，法国队以出色战绩晋级世界杯决赛圈。在摩纳哥明星拉希德·梅赫洛菲、穆斯塔法·齐图尼和阿卜杜勒-阿齐兹·本·蒂富尔加入后，法国队更是如虎添翼。

穆罕默德·阿拉姆是负责FLN体育方面的政治家，他从布梅兹拉格那里了解到，如果阿尔及利亚的这支先锋球队是由法国最顶尖的球员组成，那么其影响力将会更大。这些人未来的离开会使法国顶级联赛失去众多主力球员。布梅兹拉格在苏联情报机构的培训下，长期以来一直与他的"兄弟"球员们接触。有时他十分强硬地要求球员缴纳支持独立斗争的费用（甚至最高可达其收入的15%），但可以肯定，人们这样做是为了安宁的生活而不是出于信仰。他们从那时起，就放弃了一个足球运动员短暂但令人羡慕的职业生涯。

为了避免泄密，并防范由法国特工部门领导的秘密组织"红手"（以消灭阿尔及利亚好战分子为宗旨），布梅兹拉格利用他在法国足协中的威信，亲自拜访所有希望投身于这项事业的阿尔及利亚裔球员。本·蒂富尔这位未来的伟大政治领袖就是其中之一，此外还包括阿维尼翁队的教练穆赫塔尔·阿里维（也是 FLN 未来的教练）。他们都得到了穆莱博士的帮助，后者在巴黎圣米歇尔大道 115 号大学餐厅招募阿尔及利亚学生。茹安维尔军事学校也是考察球员的主要地点，在这里他们发现了梅赫洛菲和穆罕默德·马奥乌切，两位兰斯队的年轻核心。对于阿尔及利亚领导人来说，拥有这些球员的优势在于，他们能够在军营和俱乐部之间往返，从而起到沟通信息的传话筒作用。

精心策划的出逃

自 1957 年 12 月以来，计划出走的会议一直在巴黎市中心的一家酒店秘密举行。FLN 当局并不了解行动的进展情况，出于安全原因，布梅兹拉格会亲自拜访 FLN 中每一名有资格代表阿尔及利亚出战的球员。他先与球员们建立友好关系，再试图评估这些球员的承诺是否真诚，有时他也会毫不犹豫地向球员们施加压力。在 1957 年的法国杯决赛中，阿尔及利亚国民议会主席、被视作背叛国家的议员阿里·谢卡尔在白鸽城被 FLN 成员杀害，这使得阿尔及利亚足球运动员的情绪更加紧张。这场暗杀的目的是象征性地让 11 名职业球员离开。

第一批离开法国的只有 9 名球员，他们于 1958 年 4 月 14 日星期一踏上归途。星期五，以生病为借口的本·蒂富尔从尼斯出发前往圣雷莫。"那天早上，我们去了文蒂米利亚的市场，如同每个星期五一样，买了一些意大利面和帕尔马干酪"，他的儿子里达回忆道，"然后他们告诉我他们不会回来了。那时我还只有四岁，这让我的生活变得十分糟糕"。

那个周日，另外三名摩纳哥人穆罕默德·齐图尼、阿卜杜勒-拉赫曼·布贝克尔和卡杜尔·贝赫洛菲将在摩纳哥与昂热的比赛结束后前往意大利，与他们一道同行的还有昂热球员阿马尔·鲁阿伊。周一，他们将离开罗马，成为首批抵达突尼斯的五名足球运动员——突尼斯是阿尔及利亚共和国临时政府（GPRA）的所在地。但周一早上，曾开车帮助几名球员逃离的摩纳哥队替补球员哈桑·沙尔比在法国边境被抓获。然后布乔克离开图卢兹，卜拉希米离开了兰斯。里昂的阿卜杜勒-哈米德·克尔马利将从圣艾蒂安接回梅赫洛菲。

但在周日晚上圣埃蒂安 2 比 1 战胜贝济耶的比赛中，梅赫洛菲受伤被抬上担架送往医院。克尔马利去医院看望他，但也没能帮他一起逃离，一些阿尔及利亚好战分子认为梅赫洛菲是在诈伤，他这样躲得了一时，躲不了一世。克尔马利回到里昂后的次日，就领着携带武器的阿里维和布乔克返回了圣埃蒂安，并且成功说服梅赫洛菲和他们一起走。他们绕开了热奥弗鲁瓦基查尔球场，并成功拿到了梅赫洛菲的护照，之后便顺利前往瑞士。

然而，他们浪费了很多时间。人们注意到齐图尼缺席了 4 月 14 日星期一法国队的训练与会议。这四个人害怕被告发，但这已经发生了。一些被接触的足球运动员不想离开法国也不想失去法国公民身份，甚至向法国当局透露了一份名单。梅赫洛菲虽不是这样的人，但也只是保持中立立场，他仍然怀有与法国一起争夺 1958 年世界杯的梦想。他虽然年纪轻轻，却已经在绿党享有举足轻重的地位。他会试图让这次行动失败吗？然而，当他越过瑞士边界时，有人拿起武器对准他，以防他支持独立的信念动摇。

他们成功越过了边境线！几乎所有人都欣喜若狂。他们计划在晚上 7 点前往意大利，他们本应去洛桑火车站接从上午 7 点起就在等待的马奥乌切，但时间已经太晚了。马奥乌切那边因为一直没有他们的消息，就以为行动失败了，于是乘最后一班火车返回了巴黎。作为一名军人，如果被发现逃离军队，他将面临处决。周二凌晨，当马奥乌切到达里昂火车站时，他也看到了（队员出走的）头条新闻。这一次，他从东站出发，乘坐一辆前往巴塞尔的普尔门式客车，决定在火车到达圣路易斯站靠近瑞士边境时跳下火车。但这是一列现代化的火车，它的车窗在行驶过程中并没有完全打开。

于是，马奥乌切很快被捕，并被监禁了 3 个月。他向兰斯俱乐部名誉主席罗贝尔·洛特将军求助，希望可以躲避军事法庭的裁决，于是他化名让·埃尔南德斯被派往沙莫尼的高山军校，在那里进行高山打猎训练。因此，他后来帮助法国国家滑雪队在当地练习体能储备工作，并将其方法和职业足球运动员的经验传授给那些不太在意维持身体状况的滑雪运动员，其中包括让·维亚尔内和居伊·佩里亚，他们将在 1960 年 2 月的斯阔谷冬奥会上获得金牌和铜牌。马奥乌切总是带着激动的心情翻开斯阔谷奥运会奖牌获得者的感谢信，在信中他们向自己的朋友莫什致敬，表示如果没有他，这些奖牌是不可能获得的。

1959 年 5 月获释后，马奥乌切回到兰斯，被借给红星队。从这之后他获得了巴黎人的身份，他会见了 FLN 的律师阿卜德萨马德·本·阿卜杜拉，并将专注于第四次也是最后一次逃离。

与此同时，阿尔及利亚人的离开不仅扩大到许多其他类别，例如公务员或军事人员，而且其他许多足球运动员也加入了民族解放阵线的队伍。1958 年 7 月 26 日，尼姆队的马祖扎（阿卜杜勒－卡德尔·马祖），尼奥尔队的阿卜杜勒－哈米德·祖巴，勒阿弗尔队的侯赛因·布沙什、阿卜杜勒－拉赫曼·伊布里尔、穆罕默德兄弟以及阿卜杜勒－拉赫曼·苏卡纳都从比利时边境离开法国。1960 年 7 月，朗斯队的艾哈迈德·乌贾尼，塞特队的布杰马·布塔尔，昂热队的马赫乔布（马塞尔）·本泽夫、拉达赫曼·德夫和阿里·本法达赫也沿着同样的路线离开了法国。

1960 年 10 月，马奥乌切受本·阿卜杜拉的委托，列出了最后一批可能加入这项事业的阿尔及利亚足球运动员。之后，马奥乌切以蜜月旅行为借口，开着自己的跑车出发了，途中经过雷恩、波尔多、尼姆和兰斯，从勒阿弗尔一直开到特鲁瓦，只为通知他的兄弟们。从 1960 年 11 月 2 日起，布沙什（勒阿弗尔）塞德·阿玛拉（波尔多）、阿穆克兰·瓦利康（尼姆）和阿卜杜勒－卡里姆·克鲁姆（特罗耶）跟随马奥乌切一起成为最后一批离开的球员。

FLN 所取得的成就已经为它赢得了良好的声誉。"在那里获得主力位置并不容易"，马奥乌切回忆道。由于没有得到国际足联的承认，阿尔及利亚国家队只能与地区选拔队比赛。但事实上，他们要比那些与自己交锋过的国家还要强大。1961

年 3 月 29 日，球队以 6 比 1 的比分大胜上一届欧洲杯亚军南斯拉夫，一个月后，FLN 又以 2 比 2 打平匈牙利。为了表示对这些阿尔及利亚足球运动员的尊重，匈牙利人将 1954 年世界杯决赛（败给西德队）的比赛用球送给了他们。

从 1961 年开始，战争爆发，在那个环境下踢足球已经不合适了。FLN 的一些成员前往阿尔及利亚和突尼斯边境的前线，另一些人如梅赫洛菲和苏卡纳，则在等待战争结束后返回法国，为他们的老东家效力，其中大多数俱乐部已经准备好迎接他们。但在 1962 年 7 月 5 日（独立日）当天，这支 FLN 的球员将和未来的阿尔及利亚总统艾哈迈德·本·贝拉一起游行，他本人曾是马赛俱乐部球员。

参考文献

Michel NAIT-CHALLAL, *Dribbleurs de l'indépendance*, Prolongations, Issy-les-Moulineaux, 2008.

Rabah SAADALLAH et Djamel BENFARS, *La Glorieuse Équipe du FLN*, ENAL-GAM, Alger-Bruxelles, 1985.

Jean-Philippe BOUCHARD, « Algérie 1958, une équipe est née », *France Football*, 2 octobre 2001.

Paul DIETSCHY, *Histoire du football*, Perrin, Paris, 2014.

Mickaël CORREIA, *Une histoire populaire du football*, La Découverte, Paris, 2018.

Claude BOLI, Fabrice GROGNET et Yvan GASTAUT, *Allez la France ! Football et immigration.* Gallimard, Paris, 2010.

十八
体育与殖民：虚幻的融合
让 – 菲利普·布沙尔

体育运动在法兰西帝国的殖民地的发展情况与在法国本土类似：不同项目的俱乐部、社团、协会或联盟遍布各地。如果说团体运动项目（如手球、篮球）、自行车运动和拳击运动相对来说只是风行一时，那么从两次世界大战之间的时期开始，足球就是唯一的职业运动，且始终占据主导地位。

一些俱乐部只接受殖民地移民，而北非的体育俱乐部则成了穆斯林的天下。和社会上其他领域一样，体育再现了殖民与被殖民关系，但由于比赛中存在对抗和争夺，每个人都必须好好表现。因此，历史学家德里斯·阿巴斯（Driss Abbassi）指出，体育是一个不需要理解同伴或对手的语言就能展开交流的领域：

> 无论是集体性质还是作为促进社会和经济发展的战略，社交都是体育庞大帝国的重要组成部分。……在 19 世纪后期的阿尔及利亚，与赛马相关的骑马节是联结欧洲

人和穆斯林的纽带，体育活动为跨文化的社会关系提供了独特的机会。同理，在突尼斯，自20世纪20年代起，主办方会在每场足球比赛开始之前举办招待会，旨在向来访的俱乐部领导和运动员们表示敬意。同样地，俱乐部也会为了成员和支持者的利益（也有资金考虑），每周日在体育场组织一次聚会，大家以俱乐部为中心再次团结在一起。总之，这些不同的案例解释了体育如何通过社交创造生活，尽管距离分开了你我，但通过体育运动（长期的或短暂的），我们在某种程度上实现了博爱。

但是，我们绝不能理想化体育的整合作用。在法兰西帝国，体育运动很少向高水平竞赛发展。只有足球是个例外，它是北非最主要的体育项目，有动员一些群体的能力，但法国本土人士对此兴趣寥寥。在某种层面上，本土对穆斯林运动员和黑脚（欧洲定居者后裔）之间的亲密和睦同样表现出了不感兴趣的样子。正如已成为新闻记者的前举重运动员、前世界亚军皮埃尔·富拉（Pierre Fulla）所说："只有打破纪录，巴黎才会关注你。"在运动员生涯中，他获得过7次法国冠军和北非冠军。

上述事实解释了为什么鲜有来自法属非洲殖民地的体育明星。这些为数不多的名将中，最受瞩目的冠军还是游泳运动员阿尔弗雷·纳卡什、拳击手马塞尔·塞丹（Marcel Cerdan）和足球运动员拉尔比·本·巴雷克（Larbi Ben Barek）。但是，也像斯坦尼斯拉斯·弗兰基尔（Stanislas Frenkiel）说的那样：

　　纳卡什是犹太人，塞丹是天主教徒，本·巴雷克则是穆斯林。受限于 1881 年予以社会种族组织模式的印度支那歧视制度、北非法律和政治不平等的影响，后者还是不能被完全当成"法国人"，尤其他是在摩洛哥保护区长大的，这与阿尔及利亚的法国省还有所不同。

　　然而，根据 1870 年 10 月 24 日的克雷米约法令和 1889 年 6 月 26 日的国籍法，纳卡什和塞丹应该是"法国公民"。实际上，法令在阿尔及利亚推行时，会自然而然地对犹太"原住民"和欧洲移民后裔区别对待。

　　正因如此，本·巴雷克会不断在双重身份间游走，而纳卡什被视为纯粹的法国人，直到 1943 年被告发是犹太人［参见本部分第六篇］。从塞丹开始，所有来自殖民地的运动员都在媒体上被用来证明"阿尔及利亚和摩洛哥也是法国"。

　　解放运动将带来更多的剥削，它不仅仅关乎帝国领域的成绩或运动水平，还影响了去殖民化进程。在阿尔及利亚，每次穆斯林队击败对手法国队都被赋予政治意义；在摩洛哥，1937 年 5 月 8 日，以穆斯林为主体的维达德运动俱乐部（WAC）在卡萨布兰卡成立，这被认为是对占领者的抵抗；在突尼斯，希望体育俱乐部于 1919 年 1 月 15 日在突尼斯的贫困地区成立，这是法国保护国的首个穆斯林俱乐部，它和被誉为突尼斯"民族之父"的标志性人物哈比卜·布尔吉巴（Habib Bourguiba）一起成为独立运动的先锋。

　　有两场标志性的比赛象征着非洲体育的兴起。1954 年 10 月 7 日，距阿尔及利亚叛乱爆发不到一个月的时候，阿尔及利亚的奥尔良维尔地区发生了地震。为了援助灾民，由本·巴雷克率领的北非精英队与法国队之间的一场表演赛在巴黎引起了争议，北非队以 3 比 2 的比分在王子公园取得胜利。这种友谊赛性质的较量十分常见，它既是对法国队的测试，也是一个让被视为后备力量的"领地"队球员展示自己的机会。

在这样的比赛中，如果某些"外省"球员的表现令人满意，他们也许有机会被法国国家队教练挑走，成为真正的法国队球员。在这场比赛中，已经 40 岁的本·巴雷克表现出了最佳状态，他也在赛后得到了法国队的召唤，被派去参加 10 月 16 日与德国队的比赛（最终法国队 3 比 1 获胜）。1954 年 11 月 1 日的"红色诸圣节"袭击事件（标志着阿尔及利亚战争的开始）爆发几天后，又一场比赛以特殊的形式进行。

三年后，名不见经传的阿尔及利亚俱乐部阿尔比亚尔在法国杯中淘汰了兰斯，在当时的赛制下，这样的惊天大冷门即使在 21 世纪也十分罕见。

历史要翻开新的一页了。很快，来自去殖民化的非洲国家的球员将极大提升本队在世界范围内俱乐部的排名。

参考文献

Driss ABBASSI, « Le sport dans l'Empire français : un instrument de domination ? », *Outre-Mers. Revue d'histoire*, n° 364-365, 2009.

Stanislas FRENKIEL, « Larbi Ben Barek, Marcel Cerdan et Alfred Nakache : icônes de l'utopie impériale dans la presse métropolitaine – 1936-1944 », *Revue Staps*, n° 80, 2008.

十九

贝利，传奇诞生

让－菲利普·布沙尔

有没有什么方法能让我们回到20世纪50年代呢？在那个年代，人们很难用黑白照片去记录发生的事件，但就是在这样的条件下，四年一度的世界杯依旧风靡全世界。同第二次世界大战前的几年不同，20世纪50年代初，人们在不同大洲之间迁移的时代已经结束（或许还没有结束），来自南美洲的球员想要在欧陆闪光是很难的事情。此外，从世界杯历史来看，已经诞生的五次冠军得主都是来自东道主所在大洲的国家，即欧洲三次（1934年和1938年的意大利、1954年的德国）和南美两次（1930年和1950年的乌拉圭）。这样来看，在雷米特金杯数次易主的过程中，似乎世界足球格局中的每一个国家都有着平行的命运。因此，在1958年6月，当巴西和另外三支来自大西洋彼岸的球队（阿根廷、墨西哥和巴拉圭）一起登陆瑞典时，所有迹象都表明，这届的冠军将是十二个欧洲参赛国之一。

1958年6月，贝利时年17岁8个月，还只是一个无名小卒。他是在一年多以前与阿根廷的比赛中第一次被选入巴西国

家队的，在 20 万观众面前，他在比赛开始不到三分钟就进球
了。但就算是这样出色的表现也没能帮他锁定一个首发位置。
此外，当巴西教练维森特·费奥拉派他上场时，他的定位是内
锋，负责串联球队的中场与锋线，这一位置在当今的足坛已经
消失。

因为伤病原因，贝利在 1958 年世界杯的前几场比赛没有
上场，他缺席了对奥地利（3∶0）和英格兰（0∶0）的比赛。
在斯堪的纳维亚温暖的夏日里，贝利像个游客一样漫步在这个
陌生的国家，游览了乌德瓦拉和哥德堡这样清洁宁静的城市。
很多欧洲球员都对瑞典破旧的体育场和简陋的更衣室（有一
些连淋浴都没有）感到震惊，但贝利并不这样。尽管他很害
羞，但他还是自信地与渴望感受异国风情的瑞典女孩们交流，
这些女孩们想和这个脚下生花的男孩合影。在 2∶0 战胜苏联
的比赛中（瓦瓦梅开二度），贝利得到了出场机会。四分之一
决赛对阵威尔士的比赛中他打入了全场唯一进球。但对法国队
的半决赛才是真正让世界记住他的比赛，他的帽子戏法（52、
64、75 分钟的三粒进球）让巴西队以 5∶2 赢得了胜利！

1958 年世界杯是第一次在电视上播出的世界杯比赛。比
赛画面不够清晰，还经常出现卡顿。尽管一些广告公司提出的
观看世界杯的费用不到 5000 法郎，但也只有不到 10% 的法国
家庭拥有能观赛的电视机。法国和巴西的半决赛中，法国观众
们挤在电视机前，时任总统雷内·科蒂和他的管家们一起观看
比赛。他们期待法国球星方丹和雷蒙德·科帕的表现，但是他
们看到的却是闪耀的贝利。他完美的控球、他的突施冷箭、他
轻松的神情、他的假动作……和这个法国黑暗时期的总统一

样，全世界都见证了巴西现代化的足球艺术，这意味着未来的世界足球将会变得更加华丽。上一代人应该还记得1938年的莱昂尼达斯和他的巴西队在火车站台上摇摆庆祝的画面，这场发生在斯特拉斯堡的巴西6∶5战胜波兰的比赛让梅瑙的观众惊叹不已。这场比赛为观众们留下的只有脑中的记忆，但1958年的比赛是现场拍摄的，并成为日后人们反复观看的录像。

在半决赛战胜法国后，对巴西人来说，与瑞典的决赛只是走个形式。尽管瑞典在第三分钟就收获了进球，但在迪迪、加林查、瓦瓦和贝利的率领下，他们以5∶2逆转瑞典，赢得了本国的第一座世界杯冠军，巴西终于摆脱了1950年的魔咒。贝利为巴西队打入第五粒锁定胜局的进球，这也是他个人本场的第二个进球。当最后的哨声响起时，他泪流满面。这名巴西领袖不想依靠队友躺赢一个世界杯，但他当时仍然还只是一个孩子，尽管世界杯把他带上了新的高度。

1958年的世界杯首次出现有球队在本大洲之外夺冠。这样的壮举后来又几度重演，1994年巴西在美国、2002年巴西在日本，以及2010年西班牙在南非夺冠，2014年德国在巴西夺冠。

在贝利首次亮相世界杯的12年后，他将再次以一种更加骄傲自豪的方式挥舞着世界杯奖杯，这背后是雅伊尔津霍在世界杯决赛阶段场场进球的神奇纪录。在贝利的带领下，巴西在四次世界杯比赛中赢得了三次世界杯冠军（1958、1962、1970），这使得贝利成为世界杯永恒的象征。

二十

东欧国家的绿茵之殇

让－菲利普·布沙尔

苏联自 1922 年成立以来，一直与足球保持千丝万缕的联系。和世界上其他地方一样，这项运动通过英国海员居住的港口（如列宁格勒、敖德萨、波提……）在这个幅员辽阔的国家传播开来。由于受欢迎的程度持续走高，这项运动很快引起了苏联当局的兴趣，尤其是未来的苏联内务部长拉夫连季·贝利亚。当时所有的社会主义国家都在建造体育场，并在特勤局的扶持下建立了俱乐部，但与此同时，苏联与国际足球组织存在矛盾。尽管雷米特多次试图拉近双方的关系，但苏联直到 1946 年才加入国际足联（1912 年沙皇俄国曾加入国际足联），并且直到 1958 年才首次参加世界杯。

作为一项集体运动，足球受到共产主义意识形态的青睐。二战结束后，共产主义意识形态将足球视为在国际舞台上展示其力量的一种方式。同其他领域的运动员一样，足球运动员也加入武装部队或特勤部门，以便能够从事全日制运动。苏联的足球运动员虽然是业余水平，却拥有类似于西方职业队伍的训练设施，正是这些使得他们能够成就奥运会历史上的辉煌。比赛期间，苏联方面起初反对使用业余球员，但之后改变观念，也将他们视作国家预备队的人才来源。1948～1980 年的 9 次奥运会足球决赛中，东欧国家占据了 18 个决赛席位中的 16 个（但除东欧国家外，只有 1948 年的冠军瑞典以及 1960 年的亚军丹麦进入了顶尖球队序列）。

相比之下，1955 年加入华沙条约组织的国家几乎没有闯入过世界杯和欧洲杯等主要赛事的决赛。作为 1934 年世界杯亚军，捷克斯洛伐克在 1962 年再次杀进决赛，只可惜 2:3 输给了巴西，南斯拉夫在那一年排名第四；苏联在 1966 年排名第四，波兰在 1974 年和 1982 年排名第三。只有 1954 年匈牙利闯入了世界杯决赛。

在欧洲冠军杯上，东欧国家的失败也是显而易见的。只有一个俱乐部获得过冠军：1986 年的布加勒斯特星队在决赛中战胜了巴塞罗那登顶欧洲。贝尔格莱德游击队也曾两次闯入决赛，不过都只获得了亚军，分别是 1966 年被皇家马德里（1:2）击败以及 1989 年被 AC 米兰（0:4）击败。此外，值得注意的是，在柏林墙倒塌之前，共产主义国家甚至没有在自己的土地上举办过任何国际比赛，除了贝尔格莱德在 1973 年主办了欧洲冠军杯决赛（阿贾克斯 1:0 尤文图斯）。

共产主义国家在世界或欧洲决赛中的缺席在 20 世纪 80 年代初尤其引人注目，当时世界两极分化，紧张局势日益加剧，导致美苏在奥运会赛场上的相互抵制，尤其是 1980 年的莫斯科奥运会和 1984 年的洛杉矶奥运会。

相比奥运会而言，欧洲杯较少受到东欧球队的抵制，这颇具启发意义。决赛阶段只有四支队伍角逐半决赛，使得这项赛事对于普通大众和世界足球的重要领导人来说兴趣不大，但东欧国家往往能在比赛中表现出色，拿到名次。他们拿到了两座锦标（1960 年的苏联和 1976 年的捷克斯洛伐克）、四次亚军（1960 年和 1968 年的南斯拉夫；1964 年和 1972 年的苏联）和两次季军（1960 年和 1980 年的捷克斯洛伐克）。再之后只有苏联在 1988 年闯入决赛，可惜以 0∶2 输给了荷兰。

这些闪耀绿茵场的东欧国家曾经诞生了一众足坛巨星，比如苏联的奥列格·布洛欣和列夫·雅辛、波兰的兹比格涅夫·博涅克以及捷克斯洛伐克的安东宁·帕年卡。但为什么在后来的世界大赛上再难见到他们的身影？在雷米特于 1954 年卸任国际足联主席后，国际足联当局曾公开表示希望在全世界继续发展足球事业，但显然他们并不欢迎共产主义国家，特别是其中的两位国际足联主席，英国人斯坦利·劳斯（Stanley Rous）（1961~1974 年）和巴西的若昂·阿维兰热（João Havelange）（1974~1998 年）。有传言说，国际足联指示场上裁判要在比赛中做出不利于东欧国家或是东欧俱乐部的判罚，但我们缺乏足够具体的令人信服的证据来判断其真伪。国际足联的档案中也没有任何证据支持这样一种说法，即暗中针对东欧国家。

正如让－克里斯托弗·科兰说的那样，东欧国家走向失败的原因是平淡无奇的：这些国家的当局在体育方面的投资于 20 世纪七八十年代逐渐枯竭，运动员的训练和生活条件因此变得越来越艰苦。而此时，由于广告、营销手段，以及更引人注目的电视转播权，体育运动在西方被这些新的资源所覆盖。

1989 年柏林墙倒塌后，前东欧国家的困难进一步增加。几年后博斯曼法案出台后，足球行业出现了财富集中的惊人趋势［见第三部分第三十二篇］。作为 2018 年世界杯的主办国，俄罗斯当然有资格直接进入世界杯决赛圈，但如果没有东道主的优势，俄罗斯可能很难在世界杯预选赛杀出重围；罗马尼亚、保加利亚和乌克兰之前都是足球强国，但在当今的世界足坛只能属于第二梯队。克罗地亚在 2018 年世界杯中神奇夺得亚军，他们的成功得益于在前南斯拉夫出生的教练和球员的天赋。但是这个年轻的国家仍然无法避免人才的断档，从 1998 年夺得世界杯季军再到 2018 年进入到世界杯决赛，他们已经等待了 20 年。

参考文献

Robert EDELMAN, *Serious Fun. A History of Spectator Sports in the USSR*, Oxford University Press, Oxford, 1993.

Régis GENTE et Nicolas JALLOT, *Futbol. Le ballon rond de Staline à Poutine. Une arme politique*, Allary Éditions, Paris, 2018 (des mêmes auteurs, voir aussi le documentaire *Football, arme du KGB*, 2017, 52 minutes.).

Jean-Christophe COLLIN, *Le Livre noir du sport russe*, Stock, Paris, 2018.

二十一
安非他命和皮质类固醇：兴奋剂时代来临

弗朗索瓦·托马佐

　　医生对体育行业的介入开创了兴奋剂史上的一个新时代，自行车运动尤甚［参见本部分第十二篇］。此外，这个专有名词（dopage）直到 20 世纪 50 年代末才诞生；直到 70 年代，我们才开始谈论"服药"，就好像这个来自英语的外来词语与法国本土无关。兴奋剂时代与第二次世界大战后出现的两种产品时代相吻合：安非他命和皮质类固醇。当然，这种现象可以追溯到更早以前［参见本部分第十二篇］，但是运动员们常常假装一无所知。

　　1959 年，《镜报》就赛前兴奋剂的使用问题采访了 1933 年环法自行车赛冠军乔治·斯派彻，他解释自己是无辜的："对于所有的兴奋剂，我都会使用一点。我应该对此负责吗？我感觉不需要。我所知道的是，在每一次重大比赛之前，我都照顾好自己，努力锻炼，并服用医生开的滋补糖浆。我只记得它们的味道很好。"根据他的说法，他是在不知情的情况下服用了兴奋剂，与路易松·博贝如出一辙——后者在同一份杂志中对他的治疗师雷蒙德·勒贝尔说道："我只能说，我本人并没有自行服用任何药品。雷蒙德·勒贝尔曾在九年间担任我的治疗师，他应该来回答这个问题。"

从自行车渗透到足球

自行车运动以及其他更加谨慎的运动，从一开始就处于一种兴奋剂文化和无人反对的沉默法则中，对此无人责怪。长期以来，使用兴奋剂的行为一直被容忍（如果无人鼓励禁用），因为它使运动员能够处在无休止的比赛中，比如第一次大型自行车赛，或是六天无休止的夜晚比赛。在这种情况下，车手们不知疲倦地围绕着观众在赛道上疾驰，观众们也和车手们一样兴致不减地欣赏这场表演。

随着时间的推移，这种常见的体能恢复的方法，以及在幕后为"再加工樱桃"而制造的管道，促进了违禁品和运动员之间的勾结。车手们甚至还给这些药品取了外号："顿顿"（Tonédron），"里里"（利他林）。运动员服药主要是依靠他们的护理人员实现的，这个人物往往被认为拥有神奇力量。

成分更复杂的安非他命和皮质激素，以及随后的合成代谢类固醇的出现，需要更广泛的医疗监督。它们的功效不再像医生的药水和冲刺前喝的白兰地那样大众化。从 20 世纪 50 年代中期开始，对体育结果的追求要基于受过考验的方法。

安非他命于 19 世纪末被发现，在第一次世界大战期间被德国军队用作"真理血清"，但直到第二次世界大战才大规模使用。这种物质的刺激作用是于 20 世纪 30 年代被发现的，因此被用来提高部队的战斗力。在德国，甲基安非他命以脱氧麻黄碱（pervitine）的名义作为一种娱乐性药物被广泛传播，可见其取得的巨大成功。在战争期间，德意志国防军非常慷慨地向士兵分发药片，据说在 1940 年 4 月至 6 月间，士兵们分到了 3500 多万粒药片。此外，另一品牌的巧克力也富含这种物质，作家海因里希·波尔后来证实，这种物质让他上瘾。

1954 年，战后一度被停赛的西德足球队重返瑞士世界杯。令所有人吃惊的是，西德队一路杀进决赛并以 3∶2 战胜匈牙利夺冠，成为世界冠军。匈牙利当时被认为是足球史上最好的球队之一，在传奇人物普斯卡什的带领下，这支东欧铁军在 31 场比赛中未尝败绩，在经历这场意外失利后，他们继续保持了 19 场不败。2010 年，莱比锡大学的一项研究发现，西德球员服用了这种脱氧麻黄碱。这场 1954 年的胜利在德国被称为"伯尔尼奇迹"，同时也被誉为德国文艺复兴的象征，但这项研究结果令人十分震惊。

但这不仅仅是德国足球的问题，事情远远没有那么简单。早在 20 世纪 30 年代后期的英格兰顶级联赛中，伍尔弗汉普顿流浪者（狼队）在几个月内从第二级别联赛一跃成为顶级联赛榜眼，主教练弗兰克·巴克利少校鼓励球员服用从猴子睾丸中提取的药物，这使得球队进入了足总杯决赛。这种药品由俄罗斯的谢尔盖·沃罗诺夫开发，虽然药力备受质疑，但也预示着三十年后类固醇的使用，这与 1962～1963 赛季埃弗顿的球员为赢得英格兰冠军而服用的苯丙胺是不同的。他们的守门员阿尔伯特·邓洛普承认球员们得到了苯丙胺和德林纳米药片，后者也被称为紫色心脏，在同一时代被年轻的"摩登青年"们服用，以便彻夜狂舞。

致命的安非他命

1955 年，法国人让·马利亚克在攀登冯杜山时感到不适。为了让他苏醒过来，环法自行车赛的官方医生皮埃尔·迪马给他注射了一针可待因，然后让他从氧气瓶里吸氧。这位来自布列塔尼的骑手否认服用过兴奋剂，但在同一天同一阶段的比赛中，1950 年环法自行车赛冠军、瑞士选手费尔迪·屈布勒也遭遇了重大失败。

1959 年，作为国家大奖赛的特使，记者皮埃尔·查尼（Pierre Chany）自问道："这项与时间赛跑的比赛究竟比的是什么？获胜者应该是最好的骑手还是最好的药剂师呢？"必须指出的是，罗杰·里维埃拉（Roger Riviere）在用药这方面的立场是不同的，一年后，在 1960 年的环法比赛上，他经历了一场严重的摔伤事故，这直接宣告了他职业生涯的结束，使得人们对法国自行车运动的巨大希望过早地破灭了。众所周知，罗杰·里维埃拉滥用镇静剂"右吗拉胺"（palfium），以及其他禁药，右吗拉胺是一种镇静剂，被海洛因成瘾者用作一种替代产品。它可以减轻疼痛，但也可以减缓反射速度——就像今天跑步者广泛使用的曲马多一样。

在同一时期，美国运动员狂热地使用另一种强力止痛药 DMSO。在 1960 年的环法自行车赛中，迪马博士为新产品皮质类固醇的发明感到担忧。这种物质于 1950 年被发现，并被视作一种拥有奇迹效果的产品，但其副作用也立刻让人们意识到要谨慎使用。"这种新型药物的出现被视为一种奇迹，但其中一些药物会在使用过程中给身体带来损伤，例如可的松。在战争期间，我们看到医生使用这些药物将普通士兵的心理转化为机器人那样。这对于社会是巨大的危险。"迪马博士接受《镜报》采访时说道。

与此同时，安非他命的使用也造成了一些死亡事件。1960年夏天，在罗马奥运会自行车100公里公路团体比赛上，丹麦的克努特·詹森（Knut Jensen）在高温天气中从自行车上摔了下来，头部撞在了护栏上，他的教练后来承认给他注射了血管扩张剂和安非他命。1967年，同样的原因和酷热条件给英国人汤姆·辛普森带来了同样的遭遇，但他的运气不如让·马利亚克，迪马博士最终也没能拯救这名英国选手的生命。不管他的死因是什么［参见本部分第二十二篇］，安非他命都是其中的诱因之一。

詹森案和辛普森案促使国际奥委会和自行车运动当局实施反兴奋剂政策。1964年底，法国体育部试图立法遏制这种不断增加的恶性趋势。1962年环法自行车赛在这方面堪称典范，比赛中有一部分骑手因食用过期鳟鱼而出现"食物"中毒。正如记者罗杰·巴斯蒂德幽默地指出："据说他们吃了不新鲜的鱼。"但谣言在大篷车里流传，说这条鱼实际上含有太多"S"。不知疲倦的迪马博士之后发布了一份新闻稿，旨在"提醒人们要留心某些护理和备战方式的危险性"。

在1966年的环法自行车赛中，某些车队甚至举行罢工，抗议第一次反兴奋剂检查。然而，汤姆·辛普森的死对这些骑手来说仿佛晴天霹雳，让他们意识到好像自己做得太过了，此外，安非他命也带走了一些业余爱好者的生命。1968年10月

24 日，足球运动员夸德里在格勒诺布尔的一个球场上猝死，尸检报告显示他体内含有安非他命，两周后，同样在格勒诺布尔，业余自行车手伊夫·莫丁在冬季自行车越野赛中丧生。另外两名骑手保罗·巴内（Paul Barnay）和米歇尔·法约尔（Michel Fayolle）因向伊夫提供在意大利购买的安非他命而被定罪。

随着反兴奋剂活动的开始，兴奋剂正逐渐转入地下市场。宽容甚至冷漠已经成为过去，运动员现在受到怀疑和监督，对反兴奋剂斗争的抵制依然激烈。在 1970 年，1967 年环法自行车赛冠军罗杰·潘容（Roger Pingeon）因对另一种安非他命（califon）检测呈阳性而被停赛 4 个月，他以妨碍其职业活动为由将此案提交法庭，并得到了包括弗朗索瓦·密特朗在内的几位政治家的支持，也得到了雅克·安奎蒂尔的支持。安奎蒂尔 1971 年在《体育》杂志上表达了自己的观点：

> 我反对年轻人使用兴奋剂，但也反对矫枉过正。兴奋剂的使用从哪里开始，到哪里结束？如果一个过度劳累的冠军车手不听医生的劝阻依然使用兴奋剂夺得了好名次，我认为除了纯粹主义者、吹毛求疵者、伪君子和那些令人厌恶的人，他伤害不了别人。

成倍增长的"商品"

然而，自行车界有理由感到担忧。因为 1967 年、1970

年和 1971 年三届环法冠军——希斯·勒福特、保罗·盖蒂和伊夫·赫扎德——都因服用兴奋剂而被剥夺冠军荣誉。罗杰·巴斯蒂德指出了兴奋剂问题的严重性。《自行车超人》是法国第一本关于服用兴奋剂的书，其对媒体扮演的角色感到担忧：

> 我们都有罪，因为我们不写我们所看到的。当我们晚上来到选手们的房间，希望采访他们时，我们看到了什么？一些骑手们在输液，其他一些人接受注射，我们还在桌子上发现一盒盒神秘的小药片。

在 20 世纪 70 年代，越来越多可检测到的安非他命被可的松衍生物所取代，直到今天，这种衍生物仍然是自行车骑手的首选药物，但它们的使用仍需获得治疗许可。在 20 世纪 80 年代，皮质类固醇导致两届环法冠军（1975、1977）贝尔纳·泰弗内出现膝关节损伤等流行病，同时也使他的肾上腺功能失常。他曾在 1978 年对兴奋剂的使用发出警告，但收效甚微。

但另一类产品同时也像野火一般扩散：合成代谢类固醇。马里兰州的约翰·齐格勒医生是西方世界广泛使用该物质的第一人，他为美国举重运动员提供这种药物，其中包括一些国际举重运动员。效果是显著的。这种风气也逐渐蔓延到所有的美国运动中去，尤其是足球和棒球领域。1969 年，齐格勒在接受《体育画报》采访时承认，他无意中打开了潘多拉的盒子：

　　不幸的是，人们对类固醇已经上瘾了。他们告诉自己，如果一粒药丸能起作用，那么服用三到四粒就会收到更好的效果。他们就会像吃糖果一样把它们吞下去。结果我发现很多人出现前列腺问题和睾丸萎缩。

参考文献

Roger Bastide, *Doping : les surhommes du vélo*, Solar, Paris, 1970.

Bill Gilbert, « Drugs in sport. Problems in a turned on world », *Sports Illustrated*, 23 juin 1969.

Jean-Pierre de Mondenard, *Dictionnaire du dopage. Substances, procédés, conduites, dangers*, Masson, Issy-les-Moulineaux, 2004 [2e édition].

二十二

汤姆·辛普森之死：神秘与现实

朱利安·普雷托

汤姆·辛普森的死在当时那个年代被多家媒体所关注，却鲜有调查报告向世人呈现他的死因。这给后人留下了想象与渲染的空间。然而，前几年，这位英国人的女儿在距离旺图山山顶不到1.5公里的地方也失去了生命。过去这些年她一直在努力揭开父亲离奇死亡的谜底。

乔安妮·辛普森出生于1962年，也就是在环法自行车赛的几个月之后，但她一直到17岁的时候才知道父亲于1967年7月13日在阿维尼翁医院去世这件事。自那以后，她不断寻求真相，并公布了一个令众人惊讶万分的事实：她和母亲都没有读过父亲的尸检报告。据报道，安非他命、酒精摄入和脱水是导致这位29岁的自行车手死亡的原因。

比赛在普罗旺斯山区最大的山丘——冯杜山进行。在从树林出发后不久，这位前世界冠军就一直在追赶胡里奥·吉梅内斯和雷蒙德·普利多，但骑到离山顶不到3公里时，他从自行车上摔了下来。有两名穿短裤的观众迅速冲向他，并把他扶到自行车上，于是辛普森又开始以惊人的速度顶着炎炎烈日向前骑去。但在距离目标只有 1.5 公里的时候，他再一次摔倒了。

环法自行车赛的医生皮埃尔·迪马在赛前就有一种不祥的预感，他说："明天天气会很热。如果这些家伙还是继续服用那玩意儿比赛的话，可能真的会出人命。"

辛普森确实吃了点什么，乔安妮很清楚这一点。尽管迪马表示他在辛普森的口袋里发现了安非他命，但乔安妮要求提供证据，证明她父亲除了喝酒外还服用了安非他命。她透露，辛普森的一名队友科兰·刘易斯在离开马赛时中途曾到过一家咖啡馆，在那里买了尽可能多的补给。之后他将买到的可口可乐分发给队友们，把最后一瓶给了辛普森。

这份出自共和国检察官的验尸报告是这样说的："调查自行车手汤姆·辛普森死亡原因的专家已经提交了他们的报告。报告的结论是，此名遇害者在耐力自行车比赛中死亡的原因是疲劳综合征所引发的心脏衰竭。可能造成疲劳综合征的因素有：不利于运动的大气条件（如温度、氧气浓度、空气湿度等条件不适宜）、过度疲劳或是服用了这名死者所使用的这种危险药物。"这在某种程度上推翻了辛普森是因为滥用安非他命而丧生的说法。在这方面，毒理学专家证实，"在死者的血液、尿液、胃内和内脏中发现了一定数量的安非他命和甲基安非他命，这些物质是辛普森衣服中发现的药物的组成成分"。这名专家还指出，"单是辛普森的安非他命摄入量并不会导致他的死亡。但另一方面，这种药物能够使他超越身体极限，从而导致了与疲惫相关的问题出现"。

吕西安·艾马尔在攀登冯杜山最后一部分前和辛普森一起在沙莱·雷纳尔停留了一段时间，他记得英国人早在开始骑冯杜山之前就已经筋疲力尽了。"坦率地说，那天他服用的安非他命并不比平时多，是贫血症夺走了他的生命。"艾马尔在他的自传《冠军时代》中写道：

> 当看到辛普森连走路都是跌跌撞撞的时候，他的医生就应该禁止他参加比赛，他的上级也应该阻止他骑上冯杜山，但他们却依然把他扶回车上，直到他最终倒下。

在此之后，乔安妮·辛普森始终在等待验尸报告的全文。

参考文献

Jeremy WHITTLE, *Ventoux*, Simon & Schuster, New York, 2017.

Lucien AIMAR, *Le Temps des champions*, Mareuil Éditions, Paris, 2016.

二十三
1968年格勒诺布尔冬奥会：白金时代

迪诺·迪梅奥

  自 1924 年沙莫尼奥运会以来，法国从未举办过冬季奥运会。第二次世界大战后，这项赛事在瑞士的圣莫里茨的中立地带重燃战火，并在 20 世纪五六十年代越来越受人们欢迎，这主要归功于电视的普及。1960 年 11 月，格勒诺布尔的两名重要人物决定申办 1968 年的冬季奥运会，他们是伊泽尔省省长弗朗西斯·拉乌尔和道菲尼委员会主席拉乌尔·阿尔迪安。他们向当时的戴高乐派市长阿尔贝·米沙隆提出了他们的计划，这名市长自 1959 年当选以来一直在研究一项城市计划，该计划涵盖了其周围的 14 个城市。

  战后的经济繁荣使得这座城市逐步实现了现代化，但交通设施的发展并没有跟上人口的迅速增长。1960 年 12 月，在伊泽尔省总理事会和共和国总统戴高乐的支持下，米沙隆向国际奥委会递交了这封信。对于戴高乐来说，这一奥林匹克倡议旨在通过发展冬季旅游来提高法国的声望，四年后，在因斯布鲁克奥运会前夕，格勒诺布尔被选为四年后冬季奥运会的主办城市。1964 年 7 月，米沙隆被任命为组委会主

席。法国希望以这次奥运会为契机，整修旧的滑雪场，并创
建新的滑雪场。

在法国，诺埃米·德·罗斯柴尔德男爵夫人是高山滑雪发
展的先驱。早在 1921 年，她就构想并监督了默热沃滑雪场的
建立，1934 年，这里就配备了第一台缆车。与此同时，"法
式"滑雪技术正在发展，并且推动了法国滑雪学校（ESF）的
建立，这是目前世界上最大的滑雪学校之一。

虽然第二次世界大战阻碍了高山滑雪运动的发展，但在
1942 年，一组技术人员已经开始致力于三峡谷滑雪场的创建。
其中两名贡献极大的成员是城市规划师洛朗·沙皮以及国立路
桥学校的工程师莫里斯·米肖，后者同时也是山地研究和规划
处的首任负责人。这两个人一直在不断寻找一处适合建设工程
开始的地方，以便在初始地点建造车站，他们设想在 Tovets 建
一个国际滑雪场，后来这里改名为谷雪维尔。接下来是在尚鲁
斯、蒂涅、拉普拉涅、上代沃吕地区和阿沃里亚兹等地相继建
了滑雪场。

法国方面认为，这一举措有利于发展所谓的"法式"度
假村，即海拔高度合适、设施功能齐全和专门用于滑雪的度假
村。该项目依规被列入 1964 年推出的第一个冰雪计划，其明
确目标之一是吸引外汇进入新一代度假胜地，这些滑雪度假村
在欧洲是独一无二的，它们代表着城市发展的原型。之所以选
择这些城市是因为它们拥有重要的滑雪区域，而且这些地方也
注定将为法国的旅游业发展贡献力量。

从项目开始后直到 1960 年，法国一直处于快速建立滑雪
度假村的过程中，但有时也会出现如 1946 年谢夫里大坝建造

期间发生的撞击事件。1952 年，尽管经过多年的斗争和抗议，该村的 384 名居民仍流离失所。他们的目标是创造 35 万张新床位，来迅速促进民主化运动。

我们还见证了一些大胆的开发商的到来，如保尔·布瓦索纳来到了弗拉尼，罗歇·戈迪诺来到了雷萨克，皮埃尔·施内贝伦到蒂涅以及热拉尔·布雷蒙到阿沃里亚兹，这都主要得益于 1958 年的法令，即允许市政府收回给私营机构经营项目的特权。土地是以农地价格购买的，但在那里建造的公寓以旅游地产的价格转售，因此具有相当大的附加值。

尽管上述度假村的财政状况良好，但进入这些度假村的交通情况仍然糟糕。这就是在格勒诺布尔举办奥运会的好处所在。

激增的滑雪场

格勒诺布尔山区因为地处偏僻地区，交通很不方便。国际奥委会为筹备该届冬奥会而制定的工作标准使得整个地区都能够开放。谈到这一改变，前参议院副主席、前欧特朗市市长让·富尔详细叙述道：

> 四年来，人们对冰雪运动的热爱使得格勒诺布尔的交通条件大大改善。然而，所选定的比赛地点仍然很偏僻，必须根据最有利的地理情况对比赛场地进行划分。这导致欧特朗的韦科尔高原承办了所有北欧赛事。
>
> 当时的青年和体育部长弗朗索瓦·米索夫在不断参观

各种可能被选中的奥运场地后，于最后一刻选中了圣尼齐尔。他乘飞机回到格勒诺布尔时，经过了圣尼齐尔，路经此地的他认为那里太适合我们举办 90 米跳板的比赛了。之前的运动员们在俯瞰因斯布鲁克的高处参加比赛，但是那里实在太冷了。我们很幸运，圣尼齐尔经常下雾。可能这里只有两次天气晴朗，一次就是我来到的时候，还有一次就是举办比赛的时候！比赛开始前一小时，一切都笼罩在迷雾中。

然而，在奥运会的组织过程中出现了一些错误。最后选中尚鲁斯的理由是因为这里距离格勒诺布尔很近，但也必须对那些付出了巨大努力却没有被选为比赛场地的度假区进行补偿。"因此，维拉尔－德朗恢复了雪橇比赛，阿尔卑－都埃重新铺设了雪橇轨道。一切都很好，除了赛道是朝南铺设的，而且有些比赛是夜晚进行的。"让·富尔补充道。

电视转播权将为此次奥运会带来 200 万美元的收入，这是四年前因斯布鲁克奥运会收入的两倍。让－克洛德·基利（Jean-Claude Kily）和居伊·佩里亚的成就使他们成为高山滑雪的象征，这项新兴的冬季运动渐渐受到越来越多人的欢迎。电视转播技术也在以闪电般的速度发展，使得这次奥运会能够向全世界呈现法国山区的美丽景色。到目前为止一直保密的北欧滑雪运动也将蓬勃发展。另一方面，格勒诺布尔市也受益于这次奥运会，建立了它所需要的一系列现代化基础设施：机场、火车站、格勒诺布尔－尚贝里高速公路，通往阿尔卑－都埃、尚鲁斯和韦科尔高原的公路……

"1968 年的奥运会让格勒诺布尔重新焕发了活力，"滑雪缆车工会前主席让－夏尔·西米安表示，"冰雪计划和第三代度假村的发展使滑雪缆车的营业额激增。"虽然 1976 年整个行业的营业额为 2.7 亿法郎，但现在总额已超过 10 亿欧元。

由于第一批"冰雪爱好者"的到来，这座山也成了一个更受欢迎的旅游地。政府现在开始投资于度假胜地，在实施近十年后，冰雪计划也逐渐开花结果。新一批滑雪场同之前最初的一批相距很远，早期的这些滑雪场是围绕着现有的城镇和村庄发展，如沙莫尼、默热沃、蒙热内夫尔甚至瓦勒迪泽尔。

"冬季运动"的产业化带动了带薪假期的延长——1956年为三周，1969 年为四周，1982 年为五周，促使政府开始建立高海拔度假胜地。人们还没有习惯把房子建在雪地上，也就意味着肯定可以在高海拔地区找到房子。"这是合理的，"让·富尔继续说，"不仅要确保有足够的雪，也要保护大自然，避免大量冷杉被砍伐。房地产为污水处理、供水、供暖等基础设施建设带来了经济效益，尽管也犯了一些错误。比如 1967 年建成的科尔比埃滑雪场，开发商在那里建造了 20层高的塔楼。"

在整个阿尔卑斯山脉，像施内贝伦和布雷蒙这样的大型房地产运营商在综合度假村进行大规模的房地产投资，也就是他们所称的"走出门即可滑雪"。从 1960 年到 1975 年，拉普拉涅、阿沃里亚兹、伊索拉 2000、瓦尔莫雷尔、莱梅纽尔、葱仁谷、美瑞贝尔、弗拉尼、七湖等度假村相继建成。其中一些度假村的成功建立主要归功于当地的许多家庭，是他们在自身欠下大量债务的情况下，开始在战前安装第一批滑雪缆车。在

20 世纪 50 年代，市政当局接管了他们的项目，然后又被大型私人企业接管，但是，这些私企要想证明自己的计划是可行的，就必须要在短期内取得成果。建得越多，回报也就越高，来这里的度假者就越多，因此也刺激了新的房地产投资……1977 年，吉斯卡尔·德斯坦总统在瓦卢伊斯的一次演讲中明确制止了这种趋势的发展，他在演讲中谴责了无政府主义的扩张，并主张尊重环境。

这是当时 27 岁的让·富尔构想欧特朗奥运村时就已经预料到的。当时，他努力申请确保类似的错误不会在科尔比埃再次发生，例如，在维拉尔－德朗，其中一座塔的建造计划被降低了 8 层。

站在今天的视角看，那个时代早已远去。1992 年，该地区在阿尔贝维尔举办了另一届冬季奥运会，格勒诺布尔市也举办了奥运会 50 周年的庆祝活动。这些度假村由阿尔卑斯公司（创立于 1989 年，法国信托局的子公司）接管经营，该公司主要经营滑雪缆车。该地区有 20 多万个工作岗位与冰雪产业有关，如果没有建立新的滑雪场，现有的滑雪场就会合并在一起。"冬季运动总是能带来巨大收入，"前格勒诺布尔副市长、前尚鲁斯市长让－夏尔·西米安说，"冬季总收入约为 75 亿欧元。这个数字在夏季不那么重要，但在夏季有更多的游客到来，为我们整个地区创造了工作。"

所以到目前为止，这片山区的事业依然蒸蒸日上。但这种繁荣景象能维持到什么时候呢？在业内，人们对全球变暖即将带来的恶劣影响感到恐惧和忧虑。根据各种研究，法国度假胜地可能遭受的雪量下降没有其他地区那么严重。因为，与奥地利、瑞士或德国不同，法国的白金产业是在高海拔地区建造的，所以这里依然前途光明。让－克洛德·基利是一名商人，他曾在 1968 年奥运会的高山滑雪比赛中获得三枚金牌，无论如何，他对滑雪运动都深信不疑。他在 1968 年奥运会 50 周年之际慷慨陈词：

> 滑雪与格勒诺布尔冬奥会一起迎来了黄金时期。由于这项运动的民主化，整个法国开始渴望滑雪运动，并且我们能够满足人们的滑雪热情。格勒诺布尔对于滑雪运动本身具有里程碑式意义。

参考文献

Grenoble 1968 : les Jeux olympiques qui ont changé l'Isère, Glénat/Musée dauphinois, Paris/Grenoble, 2018.

Emmanuelle GEORGE-MARCELPOIL et Hugues FRANÇOIS, « De la construction à la gestion des stations. L'émergence de logiques de groupes dans la vallée de la Tarentaise », *Revue de géographie alpine*, vol. 100, n° 3, 2012.

Franck DELORME, « Du village-station à la station-village. Un siècle d'urbanisme en montagne », *In Situ*, n° 24, 2014.

二十四

墨西哥城1968：体育和民权

弗朗索瓦·托马佐

1968 年 10 月 16 日，体育界 20 世纪最经典的画面之一在墨西哥城奥运会男子 200 米的颁奖典礼现场发生了。当国歌响起时，夺冠的美国运动员汤米·史密斯与获得铜牌的同胞约翰·卡洛斯低下头并高举起了戴有黑色手套的拳头。通过这种特殊方式，两位运动员意在表达对非裔人种在美国受到歧视的抗议。这是体坛历史上震惊世界的一幕，它深深镌刻在了奥林匹克记忆的长卷之中。

世易时移，有关这一幕的细节仍值得被深究。两名运动员均曾在圣何塞州立大学接受训练，颁奖典礼上二人并未穿鞋，而是穿着黑色袜子上台，这袜子象征着黑人群体遭遇的种族歧视与压迫；他们佩戴的珍珠项链同样另有深意，代表那些在棉花种植园饱受苦难的黑奴先祖身上的枷锁；至于黑手套则是两人为了避免与时任国际奥委会主席埃弗里·布伦戴奇发生直接接触，因为后者是一名种族主义者。这两位美国人一度担心无法在颁奖仪式上被授予奖牌。

由于卡洛斯将自己的那副手套忘在了更衣室里，另一位进入前三名的选手、澳大利亚人彼得·诺曼（Peter Norman）建议史密斯将自己的手套匀一只给同胞，因此两位美国运动员在颁奖典礼上每人只戴一只手套。为了表达对对手的支持，诺曼也在颁奖典礼上佩戴了印有奥运人权项目（OPHR）的徽章——这是一场抵制奥林匹克运动的衍生物，该运动一年前在圣何塞州立大学发起，正是史密斯与卡洛斯充当了其中的关键人物。

此后也有人暗示道，两人在颁奖典礼脱鞋上阵还有另一个原因：由于身为黑人的他们曾穿着彪马开发的实验跑鞋在美国国内选拔赛上创下纪录，因而被禁止穿上该款跑鞋参加比赛。这项禁令更能体现两位运动员与国际奥委会的激烈对峙，自汤米·史密斯1967年秋天宣称美国黑人运动员考虑不参加墨西哥城奥运会时，这场无形的争斗就已悄然开始。

两位运动员在奥运颁奖仪式上抗议的做法看似偶然，实则经过了深思熟虑与漫长的策划过程。抗议之举与民权运动密切相关：1965年马尔科姆·X（Malcom X）① 遭遇暗杀、马丁·路德·金（Martin Luther King）在奥运会开幕前半年遇刺身亡都成为推波助澜的事件。不仅如此，当时美国国内与周边局势均不太平：美利坚国内抵制越战的示威游行一浪高过一浪；奥运会开幕前十天，墨西哥警方向示威的平民与学生射击，造成超过300人死亡。

史密斯与卡洛斯均是集优秀的身体素质、运动能力与精神

① 马尔科姆·X，原名马尔科姆·利特尔（Malcolm Little），伊斯兰教教士、美国黑人民权运动领导人之一。

品质于一身的顶级运动员，他们有能力在赛场上角逐佳绩。不仅在场内，两人在场外也上演了历史性的一幕，仅用时几分钟，他们用实际行动传递了来自导师哈里·爱德华兹（Harry Edwards）总结出的信息："在贫民区洗鞋的黑人与夺得体育比赛冠军的黑人差别仅仅在于，前者是一个相对普通的黑人，后者是跑得快的黑人。"两人短暂的抗议清晰地揭示出一个国际体坛拒绝承认的事实：美国国内的种族隔离并未停止，体育从未抹去种族主义的印记，奥运会也并非一个促成不同人种、不同国家之间和解的舞台。

果不其然，两人的举动引起了轩然大波。在看台上，观众们用漫天嘘声"问候"三位获奖运动员；赛后新闻发布会上，从小就在哈勒姆以直言不讳出名的卡洛斯更是语出惊人，他带有挑衅意味的言语激怒了包括左派媒体在内的现场记者。《洛杉矶时报》将两人举起的拳头比作行纳粹礼；《时代》周刊则借用改动的奥林匹克座右铭为标题报道此事："更愤怒、更卑鄙、更丑陋"；《芝加哥美国人报》认为这是"两名运动员在领奖台上的不负责任之举"。

作为国际奥委会一把手，布伦戴奇在事发后表现出强硬的立场，他坚称："对奥林匹克理想纯洁性的玷污应被立刻抹去。"汤米·史密斯与约翰·卡洛斯将被驱逐出奥运会，所获奖牌被收回。两人成了公众与媒体谈论的焦点人物，但他们得到的支持相对有限。事发几天后，未来拳王阿里的对手、拳击运动员乔治·福尔曼（George Foreman）在领奖台上挥舞着星条旗，风波似乎散去。史密斯与卡洛斯因个人与集体所做的抗争而在后来受到了巨大的身心伤害。因为追求公平，他俩还曾收到死亡威胁并遭受种种折磨。

墨西哥城奥运会上，也有其他运动员表达了对该事件的支持。在男子 400 米决赛中，美国选手李·埃文斯、拉里·詹姆斯（Larry James）与罗恩·弗里曼（Ron Freeman）包揽前三名。他们赛后领奖时戴着象征黑豹运动的黑色贝雷帽，但没有史密斯与卡洛斯那样轰轰烈烈的举动，因而免遭处罚。几天之后，他们三人还作为主力帮助美国队在 4×400 米接力项目中加冕；另一位美国运动员鲍勃·比蒙（Bob Beamon）在男子跳高决赛中穿着黑色袜子一举夺魁，创造世界纪录的 8.9 米一直保持了 23 年。

震荡过后，史密斯与卡洛斯始终被视作麻烦制造者——他们成了国际奥委会眼中的丑闻主角。

奥林匹克人权计划

尽管做出惊人之举，但史密斯与卡洛斯的行为并非自发表达，我们回到事发前一年可以更清晰地了解此事的深层次原因。若论美国黑人运动员示威运动的领军人物，哈里·爱德华兹毫无疑问首屈一指，作为一名曾经的高水平飞碟选手，爱德华兹后来成为圣何塞州立大学社会学教师。当约翰·卡洛斯无法忍受在得克萨斯大学就读一年所遭受的侮辱而转投圣何塞州立大学时，汤米·史密斯与李·埃文斯已经成为该校学生。

与当时的在校学生相比，爱德华兹年龄略长。通过发起校内捍卫非裔美籍学生权利（尤其是住宿）的罢工运动，他此时已小有名气。自身的运动员履历、意识到黑人学生更多是因运动天赋而非学术成绩入学的现实让他萌生了这样的念头：在超出圣何塞州立大学的范围之外，领导一项全美黑人运动员参加的请愿活动。1969年在个人著作《黑人运动员的反抗》中，他提到：

> 有一个老掉牙的陈词滥调宣称，"你用运动能力为我们出力，我们会给你提供免费教育作为回报"，这显然是无耻的谎言。白皮肤的体育管理者们编造出这一论调是为了用来欺骗黑人与白人运动员。

爱德华兹的论调催生了奥林匹克人权项目（OPHR）的诞生。墨西哥城奥运会揭幕前一年，这一民权组织宣告问世，目标是在黑人权利未得到妥善解决的情况下抵制奥运会。史密斯、卡洛斯与埃文斯均是第一批投身其中的活跃分子，他们当时已具有相对敏锐的政治意识。卡洛斯在个人自传中表达了对马尔科姆·X本人及其演讲的崇拜，这种迷恋在自己长大的哈勒姆街道如影随形：

> 任何一个从远处瞥见或从电视上目睹马尔科姆·X的人都无法完全领略到他的魅力。当我有幸第一次聆听他的演讲时，就被深深吸引与打动了。他第一次演讲的第一句话就令我着迷。

与此同时，卡洛斯也接近了马丁·路德·金，后者在遇刺十天前向他展示了所收到邮件中的子弹，上面写有其本人的名字。卡洛斯后来讲述道：

> 我对观察他眼神的那一幕印象极其深刻。我试图寻找
> 他的眼中是否含有恐惧，但他全无惧色，双眸之中只有
> 爱。那件事改变了我的战斗方式：我将更加无所畏惧，携
> 着对我捍卫的人的爱前行。

埃文斯的政治敏感来源于一次在伦敦参加比赛的经历。
在英国首都，他遇到了数位遭遇种族隔离的南非学生。这些
OPHR 的发起者们在自己年轻时便投身于捍卫民权的斗争中，
同时并不打算就此放弃运动生涯。爱德华兹颇有带头大哥风
范，用自己任教的工资为这项运动提供资金支持，并让参与
者们认识到："善良的黑人"的顺从是为了让大学竞逐荣耀，
而非对个人生涯与未来的精心策划。这样的日子已经一去不
复返了——

> 大多数校园中的黑人运动员们逐渐意识到：尽管他们
> 赢得了来自白人老板、队友甚至朋友们毫无保留的欢呼与
> 赞扬，但在后者眼里，他们依然只是特殊的动物——动物
> 所受到的待遇也不过如此……随着黑人被卷入教育、住
> 房、工作与其他方面的斗争，非裔美籍运动员们最终会不
> 可避免地抛弃幻想，以正视现实的方式觉醒，他们的反抗
> 将像日出日落一般不可避免。

在奥林匹克人权项目之前，黑人运动员已有数次冲破樊篱

的尝试。篮球运动员比尔·拉塞尔（Bill Russell）是 NBA 历史上最伟大的防守球员之一，他曾抨击联盟的薪金限额制度，并多次造访非洲，成为民权运动的标杆式人物；喜剧演员迪克·格雷戈里（Dick Gregory）也试图组织一次抵制 1964 年东京奥运会的运动，但未能成功。不过，随着拳王阿里 1967 年 5 月因拒服兵役被捕，遭到监禁，人们对黑人运动员的抗争更加关注。阿里被指控不禁让人联想到马尔科姆·X 的类似经历，两人的遭遇相隔并不遥远：后者因为拒绝参加越南战争而于 1964 年皈依伊斯兰教。

1967 年秋天，另一事件为 OPHR 提供了新的前进动力。在东京大运会进行期间，汤米·史密斯回答了一名日本记者就抵制墨西哥城奥运会传言的提问。这位短跑好手表示："这个消息是确切的。为了抗议美国的种族不平等现象，部分黑人运动员已讨论了抵制 1968 年奥运会的可能性。"史密斯的回答迅速见诸各大媒体，成为焦点话题，同时也将史密斯本人推向了前台。

在那之后，史密斯如同部分发起者一样连续收到含有侮辱和死亡威胁的信件，但 OPHR 通过一次论坛得到了表达该组织诉求的机会。诉求包含以下六点：

1. 恢复拳王阿里的世界冠军头衔和在本国比赛的权利；

2. 免去反犹、反黑人的埃弗里·布伦戴奇国际奥委会主席一职；

3. 暂停来自南非与罗德西亚的任何白人团体、个人参加奥运会与美国的体育比赛；

4. 在美国男子田径队出征 1968 年奥运会的名单中，增加至少两名黑人教练；

5. 在美国奥委会内部，至少任命两名黑人参与决策事务；

6. 解散由狂热种族主义者掌管的纽约竞技俱乐部。

其中，OPHR 的第六条诉求将矛头直指一家拒绝黑人、犹太人与女性的俱乐部（这种俱乐部一直在美国存续到了 20 世纪 80 年代）。在 OPHR 的领导下，黑人运动员们抵制了 1968 年初由纽约竞技俱乐部组织召开的年度会议。

杰西·欧文斯，"策反"抗争者

由哈里·爱德华兹发起的反抗运动得到了大多数知名黑人运动员的响应，其中就包括美国大学篮球历史上最出色的球员刘易斯·阿辛多尔（Lewis Alcindor），这位信奉伊斯兰教的中锋积极支持反抗运动，拒绝代表美国参加墨西哥城奥运会，之后在 NBA 联盟成为人尽皆知的巨星——"天勾"贾巴尔（Kareem Abdul-Jabbar）。

尽管 OPHR 得到了诸多支持，但随着 1968 年奥运会的脚步日益临近，他们发起的运动逐渐放缓。这主要是因为部分诉求得到了满足，例如对于纽约竞技俱乐部的抵制收到了成效。1968 年 4 月 21 日，在马丁·路德·金遇刺后两周，考虑到政治背景的国际奥委会邀请了一支南非球队前往墨西哥参赛；黑人运动员们受到了俱乐部、教练与美国奥委会自上而下的压力与威胁，埃弗里·布伦戴奇也加入了对这些叛逆者的声讨行列。

当然在美国，也有一些前黑人体育明星站在了示威者的对立面。1936 年柏林奥运会上大放异彩的田径巨星杰西·欧文斯便是一个例子，他受布伦戴奇派遣，试图让反抗者们"回归理性"。李·埃文斯回忆道："他在自己眼中已成了我们对立面的一员，而忘记了之前也曾是一位像我们一样历经困难的运动员。他找到我们，对我们说话的口气宛如自己就是布伦戴奇本人或英国国王一般。我们实在受够了他，把他赶出了房间。"

埃文斯还补充了一个细节，缺乏论点的欧文斯甚至向他们提出了不要穿黑色袜子的建议，因为那样会影响血液循环："欧文斯简直在扯淡。我对他仍有崇敬之情，因此我只是称他'被迷惑了双眼'。他也是有关方面压力下的受害者，对此我深表遗憾。"

就根本而言，如果最终所有黑人运动员都前往墨西哥城参赛，就意味着没人真正打算抵制奥运会。约翰·卡洛斯确认了这一点："就用抵制的方式威胁他们这一点上，汤米和我达成了一致，但我俩都明白自己将站上墨西哥的跑道。"但现实也很残酷：一旦到达墨西哥城，从圣何塞州立大学开始的抗争就无法经历全过程。较少参加抗争的短跑运动员吉姆·海因斯在男子百米飞人大战中成为人类历史上第一位跑进 10 秒大关的选手，如果他对领奖台上拒绝与布伦戴奇握手的行为表示满意，那么史密斯与卡洛斯将会用更具轰动性的做法给世人留下更深刻的印象。2000 年在接受《队报》采访时，史密斯解释道：

> 回顾这段历史需要考虑当时的背景。黑人并非唯一抗争的群体，其他少数民族与妇女都在为维护自己的权利而请愿……当时正处于越南战争期间，许多人都感到愤怒。李、约翰和我拥有奥运会这个绝佳的平台为自己发声，我们可以通过它向全世界甚至美国总统直接表达诉求。如果不借助这次宝贵机会，那将非常愚蠢。

斗争仍在继续

历史可以用《美国风情画》的结局来概括一个事实：这些领导黑人运动员反抗运动的先驱们付出了巨大的努力，他们的血与汗不会白流。1976 年，非洲国家因抗议南非的种族隔离政策，选择集体抵制奥运会。

汤米·史密斯与约翰·卡洛斯为自己的举动付出了沉重的代价。由于在对手面前侮辱美国国旗，两人被视作异类；此后他们转战橄榄球赛场，但战绩平平，收到的死亡威胁倒是与日俱增。史密斯此后选择与世隔绝，一度数年拒绝接受采访。直到 30 多年后的 20 世纪初，舆论才开始声援两人，向他们致敬。

与两位美国运动员同场竞技的银牌得主彼得·诺曼也因声援两人遭到澳大利亚奥委会的排挤，在国内受到孤立。尽管竞技状态出色，他却无法参加 1972 年慕尼黑奥运会。在墨西哥城奥运会之后，诺曼创造的 200 米全国纪录历经半个世纪依旧无人可破，被本国奥委会列入黑名单的他于 2006 年郁郁而终。在他的葬礼上，史密斯与卡洛斯亲自担任抬棺人。墨西哥城奥运会后整整 50 年，诺曼被授予勋章，然而他再也看不到了。无巧不成书的是，1968 年的澳大利亚也对本土原住民实施了种族隔离政策。

1975 年，意在寻根的李·埃文斯来到非洲，在尼日利亚担任了 20 多年的短跑教练。在回到美国任教于南亚拉巴马大学之前，他还先后在卡塔尔、沙特阿拉伯执教。与他一同参加 4×400 米项目的队友罗恩·弗里曼度过了一段成功的外交生涯，随后在几内亚成立了一个帮助非洲儿童接受教育的协会。

最初的领军人物哈里·爱德华兹后来经历如何？他继续自己的教育事业，并坚持不懈与种族歧视抗争（尤其是在美国主要体育联盟中）。2016 年，他声援了 NFL 球员科林·卡佩尼克（Colin Kaepernick），后者在奏美国国歌时单膝跪地抗议警方对黑人暴力执法。爱德华兹表示：

> 这一刻，卡佩尼克与拳王阿里、史密斯、卡洛斯、亚瑟·阿什（Arthur Ashe）如影随形。这些前辈们推开了更衣室大门，为黑人指明方向，为平权事业与思想而不懈奋斗。

在这些反抗者中，约翰·卡洛斯可能是境遇最好的那个。当 2011 年"占领华尔街"运动爆发后，他又一次站出来发声，表达对过度金融投机行为的不满："（墨西哥城奥运会）43 年之后，我依然站在你们一边——因为斗争尚未结束。"在他诸多的惊人之语中，这句话堪称对美国黑人运动员所作持续抗争的最好概括：

> 许多黑人运动员认为：赢得奖牌可以让他们逃离种族主义或意味着受到保护。但即使你拿到了一枚奖牌，你也无法因此保护你的母亲、你的妻子或孩子们。这可能只会给你带来 15 分钟的荣耀，但你在余生中又能收获什么呢？

参考文献

Harry EDWARDS, *The Revolt of the Black Athlete*, Free Press, New York, 1969.

Tommy SMITH, *Silent Gesture. The Autobiography of Tommie Smith*, Temple University Press, Philadelphie, 2007.

John CARLOS et Dave ZIRIN, *The John Carlos Story*, Haymarket, Chicago, 2011.

Pierre-Louis BASSE, *19 secondes et 83 centièmes*, Stock, Paris, 2007.

二十五
高原的神话和非洲体育的出现

弗朗索瓦·托马佐

非洲体育在国际舞台（尤其是奥运赛场）上逐步崭露头角是一个显而易见的事实，它几乎是非殖民化的必然结果。但有一点需要注意：由于南半球非洲国家长时间处于殖民统治下，它们直到 20 世纪 50 年代才开始在世界体坛上逐渐找到存在感。

非洲大陆的解放是这一大洲体育事业突飞猛进的最直接原因。肯尼亚与埃塞俄比亚是最好的例证，这两个国家从 20 世纪 60 年代起几乎垄断了中长跑项目的奖牌。在二战结束摆脱意大利的殖民统治后，埃塞俄比亚于 1948 年成立了该国的奥委会，并在 1956 年首次派出运动员参加在墨尔本举行的奥运会。在同一年，民族独立运动正在埃塞俄比亚开展得如火如荼，这个被英国殖民者统治七年之久的国家也第一次派出了前往奥运舞台的代表队。

尽管这两个国家首次参加奥运均未博得足够的关注度，取得令人信服的成绩，但属于它们的奖牌并不会姗姗来迟。在派队参加的第二届奥运会上，埃塞俄比亚就成功夺金。在 1960

年罗马奥运会上，阿贝贝·比基拉（Abebe Bikila）赢得了男子马拉松冠军，并就此开启来自高原的赤脚跑者传奇。比基拉在四年后的东京成功卫冕，肯尼亚人也在该届赛事取得了奖牌零的突破——威尔逊·基普鲁古特（Wilson Kiprugut）在男子800米比赛中获得铜牌。

比基拉的胜利出乎当时业界专家们的预料，他为埃塞俄比亚乃至整个非洲体育书写了浓墨重彩的一页。正如英国记者蒂姆·朱达（Tim Judah）提到的那样："比基拉的胜利标志着属于整个非洲大陆的崭新面貌、前所未有的时代与巨大变化正在来临。随着加纳在1957年摆脱殖民统治，整个黑非洲正在向独立、充满荣耀的崭新未来大踏步迈近。比基拉就是非洲体坛的标志性人物：他出身贫寒、赤脚练习，但成为赢家。他在整整一代非洲人心中打下了深刻的烙印，使他们的未来豁然开朗。"

1968年奥运会移师墨西哥城进行，这一次轮到了肯尼亚大放异彩。基普·凯诺（Kip Keino）摘下1500米桂冠；阿莫斯·比沃特（Amos Biwott）与本杰明·科戈（Benjamin Kogo）包揽3000米障碍赛前两名；纳夫塔利·特穆（Naftali Temu）赢得了10000米长跑金牌。凯诺在5000米项目中位列次席，并在四年后斩获3000米障碍赛头名。肯尼亚在中长跑项目建立起的巨大优势甚至让众人忽视了他们的另一项收获：肯尼亚男队在4×400米接力这一截然不同的项目中夺得一枚银牌，并在四年后的慕尼黑奥运会登上了最高领奖台。在墨西哥城，埃塞俄比亚运动员的发挥相对平淡，但比基拉的接班人马莫·沃尔德（Mamo Wolde）保住了马拉松项目的金牌。

非洲运动员一再取得佳绩，成功之道很快一点点浮出水面。坊间传言：来自高海拔地区的选手在长跑中占据绝对优势，这是因为平时在高原训练有利于促进血红蛋白产生；这些运动员从小就一直跑步上学、去大城市或放牛，这也是重要原因之一。此后的研究还将证实一些引人注目但尤其虚幻的假设。

乍一看，比基拉与上述固有印象完美契合。因为在童年时，他也曾光着脚在粗糙的土地上参加体育运动，但更多是足球、篮球或排球运动。1952年，比基拉加入了瑞典人担任教练的皇家卫队体育部。埃塞俄比亚统治者海尔·塞拉西（Haile Selassie）曾呼吁瑞典帮助本国进行战后重建，驰援的瑞典教育家翁尼·尼斯卡宁（Onni Niskanen）考虑到这个非洲国家缺少足够设施支持其他运动项目，便萌生了发展跑步运动的想法。1958年，他将比基拉、沃尔德与赛义德·穆萨（Said Mussa）带到了瑞典，让他们从北欧的先进设施中获益。尼斯卡宁成长于30年代瑞典一所重视运动恢复的体育学校，他鼓励弟子们在跑步时保持放松，这成为日后人们眼中这些运动员的"天生优点"。

自充当非洲体育拓荒先锋的年代开始，肯尼亚与埃塞俄比亚便成为两个中长跑项目的大国（无论男女）。以比基拉在罗马夺金作为起点，埃塞俄比亚斩获的53枚奥运奖牌无一例外均来自中长跑项目。肯尼亚从1964年起夺得了共计102枚奥运奖牌，其中既有从800米到马拉松的田径项目，也包括拳击。另一组数据同样能佐证这两国在中长跑项目中的绝对压倒性地位：2018年9月1日出炉的一项有关男子马拉松的百大时刻统计中，98%被肯尼亚与埃塞俄比亚占据；而在女子项目中，属于这两国运动员的荣耀时刻也接近四分之三，达到了 74%！

文化与遗传学解释

非洲体育崛起这一现象激发着研究人员从多方面探究原因：海拔、基因、运动天赋、身体构造、心态甚至是更好控制耗氧量的能力……

前高水平田径运动员韦罗妮克·比亚（Véronique Billat）是埃夫里大学运动适应生物学系主任，致力于研究顶级运动员的运动表现。在 2018 年接受采访时，她给出了这一结论："（非洲运动员异军突起）原因在文化与表观遗传学层面。"表观遗传学是生物界的一个分支，解释了个体的遗传学是如何受到环境、教育或训练等外在因素影响。简而言之，埃塞俄比亚与肯尼亚运动员的优异成绩是建立在该国根基深厚的跑步文化之上的，这使得其他高水平运动员很难通过训练达到这两国明星运动员的水准——这一事实的首功之臣当属比基拉与凯诺，而非特定基因或身体天赋。比亚坚持淡化海拔（"不存在"）与生物形态（"不重要"）的影响："人的本质在于社会关系。"

2012 年，英国学者扬尼斯·匹兹拉迪斯（Yannis Pitsiladis）与美国同行兰德尔·L. 威尔伯（Randall L. Wilber）就科学家们对高水平运动员出色发挥的成因假设进行了研究。他们发现，前人已就运动员的 DNA 与可能存在有利于发挥的基因展开了调查。通过对 Y 染色体、线粒体基因组的观察，研究者

"并没有发现导致运动表现存在种族生物学差异的遗传学证据"；而对最大耗氧量（VO2max）的研究表明"与其他运动员相比，肯尼亚与埃塞俄比亚的高水平跑者在最大耗氧量上并未存在明显优势"；血液方面的研究也无法证明"肯尼亚跑者的血液学指标是他们成功的独特条件"。

此外，两人还参考了瑞典科学家在 2004 年所做的一项研究：肯尼亚选手有着更细的小腿与更强有力的脚部，这有利于维持他们跨步时的生物力学效率。但这一理论似乎有些站不住脚：埃塞俄比亚跑者可以取得与肯尼亚人旗鼓相当的成绩，但他们与肯尼亚选手的生物学形态并非一致。韦罗妮克强调："肯尼亚人为瑞典团队的实验提供了条件，这一点必须引起注意……"

而在匹兹拉迪斯与威尔伯看来，饮食也不是令人信服的一条线索："尽管肯尼亚与埃塞俄比亚运动员的饮食看上去有利于长跑训练与比赛的表现，但事实上这些饮食与欧洲、美洲以及亚洲的跑者相差不大。"两人在分析海拔因素之后认为，海拔同样无法与本质影响画等号，但高海拔地区的跑者可以在其他运动员不具备的条件下完成强化训练。他们在分析该项因素时，如同许多肯尼亚运动员一样援引了迈克·科斯盖（Mike Kosgei）对"海拔受益论"的反对："如果为了跑得快更适合住在高海拔，那么为什么哥伦比亚与尼泊尔这样的高海拔国家不能像肯尼亚那样，源源不断出产伟大的跑者？我们的成功是基于汗水与态度，并非依靠海拔。"

求胜欲与对成功的饥渴感看上去是来自非洲东部运动员成功的主要因素。埃塞俄比亚历史上最伟大的跑者之一、两届奥运会与四届世锦赛金牌得主海尔·格布雷塞拉西（Haile Gebrselassie）如今是该国田联主席，他总结了埃塞跑者们的动力来源："我们有源源不断的灵感源泉。大家都想成为下一个比基拉、沃尔德、伊弗特，他们给了我们梦想与希望的理由，成为我们的标杆。从这些榜样人物的身上，我们看到了某些激发自身想象力、鼓舞我们尝试去改变并创造更好生活的要素。"

然而，这种动机的影响有时可能会适得其反。近些年来，肯尼亚运动员多次在药检中呈阳性，约有 50 例。其中，包括 2016 年里约奥运会女子马拉松金牌得主杰米马·苏姆贡（Jemimah Sumgong）、2008 年北京奥运会男子 1500 米冠军阿斯贝尔·基普罗普（Asbel Kiprop）等名将纷纷遭到禁赛，他们主要被指控服用了促红细胞生成素（EPO）。

参考文献

Véronique BILLAT, *Révolution Marathon*, De Boeck, Bruxelles, 2018.

Tim JUDAH, *Bikila. Ethiopia's Barefoot Olympian*, Reportage Press, Londres, 2008.

Randall L. WILBER et Yannis P. PITSILADIS, « Kenyan and Ethiopian distance runners. What makes them so good ? », *International Journal of Sports Physiology and Performance*, vol. 7, n° 2, 2012.

二十六
肯尼亚：揭开神话的面纱

弗朗索瓦·托马佐

　　直到 2010 年初，肯尼亚运动员的出色表现也几乎没有受到任何怀疑。但早在 1988 年，一起麻黄素兴奋剂案使得马拉松运动员科斯马斯·恩德蒂停赛 3 个月。五年后，当时的肯尼亚中距离赛跑明星约翰·恩古吉因逃避检查而被禁赛，但他辩护称自己是因为不知情才犯下了错误，后来他得到了返回赛场的机会。

　　但在 2012 年马修·基索里奥的药检呈阳性之后，所谓的"不知情"不再成立，事情的一切都变了。这位在肯尼亚锦标赛上服用类固醇的选手在半程马拉松历史上第三次夺冠，但他揭露了肯尼亚滥用兴奋剂的问题。在接受德国记者、体育内幕调查专家哈约·泽佩尔特采访时，基索里奥表示，其他肯尼亚运动员也在使用兴奋剂。他还解释说，许多医生和药剂师已经来到了肯尼亚运动员训练中心所在的城市，比如埃尔多雷特（中长跑之乡），为他们提供兴奋剂产品。

　　在 2013 年德国电视一台播出的一项现场调查中，泽佩尔特假扮成一名欧洲经纪人，试图在现场招募运动员，节目中他与其中两名医生取得了联系。"（其中一名）声称自己是许多顶级运动员的医生，而且不只为肯尼亚这个国家的运动员服务。"泽佩尔特当时在接受《体育画报》杂志采访时说，"我们从那些违反反兴奋剂条例的人那里了解到这一点"。这名医生会自发地向记者提供兴奋剂产品，并带记者参观自己的实验室，电视一台小组随后在内罗毕与另一家兴奋剂供应商会面。马修·基索里奥还告诉泽佩尔特，这些医生不会立即拿到报酬，而是从赛跑运动员的收入中抽取提成。

服药制度化？

基索里奥在被禁赛两年后艰难地试图复出，但他否认了自己是透露肯尼亚使用兴奋剂的告密者，也没有供出其他肯尼亚运动员服药的事实。然而，对他的宽大处理仿佛是打开了潘多拉的盒子：从那以后，有大约 60 名肯尼亚人因服用兴奋剂而被禁赛。

肯尼亚的这些案件与俄罗斯有组织地服用兴奋剂事件同时发生［参见第四部分第二十六篇］。问题在于肯尼亚是否也受到制度化兴奋剂的困扰。肯尼亚田径联合会在承认问题严重性的同时，将责任推给了"外国经纪人"，尽管该国确实有大量的"外国经纪人"在寻找能让他们有利可图的"沧海遗珠"。

2016 年 8 月，肯尼亚最大的报纸《星报》采访了肯尼亚反兴奋剂机构（ADAK）成员莫尼·韦凯萨律师。他于 2014 年发表了一份有关这一问题的报告，采访中他指责这些来自海外的经纪人，称他们用高额回报来诱惑运动员。"这几年，我们看到一些运动员成了暴发户，建豪宅，买豪车，还拥有了土地和牲畜。这使得现在的很多人都想一夜暴富。人们对上一辈人的尊敬不再源于他们能赚钱养家，而是在于他们已经坐拥大笔财富。这促使之后的运动员们使用违禁产品来提高赛场上的成绩。"而且，据他的说法，来自欧洲的经纪人对这种现象已经习以为常："这些外国经纪人不是慈善家，他们的目的就是赚钱。结果是，他们怂恿自己的运动员使用违禁产品，一旦运动员赢得比赛他们就能拿到佣金。"

这些经纪人大规模的在肯尼亚出现并不是一个神话。这些人中最著名的是意大利人加布里埃尔·罗萨和费代里科·罗萨，他们父子签约了大概 50 名著名运动员，并在裂谷地区经营了几个训练营。罗萨父子是马修·基索里奥的经纪人，但当时他们已经因为旗下的另外两名运动员，里约奥运会马拉松冠军杰迈玛·苏姆贡和她的训练伙伴丽塔·杰普图而遭到指控，她们分别在 2014 年和 2017 年对促红细胞生成素的检测中呈阳性。此后，他们的另一名运动员，前奥运会 1500 米冠军阿斯贝尔·基普罗普，也因为使用同样的药物而被停赛。2016 年 7 月，就在里约奥运会前几周，费代里科·罗萨甚至因"密谋通过兴奋剂损害运动员的声誉和事业"而被告上内罗毕法庭。同年 11 月，由于缺乏足够的证据，他的罪名没有坐实。

我们可以理解为什么肯尼亚政府希望这些狡猾的经纪人和医生的罪名成立，因为这反而可以免除肯尼亚方面的过错。肯尼亚自 2013 年以来一直受到世界反兴奋剂机构的关注，并在 2018 年再次被列入受监视的国家名单中，与俄罗斯、乌克兰、白俄罗斯和埃塞俄比亚等国并列。2013 年，根据泽佩尔特的揭露，国际田联派遣了一个检查小组到肯尼亚内地的训练基地进行血液测试。由于这里远离首都内罗毕，运动员们几乎没有参加过同类的血液检测。2015年，肯尼亚前田径明星基普·凯诺警告他的同胞，如果肯尼亚不能有效打击兴奋剂，整个国家可能将面临四年的禁赛。

尽管肯尼亚由于延缓期还是拿到了里约奥运会的门票（这一点值得怀疑），但肯尼亚反兴奋剂机构似乎加快速度大力惩治滥用兴奋剂，以避免任何受到惩罚的风险。2018年4月，根据一名悔过者的情报，该组织在埃尔多雷特逮捕了一名涉嫌向运动员提供EPO的药剂师，而他的客户名单可能会为肯尼亚政府带来新的线索。

二十七
慕尼黑1972：恐怖主义瞄准体育

弗朗索瓦·托马佐

作为知名体育媒体 Canal + 与贝因体育前一把手，夏尔·比埃特里（Charles Biétry）曾就自己在 1972 年慕尼黑奥运会做的独家报道接受过不下数百次采访。他是一位职业生涯充满传奇色彩的媒体人，善于抓住时机、反复使用夸张手法。加上能言会道，他用自己的一系列特质改变了 Canal + 频道的体育新闻风格，给法国电视观众焕然一新之感。

1972 年 9 月 5 日的那一夜，在慕尼黑第二大的菲斯滕费尔德布鲁克机场，这位当时年轻的法新社记者并非躲在隐秘出口附近的唯一一人。在他身边的是《快报》资深记者罗贝尔·菲斯（Robert Fiess），后者为了避开正门前聚集的大批记者，选择与晚辈站在了这一出口附近。2017 年 1 月，菲斯回忆此事时提到：

> 那里的斜坡为我们提供了观察停机坪的充足视野。我们与几个为数不多、感到好奇的男女记者坐在一起，其中有几个德国人。突然，令我们大跌眼镜的一幕发生了：几

架直升机起火、爆炸，现场发生激烈交火，土地上布满阴影，天空也被染红。整个机场俨然成了硝烟密布的战场，这样的场景持续了很久，显然出乎所有人的预料。

更令人费解的是：与我们一块的几位德国人前往距离不远的车里听广播，广播中连续传来的却是令人放心的消息。当时已近深夜 11 时，部分打烊的以色列报纸已经草拟好了第二天的报道"人质安全"。

事实上，在当天清晨，一个名为"黑色九月"的组织派出八名巴勒斯坦人组织的突击队，拘押了九名以色列运动员。在德国警方调解未果后，一场流血事件上演，运动员们被杀害。在隐秘出口附近的记者将获悉这一悲剧被证实，菲斯回忆道：

> 一辆看上去是官方车辆的黑色轿车突然出现，停在我们身前的出口。司机一打开车门，我们就冲了过去。回答问题的官员下车后被我们团团围住，我认出那正是我早些时候采访过的慕尼黑市长格奥尔格·克罗纳维特（Georg Kronawitter）。在场的同行中只有我会说德语，于是便向市长发问：
> ——请问这一系列爆炸与枪击背后究竟发生了什么？
> ——这是一场灾难，运动员全部不幸遇难了。

菲斯随即将市长的话翻译给同行们，并与比埃特里决定乘坐一对同意搭载他们的德国夫妇的车前往机场正门。在沿途的反复犹豫之后，考虑到信息量之大，比埃特里决定在路边的一个电话亭联系法新社巴黎总部。尽管这篇报道看上去令人难以置信，且比埃特里当时只是一个缺乏经验的新人，皮埃尔·弗伊（Pierre Feuilly）依然决定刊发该报道。于是，这桩由"黑色九月"一手主导的惨剧在全世界面前彻底水落石出，比埃特里的事业也开始腾飞了。

"体育已成政治问题"

事发时，欧洲广播一台记者欧仁·萨科马诺（Eugène Saccomano）也身处机场隐秘出口附近。他同样目睹了恐怖的场景，随后在附近一家啤酒店里通过电台报道了相关消息。这位未来的欧洲一台一把手早晨悄悄进入奥运村，从法国摔跤队教练丹尼尔·罗班（Daniel Robin）口中获悉了两名以色列人质遇害的消息。

"黑色九月"策划的这场行动在事发前一天凌晨4时30分展开。突击队成员穿着运动装混进加拿大运动员中，成功瞒天过海打入奥运村内部。由于事先在奥运村有过踩点，他们很快来到了以色列运动员所在的公寓。一进入21名以色列代表团成员住处，他们就杀害了两名反抗者。这八人要求释放关押在以色列的巴勒斯坦囚犯，并让德国方面提供前往开罗的飞机，此后将九名以色列运动员扣押二十多个小时。在菲斯滕费尔德布鲁克这座军用机场内，警方的介入未能奏效。

当罗贝尔·菲斯返回奥运媒体中心，准备参加由慕尼黑警察局长召开的新闻发布会时，他惊讶地发现自己身处一位30多岁的男子身边，后者看上去对发布会现场感到恼火。此人名叫乌尔里希·韦格纳（Ulrich Wegener），是德军精锐部队的负责人，他无意中在指挥塔台上目睹了惨剧的发生，看着九名人质与三名突击队成员丧生而无能为力。另外三名突击队成员随后被逮捕。

这位德国军官在惨案发生后表示："我们有义务在当时介入，但慕尼黑警方想自行解决争端，便把我们推到了一边。一系列致命错误导致了现在的结果。"该恐怖袭击令主办国德国政府脸上无光，也直接促使韦格纳领导组建起 GSG－9 特种部队（德国联邦警察第九国境守备队），专门负责在联邦德国本土打击恐怖主义。

之后在接受菲斯采访时，韦格纳透露：当地警方在灾难中招募了几名非职业狙击手。当两架载有人质与绑架者的直升机降落在停机坪时，绑匪们迅速意识到他们已经被围，机场内满是渴望将其击落、不给任何重新起飞机会的狙击手。警方随即下达了开火命令，三名突击队成员在一架直升机附近被击毙。其他成员展开反击，射伤一名塔台的德国警察。双方的交火持续了 75 分钟，最终巴勒斯坦人射杀了所有人质，一位劫持者还投掷了手榴弹。

这一惨案震惊了全世界。巴以双方在 1967 年爆发的中东战争中发生过激烈冲突，因而这次发生在奥运会期间的恐袭既深刻影响了国际舆论，也令德国与奥运会的形象蒙受了巨大损失。它激起了以色列国内的复仇情绪，9 月 9 日，以军方轰炸了数个巴勒斯坦军事基地，造成超过 200 人死亡。而在一个半月后，一架汉莎航空客机遭到劫持，劫机者要求德国方面释放被拘押的三名巴勒斯坦人。在许多人看来，这反而在一定程度上避免了联邦政府展开充满尴尬意味的审判。

以色列情报机构摩萨德随后展开了代号为"上帝的愤怒"的复仇行动。作为复仇行动的一部分，他们意在暗杀另外三位在交火中幸存的巴勒斯坦突击队成员，但并未斩草除根——有一名挪威籍摩洛哥人被误杀。然而奥林匹克的领导者们依然秉承"非政治化"理念，他们认为奥运会理应继续。时任国际奥委会主席基拉宁勋爵在 6 日当天主持了一场纪念仪式，并称赞了奥林匹克运动的力量。基拉宁并未提及恐袭遇难者，这一任务落到了德国总统身上。

灾难发生后，德国方面在慕尼黑的体育场附近与机场建造了三座纪念碑，并定期举行纪念活动。但在事发 40 周年之际的 2012 年伦敦奥运会上，争议再度出现：国际奥委会以"欢乐的氛围不适合这种方式的致敬"为由，拒绝在开幕式上为这一惨案进行一分钟默哀。

在伦敦奥运会上，比埃特里提及 1972 年 9 月 6 日的那一幕时依旧认为，体育在那一刻失去了纯真：

> 1972 年慕尼黑奥运会让人们经历了真正的大起大落，一切不复从前。当我们还沉浸在奥运会带给我们一切美好的遐想之时，劫持者击碎了众人的梦。在那以后的任何一场足球比赛中，无论对阵双方是谁，现场都会布置警力与安保人员。我们逐渐认识到：体育成了一个政治性问题。

《纽约时报》于 2014 年底回应了两名遇害人质遗孀的指

控。两人称他们的配偶在被拘禁期间遭到了阉割等一系列残酷的折磨，但指控被调查者与证人驳回。

恐袭的后续爆炸效应

发生在慕尼黑奥运会上的恐袭事件迅速引发一连串连锁反应，这种影响将在未来长期延续。1972 年奥运会投入了 2700 名人力负责安保工作，而四年后蒙特利尔的数字是慕尼黑的 5 倍之多，主办方耗资约 1 亿美元用于确保参赛运动员与观众的安全。之后奥运会的安保人数持续递增，1980 年莫斯科投入 8 万人，1988 年汉城更是达到了 12 万人；运动员村则在此后几届赛事中成为处处设防的兵营，可谓地球上守卫最严密的大型驻地之一。

毫无疑问，上述措施在一定程度上收到了效果。尽管每一届奥运会都会受到安全威胁，但几大被列为恐怖主义的组织都无法直接袭击奥运会。事实上，奥运会或大型足球赛事对于主办国而言同样是另一个机会，通过展示自己的武装实力使人民放心，并时而进行突击检查。1998 年 5 月底，欧洲境内有 80 人因被指控密谋袭击当年的世界杯而遭到逮捕，其中有 53 人在法国落网。翌日，有 40 人在这次"预防性逮捕"展开第二天被释放，只有 8 人最终被判处 4 个月至 4 年不等的监禁。国际人权联合会（FIDH）此后对这项看上去有些草率的行动表达了异议。

步入新世纪，伦敦奥运会前，美国马里兰大学的恐怖主义及应对策略全国研究联盟（The National Consortium for the

Study of Terrorism and Responses to Terrorism，START）的一份报告指出："我们的研究显示，奥运会期间的全球恐袭次数没有显著增加或减少。这似乎表明，那些为了保证安全所付出的巨大努力在减少潜在威胁上收到了成效。"

　　然而，看似万无一失的安保政策并未能阻止一只"独狼"入侵1996年亚特兰大奥运会。美国基督教极右分子埃里克·鲁道夫（Eric Rudolph）没有直接进入比赛场馆，但他将一枚简易炸弹藏在背包里，放在了媒体中心附近的奥林匹克百年纪念公园内一条长凳下方。此次爆炸造成两人直接死亡，其中包括一位受惊而突发心脏病的土耳其摄影师。目击者回忆道：爆炸开始前20分钟，他们听到警报、救护车与警车的鸣笛声轮番响起。

　　鲁道夫当时也拨打了警方紧急电话911试图掩盖自己的罪行，但此时执法部门已经到达现场有数分钟。在一家反对堕胎的基督教原教旨主义组织"神的军队"（AOG）网站上，他的自传《漂流之间——一名武装分子的回忆录》陆续出版。在自传中，鲁道夫详细讲述了作案的前前后后。他经过简单的乔装打扮后鼓起勇气进入公园，由于设备操作简单，这位恐怖分子得以逃过安保与监控使阴谋得逞。如下是他在自传中为自身行为所做的解释：

　　　　体育仅仅是一个推行社会主义制度的全球治理工具，政府与大型企业已经为亚特兰大奥运会投资达10亿美元。作为一名普通美国人，我不仅对这些精英阶层深感厌恶，也对美国政府、美国电话电报公司、可口可乐嗤之以鼻。他们通过捐款的形式，将数百万美元投入包含鲜血的计划生育保险箱内——这可以算是全世界规模最大的杀婴政策。

鲁道夫还补充表示，他的计划在很大程度上是临时起意。最初他考虑在执行一项更简单的计划前，切断整座城市的电源并破坏主办方账户。倘若当时他的意图是撤离并散布恐慌，那十有八九会以失败告终。1997 年与 1998 年，他先后对堕胎诊所、女同性恋酒吧发动了两次袭击，是"9·11"之前美国联邦调查局的重点通缉对象。鲁道夫 2001 年落网后被判处终身监禁，他一直被关押在位于科罗拉多州、安全系数极高的 ADX 佛罗伦萨监狱内。

更脆弱的恐袭目标

2015 年 11 月 13 日，法国国家队与德国队的足球友谊赛在法兰西体育场打响，时任法国总统奥朗德（François Hollande）亲临现场观战。三名恐怖分子试图潜入球场未遂，随即在体育场附近引爆炸弹，这起自杀式袭击发生在巴黎郊区，拉开了一个恐怖之夜的序幕。一名恐怖分子袭击了巴塔克兰剧院，其他行凶者用机枪扫射咖啡厅露台，此次恐袭共造成 130 人死亡、413 人受伤。虽然恐怖分子没能成功袭击法兰西体育场，但这起行动表明：尽管一些聚会场所看上去更加脆弱，体育场依然是恐怖分子的主要攻击对象。

在更早之前的 2013 年 4 月 15 日，波士顿马拉松比赛终点处发生两起爆炸，造成 3 人死亡以及 264 人受伤。拥有车臣血统的两兄弟焦哈尔与塔梅尔兰·萨纳耶夫很快被认定是主谋，其中塔梅尔兰在警方追捕时被击毙，他的兄弟身受重伤。两年之后的 2015 年 5 月 15 日，焦哈尔在经过三个月的审判后被判处死刑。这一悲剧反映出马拉松、公路赛跑与自行车赛等以公里为单位的大型露天体育比赛中，缺乏密闭场所与足够的保护通道这一先天硬伤使得安保措施困难重重。

同样地，环法自行车赛也是恐怖分子"重点关照"的对象之一——不仅因为其受欢迎程度，作为国家形象的重要地位，也在于全部赛程长达 3500 公里、持续三周，安保想要做到面面俱到难度颇大。在 2015 年恐袭事件发生后，法国方面布置了 23000 名警察与宪兵为第二年环法保驾护航，这也是法国国家宪兵特勤队（GIGN）首次出现在这项历史悠久的赛事中。2016 年环法到来之前，主办方在管理层内部增加了四分之一的安保人员，同时还向看相者求助，让他们加入起点与终点的人群中。

但在那个夏天，恐怖分子的袭击对象转移到了别处。法国在其主办的 2016 年欧洲杯足球赛中投入 90000 名安保力量，整届赛事安然无恙。欧洲杯顺利闭幕后 4 天正值法国国庆日，在位于蔚蓝海岸的旅游胜地尼斯发生惨案。就在众多游人在当地一条名为"英国人"的大道观赏国庆焰火表演时，一名男子驾驶卡车横冲直撞冲入人群，造成 86 人遇难、400 多人受伤。这起恐袭案凸显了重大体育赛事的潜在隐患：它会使有关部门集中抽调安保人员，从而导致某些区域无暇处于高度警惕。这同样为恐怖分子留下了可乘之机。

参考文献

Simon REEVE, *One Day in September. The Full Story of the 1972 Munich Olympics Massacre*, Arcade, New York, 2000.

Eugène SACCOMANO, *Je refais le match*, Plon, Paris, 2005.

第三部分
体育事业的胜利（1972 ~ 1998）

一

引 言

弗朗索瓦·托马佐

自 19 世纪发轫以来，人们对现代体育始终抱有两种互相对立的观点。为公共或从属公共部门服务的领导者认为：无论从何种角度，体育都不该成为一门有利可图的生意；而在企业家与私人开发商看来，体育比赛应当被打造成市场化。

在 19 世纪 70 年代至 20 世纪 70 年代（即现代体育开始发展的头 100 年），体育运动的最初趋势是霸权主义。诚然，拳击、足球、自行车、网球与大多数美国重要体育项目运动员（橄榄球、棒球、冰球、篮球与高尔夫等）都是职业选手，但考虑到受欢迎程度，他们的收入与影星、歌星比相对较低。原因何在？最初，众多大型联合会的主席在国际奥委会中任职，而他们是业余主义的坚定拥护者，完全没有意识到所领导的项目拥有巨大的经济潜力。

为了唤起领导者们的意识，企业们必须付诸行动——这正是 20 世纪 70 年代初的情形。尽管阿迪达斯的创始人霍斯特·达斯勒（Horst Dassler）并非唯一投身于这股变革潮流中的老板，但他确实将资本与商业化带入了体育世界。从那时起，一股力量促使高水平体育与业余主义走向分离，颠覆了现代体育发展之初部分领导者构建的蓝图。

在 1982 年为《奥林匹克评论》所做的开篇评论中，达斯勒条分缕析地指出了自己的观点，认为体育与商业之间应搭建起不可或缺的伙伴关系。这位阿迪达斯的老板意图十分明显，1974 年通过支持巴西人若昂·阿维兰热竞选国际足联主席，他手下的这家小型家族企业逐渐开辟了打通足球圈人脉的通道。

达斯勒在推销运动鞋服时迅速意识到：体育竞赛可以作为展示自身品牌的独特平台，并确信体育装备商将视野放得更开阔一些会获取更大的价值。在当时，可口可乐已成为国际奥委会合作伙伴多年，但只是作为奥运场馆的饮料供应商。出于将公司形象与重要赛事相联系的考虑，达斯勒说服这家美国饮料公司参与赞助 1978 年世界杯足球赛。

同时，随着转播技术的日益提升，电视仅用时数年就成为国际体育大赛的核心要素之一，与电视转播相关的投资也潜藏着巨大的收益。20 世纪 70 年代末起，体育与电视的组合成了一种商业模式。体育行业以肉眼可见的速度飞快发展，赞助商为了将赛事与企业形象结为一体，投入指数级增长的赞助额；电视台与之后出现的跨国网络公司也都在寻求独家转播权的疯狂竞争中"哄抬物价"。

在 1982 年至 2014 年的时间跨度里，世界杯足球赛的赞助额增长了足足 20 多倍，由最初的 2000 万美元暴增到 4.76 亿美元；从 1985 年到 2016 年，国际奥委会旗下有赞助权的企业扩大了 10 倍。奥运会转播权费用同样呈现通货膨胀的态势，具体数字将在 2020 年增长到 50 亿美元。① 由于行业制度难说完全规范，各项费用像滚雪球一样越来越多。

在此期间，达斯勒于 1980 年在国际奥委会身上重复了六年前面对国际足联的成功操作。在西班牙人胡安·安东尼奥·萨马兰奇（Juan Antonio Samaranch）当选国际奥委会主席过程中，阿迪达斯起到了重要的扶持作用。作为回报，萨马兰奇创造性地支持私人资本登上奥林匹克舞台，并决定抛弃业余体育主义，使 NBA、足球与网球明星获得参加奥运会的机会。

从社会文化的角度仔细审视，体育已成为一门正式的产业，且具有顶尖的盈利能力；体育中包含的关于成功的价值观（努力付出、奉献自我、团队精神、结果的不确定性）也成为自身的卖点之一。

20 世纪 80 年代末，欧洲政坛风起云涌，1989 年柏林墙倒塌、东欧剧变某种程度上加快了体育行业的变革。苏联与东德重新举起 20 世纪 30 年代极端右翼分子将体育作为宣传工具的火炬，这一次他们将宣传主阵地放在了经济领域。自 1984 年洛杉矶奥运会起，通过分享对成功、表现力与竞争价值的赞扬，高水平体育成为经济自由主义与市场经济的赞歌。

从体育成为一门生意开始，围绕它最重要的就不再仅仅停留在参与层面了，还有投资。

---

① 译者注：由于受新冠肺炎疫情影响，2020 年东京奥运会被推迟到 2021 年 7 月 23 日至 8 月 8 日进行。

二

阿迪达斯如何扬名立万于体育事业

弗朗索瓦·托马佐

　　"体育事业"这一名词起源于一个圣经故事。在德国巴伐利亚的一个小镇黑措根奥拉赫，达斯勒兄弟阿道夫与鲁道夫默契地共同经营一家生意兴隆的制鞋公司。自 20 世纪 20 年代起，他们的达斯勒兄弟鞋厂开始涉足体育领域：先是向德国国家足球队提供装备，随后说服杰西·欧文斯穿着他们的跑鞋参加 1936 年柏林奥运会。一直到二战爆发，这个家庭似乎都在朝着最好的方向发展。作为德国军队的供应商，两兄弟或多或少是纳粹主义的信徒，因而不遗余力地为本国军队提供各种装备。

　　1943 年的一天，兄弟之间的不睦在各种因素作用下还是发生了。兄弟俩的性格脾气迥异：阿道夫谨慎沉稳，鲁道夫富有野心而略显浮躁，对纳粹政体的热情远超兄弟。由于工作需要，其中一人获准留在巴伐利亚继续经营鞋厂，另一人则被调离。他们的妻子互相厌恶，两人间复杂的关系引得众人议论纷纷。

　　战争结束时，受到兄弟谴责的鲁道夫先后被盖世太保与美军逮捕，度过了一年的牢狱生活。在种种内外矛盾交织的旋涡中，两兄弟关系彻底破裂，曾经的搭档反目成仇。服刑期间，鲁道夫决定另立山头独自创业，于是原先的达斯勒兄弟鞋厂一分为二，分别成为阿迪达斯（阿迪·达斯勒）与彪马（鲁道夫的公司）两大品牌。

达斯勒两兄弟此后"划河而治"：阿道夫保有了穿城而过的奥拉赫河畔的一处原有鞋厂的经营权，鲁道夫在对岸经营自己的公司。原有的技术团队忠于阿迪达斯，商业团队则加入了彪马。两家公司很快有了自己的足球队、店铺与餐厅，而员工间"通婚"则是不被建议的行为。这场纷争的火药味随着时间推移可能会逐渐减弱，但会长时间持续下去。两人甚至不愿意死后合葬一处，当阿道夫与鲁道夫去世后，他们被葬在当地两端相对的公墓。

两兄弟之间的纠纷也延续到了下一代，阿道夫的儿子霍斯特·达斯勒与鲁道夫之子阿明·达斯勒将父辈的对立"继承"下来。在商业领域，这两位堂兄弟以近乎荒谬的方式展开了一场明争暗斗，其中甚至充斥着暴力。从 20 世纪 50 年代起，阿迪达斯与彪马两家公司为了销售运动鞋，动用了各种销售手段。两人的首次交锋发生在 1956 年墨尔本奥运会，当时两家公司的产品均在海关滞留，霍斯特最终采取行动让海关停止对彪马装备放行。

4 年后的罗马奥运会上，两家公司为得到德国短跑明星阿明·哈里的代理权而展开激烈争夺。这位机智的田径选手采取了一个折中方案：参加男子 100 米决赛时脚穿彪马跑鞋；夺冠后站上领奖台时，他的战靴换成了阿迪达斯经典的三道杠。在足球圈内，彪马看似有望抢先与贝利或克鲁伊夫等明星签下合约，但最后被阿迪达斯在 20 世纪 70 年代起全面压制。1974年，联邦德国队在世界杯决赛中击败荷兰夺冠；这同时也是阿迪达斯的胜利，因为德国队的装备由阿迪达斯提供。而荷兰队呢？他们的装备商正是彪马！

阿迪达斯的迅速起势很大程度上得益于霍斯特·达斯勒。他继承了父亲的谨慎（或许还有灵活多变的计谋）。有关这位精明商业家的图像资料相对较少，但自从 20 世纪 60 年代直到 1987 年去世，他逐渐成为体育圈最有影响力的人物之一。霍斯特主导的阿迪达斯对彪马的胜利不仅体现在赛场上，而且全方位展现在运动员、幕后与更衣室之间。凭借自己的慷慨大方、和蔼可亲与善察人心，他与众多冠军建立了长期的友谊，部分运动员在结束职业生涯后也会成为他的得力帮手。

1976 年蒙特利尔奥运会上，当时身为阿迪达斯老板的霍斯特被一位运动员彻底折服，他就是随德国击剑队夺得团体冠军、如今为众人熟知的托马斯·巴赫（Thomas Bach）。如同其他的德国运动员一样，巴赫也足以成为阿迪达斯的得意成果。出于对人才的赏识，霍斯特意欲将巴赫培养成自己的左膀右臂，他鼓励巴赫深入学习法律知识，随后将其招致麾下，负责运动员的合同谈判。事实证明霍斯特的确慧眼识珠，击剑运动员出身的巴赫如今已成为国际奥委会主席。

体育世界的"高级玩家"

随着时间推移，霍斯特·达斯勒在体育圈内建立了可观的人脉网。在彪马满足于代言多位运动员时，阿迪达斯已经将目光逐步投向了重要项目的国内与国际协会。1970 年，霍斯特的公司与国际足联签下一纸合约，阿迪达斯成为世界杯比赛用球的供应商；2014 年，阿迪达斯与国际足联将协议延长到了 2030 年。这绝非巧合，因为霍斯特也先后多次参与国际足联的各项事务。

早在 20 世纪 60 年代，当这位阿迪达斯老板意识到体育市场应当出现革命时，他果断主导构建了世界体育的"政治局"。在霍斯特的运作下，阿迪达斯的一个部门通过施加影响、游说乃至行贿等手段专门负责使这项计划得以推行。该部门中不乏托马斯·巴赫、约瑟夫·布拉特（Joseph Blatter）等日后成为国际体育组织领导者的风云人物。该部门的基础是由公司与世界范围内各项大型赛事（如奥运会、世界杯足球赛、各项目世界锦标赛等）合作关系构成的"阿迪达斯俱乐部"。

在位于阿尔萨斯的阿迪达斯法国总部兰德斯海姆，霍斯特每年都会兴致盎然地与诸多体育圈名流在高档餐厅庆祝自己的生日——据称由于布拉特与霍斯特的生日仅间隔两天，因此日后在 1998 至 2015 年始终担任国际足联一把手的瑞士人也多次借此机会为自己庆生。

霍斯特是最早预感到体育可以起到促销平台作用的商业家之一。在赛场外，阿迪达斯老板不仅销售运动鞋、足球与球衣，也涉足体育场、大屏幕、场地周边的环境。他还接触了电视这一深受体育观众喜爱的媒介，电视已经成为体育比赛中不可或缺的元素，能让他在比赛中大赚一笔，尽管当时的比赛大都属于自发组织与业余性质的。它们属于体育产业链条中的软肋，能量巨大却很少受到重视，缺少商业敏感。无论是真实存在还是被感知，它们都可以在商业层面得到巨大利用。

2015 年，体育赞助的破冰者之一、曾在 20 世纪 70 年代辅佐霍斯特的英国人帕特里克·纳利（Patrick Nally）曾对公众讲述他心中霍斯特的形象：

> 霍斯特成了世界体育的"高级玩家"。他充满魅力与自信，热衷于控制、求变。他的过人之处在于：无论发生什么，一切都仿佛尽在预料之中。您可以选择和达斯勒站在一边或反对他，倘若您站在他的对立面，那可能就不会在体育圈内觅得任何机会——除非投奔彪马！可以这么说，正是家庭纷争让他拥有了对权力与谋略的极度渴求。

1974 年，确信足球运动拥有巨大潜力的霍斯特做出决定，将战略重心转移到足球运动上。这不仅有世界杯即将在德国举行的缘故，也因为彼时足球仍是彪马的核心业务之一。与此同时，国际足联主席大选在即，在谋求连任的斯坦利·劳斯与水球运动员出身的若昂·阿维兰热两位候选者之间，达斯勒更倾向于后者，因为巴西人在他眼中象征着一扇通往新世界大门的洞开，体育市场将变得更加广阔［参见本部分第三篇］。

参加大选时，阿维兰热的身份是巴西体育协会主席。当时他的领导方式不甚透明，并对看上去更易滋生腐败的拉美与非洲协会依赖有加。起初阿维兰热对阿迪达斯的发展并不感冒，霍斯特慷慨陈述合作所能带来的巨大利益打动了巴西人。阿迪达斯老板有足够的筹码：通过签订一系列装备合同，他可以毫不费力地说动不同国家协会将选票投给阿维兰热——不论该国（地区）足球发展状况如何，只要是国际足联会员协会均可投出属于自己的一票。

阿维兰热出自一个比利时贵族移民家庭，野心勃勃的他习惯了在家乡里约热内卢浑水摸鱼、从中获利，这有时会遭到与他往来者的质疑。因此坊间有人猜测：他参与竞选的部分资金来源于一位朋友卡洛斯·德·安德拉德（Carlos de Andrade），此人的身份是黑手党成员与一家臭名昭著的博彩公司的操盘手。1974 年成功当选国际足联主席后，他继承了一家家族企业，将其设于自己在苏黎世高地改建的一处豪宅中，并动用阿迪达斯的部分资金使其成为跨国公司。

双管齐下，走上巅峰

敏锐的嗅觉使霍斯特·达斯勒明白：让自己公司尝到甜头的运作方式也可以在其他公司奏效。于是在 1977 年，他与帕特里克·纳利策划了让可口可乐进入足球世界，这在之后被证明是一个天才的决定。可口可乐尽管早在 50 年前就与奥运会确立了合作关系，但仅停留在饮料供应商层面，并在比赛场馆周围设有售货亭。

此次在阿迪达斯的运作下，可口可乐与国际足联签下了一份广告大单：将可口可乐商标与世界杯会徽结合，并在所有广告、官方商品中有所体现。可口可乐迈入足球界无疑是体育商业化的一个重大转折，这是史上首次将一家与体育并无直接关联的世界级公司的商标融入足球运动。1978 年，可口可乐第一次成为世界杯的官方赞助商。

时至今日，可口可乐依然是国际足联与国际奥委会的重要合作伙伴。达斯勒借此迎来了事业的又一次腾飞，他在国际奥委会如法炮制了此前在国际足联大选中的操作。在国际奥委会大选临近之际，达斯勒对前西班牙驻莫斯科大使、佛朗哥主义的忠实信徒胡安·安东尼奥·萨马兰奇予以大力支持，这位加泰罗尼亚人曾数次邀请达斯勒前往其位于布拉瓦海岸的别墅作客。

巧合的是，国际奥委会新任主席应当在 1980 年奥运会期间被选出，萨马兰奇对主办城市莫斯科再熟悉不过。西班牙人也出席了具有重要意义的该届全会，达斯勒在非洲与拉丁美洲建立起的广阔人脉基础成为他的重要依靠。这位巴伐利亚商人还有一张隐藏的王牌：在东欧拥有雄厚基业的法籍摩洛哥裔投机商人安德烈·盖尔菲（André Guelfi），他的绰号"沙丁鱼大王德德"（Dédé la Sardine）更为人所熟知。早在 1976 年，达斯勒已秘密通过此人暗中收购了法国体育装备制造商乐卡克。

此外，坊间有传言称：正是达斯勒这位精明的中间人利用自己的人际关系，帮助莫斯科赢得了 1980 年奥运会的主办权。人们似乎极难从盖尔菲异乎寻常的职业生涯中辨明真假，因为他总是为最大限度保护自身利益而在言语上打太极。尽管如此，盖尔菲依然始终是萨马兰奇的好友，他甚至将自己一栋位于洛桑的豪宅赠予了国际奥委会。

无论如何，这项奥林匹克运动中的新尝试取得了成功。1980 年 7 月 17 日，萨马兰奇正式当选了国际奥委会的新一任主席。在他约 20 年的任期中，西班牙人彻底否定了业余体育主义并使 IOC 的收入提升了十倍，情势的变化对其颇为有利。1976 年蒙特利尔奥运会营收颇为惨淡，而八年后由众多私人资本参与组织的洛杉矶奥运会则获得了可观利润。霍斯特极大提升了自己的话语权，成为体育圈的大鳄。

1982 年，霍斯特在《奥林匹克评论》杂志上阐述了个人对体育与商业之间联系的见解，并详细论证了两个领域全面合作蕴藏的诸多益处。三年后，他向国际奥委会成员提出了"奥林匹克全球合作伙伴计划"（TOP），该合作项目一直延续至今。该项目授予了奥林匹克会徽的商业使用权，并推动其与部分品牌的合作。随后，可口可乐成为奥运会官方饮料，VISA成为官方信用卡……

"达斯勒体系"

自墨尔本奥运会试图扣押堂兄弟的一箱箱运动鞋以来，霍斯特·达斯勒及其公司已取得了长足发展。他此后不再通过阿迪达斯展开体育营销改革、出售视听转播权或寻求合作伙伴的行动。阿迪达斯当时的主要重心仍在生产体育装备。

在 20 世纪 70 年代末与帕特里克·纳利创办摩纳哥国际促进会（SMPI）之后，达斯勒将英国人边缘化。他转而与日本广告巨头电通合作，成立了带有体育营销性质的国际体育与休闲公司（International Sport and Leisure，ISL）。该公司由达斯勒的另一位亲信、意大利人普里莫·内比奥洛（Primo Nebiolo）统领，后者掌管着国际足联、国际奥委会的营销圈与转播合同，随后也触及国际田联。

事实上，从此时开始，一个属于达斯勒的庞大体系得到了全面构建。达斯勒在体育圈内经营起自己的庞大帝国，它看上去高高在上又不可或缺，只有死亡才能阻止这股征服。1987 年 4 月 9 日，霍斯特因癌症离开人世，他临终前并未指定阿迪达斯王国的接班人，但这一宝座不乏觊觎者。霍斯特扶持的人选在他身后成了国际体育的主导者，他构建的庞大体系影响深远。

昔日霍斯特在 ISL 的副手迈克尔·佩恩（Michael Payne）曾先后担任国际奥委会与 F1 的市场总监。在总结霍斯特的一生时，这位英国人给出了这样的评价：

> 体育界会怀念像霍斯特这样的人物，因为他不同于那些满足于安坐象牙塔的领导人。人们称他工于心计，这显然掺杂了太多的贬义色彩。我们更应关注他所构建的庞大体育网络。

参考文献

Richard W. POUND, *Inside the Olympics. A Behind-the-Scene Look at the Politics, the Scandals and the Glory of the Games*, Wiley, Toronto, 2004

André GUELFI, *L'Original*, Robert Laffont, Paris, 1999.

三

若昂·阿维兰热和足球之王的强势崛起

阿诺·拉姆赛

　　直到生命的最后时刻，这个有着蓝色眼睛和铁石心肠的百年老人，和他所留下的遗产同样令人感到不安。2016 年 8 月 16 日，前国际足联主席若昂·阿维兰热在里约热内卢去世，当时他因肺炎已住院一周。那一年的奥运会就在他的祖国举行。在里约，许多田径和足球比赛是在以他的名字命名的体育场举行的，但这些场地之后被暗中改名为奥林匹克体育场，这是因为同胞们不再像过去一样尊崇他了。

　　尽管他曾领导过 15 年的巴西足协宣布了为期 7 天的全国哀悼，但大多数悼词都是空洞乃至尖锐的。苏格兰调查记者安德鲁·詹宁斯是《星期日泰晤士报》和英国广播公司（BBC）的资深记者，他一直在谴责国际足联各种形式的腐败。当得知阿维兰热的死讯，他在推特上写道："尽管他很有礼貌，但无论如何他都是一个流氓。"

　　但是，让－马里耶·福斯坦·戈德弗鲁瓦口中的"若昂"究竟做了些什么，才让他受到如此的谴责呢？他是第一位当选国际足联主席的非欧洲人，在长达 24 年的统治期间，他都是一个自私的人。虽然他在足球的商业发展中扮演了重要角色，将这项运动转变为全球化产业，但也错误地传递了某些价值观，并且将国际足联转变为一个赚钱机器。阿维兰热会利用一切手段实现他的目标，冒着被国际足联除名的风险，攫取自己的个人财富。

1916 年 5 月 8 日，阿维兰热出生于巴西一个富裕家庭，他的父母都是比利时人。第一次世界大战期间，他跟随父母躲避战乱，还在 20 岁时参加了由希特勒所控制的柏林奥运会的游泳比赛，在 400 米和 1500 米自由泳项目中登场；他还跟随巴西水球队参加了 1952 年赫尔辛基奥运会；三年后，他加入巴西奥委会，并在 1963 年成为国际奥委会成员。作为一名法律专业毕业生，他在巴士公司维亚索·科梅塔工作了 50 多年，从律师、副总裁最后做到了总裁。此前一直有批评声指责他与里约热内卢黑手党头目和自 1964 年以来在巴西掌权的军政府有不稳定关系，但他豪掷千金使这些批评声烟消云散。

与诺贝尔奖缘悭一面

运动离阿维兰热的生活从来都不是很远。1958 年，作为弗卢米嫩塞俱乐部的名誉主席，他成功当选巴西足协主席，正是在这一年，巴西国家队在 17 岁天才少年贝利的率领下，首度称霸世界。随后巴西国家队迎来了黄金时代，他们在 1962年和 1970 年又两度获得世界杯冠军，这期间直到 1973 年，阿维兰热一直是巴西足球的领军人物。之后他为自己设定了更高的目标：国际足联。该组织自 1961 年以来一直由受人尊敬的英国前国际级裁判斯坦利·劳斯爵士掌管。

阿维兰热高效和机智地开展自己的竞选活动，并做出了许多承诺，还乘坐私人飞机（有时邀请贝利作为大使）同85个国家的足协主席商讨继续扩大世界杯的范围。在南美洲的支持下，他向亚洲和非洲联合会做出保证，他将能够让这些国家在自己国内发展这项已经在欧洲和南美盛行的体育运动，这是确保这些国家可以发表意见的一种方式。1974年6月11日，在法兰克福，他在第二轮选举中成功当选国际足联主席，即将离任的前主席斯坦利·劳斯之前几乎从未受到过威胁，也从未在竞选中被打败。

安托万·杜米尼和弗朗索瓦·吕芬（现任议员）在《他们偷了我们的足球》一书中表示，在选举前夕，阿迪达斯创始人之子、通过营销学为奥运会带来改革的德国人霍斯特·达斯勒曾将装满钞票的信封分发到国际足联高层的旅馆房间里〔参见本部分第二篇〕。他做这些似乎是要保证他一手栽培的阿维兰热当选。后来劳斯爵士尖锐地指出：

> 我的竞选失败象征着世界足球之前的习惯和标准已经改变了。从现在起，足球界的一切都与钱挂钩，对此我并不感兴趣，这听上去可能显得俗气又业余。

在提供服务方面，国际足联与阿迪达斯签署了一项合作协议。两年后，即1976年，他们又与另一个慷慨的赞助商——可口可乐公司签署了合作协议，对双方来说这是互利共赢的合作。自那之后，这两个品牌的标志随处可见，进入了新市场；

而国际足联，这个成立于 1904 年的非营利性组织，也逐渐获得了更多的资金支持。出生于 1920 年的前法国足协主席、欧洲杯共同创造者雅克·费朗也与阿维兰热并肩作战。他这样评价这位巴西人：

> 他是一个手握权力、保持威严的人，他的到来对世界足坛有双重影响。其一，足球格局慢慢改变并逐渐实现了全球化；其二，之前一直发展缓慢的国际足联迎来了新生，赛事开始成倍增加，同时一种黑手党制度已经慢慢开始建立起来。

从纸面上看，阿维兰热的哲学是明确的："我来这里是为了销售一种叫作足球的产品。"他毫无保留地努力着，声称是为了全球人民共同的幸福而行动。在 2004 年国际足联成立 100 周年之际，他罕见地接受了《法国足球》的一次采访，他说道："国际足联不是一家把钱堆在金库的银行。这是一个实体，其目标是通过体育、足球为年轻人提供福祉。"在这位有权有势的领导人治下，国际足联正在走向国际化，并利用电视转播权的爆炸式增长扩大合作关系。

当巴西人在 1998 年离职时，世界杯决赛圈的参赛规模已经翻了一倍，1982 年由 16 国增加到 24 国，再到 1998 年增加至 32 国。同时这项赛事也在美国、日本和韩国等非欧洲和南美国家举行。

虽然阿维兰热在"足球联合国"拥有绝对统治地位，但作为一个积极倡导和平的人，他却没能在联合国总部纽约组织

一场巴勒斯坦和以色列之间的比赛。他的宏伟梦想后来激励他
竞选诺贝尔和平奖。

来自 ISL 的贿赂

1998 年 7 月，在法国世界杯期间，阿维兰热被时任法国总
统雅克·希拉克（Jacques Chirac）授予法国荣誉军团大军官勋
位（尽管他拒绝了），法国元首的大加赞赏足见其对阿维兰热的
热情与肯定：

> 您一当选国际足联主席，就希望足球离开它的诞生地
> 欧洲，离开它狂热成长的南美，去拥抱世界。24 年后，
> 您实现了这个目标。作为足球大使，您为了足球走向世界
> 不懈努力，在您不知疲倦周游世界的过程中，足球为全世
> 界的人们带来了欢乐。而世界杯这项顶级赛事，在每一届
> 赛事举办后都取得了新的进展。

阿维兰热表示："我当选时，国际足联账面上拥有 20 美元。
而今天我们已经创造了 40 亿美元！"的确，阿维兰热在苏黎世
建立了国际足联目前的总部，此外还发起了联合会杯、女足世
界杯以及 20 岁以下和 17 岁以下的世界杯。他以玩世不恭和强
硬的态度，成功地使足球成为一种通用语言。但代价是什么？

在所有涉及阿维兰热的案件中，最具象征意义的是与 ISL
的案子。自 1982 年以来，这家由霍斯特·达斯勒创建的公司
一直在独家管理世界杯转播权和营销合同，2001 年，ISL 因欠

款 3 亿瑞士法郎宣告破产。对涉嫌逃税和洗钱的调查显示，阿维兰热和他的女婿、巴西足球联合会主席里卡多·特谢拉（Ricardo Teixeira）曾受到 ISL 的贿赂，另外还有 14 个人也拿到了不菲的回扣。

简而言之，ISL 从国际足联处购买了世界杯的转播权，然后将其卖给世界各地的电视台，获得了一笔丰厚的佣金，其中部分资金被重新分配。2012 年，瑞士最高法院证明，ISL 向阿维兰热的私人账户支付了 120 万欧元，而里卡多·特谢拉获得了 1000 多万欧元，这就是为什么他的绰号叫"狡猾的瑞奇"。在法国国际电视台，曾为 ISL 工作过的瑞士议员罗兰·比歇尔破解了这个系统的奥秘："ISL 是这个系统的核心，在全球范围内拥有所有的营销合同，以及除欧洲以外的所有电视合同。它是当时最大的体育营销公司，作为回报它要为国际足联提供 100 倍的资金。"由于逆向收费和一些奇怪的投资，这家准垄断公司在破产时迅速瓦解。

早在 1975 年，长期担任阿维兰热秘书长的布拉特就与阿维兰热处于同一战线，并于 1998 年接替阿维兰热成为国际足联主席，将这一体系延续了下来，甚至使其现代化［参见本部分第四篇］。布拉特上台后，国际足联做出的第一个决定就是任命阿维兰热为国际足联名誉主席。阿维兰热在 ISL 案件中并没有因为巨额经济赔偿而被瑞士法院定罪：该案件被驳回，因为当时根据瑞士法律，收受贿赂不被视为犯罪。相比之下，2013 年，在新成立的国际足联道德委员会的审判分庭的压力下，阿维兰热辞去名誉主席一职。他的女婿特谢拉在 1989 年至 2012 年担任巴西足协主席，也不得不辞职。

　　阿维兰热的离去并不光彩。与此同时，布拉特在统治国际足联十七年后，又被另一起全球丑闻扫地出门。就巴西足球而言，它始终在为阿维兰热的失误付出代价。2018 年 8 月，86岁的巴西足协前主席何塞·玛利亚·马林被判处 4 年监禁。他是第一个在国际足联受贿门事件中受到美国司法制裁的足球高层，该事件成为导火索，使国际足联遭到重创。马林被判六项罪名成立，包括参与联邦腐败、银行欺诈和洗钱等。此外，包括大部分南美人在内的 40 多名足球官员因丑闻被美国法院起诉，而这些丑闻也将结束布拉特的足球政治生涯。

参考文献

Andrew JENNINGS, *Carton rouge ! Les dessous troublants de la FIFA*, Presses de la cité, Paris, 2006.

Andrew JENNINGS, *Le Scandale de la FIFA*, Seuil, Paris, 2015.

Antoine DUMINI et François RUFFIN, *Comment ils nous ont volé le football*, Fakir Éditions, Amiens, 2016.

La Planète FIFA, documentaire de Jean-Louis PEREZ, Arte, 2016.

Mathieu ARON et Benoît COLLOMBAT, « Dans les secrets de la FIFA », France Inter, février 2006.

四
布拉特的崛起

弗朗索瓦·托马佐

　　在阿迪达斯老板霍斯特·达斯勒支持下，若昂·阿维兰热于1974年成功当选国际足联主席。巴西人上任不到一年后，一个新人来到了这家管辖全球足球运动的机构。这个新人是一位野心勃勃、惹人喜爱的商业家，作为业余爱好者拥有不错的足球水平。身为知名品牌浪琴表的公共关系部主管，他在家乡瑞士与当地体育、媒体领袖建立了紧密的关系网。

　　他的名字就是约瑟夫·布拉特。

　　浪琴表是1972年慕尼黑奥运会与1976年蒙特利尔奥运会的官方计时赞助商，布拉特作为该企业代表参与了部分奥运会的组织工作。在奥运会幕后，这位瑞士人见证了达斯勒的呼风唤雨，这位将体育与商业融合的重要人物令他印象颇深。1975年，达斯勒将布拉特引荐给阿维兰热，时任国际足联主席欣然雇用了这个瑞士人。这名精通多国语言、交际经验丰富、正值壮年的后生无疑是未来国际足联主席的理想接班者。

　　刚刚进入国际足联的布拉特重任在肩，他主要负责足球及其基础设施在非洲与亚洲国家的发展。这项工作并非仅仅是带有慈善意味的任务，它也是一次投桃报李：在阿维兰热力压斯坦利·劳斯当选国际足联主席的竞选中，那些看似不起眼的"小国"协会起到了重要作用［参见本部分第三篇］。在此期间，布拉特还在瑞士纳沙泰尔足球俱乐部与瑞士冰球联盟管理层任职，丰富的人脉网络使他在日后的国际足联高层生涯中更加如鱼得水。

布拉特的工作能力毋庸置疑。1980 年在为担任国际足联秘书长一职 20 多年的赫尔穆特·凯瑟选择替代者时，阿维兰热首先想到的依然是布拉特——这位瑞士人的能干此前得到了达斯勒的首肯。凯瑟并不满足于利益互换，他以悄悄与百事可乐签下广告合同的方式表达对新上司的反抗，而达斯勒早已成功牵线可口可乐成为世界杯足球赛的主要合作伙伴。

作为达斯勒的合伙人，陷入困境的经纪人安德烈·盖尔菲在回忆录中提到了这次继任："1981 年，霍斯特·达斯勒提名布拉特接任国际足联秘书长职务。霍斯特对他充满信心，因此我们尽了一切努力让他赢得竞选。"然而该说法始终受到质疑，布拉特此后也坚决否认自己在被提名过程中有暗箱操作。在就任国际足联秘书长几个月后，他还迎娶了凯瑟的女儿，尽管如此，布拉特与达斯勒的紧密联系依然被证明属实：自国际足联生涯开始，瑞士人就在阿迪达斯法国分部所在地兰德斯海姆设立了办事处，当地为他提供了一部分薪水。

无论以何种方式，布拉特的上升期都在继续。他成了媒体瞩目的人物，在一系列活动与执行重要任务间来回穿梭。作为阿维兰热的副手，瑞士人当时表现出的是一位极度忠诚、并不惹眼的足球从业者形象，没人真正将他与出任一把手的野心联系在一起。在 1998 年的国际足联大选中，更被看好的一方是时任欧足联主席的瑞典人伦纳特·约翰松（Lennart Johansson）。结局令众人大呼意外，布拉特击败了这位劲敌，成为国际足联历史上第 8 位主席。

布拉特成功逆袭，是否意味着他精心编织约四分之一个世纪的关系网如愿奏效？1987 年达斯勒去世后，他是否延续了前阿迪达斯老板的理念？当 2002 年布拉特成功连任后，时任非洲足联（CAF）副主席、索马里人法拉赫·阿多（Farah Addo）以个人名义指控他向部分非洲会员协会领导行贿。阿多同时支持喀麦隆人伊萨·哈亚图（Issa Hayatou）与布拉特竞争，他因为提出指控并拒绝撤诉而被国际足联停职两年。当阿多于 2008 年去世时，布拉特感叹道："尽管我们之间存在分歧，但我很高兴自己能以国际足联主席的身份在他临终前撤销禁令，同时作为一个有血有肉的人原谅他的过去。"

五
开放时代：网球向职业化敞开怀抱

弗朗索瓦·托马佐

1968 年是网球运动发生巨变的一年。网球革命虽不及布拉格起义或巴黎的路障那般突出，但仍具有极大的象征意义。网球运动确实是促使业余主义向职业化转变的一个关键。

在距 1968 年 5 月正好一个月之前，追求公平竞争、需着白色短袖运动衣和短裙的网球运动在巴黎开始发生不可逆的转变：负责世界网球赛事的国际草地网球联合会（ILTF）[①] 在法国协和广场著名的汽车俱乐部沙龙召开会议，一致决定"公开"职业比赛。网球运动进入了一个新时代，今天我们称之为公开赛时代。

网球运动源自公立学校，多年来承受着强大的外部压力。矛盾的是，压力其实来自英格兰——网球运动的摇篮。全英俱乐部主席赫尔曼·戴维（Herman David）曾三度要求他的同事同意给网球选手发放奖金。由于职业比赛加入竞争，业余比赛

---

① 在所有地方，哪怕是在名称中，"草地"（lawn）一词在 1977 年消失了：ILTF 变成了 ITF。

的地位岌岌可危。在美国，最好的网球运动员开始在两场职业巡回赛中出卖自己的才能。另外，为了阻止球员的流失，业余比赛常常不得不私下给球员支付酬劳。

英国广播公司（BBC）在1966年首次直播了温布尔登网球锦标赛（业余），但在比赛过程中，职业比赛的竞争力又一次显露出来：在同一个伦敦中心球场上，澳大利亚人罗德·拉沃尔（Rod Laver）击败了他的同胞肯·罗斯沃尔（Ken Rosewall）夺得职业网球世界冠军，还吸引了不少电视观众。拉沃尔和罗斯沃尔这两位世界上最优秀的球员已经脱离业余选手行列了，英国人谴责在温布尔登盛行的这种风气，并将其精准地描述为"棕色业余主义"。

1967年底，赫尔曼·戴维决心建立英国的网球联合会——草地网球联合会（LTA），并决定在比赛中不区分业余和专业选手。几个月后，在巴黎举行的国际草地网球联合会代表会议却反其道而行之，邀请非业余选手"公开"比赛。因此，"公开"一词被用来表示网球"四大满贯"赛事（法国网球公开赛，美国网球公开赛，澳大利亚网球公开赛和温布尔登网球锦标赛）。

充满争议的联合会

1968年的法国网球公开赛成为公开赛时代的第一场大满贯赛事。在当时巴黎众多的赛事中，法网是最受瞩目的主赛事，在高档社区绿化带上举行的比赛成为和平的庇护所，成千上万的观众在两次示威游行的间隙前来放松身心。在决赛中，罗德·拉沃尔再次战胜肯·罗斯沃尔。

5个月后，美国国际网球赛对职业选手开放，并更名为美国网球公开赛，美国士兵亚瑟·阿什（Arthur Ashe）的胜利被视为业余选手的最后一次爆发，但因业余选手的身份，他未能获得应得的奖金。不过，一场关于美国公民权利的革命正在进行：阿什在他的家乡里士满遭遇过种族隔离制度的迫害，他被禁止与白人比赛，直到他成为首位大满贯赛事的黑人冠军，才洗去耻辱。之后，他又陆续在另两场大满贯赛事中夺冠，即温网和澳网。

与此同时，另一场抗议活动也开始了：争取女性权利的运动。网球职业化并没有让女性从中获益，反而让男、女运动员之间的报酬在大型比赛中拉开了差距。在公开赛时代早期，男女运动员的酬金能有12倍的差距。幸运的是，女子网球界拥有一位杰出的先锋人物比利·简·金（Billie Jean King），她和澳大利亚人玛格丽·考特（Margaret Court）是当时最优秀的网球选手。她积极推动女权事业的发展，成功说服了其他八名女网球选手创办独立的职业巡回赛，她们是：罗西·卡萨尔斯（Rosie Casals）、南希·里奇（Kancy Meley）、克丽·梅尔维尔（Kerry Melville）、佩里斯·巴特科维兹（Peaches Bartkowicz）、克里斯蒂·皮容（Kristy Pigeon）、朱迪·多尔顿（Judy Dalton）、瓦莱丽·齐根富斯（Valerie Ziegenfuss）和朱莉·赫尔德曼（Julie Heldman）。金的想法还获得了维珍妮女士香烟品牌（Virginia Slims）的资金支持。这九名年轻的女士成为传奇，如今被尊称为"Original 9"，她们签下象征性的1美元合同，坚决反对美国联合会的制裁，联合会当时准备设置一个与她们抗衡的职业巡回赛，甚至还联合了以克里斯·埃弗特（Chris Evert）为首的一些年轻女选手。

1973 年，金设法让世界上最顶尖的女选手聚集在温布尔登网球场外，并在伦敦的格洛斯特酒店举行了秘密会议。她的朋友贝蒂·斯托夫（Betty Stove）给这群顽强的人提供了私人房间，让她们举行会议！国际女子网球协会（WTA）就此诞生了，该协会旨在推动男、女网球运动员同薪，以及举办营利性质的职业巡回赛。这个女子网球运动员工会至今仍然负责女子巡回赛。此时，男子网球运动员在 1972 年组建了自己的工会，即职业网球联合会（ATP），该协会也运营自己的巡回赛，打破了 ILTF 的束缚。男、女网球选手在某种程度上已经将网球运动控制在自己手中了。

国际网坛联合会两次解放的成果仍保留至今：所有女子职业比赛都由 WTA 负责管理（约 50 场巡回赛，分为一级赛"WTA Premier"和国际赛"WTA International"两个级别），而 ΛTP 负责运营男子巡回赛（约 60 场巡回赛，分为 250 赛"ATP 250"，500 赛"ATP 500"和 1000 大师赛"ATP Masters 1000"三个级别）。国际网球联合会负责制定比赛规则，他们仅有对四大满贯赛事以及戴维斯杯的监督权。国际网联为了增加收入，在 2018 年对戴维斯杯的赛制进行了改革。

在不到十年的时间里，1968 年 5 月的网球比赛将一个专属精英阶层的游戏变成了一项受大众欢迎的营利运动项目。业余主义奄奄一息，网球选手们为了经营自己的运动项目创立了里程碑式的管理机制。一方是联合会，如国际网球联合会，掌握监督权，并负责制定游戏规则和维护道德准则；另一方是私有机构，如 ATP 和 WTA，负责保存主要的利润；两者共存的局面已经成为热门话题，也比以往任何时候都更加重要。这种多少还算和平的共处模式将是未来几十年网球运动在发展过程中矛盾产生的来源，但也是再进一步的关键。

六

性别大战：比利·简·金 vs 鲍比·里格斯

弗朗索瓦·托马佐

鲍比·里格斯（Bobby Riggs）是一名出色的网球运动员。在 50 岁左右时，他成为一名纯粹的运动员与一位"赌徒"。二战之前，这位加利福尼亚人拿到了三个大满贯赛事的冠军，直到 20 世纪 50 年代中期，他始终在职业巡回赛中独占鳌头。成为一名"好父亲"后，里格斯在 70 年代中期复出，但他对网球的过度投入导致婚姻破裂。在整个职业生涯中，他的主要追求就是希望通过赌博让赛绩变为现金。

20 年后，当里格斯在球场上又一次像在《王牌大间谍》中那样出洋相时，他想到了一个翻身的办法：挑战女网球选手。当时体坛正是女权盛行的时代，这位前职业选手为了给自己失败的婚姻报仇，不断地寻找新的挑战。"他不停地来找我，要我和他比赛。但每次我都拒绝了。"身为女子网球界明星运动员之一的比利·简·金在纪录片《性别大战》中回忆道。

里格斯习惯于四处煽风点火和自我推销，他与世界排名前九的女网球选手都联系过。令人出乎意料的是，当时世界排名第一的女选手玛格丽特·考特大方应战，考虑到当时澳大利亚并不支持女性解放，这就更令人震惊了。自信、谨慎、时而冲动的考特实际上是中了里格斯的诡计：他想博得人们的关注。里格斯的辩解俨然让这位曾经的冠军变成了职业大男子主义者：

> 美国女性是有史以来拥有最多特权的群体。她们还想要更多的权利吗？我不是为自己而战，而是为所有像我这样的好男人而战。我们必须阻止这些女人，现在就去。

考特就此身陷骗局，1973 年母亲节那天，她在拉莫纳被里格斯以 6:2 和 6:1 直落两盘，轻松拿下。作为"性别大战"的大赢家，里格斯登上了《体育画报》的头版头条。受到震动的比利·简·金立刻决定要刷新纪录。她看清了里格斯的小丑把戏：他一边在漂亮女孩的簇拥中卖弄风骚，一边指责那些助他实现商业资本积累的女性精神错乱。因此这一战，她既是为女子网球，也是为自己正名。

"不仅是一场网球比赛"

自 1972 年以来，比利·简·金一直是持有不同政见的女运动员当中的领袖，并自行组织女子运动员之间的巡回赛。几个月后，她成立了第一个属于女子网球运动员的工会——国际女子网球协会，该协会很快就掌控了女子网球运动［参见本部分第五篇］。

不仅如此，比利·简·金还有更长远的打算。她从小就认为男女不平等是对个体的侮辱，网球成了她对抗不平等的武器。她决定面对里格斯时，需要冒很大的风险。于她的事业，她意识到这场对决可能会损害自己创办的巡回赛的信誉；于她个人，她即将与被发现是同性恋的丈夫拉里分开。

考特的落败让第二场"性别大战"成为重大媒体事件。休斯敦太空巨蛋体育馆及其 31000 个座位被征用，美国广播公司（ABC）花费了 75 万美元把赛事转播到 37 个国家和地区，这场比赛的获胜者将得到 10 万美元的奖金。在新闻发布会上，两个对手像参加拳击比赛那样在赛前互放狠话，而金和她对面的小丑应答敏捷。"但这确实是一场拳击比赛。我喜欢！"她在对里格斯放狠话之前说道。

时至今日，这场比赛依然是电视历史上收视率最高的网球比赛。为了不负众望，金特意进行了艰苦卓绝的训练。她没有掉进里格斯的陷阱，在约翰·韦恩（John Wayne）和所有网球界名人赞叹的目光下，她在三场比赛中坚守到了最后。一个女人赢了性别大战。"这不仅仅是一场网球比赛。我认为这改变了很多看过这场比赛的男人和小女孩的思想。因此，我为自己的行为感到高兴"，金说道。她始终没有停止斗争，并在 1974 年成立了女子体育基金会。

后来，娱乐与体育节目电视网（ESPN）在 2013 年播报了一则新闻，声称里格斯是为了偿还黑手党的赌债而故意输掉比赛的。无论如何，比利·简·金最终与她昔日的对手里格斯成了朋友，并且直到 1995 年逝世前，她与这位间接帮助了她事业的敌人始终保持密切联系。

参考文献

The Battle of the Sexes, documentaire de James ERSKINE et Zara HAYES, 2013.

Don VAN NATTA JR., « The match maker. Bobby Riggs, the mafia and the battle of the sexes », <http://www.espn.com>, 25 août 2013.

七

"世纪之战"宣告拳击运动的结束

奥利维耶·维尔普勒

1921 年，在乔治·卡庞蒂埃和杰克·邓普西（Jack Dempsey）争夺重量级拳击世界冠军之际，"世纪之战"一词成为固定表达。对于拳击运动历史学家而言，20 世纪 20 年代是这一项目的黄金时代：一是因为它赶上了广播的出现，二是足球和篮球等团体运动项目还没有个体运动项目那样普及。

从那以后，还有少数几场比赛配得上兼具历史性和宣传性的"世纪之战"的称号。但是要论拳击运动史上真正有分量的大事件，最有意义的无疑是 20 世纪 70 年代穆罕默德·阿里、乔·弗雷泽（Joe Frazier）和乔治·福尔曼三人之间的竞争。1971～1975 年，五场直接对话在这三人之间打响（包括四次世界锦标赛），正是这一时期他们的存在，使得拳击运动的声誉达到了顶峰。

日中则昃、月满则亏，这个鼎盛时期也是"贵族艺术"衰败的起点，越来越多的巨额资金流入这个行业，而这些钱并非总是干净的。加之各种联合会和毫无竞技意义的比赛日益增多，拳击运动江河日下，当然这与那些非凡的大人物的退役也有关。拳击运动的鼎盛时期始于 1971 年 3 月 8 日，这是阿里和弗雷泽第一次对决之日，终于 1975 年 11 月 1 日两人最后一次争夺冠军那一天，所以，这些光环应该首先归功于他们。

拳击场上的政治

数十年来，穆罕默德·阿里一直是所有民意调查中有史以来最伟大的运动员，他也因此博得名号：最伟大的人。拥有"拳王"美誉的阿里不仅是运动员，还是榜样与偶像。他公开担任政治职务，坚决反对体育运动中的种族主义。1971 年，他与弗雷泽的第一次对决远远超出了体育范畴。1964 年，阿里打败索尼·利斯顿（Sonny Liston）斩获个人的第一个世界冠军。在罗马获得奥运会轻量级冠军之后的 4 年，他一直称霸重量级拳坛，直到 1967 年 4 月因拒绝去越南作战遭到禁赛。因此，1971 年 3 月 8 日的比赛标志着这个可怕家伙的回归，但赌注远远超出了拳击本身。

自从他以卡修斯·克莱（Cassius Clay）的名字获得第一个冠军并皈依伊斯兰教后，阿里始终致力于拥护美国黑人争取权利的斗争，他是一位深受爱戴的冠军。在被排挤四年后，他担负的责任更重了，因为他成了反对美国入侵越南一派的领导者。阿里不再只是一个群体的先驱，而是一个时代的先锋。在这场对决中，乔·弗雷泽自然成了反面角色。他的挑战者将不会放过任何打倒他的机会——既是为了在心理上压制他，也是为了能向外界传达自己的立场，建立话语权优势。

在比赛之前，阿里毫不犹豫地款待了他的本土对手，一位酷似哈里特·比彻·斯托（奴隶制废除前唯主人之命是听的黑奴典型）的拳手。弗雷泽不如阿里能说会道、才思敏捷，这位南卡罗来纳州贫穷的佃农之子从小在田野上艰苦劳作，后来在纽约的可口可乐公司和费城的屠宰场工作，只有拳头能应对久别重逢后的挑衅。原来作为配角的弗雷泽无意中成为美国保守派的代表，但他发现自己不得不接受这一事实。如果说他之所以免于兵役，那是因为他是一位父亲，但他没有忘记表明：如果不是这种情况，他非常愿意参加越南战争。

这一年的 3 月 8 日，在拳击圣地麦迪逊花园广场，伯特·兰开斯特（Burt Lancaster）当着好莱坞所有名流之面现场直播比赛实况。弗兰克·西纳特拉（Frank Sinatra）为《生活》拍摄照片，这些打在身上的拳头将会令昔日的世界冠军受到侮辱。阿里将拳击变成了躲闪的艺术，他灵活地转身，在对手身边辗转腾挪，等待转机的到来。

弗雷泽的体能被大量消耗。他疲惫不堪，在借助致命武器发动最后一击前踉跄了一下——所谓致命武器是他的左勾拳，因为他的右臂在青春期时受过伤，不如左勾拳有杀伤力，这也让他在出拳时留下一个不寻常的印记。他的教练埃迪·法奇（Eddie Futch）注意到，阿里在猛地打出右上勾拳前时有可能暴露自己，此时正是使出著名左勾拳的绝佳时机。这也是弗雷泽在第 11 回合（阿里身形晃动时）和第 15 回合（最伟大的人摔倒在地时）所做的事情，三名裁判一致同意胜利属于卫冕冠军。但是阿里仍不罢休，他认为自己职业生涯的第一次失败是因为"白人做出的决定"。

拳王的卷土重来

随着比赛失利,人们也许认为阿里复出失败,其实并非如此。首先,因为双方的打斗着实激烈,以至于这场比赛至今都占据着"世纪之战"之名。另外,他输掉了比赛,也丢掉了傲慢,阿里的形象改变了,他不再是一个言论过激、狂妄自大、令人厌烦的小丑。正如阿里的传记作者威尔弗里德·希德(Wilfrid Sheed)所写的那样:

> 当晚,部分民众对阿里长期以来的敌意消散了。最终,对他的支持者来说,阿里成了神话人物。批评他的人终于给了他尊重,尽管这种尊重有些勉强。最后,人们看到他在输掉比赛的同时,傲慢的咧嘴笑也从脸上消失了。

乔·弗雷泽也因这场比赛发生一些变化。尽管他在1972年已经两次击败对手卫冕冠军(一位是25岁的学生特里·丹尼尔斯,遭到4次重击,此后长期受比赛的后遗症影响,还有一位是罗恩·斯坦德,止步于第五回合),但他似乎为这最精彩的15回合保留了最佳实力。

1973年1月22日,在牙买加首都金斯敦,第三个重量级人物乔治·福尔曼上场了。年轻的得克萨斯人与1960年的奥运冠军"卡修斯·克莱"和1964年的金牌得主弗雷泽走上了相同的道路,他已经在1968年的墨西哥奥运会上拿下了重量级冠军。这次,在短跑运动员汤米·史密斯和约翰·卡洛斯于

200 米的领奖台上抗议示威几天后，他在拳击场上举起了极具象征意义的美国国旗。

福尔曼在职业比赛中赢下 37 场比赛，他无疑被弗雷泽视为有力的挑战者。福尔曼身高 1.92 米，宛若一尊阿里的复制品，但他既缺少灵活的步伐也没有开阔的眼界，甚至不太受媒体关注——他是依靠 34 场淘汰赛的胜绩名声大噪的。而弗雷泽因战胜阿里而引人眼球，因此大多数人认为还是他最有希望获胜。

福尔曼知道他必须避开卫冕冠军著名的左勾拳并掐住他的脖子，才有获胜的可能，这是一个正确的策略。弗雷泽在前两个回合中六次被击倒在地，到了第三回合，裁判员面对惨烈的赛况都动了叫停的念头。对于福尔曼而言，把对手击倒的名场面还会出现。1973 年底，他在两分钟内就让波多黎各人何塞·罗曼（José Roman）元气大伤，第二年，他又让肯恩·诺顿（Ken Norton）遭了两次罪，后者不久前在圣地亚哥的一场比赛中打伤了穆罕默德·阿里的下巴。

拳击界都很期待这位新兴冠军能与阿里一决高下。不过这份比赛告示需要通过一项"手续"才能正式履行，那便是阿里和弗雷泽的重赛，获胜者才有权与冠军头衔持有者福尔曼对决。

这场比赛仍然在麦迪逊花园广场花园举行，由于不为决出王者，因此这场比赛与第一次阿里－弗雷泽之战完全不同。此外，比赛定于 1974 年 1 月 28 日，即《巴黎和平协定》签署即美越战争结束一周年之际进行。这场比赛没有太多政治色彩，但也止不住一些人对阿里的第一次失败冷嘲热讽，认为其一无是处，他们甚至在美国广播电视台频道中展开了激烈辩论。

相比之下，纸媒稍逊风骚。一位专栏作家将其称为"已经进行过的比赛"，这场重赛将让阿里迎来职业生涯的第二春，也表明弗雷泽无法避免地在走下坡路。这一次，"拳王"减少了观望，直接破解对手的进攻，他把左臂从弗雷泽的脖子后面绕过，如同给对手套上了枷锁。尽管后者提出了抗议，但这一次，"白人裁判"的决定大多偏向阿里，因此，阿里最终能带着荣光与福尔曼决斗。

不道德的组织者、纳粹骗子和非洲独裁者

上述三人的共同冒险还缺一位商人来帮他们实现抱负。1972 年，唐·金（Don King）突然出现（更确切地说是从监狱中出来的——他在克利夫兰的一家夜总会当老板兼赌注登记经纪人时打死了一名合伙人，因此被判处四年有期徒刑），此时正值他出狱一年后。他利用在乐坛的关系，通过歌手罗伊·德普莱斯邀请阿里表演拳击，以帮助艰难经营的克利夫兰医院，知名歌手马文·盖伊、威尔逊·皮克特和路·劳尔斯也在应邀之列。但有谣言称医院连一美元的影子也没见到。

唐·金怀有的野心和信念的坚定程度甚至超过了阿里。重夺冠军的胜者被这位吹牛大王骗了，后者说自己的冲冠发是上帝的礼物，如果他误入歧途，抓住头发就能控制他。曾经的痞子在监狱里拟定了征服拳击世界的宏伟计划，他作为金斯敦大赛的组织者，在幕后表现出的无畏精神博得了弗雷泽和福尔曼的好感。

他没有钱吗？他不需要用钱来赢得一切。与其他拳击赛组织者不同，那些人都是白人，金通晓这三位拳击手的语言，他

理解他们的期望和心态。若要最终促成阿里和福尔曼的对决，他是最佳人选。他从情感上说服阿里（已经与白人律师兼组织者鲍勃·阿鲁姆签约），向他保证这场比赛只与黑人有关。阿里的经纪人赫尔伯特·穆罕默德是伊斯兰民族组织（Nation of Islam）创始人的儿子，1974 年 2 月，他们接受了比赛规则，但条件是金要将 500 万美元的支票和福尔曼的书面承诺带回来。事实是唐·金一样都没有。在加利福尼亚，金好不容易才找到正在那里训练的卫冕冠军，并最终说服他，不要像其他人那样拒绝这场比赛：

这场比赛比任何人或你自己认为的都更重要。这是一场里程碑式的对决，并不是因为它能带来的金钱收益，而是因为从黑人的角度来看，这种象征性的影响将会在全世界传播。

此时，福尔曼与他的经纪人关系微妙，双方为昂贵的解约金额在进行紧张谈判，因此，他不能冒着失去奖金的风险在美国参加比赛。福尔曼接受了金，甚至在七张空白页的下方签上了自己的名字，而唐·金可以在上面根据自己的想法填写内容。

一切就绪、只差金钱。金后来与卫星图像广播先驱工程师汉克·施瓦茨（Hank Schwartz）合作，金能找到一些场地，比如施瓦茨可以随意进出的电影院。但事情还是没有什么进展。紧接着，一个不太光彩的人物弗雷德·韦默（Fred Weymer）出场了。他曾是美国纳粹党成员，因卷入了一系列金融诈骗案被禁止在美国居住，但他向金和施瓦茨提出了一个建议：他实

际上在管理扎伊尔独裁总统约瑟夫·蒙博托的私产，韦默管理
后者在瑞士的银行账户。蒙博托想组织一场大型活动来提高其
政权在国际上的威望，这是一个可乘之机。

于是，这位可疑的银行家、狡猾的中介人和蒙博托的爪牙
在巴黎进行了一周的秘密谈判，最终达成了一项协议：扎伊尔
的独裁者承诺将通过离岸基金提供一份 960 万的信用证明来帮
助两名拳击手组织比赛，其中 42% 的收入应归蒙博托，28%
归施瓦茨的广播公司，只有 4.3% 属于唐·金，但后者很快让
自己成了游戏的主人。

从"丛林之战"到"马尼拉的战栗"

穆罕默德·阿里向来善于文辞，把比赛命名为"丛林之
战"。但这场比赛也属于唐·金，他在组织时不放过任何微小
细节，以确保詹姆斯·布朗（James Brown）和 B. B. 金会出现
在 5 月 20 日的音乐会上，人们认为这场音乐会是为了提升热
度、刺激观众前往体育场现场观看，以便使得 1974 年 9 月 25
日在这里举行的比赛能吸引 100 万名观众。作家诺曼·梅勒每
天都在现场报道赛况。

这个夏天，两名选手都在金沙萨训练，但有意避开对方。
从一开始，福尔曼就是扎伊尔人民想要除掉的对象，扎伊尔人
民将阿里视为兄弟和英雄。"阿里，杀了他！"（Ali Boma
Yé!）一路追随阿里的支持者在城市的街道上高呼口号。不过，
福尔曼仍然对自己充满信心，他的亲信也认为他会重挫已是老
将的阿里。似乎是为了让局势更加紧张，一起关联事故不得不

让比赛延后：就在既定比赛日前，福尔曼在训练中打破了眉骨。唐·金已经把命运交给了这场全球瞩目的比赛了，他预计最糟糕的结果是比赛因此被迫取消。最后，所有人都留在扎伊尔，比赛还是会举行：只是被推迟了六个星期。

漫长的等待后，这一对决最终在 10 月 30 日凌晨 4 点开始了。在开局阶段的几次攻击后，阿里对自己在第二回合后还经得住福尔曼可怕的拳头而感到满足，福尔曼被迫退至场地边缘的围绳处。阿里一直躲闪，最终同福尔曼打进了第五回合。这位世界冠军曾三度击败弗雷泽，两度击败诺顿，习惯速战速决。在第六回合时，他已经筋疲力尽。第七回合时，他已无力出拳。到了第八回合，阿里不带一丝怜悯，左右各出一拳，直接将福尔曼打倒在地，后者显然成了输家。阿里重新拿回金腰带。

唐·金的胜利显得更隐秘一些。在这场比赛之后，他成了世界上最厉害的比赛发起人，他只需利用好这次成功，更进一步。金沙萨之战一年后，他决定组织一场所有人都期待已久的比赛：阿里与弗雷泽的"决胜局"。和上次的金沙萨之赛一样，唐·金向独裁者求助，希望他能资助阿里 - 弗雷泽的第三次对战。这一次菲律宾独裁者费迪南德·马科斯（Ferdinand Marcos）迎来机会，比赛将在马尼拉举行。

拳击爱好者们称这次比赛为"阿里 - 弗雷泽三部曲"的第三幕，阿里将这一次比赛命名为"马尼拉的战栗"。与此同时，卫冕冠军不断刺激四年前因他第一次尝到失败滋味的阿里。阿里取马尼拉的同韵词"大猩猩"，嘲笑弗雷泽"太丑了，他应该把脸捐给动物保护协会"。对于弗雷泽的态度是有"拳王"之称的阿里一生的污点，"冒烟的乔"（Smokin Joe）

也一直没有原谅阿里和其他白人极端种族主义者对他的侮辱。他拒绝任何和解，并在1996再次提起，当时穆罕默德·阿里被推选点燃亚特兰大奥运会圣火："他们更应该做的是把他扔进火里……"

无论是在口水战还是赛场上，阿里都成了最终的赢家。但就他个人而言，与弗雷泽的第三场比赛是他职业生涯中最艰难的一次。他在回忆录中写道："我从未如此接近死亡。"在第十四回合，即最后一个回合前，弗雷泽弃赛了，他的卫冕之路随之戛然而止。

天鹅颂歌

然而，金沙萨和马尼拉"世纪之战"的到来，也预示长期被认为是高贵艺术的拳击的末日降临了。即使这个行业还会出现像麦克·泰森（Mike Tyson）、马文·哈格勒、舒格·雷·伦纳德还有奥斯卡·德拉·霍亚（Oscar de la Hoya）这样伟大的冠军，但拳击运动的受关注度和可信度仍在逐渐下降［参见本部分第八篇］。

阿里只保留了两年多的冠军头衔，因为他最终不敌第一个真正的对手雷昂·斯皮克斯（Leon Spinks）。1978年2月，他又夺回冠军，但在1980年10月与拉里·霍姆斯（Larry Holmes）的决斗中再次被打败。在参加完最后一场比赛的三年后，他患上了帕金森综合征，给世人留下了一个破碎的英雄、虚弱的巨人的印象。1983年，国际拳击联合会（IBF）成立了，这是拳击运动第三个分离出来的组织，之后是1988年分离出来的世界拳击组织（WBO）。

拳击运动的重心后来转移到了拉丁美洲和东欧。由于没有美国籍的明星运动员，美国的观众随之减少，加之此时美式橄榄球和篮球等团队项目加入竞争，每周都有大型比赛，拳击项目自然受挫。有线电视频道、按次付费节目的出现和视听市场的细分趋势促进了其他格斗运动的发展，例如 MMA 综合格斗术。

1997 年 6 月 27 日，在拉斯维加斯举行的第二届世界重量级拳击锦标赛上，埃文德·霍利菲尔德（Evander Holyfield）和迈克·泰森的对决让拳击运动跌入谷底。那天晚上，泰森以绝对的实力压倒对手，两次咬住霍利菲尔德的耳朵，还撕下一块，然后才被取消比赛资格。这场比赛变成了一场彻头彻尾的闹剧。

"泰森是世界上最后一位真正的重量级拳击冠军"，唐·金在 2017 年接受《纽约时报》的最后一次采访时坚定地说道，他不怨恨任何一位把他告上法庭、要求赔偿已承诺但从未支付的款项的拳击手。

到了最后，也许最伟大的人还是唐·金。此人充分利用拳击的辉煌与衰败实现了自己的财富积累，还借此歪曲了一项因各种联合会而声名狼藉的运动。这使得如今四大世界冠军放下身段共处，只为了满足发起人的利益而非整个行业的发展。2018 年，时年 87 岁的唐·金仍经常在拳击比赛中露面，并为唐纳德·特朗普（Donald Trump）当选总统提供了强有力的支持。

2016 年，拳王阿里撒手人寰；弗雷泽因肝癌于 2011 年 11 月去世；代表过所有拳击流派的福尔曼因生活困顿于 1991 年重返赛场，在世界锦标赛上对战霍利菲尔德。当时他已 42 岁，这位身形庞大、留着光头、局促不安但勇敢的"大块头乔治"竟然再次夺得了世界冠军,即使这个称号在金沙萨一战二十年后已经被滥用。1994 年,他用一计重击打败迈克尔·穆勒,由此可见,至少在重量级拳坛,选手整体水平在持续下降。今天在美国,比起福尔曼拳击手生涯更广为人知的,是他在最后一次夺冠那年开始推广的一个烧烤品牌。

最近的一次"世纪之战"发生在 2017 年,由 1998 ~ 2015 年在五个类别获得世界冠军的美国拳击手弗洛伊德·梅威瑟对战爱尔兰综合格斗选手唐纳·麦格雷戈。在美国有 430 万观众在线观看了这场比赛,最终梅威瑟赢了十回合。但其实在付费频道,通常是综合格斗受到的关注度更高,同时也抢走了一部分拳击运动的观众。

参考文献

Wilfrid SHEED, *Muhammad Ali, a Portrait in Words and Photographs*, Crowell, New York, 1975.

Jack NEWFIELD, *Only in America. The Life and Crimes of Don King*, William Morrow & Co., New York, 1995.

Norman MAILER, *Le Combat du siècle*, Gallimard, Paris, 2002.

Muhammad ALI, *Le Plus Grand*, Gallimard, Paris, 1976.

Joe FRAZIER et Phil BERGER, *Smokin Joe, The Autobiography of Smokin Joe Frazier*, Macmillan, New York, 1996.

George FOREMAN et Joel ENGEL, *By George. The Autobiography of George Foreman*, Villard, New York, 1995.

When We Were Kings, documentaire de Leon GAST, 1996, 89 min.

八
拳击，体育丑闻的试验室

弗朗索瓦·托马佐

拳击的历史基本等同于这篇文章的梗概，因为"贵族艺术"一直在努力让这个称号站不住脚。即使这个称号出自19世纪伦敦第一家大型拳击馆的广告语，但最初就没能控制好，以至于所有破坏体育形象的丑闻在业内接连上演。

拳击多少受惠于它的出身。这项运动起源于18世纪的英格兰，比起竞技体育，它更像赌博和金钱交易。英国贵族创造并发扬了"拳击"运动，他们一开始秘密组织比赛，后来为了投注尽可能盈利而使其完全公开。结果显而易见，操纵比赛、对战选手实力悬殊、冒用身份、冒领成绩和服用兴奋剂等问题与拳击运动共生并存，不过这样的情形也没有阻碍伟大的冠军和非凡人物的出现，一向被誉为有史以来最伟大运动员的穆罕默德·阿里便是最好的例子。

拳击的第一大罪过在于，它是一项致命运动。对于业余爱好者来说，这是拳击运动的趣味所在与最刺激的部分；然而如果任其发展，这种集中的暴力行为可能导致死亡事件和比赛事故。组织者和相关机构负责人意识到这项运动的病态吸引力后，始终没有停止进行改进和规范化管理、履行监督之责，以免发生惨绝人寰的事故。1865 年，著名的"昆斯伯里规则"标志着现代拳击规则框架初步形成。它禁止选手赤手搏斗，并将每一回合限制在三分钟之内，且不再强制进行"极限"对决，即在其中一位选手完全丧失战斗力的情况下继续比赛。

这些规则旨在遏制频发的事故，同时也提高了拳击运动的威望，虽然该运动经常被当局禁止，还总是引发投注者和观众斗殴。自从这些规则被采纳之后，仍有大约 500 名拳击手死在拳击台上。触目惊心的事故让联合会在世锦赛期间减少了比赛回合数，并要求裁判员提高警惕，确保拳击手的安全。1962 年，本尼·帕雷特（Benny Paret）在次中量级冠军争夺赛中输给埃米尔·格里菲斯（Emile Griffith）之后去世，美国广播公司因此中断直播，这场事故推动组织者强化了裁判员的作用以保证运动持续发展。在 1982 年的世锦赛上，韩国人金得九（Kim Duk-koo）在与雷·曼奇尼（Ray Mancini）的对决中去世，促使联合会将比赛从 15 回合减少到 12 回合。

拳击史上的一些悲剧事件与作弊有直接关系。1983 年，出乎所有人的意料，波多黎各人路易斯·雷斯托（Puerto Rican Luis Resto）击败了美国黑马——次中量级小将比利·柯林斯（Billy Collins Jr.）。22 岁的柯林斯因这场比赛一只眼睛失明，随后于 1984 年在一场车祸中丧生，他的家人认为他是自杀。后来的调查显示，路易斯·雷斯托的教练、恶毒的巴拿马·刘易斯（Panama Lewis）当时把雷斯托手套中的保护层取了下来，并在他的护手绷带上涂了石膏粉，石膏粉随着汗水凝固，使得雷斯托的每一拳都让对手更痛苦。

　　"硬绷带"的使用与拳击历史一样古老，并一直流行。2009 年，墨西哥人安东尼奥·马加里托（Antonio Margarito）在与美国人谢恩·莫斯利（Shane Mosley）对战之前，依样在拳套中塞了石膏。裁判在第九回合叫停比赛，马加里托击败莫斯利获胜。

　　然而，与拳击运动相关的体育道德问题依然没能得到很好解决：在巴尔科实验室丑闻的背景下［参见第四部分第五篇］，谢恩·莫斯利承认，在七年前与美国人奥斯卡·德拉·霍亚展开世界大战之前，他服用过兴奋剂，虽然不是出于自愿。另外两名德拉·霍亚的挑战者，墨西哥人费尔南多·巴尔加斯（Fernando Vargas）和尼加拉瓜人里卡多·马约尔加（Ricardo Mayorga）也因使用兴奋剂而受到惩罚。拳击界的几大巨星，例如美国人罗伊·琼斯（Roy Jones Jr.），詹姆斯·托尼（James Toney）和维吉尔·希尔（Virgil Hill），还有英国人泰森·弗里（Tyson Fury），也涉及服用禁药，但他们受到的处罚通常不如其他运动项目选手那么严重。类固醇和利尿剂既有利于减重，又能掩盖促蛋白合成类固醇的摄入，它向来是拳击手的首选药物。拳击界通过建立自愿反兴奋剂协会（VADA），仿佛在禁药事业上也进行了多年的努力，该组织鼓励拳击手在比赛前自愿接受一系列的测试。但问题是：这是真正的进步还是迷惑人的烟幕弹？

　　拳击运动的先天不足也正是它的组织性。拳击运动长期被不法分子操控，著名的意大利裔美国拳击手杰克·拉·莫塔（Jake La Motta）在 1947 年与比利·福克斯（Billy Fox）为了 2 万美元展开殊死搏斗，当然也是为了获得与马塞尔·塞尔当

（Marcel Cerdan）争夺世界冠军的资格。从 20 世纪 70 年代起，这项运动又被两个势均力敌且都不可靠的发起人玩弄于股掌之间，即唐·金和鲍勃·阿鲁姆（Bob Arum），两个最擅长贪污和玩弄肮脏把戏的人。

职业拳击分为四个联合会——世界拳击协会（WBA）、世界拳击理事会（WBC）、国际拳击联合会（IBF）和世界拳击组织 ①。它们让这项运动变得更加错综复杂，也推出了更多的"世界"大赛。由于唐·金的私心算计，赌博和财务收益损害了拳击运动的信誉。

1976 年，这位前赌注登记经纪人提出了一个极好的主意：组织一场美国锦标赛以庆祝建国 200 周年。为此，他大力资助了 *Ring* 杂志，他一直操控该杂志给出的排名（那时这本杂志的排名便是权威），以便按照他的意思捧红拳击手。他还说服了美国广播电视台播放锦标赛，并用募集到的钱左右比赛。

最后美国广播电视台退出了竞争，*Ring* 和纽约州运动委员会声誉扫地，后者是美国拳击协会的原始联合会之一，纽约州运动委员会最终让位于 WBA 和 WBC，很快又被 IBF 和 WBO 赶上。唐·金还与甘必诺（Gambino）和科伦坡（Colombo）黑手党家族有联系，他把责任推给下面的小职员，例如在漏税和保险欺诈案中，他有很大嫌疑，却在法庭外私了

---

① WBA（世界拳击协会）原名国家拳击协会（NBA）。它成立于美国，现总部位于巴拿马。WBC（世界拳击理事会）于 1963 年成立于墨西哥城，鼓舞了拉丁美洲的拳击手。国际拳击联合会（IBF）总部位于新泽西州，由未能当选 WBA 主席的鲍勃·李（Bob Lee）创立。总部位于波多黎各的 WBO（世界拳击组织）于 1988 年从 WBA 中分离出来。

了。根据记录，此案的主要揭发人是警觉的创办人马尔科姆·戈登（Malcolm Gordon），他是专门揭露拳击界秘闻的《爱好者》杂志编辑，绰号"闪光戈登"（Flash Gordon）。他在 80 年代突然停止发表密信，并在 2016 年神秘失踪了。

参考文献

Jack NEWFIELD, *Only in America. The Life and Crimes of Don King*, William Morrow & Co., New York, 1995.

九

冷战中的奥林匹克运动

弗朗索瓦·托马佐

1952 年，苏联运动员进入了奥林匹克赛场。从一开始，这就是一个强势的外交行为，并且苏联通过其他方式把体育运动当作延续冷战的特权手段。首先是苏联运动员奥运会期间的比赛引起了大量争议，当时的地缘政治问题转变成了异常激烈的暴力对抗：1952 年针对南斯拉夫的足球比赛、针对美国与加拿大运动员的冰球较量，以及 1956 年在泳池中针对匈牙利的"墨尔本泳池血战"。墨尔本事件在一定程度上反映出奥林匹克精神自 1936 年以来已经被歪曲（假设政治从未远离奥运会），不再真正地在赛场上发挥主导作用了。比赛的"英雄人物"、匈牙利人埃文·扎多尔在事后从这个层面对整个比赛过程进行解读："我们不是在为自己比赛，而是为我们的国家而战。"

笼罩这次比赛的极端紧张气氛可从政治背景中找到缘由：始于 1956 年 10 月的布达佩斯起义刚刚遭到红军的镇压。在捷克斯洛伐克做体能准备的匈牙利运动员直到抵达澳大利亚才知道这次镇压的真实情况，自此，比赛只会变得更糟。决赛哨响

的四分钟后，埃文·扎多尔受到瓦伦丁·普罗科波夫
（Valentin Prokopov）的肘部重击，一丝鲜血在奥运会泳池的蓝
色水域里蔓延开来。警察不得不驱逐愤怒的公众。匈牙利队最
终以 4 比 0 获胜，并在决赛中摘得金牌。

同样紧张的一场比赛是 1972 年慕尼黑奥运会美苏之间的
篮球决赛。自从这项运动于 1936 成为奥运会比赛项目后，美
国就囊括了所有篮球冠军头衔，并保持了连胜 63 场的奥运纪
录。然而在这一届的决赛中，他们发现自己成了追赶者，两个
罚球可以让他们以 51 比 50 的微弱优势获胜。但这时苏联人提
出抗议，不顾规则向裁判员提出要求暂停。

经过漫长且无意义的讨论以及国际篮联秘书长的干预，苏
联队成功使比赛回表三秒，随后因秒表出现问题又获得了三秒
钟的比赛时间。接着，不可思议的事情发生了：苏联队的亚历
山大·贝洛夫（Alexander Belov）在最后一秒绝杀，为他的国
家赢得了冠军，这伤害了无敌的卫冕冠军。美国人的抗议并没
有改变这一结果。上诉陪审团由三名共产主义阵营成员和两名
西方阵营的法官组成。

在美国，这次失败看上去是一场民族悲剧，其影响甚至一
直持续到 38 年后，当俄罗斯人和美国人在土耳其世锦赛 1/4
决赛相遇时，新闻发布会只谈了这个历史性的日期。"作为美
国人我讨厌这样说，但在 1972 年，俄国人是占理的"，教练布
拉特坚定地说道。不久之后，这位以色列裔美籍教练被列为叛
国者。

对于 20 世纪的两个超级大国来说，夺取奥运会金牌与征
服太空有相同的分量，是展示其政体优越性的一种手段。从 20

世纪 70 年代开始，紧张的局势进一步升级：抵制比赛时期接替了高压比赛时期。

抵制时期

即使在一年前通过了反犹太法，1936 年由纳粹政权在柏林举办的奥运会也没有遭到西方民主国家的完全抵制。政府的某些保证、恢复一两个犹太运动员的身份，这些做法足以叫停一切不成气候的抗议活动。然而号召抵制会被定罪，尤其是在美国，奥运会已屈服于现实政治。IOC 委员、美国人欧内斯特·李·扬克（Ernest Lee-Jahncke）是抵制行动的坚定支持者，甚至因此被开除，他的位置由埃弗里·布伦戴奇接替。那么，为何美国总统吉米·卡特（Jimmy Carter）44 年后会千方百计要发动 65 个国家抵制莫斯科运动会（1980 年）呢？他有着多方面的考量。

事实上二战之后，类似的行动已经实施过。1956 年，由于苏联出兵匈牙利，西班牙、荷兰和瑞士拒绝参加墨尔本奥运会。瑞士方面后来改变了主意，但没找到能将代表团送去澳大利亚的航班！该届奥运会前，埃及、伊拉克和黎巴嫩因以色列介入苏伊士危机事件而弃权；最后，中国为抗议台湾代表团的出席也退赛了。1952 年成为国际奥委会主席的布伦戴奇曾徒劳地呼吁：运动员不是代表他们的国家，而是代表各自的奥林匹克委员会。但奥运会已经成为一个政治平台，而且这种情况还将延续下去。

1976 年，22 个非洲国家拒绝参加蒙特利尔奥运会，并要求禁止新西兰参赛。因为新西兰允许名为"全黑队"（All Blacks）的本国球队在巡回赛中对战南非斯普林博克队，破坏了它们对南非的体育禁令。任性的刚果人让·克劳德·甘加（Jean-Claude Ganga）是非洲最高体育理事会（CSSA）秘书长，他领导的反抗活动实际上超出了煽动者的原本意图①。

无论如何，抵制奥运会已经成为"软性外交"的特殊手段。自从 1963 年古巴导弹危机解除后，求稳正式成为主流。但是，苏联在 1979 年 12 月入侵阿富汗改变了局势。卡特在总统任期期间引发的争议颇多，外交政策自然也不例外。他的裁军承诺使得国内外认为总统在面对苏联时表现出了软弱和优柔寡断的一面，但他在总统选举期间宣称："我们不会接受缓和期。苏联人会乘机制定自己的法律并推行他们的优先事项。"

即将成为中央情报局局长的罗伯特·盖茨和他的安全顾问兹比格涅夫·布热津斯基是当时总统的两个主要心腹，他们后来声称民主党总统正在试图破坏苏联的内部稳定。罗伯特·盖茨在他的回忆录中吐露，中情局在苏联出兵阿富汗的前六个月就已将特工派往阿富汗，布热津斯基暗指此举意图让苏联陷入类似于越南战争的泥潭中。这时，政府中最反苏的一派说服了卡特，呼吁人们抵制奥运会。布热津斯基认为，这一步可能会真正影响到苏联的公共舆论，并从内部瓦解该政权。

---

① 因为滥用权力，甘加于 1979 年被非洲最高理事会免职，他在 20 世纪 90 年代初加入了国际奥委会，后因涉嫌盐湖城申办委员会巨额行贿事件而被开除［参见第四部分第三篇］。

抵制的想法来自西德驻北约大使洛尔福·保罗，他毫不避讳地以 1936 年的柏林奥运会为例："如果人们抵制了1936 年的希特勒奥运会，这个世界的模样可能已经发生改变了。"参加过柏林奥运会的前美国运动员埃莉诺·霍尔姆（Eleanor Holm）对此表示了支持，"在目前的情况下，俄罗斯人已前往海外参加比赛。1936 年，我们不认为希特勒展现出这样的威胁"，她显然忘记了几个月前莱茵兰的重新军事化。

苏联的反击

在上述背景下，国际奥委会还得说服每个协会遵循其宗旨。在普莱西德湖冬季奥运会代表大会上，IOC 明确拒绝了卡特政府提出的取消莫斯科主办奥运会的要求。不管是否出自本意，美国奥委会（USOC）与政府达了成共识，舆论也倒向了拥有 55% 支持率的政府一边。但这与运动员的想法完全不同，传奇人物阿尔·奥特（Al Oerter）曾四度获得奥运冠军，他总结了他的同行们的立场："打败苏联的唯一方法就是让他们在本土让出冠军宝座。"

当时的 USOC 运动员委员会成员、赛艇运动员安妮塔·德弗朗茨（Anita DeFrantz，后来成为第一位女国际奥委会副主席）也对该决定表示不满。她在 1996 年亚特兰大奥运会上宣布："这是一项毫无意义的举措，甚至在美国历史上是可耻的一页。"1982 年，卡特总统还在亚特兰大创办了和平基金会。

抵制行动中最可笑的一个想法是派穆罕默德·阿里（Muhammad Ali）去说服非洲国家加入这个计划。前拳击手本人对此持怀疑态度，他只让对话者更相信自己的观点，而大多数反对抵制行为的人完全不知道他在这桩苦差事中做了什么。至少负责配合抵制行动的美国外交官纳尔逊·莱兹基（Nelson Ledsky）说过："阿里以极度混乱的状态回到美国，我们再也没有起用过他。"

也许，对此事最持怀疑态度的是中央情报局局长斯坦斯菲尔德·特纳。他认为莫斯科会冒险利用抵制行动，装出一副受害者模样，反而让没结盟的国家被苏联笼络。他补充表示：苏联会毫不犹豫地用同样的方式回击卡特。事实证明，他所言非虚。

在此期间，尽管英国奥委会拒绝服从玛格丽特·撒切尔（Margaret Thatcher）政府的禁令，派出运动员前往莫斯科，法国奥委会也派队参赛，但仍有 65 个奥委会或多或少公开附和美国的抵制行动。国际奥委会未来的副主席迪克·庞德认为，奥运会只是个借口："抵制行动引起了媒体的关注，并使政客给人以坚定和有决心的印象，其实就是阻止运动员参加奥运会。为了让这些事情真正有政治意味，加拿大将俄罗斯航空的航班数量从每周四班减少到三班，并取消了俄罗斯芭蕾舞团的巡回演出。同时，该国在 1980 年向苏联出口的小麦比以往任何时候都多。"

抵制行动的实际影响仍然难以估量，但它首先在美国内政上发挥了作用。奥运会结束四个月后，里根（Ronald Reagan）击败卡特当选总统，这使得华盛顿的反苏立场更加坚定。苏联驻华盛顿大使安纳托利·多布利宁（Anatoly Dobrynine）24 年来对卡特的看法一向犀利，他在回忆录中对 1995 年的抵制行动的动机感到疑惑："这究竟是弱小又遭鄙视的领导人的情感爆发，还是为国家最高利益做出的决定？"

即使美国当局故作震惊，但实际上苏联的反击在他们预料之中：1984 年 5 月 8 日，苏联宣布将抵制两个月后的洛杉矶奥运会。这个决定很快得到社会主义阵营中大多数国家的响应。莫斯科以"在美国流行的反苏癔病"为由进行抵制，称这样做是因为担心运动员的安危。但这显然是对挑事者的回应。

接着，一些进入过苏联档案馆的历史学家声称苏联投入了金钱和精力，要将运动员送到洛杉矶。1984 年 2 月，著名奥林匹克怀疑论者康斯坦丁·契尔年科（Konstantin Tchernenko）成为苏共领导。加之西方名为"禁令苏维埃联盟"运动的可疑行径，这个联盟召集了几个反共产主义组织，确实让苏联人感到恐惧。罗纳德·里根事后证实，莫斯科实际上是担心他们的运动员大规模叛变。

抵制洛杉矶奥运会的行动最终只涉及了 14 个国家，这至少掩盖了对奥运会的未来同等重要的一个信息。共产党领导下的中国不仅没有附和苏联的倡议，而且，这个亚洲国家自1952 年以来首次回归夏季奥运会；四年之前，该国参加了在美国境内普莱西德湖举办的冬奥会，重返冬奥大家庭。中国回归夏季奥运会舞台反映了北京与华盛顿的关系不断回暖，美国在 1979 年正式承认了新中国。

参考文献

Robert Gates, *From the Shadows. The Ultimate Insider's Story of Five Presidents and How They Won the Cold War.* Simon & Schuster, New York, 2007.

Richard W. POUND, *Inside the Olympics. A Behind-the-Scene Look at the Politics, the Scandals and the Glory of the Games*, Wiley, Toronto, 2004.

Anatoli DOBRYNINE, *In Confidence. Moscow's Ambassador to Six Cold War Presidents*, University of Washington Press, Seattle, 2001.

十
1978年世界杯，属于军政府的一届大赛

菲利普·布鲁萨尔

足球拥有的一切权利是如此之大，甚至可以忽视最可怕的人。1978年6月，当阿根廷第一次举办世界杯时，法国和其他国家的每一名球员、每一位球迷都可以听到人权组织的严正表态，谴责自1976年3月阿根廷军方掌权以来，政府在国内实施的军事镇压。国际特赦组织公布了一组可怕的数字：在此期间约8000人被谋杀，8000名政客入狱，15000人失踪。我们真的要在这样的背景下踢一届世界杯吗？当法国民众梦想着米歇尔·普拉蒂尼（Michel Platini）能带领法国队实现蓝色梦想时，诸位学者（如让-保罗·萨特、路易·阿拉贡）共同签署文件呼吁抵制世界杯，作家马雷克·阿尔泰恳求球员和球迷不要在公开场合支持独裁政权。

在布宜诺斯艾利斯，军方正在抗议这些所谓的"谎言"指控。军政府领导人豪尔赫·拉斐尔·魏地拉将军呼吁他的宣传部门玩弄文字，创造出"我们是阿根廷人，我们向往人权"的口号。于是世界杯如期进行，当法国队和其他球队到达阿根廷时，他们的生活是与主办国的现实泡沫相隔绝的。但在幕

后，没有人能忘记这样的现实背景。

因此在 6 月 6 日，也就是法国队 1∶2 不敌阿根廷的那一天，法国驻阿根廷大使弗朗索瓦·德·拉·戈尔斯在奥赛码头向他的上级发了一封密报。他担心在比赛期间，会有一个法国协会的代表团访问阿根廷，该协会成员主要是在阿根廷失踪或被拘留的法国人的亲属和朋友。这位法国外交官因惧怕丑闻而急于安抚军政府，他写道："法国反对阿根廷侵犯人权的运动激怒了该国当局，一些无耻的指控和抵制世界杯的企图震惊了公众。"

除了少数例外，不干预也不表态是蓝军面对此事的一种选择。尽管多米尼克·罗什托和让－马克·吉尤选择保留他们的意见，但法国队多数球员，尤其是普拉蒂尼都毫不犹豫地表示：他们眼中只有足球。其他国家队的表态也或多或少同法国队一致，只有少数荷兰和瑞典球员明确反对独裁。在整个欧洲，有一种观点经常被提及："不要把体育和政治混为一谈！"

但这仅仅只是"政治"吗？在外交官们看来，这些恐怖事件（如酷刑、绑架、强奸等）迟早有一天会曝光出来。因此，在世界杯期间，美国驻阿根廷大使馆多次向华盛顿通报，而在美国首都，民主党人吉米·卡特于 1977 年上台，决心对阿根廷施加压力。这些电子邮件是通过维基解密获得的，揭示了亨利·基辛格私人访问的细节，后者曾是美国尼克松总统和福特总统的国务卿。

基辛格支持智利和阿根廷的独裁政权，他与妻子和儿子一起观看了三场世界杯比赛。此外，他还借机会与魏地拉共进午餐，魏地拉热情欢迎他并对他的支持感到欣慰。美国驻阿大使劳尔·赫克托·卡斯特罗在发给华盛顿的电报中对二人的会面表示担忧。他在电报中写道，基辛格赞扬了这位将军为抗击"恐怖主义"所做的努力，这种过于热心的态度让大使们非常关注。阿根廷人可能会利用基辛格的赞美来证明自己的努力是正确的，来继续强化他们在人权方面的工作。

基辛格为人粗暴大胆，他很清楚，政府一声令下，成千上万的反对者（无论是否真实存在）就会被便衣警察抓捕，然后被带到秘密拘留中心（通常是车库或一些偏僻的房屋）。这些中心被称为"chupaderos"，是从动词"chupar"（意为吮吸、吸气）演变而来。之所以起这样的名称，是因为在那里，被诅咒的人就像被监狱里的黑洞吞噬一样，这一战略不只针对普通人，也包括运动员。失踪人员包括拉普拉塔俱乐部的 17 名橄榄球运动员、网球运动员丹尼尔·沙皮拉和田径运动员米格尔·桑切斯。

在场内，高卢雄鸡法国队小组赛一胜两负早早出局，而同组的阿根廷队则一路高歌猛进。在全体阿根廷人民的支持下，他们以 6 比 0 的大比分轻松战胜秘鲁，尽管这场比赛最终的结果被认为存在一定可疑之处。6 月 25 日（星期日），在布宜诺斯艾利斯纪念碑球场，阿根廷以 3 比 1 击败荷兰赢得了世界杯冠军。全世界都见证了丹尼尔·帕萨雷拉作为队长举起大力神杯。在颁奖台上，一个蓄着胡须眨着一双鹰眼的男人正在享受他的胜利：魏地拉。

1978 年 6 月，整个阿根廷正在经历一种奇怪的复杂感情，既有对成功的兴奋，也有对回归现实生活的恐惧。一些失踪者的亲属声称自己已经因喜悦而忘记了痛苦，例如法国人玛丽 –

诺埃尔·埃里兹，她的妹妹安妮（24 岁）于 1976 年在圣胡安被绑架。"世界杯对我们来说是一个特殊的时期，因为我们能感受到强烈的爱国主义"，她说，"大多数阿根廷人都把它当作一个续命的氧气瓶。事实上，它是一个烟幕，目的是分散我们的注意力，掩盖事情本质"。最终，阿根廷军政府失去了这个烟幕。决赛结束后，美国大使馆惊讶地在另一份机密说明中写道："世界杯的胜利让阿根廷政府的一些重要领导人感到，他们现在可以在生活的所有领域击败整个世界。"

直到 1983 年，军方才被赶下台。据阿根廷估计，军方掌权期间的受害者约为 3 万人，其中包括 15 名法国人。在"死亡之旅"中，数千具尸体被扔进万人坑或被扔进大海。决赛中，其中一个拘留处的受害者们甚至可以能听到外面球迷们的呐喊。当晚，受害者和行刑者还曾相拥庆祝胜利。

参考文献

Philippe BROUSSARD, *La Disparue de San Juan. Argentine, octobre 1976*, Stock, Paris, 2011.

Dominique PAGANELLI, *Libre arbitre. Onze histoires loyales ou déloyales du football mondial*, Actes Sud, Arles, 2006.

十一

种族隔离，抵制造成的苦难

奥利维耶·维尔普勒

埃弗里·布伦戴奇于 1952～1972 年担任国际奥委会主席一职。尽管在位期间饱受质疑，但他至少具备坚持不懈的优点。1936 年任美国奥委会主席（USOC）一职时，他以奥林匹克运动会去政治化的名义抵制当年的纳粹奥运会。1968 年，他开除了美国短跑运动员汤米·史密斯和约翰·卡洛斯，因为他们在领奖台上示威反对美国的种族隔离政策［参见第二部分第二十四篇］；1972 年慕尼黑奥运会期间，即使 11 名以色列运动员在奥林匹克村被巴勒斯坦突击队杀害［参见第二部分第二十七篇］，他仍然是那个坚信奥运会可以继续举办下去的人。他始终坚持去政治化。

尽管尽了最大的努力，但布伦戴奇还是没能阻止 1964 年的东京奥运会将南非奥委会（SANOC）除名。自从 1948 年国家党上台执政，南非就在体育事务上实行种族隔离的官方政策，社会生活的其他领域也不例外。非白人运动员在参加一些比赛时会受到限制，他们不由南非奥委会负责，而是受不同于管理白人运动员的其他联合会监督。早在 1958 年，他们就向国际奥委会表示不满，奥委会的答复是：这是南非的内政，黑人运动员应向本国政府（白人）投诉。

自 20 世纪 40 年代末起，由纳尔逊·曼德拉（Nelson Mandela）领导的非洲人国民大会（ANC）在当地展开了轰轰烈烈的反种族隔离运动，该运动在非洲大陆的其他地区也随着去殖民化的进程而发展壮大。1959 年，国际奥委会和苏联当局认为：南非奥委会采取的禁止一切多种族体育赛事的措施违反了《奥林匹克宪章》。宪章在基本原则中反对"任何歧视"，尤其是"基于种族、肤色、性别、语言、宗教、政治或其他方面的见解，或是民族、社会出身、财富、出生地或任何其他类型的歧视"。

布伦戴奇对此回应道：《奥林匹克宪章》仅适用于奥林匹克赛事，不适用于国家级比赛，因此南非没有违规。南非奥委会辩称，1960 年罗马奥运会的选拔赛完全是在合乎体育标准的情况下展开的……

从 20 世纪 60 年代开始，非洲人国民大会在沙佩维尔和兰加大屠杀之后更加坚定斗争方向，并放弃了非暴力行为，反种族隔离运动积极分子考虑将体育作为支持这项事业的工具。南非非种族主义奥林匹克委员会（SANROC）就这样成立了，主要由托洛茨基主义诗人丹尼斯·布鲁图斯（Dennis Brutus）领导，南非当局将他归类为"混血"。

布鲁图斯是一位伟大的体育迷，他因反动行为从 1961 年起就被软禁。1963 年，他因尝试联络国际奥委会成员违反了监督释放条例而被捕，后来，他试图离开南非，参加当年在巴登－巴登举行的国际奥委会大会。途经莫桑比克时，遭遇枪伤的布鲁图斯被捕，之后等待他的是在罗本岛 18 个月的囚禁岁月，他的牢房与曼德拉的相连。

整整 32 年的排挤

不过，布鲁图斯和南非非种族主义奥林匹克委员会的斗争并没有白费。在巴登－巴登举行的全会上，国际奥委会以 30 票支持、20 票反对和 3 票无效的投票结果决定，南非奥委会必须"做出坚定的声明接受《奥林匹克宪章》精神，尤其是遵循原则一和规则 24，并且必须在 1963 年 12 月 31 日之前从政府处获得有关在该国体育和竞赛中消除种族歧视的政策"。国际奥委会决议补充说明："否则，南非奥委会将被禁止参加东京奥运会。"由于比勒陀利亚政府拒绝修改种族法，南非没有派代表团前往日本。

布鲁图斯于 1965 年获释，他先后流亡英国和美国，并以南非非种族主义奥林匹克委员会成员和美国非洲委员会（ACOA）成员的身份继续为抵制南非体坛种族隔离制度而努力。他非常积极地让美国人深刻认识到南非种族隔离问题。1965 年，非洲统一组织（OAU）成立了非洲最高体育理事会（CSSA）。如果南非队参加三年后的墨西哥奥运会，他们将第一个跳出来抵制，并且承认南非非种族主义奥林匹克委员会是南非唯一合法的奥林匹克委员会。1966 年，联合国认为南非种族隔离制度是危害人类的罪行，这进一步推动了该运动的发展。

1967 年，在德黑兰的国际奥委会全会上，南非奥委会试图改变奥林匹克机构的立场，同意他们派出一支多种族的队伍参加墨西哥奥运会，但不违背南非种族隔离制度。因此，有"颜色"的运动员代表由一个非白人的奥林匹克委员会挑选，纳入混合的奥运队，但不被允许参加国内的不同种族的比赛。

针对这一情况，国际奥委会决定派出爱尔兰的基拉宁勋爵、尼日利亚的阿迪托昆博·阿德莫拉和肯尼亚的雷金纳德·亚历山大组成的三人代表团前往南非，代表团造访之后向国际奥委会成员提交了一份沉重的报告。1968 年 1 月，通过邮件投票，他们认为已经取得了可观的进展，可以向南非队发出邀请。在 1972 年奥运会之前，还必须采取其他措施遏制歧视行为。这次投票后，由东方阵营国家支持的非洲最高体育理事会成员国宣布在这种条件下不参加墨西哥奥运会，同时，布鲁图斯和美国非洲委员会在非裔美国运动员中发起了抵制活动，得到了包括美国职业棒球联盟的第一位黑人明星杰基·罗宾逊（Jackie Robinson）的支持。1967 年，在圣何塞州立大学、汤米·史密斯和约翰·卡洛斯发起了奥林匹克人权项目（OPHR）［参见第二部分第二十四篇］，要求将南非从奥林匹克运动会中除名。面对国际压力与墨西哥主办方要求，国际奥委会做出让步并声称，出于安全原因，南非队出现在墨西哥城不合适。

奥林匹克机构内部主要由西方富裕的白人组成。他们直到 20 世纪 60 年代才接受了业余主义和"去政治化"思想，平衡自此被打破。非洲和东方国家的奥林匹克委员会权重在不断增加，许多西方国家的思维转变也促使国际奥委会在 1970 年将南非奥委会除名，因为它违反了七条《奥林匹克宪章》。相反，国际奥委会的南非代表、布伦戴奇的老友里格纳德·霍尼

（Réginald Honey）保住了自己监察员的职位。即使有了这个决定，南非种族隔离制度仍继续对体育界产生影响。

联合国宣布 1971 年为"国际反种族主义和种族歧视年"，并请各成员国注意"这是向所有国家和国际体育组织提出的要求，如果南非队是依据种族隔离政策选出的，将中止其所有体育赛事"。但这并不能阻止橄榄球、板球、网球、F1 或高尔夫等许多非奥项目与南非保持联系。以橄榄球为例，法国国家橄榄球队在 1971 年至 1975 年间与南非斯普林博克队进行了 6 次比赛。

抵制的高潮

1976 年 6 月 16 日，索韦托暴动爆发。南非警察严厉镇压了示威游行活动，警察向人群开枪射击。骚乱向全国蔓延开来，估计造成 176 人至 700 人丧生。6 月 24 日，非洲统一组织峰会在毛里求斯开幕，南非的镇压活动也达到高潮。一个月后，新西兰橄榄球队按原计划准备与斯普林博克队举办巡回赛。新西兰于当年 1 月成立了新政府，由保守派罗布·马尔登（Rob Muldoon）领导。尽管遇到国际抗议，他在十年任期里始终拒绝下令禁止在南非举办"全黑队（一支新西兰球队）"巡回赛。

因此，非洲统一组织发布了一项谴责新西兰的决议，指责新西兰"通过与南非法西斯保持体育上的联系支持其"镇压示威游行的"暴行"。如果新西兰参加蒙特利尔奥运会，委员会建议其成员抵制该奥运会。对此，新西兰方面以橄榄球不是奥运项目为自己辩解：

> 新西兰政府反对种族隔离制度，但尊重任何从事体育
> 运动的人与自主选择与何人，在何时、何地进行较量的权
> 利。本国奥委会遵守了国际奥委会的所有规则，因此没有
> 理由将新西兰从当前或未来的奥运会中除名。

1976 年 7 月 18 日，在蒙特利尔奥运会开幕式上，22 个非洲代表团（除科特迪瓦和塞内加尔外的所有国际奥委会非洲成员）缺席。这些团队就在加拿大，但他们拒绝进入场地，因为新西兰没有被除名。在蒙特利尔一家旅馆的大厅中，新西兰代表团领导与非洲最高体育理事会主席、刚果人让·克劳德·甘加以及南非非种族主义 IOC 代表布鲁图斯进行了深入讨论。

尽管如此，这个决定是无法挽回的，尼日利亚队成为第一个乘飞机回国的代表团，其他 21 个代表团相继回国。基拉宁勋爵故作姿态，认为这种抵制行为对南非人反对种族主义没有任何意义，在奥运会结束时，他对非洲人的决定表示遗憾："各方都遭罪了：非洲人、组委会、奥林匹克运动会、新西兰运动员……总之，除南非以外的所有人无一幸免。"

1976 年，国际足联禁止南非参加当年的比赛。次年，英联邦国家的政府首脑齐聚英国，发布了格伦伊格尔斯协议。根据协议，他们承诺"只要涉及种族、肤色和民族出身，就将采取一切实际措施阻止本国国民与南非或其他任何国家的体育组织、球队或运动员联系或进行比赛"。1977 年底，联合国通

过了《反对体育领域种族隔离的国际宣言》。但是直到 1986 年，南非的主要经济伙伴（美国、欧洲经济共同体和日本）才对其采取经济制裁，迫使其彻底结束了种族隔离制度。

1991 年 6 月 30 日，在纳尔逊·曼德拉被释放几个月后，南非的种族隔离制度被正式废除。7 月 9 日，南非奥委会重新加入国际奥委会，布鲁图斯同年结束流亡从美国回国，并重启了他作为诗人和学者的事业。2007 年，他因不愿与昔日种族主义体育明星并列而拒绝进入南非体育名人堂。两年之后，这位曾经的诗人离开了人世。

参考文献

Éric et Catherine MONNIN, « Le boycott politique des Jeux olympiques de Montréal », *Relations internationales*, n° 134, 2008.

Richard ESPY, *The Politics of the Olympic Games*, University of California Press, Berkeley, 1981.

十二

达尔蒙：携金元攻势扬名法国体育界

阿诺·拉姆赛

1941 年珍珠港事件发生当天，让 - 克劳德·达尔蒙
（Jean-Claude Darmon）降生在阿尔及利亚西北港口城市奥兰的
一个鞋匠家庭。达尔蒙在 12 个孩子中排行第九，父母为他在
民事处最先登记的名字是本·科西亚。自学成才的达尔蒙令人
印象最深的便是一身古铜色皮肤，当然还有"法国足球的财
政部长"这一绰号。

达尔蒙第一次为众人所知是在 1982 年登上《费加罗报》，
此后逐渐声名鹊起。在个人自传中，他不无自豪地写道：

> 无法否认的是，我涉足了除转会与票务之外的整个
> 足球经济领域。我们公司的业务囊括广告、赞助、周边
> 销售、电视转播……毫无疑问，我改变了这项运动的经
> 济形态。有些人对此扼腕，他们为那些不知名的俱乐部、
> 领着低薪的球员与志愿劳动的领导人们深表遗憾。体育
> 行业向产业化演变终将席卷整个欧洲，我只是抢先了一

步——我首先瞥见这种变化，并坚定不移地追随这股趋势。我深信：俱乐部会通过这种变化加速财富积累，并最终满足所需。

6 岁时，达尔蒙随家人来到法国马赛。他曾在马赛第二区做过码头工人，最初，没人会预见这位出身普通的阿尔及利亚移民将在未来掀起法国足坛的一股浪潮。颇具商业头脑的他先于 1968 年创办了一家小出版社，随后在南特开始了属于自己的足球冒险。达尔蒙先通过出版社印制南特俱乐部专属的留言簿小试牛刀，随后说服时任南特主席路易·丰特诺（Louis Fonteneau）出售球队球衣与球场挡板上的广告位。

日后回忆此事时，达尔蒙表示："这并不是漫无目的的随意尝试，而是对足球运动寻求合作伙伴与赞助的摸索。合作伙伴应成为足球运动的常态，它相比 CAC40 指数更贴近顾拜旦男爵的理想。南特是一个很讲究礼节的地方，我们相聚而坐，很少讨论金钱。即使某些球员会在赛前饮用啤酒，大部分队员都相当职业……"在南特效力期间，达尔蒙与分管财务的副主席、日后执掌法国足协 11 年之久（1994—2005）的克劳德·西莫内（Claude Simonet）建立了深厚的友谊与充分的信任。

在某种程度上，达尔蒙让自己的职业成为一种创举。在与俱乐部谈判广告合同时，他可以迅速让自己成为不可或缺的角色，并陆续取得了包括里昂、尼斯、摩纳哥、波尔多、索肖、尼姆与兰斯等多家俱乐部的信任。1973 年，他创建了一家有限责任公司，该公司最初的注册资本为 2 万法郎，拥有三名员工，此后规模一路扩大。回顾过往，达尔蒙感慨道：

　　我曾经只是一个毫不起眼的小报中间人角色，但现在已在足球界拥有了属于自己的一席之地。我信守承诺，并会努力让崭新的资源成为俱乐部的财富。法国足球正在步入一个全新时代，但法国足球界本身似乎并未完全意识到这一点。

　　当时位高权重的法国职业足球协会（现法国职业足球联盟前身，1981～2002 年曾更名为国家足球联盟）主席让·萨杜尔（Jean Sadoul）对达尔蒙颇为信任，他安排达尔蒙负责 14 家法甲俱乐部的商业开发。通过与合作伙伴洽谈，将相关企业的标志以 logo 形式呈现在球衣与体育场内广告板上，达尔蒙全权管理其中 8 支球队的广告事宜。

　　菲利普·皮亚（Philippe Piat）自 1969 年起担任法国球员工会（UNFP）主席①，他是达尔蒙的亲密伙伴。在这位好友的协助下，达尔蒙于 1982 年创建了法国足球推广公司。当年西班牙世界杯期间，他的身份已成为该公司总监，掌管法国国家队的推广事宜。达尔蒙的重要任务是管理法国队的广告代理商，以及在合同签订后落实款项。

　　在电视转播方面，付费电视台 Canal + 在 1984 年正式成立；三年后，法国电视一台（TF1）走向私有化。这一切正符合达尔蒙所构想的利益：利用不同频道之间的激烈竞争将转播权卖出高价。从创立之初开始，担任 Canal + 总监 14 年的夏尔·比埃特里（Charles Biétry）在提及达尔蒙时曾做出这样的

---

　　①　2013 年，皮亚还进入了国际足联球员工会（FIFPro）工作。

论断：

> 达尔蒙头脑中有一股新点子：对足球运动进行前所未有的大力推广、为俱乐部赚钱。他抢在别人前面意识到足球是最棒的电视节目之一，令许多俱乐部因为他而创收更多。

成为普拉蒂尼与塔皮之敌

随着达尔蒙在足球圈内异军突起，他受到了一定的质疑与争议。例如在土伦竞技俱乐部贪污案中，他被指控滥用公款、伪造笔迹。法庭认为达尔蒙在1986年签发一张价值28.6万法郎的支票时，有打掩护为俱乐部增加灰色收入之嫌。法庭要求他给出解释，最终达尔蒙证明了自己的清白。

在经过两次失败的收购尝试后，达尔蒙的企业GJCD于1996年在巴黎第二证券交易所上市。彼时的达尔蒙手下已拥有70名雇员与1.3亿欧元的营业额。事实证明，持有股份大头中的15%为他带来了巨大的收益——他与非洲足联达成了合作伙伴的关系，同时拿下了摩洛哥足协的电视转播权。与此同时，达尔蒙加快自身产业的多样化进程，他与法国冰上体育联合会合作，也管理着法国国内橄榄球联赛、橄榄球五国锦标赛的广告事宜。

当达尔蒙负责法国国家足球队的电视转播权与赞助商合同签订时，身为1998年世界杯组委会联合主席之一的米歇尔·

普拉蒂尼逐渐削弱了他掌管世界杯商业经营的权利。法国世界杯组委会设立了自己的市场部门，无须承包给外人。普拉蒂尼解释了这一做法的缘由："我完全是出自经济方面的考虑。通过组委会内部组建完整的市场部门，我们获得了5个亿的利润；如果我们启用了达尔蒙或基利（时任阿莫里体育组织一把手），那么考虑到他们的佣金，我们可能只能盈利2个亿。"

达尔蒙的足球冒险并非一路坦途，他曾经被数位法国足坛大佬视为眼中钉。除了受到普拉蒂尼排挤之外，达尔蒙还与时任马赛俱乐部主席贝尔纳·塔皮（Bernard Tapie）交恶，塔皮同样是法国足坛的风云人物，他手下的马赛统治了20世纪90年代的法国足坛。1997年，他也与时任法国国家足球联盟主席诺埃尔·勒格拉埃（Noël Le Graët）中止了合作（勒格拉埃的任期为1991~2000年）。

业务涉及320家俱乐部和40个国家协会

尽管在壮大途中受到过不小阻力，但达尔蒙的资源依然日渐丰富。2001年12月，他完成了将个人企业与德国RTL电视台（大股东为媒体巨头贝特尔斯曼）旗下的UFA体育、维旺迪环球旗下的Sport+进行合并的工作，这是他职业生涯的重要手笔。欧盟委员会批准了这一全新的机构——该机构由达尔蒙团队通过Sport+的上级公司Canal+公开收购，RTL电视台持股28%，而34%的股份被达尔蒙持有。

在此基础上，达尔蒙于2001年创办了一家体育营销机构Sportfive，他持有这家市值约11亿欧元的机构5%的股份。在个人自传中，达尔蒙披露：Sportfive 与全球范围内 320 家俱乐部、40 个国家与地区协会签有合作协议。仅在足球业务中，该机构就拥有多达 450 名员工和超过 6 亿欧元的营业额。

当时达尔蒙在体育营销行业遇到的主要劲敌有瑞士的 ISL（国际体育休闲公司，隶属于瑞士国际体育媒体和产业集团 ISMM）与德国的传媒集团科奇：当时前者管理世界杯的一部分电视转播权与营销权，如今已宣告破产；后者则是欧洲杯电视转播权的持有者，如今处在破产边缘。在自己事业极为重要的 2001 年，达尔蒙曾自评道：

> 我就像一名俱乐部的重要球员，先得到了国家队征召，随后跻身世界顶级行列。我知道自己会向巅峰发起冲击，我有经营好这一门生意的水准。

2004 年 3 月，Sportfive 被美国私募股权公司安宏资本（Advent International）收购，作为其创始者与董事会主席的达尔蒙在四个月之后离职。此后在接受《世界报》采访时，达尔蒙对这家由自己一手操办的公司颇为自豪："我成为这一产业的革新者，完成了创举并在 2004 年离开。然而这 12 年间，他们（竞争对手们）却没有取得任何进展。"

作为一位狂热球迷，达尔蒙通常会保留记忆中闯荡足坛最美好的那些瞬间，跳过不愉快的经历，例如与巴黎圣日耳曼俱乐部有联系的几桩可疑的转会让他在 2005 年 4 月受到了国家金融调查机构的审问。调查员们将目光放到了巴西巨星罗纳尔迪尼奥（Ronaldinho）从巴西格雷米奥转会到巴黎圣日耳曼，再从巴黎转投巴塞罗那的两笔交易中，他们希望明确达尔蒙在这两桩转会中扮演的角色。

2009 年，由于此前被竞争对手指控与法国足协之间有过于密切的联系，收购 Sportfive 的拉加代尔集团不得不付出代价。他们因为与法国足协的"秘密协定"被处以 600 万欧元罚款。在过去近 20 年间，达尔蒙一直深受法国足协的信任，双方"在没有竞争的情况下签订了一系列与公共关系、广告与经营权相关的专有合同"。对这种"不透明的关系"，有关部门表达了质疑。在调查期间，Sportfive 总经理表示："该机构需要根据合同数额支付给达尔蒙 12% 至 15% 的佣金！"调查部门认为，这是一种封锁市场、排挤潜在竞争对手的做法。

参考文献

Jean-Claude DARMON, *Au nom du foot*, Fayard, Paris, 2016.
Jean-Louis PIERRAT et Joël RIVESLANGE, *L'Argent secret du foot*, Plon, Paris, 2002.

十三

足球流氓：当足球遇上暴力

菲利普·布鲁萨尔

当年的那批人现在多大岁数了？算一算在 65 岁左右，可能有些人甚至已经年逾古稀了。想象一下，今天的他们可能正过着退休后平静的生活，每天带着后代儿孙们体验足球的快乐，以这样的方式在伦敦或者伯明翰等地安度晚年。我们很难从他们身上看到 1969 年英国媒体口中"足球流氓"的影子。然而，如果没有他们，这种形式的暴力就不会存在，"流氓"一词也不会在半个世纪后引起全球的共鸣。

把时钟拨回到 20 世纪 60 年代末英国城市的中心，当时年轻人的城市"部落"（摇滚、时尚、嬉皮士等）随着音乐潮流的发展而出现。久而久之，第一代光头党诞生了。与人们如今的直观印象相反，这些来自工人阶级的年轻人并不是种族主义者。他们的头发很短，但没有完全剃光。他们喜欢跟随着黑色音乐（斯加、雷鬼、灵魂乐）跳舞，以此彰显他们对足球的热爱。在球场上，他们声称自己有权"捍卫自己的颜色"，就像他们说的，与其他俱乐部的对手竞争。每个星期六，也就是比赛日，敌对团体之间的冲突频繁出现在酒吧、看台甚至球场等地——以至于流氓文化，就像每周一次的例行公事，也在光头党之外的年轻人中根深蒂固。尽管足球领导人们声称这些足球流氓"与体育无关"，但他们错了：这些人是英国足球的儿子，尤其是一个饱受折磨的英国社会的儿子。

在接下来的几年里，这个国家遭受了经济危机的打击。撒切尔夫人于1979～1990年担任英国首相，在她的任期内，英国充满了罢工和骚乱。流氓行为在一定程度上是由社会弊病引起的，之后也演变为一个社会问题。尽管他们周围的一切都在使得生活情况愈发糟糕（工业结构、就业、住房条件……），但许多支持者声称，他们在暴力行为中找到了一种自豪感，这种自豪感与他们所归属的群体有关：他们是坚定捍卫俱乐部的足球流氓（用他们的行话来说）。听起来，足球和打架行为比以往任何时候都显得更加不可分割。

为了逃避警察的追捕，他们逐渐放弃了任何表达对球队支持的外在表现，尤其是围巾。他们更喜欢穿着中性、宽松的服装，用英语说是"casual"的穿着。"casual"这个词来源于法语"prêt-à-porter"（意为成品服装），指的是那些足球流氓穿着干净素朴，所以新加入流氓组织的的人和警察才找不到他们。这些穿着休闲的人把自己视作是一种精英战士。对他们来说，越"时尚"越好，因此，巴宝莉、杜嘉班纳和拉科斯特等高端品牌对他们极具吸引力。

相比其他城市，伦敦俱乐部的足球流氓是最可怕的：米尔沃尔的足球流氓称自己为F-部队，后改名为游击部队；在西汉姆，这些人成立了极端组织"ICF（国际城市公司）"；在切尔西，流氓们自称是猎头者，这个说法也被视作带有种族主义倾向。国家队也不能幸免：每当英格兰队出征海外，这些平日里来自不同阵营的足球流氓们便会团结在一起，尤其是在1982年西班牙世界杯期间，他们引发了多起事件。

1985年5月29日的比利时，来自英国北部的利物浦俱乐部经历了最惨痛的教训。那一天，利物浦在布鲁塞尔的海瑟尔体育场与来自意大利都灵的尤文图斯争夺欧洲冠军杯。足球流氓造成的人群流动导致看台倒塌，救援人员的报告称有39人死亡，600多人受伤。体育主管部门和政府当局都对这场悲剧的产生负有责任——在如此破败的场地内举办这样一场高风险的比赛，同时这些足球流氓掀起一波又一波攻击对方球迷的浪潮。

因此，欧足联将这种流氓行为视作一种英国"疾病"，并认为，只要对英国俱乐部加以重罚，剥夺他们未来五年参加欧战的资格，就足以根除流氓行为。但是他们错了：这种流氓现象在各国都有，而且比表面看起来还要深刻得多。

英国，足球流氓的起源地

事实上，早在海瑟尔惨案之前，英国人就已经开始在国外惹是生非。自20世纪70年代末以来，英国体育场无与伦比的气氛和流氓行为都吸引了大量来自欧洲大陆的球迷。面对国际比赛中的流氓暴力行为，最激进的外国球迷首先被此吸引，他们将之视为值得效仿的榜样，因为这是一种更加令人兴奋的体验足球的方式。在荷兰，阿贾克斯队、海牙队和费耶诺德队的球迷们组成了一个名为"侧翼"的组织，成员们穿着运动夹克，有些人甚至自己制造带有钉子的炸弹来攻击对手。比利时也有一些球队的球迷效仿英国流氓（比如布鲁日、标准列日、安德莱赫特等），但并不像英国球迷如此极端，他们仍然保持着对足球的某种热情。

德国的情况则不同。这个国家是唯一一个"传统"球迷和足球流氓之间有明确区别的国家。20世纪80年代中期，在沙尔克04、多特蒙德和柏林赫塔俱乐部的比赛中，人们可以看到成群的"足球流氓"。在1989年东西德统一的社会背景下以及极右势力崛起的推动下，暴力活动在1998年法国世界杯期间达到顶峰，法国宪兵达尼埃尔·尼韦尔在朗斯遭到袭击。他被几个德国人打倒在地，昏迷了六个星期。

暴力也影响着法国足球，尤其是巴黎圣日耳曼。这一切开始于1979年左右，在王子公园球场，最狂热的支持者聚集在布洛涅看台（此处约有6000个座位）。暴力活动最初只是小规模的零星事件，人数也控制在50人左右。但随着巴黎圣日耳曼在法国足球中开始占据主导地位，流氓行为的范围开始扩大，很快就吸引了数百名年轻人，其中也包括一些光头党，他们被英国的"榜样们"所吸引。

与最初的光头党不同，他们声称自己是种族主义者和新纳粹分子。在他们的推动下，仇恨情绪变得司空见惯，极端主义出现抬头趋势。在接下来的几年里，光头消失在体育场里，这些人也开始像英国球迷那样身着便服了。1993年，王子公园球场大概只有150到200名追随者，并不像人们说的有几百人。那年，在巴黎与卡昂的比赛中，大约有10名法国保安在看台上受伤。

在促进与官方球迷协会（Boys，Supras，Lutèce Falco，Tigris）对话的同时，巴黎圣日耳曼俱乐部开始和这些身着便服的流氓们玩一场模糊的游戏。这些流氓后来被描述为"独立分子"，因为他们拒绝加入任何球迷协会，似乎这样就不会受到惩罚。但显然，领导人们对此感到害怕，尤其是当局，他们给人的印象是任由事态发展不去作为，所以也迟迟没有意识到其他俱乐部也受到影响，尤其是马赛和里昂。

在法国首都，紧张局势的升级导致了两起悲剧。首先，2006 年，在巴黎与特拉维夫工人俱乐部（以色列）赛后，一名位于布洛涅看台的年轻人朱利安·奎梅纳在一场冲突中被一名警察打死。然后，在 2010 年巴黎球迷自相残杀的冲突中，布洛涅的独立人士扬·洛朗斯被奥泰尔（王子公园的另一个看台）的支持者殴打致死。同年，巴黎俱乐部对部分观众实施制裁（解散球迷协会，禁止 12000 名观众入场，包括"独立人士"），这有助于缓和紧张的局势，但没能阻止里昂、巴斯蒂亚或圣埃蒂安的暴力事件持续进行。

在英国，更严格的法律、更广泛的视频监控以及门票价格的大幅上涨，使得部分公众远离了体育场，也最终改变了局面。2019 年，可能仍然会有短暂的暴力事件爆发，尤其是在英超以下的低级别联赛，但这些事件的规模不能与过去相比。警方已登记的足球流氓（约 2000 人）在英国俱乐部参加欧战时会在全国范围内被禁止出境。德国、荷兰和比利时的情况也是如此，在这些国家，警察应对流氓的方法（记录在案、监视甚至警察渗透进流氓组织）也正在取得进展。

目前在世界各地，流氓主义的支持者都是受到限制但仍有潜在危险的足球团体，尤其是在东欧。在波兰、乌克兰和俄罗斯，这些类似于准军事组织的足球团体们似乎时刻准备在一场巨大的战斗中一分高下。只要在搜索引擎上输入"俄罗斯足球流氓"或"波兰hools（流氓）"，就可以观看由强壮运动员们主演的冲突视频。马赛人亲眼见证了这一点，在2016年法国欧洲杯首日，200~300名俄罗斯人精心策划了一场针对英格兰球迷的攻击。

当足球流氓成为生活方式

在莫斯科和其他一些地区，流氓们唯一的真正秘密在于他们的根本动机：他们究竟为什么选择因足球而战斗，甚至是杀人？海瑟尔惨案发生后，社会学家阿兰·埃伦伯格将流氓行为描述为一种"展现自我的狂热"，而且他们不仅要在竞争对手眼中展现，同样也要让媒体看到。事实上在最糟糕的情况下，这种想要表达自我的想法也可以是一种解释。

但这不是唯一的理由。要勾勒出一幅典型的肖像，并试图解读其暴力的根源，首先必须消除一种被大众普遍接受的观念：一般来说，足球流氓做出这些事情并不是因为他头脑愚蠢，也不是因为醉酒。通常，"标准"的流氓年龄在20岁至45岁之间，很可能是学生、银行职员、失业者或中层管理人员，平日里会受到同事和家人的赞赏，没有犯罪记录。但是在足球的背景下，在他的同龄人的包围下，他完全改变了。我们可以说，流氓行为体现了他的阴暗面，这是他的"海德先生"

（Myster Hyde）。球迷组织就像他的第二个家庭，大家因为共同的"价值观"走在一起：友谊、团结、勇气……这种氏族一般的凝聚力比其他任何事情都重要。这种关乎生死的承诺（有时是字面上的承诺）会让人想起美国的黑手党组织或街头帮派。

有时，同样的意识形态——通常是极右的意识形态——能够将一个团体的成员聚集在一起。激进的政治运动与流氓运动之间有许多相似的情况：比如英国有国民阵线、英国运动或英国国家党，最近有英国国防联盟；法国有极右派团体认同世代；希腊有金色黎明党；东欧国家也有各种各样的民族主义组织。但这并不意味着极右派完全策划了流氓行为。原因在于，在足球领域之外，这些流氓中的大多数都很难被引导以及拉入这些右派团体。

那么运动本身呢？这当然是流氓最初的激情，但现在它已被暴力的诱惑所取代。据他们说，通常比赛日会有两场比赛：一场是球员们在球场上的比赛，另一场则是流氓们在球场外的比赛。发现对手的身份，攻击他，迫使他退缩并承认自己的失败：这些行动尽管持续时间短，但可以让参与者得到长时间的荣耀感与满足。事态有多失控、遭受的执裁就有多严重。

为了做到这一点，流氓们采取了比表面看上去更深思熟虑的行动，他们的行动是经过精心准备的（行程、时间表等）。与另一种观点相反，他们会避免饮酒，因为酒精容易使人丧失清醒。流氓行为并不被那些坚持流氓主义的人视为一种简单的争斗，这对他们来说是一种生活方式，他们将部分收入投入其中（球衣、交通以及门票上的开销）。普通大众可能不了解，但其实整个欧洲都有一种流氓亚文化，而且互联网的普及和交通方式的丰富促进了这种文化的发展。专业网站比比皆是，休闲时装不断改变，许多流氓头目甚至都已经出版了他们的回忆录。

极端球迷的文化

　　外部观察者往往将几种球迷支持的形式相混淆，但这些形式其实相差甚远。许多记者把"流氓"和"极端分子"混为一谈，如果说前者将暴力作为优先事项，后者则主张采取不同的做法，这是由不同的历史所造成的结果。极端分子组织是一种高度结构化和等级化的协会，通常由几千名年轻人组成，他们首先认为自己是足球活动家。他们的信条是：通过唱歌和展示看台巨型横幅（tifo），表达对俱乐部及其球迷身份坚定不移的积极支持。

　　这种形式的支持主义于20世纪30年代诞生于巴西，后来在南斯拉夫出现，在"枪杆子的年代"（70年代和80年代）暴力的政治背景下，这种支持在意大利得到了充分的体现。在许多情况下，他们的意识形态信念（无论是左翼还是右翼）会随着足球俱乐部的崛起而出现。他们这些人很快就会成为管理层不可避免的、颇具影响力的对话者。后来，意大利的"模式"也在欧洲其他地方（不包括英国）得以体现，如西班牙、法国、前南斯拉夫、希腊，同时还有地中海南部的突尼斯、埃及等。

　　尽管许多极端分子拒绝大众把他们与足球流氓相提并论，

但他们对暴力的态度却模棱两可。他们基本上是在警告："如果有人找上我们，我们也不会退让。"在意大利，敌对组织之间的冲突已经在的里雅斯特、米兰、阿斯科利和热那亚等地造成人员伤亡。同样的情况也发生在阿根廷，那里的"les barras bravas"（意为勇敢的组织）可以被认为是极端分子在南美的体现。

在法国，这些事件没有达到如此极端的程度，极端分子声称他们致力于大众足球，并反对足球行业的不当行为。在其他受社会和政治动荡（土耳其、希腊）甚至革命（埃及、突尼斯）影响的国家，这种激进主义往往更具政治性：当地极端分子往往会成为示威活动的焦点。

参考文献

Franck BERTEAU, *Le Dictionnaire des supporters, côté tribunes*, Stock, Paris, 2013.

Philippe BROUSSARD, *Génération supporter. Enquête sur les ultras du football*, Robert Laffont, Paris, 1990.

Mickaël CORREIA, *Une histoire populaire du football*, La Découverte, Paris, 2018.

James M. DORSEY, *The Turbulent World of Middle East Soccer*, Oxford University Press, Oxford, 2016.

十四

绿茵场内外的命案

弗朗索瓦·托马佐

体育运动不可避免地伴有危险。与足球运动相关的命案多出于下列几个因素：观众的过分狂热、球迷与对方死忠或警察间的冲突、球场安全问题（出口拥堵引发人员踩踏、不同球迷隔离设计存在缺陷）等。然而与其他体育项目类似，部分命案会发生在足球从业者身上，包括球员（个别情况下）与裁判。在拥有暴力倾向且极度失望的支持者面前，这些失去生命的受害者成了替罪羊与发泄对象。

行刺者会在相当多的一部分足球命案之中采用暗杀手段，且命案发生在拉丁美洲的比例极高——与其他地方相比，足球在那里更能体现所在国家的紧张局势。1930 年第一届世界杯决赛中，乌拉圭主场击败阿根廷夺冠，这引起了拉普拉塔河对岸邻国的骚乱，随即加剧了两国之间紧张的外交形势。由足球直接引起的暴力冲突甚至不乏上升至战争层面的先例，最为人熟知的莫过于 1969 年的中北美及加勒比海地区世界杯预选赛。洪都拉斯与萨尔瓦多的较量激化了积怨已久的民族矛盾，两国在预选赛结束后爆发战争。[见下一篇]

行凶与投掷杂物

尽管南美足球水平始终位居世界前列，但运动员与裁判员身处如此险恶环境下常常受到生命威胁，其中有背运者付出了生命的代价。最著名的例子莫过于前哥伦比亚国家队球员安德烈斯·埃斯科巴（Andrés Escobar）。1994 年 6 月 24 日，在美国世界杯小组赛第 2 轮比赛中，首战失利的哥伦比亚队与东道主狭路相逢。比赛进行到第 34 分钟时，美国队开出角球，当时效力于麦德林国民竞技的埃斯科巴不慎将球打入自家大门。

埃斯科巴的这粒乌龙球令东道主士气大振，最终美国队以 2 比 1 取胜，哥伦比亚队提前遭到淘汰。就在埃斯科巴随哥伦比亚队回国后不久，一出悲剧降临在这名后卫头上：7 月 2 日，他在麦德林郊区的一间酒吧中被刺杀，身中 12 弹。残忍的枪手每打出一发子弹就高喊"球进了"（意指埃斯科巴的乌龙球），仅因为不慎在世界杯赛场上自摆乌龙，这位南美足坛的优秀防守队员便付出了生命的代价。

悲剧发生后，凶手温贝托·穆尼奥斯·卡斯特罗（Humberto Muñoz Castro）很快被警方逮捕并被处以 43 年监禁。时至今日，人们仍然无法判断他的行刺动机究竟是在主人指示下（卡斯特罗是哥伦比亚黑社会头目加隆兄弟的保镖）还是出于赌球、贩毒的缘故。超过 8 万人护送埃斯科巴的灵柩直至安葬，麦德林市中心树起了一座埃斯科巴的纪念碑。

发生在哥伦比亚的这起血案震惊了全世界。尽管如此，蓄意谋杀球员依然是概率极小的事件。伊拉克前总统萨达姆·侯赛因（Saddam Hussein）的长子乌代（Oudaï）曾是伊拉克奥委会与足协主席，2003 年受到众多前国家队球员指控——一旦比赛结果不理想或表现不佳，乌代就会对他们施加酷刑。然而在父亲的强权统治下，乌代并未受到惩罚。

对于球员而言，最大的"天敌"还是看台上失望的观众们。部分球迷失去理智后会向场内投掷杂物，其中常见的有烟火、啤酒瓶、硬币甚至是手机。这些杂物在最严重的情况下能让人死于非命，例如 2014 年 8 月的阿尔及利亚足坛就发生了一起惨剧。在 USM 阿尔及尔与 JS 卡比利亚的联赛中，为客队打入扳平进球的喀麦隆球员阿尔贝·埃博塞·博琼戈（Albert Ebossé Bodjongo）在退场时遭遇不测，他被主场观众投掷的石块击中头部，最终不幸身亡。尸检结果同时显示，球员还遭受了其他暴力袭击行为。

近些年来，头脑发热的支持者冲入场内试图直接袭击球员与官员的事件不在少数，好在没有造成严重后果。但 1975 年以色列的一场比赛曾发生过不幸，一名雷霍沃特马卡比（雷霍沃特是地名，马卡比是队名）球员在冲突中被闯入场内的对方球迷刺杀。体育圈相对接近的一次严重行刺发生在 1993 年的汉堡网球公开赛上，美国选手莫妮卡·塞莱斯（Monica Seles）被一位德国观众用刀刺入后背，直到 28 个月后才正式复出。

由观众直接袭击运动员的案例也曾发生在美国体坛（近些年有所缓和）。2004 年在一场印第安纳步行者与底特律活塞的 NBA 比赛中，几位步行者球员与看台上的观众发生冲突，随后两队爆发激烈群殴——这便是著名的"奥本山宫殿事件"。类似事件在棒球运动中也不少见，球员会因为将投掷物扔回观众席受罚。

裁判之殇

在足球比赛中，裁判有时会不可避免地成为观众与球员的出气筒。1930年，约翰·朗格留斯（John Langelius）成为历史上首位执法世界杯足球赛决赛的裁判员。这位比利时人甚至在赛前做好了应急预案：一旦发生危及他人身安全的紧急情况，他会离场躲至居住的蒙得维的亚港口的船舱内避难。

在巴西、阿根廷与墨西哥等国，低级别联赛裁判往往需要承受包括人身威胁在内的巨大压力。近年来与此有关最骇人的暗杀发生在2013年6月的巴西东北部：一场当地的业余联赛中，球员桑托斯·阿布鲁（Santos Abreu）与裁判奥塔维奥·若尔丹·达席尔瓦（Otavio Jordan da Silva）发生争执，起因是后者在比赛中将阿布鲁红牌罚下。由于阿布鲁拒绝离场，年仅20岁的达席尔瓦掏出刀具将其刺死。愤怒的球员家属随即冲进场内殴打达席尔瓦致其身亡，随后将这位年轻裁判分尸、斩首，将他的头颅放在场地中央的木桩处。

在2016年2月的阿根廷科尔多瓦，48岁的裁判塞萨尔·弗洛雷斯（Cesar Flores）被一名23岁的球员连射三枪致死，原因是他在比赛中将这位球员驱逐出场。同年11月，类似的剧情发生在墨西哥瓜达拉哈拉：一位裁判维克托·特雷霍（Victor Trejo）因在比赛中出示红牌而遭到球员报复，头部受重击而身亡。一年之后，墨西哥另一位裁判何塞·巴尔德尔马·埃尔南德斯·卡佩蒂略（Jose Valdemar Hernandez Capetillo）被罚下的球员殴打，一周后离开人世。

诸多血案令拉美裁判人人自危，一些巴西的球场法官开始带头尝试主动自卫。在 2017 年巴西南部的一场业余联赛中，一名裁判在做出点球判罚后遭到球员挥拳殴打，随即来到场边掏出手枪与手铐自卫。这位"持枪执法"裁判事后解释道："我决定以警察对待公民一样对待这件事，是球员让我不得不这么做。"

上述事件均发生在拉丁美洲，但事实上裁判的权威在全世界范围内都经历着更加严酷的挑战：电视转播的慢镜头回放、比赛争议片段在互联网上传播、球星们对黑衣法官决定的不同举止……裁判群体的威信在某种程度上被日渐削弱了。

除拉美之外，类似的情况并不鲜见。2012 年 12 月，一场荷兰青少年比赛中发生惨剧。41 岁的主队会员理查德·尼乌文赫伊曾（Richard Nieuwenhuicen）自愿充当边裁，多次判罚引起来自阿姆斯特丹郊区的客队队员不满。双方在比赛中就已发生口角，赛后尼乌文赫伊曾被客队球员殴打致死，此事在荷兰与欧洲足坛引起强烈震动，青少年球场暴力以不光彩的方式成为焦点。

2013 年 2 月，在西班牙巴伦西亚大区的一场业余比赛中，一名 27 岁的警察对 17 岁的业余裁判拳打脚踢。后者在场地内昏迷，诊断发现多根肋骨骨折、脾脏破裂。足球热度不高的美国同样"中招"：同年 4 月在盐湖城郊区一场青少年比赛中，46 岁的美国裁判理查德·波蒂略（Richard Portillo）由于点球判罚被一位球员袭击，昏迷之后再也没能醒来。

　　尽管法国没有与裁判员有关的命案发生，但法国裁判协会统计表明，这一群体在每年都会收到大量威胁。法国平均每年发生有登记的对裁判的肢体攻击约为 70 起，该数字在 2004 年达到高峰（95 起）。官方推测每年的真实数据可以达到接近 500 起暴力行为，并建议将所有肢体攻击裁判的球员终身禁赛。2006 年起，新出台的法律将裁判员视作公务员，受到法律保护。

　　为了更好地保障裁判安全，法国足球协会（FFF）成立了一个观察部门。在该部门 2016 年记录的 100 万场左右比赛中，约有 11000 场比赛受到暴力行为的影响，这一万多场比赛中与裁判相关的暴力事件（4500 起）不到一半，其中86% 与辱骂有关。这与此前对每年裁判受到的肢体攻击数量的估算大致吻合。

十五
足球，拉丁美洲的战场

弗朗索瓦·托马佐

  在拉丁美洲国家，足球一直具有极其强烈的身份认同意义，同时也是激发民族自豪感的发酵剂。乌拉圭的爱国主义情绪一部分是源于1924年和1928年奥运会足球比赛的胜利，另一部分是建立在本土拿下1930年第一届世界杯的基础上。

  在为庆祝乌拉圭独立100周年而建造的世纪球场，天蓝军团在10万名观众面前以4比2击败阿根廷，赢得了决赛，使得这项赛事成为全国人民的欢庆庆典。尤其是决赛的胜利对于乌拉圭人民更是甜蜜的回忆，因为这个仅仅拥有200万人口的小国战胜了人口众多的邻国（阿根廷人口是乌拉圭的六倍多）。比赛结束后的第二天，拉普拉塔河对岸发生骚乱，乌拉圭大使馆遭到袭击，这两支球队决定在两年内不再同对方比赛，因为他们担心暴力事件会再次爆发。

  20年后的1950年，世界杯在巴西举行，从此之后巴西成为世界足球第一大国。大约有20万人聚集在马拉卡纳体育场观看巴西对乌拉圭的决赛，这是有记录以来足球比赛中观赛人数最多的一次。但不幸的是，巴西队1比2不敌乌拉圭，错失在家门口捧杯的机会，这对于巴西来说这是一场全国性的灾难。

"马拉卡纳惨案"之后，巴西队决定未来的 4 个赛季都不会再在里约的这个球场比赛，同时他们也将白色的球衣换成了今天巴西标志性的黄绿色球衣。而对于参加了这场著名比赛的巴西球员来说，他们这一生都被巴西人民视作弃儿，尤其是守门员莫阿西尔·巴尔博萨。此后，经过国际足联同意，他将所把守球门的门柱带回家，并在花园中付之一炬。巴西还要再等 8 年才能将第一颗星绣在自己的球衣上。

足球与战争

毫无疑问，1969 年洪都拉斯和萨尔瓦多之间的战争最能说明足球在拉美国家之间的冲突中能起到推波助澜的作用。1969 年 6 月 8 日，在特古西加尔巴，这两只邻国球队在 1970 年世界杯预选赛中进行了较量。洪都拉斯在主场以 1 比 0 获胜，但之后该国球迷的极端暴力行为导致一名萨尔瓦多支持者丧生。一周后，在萨尔瓦多以 3 比 0 获胜的次回合比赛中爆发了更严重的骚乱。当时的世预赛是三战两胜制，在墨西哥的决胜局中，洪都拉斯以 3 比 2 击败萨尔瓦多，但这场比赛只会让事情变得更糟，因为两支队伍相互指责对方在场外犯下了无法证实的暴行。

随着时间的推移，两国之间潜在的冲突已经慢慢升级。7 月 14 日，萨尔瓦多部队入侵洪都拉斯并轰炸了战略要地，洪都拉斯则在两天内以空袭萨尔瓦多作为回应。事实上，足球比赛就像是一种持续多年疾病的催化剂。洪都拉斯相比邻国国土面积更大，人口密度小，是萨尔瓦多移民的聚居地，约有30万萨尔瓦多人住在那里。1967年，洪都拉斯政府通过了一项保护富有土地所有者的土地法，这导致萨尔瓦多小农被驱逐出境。

1969年7月20日，双方终于签署了停战协定。然而，这场为期四天的武装冲突仍造成3000人死亡、1.5万人受伤，数万人流离失所。1980年双方又签署了一项和平条约，但两国之间的紧张局势一直延续到今天。

十六

马拉多纳的上帝之手

菲利普·布鲁萨尔

手球是一种卑鄙无耻的恶劣行为？并不总是这样，尤其是当真正的足球天才这样做时，他们会找到一种让自己被原谅的艺术。以迭戈·马拉多纳为例，1986 年 6 月 22 日，在墨西哥城阿兹特克体育场炎热的天气下，马拉多纳和英格兰门将彼得·希尔顿在英格兰禁区内展开了一次正面对话。

在那场世界杯 1/4 决赛中，马拉多纳与希尔顿两人共同争夺一个高空球，但这个身材矮小的阿根廷射手却抢先于高大的希尔顿碰到皮球，完成破门。那么究竟他是用头还是用左手将球击入球门的呢？毫无疑问马拉多纳犯规了，他用了一个真正的排球动作，将手臂举过了头顶。但当值主裁突尼斯人阿里·本纳赛尔对英格兰球员的抗议充耳不闻。

阿根廷人对这次欺骗感到不以为然，因为受害者是 1982 年春天马岛战争期间的敌国英格兰，那场战争最后以阿根廷军队的惨败告终。一小时后，当马拉多纳享受着这场胜利以及进入世界杯半决赛的喜悦时，他在新闻发布会上坦言，这个进球是"马拉多纳的头"和"上帝之手"的标志。这是一粒注定要被后人无数次观赏的进球，同他在该场比赛中的另一粒进球一样（这粒进球毫无争议，他连过五人以不可思议的方式攻入第二球）。

其他手脚笨拙的足球运动员则得不到那么多的宽容。其中包括法国球星蒂埃里·亨利，他在 2009 年 11 月法国 1 比 1 战平爱尔兰的比赛中，手球助攻队友加拉打入决定性进球，为法国获得 2010 年世界杯的参赛资格铺平了道路。那天晚上，在法兰西体育场，足坛巨星亨利通过这种作弊方式获得了胜利，更重要的是，他没有勇气向裁判承认自己手球，这在全国大部分地区引起了愤怒。当对手是爱尔兰时，这种情绪就更加强烈了，因为爱尔兰是一支公开、忠诚、和平的球队，不应该受到这样的不公待遇。

其他法国球员和法国足协则对围绕这件事的炒作感到惊讶，他们表示不理解各方的批评。对他们来说，这没什么大不了的。毕竟，这是足球，或者是"没看见那就没发生"的艺术……一些政客也持同样的观点。未来的总理兼足球评论员曼努埃尔·瓦尔斯表示："我们是一个奇怪的国家，即使已经获得了参赛资格，人们依然会议论这件事并感到悲伤。"

许多为亨利的进球而欢庆鼓舞的人可能忘记了之前曾有一支法国球队也成为过手球的牺牲品，那就是马赛。在 1990 年 4 月里斯本举行的欧冠半决赛马赛客场对阵本菲卡的比赛中，安哥拉球员瓦塔在第 83 分钟手球破门，使得马赛无缘欧冠决赛。很明显，他就像马拉多纳 1986 年在墨西哥城那样伸出了手，但裁判对此不予理会。第二天，《普罗旺斯报》以"魔鬼之手"为标题报道了这场比赛，恰如其分。马赛主席贝尔

纳·塔皮表示，他现在知道该如何帮助球队在欧洲赛场上赢球了。他的意思再明确不过：收买裁判。［参见本部分第二十一篇］

在过去的几十年里，还有许多球星因为手球或多或少引起了争议。1973年法国杯决赛，南特球员迪迪埃·库埃库面对里昂通过手球打入一球，但为时已晚，最终里昂还是2比1击败南特夺冠；依然是马拉多纳，1985年5月那不勒斯面对巴西球星济科领衔的乌迪内斯，马拉多纳手球进球被判有效，帮助球队2比2与对方战平；另一位阿根廷人梅西在2007年5月巴塞罗那2比2打平西班牙人的加泰罗尼亚德比中复制了马拉多纳的上帝之手；此外还有2010年南非世界杯上的乌拉圭球星苏亚雷斯，在对阵加纳的比赛中，他在球门线上用手拍出了对方的必进之球，间接帮助他的球队进入了半决赛。

但这些21世纪的球员与他们的前辈相比还是略逊一筹。早在1946年，后来的西班牙-阿根廷裔巨星阿尔弗雷多·迪·斯蒂法诺就因为手球出名了。他当时效力于布宜诺斯艾利斯的飓风俱乐部，在一场比赛中面对对方球员费罗拉卡里尔·厄斯特手球得分。"既然没有人看见，我又为什么要说出来呢？"之后迪·斯蒂法诺吐露了隐情，"这就是一个进球，唯一看到的就是对方球员厄斯特，但他缺少运气而且好像又聋又哑。赛后他曾来找过我，但除了我其他人都无法领会他的意思"。

这名足坛传奇球星于2014年去世，但他从未因为这粒进球感到悔恨。必须承认的是，他也拥有用高超球技来吸引观众的天赋。就像那句尽人皆知的名言，"进球就像做爱一样，每个人都知道去做，但是没有人可以做到像我一样"。

参考文献

Javier PRIETO-SANTOS, « Di Stéfano : "Je ne suis pas un héros, je ne suis personne" », *So Foot*, 31 mars 2016.

十七

伯尼·埃克莱斯顿，F1的统治者

奥利维耶·维尔普勒

同霍斯特·达斯勒相似［参见本部分第一篇与第十九篇］，伯尼·埃克莱斯顿（Bernie Ecclestone）也是将大量资金投入到体育运动中的人士之一。但自19世纪以来，各类运动的贡献者无非以下两类人：记者们（德格朗热、吉法尔、戈代等）或以达斯勒为代表的企业家、家族继承者。作为一级方程式赛车公司F1长达40年的总裁，埃克莱斯顿是少有的白手起家并获得成功的人，虽然他也会为了达到目的无视法律、不择手段。同阿迪达斯总裁一样，他是一位具有远见的企业家，提前一步发现了蕴藏于赛车运动市场中的巨大商机；他同时是一名乐观主义者，敢于挑战这项运动的主宰者——国际汽联高层，后者沉浸在自己位于协和广场的大把金钱与过去的荣耀中。对于赞助商而言，他也是代表车手与车队利益的长期发言人。

他是F1赛事的奠基人和标志。在他不断迈向人生巅峰的过程中，这位目光冷峻的绅士永远戴着一副圆眼镜（我们可从他的白发后看到他失明的一只眼睛），他通过自己创造的这种新的经济模式成了英国富豪。但他永远拒绝对外透露自己的财务活动，这使得他在 2017 年失去了 F1 总裁的职位，但这位萨福克郡的渔夫之子可以自豪地说，他总是能以一种不需要付出太多代价的方式逃脱惩罚。

1930 年，伯尼·埃克莱斯顿出生于英格兰东南海岸伊普斯威奇"一个从不庆祝生日的渔民家庭"，所以从小他就梦想发财。在第二次世界大战期间，他曾是一名报纸记者，那时年轻的他会用筹集到的钱买糖果和蛋糕，然后带到学校去卖给其他学生以此牟利。1947 年，他转业到一家摩托车店工作。机缘巧合，车手杰克·瑟蒂斯曾来到这家店，年轻的埃克莱斯顿成功将一辆自己修理好的旧车卖给了他。

自那以后，他意识到自己可以依靠历任老板的支持而获得成功。于是他一个接一个地买下了他工作的车库，还在伦敦沃伦街学习推销二手车的本领，因为在这条街上卖的多是来历可疑的二手车。生意上，他参与博彩，还接触到许多马匹的贩卖者。1951 年，赛车仍然是属于富有绅士们的一项运动，但埃克莱斯顿认为他可以通过一个简单的改变使这项运动盈利：让汽车为更多样化的品牌做广告。因为在那之前，只有轮胎、汽油或石油等品牌才可以将商标印在大奖赛赛车上。

作为一名普通的 F3 车手，埃克莱斯顿参加了 1958 年的竞逐。当时他买下了康诺特车队，因为车队的原主人甚至无法从新西兰运回三辆比赛用车，于是野心勃勃的他以一个很低的价格从这位陷入困境的卖主那里买下了车队。之后埃克莱斯顿的赛车及时运达，并成功报名参加了摩纳哥大奖赛。他解雇了车队原有的车手并亲自上手驾驶，结果却没有获得比赛资格，在赌场他也输了钱并深陷债务之中。

在一级方程式的富人圈内，埃克莱斯顿最初作为暴发户的名声并不好，但他通过购买和转售豪车使自己拥有足够的财力与这些大户比肩。1965 年，他与汽车工程师约翰·库珀一起参加了墨西哥大奖赛，并因此结识了奥地利车手约亨·林特，也在次年成为其经纪人。其他一些车手，如苏格兰车手杰基·斯图尔特则拒绝了他的要求，但埃克莱斯顿是一个记仇的人。1969 年，约亨·林特加入了 Lotus，这家车队也成功招募到英国人格雷厄姆·希尔。依靠队中一辆高性能汽车，埃克莱斯顿成功说服金叶香烟制造商赞助他的车队，自此，烟草公司也加入了 F1。1970 年对 F1 来说是黑暗的一年，林特在摩纳哥获得了冠军，但不久后在蒙扎去世。

1971 年，埃克莱斯顿开始着手收购澳大利亚的布拉汉姆车队，并聘请了一位天才工程师戈登·默里。当时 F1 主要有两方势力：小型私人车队（主要是英国车队）和一些大型汽车集团（如法拉利和菲亚特）。英国车队 March 归属于律师马克斯·莫斯利，他是极右政客奥斯瓦尔德·莫斯利之子。埃克莱斯顿尝试接近 March，并说服其他英国制造商通过将物流外包给他来分担成本。根据惯例，赛车场无须支付金额给各家车队，但埃克莱斯顿推动车队向赛场索要费用。起初他要求赛场在每场比赛中支付 15000 英镑，并在 1975 年将要价增加到 15 万英镑。同年，他允许布拉汉姆车队将开胃酒马提尼的标志印在车身上。

他自诩是"小型车队"的捍卫者，但这些小型车队却不知道他背地里收取了多少好处。他在 1976 年创建了私人财团一级方程式建筑商协会（FOCA）。在赛车界，他自诩财力雄厚，区区 27 万英镑就足以让他在赛车界站稳脚跟，并表示不需要国际汽车联合会（FIA）的帮助，因为后者往往仅负责管理竞赛规则而缺少商业架构。国际汽联成立于 1904 年，负责执行赛车运动的规定，其内部不包含任何商业结构，与国际奥委会采取类似的组织架构。该组织主要由贵族和机械制造商组成，总部位于法国协和广场汽车俱乐部。直到 20 世纪 70 年代，它还是一个不对外的绅士俱乐部，由一位比利时男爵、一位法国子爵以及意大利、比利时和德国的王子们组成。他们关心的是金钱和汽车运动的推广，却没注意到热情满满的埃克莱斯顿已经在幕后攫取了大量利益。

当时，比赛只通过新闻摘要或比赛录像在电视上播出。1976 年，当制造商约翰·瑟蒂斯将避孕套品牌杜蕾斯作为其车队赞助商时，BBC 决定放弃 F1，这令观众们更加沮丧。埃克莱斯顿决定与国际管理集团（IMG）老板马克·麦科马克（Mark McCormack）合作，因为后者早早就意识到他可以从运动员形象中获利。他在 20 世纪 60 年代初与最伟大的美国高尔夫球手签约，两人都将电视视为呈现赛车活动的理想媒介。

国际汽联与 FOCA 之争

因为初期发展阶段收入较少，埃克莱斯顿开始向各赛车场收取更高的费用。此时，英国各车队的老板之间开始出现分歧，背后的原因正是埃克莱斯顿日益增长的权力加剧了紧张局势。在这样的情况下，国际汽联终于明白埃克莱斯顿才是一切的始作俑者，于是他们威胁要解散 FOCA 以便及时叫停这种

"敲诈"政策。

当时的国际汽联内部处于新老两派分庭抗礼的时期，而法国前记者让－马里·巴里斯特正是现代一派的领袖人物。尽管巴里斯特此前曾支持维希政府，但这并没有阻止他获得荣誉军团勋章。他曾在国际运动委员会（CSI）任职，该组织负责国际汽联的汽摩车运动事项，他于 1978 年当选该组织的主席。七年后，他接替了保罗·阿尔丰斯·德·梅特涅王子这位贵族车手时代的最后一位代表，成为国际汽联主席。巴里斯特的崛起在很大程度上要归功于他对埃克莱斯顿的强烈抗争，两人的性格有一些类似，都属于倔强的强硬派。这位新上任的铁腕领袖很清楚，正是制造商协会 FOCA 剥夺了国际汽联全部的赛车收入；更重要的是，埃克莱斯顿领导的 FOCA 因此拥有了真正的权力。

国际汽联与 FOCA 的交锋始于 1975 年的日本大奖赛上。负责接触埃克莱斯顿并与他进行斡旋的，是烟草公司菲利普·莫里斯的前营销总监、万宝路主要赞助商之一美国人帕特里克·杜弗勒，其目的在于降低制造商对大奖赛组织者的财务要求。埃克莱斯顿要求日本的赛事组织者提供高额资金，以便从欧洲运输比赛用车。尽管杜弗勒进行了干预，但日本人还是接受了埃克莱斯顿的要价。由此可见，在双方的冲突中埃克莱斯顿先下一城。

整个 1976 赛季的基调依然是反叛者埃克莱斯顿和法学家杜弗勒之间的对抗。为了试图遏制埃克莱斯顿的气焰，杜弗勒推出了世界锦标赛赛车（WCR）这项全新赛事，1977 年的世界锦标赛也是双方这场比拼的完美呈现。随着赛季在阿根廷开帷幕（阿根廷刚刚经历军政府统治时期），FOCA 与国际汽联的斗争也开始了。在赛季计划进行的 17 场大奖赛中，有 8 场已经与埃克莱斯顿签约，另有 8 场与杜弗勒签约，而比利时大奖赛已经与双方都达成了协议。赛季在阿根廷开幕后，国际汽联将重新获得控制权，由杜弗勒主持比赛。尽管埃克莱斯顿发出抵制指令，英国制造商们还是决定参加比赛。

这种微妙的平衡实际上是建立在法拉利的地位上的。法拉利是 F1 最负盛名的车队，迄今为止一直全力支持国际汽联和杜弗勒。1977 年 2 月，埃克莱斯顿和他的得力干将马克斯·莫斯利前往法拉利位于马拉内洛的总部，会见了这家意大利公司的老板恩佐·法拉利，菲亚特老板乔瓦尼·阿涅利的代表卢卡·迪·蒙泰泽莫洛也参加了会议。与会者是商人，都很清楚该怎样获取利益。经过一些财务安排方面的磋商，法拉利暂时进入了 FOCA 和埃克莱斯顿的阵营，杜弗勒的国际汽联和 WCR 感到如坐针毡。

剩下要做的就是消除巴里斯特所带来的障碍。这位曾有通敌历史的记者依然选择在最后一刻再次反抗，不甘愿承认自己的失败。他在 1978 年当选国际运动委员会（CSI）的主席〔该自治组织后来即演变为国际汽车运动联合会（FISA）〕，他拥有一大无可比拟的优势：无论埃克莱斯顿提供多少资金支持，赛车运动及其条例依然归属于国际汽联，并且只有 FISA 有权制定锦标赛规则。

1980 年的赛季给了巴里斯特一个施展拳脚的机会。尽管埃克莱斯顿在 1977 年与恩佐·法拉利的合作取得了进展，但制造商的分类没有改变：忠于 FOCA 的私人车队（以英国车队为主）、车企车队（如法拉利、阿尔法·罗密欧、雷诺）、拉丁车队和法律派（即亲体育力量派）。巴里斯特把 F1 的技术法规视作他行使权力的工具。出于安全方面的考虑，他要求禁止使用"侧翼"，这种装置有利于产生"地面效应"（一种吸力效应），并能提高汽车的空气动力。与此同时，他并不反对涡轮增压发动机的发展，这种装置性能更强大、造价更昂贵，只有车企车队才能使用。这些决定显然是为了便于他的车队来对抗那些忠于埃克莱斯顿的车队。埃克莱斯顿做出的应对是宣布组织一个平行的锦标赛。但 F1 的主要赞助商明确表示，他们不会跟随他冒这个险。更重要的是，车手们在大奖赛车手协会（GPDA）内部就 1980 年巴西大奖赛的组织展开了斗争，其中一半人因安全原因威胁要抵制比赛。巧合的是，分歧的双方正是私人车队和车企车队。

最紧张的时刻出现在 1980 年 6 月 1 日的西班牙大奖赛。为应对 FOCA，巴里斯特命令所有的车手在大奖赛之前参加通报会，而 FOCA 要求手下的车手抵制这些会议。FISA 主席希望对违规者处以罚款和停赛，而车企车队（如法拉利、阿尔法·罗密欧、雷诺）拒绝被制裁，决定退出大奖赛。于是大奖赛在缺少他们的情况下举行，而 FISA 不承认比赛结果有效。下个赛季初，埃克莱斯顿在南非组织了一场独立的大奖赛，但被赞助商和媒体拒绝。每个人都明白，这场争斗只会造成两败俱伤的局面。

长年累月的激烈对抗后，双方终于等到谈判的时候了。1981 年 3 月 11 日，在位于巴黎协和广场的国际汽联总部，双方经过 13 个小时的谈判达成《协和协议》。国际汽联做出妥协，协议内容大大有利于埃克莱斯顿。他亲自与赛车场签订了8%的合同，根据结果向车队提供资金，并将制定法规的权力交给了FISA。最重要的是，埃克莱斯顿继续进行赛车的商业开发，并获得了电视转播权的专有权，这不仅将成为赛车运动的财富，而且将给所有运动带来暴利。而他只将这些收入的23%重新分配给FISA。

莫斯利的掌权时代

马克斯·莫斯利曾是一名飞行员，后来成为一名律师。自20世纪60年代以来，他一直是埃克莱斯顿的支持者，1977年之后他担任FOCA的法律顾问。1932年，他的父亲奥斯瓦尔德创立了英国法西斯联盟，这是一个公开的法西斯主义和反犹主义政党。但与父亲不同，莫斯利把F1作为主要事业，并且正是他拟定了《协和协议》。作为英国人，他能讲一口流利的法语，并定居在摩纳哥。他想方设法接近巴里斯特，并说服他帮助埃克莱斯顿名正言顺地获得主导地位。

由于心脏病发作，巴里斯特于1987年任命莫斯利成为国际汽联副主席，负责推广赛车运动。在这个位置上，英国人得以在1990年重新就F1的电视转播权进行谈判，由于阿兰·普罗斯特和艾尔顿·塞纳等车手备受瞩目，F1的累计转播播放量达到了260亿。1991年，当莫斯利取代年迈的巴里斯特执掌国际汽联时，埃克莱斯顿终于获得了自由行动的权利，这位新主席以15%的特许权使用费将未来15年F1的商业权利给予埃克莱斯顿。

1992 年，《协和协议》的内容经过重新谈判，埃克莱斯顿利用新的协议内容坑了一把他在 FOCA 的老朋友——兰克·威廉姆斯、罗恩·丹尼斯和肯·泰瑞尔，他们三位经营着英国的主要车队。埃克莱斯顿耍了一个花招剥夺了他们的电视收入：他把 FOCA 对于 F1 的转播管理权转让给了新成立的一级方程式推广管理局（FOPA），该机构由埃克莱斯顿独自领导。

与此同时，FISA 的份额也从 23% 减少到 900 万美元的固定数额，这是因为这个大金主很清楚要如何灵活操纵他的棋子。正是他令法国人让·托特（标致体育部门的前主管）执掌法拉利以改善明星车队的成绩。为了吸引这位上流人士，他招募美国贝纳通旗下的"花花公子"弗拉维奥·布里亚托利进入 F1。后者在意大利被判欺诈性破产，但他在 1986 年成为贝纳通方程式赛车的董事，该车队与毛衣品牌有紧密联系。法拉利和贝纳通能够更加坚定地致力于他们的事业，是因为埃克莱斯顿通过向陷入财务困境的英国车队老板埃迪·乔丹支付巨额赔偿，把德国天才车手迈克尔·舒马赫从乔丹车队挖到贝纳通。同时，1992 年达成的全新《协和协议》也使埃克莱斯顿对 F1 收入的管理更加不透明。

为了管理过去一些以 FOPA 为名义所涉及合同的利润，埃克莱斯顿在伦敦和一些避税天堂建立了一个错综复杂的挡风公司网，例如，通过这个网他可以秘密地为英国保守党提供资金。1992 年，约 2970 万镑的个人收入使他成为英国最富有的人之一；1995 年，125 个国家转播了 F1 比赛，共向 FOPA 支付了 2.25 亿美元的费用，这还不包括 16 个赛场和赞助商的收入。总之，埃克莱斯顿的公司收获了约 3 亿美元，然后将越来越多的资金返还给制造商。

1997 年，埃克莱斯顿转而支持托尼·布莱尔，同意为工党的竞选活动提供资金。他希望对正考虑禁止烟草广告的欧洲联盟施加压力。自 20 世纪 70 年代以来，菲利普·莫里斯始终是 F1 的主要赞助商之一，当时有 5 家车队都由这家香烟品牌赞助。埃克莱斯顿向工党捐赠了 100 万英镑，并要求托尼·布莱尔推迟禁烟的最后期限，好让 F1 有时间寻找其他合作伙伴。1998 年 7 月，欧盟通过了一项禁止烟草广告的指令。两年后，在 F1 于 2006 年放弃烟草广告之前，该指令在法庭上被废除。

"造钱机器"的丢失

1999 年，埃克莱斯顿接受了三次冠状动脉搭桥手术，从 21 世纪开始他也尝试使他的事务变得更加透明。1996 年，他成立了一个名为班比诺的家庭基金，该基金是以他的妻子斯拉维察和他的两个女儿塔玛拉和佩特拉的名义在列支敦士登设立的，他捐出了 F1 的所有收入。通过这种方式，他寻求将以前在代理人公司中分配的资金"合法化"，同时也是为了防止他两个挥金如土的女儿在继承遗产时支付太多的税款。他的经济状况是如此复杂，以至于在 2009 年他与前妻克罗地亚模特离婚（埃克莱斯顿为过错方）时，是这位模特每年要从班比诺基金中付给他 1 亿英镑！采用这项精明的资金募集方案的同时，这位赛车金融家决定将 F1 转成一家股份制公司，以便将其引入证券交易所上市。

这意味着 F1 的账目必须是干净的。欧盟指出，埃克莱斯顿无权这样做，因为他并不是 F1 的所有者。他的朋友莫斯利解决了这个小问题，他以 3.16 亿欧元的价格把他的运动业务卖给了埃克莱斯顿，为期 100 年，而当时 F1 的营业额估计是这个数字的 10 倍。因此，埃克莱斯顿得以将所有参与 F1 的公司聚集在一起，创建了一个控股公司——一级方程式控股（FOH）。

然而，FOH 想进入自由市场仍需得到欧盟的批准。专注于 F1 以外汽车赛事的德国生产商沃尔夫冈·艾塞尔指出，1995 年第四次重新谈判的协和协议是致使他破产的重要原因，于是他对滥用主导地位提出了申诉。最终，法院做出对艾塞尔有利的裁决，这意味着埃克莱斯顿失去了他的造钱机器。

在这微妙时刻，莫斯利站了出来，他在布鲁塞尔进行游说，以拯救埃克莱斯顿的商业利益，同时也是为了挽救国际汽联的收入。这项欧洲调查是由欧盟竞争事务专员、比利时人卡尔·范·米耶特进行的，他指出，在欧洲，任何 FOH - FIA 类型的授权都不能超过 5 年，这危及到了 FOH 的上市计划。作为报复，埃克莱斯顿计划取消比利时大奖赛，因为比利时禁止烟草广告。比利时人只得通过修改法律来挽救这一局面，因为取消大奖赛意味着 2700 万美元的收入损失。为了向对方施压，米耶特向媒体提供了他与莫斯利以及埃克莱斯顿的通信内容。然后，这对搭档威胁要离开欧洲，到中东和亚洲等限制较为宽松的国家举办比赛。

由于 FOH 的上市被推迟，埃克莱斯顿不得不与双方达成和解。艾塞尔以 500 万美元的价格最终同意撤回他的上诉。由于迄今为止利润丰厚的数字网络独家合同正在瓦解，市场的气氛变得更加紧张。德国企业家利奥·基尔希破产了。2001 年，他从拜仁银行、雷曼兄弟和摩根大通借款 16 亿美元，收购了 FOH 公司 75% 的资产，但是基尔希还不上钱，于是这三家银行通过收回股份来担保贷款。事实上，埃克莱斯顿一举击败了基尔希，为 F1 创造了最稳定的股东：世界上最大的三家银行。剩下要做的就是为银行持有但打算抛售的股票寻找买家。

有一家名为 CVC 的投资基金成立于卢森堡，由一级方程式爱好者唐纳德·麦肯齐管理。麦肯齐同意以 4.5 亿美元清算埃克莱斯顿的股份，并在此过程中收购新机构 10% 的股份；雷曼兄弟持有新公司 5% 的股份，摩根大通持有 3% 的股份。拜仁 LB 代表 CVC 向埃克莱斯顿支付了 4000 万美元，向斑比诺基金支付了 2700 万美元。其他银行持有的股份也被逐一回购，F1 的管理权逐渐移交给 CVC。这些交易使埃克莱斯顿在 1996 年至 2006 年筹集了 40 亿美元。尽管他仍担任国际汽联副主席，但他不再拥有 F1。

2008 年，媒体公开了一段莫斯利与妓女大玩性虐待的录像。录像中，莫斯利身穿纳粹"集中营"军服，陪伴他的 5 名妓女身穿条纹囚衣。这使得国际汽联官员以及 CVC 董事马丁·索雷尔和麦肯齐都要求他辞职。但是这位国际汽联主席赢得了侵犯隐私的诉讼，并且之后他再次当选主席，得以继续维护他的朋友埃克莱斯顿的利益，使那些渴望建立另一个联赛的车队梦想破灭。同时，通过支持法拉利，也可以避免一些冲突的发生。各家车队的老板们希望与国际汽联以及 CVC 之间建立一个三角组织，蒙泰泽莫洛本应领导这个机构，但法拉利车队的老板最终选择退出。尽管如此，CVC 也不会后悔，因为从股份清算到 2012 年出售部分股权，该集团已经从 2006 年不到 10 亿美元的投资中获利 44 亿美元。

　　随着美国自由媒体集团收购其在 CVC 的股份，埃克莱斯顿的孤独旅程终于在 2017 年初结束。媒体巨头鲁珀特·默多克（Rupert Murdoch）的前副手蔡斯·凯里以 80 亿美元的价格，成为 F1 的新老板。2017 年 1 月底，埃克莱斯顿宣布，他的位置已被新的大股东"移除"。他对 F1 世界的统治终于结束了。

参考文献

Tom BOWER, *No Angel. The Secret Life of Bernie Ecclestone*, Faber & Faber, Londres, 2012.

十八
本·约翰逊事件：兴奋剂损害奥林匹克精神
克莱芒·吉尤

1988 年 9 月 24 日，加拿大运动员本·约翰逊（Ben Johnson）凭借 9 秒 79 的成绩在奥运会男子 100 米决赛中夺冠。这是一个令人难以置信的速度，然而仅过三天，一切都变得不值一提：国际奥委会宣布取消本·约翰逊的参赛资格，因为他服用了兴奋剂司坦唑醇，这是一种合成代谢类固醇。

回到当时的时代背景（类固醇为王的时代，药物检测逐渐被弃置一旁），我们才能理解 1988 年约翰逊丑闻遭到曝光其实是小概率事件。汉城奥运会的停赛决定，将成为反兴奋剂斗争的转折点，因为这是奥运巨星——100 米冠军首次被揭发。

在当时，本·约翰逊被认为是田径史上最著名的作弊者。但考虑到他的身体姿态，尤其是与对手卡尔·刘易斯（Carl Lewis）的优雅流畅形成鲜明对比，约翰逊似乎更像是受害者。进入汉城奥运会 100 米决赛的八名运动员中，六名涉嫌使用兴奋剂，但约翰逊是唯一受到惩戒的。他是使用类固醇兴奋剂的典型例子，这种物质是第二次世界大战结束后的四十年里作弊者的首选。

在同一时期，更确切地说，是在汉城奥运会开始前两个月，美国运动员弗洛伦斯·格里菲斯·乔伊娜（Florence Griffith-Joyner）在 100 米，200 米和 4×100 米项目中连夺三冠，并创下了当时难以超越的 100 米世界纪录：10 秒 49。正如我们所知，时任 IOC 副主席迪克·庞德是其同胞约翰逊的支持者，称乔伊娜的成绩给了世界体坛领袖一个警告。2017 年 5 月，他接受采访时表示：

> 乔伊娜引起了更大的关注，但仍被约翰逊与刘易斯的对决盖过了。他们的成绩彻底引发了所有警报，我无法向自己解释她为什么没有被测出阳性。一天晚上，整个美国代表队都去了汉城奥运会的实验室，最后微笑着走了出来，还与负责人握了手。在那里发生了什么？

要是这位前奥运会游泳选手在三十年后还在琢磨这件事，那显然是因为乔伊娜在打破所有纪录仅 10 年后猝然离世，年仅 38 岁。正是如此，那时被隐瞒的许多阳性检测结果受到了质疑。

被揭发的卡尔·刘易斯

意大利人普里莫·内比奥洛（Primo Nebiolo）是一位有远见的领袖。在他的推动下，国际田径联合会（IAAF）于 1983 年在赫尔辛基举办了首届世界锦标赛，比赛成为联合会的主要收入来源。同一时期，德国研究员曼弗雷德·多尼克（Manfred Donike）研发出睾丸激素测试方法。自从一些合成代谢类固醇可溯源后，该测试方法就被广泛采用。

多尼克在 1980 年莫斯科奥运会上对样品进行了实验测试，并确定其中 20% 含有外源性睾丸激素（不是由人体本身产生的）。他的测试在赫尔辛基首次被正式使用，但没有任何样本出现复阳的情况。是否有人下令不许破坏第一届世界田径锦标赛？那时的许多观察家都这么认为。庞德在 1989 年 5 月说道："要么是国际田联隐瞒了阳性结果，要么是有人明令禁止对某些物质进行检测。"

田径世锦赛结束一周后，泛美运动会即将在加拉加斯重燃战火。就在开幕式前夕，美国举重队和田径队的相当一部分选手在赛前宣布退赛。无巧不成书，又有多名参赛选手在赛事期间遭遇受伤，美国早已获悉多尼克的检测设备会在委内瑞拉投入使用。尽管许多选手临阵退赛，此次比赛仍查出了 15 例阳性案例。1984 ~ 1989 年在美国奥委会工作的医生罗伯特·沃伊（Robert Voy）假装不明白，他对此评论道：

> 为什么参加泛美运动会的运动员会担心一个在世锦赛上检测不出任何作弊者的检测系统呢？我认为只有一个解释：一些参加加拉加斯比赛的运动员也参加过在赫尔辛基的比赛。在赫尔辛基，他们已经被告知测试结果呈阳性，但仍然摆脱了窘境。然而，有传言称，在加拉加斯被测出阳性的人，无论是谁都将受到处罚。这一切可能是因为此次比赛是由泛美组织委员会负责而不是国际田联负责。

卡尔·刘易斯是 100 米、4 × 100 米和跳远三个项目的世界冠军，也是第一届世界田径锦标赛的英雄人物。在赫尔辛基药检阳性案件中，他是唯一一个身份被泄露的运动员。1983年8月15日，即世锦赛闭幕式的第二天，挪威报纸 *VG* 援引国际田联的消息，在谈论"赫尔辛基的一些阳性样本"时提及了他的名字。在检查 B 样本之前，检测程序可以停止，运动员可以要求核实 B 样本或撤销第一次检测结果。

五年后，在汉城奥运会开始前两个月的美国队内部选拔赛前，卡尔·刘易斯的确收到了美国奥委会的通知，称他的药检呈阳性，并检测出三种兴奋剂：伪麻黄碱、麻黄碱和苯丙醇胺。检测显示药物所占比率极低，因此他当时不会被停赛。但根据当时美国奥委会的规定，刘易斯依然将被禁赛三个月。不过，执行委员会接受了他的解释：这些物质包含在一种以马黄为主的中草药中，最终只是给了刘易斯警告。直到 15 年后，美国奥委会的机密文件泄漏，又经新闻界报道，人们才知道刘易斯有阳性记录。

20 世纪 80 年代，类固醇和睾丸激素兴奋剂并不是东方集团的专利。美国人也对这些物质了如指掌，罗伯特·克尔是当时的类固醇国际专家。正如他在 1985 年承认的那样，在停止给运动员使用兴奋剂前，他在加利福尼亚的诊所陆续接待了3000 名运动员，其中大约 15 名运动员在 1984 年洛杉矶奥运会上获得了奖牌。

矛盾的是，正是洛杉矶奥运会重塑了人们心中的奥林匹克形象：节日气氛浓烈、比赛场面精彩，给举办城市带来了巨大的经济利益，药检阳性案例并未对奥运会造成太大的影响。这届奥运会仅出现了 12 例兴奋剂事件，除了获得 10000 米银牌的芬兰人马丁·维尼奥（Martti Vainio）以外，其他涉案人员都微不足道。当时的国际奥委会医学委员会主席亚历山大·德·梅罗德亲王认为这个数字也许要翻一番。

在2002年去世前不久，梅罗德亲王告诉法国新闻记者埃里克·马特罗特，洛杉矶反兴奋剂实验室在奥运会闭幕式的第二天就告诉他有12例新的阳性案例，其中部分涉及田径项目。但没有任何信息被泄露：1984年的奥运会执行委员会在午夜就解散了，因此无法审理梅罗德和他的医疗委员会在晚间查出的前7例阳性案例。

最终，梅罗德也没能找到其他五个样本的来源：与田径运动员有关的取样编码被保存在上了两把锁的垃圾桶里，而垃圾桶被寄存在洛杉矶比特莫特酒店的组委会医疗负责人办公室中。但在梅罗德试图操办之前，垃圾桶已经消失不见了。"几乎每天都发生很多事故。我们让美国人感到难堪，他们也让我们有同样的感受。"比利时亲王说道。

晦涩的阴谋论

唐·卡特林（Don Catlin）的实验室是过去40年反兴奋剂的主力，从未缺席过他那个时代奥运会的反兴奋剂斗争。这位研究员在反兴奋剂斗争中指出一个黑洞——司坦唑醇，一种很流行、无法被当时手段检测的合成代谢类固醇。卡特林给自己注射了大剂量的司坦唑醇，然后把尿液样本给他的朋友曼弗雷德·多尼克（Manfred Donike）。

不到一年的时间里，这个德国人开发了一种检测司坦唑醇的方法。从那时起，约翰逊的麻烦来了：1988 年，汉城实验室是为数不多的能够检测到该类固醇的实验室之一，最后让加拿大人声名扫地。像所有枫叶之国同胞一样，庞德清楚地记得他得知本·约翰逊药检呈阳性的那一刻：

> 我和我的妻子刚从跳水馆看完奥运冠军格雷格·洛加尼斯（Greg Louganis）的比赛回来，和可口可乐董事会成员及他们的夫人一起坐在胡安·安东尼奥·萨马兰奇在首尔新罗酒店的套房里。萨马兰奇疯狂地把我带到一边，他对我说：
> "你听说这个消息了吗？
> ——没有，最后我看到洛加尼斯赢了，但是……
> ——不是，不是，是一个糟糕的消息！
> ——什么，有人死了吗？
> ——更糟，本·约翰逊的检测呈阳性。"

庞德从未想过要用手段掩盖丑闻，但梅罗德亲王与他不同，他认为萨马兰奇短暂地有过这种想法。但是法新社的当地记者是从韩国反兴奋剂实验室的一位科学家处获悉的这一消息，并在 IOC 医学委员会的负责人处得到证实。奥运会结束后，梅罗德亲王被赶出国际奥委会执行委员会，而萨马兰奇将近三年都没和他说话。

汉城奥运会结束后，韩国实验室主任朴钟成告知《纽约时报》：除受到惩罚的 10 名阳性运动员外，其他 20 名检测呈阳性的运动员没有得到任何处罚，因为太难解释了。其中包括检测出伪麻黄碱的林福德·克里斯蒂（Linford Christie），此人在约翰逊失去比赛资格前排名 100 米第三。

考虑到庞德曾经的律师身份，加拿大国家奥委会委派他为本·约翰逊辩护，当他将这位短跑名将召唤到他的旅馆房间时，他并没有颓败或感到特别震惊。他只是一直否定兴奋剂。他在记者理查德·摩尔（Richard Moore）所著调查作品《史上最肮脏的比赛》中也说明了这件事："可以说，我不希望我的职业生涯中有这样的事情发生。我感到很危险。我知道人们想骗我。所以我并不感到惊讶。"

30 年来，本·约翰逊一直在为击败刘易斯的目标而不断努力。这种假想的实现需要一个在兴奋剂检测上不作为的人。约翰逊的教练查理·弗朗西斯（Charlie Francis）很快与庞德起了争执。牵涉其中的还包括一位刘易斯的朋友、在安哥拉和阿联酋之间做生意的钻石商安德烈·杰克逊。杰克逊与本·约翰逊有几分相识，并在后者等待药检时与他交谈过。理查德·摩尔在书中声称杰克逊在打破一瓶司坦唑醇后，坐在冰箱旁边，接连给了他八瓶啤酒。根据他的说法，安·杰克逊在 1995 年向他承认此事，他录下了这一幕，但弄丢了录像带。这就是模糊的阴谋论的由来。

在 2004 年《世界报》的一次采访中，本·约翰逊提供了另一个同样无法证实的消息，他坚称他在汉城被揭发是因为他与阿迪达斯分道扬镳，转而和意大利装备商迪亚多纳合作："您去看看当时的成绩吧，只有阿迪达斯赞助的运动员从未被检测出阳性。为什么呢？因为该公司与国际奥委会关系亲密，奥委会必须避免丑闻破坏阿迪达斯的形象。我离开阿迪达斯后，检测结果为阳性。如果我继续接受阿迪达斯的赞助，这一切都不会发生。体育行业真的非常肮脏，你知道的……”他在接受采访时说道。

实际上，约翰逊已经服用兴奋剂六年了，而睾丸激素是弗朗西斯为他提供的辅助之一。只是加拿大人除了 IOC 于 1988 年 1 月举办的比赛外从未检测过，那次比赛提供了让运动员聚在一起训练的机会。弗朗西斯非常了解那些物质在体内留存的时间，并据此调整了准备工作。得知在这次比赛中，约翰逊被检测出使用司坦唑醇，检测结果呈阳性，他简直不敢相信，因为在意识到该物质会导致肌肉僵硬后他们就停止使用了。

约翰逊的医生杰米·阿斯塔芬（Jamie Astaphan）学识没有那么渊博，但他也很喜欢担任皮格马利翁这一角色。他对冠军的控制欲越来越深，损害了弗朗西斯的利益。在约翰逊进入赛场前的 26 天内，他负责最后阶段兴奋剂方案的制定，提供了生长激素和名为草蒿脑的可注射乳白色物质。

在杜宾法庭（1989 年，杜宾在加拿大同参与这场国家悲剧的所有人员进行了会谈）面前，弗朗西斯和阿斯塔芬的另一位门生带来了几瓶神秘药品，它们是医生提供的草蒿脑（实际上是康力龙），这是一种在屠宰前使用让牛增强肌肉质量的兽医产品。康力龙中含有司坦唑醇。

本·约翰逊最终被国际田联禁赛两年。此后在 1991 年复出，1993 年他的药检结果又呈阳性，遭到终身禁赛。加拿大田径联合会也将查理·弗朗西斯终身停职——尽管后来人们在美国短跑运动员蒂姆·蒙哥马利（Tim Montgomery）和马里恩·琼斯（Marion Jones）的随行人员中发现了他的身影［参见第

四部分第五篇]。直到 2006 年逝世前，阿斯塔芬都一直否认他
曾给本·约翰逊用过司坦唑醇，但他被安大略省医疗部禁止从
事医学工作 18 个月。1994 年，阿斯塔芬因贩运可卡因和类固
醇在佛罗里达州被捕。他在当时还不用神经过于紧绷，因为离
判决结果正式出炉至少还有两年。

参考文献

Éric MAITROT, *Les Scandales du sport contaminé*, Flammarion, Paris, 2003.
Richard MOORE, *The Dirtiest Race in History*, Bloomsbury, Londres, 2012.
Robert VOY, *Drugs, Sports and Politics*, Leisure Press, Champaign, 1991.

十九

阿迪达斯和 ISL 公司：霍斯特·达斯勒的遗产

弗朗索瓦·托马佐

1987 年 4 月，霍斯特·达斯勒的意外去世在体育界留下了巨大的空白。在当时新的体育格局中，大量资金开始流向传媒、形象和营销合同。而正是在霍斯特的设计与塑造下，这种格局才得以形成。在蓬勃发展的体育行业内，几乎所有经营者都是由霍斯特选中培养并提供资助的。当他去世的时候，这位阿迪达斯的老板不仅是一个体育国度的缔造者，也是幕后充当神秘顾问角色、在公司内外如鱼得水的唯一掌权者。当他离去时，他的帝国才仅仅有 20 年的光阴。

达斯勒去世后，其他人要做的第一件事就是接手阿迪达斯。1984 年，在母亲科特去世后，霍斯特接管了整个家族的事务，并将产业扩大到其他一些品牌，如泳装品牌阿瑞娜（Arena）、法国公鸡（Le Coq Sportif）和波尼（Pony）。但这时，阿迪达斯的竞争对手不再只有彪马，其他一些运动装备制造商也出现在市场上，比如雄心勃勃的美国公司耐克。耐克在亚洲以低价生产其产品，逐渐发展壮大。

在霍斯特去世后，公司由他的四个姐妹掌管，但她们性格敏感、缺乏经验，只能慢慢为自己的资历浅薄与无能买单。她们所犯的第一个错误就是委托律师阿尔贝特·亨克尔（阿迪达斯创始人阿道夫·达斯勒的亲信）来掌管公司，霍斯特之前就对这个人高度警惕，还把他视为宿敌，认为他是一个易怒的无能者。

事实证明霍斯特的判断是对的，这位阿迪达斯的新老板面对新品牌耐克和锐步的强势崛起显得无能为力，这两个品牌借助慢跑、公路赛和美国篮球的浪潮逐渐占据市场。瑞士人勒内·雅吉曾得到霍斯特的青睐，但他在这个时刻站出来为时已晚，无法力挽狂澜。相较于勒内，霍斯特的姐妹们更喜欢接受法国企业家贝尔纳·塔皮提出的建议。于是 1990 年 7 月，她们以 4.7 亿马克（2.45 亿欧元）的价格把阿迪达斯出售给了这位"公司救世主"同时也是马赛俱乐部主席，自此，阿迪达斯品牌离开了达斯勒家族［参见本部分第二十篇］。但一系列丑闻才刚刚开始。

ISL 与体育的断裂

另一家公司 ISL 也出现了糟糕状况。ISL 是在霍斯特去世前 5 年的 1982 年创建的，主营业务是体育营销，但在霍斯特死后这家公司的营销活动出现转让问题。ISL 之前与国际足联、国际奥委会和国际田联签订过丰厚的合作合同，但这在很大程度上是取决于霍斯特的影响力以及大家对他的信任。他的去世导致了该组织内的精英成员相继离开，托马斯·巴赫之前主要负责维系与运动员之间的关系，但这名年轻智慧的律师在 1987 年离开了阿迪达斯去往西门子；在 ISL 内部，其他一些羽翼丰满的年轻人也正走向其他领域，比如前英国滑雪运动员迈克尔·佩恩在 1989 年加入国际奥委会市场部，并中止了与阿迪达斯的奥运合作合同。

瑞士联合银行在 1998 年对阿迪达斯的估值为 120 亿瑞士法郎，所以达斯勒姐妹仍计划与这家看似能带来丰厚利润的公司合作，但这几位女继承人对运动营销的熟悉程度还不如对运动鞋了解得多。尽管她们对 ISL 真正意义上的领导者让 - 玛丽·韦贝尔持怀疑态度，但实际上她们也没有其他人可以信赖。看上去由霍斯特创造的希望之火已经逐渐熄灭。1988 年的汉城奥运会发生了历史上最大的兴奋剂丑闻之一，100 米金牌得主本·约翰逊对合成代谢类固醇司坦唑醇检测呈阳性。多年后，这位加拿大短跑运动员指责国际奥委会成员是故意将他的丑闻爆出，原因是他取消了与阿迪达斯的合约［参见本部分第十八篇］。

在 2010 年关于 ISL 破产的诉讼中，人们还了解到，自 1989 年以来，该公司普遍实行了一种回扣制度，该制度主要针对一些体育高层。简而言之，这些大型体育组织的领导人需要做到的就是信任他们共同推举当选的霍斯特，自那以后，他们要求从霍斯特的继任者让 - 玛丽·韦贝尔那里获得资金。这位 ISL 的新老板经常带着他的公文包出现在大型体育赛事的会场附近，以至于一些记者，比如英国人安德鲁·詹宁斯（国际足联和国际奥委会腐败问题的主要揭露者），给他起了一个 "bagman"（推销员）的外号。

达斯勒体系的崩溃不仅源于一些高级官员的贪婪，还因为一些颇有争议的战略决策。迈克尔·佩恩总结道："ISL 的破产主要是由于霍斯特的去世，在一个如此依赖关系和信任的企业中，这是很正常的。但之后霍斯特的继任者们，包括他的姐妹和公司新老总也对这个行业一无所知，他们犯了一个又一个决策失误，尤其是投入巨资在网球上。"佩恩在 1995 年推动国际奥委会管理内部市场，也间接导致了 ISL 的衰落。这位前滑雪运动员解释说："他们对于国际奥委会终止合同的决定感到大吃一惊。但我们有一种感觉，如果没有霍斯特，ISL 就不能像过去那样满足我们的需要了。"

1999 年，ISL 以 12 亿美元的价格从职业网球联合会购买了大师赛 10 年的电视转播权。这是除真正盈利的大满贯赛事之外，世界上最大的网球赛事。该集团还投资了美国大学篮球联赛 NCAA、美国方程式比赛 CART，以及国际足联主席若昂·阿维兰热的巴西足球俱乐部，但这些赛事的市场规模几乎没有出现增长，结果是灾难性的。在不到两年的时间里，ISL 没有从与 ATP 的合作中获得利润，同时与 CART 的官司也令公司举步维艰。

在接受瑞士银行慷慨资助的三年后，负债 1.53 亿的 ISL 宣布破产。*Bilanz* 杂志曾揭露，列支敦士登有一家特殊的公司（与 ISL 存在关联），其内部真实结构是一个旨在贿赂体育高层的钱袋子，这很快引发了人们的广泛讨论。威望迪环球集团和 IMG 集团本有意收购 ISL，但这件事情的曝光使他们放弃了这一计划。

ISL 的破产审判于 2008 年启动，2012 年结束，揭露了韦贝尔为贿赂国际足联官员而建立的巨大贿赂计划，最终贿赂对象被确认为国际足联主席阿维兰热以及他的女婿、巴西足协主席里卡多·特谢拉。据称，ISL 向他们二人支付了 4100 万美元，其中一部分是在友好交易后偿还的，但为了避免丑闻，阿维兰热宁愿在 2011 年辞去国际奥委会主席的职位。即使韦贝

尔被罚款，国际足联官员也并无罪名：因为事实上，直到
2001 年，在 ISL 贿赂阿维兰热和特谢拉被指控犯罪之后，贿赂
才在瑞士被认定为非法行为。然而，据估计，该公司总共向这
些体育高层支付了约 1.38 亿瑞士法郎。

至于塞普·布拉特，他是霍斯特的另一名亲信，于 1998
年接替阿维兰热担任国际足联主席。他在此案中被判无罪，只
是因所谓的"疏忽"而遭受批评。不是不报，时候未到。
2006 年，国际足联成立了一个"独立"的道德委员会，该委
员会也注意到了布拉特的"疏忽"。然而，ISL 的案件只是一
个开始，之后发生在美国、南美和非洲一些体育协会的案件将
进一步曝光体育高层的腐败。

但在 ISL 的审判之后，布拉特可以在晚上安然入梦了。因
为早在 2002 年，新的体育营销公司 Infront 就搬到了瑞士的楚
格州，恰恰就在 ISL 上一年破产后留下的空房子里。这家公司
的负责人是罗贝尔·路易·德雷福斯，正是他从贝尔纳·塔皮
那里收购了阿迪达斯［参见本部分第二十篇］，并"自然而
然"地获得 2002 年世界杯的转播权。三年后，德雷福斯请来
了布拉特的侄子菲利普来领导 Infront。

参考文献

François Thomazeau, *L'Imposture du sport*, First, Paris, 2014.
David Conn, *The Fall of the House of FIFA*, Yellow Jersey Press, Londres, 2017.

二十

塔皮的个人帝国

让－菲利普·布沙尔

20 世纪 90 年代的法国足坛，马赛队开创了属于自己的王朝。缔造马赛盛世的商人贝尔纳·塔皮曾不止一次谈到自己的成功之道："想要在事业上取得成功？一个优秀的财务总监是必不可少的。"塔皮的成功不仅得益于他的财务总监埃利·费卢（Élie Felous），还要依靠一位顶尖律师以及一家倾力支持自己的银行——让－路易·博洛（Jean-Louis Borloo）与西方银行公司（SDBO），他们也对这位商界骄子的事业腾飞起到了重大助推作用。

塔皮在发家前从事过各种工作，百科全书推销员、电视商店老板、歌手、创业咨询的活做了个遍。在打拼的同时，他也尝试过一切可能钻法律空子的经营手段，故而多次因逃税、打出虚假广告、滥用社会资产等罪名被指控。尽管如此，塔皮个人在 60 年代至 70 年代曾发现一种屡试不爽的策略，同时也不妨碍他在 80 年代走上事业发展的快车道：以资产重组、并购等手段，"抄底"处于困境中的知名企业。

最初让塔皮看到希望的收购是圣埃蒂安的标志性企业

Manufrance。在他于 1980 年尝试收购时，这家邮政公司已处于破产重组状态。在不到五年时间内，塔皮进行了内部重建的一系列尝试，但最终未能完成买断，整桩收购以 Manufrance 在 1986 年的清算告终。尽管功亏一篑，但塔皮收获了得力伙伴 SDBO，该银行是里昂信贷银行的下属子公司。也正是从那时候起，SDBO 开始为塔皮包括体育在内的一切活动提供资金支持。

通过 SDBO 的鼎力相助，塔皮收购了拥有 250 家分店的著名食品连锁店 La Vie Claire。在塔皮的经营下，这家此前连续数年年亏损达百万法郎的公司摇身一变，成为塔皮在体育界收获成功的重要品牌——塔皮本人在 1984 年组建的职业自行车队正是以此冠名。车队成立后，塔皮成功将四届环法自行车赛冠军贝尔纳·伊诺（Bernard Hinault）与美国名将格雷格·莱蒙德（Greg LeMond）招致麾下。加入 La Vie Claire 车队后，伊诺于 1985 年夺得个人第五次环法冠军，而莱蒙德翌年成为首位摘得环法桂冠的美国人。

在自行车队方面尝到甜头后，塔皮把目光转向了衡器产业。他以名义上的赔偿金收购了特拉永（Terraillon）与泰斯蒂（Testut）两家企业，随后将它们拆散或是转手出售。由于对泰斯蒂的管理引起质疑，塔皮在 1993 年遭到起诉，并在三年后因滥用社会资产被判处两年徒刑、30 万欧元罚款以及五年内不得管理该公司。

毫无疑问，在所有涉足的领域中，塔皮在体育行业收获了最大的成功。尽管他 1983 年入股著名网球品牌多奈未获大捷，但他很快收购了自行车制造商 Look Cycle。通过与旗下运动员伊诺的合作，他将滑雪运动的固定装置应用到了自行车踏板上。1985 年，伊诺正是脚踏这种踏板加冕环法。三年后，塔皮以 2.6 亿法郎（约合 4000 万欧元）的价格将 Look Cycle 出售给了埃贝尔，一段关于这位"赢家老板"的传奇即将开始书写。

上位马赛主席

塔皮与马赛足球俱乐部的相遇不乏机缘巧合。在前马赛市长[①]遗孀埃德蒙德·夏尔－鲁（Edmonde Charles-Roux）的撮合下，精明的塔皮于 1986 年以"抄底价"收购马赛俱乐部。初来乍到之时，他便采取与管理自行车队类似的策略来经营这家历史悠久的足球俱乐部：招揽最优秀的球员、缺乏对教练的容忍度。这一思路同样让他书写了历史，马赛队在 1992 ~ 1993 赛季夺得欧洲冠军杯。

马赛的夺冠意味着法甲俱乐部首次捧起欧洲范围内最具分量的俱乐部赛事奖杯，然而他们的胜利引发了诸多不同的声音。前《队报》记者雅克·费朗（Jacques Ferran）曾与同事加布里埃尔·阿诺（Gabriel Hanot）一道发起创建欧洲冠军杯，他对马赛斩获这项凝聚自身心血的锦标嗤之以鼻："纵观历史，马赛在欧冠的胜利招来了最大的争议。就个人而言，我拒绝将奖杯算入他们的荣誉簿中。"

[①]　此处应指曾两度出任马赛市长的加斯东·德费尔（Gaston Defferre，1910 – 1986）。

就在马赛赢得与 AC 米兰的冠军杯决赛后不久，一项指控刹那间引起轩然大波：为了确保在国内联赛夺冠，且让主力队员养精蓄锐备战冠军杯决赛，马赛队在决赛前 6 天对阵瓦朗谢纳的比赛前向对手行贿。然而最初，并未有确凿的证据证实《队报》记者的质疑 [参见本部分第二十一篇]。

即使马赛创造历史登上欧洲之巅，舆论对塔皮及其心腹让－皮埃尔·贝尔内斯（Jean-Pierre Bernès）由来已久的质疑依然在持续：从 1989 年起，两人与法国国家足球联盟（LNF，法国职业联盟前身）纪律委员会早有不睦。纪律委员会收到关于塔皮与马赛接踵而至的负面新闻，但他们未能收集到确凿证据：一位裁判透露，他收到了来自马赛的书面威胁；当时效力于波尔多的帕特里克·巴蒂斯通（Patrick Battiston）由于揭发了一名队友与马赛球员菲利普·韦克吕斯（Philippe Vercruysse）多达 50 万法郎的利益交易而被马赛俱乐部谴责；布雷斯特俱乐部主席声称，一位经纪人要求明星球员罗伯托·卡巴纳斯（Roberto Cabanas）在对阵马赛的比赛中诈伤；卡昂俱乐部控告贝尔内斯致电队中守门员，要求他在与马赛交锋时不要全力以赴守门，为马赛留下进球机会……

1989 年底，塔皮与贝尔内斯尝试寻求与克罗地亚经纪人柳博米尔·巴林（Ljubomir Barin）合作。后者在波尔多工作，以善于讨好裁判而闻名。有一次，贝尔内斯与巴林交谈时，克罗地亚人详细讲述自己如何对波尔多主席克劳德·贝（Claude Bez）施压。在巴林不知情的情况下，贝尔内斯悄悄将两人的对话录音。此后，波尔多主席将贝尔内斯与巴林的对话制作成录音带，作为自己要求一名圣埃蒂安球员在比赛中懈怠的

"范本"。

　　为了这盘录音带，波尔多主席从俱乐部账户上挪用了 5 万法郎将其购得——他犯下了典型的挪用公款罪。塔皮与贝尔内斯同样没有逃过处罚，两人因非法录音东窗事发后，吃到纪律委员会一纸罚单：塔皮被禁止参与足球事务管理一年（缓刑 4 个月）；贝尔内斯同样被"禁足"半年。

　　做出这一疯狂举动后数月，马赛队迎来天王山之战：他们在 1989～1990 赛季冠军杯半决赛中与本菲卡遭遇。首回合交锋马赛以 2 比 1 取胜，第二回合出征里斯本，他们在最后时刻被对手的安哥拉球员瓦塔（Vata）在角球进攻中用手打入一球。凭借这一进球，本菲卡依靠客场进球多力压马赛，杀入了当年的冠军杯决赛。马赛展开疯狂抗议，认为晋级决赛的一方应当是他们，但无力改变被淘汰的命运。当晚，塔皮面对媒体语出惊人，暗示当值裁判被收买："我明白了，我终于明白了……现在我总算知道怎么赢得欧洲冠军了！"

出手阿迪达斯，与里昂信贷银行的纠葛

　　在一系列丑闻曝出之后，塔皮在足球圈内形象大跌。尽管在体育行业内遭受挫折，但作为一名商人他还是完成了自认为最成功的一笔交易。1990 年，始终渴望在体育界拼出天地的塔皮以 16 亿法郎（约合 2.45 亿欧元）收购了这个星球最负盛名的运动品牌阿迪达斯。此次收购资金全部出自 SDBO 的贷款，该公司从 1982 年起就与塔皮联系密切。塔皮完成此次交易后曾评估道：他收购阿迪达斯的资金相比于以往"抄底"

高出一大截，但潜在的回报使这笔投入物有所值。

　　在阿迪达斯创始人之子霍斯特·达斯勒于 1987 年去世后，这家企业陷入危机，霍斯特的继承者寻求将其出售。塔皮早就预见了阿迪达斯的发展潜力：尽管当时市场份额暂时被耐克与锐步统治，但阿迪达斯依然是世界范围内知名品牌，为众多国家队提供装备。1991 年，塔皮重新设计了阿迪达斯的商标，将原有的三叶草外形改为三道杠组成类似山峰状的图案。

　　塔皮除更改商标外还做出了一个影响阿迪达斯的重要决策：大幅削减在欧洲的员工，将此前尽数设在德国的生产线转移到亚洲。与此同时，这位商人也需要在政治领域做出抉择。作为一名左派拥护者，他很早就赢得了密特朗的欢心，后者在 1993 年议会选举前就有向民间社会人士开放政府的想法，并要求塔皮弃商从政。然而事与愿违，塔皮并未等到阿迪达斯像他以往的企业那样开花结果。即使进行了诸多调整，1992 年度阿迪达斯的账目依然显示亏损 7500 万法郎（约合1150 万欧元）。

　　于是，塔皮决定委托 SDBO 将阿迪达斯出售。罗贝尔·路易 – 德雷福斯（Robert Louis-Dreyfus）所属集团 RLD 最终拿下这家运动品牌公司经营权，他们分两期支付了 20.85 亿法郎（约合 3.17 亿欧元）。感受到增值的塔皮十分满意，他于 1993年 2 月 15 日与买家正式签下合约。成为密特朗政府部长、坐拥亿万资产、率马赛队成为欧洲冠军，塔皮在 90 年代初走上了个人生涯的巅峰。

　　风云人物从巅峰坠入谷底，有时只在顷刻之间。1993 年 3月，随着右派再度上台，塔皮丢掉了部长职位；当年 6 月，马赛与瓦朗谢纳假球案启动调查，塔皮与贝尔内斯被指控在冠军杯决赛前 6 天的法甲比赛前收买部分对方球员，使马赛队可以在主力休息准备冠军杯的情况下不影响联赛夺冠——调查旷日持久，使塔皮这位成功人士陷入了法律与经济的重重困境。

1994 年 3 月，塔皮遭遇了个人最低谷：他本人被宣布破产，里昂信贷银行出售塔皮公司的所得并不能抵销他此前的欠款。塔皮此后对出售阿迪达斯表达了怀疑，因为在将其转让给 RLD 的过程中，里昂信贷银行接触了一家财团，其中有两家境外公司从属于 SDBO——正是 SDBO 向 RLD 借出了收购与维持自身运营的必要资金。对于塔皮的律师而言，该银行通过两家境外公司完成了阿迪达斯的出售，合同中保留了会额外支付给卖家（从属于 SDBO 的两家银行）用于完成重组的 26 亿法郎（约合 3.9 亿欧元）。

里昂信贷银行为该笔交易提供担保，它将使阿迪达斯的市值超过 46 亿法郎（20 亿的实际销售 + 26 亿选项）。1994 年底，德雷福斯本人出面解决了此事，阿迪达斯在 RLD 集团领导下重回正轨，两年后市值飙升至 110 亿法郎。除了塔皮，几乎这桩交易的所有参与者都大获全胜——由于假球案，前马赛老板于 1995 年 11 月被判入狱两年（其中监外服刑 16 个月）、三年内不得担任社会公职。即使塔皮竭力自卫，依然无法阻止他苦心经营的个人帝国就此坍塌。从部长、亿万富翁到沦为阶下囚，塔皮体验了人生的大起大落。

塔皮的辩护律师称，里昂信贷银行已偿还了出手阿迪达斯的大部分资金。从那时起，一场持续 20 多年的纷争即将打响。作为金融与房地产老手的塔皮以低估品牌价值、涉嫌诈骗为由将里昂信贷银行告上了巴黎商业法庭。1996 年 7 月，法院判定塔皮胜诉，由里昂信贷银行负担一笔 6 亿法郎（约合 9000 万欧元）的赔偿金。巴黎上诉法院于 1998 年取消了这一决定，由于此案涉及民事与刑事案件的区分，因此在塔皮正式被宣布破产之前，阿迪达斯不能彻底完成转让。双方的纷争一直持续到了 2007 年，政府同意批准成立仲裁法庭。

翌年 7 月 11 日，仲裁法庭公布了判决结果，塔皮以绝对优势胜诉。法庭最终决定：里昂信贷银行赔偿塔皮 2.4 亿欧元出售阿迪达斯的价格差、4500 万欧元的精神损失费与大约 1.18 亿欧元利息，合计 4.03 亿欧元（与里昂信贷银行出售给 RLD 时所得 26 亿法郎大致相当）。这一仲裁结果引发舆论质疑，但时任司法部长、批准该案仲裁决议的克里斯蒂娜·拉加德（Christine Lagarde）并未表示异议。这一判决也促成了塔皮原先受到关于旗下两家控股公司的破产指控在 2010 年 2 月得到了撤销，原先因阿迪达斯出售焦头烂额的塔皮也得到了喘息之机。他摆脱了司法枷锁，重回商界。这位出生在巴黎的商人很快购买游艇，投资媒体与网站。

看上去塔皮的事业似乎风平浪静、重回正轨，但有关他的调查事实上并未停止。审判员塞尔日·图内尔（Serge Tournaire）、纪尧姆·达耶夫（Guillaume Daïeff）与克莱尔·泰波（Claire Thépaut）自 2012 年开始对涉案人员进行追踪调查，并在两年后发布了一份证据确凿的报告。调查文件显示，塔皮不仅不会因里昂信贷银行蒙受损失，反而显得一切尽在掌握。

因此在 2015 年 12 月 3 日，巴黎上诉法院判决塔皮退还 2008 年仲裁结束所获的 4.03 亿欧元。半年后，法国最高法院确认了上诉法院的判决，证明七年前的仲裁存在民事欺诈：当时一位仲裁员皮埃尔·埃斯图（Pierre Estoup）与塔皮私下存在联系。2017年3月，受到欺诈、挪用公款罪名指控的塔皮被送进拘留所；当年5月18日，他收到了最高法院关于退还4.03亿欧元的一纸命令。

　　2017年6月6日，这起旷日持久的肥皂剧迎来终极反转：巴黎商业法庭通过了塔皮提出的保障计划，该计划旨在通过债权人保护塔皮手下两家控股公司GBT与FIBT的资产，并分6年时间退回全部4.03亿欧元。当监察机关立即针对这一决定上诉时，塔皮的生活仿佛又回到了收购阿迪达斯的那段日子……

参考文献

Christophe Bouchet, *Les Années Tapie*, Solar, Paris, 2000

Faro et Arnaud Ramsay, *Qu'est-ce qui fait courir Tapie ?*, Jungle !, Paris, 2015.

Olivier Villepreux, Samy Mouhoubi et Frédéric Bernard, *Débordements*, Anamosa, Paris, 2017.

二十一

马赛假球案——塔皮帝国的崩溃

菲利普·布鲁萨尔

1993 年的法兰西足坛波涛汹涌，这一年见证了法国足球史上最大丑闻的诞生。马赛俱乐部成为元凶，其被指控在与瓦朗谢纳的比赛前向对方部分球员行贿，最终"买"下了一场胜利。马赛主席贝尔纳·塔皮饱受争议，这位商界精英第一时间为己队辩护却漏洞百出。这起丑闻俨然就是一出肥皂剧：第一季，"重重疑云"；第二季，"虚幻与欺骗"；第三季，"水落石出"。

法国足坛并非白璧无瑕，著名的丑闻先例包括时装设计师丹尼尔·埃什特（Daniel Hechter）治下的巴黎圣日耳曼俱乐部 1978 年在体育场建立双重售票系统（门票收入的一部分流入了球员腰包，却没有被记录在俱乐部账目中）、1982 年曝出的罗杰·罗谢（Roger Rocher）的圣埃蒂安俱乐部黑金交易事件。

尽管历史有几分相似，但此次马赛假球案的恶劣程度足以高出以往任何一次。马赛俱乐部在法国拥有极高知名度，当时的掌门人是进军政坛的商人塔皮，这位马赛主席之后被指控腐败，将亲自出演法国足球历史上最漫长的司法连续剧……

夏日肥皂剧

事件的一切焦点发生在 1993 年 5 月 20 日。六天之后，马赛队将在慕尼黑迎来与 AC 米兰队的欧洲冠军杯决赛；而这一晚，他们将在主场对阵作风顽强的小球会瓦朗谢纳，此战将决定当赛季法国甲级联赛冠军的归属。当时的马赛面临两条军令状：拿下瓦朗谢纳，确保将法甲冠军收入囊中；在冠军杯决赛临近之际避免伤病。

马赛队在本场比赛中派出了全替补阵容，以 1 比 0 击败对手，锁定了当赛季法甲联赛的冠军。很快，一条令人震惊的消息迅速发酵，使马赛队的夺冠蒙上污点。瓦朗谢纳后卫雅克·格拉斯曼（Jacques Glassmann）向媒体确认：比赛前一天，马赛球员让－雅克·埃德利（Jean-Jacques Eydelie）与俱乐部总经理让－皮埃尔·贝尔内斯（Jean-Pierre Bernès）向他与另外两名瓦朗谢纳球员行贿 50 万法郎（约合 7.8 万欧元），意在使他们"高抬贵脚"助马赛实现既定目标。同时格拉斯曼表示自己拒绝了这笔钱，但两名队友克里斯托夫·罗贝尔（Christophe Robert）、若热·布鲁查加（Jorge Burruchaga）选择了收下，但这一说法很快遭到了后两者的否认。

由于整个法国都在关注马赛队在慕尼黑的冠军杯决赛（最终以 1 比 0 获胜），因而格拉斯曼的言论并未在第一时间引起注意。而在幕后，国家足球联盟（LNF）认为关于假球的指控足以构成腐败，并向瓦朗谢纳的检察官埃里克·德·蒙戈尔菲耶（Éric de Montgolfier）提起诉讼。

　　本案首先由检察官贝尔纳·贝菲（Bernard Beffy）展开司法调查。6 月 24 日，调查迎来重要进展，马赛球员罗贝尔由于不堪重负承认了收受 25 万法郎（约合 7.9 万欧元）的事实，随后与妻子被拘留。令人惊讶的是：他将这笔钱放入一个与马赛会计部门所用相差无几的信封里，藏在了他位于多尔多涅的姨母家的花园中！而另一位当事球员布鲁查加名气更大，这位随阿根廷队获得 1986 年世界杯冠军的球员也对自己收受贿赂的事实供认不讳。然而在证据尚未完全明确的情况下，这一事件的行贿者贝尔内斯与埃德利对指控予以否认。

　　在 1993 年夏天，这起假球案成了围绕两名主角演出的肥皂剧。1986 年就成为马赛主席的塔皮此前曾担任国会议员，这位政治与足球领域的左翼支持者将因这桩假球案名利俱损、身处旋涡风暴中心；另一边，蒙戈尔菲耶作为一名优秀的法官，自然乐意与这么一个重量级对手展开角力。

　　马赛俱乐部铸成大错已成事实，但检察机关想要证明老油条塔皮的个人罪名却绝非易事。塔皮这位在商界摸爬滚打已久的老手盲目自信，自认为将会免于处罚且有强力的政治支持，导致此后多次犯错。他首先低估了检力的能力，并邀请蒙戈尔菲耶进入其办公室。当晚在破败的法院内，检察官意识到塔皮此举是在给自己一个下马威，但他并未被吓倒，而是愈发动力十足。

　　塔皮的第二处错误是占据了过多的媒体话语权，马赛主席善于在镁光灯下虚张声势。蒙戈尔菲耶意识到拥有庞大话语权对本案是一个重大难点，这位检察官开始通过各种途径向塔皮的权威发起挑战。尽管此举被塔皮认为破坏了机密而加以指责和恐吓，但蒙戈尔菲耶并未就此退缩，而是与同事贝菲继续专注调查，逐渐挖掘出更多真相。

在法国这一拥有厚重体育底蕴的国家中，从未有一桩体育圈丑闻引起如此轰动：此案除体育外还牵涉司法与政治范畴。马赛当地居民对此震惊不已，他们宁愿相信自己支持的俱乐部只是巴黎方面策划阴谋的受害者，然而警方揭露的事实击碎了他们的幻想。

当年7月6日，令人震惊的"案中案"爆发：时任瓦朗谢纳主教练博罗·普里莫拉茨（Boro Primorac）声称塔皮企图向他出价50万法郎，以确保他做出马赛无罪的虚假辩护。普里莫拉茨表示，两人的会面发生在6月15日下午大约3时，地点在塔皮办公室内。这一事件的泄露让塔皮尴尬无比，随即矢口否认与普里莫拉茨有过会面——毫无疑问，这成了他犯下的第三处错误。从事后看，如果他承认此次会面但否认向普里莫拉茨行贿，检方可能会因为缺乏足够证据而终止进一步调查，但他的做法无异于火中取栗。

为了证明6月17日没有发生那次会面，塔皮表达出对当天日程安排的"惊讶"之情。几周后，塔皮口中的惊讶看上去更像托词：前社会党部长、加来省国会议员雅克·梅利克（Jacques Mellick）声称，他在17日下午3时至3时20分与塔皮在一起。这意味着塔皮不可能在当时与普里莫拉茨会面。然而多位法国记者很快找出破绽，他们从马赛开车前往梅利克担任副市长的贝蒂讷市，根据交通状况推断出梅利克当天不可能身在马赛，从而使后者颜面尽失。

随着假球风波日渐发酵，也有人选择站在塔皮一边。首要的人物就是弗朗索瓦·密特朗（François Mitterrand），时任法国总统认为这位前部长只是一场斗争的受害者。听过国家元首的讲话后，法官贝菲与检察官蒙戈尔菲耶清楚自己将会受到来自政坛的威胁，但这一切没有阻止他们继续坚持不懈地调查取证。

7月12日，案件发生了新进展：在始终否认之后，马赛球员埃德利终于承认了企图行贿的事实，并表示自己是在俱乐部二号人物贝尔内斯的指示下做出行动。贝尔内斯的拒不承认看起来像是在以一种悲怆的姿态保护塔皮。尽人皆知的马赛主席从交易所委托买卖发迹，球员与其他人都称其为"老板"——这是一位参与诸多重要事务决策的老板，甚至包括球队在比赛中的排兵布阵。一旦腐败罪名成立，必将引发震动。

处于风口浪尖的塔皮与他的支持者表现得相当冷静，但他们忘记了一点：在没有确凿证据的情况下，塔皮已经受到了关于操纵比赛的多方质疑［参见本部分第二十篇］。早在1991年1月，法国国家足球联盟就曾因"严重违反体育道德"禁止塔皮参与足球事务一年。国家联盟内部调查后谨慎地推测，马赛主席曾有通过本方球员向对方特定球员行贿的尝试。

此次马赛与瓦朗谢纳的假球案中，司法介入成为一个重要特征，因此作为首要责任人的塔皮面临着巨大风险。欧洲足球的管理机构——欧足联最终决定：将马赛俱乐部从欧洲赛事中除名。马赛同时难逃法国国内的处罚，他们被剥夺了1993年的法甲联赛冠军。塔皮尽管明知难以扭转局势，但依然坚称球队成了阴谋受害者。

解读“塔皮的手段”

1995 年 3 月，马赛假球案在瓦朗谢纳刑事法院正式开庭，作为被告的塔皮成了全场焦点，而他在不经意间酿成了第四个错误：在谎言缠身之下机关算尽，表现得过于冲动。面对众多摄像机涌入审判厅，埃里克·德·蒙戈尔菲耶更加坚定——他明白为了在媒体面前进一步揭穿塔皮，自己决不能后退半步。

在主角塔皮被舆论热炒之时，几位次要人物反而成了案件的重大突破口。让-皮埃尔·贝尔内斯本人在当时刚刚出版的一本书中宣誓了自身清白，他突然的改变惊动了本案关注者，也相当于承认了他与塔皮的责任；同时出庭的雅克·梅利克则洋相百出，在法庭上方寸大乱、言语前后不一；球员们也道出自己当时在经济诱惑面前没有了道德上的顾虑。

塔皮无疑是本案的最大输家，除了腐败的事实，他的行事方式也受到了惩处。蒙戈尔菲耶赢得了这场与金钱、强权斗争的胜利，这位检察官对马赛主席表示：“您的行为既不尊重民主，也是对共和国及其形象的蔑视。”塔皮成为本案中唯一入狱者，被判监禁 8 个月与监外服刑 16 个月，最终他在监狱中度过了 165 天。

尽管假球案暂时告一段落，但塔皮在足球层面的烦恼远未停止。1997 年 5 月，他与包括贝尔内斯之外的另外 19 人在马赛刑事法庭出庭受审。此次出庭涉及马赛俱乐部的账户，他们被指控在 1987 年至 1991 年挪用俱乐部与广告代理商 1.01 亿法郎（约合 1500 万欧元）。这笔钱不仅被用来支付球员薪水、经纪人代理费，甚至还买通了某些场次的裁判。

在 1996 年 12 月 13 日发出的裁决（调查摘要）中，调查法官皮埃尔·菲利蓬（Pierre Philippon）分析了马赛俱乐部的构成。这份文件已为人熟知，它能在相当程度上帮助了解塔皮的种种手段。例如提到两位马赛高层的证词时，菲利蓬披露道：

> 贝尔内斯与阿兰·拉罗什（Alain Laroche，行政与财务总监）认为塔皮是一位无所不能、无处不在而又精于谋略的主席。他们还明确指出：塔皮一人包办了马赛俱乐部的领导架构，以便每位董事会成员在遭遇危机时相互依附或拒绝承担责任。他们还补充道，除极少数文件之外，塔皮从不留下自己的签名。这使他在出现幺蛾子时可以将责任推到他人身上。

除此之外，两位高层还向检方透露：在被警方拘留后，对他们言论心生不满的塔皮向两人提供了一份文件，其中包含一旦重新审问时应当提供的信息。在这桩 1997 年的案件中，塔皮表现得暴躁易怒，焦头烂额的前马赛主席猛烈抨击记者为"白痴"与"老鼠脸"，指责他们因为一些捕风捉影的事情想把屎盆子往自己身上扣。最终塔皮被判处三年缓刑，并被剥夺公民与政治权利、家庭抚养权五年。

遭遇了足球、政治上的法律惩处之后，塔皮并未就此消沉，而是依靠其他领域的资源和人脉东山再起。前马赛主席以喜剧演员与商人身份完成了触底反弹，还曾在 2001 年短暂回到马赛担任体育总监，一年后以失败告终。他在马赛的心腹贝尔内斯被终身禁止参与足球事务，但此后逐渐恢复名誉，完成了人生蜕变：迈入新世纪后，他成了一名有重要影响力的球员和教练经纪人。在他身上，法国足球的宽容与气度得以体现。

参考文献

VA-OM : Tapie, le proc et les menteurs, documentaire de Guillaume Maury (émission *Faites entrer l'accusé*, 31 janvier 2016), 99 min.

Jacques Glassmann, *Foot et moi la paix*, Calmann-Lévy, Paris, 2003.

二十二
"高抬贵脚"：操纵比赛那些事

菲利普·布鲁萨尔

在足球圈内安排对手"高抬贵脚"一事上，贝尔纳·塔皮并非首创者。1993 年，这位时任马赛主席为了确保在本队冠军杯决赛前拿下对瓦朗谢纳的比赛胜利，不惜向对方球员行贿。这一做法显然完全有悖于体育道德，也扼杀了竞技体育不确定性带来的魅力。回溯过往可以发现足坛类似的例子比比皆是：无论是何种级别的比赛、涉及怎样的利益方或出于何种原因。

"耻辱之战"催生小组末战同时开球

1978 年阿根廷世界杯不设半决赛，而是由第二阶段小组赛中的两个小组第一进入决赛。当时的阿根廷处于军事独裁统治下，经济连年衰退、失业率居高不下，国家队在家门口的发挥被视作重塑国家形象、刺激民心的重要一环。第二阶段小组赛最后一轮开打前，东道主阿根廷队要想挺进决赛，就必须至少净胜秘鲁 4 个球。"潘帕斯雄鹰"最终取得了一场 6 比 0 的大胜，但场面的离奇使舆论围绕这一比分始终充满质疑：两国之间是否如传言所说在幕后有金钱交易？

直到 2012 年，真相才逐渐浮出水面。秘鲁司法机构的一份调查显示：阿根廷的胜利可能与两国独裁者达成的秘密协议有关。作为对这场大胜的"回报"，阿根廷掌权者允许接收 14 名秘鲁政治犯。据其中一位日后成为参议员的政治犯回忆，当时他们在法国的干预下才得以在最后一刻侥幸逃脱。

阿根廷最终在家门口击败荷兰，首登世界之巅。四年后的西班牙世界杯上，奥地利与联邦德国的比赛则演绎了另一种不同的剧情。两队在小组赛最后一轮相遇，奥地利队距离出线仅有咫尺之遥：只要不输一球以上，他们就可以进入下一阶段；而德国队的局面相对危险，他们必须取胜才能力压另一个小组对手阿尔及利亚晋级。两支邻国球队在希洪体育场上演了一场"心照不宣"的较量，德国队以 1 比 0 胜出，这是一个令双方皆大欢喜的比分。由于当时小组赛最后一轮不同时开球，提前结束小组赛的阿尔及利亚队只能饮恨回府。

德奥之战的过程十分耐人寻味：联邦德国队第 10 分钟首开纪录之后，两队在场上接下来的表现完全不思进取，似乎等待终场哨响。双方的"默契"行为引起了旁观者的不满与愤怒。两队大牌云集，联邦德国阵中不乏卡尔-海因茨·鲁梅尼格（Karl-Heinz Rummenigge）、保罗·布雷特纳（Paul Breitner）与乌利·施蒂利克（Uli Stielike）等国际知名球星，但他们却与对手进行了一场闹剧般的比赛。这场"耻辱之战"迫使国际足联修改规则，此后世界大赛小组赛最后一轮较量均同时开球，以避免出现根据已完赛对手比分计算出对己方最有利的情形，通过有违公平竞赛的方式挤掉对手晋级的情况。

从法甲冠军之争到"电话门"

俱乐部赛事亦是如此——每年总会有一些特定时间段有利于"完成操作"。欧洲联赛通常采用跨年赛制，春天正是升降级大战、竞争洲际比赛资格与冠军激战正酣的时刻。正如部分球员所言：只有无欲无求（参加洲际比赛无望、保级无忧）的球队此时最适合"高抬贵脚"。曾经主导假球案的马赛队也不会忘记发生在巴黎圣日耳曼与波尔多之间的那场法甲联赛收官之战。比赛在 1999 年 5 月 29 日进行，波尔多只要取胜便可锁定联赛冠军；如果他们打平或失利，那么击败南特之后的马赛队将完成反超。

尽管巴黎与马赛是不共戴天的死敌，但在当时决定冠军归属的特殊时刻，马赛唯有祈祷巴黎取胜。然而最终结果令马赛人大失所望：巴黎圣日耳曼在主场 2 比 3 输给了波尔多。时任马赛主帅罗兰·库尔比斯（Rolland Courbis）认为巴黎队员并未在比赛中全力投入，尤其是第 89 分钟对帕斯卡尔·费杜诺（Pascal Feindouno）攻入制胜一球的防守。尽管球员看上去未尽全力，但这足以令王子公园体育场的观众窃喜：他们清楚马赛会因此无缘冠军。

几年后，当时出战的巴黎圣日耳曼中场球员弗朗西斯·利亚塞尔（Francis Llacer）接受 RMC 采访时直言："需要承认的是，我在那场比赛中出现了几次失位，并未展现自己最有活力的一面。球队的准备不够充分，我也没有竭尽全力。人们会说我拖慢了节奏，球队没有拿出百分百的动力去迎战波尔多，而我也不是其中仅有的一个。"

类似的事件似乎在意大利司空见惯，亚平宁足坛此类案例同样有数十年的历史。1980 年，以一种非法投注系统命名的"托托内罗"假球案事发，此案波及一些著名俱乐部（例如 AC 米兰、拉齐奥等）与大牌球星，其中包括了意大利国家队射手保罗·罗西。1986 年，又一起与"托托内罗"有关的丑闻爆发，该案涉及不同级别联赛的职业俱乐部。

意大利最著名的操纵比赛案例发生在 20 年后，"电话门"事件震惊了世界足坛。部分球队通过控制裁判的方式操纵比赛，获得对己方最有利的结果。涉事俱乐部以尤文图斯首当其冲，球队总经理卢西亚诺·莫吉（Luciano Moggi）作为主谋策划了一系列操纵比赛的行为。

由于背景相似，莫吉在意大利足坛有一诨名"Lucky Luciano"（与一部讲述意大利裔美籍黑手党头目的电影同名）。这位昔日的铁路工人私下交好意大利足协与职业足球联盟，他的球队因此大量获益。莫吉拥有可观的个人资产与足球资源，儿子所有的 GEA 集团负责 300 多名球员与教练的转会、合同谈判事宜。"电话门"丑闻事发后，对莫吉不利的证据被纷纷曝出，不胜枚举。在上千小时的电话录音中，有一段对话令人大跌眼镜：他曾将一位性格倔强、不愿配合假球的裁判关在球场厕所内，甚至以此为荣！

莫吉操纵裁判的行为令许多俱乐部成为受害者。2005 年，罗马俱乐部体育总监弗朗哥·巴尔迪尼（Franco Baldini）在指责尤文图斯与西尔维奥·贝卢斯科尼（Silvio Berlusconi）治下的 AC 米兰存在猫腻后被迫辞职，意大利足协还对他开出了一张 3 万欧元的罚单。巴尔迪尼此后回忆道："意大利足坛让我们陷入了孤立，那些遵守规则的人似乎在这种环境下显得格格不入。"尤文图斯从裁判身上明目张胆地获益，激起公众不满。愤怒的人们高喊："我们的联赛就是个笑话！"

有众多俱乐部在"电话门"事件中受到处罚（包括 AC 米兰、拉齐奥、佛罗伦萨等），其中尤文图斯吃到了最大罚单：他们的联赛冠军被取消，球队被勒令降入意大利乙级联赛；莫吉被终身禁止参与足球事务。但这一堪称地震的丑闻并未使操纵比赛在意大利走向终结，六年之后的 2012 年，又一起与欺诈性投注有关的丑闻"投注门"爆发，操纵比赛似乎在某种意义上成了意大利足坛的传统……

二十三

体育和电视，从合作到依赖

让－菲利普·布沙尔

随着时间的流逝，体育运动和电视节目这对伴侣［参见第二部分第十四篇］就这样交织在一起，人们甚至弄不清究竟是谁在引领潮流。如果说一开始是体育运动通过惊人的吸引力带来了体育观众，再到后来的电视观众，那么今天事情就变得更加复杂了。因为电视频道已成为俱乐部、比赛甚至体育机构的主要出资者。

有不少电视台领导者或体育记者已经成为俱乐部老板与大赛组委会成员。例如米歇尔·德尼佐、夏尔·比埃特里（Canal＋与巴黎圣日耳曼足球俱乐部），让·克劳德·达西耶（法国电视一台与马赛足球俱乐部），克里斯托夫·布歇（法新社与马赛俱乐部）和克里斯蒂安·普吕多姆（Christian Prud'homme）（法国电视二台和环法自行车赛）等上述组合证实了体育与媒体之间的紧密联系，以及涉及其中的可观金额。

国际足联的主要收入来源是什么？世界杯电视转播权。世界足球的最高机构每四年都会从世界杯比赛中赚取大笔资金：近50亿美元，其中一半以上靠出售电视转播权获得。在法国，一家法国足球甲级联赛（Ligue 1）的足球俱乐部75%的收入来自电视转播收益。法甲每年"仅"获得7亿欧元的电视转播权费用，而英国和西班牙同行获得的电视转播权费用则是其三倍，因此俱乐部怎能不依赖这样的意外之财？只有在营销和票务的总收入提升约十倍的情况下，俱乐部才有可能摆脱对电视的依赖。

在这种情况下，有人怀疑出资者想在比赛的组织过程中拥有话语权，他们既是比赛的"收入"来源又是比赛的谋生工具，因此在宣传时的客观性会大打折扣。广播公司开始干预规则与比赛成绩，他们的目标是让每次比赛更加生动、精彩，吸引尽可能多的观众。

更大的乒乓球

以乒乓球为例，比赛用球的直径在2000年增加了：过去直径为38毫米的乒乓球现在变为40毫米。这一目的是降低乒乓球运动速度，使其在电视上更具观赏性。2001年，NBA的规则也进行了几处更改，包括运球过半场时间从10秒改成8秒。在网球运动中，加赛从20世纪70年代初开始试行，1979年开始在美国逐渐流行，1989年在戴维斯杯中正式确立。温布尔顿网球公开赛也在第五盘战至12平时引入抢七制，2011年，美国人约翰·伊斯内尔和法国人尼古拉·马于创造了温网历史上最长鏖战（6∶4、3∶6、6∶7、7∶6、70∶68，共耗时11小时05分）。

排球规则在21世纪初也改变了许多。现行规则允许球员用身体任何部位触球，而以前只允许上半身触球。计分规则也改变了：以前是每局 15 分（而不是今天的 25 分），每队只有发球后才能得分，发球时，球不得触网，现在则不同了。而且，如果不是为了取悦某些观众，那么如何解释国际排联规定的沙滩排球运动员的着装要求，观众对运动员的大长腿比对扣球技术的兴趣更大？

大多数时候，运动项目的规则只有在国际联合会的同意下才会发生变化。但是，广播公司非常希望能影响他们推荐的比赛。多年来，Canal + 曾是播放法国足球联赛的唯一频道，该频道还召集法甲教练，要求他们的队伍踢出更加精彩的比赛。毫无疑问，这项创举在教练群体看来开展得并不好，他们能否继续任职更多地取决于比赛成绩而不是球队的比赛方式。

20 世纪 90 年代初，在收购巴黎圣日耳曼俱乐部的背景下，有线频道人为地挑起了巴黎圣日耳曼与马赛俱乐部的竞争。一些负责人表示，两家俱乐部所谓的对立不基于任何历史渊源，而是 Canal + 为了让比赛更刺激和吸引更多用户而决意制造并推动的。在受到电视行业的"挑唆"与两家俱乐部球迷之间爆发的一系列事件的影响之后，这种对立引发了戏剧性的反转。

"电视依赖"的负面影响

人们很快认识到：体育对电视的依赖性可能会产生负面影响。当意外之财消失时，俱乐部的财务平衡状态极有可能突然崩塌。2009 年发生在苏格兰的事情成为真实的案例，当时

Setanta 频道被揭露无法支付已承诺的 1.25 亿英镑，苏格兰超级联赛俱乐部骤然失去一半的预算，它们不得不收起野心，自此一直在努力摆脱危机。

争夺电视转播权还有另一个负面影响：过于贪婪。人们发现，一项运动的曝光量减少可能会导致该项目名望受损、吸引力降低，然后进入恶性循环，这就是伯尼·埃克莱斯顿担任财务部长时世界一级方程式锦标赛（F1）所经历的。这位曾经的车队老板在 70 年代创立一级方程式制造商协会后接管了 F1 机构，从而成为亿万富翁。[参见本部分第十七篇]。2005 年，他将自己的部分股份出售给了 CVC 私募基金，但保留了对 F1 的日常管理权。在另一位亿万富翁约翰·马龙（John Malone）的引导下，CVC 将股份转售给美国集团 Liberty Media，标志着埃克莱斯顿的统治结束。

新买家决心将这项半个世纪来都由同一人管理的运动进行现代化改造，于 2017 年礼貌地罢免了埃克莱斯顿，并让自己的得力助手蔡斯·凯里（Chase Carey）取而代之，F1 就此进入数字时代。这次权力交接是有必要的，因为老板的贪婪已经威胁到这项运动的生存。实际上，F1 巡回赛在没有结构性赤字的情况下无法付清规定支付的转播费，可电视转播费已经变得如此之高，因此它们只能转向付费电视频道。

因此，在法国，F1 的转播权在 2013 年从 TF1 换到 Canal +，这只能导致 F1 的收益急剧下降。对 Canal + 来说，它还没有看到太多不惜一切代价观看 F1 的用户，因此它需要改变方式，再恢复一些知名度不高的大奖赛。凯里希望有一个全球活动能让 F1 重新成为一项有吸引力的运动项目，并让赛车手成为国际巨星。

如果不考虑大满贯赛事，网球离走上相同的道路也不远了。可免费观看的比赛越来越少，使得该项运动的收益减少，比赛许可证持有者的数量也下降了。法国网球联合会（FFT）坐拥大笔资金，这得益于法国电视台每年为法网支付的超过1500万欧元的电视转播费，因此它还不需要担心这个问题，但人们还是隐隐担忧将来……

视频仲裁的出现

这是一种更为直观的刺激。视频裁判作为一种反直觉的方式进入体育运动，可能会使体育运动失去一些乐趣。在20世纪80年代，网球运动之所以风靡一时可不只是因为约翰·麦肯罗（John McEnroe）的高超球技，还有他狡黠的性格，才让任何一场比赛都变得格外精彩。

也许那些年，人们对网球的兴趣还来自于艾莉·纳斯塔斯（Ilie Nastase）、维塔斯·格鲁莱蒂斯（Vitas Gerulaitis）和吉米·康纳斯（Jimmy Connors）等人与裁判斗智斗勇的故事，他们有时还会大发脾气。毫无疑问，他们尚能找到发怒的依据；但由于科技的进步，他们的接班人将不再有可能大规模对仲裁提出异议。

作为体育的魅力之一，不确定性也包含在人为仲裁中。体育运动本质是不公平的（当进球少时），足球的人为仲裁就是如此。三个人要评判在面积为5000平方米的场地上活动的22个运动员！足球实际上是仲裁最不公正的运动，但它也是最受欢迎的。如果足球变得更加"公平"，它取得成就会减少吗？1986 年马拉多纳（Maradona）在世界杯 1/4 决赛对阵英格兰的比赛上用手进球，这一事件成为足球神话［参见本部分第十六篇］。他会有后继者吗？下届世界杯决赛的进球会和 1966 年德国－英格兰对决时一样漫长吗（加时赛后结果为 4∶2）？我们会像在真人秀或摔跤节目中一样，由观众代替参赛的演员决定比赛的命运吗？如果这样的假设会实现并让我们高兴，我们所想的体育运动显然就会走向消亡。我们尚不清楚它会在未来遭遇何种劫难。

与此同时，电视运营商为了让体育运动更具观赏性，正在进行激烈的技术革新竞争。现在，摄像机已经安装在 F1 赛车里，让观众感觉自己就坐在驾驶座上；在一些网球赛中，"眼睛"被安装在球网上，以便能尽量近距离地记录球的速度；无人机也有能力从空中拍摄体育赛事。地平线不再那么遥远，我们可以想象自己头上戴着配有虚拟现实技术的头盔，就在环法自行车赛骑手的车架前，坐在 F1 赛车手的斗形座里或挡在内马尔（Neymar）面前阻止他罚点球。昔日的顾拜旦设想过这些场景吗？

参考文献

Éric MAITROT, *Sport et télé, les liaisons secrètes*, Flammarion, Paris, 1998.

Jean-François PÉRÈS et Daniel RIOLO, *OM-PSG, histoire d'une rivalité*, Hugo Sport, Paris, 2014.

Alexandre OBŒUF (dir.), *Sports et médias*, CNRS Éditions, Paris, 2015.

二十四

NBA，超越运动领域的全球成功

奥利维耶·维尔普勒

1891 年，篮球运动诞生于美国马萨诸塞州的基督教青年会训练学校（美国春田大学的前身）。当时，这所训练学校的体育主任路德·久利克博士指派加拿大裔的体育老师詹姆斯·奈史密斯负责一个特殊的男生班。这样做的缘由是因为他们对日常锻炼和运动不感兴趣，因此，奈史密斯需要寻找一种新的方法来吸引他"不可救药的学生们"。他把两张网挂在体育馆二楼跑道的栏杆上，一项新运动就此诞生。尽管篮球运动多年来不断发展，但奈史密斯最初制定的 13 条规则中，有 12 条基本延续到了今天。

在一个世纪的时间里，篮球从一种学生的游戏转变为一种集体运动，并且逐渐成为美国大联盟中唯一一种在美国以外产生文化、经济、体育影响的运动。美式足球以及棒球仍然局限于美国本土之内，但在篮球领域却有大量美国本土运动员走出国门，同时众多来自欧亚大陆的球员走进联盟，尽管非裔美国人仍占联盟球员的绝大多数（近 80%）。

NBA 比赛观赏性强，同时也通过媒体被广泛传播，但 NBA 能有这样的全球影响力还得益于各大运动品牌的支持和积极的商业政策。这种围绕着篮球建立起来的商业模式基于像迈克尔·乔丹这样的篮球偶像，他们的光环被有意地用来展示美国梦的"积极"一面，尤其是针对最弱势或最受歧视的社会阶层。这也是1949年由不同联盟和独立球队合并而创造的NBA在全球取得成功的原因之一，尤其是因为许多外国观众梦想本民族的社区能借此迅速发展。

篮球运动最初是双重文化的产物：美国基督教文化将体育视为适用于人口中最贫穷或受歧视阶层的平等主义；此外还有全国有色人种促进协会（NAACP）秉持的激进主义，这些民权运动的推动者利用这项运动作为提高非洲裔美国人地位的杠杆。因此，体育运动的目的是反驳那些主张黑人身体和智力低下的种族主义陈词滥调。就像蓝调或爵士乐一样，篮球在20世纪上半叶的美国社会中发挥了重要的促进作用。正是通过对白人发明的这项运动的规则进行深刻修改，一些非洲裔美国人迫使自己融入体育经济，虽然他们并没有从根本上改变整个社区的社会现实。

黑人篮球首先在公立学校单独发展起来。1904年，在第一位黑人体育教师埃德温·亨德森的积极策划下，第一支篮球队创立于华盛顿（YMCA第12街）。1906年第一个黑人体育协会——校际体育协会成立了。同年，在华盛顿特区公立学校体育联盟的支持下，第一个黑人运动联盟也诞生了。

非裔美籍公民的崛起

直到第二次世界大战结束，篮球才在白人大学里传播开来。与此同时，亨德森等人发起的一系列黑人运动正在接受篮球这项全新的运动。他们还为篮球注入一种特殊的、更关注集体的风格，同时也没有忽视个人英雄主义的主流观点。

虽然直到 20 世纪 40 年代末，篮球还没有正式实行种族隔离，但在 1920 年至 1947 年间，只有 21 名黑人球员进入了白人大学。20 世纪 50 年代，NBA 由于各种腐败丑闻和操纵比赛而失去动力，于是联盟决定通过引入越来越多的黑人球员来实现更新换代。这些黑人球员主要是从业余篮球界招募的。

自一战结束以来，业余篮球运动员一直在向表演方向发展，他们从事的是一种类似于爵士乐表演的艺术运动。20 世纪 30 年代最著名的黑人球队包括纽约文艺复兴球队（"Rens"）和芝加哥的萨沃伊五人队（由于营销原因被不当改名为"哈林篮球队"），一般音乐厅的演出是由这些篮球队负责开场。这些伴随着音乐进行表演的篮球节目在世界范围内享有盛誉，并成功地在美国以外的地区推广篮球运动。早在 1951 年，"哈林篮球队"就在里约热内卢的一次巡演中吸引了 5 万名观众。放眼欧洲，他们也吸引了大量观众的注意，并在访问过的国家推广篮球，同时还获得了可观的利润。除了严格意义上的体育成绩，这种吸引力还体现在一种精湛的表演艺术中：球员们将篮球表现为一种从未被探索过的动作和杂技。篮球运动本身充满速度、进攻、空中对抗，这影响了 1976 年被 NBA 吞并的黑人联盟 ABA 的几代黑人球员。这些球员进入 NBA 之后，就为比赛增添了一种侵略性，他们更喜欢一对一单挑而不是集体主义。

关于扣篮（一种在篮筐上方把球灌入篮筐的姿势，有时

球员会抓住篮筐来完成扣篮）的争论很好地说明了篮球运动
文化的差异。扣篮在业余场地上很常见，但直到1936年柏林
奥运会上，白人乔·福滕伯里才首次在官方比赛中使用扣篮。
20世纪40年代末，另一名白人球员鲍勃·库尔兰凭借2.13米
的身高，多次用扣篮羞辱对方防守球员。

为了对抗这种技术，防守球员不得不用蛮力阻止进攻方，
许多球员因此受伤，于是NCAA在1967年至1976年间禁止球
员使用扣篮。NCAA最有天赋的球员刘易斯·阿辛多尔认为这
项禁令是对他的歧视，他一直致力于公民权利的斗争［参见
第二部分第二十四篇］，由天主教改信伊斯兰教后，更名为卡
里姆·阿布杜尔－贾巴尔。他在无意中把扣篮变成了其他非洲
裔美国球员的身份问题。

赛场之上，扣篮逐渐变得大受欢迎，以至于NCAA最终在
1976年接受了这项技术。为了让比赛更精彩，NBA决定在同
年举办扣篮大赛，设置在全明星赛周末举行。全明星赛是
NBA一年一度的庆祝活动，由联盟最优秀的球员在比赛中进
行对决。

在体育和商业上，NBA在20世纪70年代中期形成对美国
篮球业的垄断，并迅速得到蓬勃发展。因为NBA的比赛将以
黑人为主的球队与白人为主的球队进行较量，这引起了观众的
极大兴趣；其次，因为篮球赛场上的个人表演开始越来越多地
优于战术策略，非洲裔美国球员就开始逐渐青睐哈林篮球队所
展现的一些技巧。于是，他们的技术更加精湛，比赛方式和风
格更加赏心悦目，这些优质的攻势篮球文化已经被他们所掌
握。这就像巴西人的足球风格总是要比欧洲人的更闪闪发光，

他们也因此吸引了 20 世纪 70 年代的观众。

随着电视的普及，观众人数实现激增。20 世纪 80 年代，由拉里·伯德领衔的全白人球队波士顿凯尔特人对与魔术师约翰逊率领的洛杉矶湖人队分庭抗礼，两队之间常年的争夺取得了收视率的成功。随着大量非洲裔美国人进入大联盟（1990～1991 年黑人比例为 72%），NBA 将迈克尔·乔丹树立为全球偶像。作为品牌代言人、NBA 大使以及扣篮专家（耐克为其设计的个人标志正是他的扣篮姿势），乔丹被认为是社会融合与成功的典范。1992 年在巴塞罗那奥运会上，美国国家梦之队拿下了冠军，媒体对乔丹和他队友们的报道使他成了其他国家少数民族的偶像，就像 15 年前的鲍勃·马利一样。

在法国郊区，人们也开始打篮球。就像在美国贫困社区一样，法国一些城市的政府通过推广这项运动来让社会边缘的年轻人有事可做。在法国和其他地方，失业人数正在增加，围绕篮球开展的社会活动得到蓬勃发展。

种族歧视，持久而古老的陈词滥调

嘻哈成为广告商首先利用的形式，然后在贫民区说唱与 NBA 篮球运动员之间建立联系。美国篮球运动员的另一个形象出现在 2000 年代。尽管仍然处在一个由白人经理和教练管理的世界里，但黑人球员们已经不再以之前"坏男孩"的形象著称，而是以质朴、和善的形象示人。这些出身平民家庭的球员取代了 20 世纪五六十年代的黑人精英，后者要求换取学位来作为对他们运动领域成就的回报。

年轻一代的叛逆性格和文身手臂延续了一种只属于少数黑人的运动理念，但突然间，这种理念变得不那么激进、开明，而且比穆罕默德·阿里或阿瑟·阿什（Arthur Ashe）等坚定的黑人体育思想家的理念更具机会主义色彩，或者更确切地说，美国黑人社区在以不同的方式致力于捍卫自己的利益。这些美国体育明星比他们的上一代更富有，他们表达得很少，但总是慷慨解囊。

通过不断宣传那些已经过时的种族思想，联盟使街头帮派的年轻人们对于篮球心怀梦想，他们甚至鼓励年轻人"打破常规"，甚至"制造混乱"，因为招揽这些人就是 NBA 的商业目标。但 NBA 不是贫民区的镜子，贫民区也远非联盟主要的招募渠道。相反，联盟继续周游世界，从各行各业寻找新的人才，年复一年地走向国际化。

新加入的球员也还远远没有走出极端的社会底层。尽管 NBA 联盟不断通过体育途径宣传、推进着种族"正常化"，但是像贾巴尔这样得到美国前总统奥巴马（Barack Obama）和民主党支持的大学毕业生依然是少数个例。唐纳德·特朗普当选美国总统一事以及近年来白人警察杀害黑人青年的事件，促使 NBA 球星和其他非洲裔美国运动员在政治上表达了自己的观点。篮球巨星勒布朗·詹姆斯尤为如此，他强烈反对特朗普的一些个人意见。

参考文献

Nicolas MARTIN-BRETEAU, « Un "sport noir" ? Le basket-ball et la communauté africaine-américaine », *Transatlantica*, vol. 2, 2011.

二十五
大权在握的运动品牌

弗朗索瓦·托马佐

1984 年，耐克与迈克尔·乔丹签订了第一份合同，来制作生产印有这位美国篮球新星个人形象的球鞋。早在 1927 年，法国人勒内·拉科斯特就发明了"polo"衫，以此来取代网球运动员在比赛时穿着的那种舒适感差的宽松衬衫。1933 年，"鳄鱼"创办了一家销售这种衬衫的公司，这是第一款带有独特标志的服装。但第二次世界大战后，年轻人已成为市场中真正有购买力的群体，他们把运动服当作日常生活中所穿的服装。在电影《码头风云》中，马龙·白兰度的形象进一步推广了 T 恤，在那之前，T 恤被认为是一种简单的毛皮针织品。

20 世纪 50 年代的美国青少年穿着棒球夹克和匡威鞋。最富有的学生们就读于常春藤联盟大学，这里有世界上最大的八大校园体育赛事之一。于是这些传统体育名校内就有了明确的着装规定：三扣外套、领带、纽扣衬衫、无褶裤、鹿皮鞋。在 20 世纪 60 年代的英国，时尚人士把这种运动套装改变成了制服：高尔夫球鞋、篮球鞋、自行车运动衫。1952 年，人们把视线专注于马球 polo 衫上，这是由英国最伟大的网球运动员弗雷德·佩里设计的一种上衣，也被球迷称为"弗雷德"，后来成为光头党或同性恋团体的集会标志。社会学家甚至创造了"prole drift"（贫民化趋势）一词来描述年轻工人对专为富裕阶层设计的运动服装的钟爱。

从 20 世纪 60 年代到 80 年代，运动服起初只能在赛场上见到，通过足球场看台上球迷的互相启发与模仿，运动服经历了从赛场走向大街小巷的过程，并创造了一系列服装品牌如龙狮戴尔（拳击服装，由拳王阿里和泰森代言）、Ben Sherman以及 Stone Land（意大利黑帮经常穿着）。

不可阻挡的耐克

在 80 年代中期，球鞋产业的平衡逐渐开始被打破。迈克尔·乔丹在洛杉矶奥运会那年来到耐克公司，这并非巧合。在洛杉矶这个城市，商业要比体育更重要。在 20 世纪 60 年代和70 年代，青少年已经习惯穿着运动鞋（通常是匡威）或网球鞋，主要包括阿迪达斯的三款：1960 年诞生的 Rom、1964 年的 Stan Smith 以及 1968 年的 Gazelle。Stan Smith 是迄今为止世界上最畅销的运动鞋，此外还有专门为篮球设计的 Superstar（1969 年）。正是篮球这项运动带来了这个时代全球体育品牌的巨大变革。除了姊妹品牌彪马（Puma），没有其他品牌可以和阿迪达斯竞争，二者在 20 世纪 70 年代末继续大力投资足球，却没有预料到美国篮球在国际上的崛起。

1972 年，前中长跑运动员菲利普·奈特（Philip Knight）和他的教练比尔·鲍尔曼创立了耐克公司，以对抗德国的阿迪

达斯。他们主打创新性强、价格低廉（至少一开始是这样）
的球鞋，其所传递的美国文化以及与运动员保持的亲密关系是
他们成功的关键，而在这方面，阿迪达斯略逊一筹，其老板霍
斯特正准备进入其他市场。十年来，耐克以其著名的标志
"对勾"（Swoosh）成为美国运动鞋的领军者，与此同时，与
迈克尔·乔丹合同的签订以及"飞人乔丹"（Air Jordan）公司
的创建也加快了这一进程。同期在 2005 年被阿迪达斯收购之
前，另一家英国本土的美国装备制造商锐步（Reebok）也开
发出了其最著名的款式 Reebok Pump。

　　但耐克的强势崛起也并不顺利。他们追求成功的想法是在
亚洲生产廉价鞋子，这一策略也有其局限性。1997 年，一张
耐克在巴基斯坦雇用童工制作球鞋的照片传遍了世界。同年，
在电影《大家伙》中，导演迈克尔·摩尔询问耐克创始人兼
首席执行官奈特，他是否对在印尼雇用 12 岁或 13 岁的童工感
到羞愧，耐克老板回复说，那些工人已经年满 14 岁了！包括
乐施会在内的数十个组织都谴责耐克在世界各地开设血汗工
厂，尤其是在东南亚地区，耐克在中国和越南的工厂已经发生
了几起严重罢工。奈特在他的自传《胜利的艺术》中试图为
自己辩护："我们知道，很多批评是不公平的，耐克只是一个
代表，一个替罪羊，不应该受到谴责，但这一切都无关紧要。
我们必须面对这样一个事实：我们可以做得更好。我们也确实
做到了。"之后，耐克改善了工作条件，并在 2008 年建立了一
个名为"Girl Effect"（女孩效应）的基金会，以帮助世界各地
的女孩获得教育，也是为了恢复自己的品牌形象。此外他们还
提高了员工工资，保障了工会权利……

　　更糟糕的是，耐克还受到多项腐败指控。在 2016 年的国际足联丑闻中，美国司法部报告称，"一家重要的美国体育装备制造商"向巴西足协行贿。2015 年，2021 年世界田径锦标赛的主办权归属位于俄勒冈州的尤金（耐克总部所在地），这一点也不值得怀疑，因为国际田径联合会主席塞巴斯蒂安·科当时与这家美国公司签订了合同。最后，关于肯尼亚腐败的广泛调查显示，耐克在 2011 年向肯尼亚田径联合会慷慨捐赠了50 万美元。这不禁让人想起了霍斯特和他的阿迪达斯在 20 世纪 80 年代与非洲联盟的合作。似乎体育行业内的一些传统做法都要经过一段艰难的时期……

参考文献

François Thomazeau, *Mods, la révolte par l'élégance*, Le Castor Astral, Bègles, 2011.

Max Limol, *Culture Sneaker*, Hugo, Paris, 2015.

Phil Knight, *L'Art de la victoire*, Hugo, Paris, 2016.

The Big One, documentaire de Michael Moore, 1997, 96 min.

二十六
东德，兴奋剂之墙倒塌

弗朗索瓦·托马佐

1989 年 11 月 9 日，柏林墙倒塌。锤子和推土机使德国重新统一，也让冷战和持续了四分之一世纪的孤立走向灭亡。对于已经在 1990 年 10 月消失的民主德国（RDA）而言，与德国统一一起公之于众的还有东德国安局关于体育领域最黑暗的秘密档案《国家计划 14.25》，该档案记录了多年来东德有组织地给运动员使用兴奋剂的经过。

当海蒂·克里格不再是东德人而是德国人时，这位运动员站在了十字路口。她正在失去的不仅仅是国籍，更是自我。她16 岁时成为一名铅球运动员，并在 1986 年达到了职业生涯巅峰，加冕欧洲铅球冠军（成为第一位将铅球投掷超过 23 米的女选手）。"那一刻，我很享受观众的喝彩。然后我意识到我总是希望自己还能更强"，她在自己的传记电影中说道。

自从短暂的得意过后，海蒂屡屡受挫。东德当局的压力和持续不断的伤病让她降到了二流梯队，不过她也因此得到了特殊待遇：公寓和出国旅行许可。在新的德国，这些特权不再有任何价值。在德国统一一年后，海蒂 26 岁了，她选择退役并找到了一份普通的工作，在一家比萨店当收银员。这一切仍然无法使她摆脱过去的一系列烦恼——从最初的学校到体校，再到将她培养成顶级铅球选手与投掷机器的柏林迪纳摩俱乐部……

"我的问题是：不觉得我在做自己。我并非不喜欢这项运动，而是想换一种方式，"她说："我不明白为什么，但我无法融入女生群体。"直到1995年，一位同事终于为她揭开了这种感受的真相。"他了解了我的一系列经历之后，向我提起变性的事情。我哭了，也许是因为震惊，也许是出于感激。"

蓝色药丸

经过三年的变性手术，海蒂变成男性"安德里亚斯"，并最终接纳了这一新身份。然而，两年后他才知道自己人生的改变不是因为偶然或倒霉，而是缘自16岁起他的教练给他的数十粒蓝色小药丸。"选择性别的决定权被他们收走了，他们在没有征求我意见的情况下扮演了上帝的角色。他们决定忽略我，也不担心我未来会如何。"安德里亚斯说道。2000年，他从对东德前体育领袖的审判中得知了真相。

在这次审判中，前体育部长曼弗雷德·埃瓦尔德（1983年被国际奥委会任命为东德奥委会主席）被判处22年徒刑，缓期执行。他曾加入过纳粹青年党和共产党，在听证会期间拒绝发言。他只在1994年发表的回忆录中为自己辩护过一次："如今可知，东德滥用兴奋剂的情况比我们管理层所了解到的还要严重。要知道很多事我并不知情"。负责东德队兴奋剂计划的医生曼弗雷德·霍普纳（ManfredHöppner）被判处18个月徒刑，同样缓期执行。按规定，提交司法审判的 142 个案件中，只有 20 例是被认为可受理的。

不过，听证会允许受害者发言并详细说明他们的遭遇。运动员在该体制下与小白鼠无异，他们经历了被强制喂药、密集训练以及承受所有副作用，包括毛发过度生长、抑郁、癌症等，其中部分人的孩子还有先天缺陷。前游泳运动员凯伦·克尼格（KarenKönig）在酒吧吐露：

> 我们一天会服药 3 次。有时我们会把药扔掉，因为我们发现它所带来的头晕、丘疹、抑郁症是不正常的，但是教练会检查我们是否认真吃了药。当今许多人认为我们为奖牌而服用兴奋剂是疯狂的举动，但其实我们别无选择。

另一位当事者尤塔·戈特沙尔（Jutta Gottschalk）也曾是一名游泳运动员，她在电影《奖牌背后》（*Xavier Deleu Sport*）中谈到了她女儿一只眼睛先天失明，这很有可能与她在运动员期间服用过的药物有关：

> 他们在泳池边给了我们一个杯子，杯中装着 10 到 20 种不同颜色的药片。我们别无选择并受到监视。我们曾把药丸当弹珠玩，所以我们必须把药带到泳池边。我以为那些是维生素，以为他们是为我们的健康着想，但服用之后我的肌肉快要爆炸了，下背部也变宽了。真可怕，我几乎没有乳房，直到 18 岁才开始来月经。有时我们会输液，每两年做一次电疗。实在是难以忍受。

排球运动员卡塔琳娜·布林（Katarina Bulling）的经历是许多服药运动员终生病痛缠身的缩影。这位前柏林迪纳摩队球员不得不经历 13 次肩部手术，还要依靠社会救助来维持生计，直到制药公司 Jemapharm 向受害者提供赔偿。这家公司为运动员生产合成代谢药物，在 2006 年底同意赔偿受害者。

柏林洪堡大学的历史学家吉泽尔赫·斯皮策（Giselher Spitzer）在 2004 年发表的一项研究报告中解释道，东德从 1964 年开始进行兴奋剂试验性使用，并从 1968 年开始有组织地使用兴奋剂，那时首个反兴奋剂检测机构出现了：

> 东德强制使用兴奋剂行为包括秘密分发兴奋剂，他们通常会瞒着运动员和未成年运动员的父母。该战略的策划者是国家、共产党、安全部和体育比赛之间的恐怖联盟。
>
> 东德运动医疗服务（SMD）的领导人在柏林负责药物运输。他不用收据，将药物分发给东德 15 个地区的联邦医生或运动医学中心的负责人。在医学中心里，地区医生助理根据中央处方（以中立方式定量和包装）将药物移交给体育俱乐部的医生，然后由他们转交给俱乐部教练。医生的任务只是拆除包装。

斯皮策表示，负责整个系统的人绝对是埃瓦尔德。"他要向德国统一社会党指导委员会以及该党总书记埃里希·昂纳克（Erich Honecker）报告兴奋剂的使用情况。因此政府高层知道体育界在使用兴奋剂。"这位历史学家还透露，昂纳克甚至要求向他详细描述服用兴奋剂的一整套流程。

受牵连的万名运动员

具体来讲，《计划14.25》旨在为研究兴奋剂及其应用提供一个框架。至于东德反兴奋剂实验室，它有双重目的：

> 官方职能是进行兴奋剂检测，隐藏职能是在运动员参加比赛前监测其体内兴奋剂含量。运动医疗服务部领导曼弗雷德·霍普纳的任务是控制一切，同时，他也是东德国安局的合作伙伴和国际奥委会医学委员会成员。

根据斯皮策提供的信息，大约有一万名运动员受到国家提供兴奋剂的影响，其中约5%的运动员患有永久性和严重疾病。在女运动员中，有10%到15%的人患有轻症或非永久性疾病，并在停止滥用药物后就康复了。

对安德里亚斯来说，事情的结局还算不错。2000年，在对东德体育部长进行审判期间，他遇到了《计划14.25》的另一名受害者乌特·克劳斯（Ute Krause），两人在2002年结婚。安德里亚斯对此表示：

> 我觉得自己中大奖了。我真幸运。我不再与家人、母亲或三个兄弟联系。他们无法接受发生在我身上的事，但是我妻子的家人和她的朋友认同了我的身份。我不完美，以前我是海蒂，现在我是安德里亚斯。

当安德里亚斯看到电视上仍然活跃着"一些过去的面孔"时，他仿佛看到了自己作为运动员的过往。那时他就会关掉电视，免得生气。他在 2017 年 1 月对外界直言：

> 不少以前东德的教练在统一的德国继续当教练。在 2009 年柏林世界田径锦标赛期间，人们对这些仍活跃在世锦赛的前东德教练提出抗议，但是体育界领袖和德国政府领导人继续保护他们。有些人在报纸上道歉了，但从未直接向受害者们道歉，可受害者仍然承受着服用兴奋剂带来的苦果。

因此，安德里亚斯对 2015 年发生在俄罗斯的大规模国家兴奋剂事件并不感到惊讶："这些发现仅证实了我的怀疑，东德式兴奋剂仍然存在，并被许多国家借鉴。"他在反兴奋剂斗争中非常活跃，也很在意自己的过往，但没能让国际田联取消依靠化学物质创下的纪录：

> 我曾创下青年室内世锦赛的记录。尽管我一再提出请求，但国际田联并未取消那些因服用兴奋剂才打破的纪录。我怀疑国际田联是否真的希望有一份不含兴奋剂的纪录清单，它们还在向外宣传展示。

参考文献

Giselher Spitzer, « Approche historique du dopage en République démocratique allemande : description et analyse d'un système de contraintes étatiques », *Revue STAPS*, n° 70, 2005.

Andreas Krieger, Heidis weitester Stoss, documentaire de Sven Schwarz, 2015, 14 min. (<www.andreas-krieger-story.org>).

Sport, le revers de la médaille, documentaire de Xavier Deleu et Yonathan Kellerman, 2013, 90 min.

二十七
兴奋剂与公共卫生

迪诺·迪梅奥

尽管存在经济危机，体育产业和制药生意仍日益繁荣。二者似乎是齐头并进的：对成绩的追求与摄入的化学物质数量成正比，这些化学物质可以提高成绩并减轻疲劳感。除了"道德"舆论外，运动员的身心都陷入了可怕的旋涡中，即使在反兴奋剂斗争中表现最英勇的人也概莫能外。

众所周知，高级别运动在策略和准备上尤其专业：运动员被医生、教练和其他工作人员包围，他们能够注意到运动员身体最小的颤抖、分析血液中最细微的变化。业余体育圈受到的监督较少，嗅觉不够敏锐的年轻人把媒体打造的明星视为成功的典范。在缺乏监管的情况下，靠药物提高成绩的做法越来越流行。

以部分业余自行车选手为例，他们时常被经销商提供的"神奇"产品轻易迷惑。前《队报》记者、法国反兴奋剂机构（AFLD）现任主任达米安·瑞西奥（Damien Ressiot）在2016年7月接受《解放报》采访时，曾讲述道：

为了保证这项运动的纯粹性，2016年3月AFLD对瓜德罗普队进行了突击抽检，结果令人震惊：一场比赛中19%的运动员检测结果呈阳性，健康风险达到极限。违规运动员体内血细胞比容（血液中的红细胞比例）超过60，为避免运动引发禁忌证而放血。我们又一次推动了90年代的兴奋剂文化复兴。

正如弗朗索瓦·波耶医生在21世纪初所言，业余爱好者使用兴奋剂的情况远超人们所想。他解释说：

> 这不是某些人认为的"零活"。正是这些车手通过共享胜利和奖金来控制许多赛事，主办方不断调整比赛路线和难度，使20岁左右年轻诚实的车手难以适应，哪怕他们极有天赋。
>
> 业余爱好者与职业运动员惯用的药物没有根本区别，不外乎促红细胞生成素（EPO）、生长激素、类固醇和皮质类固醇几大类，著名的"比利时罐"对职业选手与业余选手来说都不算机密。而且因为成本过高，有时兴奋剂检测其实并不普遍，且很难找到有空的检测医生。因此，某名选手可能有高超的技术水平，十年间赢得各种赛事和冠军头衔，但从未接受过任何检测。

相较其他运动，自行车项目的禁药问题常常更受重视，尤其是在发生费斯蒂纳丑闻之后。波耶直言："在国际比赛中，超过一半的选手服用禁药，他们也的确经常拿医疗处方当托词。"

微小的政治进步

以法国为例，如果反兴奋剂立法随着时间的推移而得到加强，那不仅是为了揭露自行车、田径或足球明星运动员，还因为兴奋剂是一个公共卫生问题。1998年，在EPO出现之初，运动员出身的体育大臣罗杰·班巴克（Roger Bambuck）参与制定了1989年投票通过、1993年开始生效的反兴奋剂法。反兴奋剂法还规定了要对供应商进行突击检查和设置更严厉的处罚（最高可判处一到两年监禁）。

1997年6月，玛丽·乔治·比费（Marie-George Buffet）接替了身为运动员的前任盖伊丝，成为新一任法国体育部长。她初来乍到之时，并未发现任何关于兴奋剂机密文件的痕迹，上任之后，这位共产党部长宣布打算巩固有关法律，以加强对兴奋剂供应商的制裁。法国田径联合会前主席兼部长顾问让·波佐布与司法部、内政部、经济部、国民教育部和卫生部的同僚商议拟定了一项法案，增加了更多的遏制举措和新的预防手段，但没有人看到它的成效。"您想用电锤来砸苍蝇——每年总共就五六个运动员服药！"让·波佐布反驳道。

一系列重新取出的保密文件证实：部分体育名将有过药检呈阳性的记录，不过他们的资料已经被处理了。文件中主要是一些数据，表明业余运动员使用兴奋剂的比例高于顶级运动员，兴奋剂还涉及非常年轻的运动员。打压惩戒更像是一个过滤器。《解放报》在1998年10月披露：

　　1994 年，共 221 名运动员的检测结果呈阳性，其中包括 195 个隶属 35 个联合会的法国运动员。经过检查，17 位运动员有治疗证明。在提交给联邦纪律委员会的其余 178 例案件中，有 44 例被忽略，已审理的 37 例没有受到处罚。只有 97 名运动员受到了体育制裁。

　　显而易见，45% 已经证实的兴奋剂案件没有任何处理结果。但有关会议始终持续进行，高级官员意识到了这一现象的普遍性，自 80 年代以来，运动员接受了 80000 次检测，其中 1600 次的结果为阳性。最重要的是，三分之二的阳性结果是在过去的五年中发现的，并且从 1993 年算起，现有的 85 家体育运动联合会有 57 家涉及禁药问题。兴奋剂产品非常复杂，通常难以检测。所有奥运项目规则都受其影响。

　　当时，索恩河畔自由城的举重室里发生了一起爆炸性事件。促蛋白合成类固醇非法交易在此地被警方当场发现，昔日的欧洲冠军被抓了个现行。紧接着，柔道运动员杰梅尔·鲍拉斯（Djamel Bouras）的药检呈阳性，被检测出使用过促蛋白合成类固醇。比费随后致电司法部长伊丽莎白·吉古以寻求帮助。

　　一波未平，一波又起。1997 年 12 月法国国家足球队在蒂涅训练期间，检测人员的突然到来引发了一场混乱的检测事件；1998 年，格勒诺布尔（Grenoble）六天比赛事件、使环法自行车赛蒙羞的费斯蒂纳丑闻［参见本部分第三十六篇］接踵而至。

　　新的法律随即出现，并于 1998 年 11 月获得一致通过。比费当时表示："今天，我真正发现了兴奋剂的渗透程度，我们需要面对的真实情况比想象中要严峻许多。我甚至得到了国民议会与参议院的全力支持，权力机关与我共同制定了这条法律。"这位体育部长随后访问欧洲，得到了意大利体育大臣乔万娜·梅兰德里的支持。在亚平宁，警察有调查、搜查甚至监禁的权力。在 1998 年环法丑闻发生之前，博洛尼亚的一名法官发现知名运动员参与了药物和用于兔子繁殖的假冒产品的非法交易，使得反兴奋剂斗争有了新的方向。

前田径教练桑德罗·多纳蒂（Sandro Donati）始终致力于投身反兴奋剂的无情斗争中。他常年参与斗争，和少数几个同行一直努力构建阻碍禁药普及化的最后屏障。这一切要从 1984 年洛杉矶奥运会说起，当时意大利奥委会（CONI）决定聘用输血专家弗朗西斯科·康科尼（Francesco Conconi），此人 90 年代初成为 EPO 专家［参见本部分第三十七篇］。

多纳蒂拒绝听从意大利奥委会的号令。多年来，他一直谴责意大利和国际机构的领导。可疑的死亡事件已经发生，但这些人多年来将兴奋剂暗中制度化，并故意让检测无效。2000年，梅兰德里力排众议，凭借自己的专业知识起草了意大利第一部反兴奋剂法。多纳蒂最终也依靠政治权力在悉尼奥运会前夕宣布：他领导的反兴奋剂科学委员会发现，大约 60 名前往澳大利亚参赛的意大利运动员药检存在异常。

走向失败的残酷事实

在悉尼奥运会举行一年前，世界反兴奋剂机构（AMA）

在体育机构和政府的推动下成立［参见第四部分第二篇］。然而反兴奋剂的共同意愿并没有坚持很长时间，减少赤字的政策使其成为政府的第二要务，国家投入的资金也减少了。渐渐地，体育比赛重新流行起来，AMA 迅速成为国际奥委会的工具，因为 IOC 是其主要资助方。对此，多纳蒂解释道：

> 世界反兴奋剂机构的弱点在于政治。当该机构要成立针对俄罗斯人的调查委员会时，国际奥委会对其进行了警告。AMA 受到了威胁，也意识到如果它想要继续生存，就必须保持安静。反兴奋剂斗争花销很大，仅意大利，AMA 就为 6000 万居民花费了 4.25 亿欧元。要扩大到全球范围，这个数额要乘以 100。

根据多纳蒂的描述，即使在意大利，警察也不再施加管制手段：

> 似乎已经有人下达了不准破坏此类产品交易的命令。没有人再研究这个问题，或试图找出法律应如何使用以及当下是否仍然适用。当他们偶然抓住一位著名运动员时，能为之骄傲好几个月以表明立场是多么坚定，但实际上，这个制度遇弱则强，遇强则弱。

如果说体育机构对兴奋剂感兴趣，那是因为兴奋剂会影响成绩，而不是损害健康。在法国，比费在 21 世纪初就意识到了这场灾难，因为她收到了医生们的警告，尤其是 AMA 未来的医疗主管阿兰·加尼尔医生。比费直言道：

> 在诺瓦西勒塞克的一场辩论期间，其中一个孩子表示：他们在进入体育场之前将药片放在舌头下。在业余运动中，参赛者已经服药成瘾，针对已经退役多年的前冠军的健康状况的调查结果同样震惊了大众。我们不能让这种事情再发生，作弊也会对个体造成严重伤害。

医生帕特里克·劳雷（Patrick Laure）是研究兴奋剂行为的专家，他早在 2002 年就指出了兴奋剂对青少年潜在的无穷贻害：

> 所有研究结果都显示，青少年认为能够轻易获得任何禁药。今天，当您在搜索引擎中输入促蛋白合成类固醇时，0.11 秒内可出现 6100 条回复。一些站点提供兴奋剂，还会说明适用于不同情况的使用剂量、药物副作用、药效持续时间以及药效消除时间，也会介绍检测技术手段和规避方法，还有所在国家或联合会的立法情况、之前涉及产品的诉讼及判例。

"国际体育比赛在管理上仍有短板"，比费补充说道。"它不具有民主色彩，不受任何一方管控。丑闻不断发生，但没有应对措施。迪克·庞德（1999～2007 年任世界反兴奋剂机构首任主席）尝试过，但未能成功。唯有国家遭受重创才能让现状有所改变。在法国，体育部长如果愿意的话，可以拥有权力的尚方宝剑。他可以解散联合会，也可以对其进行监督。我监督过举重运动员，但国家不再希望扮演这类角色。"

对于比费而言，体育世界不关心运动员的健康状况，无意为年轻人或背井离乡之人建立起社会联系，更不可能发挥它促进性别平等的作用，是一个不小的缺憾；另外，制药业与运动员的医生的关系越来越近，这些医生更重视竞技成绩而非公共卫生问题。

参考文献

Sandro DONATI, *Lo Sport del Doping. Chi lo subisce, chi lo combatte*, Gruppo Abele, Turin, 2013.

Blandine HENNION, « Le Marathon antidopage de Buffet », *Libération*, 17 octobre 1998.

二十八

影响力人物——让·克劳德·基利

弗朗索瓦·托马佐

让－克劳德·基利是法国体坛最著名的"神秘人"之一。无论是辉煌的滑雪生涯,还是退役后成为商人和踏入国际奥委会,都令他拥有了不小名气,但基利也有不为人所熟知的一面,舆论对他的性格、私生活、野心和动机知之甚少。这位格勒诺布尔奥运会三项冠军得主一直保持这种"双重性",他的微笑,如同他的名望(此处不是指人们对他的好感)与1968年的三枚金牌一样,一直与他相随。

基利的父亲是阿尔萨斯人,从小在山里长大的他不以移情见长,但那些认识他的人都形容他是一个活泼开朗、有趣、热情和忠于友谊的好人。但在他的一生和职业生涯中(因2014年从国际奥委会辞职而搁置了事业),这位伊泽尔谷人头脑清晰,表现得果断、冷静而又带有几分羞涩。

关于这位知名法国滑雪运动员的第一篇也是最出乎意料的作品出自亨特·汤普森之手,他创办了报纸 *gonzo*。汤普森于1969年受命深挖这位奇才,那时基利已经收起了滑雪板,在美国西海岸担任汽车制造商雪佛兰的"大使"。基利礼貌又专业，很适应这份在身前身后挂上广告牌的新工作，这让采访者绝望了，他没能刺穿基利的保护壳。汤普森写道：

> 他微笑着，但很快用略带忧郁、有些脱离现实的表情面对眼前的采访者。他明白这种做法的效果，因为自己多次想要深入挖掘的采访者展示过这种微笑，且在剪报上出现了上百次。这种微笑已经成为他的标志。

记者一点没激怒基利，即使后者最终承认他迫不及待地想回家花费认真赚来的钱，却没有丝毫激动。美国记者认为基利（他将其比作弗朗西斯·斯科特·菲茨杰拉德笔下的盖茨比）从奥运冠军头衔中登上巅峰，同时也深信"世界上最著名的滑雪运动员开始最艰难的速降了"。

基利在不久后证明他是有道理的。1967 年，他解释了梦想成真带来的幻灭感，那一年他 25 岁：

> 去年我成为世界冠军。人们授予我一枚小小的金牌，可接下来的两天我真是像到了地狱。我意识到我还是像其他人那样吃、睡，这个头衔并没有像我想象的那样使我成为超人。对我来说，最应该做的事情是在格勒诺布尔奥运会结束后停下来休整。

他也的确这样做了，25 岁那年，他付出所有的努力得到了靠不住的虚名。

但最终，记者和基利预测都是错误的。基利并没有在出色的体育生涯后放纵自己，而是继续前进，他永远挂在嘴角的笑容比以往任何时候都坚定，他相信行动胜于雄辩。

当然，如果我们仔细查找，还是能在他无懈可击的生涯中找到一些污点。在比赛监督、挪威选手哈康·姆约恩（Håkon Mjøen）（因错过旗门失去比赛资格引发争议）和他的劲敌——不幸的奥地利滑雪英雄卡尔·施兰茨重新观看了比赛画面后，他在格勒诺布尔奥运会回转滑雪项目上获得金牌的传奇故事就成为冬季奥运会历史上最大的丑闻之一。施兰茨抓住了最好的时机，却被一个突然从赛场大雾中出现的神秘黑衣男子挡住了去路，这导致无论如何他都会错过一扇旗门（比赛中标志物的一种）。奥地利人一直不能接受这个决定。

但是当基利在1993年成为环法自行车赛的组织机构阿莫里体育组织（ASO）的负责人时，却没有人指责他徇私。他的托词是环法自行车赛从未将赛段设在他的家乡塔朗泰斯地区，这个地方不久后可能会因比赛名声大振。这件事似乎值得好好探究一番，但当人们知道基利与伊泽尔谷存在矛盾时，控诉就失去了可信度。实际上在宣布退役前，他已经向塔朗泰斯地区提出了设点申请，希望能乘机升职，可市议会一票否决了提议。基利因此非常怨恨他的同乡。

正是这种冷嘲热讽将他推入马克·麦科马克的怀抱，后者是国际管理集团的老板，也是工业模式下的第一位体育经纪人（该经纪公司目前在全球共有2200名员工和70个办公处）。麦科马克让他解除此前的广告合同，之后他与全球最大的跨国公司建立了联系，例如通用汽车公司（旗下品牌有雪佛兰等）、联合航空公司以及可口可乐公司。1993 年，在进入国际奥委会两年前，他成为法国分公司的董事会成员，而可口可乐是其合作最久的伙伴之一。

借助冬季运动服装品牌作为完美跳板，他完成了一次成功转型。他首先使其冬季运动服装品牌在纺织业站住了脚，然后在 1992 年成为阿尔贝维尔冬奥会的联合主席，以及第二年夏季奥运会的联合主席，最后在 1995 年进入国际奥委会。他一直似笑非笑的样子，给身边或远方的人留下一些印象，如某位记者所言，他好像在嘲笑你，但彬彬有礼。

从 1969 年起，汤普森就想了解基利隐藏起来的那一面，尤其是同学中广为流传的基利沉溺于女人的温柔乡。但他这一次还是白费力气："他的态度对我来说似乎并不奇怪或糟糕，很难想象他是一名性瘾者，在接受采访后急于前往酒店……"

所以，基利到底是一位什么样的人物？他身边的人认为他具备超凡魅力，拥有鼓舞团队的天赋（团队里都是像他一样谨慎又能干的人）。胡安·安东尼奥·萨马兰奇认为他是国际奥委会主席的理想接班人，并且可以肯定的是，他有身份地位、有影响力、有能力并且为人谨慎。不过在那之后，基利更喜欢隐藏自己的行踪了。

参考文献

Hunter S. THOMPSON, « The temptations of Jean-Claude Killy », *Scanlan's Monthly*, mars 1970 (« Les tentations de Jen-Claud Killy », *in La Chasse au requin*, 10/18, Paris, 1994).

二十九
拉明·格耶，"小国"利益的捍卫者

弗朗索瓦·托马佐

作为 1984 年萨拉热窝冬奥会第一位非洲黑人滑雪运动员，塞内加尔的拉明·格耶一直在同奥林匹克机构做斗争，只为使"小国"得到认可。据这位前滑雪运动员和塞内加尔滑雪联合会主席说，这项事业的进展似乎不太理想，呈现不进反退的迹象。

"我没有失去什么，反而是奥林匹克主义失去了一些价值观，是运动这个概念本身失去了本该有的意义。体育本可以给全人类带来一次无与伦比的盛会。但不幸的是，想要参加今天的奥运会，除非你是 GDP 大国或拥有足够多的人数参加一项运动。如果没有这两项前提，那几乎就不可能了。"他在 2014年索契奥运会之前曾这样说。冬奥会是历史最悠久的比赛之一，但 3000 名参赛者中只有 5 名是非洲运动员。

作为一名滑雪运动员，格耶为了能够被奥运会所接受，必须要付出很多，一项印有"奥林匹克精神"（Olympic Spirit）字样的头盔正是他的标志。作为塞内加尔国民议会首任主席之孙，他在赛场内外都继承了战斗精神。为了能参加大型滑雪比赛，他不得不为自己进行辩护，并不断提醒国际奥委会注意这项运动两种截然不同的发展走向：

> 如果你的国家除了付费的酒店游泳池外，没有其他场地可供运动员训练，那他们该如何备战才能为国出战呢？你是否听说过有一些专为小国运动员设立的奥林匹克训练中心，使他们能够参加滑雪或其他运动？没有。当我致信国际奥委会，对 2006 年都灵奥运会上没有非洲滑雪者感到惊讶时，雅克·罗格（时任国际奥委会主席）的回答是因考虑到特殊的天气和地理特征。其实这些都可以认定为种族隔离的做法。

2000 年初，格耶厌倦了竭尽全力捍卫小国权利却又徒劳无功的斗争。退役后，他对国际奥委会的组织方式及其不透明性进行了更加猛烈的抨击，尤其是在他的著作《塞内加尔滑雪者寻找奥林匹克精神》中。在书中，他谴责了 IOC 政治和财政运作的矛盾，该机构声称在 2012 年至 2016 年的奥运会上创造了 57 亿美元的收入——其中 73% 来自转播权，其余大部分来自营销权。总部设在洛桑的国际奥委会声称出于税收原因，只保留了 10% 的收入。他们通过资助国家奥委会、国际联合会、困难运动员团结基金以及世界反兴奋剂机构等各种组织，向奥林匹克运动和体育运动捐赠了收入的另外 90%。但我们无法得知这些慷慨捐赠是如何分布的。格耶对此表示：

> 我们获知，小国将获得分配给国家奥委会资金的

93%；而我们同时也知道，仅美国的奥委会就获得了20%。这简单的算术题证明国际奥委会的话纯属无稽之谈，在激烈反馈多年后，我看到的真相是只有少数非洲滑雪者得到了很少的钱。捐款的形式固然很好，但在小国宣传体育运动最简单的方法就是让他们参与进来！此外，这笔钱是按照完全不透明的标准交给国家奥委会的，因为在很长一段时间里，钱都是装在信封里，看不到数额的。

对格耶来说，只有彻底改革国际奥委会及其选举制度，才能使其成为一个更加民主和平等的机构。根据《2020 年奥林匹克议程》，一个新的国际奥委会成员选举委员会目前已经成立。该组织本应尽快发挥其作用，但除了国际奥委会主席本人之外，其他任何人的任命过程仍然难以理解，实际上还是要遵从主席的意愿。《奥林匹克宪章》只规定了大致的轮廓：国际奥委会现役委员多为 115 人（目前为 100 人），包括 70 名个人成员（由主席提议）、15 名运动员委员会代表（由其他运动员选出）、15 名国际单项体育联合会代表（经国际奥委会现任成员批准）和 15 名国家奥委会代表，此外，还有荣誉会员（目前 33 名）。一项不成文的规则还规定，一些国家，如瑞士、英国、法国、意大利、德国或美国，能稳定拥有三至五个活跃或荣誉会员的名额。

尽管国际奥委会 133 名委员中只有 32 名是女性，但新成立的委员会最终承诺促进性别平等。2014 年，当时的国际奥委会委员、国际自行车联盟（UCI）主席爱尔兰人帕特·麦奎德在接受采访时承认，他自己并不知道这些成员的任命方式。

他解释说："从主席的角度来看，是有一定规则的。奥委会席位众多，每个国家都有分配规则，比如瑞士有 5 个成员，其他国家有 4 个。至于其他方面，我完全不了解选择成员的规则，我认为没有候选人制度，都是由主席自行决定的。奥委会主席需要考虑到对体育和奥林匹克运动的发展，他会指出自己认为可以为奥林匹克运动做出贡献的人。因此，主席根据分配给他的席位、这些席位的来源以及他们对奥林匹克运动可能做出的贡献来行事，但是在国际奥委会，他们直接让皇室成员担任布隆迪奥委会委员。可见这里有着来自众多国家广泛的社会阶层。"

2014 年接受采访时，格耶表示这种"自由裁决权"令他感到遗憾。他说："在国际奥委会改革其成员的任命方式之前，情况都不会好转。托马斯·巴赫（自 2013 年起担任国际奥委会主席）是由谁选举产生？显然他的上任不是通过公开选举而是通过自行增选。总而言之，我们面对的是一个独立运行的机构，它不受任何法律的约束，也不受任何控制。国际奥委会已经成为一个秘密组织，大家对此保持缄默。没有任何一个人或者任何一个国家想要反对它，因为奥运会就意味着巨额收入，它可以给组织比赛的国家带来很多好处。因此，大家保持沉默，以免在下次竞选中失利。"

"我不反对体育商业化"，格耶说。"赚钱是很好的。但在商界，那些为公司赚钱的人是能得到报酬的。反观奥运会，运动员则不是这样。此外，公司要缴纳公司税。但国际奥委会却从不付钱！这种情况绝无仅有！"

参考文献

Lamine GUEYE, *Skieur sénégalais cherche esprit olympique*, Calmann-Lévy, Paris, 2008.

三十
富里亚尼的灾难

奥利维耶·维尔普勒

1992 年 5 月 6 日，科西嘉岛的足球迷们齐聚富里亚尼体育场，迎接属于他们的节日：巴斯蒂亚主场对阵马赛的法国杯半决赛。由于观众人数远远超过体育场容量，因而现场搭建了临时看台。就在比赛开球前，一场让整个科西嘉岛难以忘却的惨剧发生了：双方队员入场时，兴奋的球迷们高呼踩脚，造成一个临时看台发生坍塌。这是法国足球史上伤亡最多的一次事故。

乐极生悲的意外使科西嘉岛上该市的众多家庭成为受害者。此后的调查逐渐超出了足球与建筑本身，涉及了民族主义运动范畴，反映出在当时特殊背景下的科西嘉岛足球俱乐部与不同民族主义分子之间互相缠斗的混战局面。

金属结构看台的悲剧

看台坍塌后不久，众多记者奔赴巴黎奥利机场，准备飞往巴斯蒂亚报道这一意外事件。这场巴斯蒂亚与马赛的法国杯半决赛开球前，他们都参加了法国电视一台的新闻录制，并与现场进行了连线。

巴斯蒂亚击败诸多强敌杀入法国杯半决赛，激起了当地球迷极大的观赛热情，这本是一件值得庆贺的喜事。位于旅游胜地科西嘉岛北部的富里亚尼体育场容量较小，主办方决定搭建一个能容纳9300人的临时看台。然而就在双方队员准备入场比赛时，兴奋的球迷们高呼踩脚，导致惨剧发生。临时看台发生塌陷，观众们惊慌失措，在瓦砾中无助地大喊。现场球迷数量过多（约有20000人），兴奋的他们没有预料到，大规模人群聚集加快了临时看台金属结构的崩塌。

惨剧发生后的第二天清晨，原有的临时看台早已化作一片废墟。混乱不堪的现场满是变形与断裂的钢筋，遇难者的衣服也被撕破，鞋子散落各处。围观群众聚集在一道警戒线后，他们在一大群说法语的记者面前继续嘟哝着科西嘉语。调查人员通过检查前一天用简单的木块、混凝土砖支撑的脚手架后发现：来自尼斯的施工方 Sud Tribune 的工人在搭建这一临时看台时明显极为仓促，且缺少足够强度的材料保证看台结构的稳定。

此次事故造成了共计18人死亡与2357人受伤，其中不少伤者瘫痪。救援人员成为当晚最忙碌的人，他们整晚都在救治、撤离伤员。时任总统弗朗索瓦·密特朗事发第二天赶到了现场，前往医院看望伤员。

距离富里亚尼体育场不远的宜必思酒店是工人们的住所，工人当中有一部分十分健谈。比赛当天，体育场南看台工程师让-马里·布瓦蒙（Jean-Marie Boimond）未等现场发生事故就已返程，只有施工经理与部分工人一直努力到了最后一刻，但他们没能挽救被宣判死刑的看台。这一看台的构成本身并不符合建筑学规定，部分建筑关节仅由一束束起皱的钉子固定。

有目击人员声称：赛前一天，部分工人就已对临时看台能否承受观众的重量感到担心。然而由于财政状况不佳，布瓦蒙的公司只能铤而走险。在搭建临时看台之前，Sud Tribune 公司就曾有过惊人之举。在法国杯抽签结果出炉当晚，他们未经官方许可就将有 750 个座位的克劳德·帕皮看台夷为平地。

时任巴斯蒂亚俱乐部主席让－弗朗索瓦·菲利皮（Jean-François Filippi）是科西嘉岛当地中右翼政客，他与民族主义激进分子让－马丁·韦尔迪（Jean-Martin Verdi）、夏尔·皮埃里（Charles Pieri）关系密切，体育场附近的这家宜必思酒店正是由他的控股公司管理。就在惨剧发生后不久，他遭枪击身亡。菲利皮此前曾设想将体育场容量扩大到原来的三倍，并提升球票价格使比赛日收入比以往增加九倍。

1992 年的巴斯蒂亚俱乐部身处第二级别联赛，财政状况相对糟糕，这场与国内传统豪门马赛的对决绝对是大赚一笔的良机。然而在改造体育场之前，俱乐部并未告知地方政府或宪兵队，甚至没有通知消防队应对可能的安全隐患。时任市长亨利·于朗（Henri Hurand）通过媒体与宪兵队得知了巴斯蒂亚俱乐部的想法，并联系法国足球协会（FFF）询问是否需要推迟比赛，然而为时已晚：当时的赛程安排已经最终敲定。

时任富里亚尼市长欧仁·贝尔图奇（Eugène Bertucci）自始至终都没有收到巴斯蒂亚俱乐部关于改造看台的请求，但在听闻"安全委员会已将赞成意见发送给法国足协"后，他默许了这一行动。无论如何，巴斯蒂亚俱乐部从未要求他进行过任何授权，而是暗中招标搭建临时看台。

第一家参与巴斯蒂亚俱乐部招标的公司来自波尔多，该公司经理认为这项任务无法按期完成，因而选择了退出；Sud Tribune 是第二家，他们的开价是 100 万法郎（约合 15 万欧元）。然而直到比赛前六天，看台的架设依然没有得到任何官方授权。工人数量的不足同样是一个隐患：施工方的劳工们虽然尽心工作，但并无任何预防措施。事后看来更为荒诞的是，军方也向他们伸出了援手。

在施工期间，Sud Tribune 公司未等当地安全部门给出意见便将体育场售票处对外开放，这与当地规定相悖。被印制好的门票没有标明价格，因此同一张座位的球票可以以 200 法郎至 500 法郎（约合 30 欧元至 75 欧元）不等的价格出售。相比于此前和南锡队的四分之一决赛，票价增幅高达 75%。这场半决赛为巴斯蒂亚带来了 195.96 万法郎（约合 30 万欧元）的球票收益，这些钱落入谁的囊中其实无须进一步调查便可知晓。

"这看台坚持不住了"

比赛当天，体育场在开球前两小时就已爆满。记者们坐在近 15 米高的媒体席，其中有一部分人在之后的惨剧中受伤。事故发生后，时任法国足协主席让·富尔内-法亚尔（Jean Fournet-Fayard）第一时间宣称："现场采取了所有的预防措施。"然而，法国总理府与内政部领导的调查小组给出了截然不同的结论：Sud Tribune 公司没有对临时看台建设制定任何计划，也没有考虑到可能的安全隐患。临时看台倒塌之前，人们曾看到现场工人试图重新拧紧看台中间关节处的螺栓，但此时他们的努力完全是徒劳的。

临时看台分为高低两部分，一处是在监管下建成，另一部分则使用了未经批准的脚手架与其他零件草草完工，无法承受人群的重量而断裂。更糟糕的是，科西嘉码头工人的罢工阻碍了合规建筑材料的送达。宜必思酒店的工人们开赛前一周的苦苦等待没有下文，这批货物永远都无法抵达——种种消极因素犹如多米诺骨牌一般造成了临时看台的最终坍塌。部分工人仿佛预见了临时看台的命运，口中不断重复着"这样的看台支撑不了……"其中一些人因为在悲剧发生前向《队报》匿名爆料而在事后受到威胁。

安全委员会赛前一天给出的评估结果是"安全系数还不够高"；开球前几小时，该委员会同样没有给出允许比赛进行的许可。但无论从竞技层面还是经济角度而言，这对于巴斯蒂亚俱乐部都是一场极其重要的比赛。俱乐部没有等待安全委员会的决定，而是采纳了检查当地社区安全的私人服务供应商 Socotec 的意见，决定铤而走险。事后受审判，Socotec 负责人贝尔纳·罗西（Bernard Rossi）解释：自己只是得到了土方工程施工完成后验证地面坚固性的授权，与临时看台的牢固性无关。

宪兵队曾在开赛前数小时试图联系市长及其助理，但未能成功——两人已出发前往迎接时任城市部长、马塞俱乐部主席贝尔纳·塔皮与邮电部长埃米尔·祖卡雷利（Émile Zuccarelli）。如此情况下，撤离观众几乎成为不可能的事。

向黑手党"漂移"

1995 年 1 月 4 日，这起球场惨剧案件正式开庭。一周前的 12 月 26 日，巴斯蒂亚主席菲利皮被反对科西嘉民族解放阵线的刺客射杀，保镖也无法阻止又一出悲剧的发生。无论是初审还是上诉结束后，遇难者家属都对判决结果表达了愤慨，相关责任人中只有让－马里·布瓦蒙被判入狱两年，其他人均为缓刑或获释。时任巴斯蒂亚俱乐部副主席与三名科西嘉足协官员也受到重罚，他们仅听取了 Socotec 公司的评估（未包含对临时看台的风险报告）就向法国足协发送了虚假的安全委员会报告。庭审也没有对财政疑点（尤其是门票收入）展开调查。

显而易见，富里亚尼体育场的这起惨剧对整个科西嘉岛都产生了重要影响。首先是公众对民族主义运动的怀疑进一步加深，民族主义阵营人士声称法国政府应当对悲剧负责，但与岛上两家主要俱乐部阿雅克肖、巴斯蒂亚关系密切的科西嘉人自决运动组织（MPA）认为：惨案反映出科西嘉岛地方社会治安相对缺少组织，与地方管理不无关系。

这出悲剧使民族主义内部的裂痕更加明显。自 1993 年起，激进分子的冲突在两年内造成约 30 人丧命。当年 6 月 15 日，一家对科西嘉民族解放阵线在巴斯蒂亚高层影响力感到不满的保安公司开始行动，总经理罗贝尔·索齐（Robert Sozzi）的杀手拉开了一系列血案的序幕。就在 1994 年菲利皮被刺杀后第三天，索齐的一位亲人弗兰克·米齐（Frank Musy）也倒在了血泊中。

富里亚尼的惨剧成了一面镜子，折射出科西嘉当地民族主义运动下真实而恶劣的足球生态，民族主义者的左翼阿坎科尔塔·纳齐纳利斯塔（A Cuncolta Naziunalista）（简称 CN）与巴斯蒂亚的关系也充分证明了这一点。这一趋势并未在悲剧之后褪去。2004 年，接替菲利皮掌管巴斯蒂亚俱乐部的弗朗索瓦·尼古拉伊（François Nicolaï）因涉嫌参与和恐怖组织有关的勒索行为以及滥用公款而遭到起诉。在调查员面前，他承认菲利皮在 1993 年与他的弟弟让·尼古拉伊（Jean Nicolaï）通过武力威胁的方式强迫 Nouvelles Frontières 旅行社赞助巴斯蒂亚俱乐部。他同时声称：该俱乐部事实上由让 – 马丁·韦尔迪与夏尔·皮埃里两位 CN 负责人掌管，两人利用职务之便行诸多龌龊之事，包括从球员转会中收取回扣。这些钱并未用于俱乐部事务或军事行动，科西嘉独立运动中部分人物向黑手党方向的"漂移"显露无遗。

参考文献

Furiani, 20 ans (livre édité et distribué bénévolement par l'Union des journalistes de sport en France).

三十一
足球与科西嘉民族主义

奥利维耶·维尔普勒

1991 年和 1992 年，科西嘉岛上的民族主义正处于上升势头。未来的一段时间，民族主义者将通过投票正式进入政治舞台。在此之前，非法移民虽然被视作一种不正当的方式，但至少也得到了民众的同情。在科西嘉社会体制内，体育是他们渗透思想的重要工具之一。

1992 年 5 月 6 日富里亚尼看台的垮塌引发了一系列连锁反应，这逐渐使民族主义者不再把足球当作一种身份工具以及一种潜在的收入来源。科西嘉大学历史学博士和讲师迪迪埃·雷伊表示："在科西嘉的体育环境中，从来不存在真正的民族主义观点。自 20 世纪 70 年代开始，足球俱乐部的发展环境越来越好，所以大陆上有些论调说足球已经成为民族主义者的造钱机器，事实绝非如此。"

这位研究人员补充说："相反，往往是地方政府帮助俱乐部继续经营。"从富里亚尼时期到 21 世纪初，许多民族主义运动的重要人物都在巴斯蒂亚和阿雅克肖俱乐部的管理层中占据重要地位，但现在他们即将退出俱乐部。雷伊表示，"过去这些受民族主义影响的俱乐部，现在作为一个文化实体得到了资助。"这是指 20 世纪 90 年代的悲惨事件后，在国家足球联盟以及公共资金的支持下，一些足球项目得以重新启动。

孤立的体育形态

在第二次世界大战之前和战后初期，科西嘉的足球事业是独立开展的。直到 1947 年，科西嘉的俱乐部首次参加法国杯，但没有获得参加法甲联赛的机会。法国足协以交通问题以及地处偏远为理由拒绝吸纳科西嘉的俱乐部，使得他们依然处于业余状态。当时，这种排斥严重违背了科西嘉人希望被认可为法国公民的想法，特别是因为他们最好的球员都慢慢被欧洲大陆的球队所引进。

如果说这种现象可能助长了科西嘉人的"受害者思想"，那么组建科西嘉代表队的想法却从未触及岛民，即使在 1984 年领土内部自治的新地位生效之后（尽管塔希提利用同样的地位进行了全国选举）。"如果科西嘉人也进行全国选举，那么势必会造成内部分裂，因为在科西嘉人心中，渴望成为法国人的想法高于一切。"雷伊解释道："科西嘉人拒绝与阿尔及利亚相提并论，阿尔及利亚拥有自己的联赛，并且也像科西嘉一样面临法国足球当局的傲慢态度。法国当局长期以来一直拒绝这些球队参加法国大陆比赛，从而阻碍了岛上业余俱乐部的发展。

然而，几支科西嘉球队曾在友谊赛中对战过来自法国大陆的俱乐部。1967 年，当时的法国队主教练方丹要求与一支由

"真正的科西嘉人"组成的球队交手，为欧洲杯对罗马尼亚队的重要比赛做准备。在马赛 18000 名观众的面前，科西嘉一队以 2 比 0 获胜。方丹赛后表示："他们心怀着科西嘉的荣耀。如果有一天你们获得了独立，一定可以在国际赛场上大放异彩！"这个愿望虽然没有实现，但同年，科西嘉职业队被允许身披象征岛屿的球衣参加法甲联赛。这是最重要的事情！

由于长期的孤立，科西嘉足球的特点是强大的团队精神，它将俱乐部高层、球员和观众紧密联系在一起。另外，俱乐部的财政更加宽松，他们的预算是建立在对球队的小修小补上的，这往往只是一种妄想。这种双重现象解释了科西嘉主要俱乐部的衰落。球迷的热情通常过于高涨，但这会导致俱乐部接受体育制裁，进一步破坏了本就岌岌可危的财政平衡。

科西嘉岛上最受欢迎的俱乐部当属巴斯蒂亚，但因为球场内的一系列小规模冲突，巴斯蒂亚的球迷被禁止进入球场，之后还出现过俱乐部球迷与股东之间出现肢体冲突的状况。因为一系列的闹剧以及球队战绩不佳，巴斯蒂亚在 2017 年从法甲降级并一路降至第五级别联赛（National 3）。尽管巴斯蒂亚曾在 1978 年进入了欧洲联盟杯决赛，但球队破产后他们几乎降级至法国地区联赛（Regional 2），在一个赛季里就从法国足球的顶峰跌到谷底。之后勇敢的股东们终于站出来拯救球队。

俱乐部的三足鼎立

科西嘉岛上有三家知名俱乐部：巴斯蒂亚、加泽莱克和阿雅克肖，每个俱乐部都占据着特殊的位置。巴斯蒂亚被认为是属于所有科西嘉人的球队。就算是住在阿雅克肖的球迷，也会为了巴斯蒂亚的出色成绩而欢欣鼓舞。自巴斯蒂亚俱乐部职业化以来，加泽莱克（其一部分股份曾属于法国电力公司和法国煤气公司）从未与巴斯蒂亚在同一级联赛比赛过。"煤气"队一直非常受欢迎，因为支持他们的球迷经常光顾小酒馆，所以人们也说这家俱乐部是建立在酒馆里的。

巴斯蒂亚队同样很受球迷喜爱，该队与加泽莱克俱乐部从来没有出现过任何真正的竞争，除了战前他们曾在业余且封闭的科西嘉联赛中相遇过。根据规定，如果岛上已经有一家俱乐部在法国第四级别联赛 CFA 注册，那么其他俱乐部就无法再注册了。当 1965 年科西嘉的俱乐部最终被允许进入职业联赛时，他们终于不再受这一不公平规则的束缚了。

然而就算进入了最高级别联赛，科西嘉的俱乐部同样在 1999 年遭遇厄运。当时，法国职业联盟下属的法国职业联盟财务控制委员会禁止加泽莱克进入法乙联赛（当时阿雅克肖正在法乙），他们的借口是两家俱乐部来自一个居民不到 10 万的城市，所以他们不能身处同级别联赛。这项规定随后将予以修订。

加泽莱克和巴斯蒂亚的共同之处在于，他们一直与民族主义者的左翼 CN 关系密切。如果说这两家俱乐部之间存在对立，那更多的是一种超越足球的南北竞争，但如果有一家俱乐部遇到困难，整个科西嘉岛都会团结起来。当一支球队取得成功时也同样如此，比如 1978 年的欧洲联盟杯决赛，当时巴斯蒂亚在整个科西嘉岛以及海外其他地区都有支持者。

　　再看另外一支球队阿雅克肖。这是一家诞生于中产阶级环境中的俱乐部，其成员都是省里的知名人物。俱乐部领导人继承了可以追溯到体育业余主义时代的特殊文化，与英国人的"club"（俱乐部）概念非常接近。在20世纪60年代，阿雅克肖的球迷主要是波拿巴主义者。1969年，该队甚至穿着一件与波拿巴有关的紫色球衣，士兵们称其为"紫罗兰神父"。

　　由于该岛的南北竞争及其政治倾向等历史原因，阿雅克肖和巴斯蒂亚成了一对死敌。阿雅克肖在20世纪90年代得到自决运动的支持，并且在21世纪成绩逐步提升，这使得双方的敌对情绪更加严重。两队的球迷都在很大程度上利用两支球队的刻板印象，在每场比赛中对敌方进行猛烈抨击。巴斯蒂亚球迷举着"阿雅克肖＝高卢"的横幅，表示对方不被认为是真正的科西嘉人。阿雅克肖的支持者则用写着"欢迎来到科西嘉"的横幅来彰显自2000年以来俱乐部身份的"科西嘉化"。

成为标致的摩尔头像

　　这三支伟大的球队的共同特点是他们的球衣上都出现了摩尔人的头像，这个标志在1755年被科西嘉之父帕斯卡尔·保利定为科西嘉岛的象征。这一标志当然也出现在1948年阿雅克肖代表队与法国军人代表队的比赛中，但实际上这种象征来得太晚。雷伊表示："除了法甲联赛，摩尔人的头像无处不在。"

　　1976年，全国解放阵线成立，作为一种防御反应，其得到了广大人民的支持。无论结果如何，摩尔头像出现在了1977年的巴斯蒂亚球衣上，就贴在球员胸前，而俱乐部最初的队徽是巴斯蒂亚锦标赛的标志。之后其他俱乐部也纷纷效仿，但是，巴斯蒂亚这个摩尔头像让敏感的法国足协感到不安，于是在 1977 年的这个赛季，法国足协强制把俱乐部简称 SECB 放在巴斯蒂亚的队徽上方，以减少其象征意义。

应当指出的是，足球并不是科西嘉岛表达身份的首选方式。相反，长期以来，科西嘉球员始终希望能进入法国联赛，并像其他人一样被视为法国人。另外，岛屿足球的长期孤立导致了一些特定行为和足球文化的发展。虽然科西嘉人否认他们不守纪律的名声，但该地区代表队在赛场上风格硬朗，有时甚至踢得很暴力，看台上的球迷也是如此。事实上，球迷们要求并希望球员能勇敢地为他们的俱乐部而战，他们可能不看重球员的技术缺陷，而是更在乎球员们对俱乐部的承诺。

"当时，只有'黑脚'（来自阿尔及利亚的法国人，以及独立前在北非定居的欧洲血统的法国人）记者们对这种粗野踢法不感到惊讶"，雷伊说，"他们在阿尔及利亚联赛中见过这种风格和方式，当一支球队必须面对来自法国大陆的球队时，他们会用自己的方式踢球"。

事实上，科西嘉足球在很大程度上受到意大利足球的影响，意大利足球以防守严密而闻名，意大利的裁判们相比法国同行更容易接受一些相对粗野的动作。20 世纪 70 年代，相比法国其他地区，科西嘉岛上的电视频道通常会播放更多的意大利联赛，科西嘉的足球风格受到了他们在电视上看到的这种踢法的启发。雷伊对此给出了这样的解释：

　　　即使在今天，当科西嘉人出国踢球，他们也会给外人留下这种特立独行甚至是古怪的印象。但他们有自己的价值观，他们自认为正确，却遭到了别人的误解。这种误解在很大程度上是由于法国足协长期以来一直对科西嘉足球持流放态度。

参考文献

Victor SINET, *La Fabuleuse Histoire du football corse*, Albiana, Ajaccio, 2000.
Didier REY, *La Corse et son football, 1905-2000*, Albiana, Ajaccio, 2003.

三十二

博斯曼裁决：不得不提的体育例外

让－菲利普·布沙尔

毫无疑问，如果不是因为欧洲法院的判决，让－马克·博斯曼作为一个普普通通的足球运动员肯定不会获得如此大的名声。无论是过去还是现在，这位前 RFC 列日队的中场都是一个籍籍无名的球员，如果不是因为偶然的机会，他本可以在瓦隆郊区过着闲适的生活。但在欧洲历史上，他的抗争曾引发欧洲足坛关注，当时博斯曼渴望离开俱乐部的意愿遭到拒绝，因为根据之前的规定，他不得自由离开俱乐部，但通过不懈地法律斗争，他成功地使转会市场自由化，从而迎来了一个转会爆炸的时代。

爆炸性转会

这一切都始于 1990 年夏天。让－马克·博斯曼当时 26 岁，尽管他曾作为比利时国青队队长为国出战，但现在他所效力的 RFC 列日队俱乐部已经决定弃用他。即使他接受续约，俱乐部所能提供的这份新合同也会使他减薪 75%，毫无疑问，博斯曼无法接受。这时，法国的敦刻尔克队向他抛来了橄榄枝，希望他可以终止与 RFC 列日的合同并转投敦刻尔克。但 RFC 列日拒绝以低于 30 万欧元的价格出售他，如此高昂的转会费使敦刻尔克望而却步。"然后，我找到吕克·米松女士，希望她可以帮忙解决这场冲突。我们都认为这件事很快就能协商好。"博斯曼回忆道。

但 RFC 列日俱乐部没有做出让步，于是博斯曼将此事上诉至欧足联和比利时法院。一次又一次的上诉使得此案变得越来越重要，社区事务专家让－路易·杜邦也加入了博斯曼和米松的队伍；比利时、荷兰、法国和西班牙的球员工会也向博斯曼提供一定的财政支持。他的抗争逐渐演变成了"为所有球员而战"。最后这桩案子甚至惊动了欧洲法院。

为了更加深入了解这次案件，我们必须先了解其背景。20 世纪 90 年代的比利时是不存在"定期合同"的。足球领域的定期合同诞生于 1968 年，当时因为球员们的罢工，法国足协不得不接受了这种合同，它允许足球运动员在合同期结束后获得自由身，但这种合同制度并没有在欧洲广泛传播。即使在合同期即将结束的时候，球员们仍与俱乐部保持终身联系，直到俱乐部发给他们一纸允许离开的证明。

在大多数时候，球员的转会愿望是可以和俱乐部友好协商解决的，但这一次 RFC 列日队和欧足联拒绝各种调解，这使得情况变得和以前不同了。他们的做法显然违反了在欧盟所有成员国内自由流动和居住的双重原则。这项原则保障了 1957 年欧洲共同体《罗马条约》所承认的基本自由之一。条约里的第 2 条要求建立一个"共同市场"，而所面临的另一个阻碍是大多数联赛都限制外籍球员或非欧盟球员的数量。

然而，由于体育的教育和社会作用，欧共体在某种程度上承认体育的特殊性。例如，1974年，欧洲法院驳回了两名荷兰自行车教练布鲁诺·瓦尔拉夫和诺贝特·科克的上诉，因为根据国际自行车联盟（UCI）的新规定，他们只能训练荷兰车手。法院认为，这些只是体育活动，而只有在构成条约第2条所指的经济活动时，体育才受欧共体法律的管辖。

但这一次，欧洲法院于1995年12月15日做出了最终裁决，博斯曼胜诉了。因为法院将博斯曼看作一名工人，而不是一名运动员，现行的转会规则直接阻碍了这名工人进入另一个成员国的劳动力市场。因此，法院的裁决是基于从事公认的经济活动的权利，而不是为了体育或运动员的具体利益才判博斯曼胜诉。

即使博斯曼没有被认定为是一名球员，但他和欧洲球员工会也得到了他们想要的权利：将定期合同扩展到所有欧盟国家，同时外国国籍的球员数量限制也被取消。在此之前，根据规定，一家俱乐部只能同时拥有一名或两三名外籍球员，但这项规定取消后，俱乐部就可以排出11个外籍球员的首发阵容。比如1999年，英国的切尔西俱乐部曾出现11名非英国球员上场比赛的情况；2005年，国际米兰在没有意大利球员在场的情况下赢得意甲联赛冠军。

得益于博斯曼法案，那些财力雄厚的俱乐部在购买球员时也不再受限。无论想要的球员来自何方，俱乐部都可以砸重金将其招致麾下，因此，由于欧洲各地电视转播权的相应增加，转播权市场出现了相当大的通货膨胀。在转会方面，

1995 年时用 10 万法郎购买球员已经算是高昂的价格了，但还是难以和现在这个时代动辄数亿欧元的转会费相比。例如，齐达内（Zinedine Zidane）1996 年以区区 350 万欧元的转会费加盟尤文图斯，但当他 1999 年从尤文图斯转会到皇马时，他的身价已经达到 7800 万欧元，成为当时世界上身价最高的足球运动员。

在欧洲五大足球强国（德国、英国、西班牙、法国和意大利）中，职业球员的数量大致保持不变，约有 2000 名。但从 1995 年到 2017 年，俱乐部之间的转会数量增加了 10 倍，仅在 2017 年夏天，欧洲的转会交易就达到了约 14500 次，球员工资也大幅上涨。与此同时，转会费总额也同样水涨船高，从 1995 年的 5 亿欧元增加到 2017 年的近 50 亿欧元。

"拯救欧洲足球"

博斯曼法案将逐步扩大到所有与欧洲共同体保持联系的国家（基于 2002 年 9 月 30 日法国国务委员会对于莉利亚·马拉娅，欧洲法院 2003 年对科尔帕克以及 2005 年对西穆滕科夫的判决）。波兰篮球女运动员马拉娅被法国篮协禁止参加比赛，因为她所在的斯特拉斯堡已经有两名非欧球员（当时波兰还不是欧盟成员国）。法国国务委员会决定，欧洲联盟同第三国（成员国以外的国家）签署的协定规定任何因国籍对工作条件产生的歧视都应被禁止。马拉娅的律师博多解释说："马拉娅的判决相当于在博斯曼法案之后又增加了 24 个非欧盟国家，因为欧盟已经与 24 个国家签署了合作协议，禁止基于国籍的歧视。"这 24 个国家包括波兰、吉尔吉斯斯坦、哈萨克斯坦、亚美尼亚、突尼斯、阿尔及利亚、摩洛哥和除阿尔巴尼亚以外的所有东欧国家。博多笑着说："没有什么能阻止一家法国足球俱乐部把两名保加利亚人、三名摩洛哥人、五名吉尔吉斯人和一名摩尔多瓦人都引入队中。"2000 年 6 月，欧洲联盟与非洲以及加勒比海和太平洋地区的 76 个国家签署了《科托努协定》，职业运动员现在可以在全球一半以上的地区（不包括南美洲、北美洲和亚洲）自由流动。

从 1998 年到 2000 年，对体育运动的逐步放开管制以及随之而来的转会膨胀，促使欧盟委员会对足球监管规定进行了更详细的研究。既然定期合同制度已经得到广泛推广，为什么转会制度依然要延续？为什么要花这么多钱，给越来越多的足球经纪人发佣金，就像在法庭上诉一样？有什么理由可以证明这笔巨额汇款是正当的？这位足球运动员不是像其他工人一样，从一家俱乐部辞职然后又加入新的俱乐部吗？当一名拥有定期合同的职员离开一家公司时，他的新雇主也不会赔偿他的旧雇主。或者会有最坏的情况发生：在拥有定期合同的情况下，员工需要被补偿剩余的几个月的工资作为违约金。但就算是这样，资金流动都不会像足球转会市场上记录的那样大。

这些问题一经提出（主要出自欧盟竞争事务专员维维亚娜·雷丁之口），不同利益方就在布鲁塞尔展开了一番争论。当时各国政府的首脑如利昂内尔·若斯潘（法国）、格哈德·施罗德（德国）、托尼·布莱尔（英格兰）和西尔维奥·贝卢斯科尼（意大利）都挺身而出，只为"拯救欧洲足球"。所有欧洲的大俱乐部都害怕失去它们的经济核心：球员在转会市场上的价值。然而，我们要怎样为这种做法辩解呢？

　　欧盟委员会随后给予国际足联和国际足联球员工会一年的时间，以推行符合欧盟法律的新规则。就这样，"青训补偿机制"的出现挽救了转会制度。每年，职业俱乐部都投资大约50名年轻球员，他们跟随俱乐部训练和比赛。据统计，50人里可能只有一两个能最终成为顶级球员。虽然在训练那些失败的球员上俱乐部花了很多钱，但这就是此种补偿制度的想法——一名球员的成功带来的回报足以支付培养其他球员的成本。虽然该制度可能被视为工人自由流动原则的阻碍，但只要培训是为了实现公认的一般利益目标，它仍然是被允许的。

　　2001年3月5日，欧盟委员安娜·狄曼托波洛、维维亚娜·雷丁和马里奥·蒙蒂结束了与国际足联主席布拉特和欧足联主席约翰松就国际转会问题进行的讨论。培训补偿机制已获得批准。如果出现争议，球员可自愿仲裁，向国家法院或者体育仲裁法庭（国际足联于2002年根据协议第一条正式承认此机构）提起诉讼。自此，欧盟委员会不再干预球员、俱乐部和足球当局之间的争端。

　　转会费的数额虽然继续增加，但在如今这个时代转会费制度逐渐合理，因为俱乐部每年拿出转会费的一部分用于补偿曾在球员青年时期接收培养他的俱乐部。这种微妙变化促成了一个球员的转会费直接同第一家俱乐部挂钩的再分配制度。例如，保罗·博格巴在2016年以1亿欧元从尤文图斯转会到曼联，而这帮助了他家乡的鲁瓦西昂布里俱乐部（位于巴黎东郊），因为博格巴早年曾在这里训练，所以这家业余俱乐部也获得了40万欧元。

　　因此，在体育法规和劳动法之间，体育（尤其是足球）成功地避免了选择。如果比利时足协和欧足联的领导人不那么盲目保守、确信自己的权利，欧盟的裁决就不会介入，球员基本上被合同锁死，流动不可能像现在这般频繁。

　　与此同时，让－马克·博斯曼留在了列日队。他不时应球员工会之邀，讲述自己的故事。他试图从采访中赚钱，尤其是在判决一周年之际接受采访时，但他并没有变得更富有，反而只能靠社会福利度日。现在的他会苦笑着说："我当时真应该要求从转会费里抽取比例来补偿我的。"

参考文献

Jean-François HUMBERT, *Rapport d'information fait au nom de la commission des affaires européenne sur l'Union européenne et le sport professionnel*, rapport du Sénat, 20 février 2013 (disponible sur <www.ladocumentationfrancaise.fr>).

三十三

英式橄榄球，业余主义崩塌前的最后支柱

奥利维耶·维尔普勒

　　尽管英式橄榄球算是一项历史较短的团队运动之一，但职业化发展一直影响着它。

　　13 人制橄榄球（即联盟式橄榄球）早在 1885 年由北方联盟（Northern Union）提出，它是英式橄榄球比赛的简化版本。北方联盟在英格兰成立的橄榄球联合会基于当时所强调的业余精神，强力要求所属球员不得领取出赛津贴。然而各大工业区遍布于英格兰北部，当地球队的球员自然以劳工阶级居多，而非富人或者公立学校的学生。参加橄榄球比赛意味着这些工人球员会牺牲一部分工作时间、劳动收入会不可避免地减少，于是该地区球队的经理们迅速决定向球员们提出补偿，以弥补他们的误工损失。

　　因此，与偏向职业化的联盟式橄榄球相比，英式橄榄球更恪守业余主义体育原则，它被认为是国家精英在大展宏图、担任要职之前的一种"野蛮之体魄"。这也就是为什么英式橄榄球运动员在近一个世纪的时间里都是无报酬参加比赛，且社会地位相当之高的原因。

英式橄榄球联合会（RFU）始终强硬奉行业余主义，这一立场随后被反面例子证明有其存在的意义，尤其是在 20 世纪初：威尔士和法国的球员多为矿工、企业职员或农业工人，而不是学生。如果没有得到官方渠道的报酬，他们就不会优先选择签下联盟式橄榄球职业合同，而是私下里获取补偿。但金钱也是球员和俱乐部老板之间激烈竞争的来源，促进了球队之间的竞争。在球场上，这有时表现为极端暴力，但英国领导人并未制裁这些法国俱乐部。

"虚假的业余主义"

为了保住参加五国锦标赛的资格，法国顶尖的精英俱乐部甚至创建了业余锦标赛，以区别于那些给球员们提供报酬的中小俱乐部。此外，在 1913 年和 1931 年，由于专业性不足和球场暴力，法国曾两次被驱逐出五国赛。这使得法国本土的联盟式橄榄球在二战前夕得到了广泛发展，而英式橄榄球发展则遇到瓶颈，直到左倾思想根深蒂固的维希政府命令全面封杀联盟式橄榄球。

战后，英式橄榄球再次发挥业余主义的优势，展现出这项运动团结友爱的教化功能。据其领导人称，这种价值是当时的足球与自行车等其他运动中缺乏的。法国橄榄球常在农村地区进行，这与英伦三岛的传统相去甚远——众所周知，苏格兰人愿意为运动衫买单，威尔士人有在酒吧享乐的传统，爱尔兰人则在医学院或法学院孜孜不倦，而整个不列颠则有当时最好的政体。

到了 20 世纪 70 年代，英式橄榄球开始在法国向职业化靠拢。首先是在贝济耶（Béziers），教练拉乌尔·巴里埃（Raoul Barrière）要求他的球员每周训练三次，而不是一次，而俱乐部主席将把公司的钱转用于支付球员体检费用。但是，正如球员阿兰·埃斯泰夫（Alain Estève）所说，"我们必须吃得很好"。更科学的训练体系在 80 年代的图卢兹体育场发扬光大并不断完善，这促成了另一种吸引球员的方法，即允许他们以低成本学习。在这种体系下，业余球员也可以获得报酬。

向专业化迈近

早在 1982 年，澳大利亚记者大卫·洛德（David Lord）就提出了将全球英式橄榄球 200 佳球员聚集在一起进行巡回赛的建议。这一建议存在一大软肋：若球员的身份转变为职业球员，将面临被排除在联盟之外的隐患。尽管如此，这个主意依旧在很多人心中激起波澜。

第二年，在澳大利亚和新西兰的双重压力下，国际橄榄球理事会（IRB）开始筹备橄榄球世界杯。尽管该赛事受到英联邦的反对，但 1985 年 IRB 还是按部就班地开始了准备工作，英联邦理所当然地担心比赛会吸引资金和赞助商，并威胁到业余球员。其实在 1987 年，一些国家的联合会（例如新西兰）就已经开始利用团队形象来获取广告收入，但不允许球员个人私自接拍广告。首届橄榄球世界杯之后，橄榄球的商业元素开始凸显，球衣上开始允许印有广告。但对于联合会而言，最重要的一项任务是打击自身的天敌：他们试图降低自 20 世纪 90

年代加速发展的专业化进程的速度。

　　橄榄球管理机构需要依靠球员的个人发展，这使得双方关系极为紧张。第一次裂痕发生在 RFU 和球员之间：球员要求国际比赛门票公开对外发售。为了向 RFU 示威，部分球员开始出售由联合会提供的免费个人票，并拒绝在新闻发布会上吐露只字片语。为了避免双方下不了台面，英国广播公司随后提出支付转播费的要求。面对如此状况，RFU 只能选择遵守，而球员可以从转播费中分一杯羹。

　　在 1991 年举行的第二届世界杯上，All Blacks 品牌被新西兰联邦注册，并获得了市场营销服务。在对阵英格兰的四分之一决赛前，法国队向本国管理机构索要奖金，凯捷管理顾问公司的老板塞尔吉·肯普夫（Serge Kempf）给予球员每人 7000 法郎的奖金（约 1200 欧元），迫使该联合会审查其管理方法。肯普夫是法国橄榄球的伟大赞助者，他在幕后为法国橄榄球职业联赛的建立奠定了坚实的基础。

领跑的南非

　　1995 年南非世界杯之后，橄榄球世界旧有的业余主义体系开始走向瓦解，其中有诸多方面的原因。首先，纳尔逊·曼德拉的成功当选提高了赛事的媒体曝光率，南非领导人在这个进程中充当了教父般重要的角色［参见下一篇］；其次，在资金充足的环境中，橄榄球孵化了一批顶级球星，包括乔纳·洛姆（Jonah Lomu）、埃米尔·恩塔马克（Émile Ntamack）、切斯特·威廉姆斯（Chester Williams）和杰里米·古斯科特

（Jeremy Guscott），他们都十分容易吸引到媒体和赞助商的目光。与受益格鲁－撒克逊文化影响的白人精英相比，他们能接触到更加广泛的受众。

赞助商在为比赛提供资金之余也能很好地和球员交流，因此南非人在商业舞台上遥遥领先。由于种族隔离制度，长期在体育层面受到的孤立迫使其不断寻求资金的帮助。在此期间，他们甚至必须向外国球员支付报酬让他们参加比赛：例如，法国人和新西兰人从不回避"海盗之旅"的乐趣［参见本部分第十一篇］。1995 年橄榄球世界杯一结束，德兰士瓦团队就要求获得报酬并组织了罢工，其间澳大利亚媒体巨头凯里·帕克（Kerry Packer）将成立国际职业联赛的提议摆在了桌面上。

最终，澳大利亚裔美国商人鲁珀特·默多克与南半球国家签署了一项协议：在新西兰、澳大利亚和南非各省之间举行比赛。有"世界橄榄球政府"之称的 IRB 总部位于欧洲，该理事会由于担心球员的外流最终向职业化点头。

在法国，职业化受到了人们的认可，但并没有立即制度化。四名球员恩塔马克、洛朗·贝内泽什（Laurent Bénézech）、洛朗·卡巴纳（Laurent Cabannes）和菲利普·圣安德烈（Philippe Saint-André）在 1994 年对阵"全黑队"时，试图迫使联盟年轻的主席贝尔纳·拉帕塞（Bernard Lapasset）完善相关法律制度以支持球员职业化，可惜这项尝试无济于事。

不过到了 1998 年，法国橄榄球职业联盟（LPR）终于宣告成立，与此一并建成的还有法国首个橄榄球球员工会。LPR 以法国最大的橄榄球俱乐部为基础，推出了职业锦标赛。在此

之前，第一级别联赛由 64 家俱乐部组成，1995 年规模缩小到 24
家，在 2004 年再次瘦身到 16 家，直至今天的 14 家（TOP14）。

　　法国橄榄球联盟成立的最初几年，英式橄榄球联盟担心它
的最佳球员因为高薪被联盟式橄榄球所吸引。在 2000 年前后，
英格兰和澳大利亚确实试图用高薪来挖走联盟式橄榄球球员。
两队三年后双双杀入世界杯决赛，阵中就有数位前联盟式橄榄
球球员。

　　在此后数年间，国际橄榄球界出产了更多的职业球员。
由于俱乐部的训练非常辛苦，很少有人会继续学习。年轻精
英球员的孵化器——位于马库锡的国家橄榄球培训中心强制
要求球员进行适当的学习，但是只有马西等少数俱乐部遵循
这一原则。

　　21 世纪头十年末期，真正的商业领袖开始在橄榄球事业
中占据主导地位。他们收购了俱乐部，并加快了球员职业化进
程。资本的涌入使得法国"TOP14"很快就成为世界上最富有
的橄榄球职业比赛。继比亚里茨的肯普夫之后，马克斯·瓜兹
尼（Max Guazzini）重建了一支只有名字的球队：圣法兰西俱
乐部（Stade Français），这放眼巴黎也算是头一遭。

　　此后，法国橄榄球俱乐部大动作不断。穆拉德·布杰勒
（Mourad Boudjellal）入主土伦俱乐部、杰基·洛伦泽蒂
（Jacky Lorenzetti）成为竞技 92 的主席、莫希德·阿特拉德
（Mohed Altrad）收购蒙彼利埃……他们试图与背后拥有大型
集团撑腰的球队（如克莱蒙背后的米其林集团、支持卡斯特
尔的 Fabre 制药集团、波城俱乐部的金主道达尔）分庭抗礼，
开展"军备竞赛"引入大量外援，这一定程度上制约了法国

本土球员的发展。

　　球队之间的竞争同时也加剧了兴奋剂的使用，俱乐部花费过多甚至造成了创纪录的财政赤字。2017 年，圣法兰西和土伦俱乐部尽管成绩斐然，但仍在寻找可以接管俱乐部的新买家。洛伦泽蒂的竞技 92 和托马·萨瓦雷（Thomas Savare）的圣法兰西之间的合并失败，证明了职业化时代的到来导致了橄榄球不再是单纯的体育运动，而是一场金融战。许多球员在这个问题上持模糊的立场：如果他们总是强调自己既有的价值，将从转会市场中获利，这对于愈发贪婪的经纪人和缺乏体育文化意识的老板而言，无疑是一种"福音"。

参考文献

Olivier VILLEPREUX et Laurent BENEZECH, *Le Grand Larousse du rugby*, Larousse, Paris, 2013.

三十四
1995年南非橄榄球世界杯：虚幻的美好

奥利维耶·维尔普勒

1985 年，国际橄榄球理事会（橄榄球运动组织，现已成为业余级别）主席阿尔伯特·弗拉瑟开始筹办两年后举行的首届橄榄球世界杯，他希望通过媒体报道重新点燃人们对橄榄球的兴趣。他的朋友、1977 ~ 1991 年担任南非橄榄球协会主席的丹尼·克雷文也参与其中，并且他还积极支持南非队在因种族隔离而受到抵制的情况下参加短期比赛。

作为一名医生同时也是一个受过良好教育的人，克雷文并不支持种族隔离——特别是因为这是他在整个任期内都必须应对国家体育被孤立的问题，这理论上剥夺了南非跳羚队与外国球队切磋的机会。作为国际橄榄球理事会的一员，他支持创立世界杯，并同意在种族隔离制度被废除之前将南非排除在外。作为不参赛的交换条件，克雷文要求得到补偿：一旦种族隔离制度成为历史，南非将获得橄榄球世界杯的主办权。

橄榄球领衔的体育外交

与此同时，克雷文不得不与德兰士瓦省省长、保守派政客

路易斯·卢伊特打交道。卢伊特认为他所推崇的职业精神才是
南非橄榄球的未来。作为一名身家百万的谷物生产商，他拥有
一家啤酒品牌，并负责约翰内斯堡埃利斯公园球场的经营。可
以说，他可以根据自己的意愿邀请球员在他的体育场进行私人
比赛。

1988 年，克雷文成功说服卢伊特在不通知南非政府的情
况下前往津巴布韦首都哈拉雷会见南非非洲人国民大会
（ANC）的官员。这个想法是为一个多种族橄榄球联合会打下
基础，从而促进南非橄榄球回归国际赛场。在那之前的南非橄
榄球史上，只有两名非白人身着过跳羚队球衣，他们是 1981
年的混血球员埃罗尔·托拜厄斯和 1984 年的埃夫里尔·威廉
姆斯。

而其余的人只能接受种族隔离的现实，南非橄榄球队也在
某种程度上被视为种族隔离的先行者。当时的非国大仍然是一
个恐怖组织，他们把这次会议视作一种背叛。克雷文在非国大
提出的倡议使她成为极右派南非总理彼得·博塔以及教育部长
弗雷德里克·德克勒克的眼中钉。

1989 年，一些世界橄榄球队（包括法国队）被邀请在南
非参加一系列试赛，以纪念南非白人橄榄球联合会（SARB）
成立 100 周年。克雷文想邀请澳大利亚队，但遭到了澳当局
的拒绝。各国橄榄球队的原则是：球员是以个人名义参赛，
并非作为国家代表，这使得南非跳羚队"规避"禁令成为可
能。赞助商南非啤酒厂慷慨解囊，说服了那些最不情愿参加
的球员。

第二年，弗雷德里克·德克勒克的上台改变了这种局面。

当年 2 月，在秘密会见纳尔逊·曼德拉之后，他发表的讲话使得非国大和包括共产党在内的其他 30 个政党停止了地下活动。紧急状态被取消，工会可以自由开展活动，所有政治犯立即获释，最后甚至还取消了对政治流亡者的限制。与此同时，德克勒克和曼德拉开始共同努力、攻坚克难，争取民族和解。

1992 年，第二届橄榄球世界杯在欧洲举办几个月后，SARB 和混血联合会（SARU）合并。易卜拉欣·帕特勒和克雷文被任命为新机构南非橄榄球联盟（SARFU）的主席，他们同非洲大陆的其他联合会建立了联系。然而，在这两名前联合会领导人之间建立信任并不容易，前 SARB 成员的首要任务是恢复与橄榄球大国的联系，而 SARU 成员则负责在所有人群中发展橄榄球运动。

必须指出的是：橄榄球一直被认为是属于白人的运动，而跳羚队就如同这些白人的一面旗帜，黑人关注更多的则是足球运动以及南非足球队（绰号 Bafana Bafana，意为小伙子们）。黑人对橄榄球兴趣的缺失并不利于建立真正的"混合"团队，这就是为什么 SARU 的成员希望首先解决这个问题。

同年，为了正式纪念民族和解，国际理事会将 1995 年橄榄球世界杯的主办权交给南非。除了象征意义之外，事实却是橄榄球运动在过去的 25 年里，对跳羚队的隔离禁令几乎没能实现，大家希望与这支因隔离而闻名的球队展开较量。

几经周折，1992 年夏天比赛正式开始，新西兰全黑队参加了揭幕战。应非国大邀请，8 万名球迷在埃利斯公园默哀一分钟，悼念在过去 8 年中死于城镇冲突的黑人受害者。卢伊特通过广播在体育场内放起了种族隔离期间的南非国歌《呐喊》，引起全场观众共鸣。1993 年，克雷文去世，帕特勒与临时主席弗里茨·埃洛夫共同担任 SARFU 主席，直到 1994 年卢伊特代表的古老政权赢得了联合会选举。同年，卢伊特的德兰士瓦省队跻身世界前十，这意味着他们可以参加南半球国家之间的省级职业比赛"超级 12 强"（Super 12）。同年 7月在德班，法国队巡回赛上战平对手，并在约翰内斯堡获得一场胜利。

1994 年，曼德拉赢得南非首次多种族大选，成为该国历史上首位黑人总统。但他对黑人最喜欢的足球不感兴趣，并表示更喜欢橄榄球和拳击，他本人还曾参与过这两种运动。这届橄榄球世界杯是在南非举行的首场国际体育赛事，曼德拉想借此展现给世人一种国家和解的形象。

1990 年 2 月获释后，曼德拉放弃了为自己举行的正式晚宴，前往索韦托体育场观看足球比赛，并感谢运动员们在多年抵制中的耐心等待。1995 年，他准备了一场令约翰内斯堡和全世界的白人观众震惊的盛会，后来被导演克林特·伊斯特伍德改编成电影《成事在人》——体育场内，人们表演着来自南非不同部落的歌曲和舞蹈，曼德拉身穿橄榄绿色的南非跳羚队球衣出现在公众视线中，并向公众发表讲话。他在和球员们交谈时，亲切地称他们为自己的儿子。

曼德拉意识到跳羚队球衣是一种黑人压迫的象征，也代表着部分白人的种族主义情绪，因为他们还不希望看到非白人球员穿着这种球衣，于是一种新的格局悄然产生。对黑人与白人两方来说，效果都是惊人的。

在与加拿大的比赛中，南非球员彼得·亨德里克斯被排除在外，而混血球员切斯特·威廉姆斯（埃夫里尔·威廉姆斯的侄子）顶替他入队。切斯特与新西兰全黑队球员乔纳·洛穆、跳羚队队长弗朗索瓦·皮纳尔一起成为本次赛事的明星人物。在与萨摩亚的四分之一决赛中，经常被称作"政治无关体育"例证的切斯特四次持球触地得分。这是属于球员和曼德拉的共同胜利。

新西兰传奇球员乔纳·洛穆的出色表现进一步提高了黑人对世界杯的满意程度。科特迪瓦也获得了本届锦标赛参赛资格，这是时代变化的又一迹象。

一次支离破碎的比赛

半决赛中，法国队在德班以 4 分劣势输给了南非队。由于场地上的大量积水，比赛被推迟了一个小时。法国队教练皮埃尔·贝比齐耶后来将南非队夺冠称为体育史上最大的骗局之一。这场比赛的场地如同沼泽一般，所以毫无疑问比赛应该推迟进行。无独有偶，六名法国球员比赛前一天出现严重腹泻，裁判执法同样造成丑闻，法国队的四次触地得分被吹，而南非人的一次得分引起巨大争议。后来，跳羚队队长皮纳尔在萨拉森人俱乐部与法国队队长阿卜杜勒－拉蒂夫·贝纳齐相遇，并向后者表示那次触地得分不应成立。

在南非和新西兰的决赛前两天，全黑队所有队员都出现腹泻。新西兰人声称他们是被掺假的橙汁害了，此后，新西兰委托进行的调查证实了这一怀疑。大洋洲人坚持这一观点，尽管考虑到跳羚队的胜利符合橄榄球运动的最高利益。最终，乔

尔·斯特兰斯基的一脚落地球让南非赢得了本国第一个橄榄球
世界冠军。

决赛后举行的宴会上，卢伊特表明：对于南非部分白人来
说，还有很长的路要走。面对围坐在餐桌旁的各支队伍，他首
先断言，跳羚队是南非自 1987 年和 1991 年缺席比赛以来第一
个"真正的"世界冠军。听到这些，新西兰人立即起身，在
英格兰人与法国人的支持下离开了房间。随后，SARFU 主席
盛赞威尔士裁判员德里克·贝文是"世界上最好的裁判员"，
并公开向他赠送一块价值 1000 美元的手表，这一点让人对腐
败产生了严重怀疑。现在轮到贝文离开房间了。

尽管存在一些失误，但大多数参加世界杯的球员都认为南
非应该赢得"他们的"世界杯。摩洛哥裔法国球员贝纳齐对
这一点始终表示同意，因此他在南非仍然很受欢迎。法国队在
半决赛中惨败给跳羚队后，他在新闻发布会上说："与你们国
家正在经历的事情相比，输球根本不算什么。"

遗憾的是，1995 年世界杯的一众明星球员英年早逝。
1993 年到 1999 年效力于跳羚队的鲁本·克鲁格在 2010 年因脑
瘤去世；89 次入选国家队、获得 38 次触地得分的约斯特在
2016 年死于夏科病（肌萎缩性脊髓侧索硬化症）；而同样参加
过世界杯的蒂努斯·利恩也遭受了同样的痛苦。

2014 年，法国媒体 Stade 2 的一份报告表明，上述这些疾
病可能与兴奋剂有关。尽管 1973～2008 年有 51 名意大利足球
运动员受到这种疾病的影响（是全国平均水平的 9 倍），但兴
奋剂与夏科病之间的关联从未得到证实。法国的夏科病专家樊
尚·梅南热教授于 2008 年在《快报》上预测，皮质类固醇和

类固醇可以"引发症状的出现"，六年后他还是在这家媒体证实了这种猜想。南非的情况"显然与兴奋剂无关"，而橄榄球运动本身可能是触发因素，南非球员频繁的头部撞击更有可能导致夏科病的发生。

参考文献

François PIENAAR (avec Edward GRIFFITHS), *Rainbow Warrior*, Harper Collins, Londres, 2000.

三十五

1998年世界杯的奥秘

阿诺·拉姆赛

1998 年世界杯足球赛至今仍是法国体育史上最伟大的时刻。家门口作战的法国国家队在主帅艾梅·雅凯（Aimé Jacquet）率领下，历史上首度捧起这项全球范围内最受欢迎体育盛事的金杯。法国队在 20 年之后的俄罗斯世界杯上再度夺冠，但 1998 年的第一颗星①始终散发着至高无上的光芒，尽管背后也留下了一些疑团。

这是历史上第 16 届世界杯足球赛，也是首届由 32 支球队参加的世界杯。在 1998 年 7 月 12 日的决赛之夜，有百万计的球迷在法兰西体育场内、香榭丽舍大街上自发狂欢，庆祝法国队对巴西队的胜利。决赛中，法国队凭借齐达内在上半时的两记头球在中场休息时建立起两球优势；埃玛纽埃尔·珀蒂（Emmanuel Petit）下半时的巧射在打进法国队队史第 1000 球的同时彻底杀死悬念，"高卢雄鸡"最终以 3 比 0 击败了巴西人。

---

① 世界杯足球赛的冠军队伍可以在球衣上绣上一颗星，象征世界冠军。

　　由格洛丽亚·盖纳（Gloria Gaynor）演唱的"I Will Survive"是该届世界杯的开赛歌，它注定将在 1998 年的夏天风靡整个法兰西。法国队主帅雅凯在世界杯前饱受质疑，尤其受到了以《队报》为首的媒体界的猛烈批评（这位来自萨伊苏库藏的教练曾表示"永远不会原谅"《队报》），但他最终带领精心挑选的 22 名队员走上了世界之巅。赛后，创造历史的球员们激动到不能自已，时任总统雅克·希拉克也走入更衣室与球队共同庆祝，他的支持率因世界杯而陡然攀升。球队成员的亲朋好友、官员也一并加入了庆祝行列。

　　狂欢的人群中还出现了 1998 年世界杯组委会主席之一米歇尔·普拉蒂尼的身影。这位兴奋至极的法国足坛名宿以打趣姿态开始了他常有的幽默而不失"挑衅"风格的庆祝，面对法国队队长迪迪埃·德尚（Didier Deschamps），他做出了一个"钻孔"的动作。1984 年帮助法国队首夺欧洲杯的普拉蒂尼与创造历史的法国队员们逐一握手，生性爱开玩笑的他随后将注意力转移到了德尚身上，大声喊道："孩子们，你们要想赢得世界杯，就应该由我来组织……"

　　场面一度陷入尴尬，德尚随即冷冷地回应道："有些事是为了能够组织，但真正赢得比赛还得靠球员！"曾在 1982 年、1986 年两度随法国队杀入世界杯四强的普拉蒂尼勉强挤出一丝苦笑，随即陷入恼怒。一位匿名目击者称，当时普拉蒂尼表示："这是场内外两股不同的力量，双方本身都没错。这么说可能会有些尴尬，但没有人会忘记它。"

　　德尚与普拉蒂尼自此产生隔阂，始终难以化解。若干年后德尚意识到了这一点，并认为有必要前往瑞士的欧足联总部拜访普拉蒂尼一趟——此时他的前辈已经成为欧足联主席。1998
年世界杯是法国继 1938 年之后再次主办这项足球盛事，两届
赛事均为法国带来了成功。

2018 年 5 月，就在德尚以法国队主帅身份率队夺得俄罗
斯世界杯冠军前两个月，普拉蒂尼语出惊人。他表示：在
1998 年世界杯的分组抽签环节上，主办方"做起文章"以避
免法国队与巴西队过早相遇。在接受蓝色法兰西广播采访时，
他对老朋友雅克·旺德鲁（Jacques Vendroux）表示：

> 我们在安排竞赛日程时安排了一个小把戏。如果法国
> 队与巴西队在小组赛中双双获得小组头名，那么将分别进
> 入上、下半区，两队在决赛前没有直接交锋的可能。法国
> 队在家门口作战，自然要利用好这一优势！我们用整整六
> 年的时间筹办世界杯，自然不会放过任何可能的细枝末
> 节。其他的世界杯东道主难道不会做出这种事吗？你好好
> 想想……

根据普拉蒂尼的想法，法国与巴西在决赛会师"是全世
界的梦想"。然而这位前法国足坛的天皇巨星因为收受前国际
足联主席布拉特 180 万欧元的不明款项被判处禁止从事足球相
关活动［参见第四部分第二十六篇］。

反兴奋剂迎来黎明

1998 年 6 月 12 日，法国队在本土世界杯首场比赛中没有

遭遇太大阻力，在马赛以 3 比 0 干净利落地拿下南非。在半年前的 1997 年圣诞节，主帅雅凯为磨合阵容决定在蒂涅安排一次集训，并同意了球员们让家人陪同的要求。事实证明，那次集训使团队氛围更加融洽，但也发生了出乎众人意料的一次检测。中场大将尤里·德约卡夫（Youri Djorkaeff）在 2006 年出版的自传《蛇》中回忆道：

> 12 月 25 日那一天，我们没有在圣诞树下收到礼物，而是迎来了卫生部一位医务人员的到访。他当天早晨突然出现在高山度假村进行兴奋剂抽检，我差点就对他挥拳相向了。当时全队正在海拔约 2000 米的高度从容备战世界杯，他却过来扰乱我们，这令我有些不知所措。
>
> 我们的队医让 - 马塞尔·费雷（Jean-Marcel Ferret）倒是很淡定。他在当年四国赛期间就已习惯了清晨 6 点采集血样，并将样本送到实验室以备抽检，两年来每隔三个月，队医都会在不预先通知的情况下为我们穿刺。一次世界杯引发了一些荒唐之事的发生，也让种种猜想甚嚣尘上。

法国队球员最终顺利通过了这次突击检测。参加集训的 25 名球员中有六人被抽出接受检查：利昂内尔·沙博尼耶（Lionel Charbonnier）、法比安·巴特兹（Fabien Barthez）、布鲁诺·恩戈蒂（Bruno N'Gotty）、弗兰克·加瓦（Franck Gava）、雷纳尔·佩德罗斯（Reynald Pedros）与弗洛里安·莫里斯（Florian Maurice）。埃里克·迈特罗（Éric Maitrot）于

2003 年出版的《受到污染的体育界》一书揭开了此事的经过：一名叫阿尔瑙多（Arnaudo）的医生受青年与体育部委托前来采样，他在黎明突然抵达，但经过整整一天才等到队员们意兴阑珊地接受尿检。

对此，法国队主帅雅凯大为不悦："我赞成在反兴奋剂方面采取严格措施，但这种在假期间的突击检查着实令我震惊，它十分卑鄙。我当然希望世界杯与禁药绝缘，但对法国这样一个拥有深厚底蕴的法律大国而言，我不知道是谁可以下令做出这种事。球员们会在一年 365 天中参加很多重要比赛，但他们居然在圣诞假期搞这一出……"

时任法国职业联盟主席、后来成为法国足协一把手的诺埃尔·勒格拉埃更是直接质疑："有关部门的心理是有多扭曲，才会在集训最后一天进行尿检？"1998 年 1 月 28 日，法国队将与西班牙队共同参加法兰西体育场落成后的首战。在这场比赛前公布尿检结果显然没什么好处。

2013 年春天在参议院宣誓就职，面对负责提升反兴奋剂部门效率的审查委员会时，当年世界杯期间担任法国体育部长的玛丽－乔治·比费承认：在蒂涅对法国队进行突击抽检一事上，他们受到了"来自各方的压力"，但根据指示没有让尿检结果公开：

　　媒体对我展开了暴风骤雨般的抨击，指责我阻挠了法国队在良好环境下的备战。我感觉自己孤立无援，几乎就要向外界道歉了，我只能说，我们从来没有提出过这方面的指示。法国反兴奋剂机构在 1998 年时还

未成立，我们并没有今天的检测手段，只能依靠检查
人员。

齐达内承认接受输液

在 2010 年出版的个人著作中，2004～2008 年担任法国国
家队队医的让 - 皮埃尔·帕克莱（Jean-Pierre Paclet）爆出猛
料。他展示了数位后来的冠军成员的血样分析，其中在意大利
效力球员的红细胞比容高出一筹。他用"国家利益"作为解
释媒体在此事上集体沉默的缘由。

2013 年 5 月接受参议院问询时，帕克莱进一步阐明了自
己的观点："这并不是揭秘。曾有一些数字被记录在都灵检察
院对尤文图斯的审判中①，而德尚、齐达内两位当时在尤文图
斯效力的法国球员数据的变化有些反常。一位意大利专家甚至
认为这只有可能是外界 EPO 作用，但我们并未捕捉到相关证
据……相比法国队医疗组，球员所在俱乐部造成这一情况出现
的可能性更大。"

1998 年世界杯时的法国队队医费雷当时也接受了问询。
他表示："为了试图寻找是否含有 EPO 与禁用成分，我们对样
本进行了数十次深入分析，但并未发现它们的存在。只有两份
样本的红细胞比容有轻微异常，但它们的诱因是球员的疲劳，

---

① 1998 年，尤文图斯所在的都灵当地检察院对该俱乐部进行了搜查，并于 2004
年将其队医里卡尔多·阿格里科拉以体育欺诈、冒险滥用治疗原理之外的药
物、有规律地让球员服用促红细胞生成素（EPO）等罪名判处 22 个月的徒刑。

我们没有找到外源因素。我们追踪了每一阶段的生物学指标，但凡出现异常便会立刻探明原委。"2004 年初，齐达内在都灵检察官拉法埃莱·瓜里涅洛（Raffaele Guariniello）面前承认自己曾在酒店房间与更衣室内接受肌酸注射或通过输液补充维他命。这位法国足球传奇直言："输液确实很有用，否则我们如何在一年内撑过 70 场高强度比赛？"

罗纳尔多离奇抽搐之谜

1998 年 7 月 12 日，在法兰西体育场 80000 名极度亢奋的球迷面前，法国队最终成为世界冠军。德约卡夫在自传中回忆了当时法国队上下冷静的一面：

> 巴西队员在球员通道等待入场时手拉着手，展示出他们有多么团结。正如他们黄绿色的球衣一样，这是一幅美好的画面，而我们则背靠着墙。这看上去有些奇怪，但我当时在脑中有一种预感：我们可以逾越这个对手。诚然，桑巴军团是被人看好的一方。他们曾四次夺得世界杯，除了罗纳尔多替代罗马里奥之外，基本沿用了 1994 年世界杯决赛击败意大利的班底。
>
> 然而，我们内心却升腾起一股信念。如果说对面站着一群足球巨人，我们可能就是来自乡村的阿斯泰里克斯①，

---

① 阿斯泰里克斯是法国漫画 *Astérix le Gaulois* 中的主人公，率领村民对抗罗马大军，在法国广受欢迎。

但在他们面前仿佛高出了几个头。对胜利的渴望让我们拥有了高出他们千百倍的力量，没有任何一个人流露出恐惧。你很快就会见证我们能量的爆发……当全队集体向巴西队持续施压时，我确信胜利的天平倒向了我们一方。

德约卡夫为法国队的胜利做出了重要贡献。第 45 分钟，他左侧开出角球助攻齐达内头球得分——"蓝军" 10 号完成了梅开二度，他在 18 分钟前在另一侧接珀蒂的角球打破僵局，法国队带着 2 比 0 的比分进入中场休息。法国队后防大将洛朗·布兰科（Laurent Blanc）由于此前吃到红牌停赛，决赛中未能上场，顶替他出战的中后卫弗兰克·勒伯夫（Frank Lebœuf）没有给罗纳尔多可乘之机。

从罗纳尔多全场表现来看，这位天才球员显然没有发挥出正常水平。赛前出场名单上，与贝贝托（Bebeto）一道搭档锋线的是埃德蒙多（Edmundo）而非罗纳尔多。巴西队 9 号没有进入首发的消息引发了国际足坛的疯狂猜测，不过这位 21 岁的射手最终还是以主力身份参加了决赛。除了一次与法国队门将巴特兹失败的对抗外，他的表现极其低迷、犹如隐形。这背后究竟是何缘由？

时任巴西队队医利迪奥·托莱多（Lidio Toledo）回忆了决赛前一晚的经过。比赛前一天，罗纳尔多在酒店房间内观看 F1 电视转播时，躺在床上的他突然失去意识并出现了抽搐症状。这令他的室友罗伯托·卡洛斯（Roberto Carlos）陷入惊恐，大喊"罗纳尔多"并迅速告知医务人员，当晚，罗纳尔多被送往巴黎利拉诊所进行心脏与神经系统检测，癫痫被认为是可能的诱因。而当第二天罗纳尔多抵达决赛场地法兰西体育场时，距离比赛开球只剩下一小时！

时任巴西队主帅马里奥·扎加洛（Mario Zagallo）承认："我始终没有停止过将罗纳尔多换下的想法，但他告诉我自己感觉良好。倘若我真的不让他踢，媒体会长时间炮轰我的。"另有传言称巴西队迫于赞助商耐克的压力让罗纳尔多上场，因为"罗尼"是耐克代言球员的头牌。

2012 年，前意大利运动心脏学会主席布鲁诺·卡鲁（Bruno Caru）在接受本国电视台采访时确认，1998 年加盟国际米兰的巴西前锋抽搐发作并非因为癫痫，而是可能致命的心脏问题：

> 法国方面的检查结果显示，罗纳尔多在医院中的心率一度只有每分钟 18 次，这意味着在症状发作时，他的心脏已经停跳。相比巴西队医，固执的法国医生甚至更确信卡洛斯，他们坚持罗纳尔多抽搐是因为癫痫的诊断，他们为罗纳尔多开出了大剂量治疗癫痫的药物，但这种名为苯巴比妥的镇静剂并不被建议用于治疗心脏病。苯巴比妥药效较强，玛丽莲·梦露在自杀时正是服用此药。该药物会极大减少与抑制大脑活动，这或许可以解释罗纳尔多在决赛中形同梦游的原因。

4 年后的韩日世界杯前，齐达内在对阵韩国队的热身赛中受伤，失去核心的卫冕冠军法国队在小组赛阶段即告出局；而罗纳尔多则打出了现象级的表现，在面对德国的决赛中梅开二度（打进个人在该届赛事的第 7、第 8 球），助桑巴军团夺冠的同时也斩获了个人的第二座世界杯冠军。

人们或许永远无法确切知道 1998 年那一年究竟发生了什么：倘若将当年环法自行车赛选手的尿样保存在沙特奈－马拉布里实验室（法国反兴奋剂工作的重要根据地）中，那么法国世界杯期间采集的尿样将被尽数销毁。在赛事组织机构国际足联的要求下，所有样本最终在世界杯后遭到销毁。前世界反兴奋剂机构总监阿兰·加尼耶（Alan Garnier）曾在《队报》面前抱怨过这种区别对待的做法：

> 倘若当时体育部允诺韦布吕让（Verbruggen，时任国际自行车联合会主席）的请求，在环法赛事结束后 48 小时内销毁所有尿检样本，一切真相都将无法水落石出，包括兰斯·阿姆斯特朗（Lance Armstrong）的阳性尿样。然而在同一年举行的世界杯后，国际足联却同意了销毁尿样的决定。看来，足球有权逃过惩罚……

参考文献

Jean-Pierre DE MONDENARD, *Dopage dans le football, la loi du silence*, Jean-Claude Gawsewitch, Paris, 2011.

Gilles VERDEZ et Arnaud RAMSAY, *Champions du monde 98 : secrets et pouvoir*, Éditions du Moment, Paris, 2014.

三十六

费斯蒂纳事件和 EPO 盛行的年代

弗朗索瓦·托马佐

1998 年 7 月 8 日清晨，法国海关人员在北诺讷维尔昂费兰县的德龙卡特边境哨所进行了当天的首次检查。他们究竟是提前得到消息，抑或只是按惯例拦下了第一辆出现的车？无论什么原因，他们都做出了正确的选择。那是一辆毛茸茸的菲亚特玛丽亚车，车的颜色与费斯蒂纳车队一样，他们本该参加下个周末在都柏林揭幕的环法自行车赛。

握着方向盘的是一名 53 岁的比利时公民威利·沃特（Willy Voet），他自称是安道尔车队的按摩师。安道尔车队由法国车手理查德·维朗克（Richard Virenque）领衔，在上一年获得了环法第二名。沃特出现在边境附近，很大程度上是因为维朗克这位擅长爬坡的车手。沃特多年以来一直照顾他并为他出主意，基本把他当作自己的儿子。

打开汽车后备厢后，海关人员很快意识到他们发现了意外收获。他们在两个冰箱里发现了近 400 瓶兴奋剂产品：类固醇、生长激素和促红细胞生成素，它们在 20 世纪 90 年代十分流行。海关把检查结果报给了里尔地区司法警察部门，并将沃特移交检方。

　　两天后的 7 月 10 日，在都柏林夜幕降临的前一刻，路透社的私人电话在环法自行车赛的新闻发布室响起。路透社驻里尔记者奥利维耶·阿穆瓦尔（Olivier Hamoir）已获悉沃特被捕和大批违禁品被没收的消息。如果他一开始拒绝透露消息来源（里尔司法警察的亲信），那么在整个 1998 年环法自行车赛期间，里尔司法警察都值得信赖，这一届环法对自行车运动和兴奋剂来说都标志着一个时代的终结。路透社官方在下午五点半左右发出通告：

　　　　都柏林路透社消息，7 月 10 日，费斯蒂纳自行车队的一辆车于周三在北诺讷维尔昂费兰县被海关人员拦截。据可靠人士指出，他们没收了车内近 400 瓶兴奋剂产品。

　　这个消息犹如一颗炸弹，在车队出现在爱尔兰首都的几个小时之前爆炸了，它的威力立竿见影。记者们急于去采访声称自己一无所知的费斯蒂纳体育总监——布鲁诺·鲁塞尔（Bruno Roussel）和处在震惊中的环法自行车赛总监让·玛丽·勒布朗（Jean-Marie Leblanc）。在向时任体育部长玛丽 - 乔治·比费报告这条消息时，人们发现她已经获悉了这次抓捕行动。

　　的确，大背景在 1998 年的夏天发生了变化。出身共产党的体育部长对兴奋剂问题非常敏感，几个月来她一直在筹备一项有力的法案，来应对始终被重视的兴奋剂问题。在兴奋剂问题上，她首先考虑的就是体育部［参见本部分第二十七篇］。

尽管比费坚称自己并未主导调查，但她仍然不看好世界杯的兴奋剂检测状况，因为反兴奋剂检查由国际足联负责，完全不受法国监督。无论如何，青年和体育部在整个环法自行车赛期间一直是多家媒体（例如《世界报》）的主要信息来源，这表明了体育部虽然无法左右调查，但一直密切关注情况进展。

事态进展如下：司法部门提起公诉，沃特先牵扯出鲁塞尔，随后提到维朗克，后者被认为是车队使用兴奋剂的主要唆使者。费斯蒂纳车队的体育总监在晚上到达绍莱站时被捕，他承认在法国队内部组织服用兴奋剂是为了"让自行车车手保持身体健康"，之后于7月18日被车队开除。

最终结果显示，维朗克与亚历克斯·祖勒（Alex Zülle）、洛朗·布罗沙尔（Laurent Brochard）、洛朗·迪福（Laurent Dufaux）、克里斯托弗·莫罗（Christophe Moreau）、尼尔·斯蒂芬斯（Neil Stephens）、帕斯卡尔·埃尔韦（Pascal Hervé）、迪迪埃·鲁斯（Didier Rous）和阿曼·迈耶（Armin Meier）等人都与此案无关。无论是应调查人员和法官帕特里克·凯尔（Patrick Keil）的要求而进行的案件分析，还是车手们的供词，都揭露了自行车运动员大量服用兴奋剂的事实，尤其是EPO。车队的所有车手都供认了，除了还在等待审判的维朗克。2000年10月，他终于伏法。

费斯蒂纳事件让人想起了几个月前在兰斯开展的一项调查，这项被搁置的调查与荷兰TVM车队有关，他们同样也被扣押了一辆载有兴奋剂的赛车。这一事件引发了雅拉贝尔策划的一起抗议活动，众多车队纷纷退赛，特别是八年后上演"普埃托行动"［参见第四部分第二十三篇］的西班牙车队。全凭环法领袖勒布朗的坚强意志，药物检测才能进行到底，人们才有可能看到意大利人马克·潘塔尼（Marco Pantani）获胜，但他在一年后的环意大利自行车赛上被捕。

EPO 时代

尽管每个人都在否认，但在普遍使用兴奋剂这件事上，自行车项目一直名列前茅，经常有丑闻曝出。这项运动无疑是使用兴奋剂的"先锋"，数十年来一直受到兴奋剂文化的毒害，不过它也绝非个例，如今的丑闻也会来自田径项目或其他运动项目。事实证明，使用兴奋剂的现象已经遍布整个体育界了。

长期以来，体育界一直自欺欺人。兴奋剂某种程度上令运动员暗中趋之若鹜（本·约翰逊、费斯蒂纳案中的维朗克，之后还有兰斯·阿姆斯特朗），实际上还有数十人（甚至数百人）在悄悄地堕落。1998 年的环法自行车赛在反禁药工作上迈出了关键一步，这一步与神奇的物质——促红细胞生成素入侵体坛有关。

如果说根基不稳的自行车运动在 1998 年轰然倒塌，那是因为这项运动的"负担"过重。坦白地说，车队普遍服用 EPO 已经成为一个公开的秘密。两年前，勒布朗和法国自行车联合会（FFC）主席丹尼尔·巴尔（Daniel Baal）在致体育部长居伊·德吕（Guy Drut）的公开信中对这种物质的使用表示担忧。使用 EPO 显然有损比赛的公平和信誉度，还对自行车选手的健康构成了潜在的威胁。

据传德吕在一年后才回应了这个问题，但到了 1996 年，这场战役已经格外激烈：EPO 出现在 1988 年的禁药清单上。这一年还发生了约翰逊案［见本部分第十八篇］以及当年环法冠军佩德罗·德尔加多（Pedro Delgado）药检呈阳性……德尔加多被检测出来的是一种尚未在自行车运动中被禁用的、用来掩盖使用类固醇的药物。

EPO 是美国安进实验室（Amgen）于 1985 年合成的物质，随后在各大车队中迅速普及。这表明在 20 世纪 80 年代中期，随着医学研究的发展，体育界已越过了苯丙胺和皮质激素的黄金时代。最早的 EPO 兴奋剂案例可追溯到 1989 年荷兰人史蒂文·鲁克斯（Steven Rooks），他承认当年服用过 EPO，与此同时，在荷兰，一系列可疑的自行车车手死亡事件相继发生，EPO 在市场上的流通引起了政府警觉。当时的调查未能将死亡案例（涉及了 17 例中的 7 例死亡案件，其中最著名的是 1979 年追逐赛项目世界冠军贝特·奥斯特博斯的案例）与服用兴奋剂联系起来，但 EPO 很可能早在 1987 年就开始流通了，而荷兰的自行车运动和北欧滑雪运动都是它的试验场。EPO 提高了血液的密度，导致可能致死的血栓形成，这是使用者后来才得知的副作用。

荷兰 PDM 队无疑是最早长期使用 EPO 的车队之一。该车队在 20 世纪 80 年代后期把强壮的史蒂文·鲁克斯和格特·简·特尼桑（Gert-Jan Theunisse）改造成擅长爬坡的车手，把瘦弱的墨西哥人劳尔·阿尔卡拉（Raul Alcala）改造成计时赛专家。由彼得·扬森（Peter Janssen）领衔的荷兰队已经把医疗制品当作获胜的关键。2017 年，这位坦率的家庭医生①承认当时用过自体输血的方法。他无视史蒂文·鲁克斯的供词，仍向人们担保，EPO 是弗朗西斯科·康科尼和米歇尔·法拉利（Michele Ferrari）医生后来带去意大利的。无论如何，特尼桑的类固醇检测结果多次呈阳性，并且之后心血管疾病数次发作是不争的事实。1992 年，PDM 队因"食物中毒"退出环法自行车赛，因此还登上了头条新闻，让人联想到 30 年前的腐鱼事件。［参见第二部分第二十一篇］

在 20 世纪 90 年代中期，EPO 在车队中被广泛使用，尤其是在意大利，80 年代时，有一位医生享有很高的社会地位，他要确保弗朗西斯科·墨瑟（Francesco Moser）在医疗手段的帮助下保持一小时项目记录。这位名为康科尼的医生最初和最保守的想法是，让意大利政府和国际奥委会资助他研发 EPO 筛查测试。实际上，这些补贴可以用来给职业选手注射兴奋剂，特别是卡雷拉车队的车手——这支车队由 1987 年环法自行车赛冠军斯蒂芬·罗奇（Stephen Roche）和意大利人克劳迪奥·基普奇（Claudio Chiappucci）与潘塔尼组成中坚力量。［参见本部分第三十七篇］

康科尼在 20 世纪 90 年代颇负盛名，不少年轻的同行视他为对手。法拉利后来为吉沃斯 – 巴兰车队效力，路易吉·凯基尼（Luigi Checchini）则成为丹麦人比亚内·里斯（Bjarne Riis）的指定医生，后者是 1996 年环法冠军。1993 年，吉沃

---

① 扬森于 2009 年从 Vacansoleil 公司退休，但仍在网上提供培训咨询服务（cyclingsupportz.com）。

斯车队屡屡获胜，强壮的丹麦人在那一时代初期一直表现得很正直，因此没有被怀疑，尽管所有人都意识到 EPO 无处不在。

当时，法拉利医生认为服用 EPO 并不比喝十升橙汁更危险。由于意大利队过于显眼，他选择了辞职，并慷慨给予 50 名最有威望的自行车运动员一些私人建议，其中就包括前途无量的阿姆斯特朗。

EPO 的追捧者在大型车队中还有另一个密友：西班牙 ONCE 车队的体育总监马诺洛·塞兹（Manolo Saiz）。塞兹在 1996 年称："我们之间的友谊已存在数年，曾多次交流理念、和项目，并比较成绩。我们秉持相同的为人处世之道。"此人是雅拉贝尔和比利时人扬·布鲁内尔（Johan Bruyneel）的导师，后者还将成为兰斯·阿姆斯特朗的亲信。

"团队领袖"维朗克

纵观这一时期的自行车坛，法国也不例外。自 1993 年起，费斯蒂纳车队的正式医生一直是荷兰人埃里克·利卡特（Eric Ryckaert），1986~1992 年，他与彼得·扬森一起在 PDM 车队工作。即使车队的车手戏称他是"菲亚特·蓬托"，而不是"法拉利"（米歇尔），不过这不妨碍他们走向巅峰。他们在费斯蒂纳事件预审时的陈述确实让人大开眼界。

1998 年，在费斯蒂纳事件（后来又发生 TVM 事件）影响下，新的局面出现了。海关人员和警察第一次介入车手们的小把戏，一直以来这些行为都没有受到惩罚，他们就认为自己是不能被批评的。正如前车手皮埃尔·亨利·门索尔（Pierre-

Henri Menthéour）在接受新闻网站 Rue 89 的采访时所说：

> 从今以后，我们给环法车手戴上手铐，还要仔细搜查，然后把他关押在监狱里……我的神啊，我们被世人当作罪犯对待。这简直就是灾难。

车手确实成了罪犯，无论如何，他们都曾有过交易、阴谋、串通、威胁、被"沉默法则"包围的法律庇护等犯罪行为。对大多数人来说，与警察对质是一个重大的打击，这让他们不得不一一认罪。这些人最终基本都会"沉寂"，除了团队的"领袖"：维朗克。2017 年 5 月，他对外界宣称：

> 我发现自己被当作打压的对象，被联合会、警察逼问，我感到非常不公正，而且我知道大多数队友的境遇与我相同甚至更糟。他们必须送一个人上断头台，因此不惜一切代价让像我这样的人招供。您知道我已经被警察一次，两次，三次……累计拘留 72 小时了，之后我有权获得 25 天的上诉期。只有在最严厉的刑事案件中，您才能看到这种情形。

这位法国人在 1997 年获得环法亚军，他坚信自己会在没有"丑闻"的情况下在第二年的环法自行车赛上夺冠："老实说，我认为我必须在 1998 年赢得比赛。我已经为它做了前所未有的准备，不仅仅是过去两三个月的准备。"

到了 1999 年，维朗克的心理防线还没有崩溃。尽管受到各方的反对和主办方的极力阻止，他依然出现在了环法自行车赛的起点。他回忆称：

> 我被告知不能参加比赛，因为我使用了兴奋剂。那正是阿姆斯特朗时代开启的时候。这个美国人从癌症中存活下来又返回赛场了，这是一段美好的历史。这是一个全新的时代，现在我们知道这到底是一个什么样的时代了。一方面，我们拥有自行车运动的救星；另一方面，他们却认定这个法国人是兴奋剂的代名词！这可真是太虚伪了。

2000 年 10 月，在费斯蒂纳事件审判的第二天，维朗克终于承认自己使用过兴奋剂。随着他的坦白，自行车运动因此得救了吗？

参考文献

Fabrice Lhomme, *Le Procès du Tour*, Denoël, Paris, 2000.

Alasdair Fotheringham, *The End of the Road. The Festina Affair and the Tour that Almost Wrecked Cycling*, Bloomsbury, Londres, 2016.

三十七
那些意大利医生

克莱芒·吉尤

1991 年 7 月 30 日，弗朗西斯科·康科尼用时 1 小时 21 分 01 秒登上了意大利最神秘的山峰——泰尔维奥（le Stelvio），但他赛前注射了两剂促红细胞生成素。两个月后的 1991 年 9 月 21 日，他又将登顶时间缩减了超过 15 分钟，仅用时 1 小时 5 分 29 秒。在 1989 年至 1994 年间，他在圣培露山的成绩也大幅度地提升了，以 11 分钟登顶的成绩打破了自己保持的纪录，而他之前用了约 45 分钟。以此观之，EPO 的确有神奇的效果。

康科尼并不是环法自行车赛选手，但这位当时五十多岁的意大利人拥有不可思议的血液指标。在他的带领下，20 世纪 90 年代的运动员纷纷使用神奇的 EPO。追随康科尼医生的步伐，意大利在 90 年代上半叶成为自行车、田径和越野滑雪运动的领头羊，尤其在后两项运动中实现了飞跃式的惊人发展。

意大利显然没有垄断血液兴奋剂：紧随其后的是西班牙，而后还有芬兰的自体输血专家。但若要论对康科尼留下的 EPO 操作手法的应用以及对康科尼留下材料的研究，米歇尔·法拉利医生是最重要的一个人物，此人拥有精彩的研究案例。

作为意大利奇迹般的十年体育黄金期的关键人物，康科尼否认服用过或建议使用违禁药物。当时意大利国家奥委会（CONI）致力推动医疗在国际层面发展，结果也颇有说服力：在这十年中赢得环法自行车赛的每一位意大利车手背后，都有一位意大利医生（80%来自当地团队）；在1986年和1990年的欧洲田径锦标赛上，意大利运动员在耐力项目中拿走了28%的奖牌，而在之前的两届欧锦赛中，他们仅获得了7%的奖牌；在阿尔贝维尔和利勒哈默尔两届冬奥会上，意大利越野滑雪运动员更是与传统强国挪威打成平手（总共获得了17枚奖牌，但从冬季奥运会创立算起，意大利之前一共只获得2枚奖牌）！

意大利法庭对康科尼进行了长期调查。调查能进行下去多亏康科尼的同行兼对手亚历山德罗·多纳蒂（Alessandro Donati）的坚持［参见本部分第二十七篇］，康科尼的所有行为才能精确溯因。作为教练兼医生的康科尼受意大利国家奥委会的委托，帮助参加1984年洛杉矶奥运会的运动员备战。

1984年起，意大利滑雪联合会聘请了芬兰人亚尔莫·蓬基宁（Jarmo Punkkinen）担任越野滑雪教练。受北欧教练的启发，他加深了对自体输血的认识。自体输血（即在大量训练后注入富含红细胞的新鲜血液，红细胞在训练后会变得稀缺，但它又是生产氧气的必备物质）在之后很长的一段时间内未在全球范围被禁止，直到1986年，但那时还没有检测方法。

从那时起，康科尼有意控制EPO的使用，他也希望意大利在调查血液兴奋剂方面遥遥领先于世界其他地区。他有意无意地与体育机构和制药行业合作，由后者定期向他提供 EPO。他的辩解直白而有效：他一直被认为在研究一种检测人是否使用过 EPO 的方法。他定期向国际奥委会和国际自行车联盟（UCI）通报这项测试的最新情况，IOC 给他提供资金支持，而 UCI 则让他在 1993 年成为医学委员会主席。他总是顺理成章地需要更多的资金和装 EPO 的安瓿瓶。

尽管前田径教练、激进的反兴奋剂主义者桑德罗·多纳蒂（Sandro Donati）对此发出了警告［参见本部分第二十七篇］，但三家机构仍然全力支持康科尼。康科尼的关系网遍布世界各地：1996 年，他差点成为临时的训练伙伴之一、罗马诺·普罗迪（Romano Prodi）政府的体育副部长，不过这一任命在最后关头被取消了。

1993 年 8 月的国际会议上，康科尼医生再度向在场的医生和教练展示了他对 EPO 神奇效果的研究成果，并声称研究结论基于他对 23 名业余运动员的测试。这 23 人实际上是他本人加上 22 位不同项目的顶级运动员：越野滑雪运动员曼努埃拉·迪琴塔（Manuela Di Centa）和毛里利奥·德·佐尔特（Maurilio De Zolt）、竞走运动员毛里齐奥·达米拉诺（Maurizio Damilano）、自行车选手斯蒂芬·罗奇、克劳迪奥·基普奇和詹尼·布尼奥（Gianni Bugno）……

在这一时期，吉沃斯－巴兰自行车队风光无限，队医正是康科尼的助手伊拉里奥·卡萨尼（Ilario Casoni）和米歇尔·法拉利。1994 年，在瓦隆之箭古典赛上，该车队再次取得出色成绩，法拉利后来被问及"神奇分子"时答道："危险的不是 EPO，而是滥用它。就算是橙汁，喝十升也是危险的。"康科尼的第三位助手乔瓦尼·格拉齐（Giovanni Grazzi）当时是卡雷拉车队的医生，他还设法替明星车手斯蒂芬·罗奇、罗尔夫·索伦森（Rolf Sorensen）和克劳迪奥·基普奇弄到了EPO。

来自亚平宁半岛的医生们并不满足于只征服国内体育界：康科尼还服务于贝内斯托队的西班牙人米格尔·因杜拉因（Miguel Indurain）；美国人兰斯·阿姆斯特朗称霸环法自行车赛时，法拉利一直在他身边，尽管当时还有其他优秀的车手可供他选择。20 世纪 90 年代，每支车队、冠军选手都想拥有自己的意大利医生，无论他的名字是路易吉·凯基尼（Luigi Cecchini）、丹尼尔·塔尔西（Daniele Tarsi）还是马西莫·特斯塔（Massimo Testa）。其中第一位取得的成就最大，另外两位没有被重点怀疑，一直在队里待到 21 世纪头 10 年。

足球运动显然不甘示弱：1989～1998 年，意大利俱乐部总能出现在欧洲冠军联赛的决赛赛场上，除了 1991 年。同一时期，意大利球队斩获了这十年间的七座欧洲联盟杯冠军。

意大利帕尔马队是当时的欧洲顶级球队之一。据多名效力过该队的球员透露，在 20 世纪 90 年代中期，他们会在赛前注射药物。1998 年 7 月，24 名帕尔马球员接受了血细胞比容测试，其中有 21 人的数值异常高。当年博洛尼亚的一名药剂师被详细调查了，在这种背景下，帕尔马俱乐部及队医也曾忧心忡忡，但他们最终没有被定罪。

同样地，关于尤文图斯俱乐部在 1994 年至 1998 年间涉嫌使用兴奋剂的诉讼的最终判决是：因未遵循法定程序，对里卡多·阿格里科拉（Riccardo Agricola）医生的起诉在2005年被撤销。12年后，尤文图斯在其体育馆附近建立了供球员体检的私人医疗机构，阿格里科拉则被选为该机构负责人。

参考文献

Alessandro DONATI, *Lo sport del doping. Chi lo subisce, chi lo combatte*, Gruppo Abele, Rome, 2012.

第四部分
变革时期（1998～2018）

一

引　言

弗朗索瓦·托马佐

20 世纪的最后十年间，一种微妙变化正在国际体坛暗流涌动。本·约翰逊在 1988 年汉城奥运会期间服用禁药事件引起了人们的警觉，但体育界没有做出迅速有力的反应；部分足球俱乐部进行金钱交易的行为（例如马赛与瓦朗谢纳假球案）更多被视作个例而非贪腐的冰山一角。

自行车运动同样内幕重重，费斯蒂纳事件在嘈杂的圈内激起了一波涟漪。自行车运动员服用兴奋剂成了众人皆知的秘密，但此前无论是管理机构抑或领导高层都没有考虑到波及面之大。因此，这起发生于 1998 年环法自行车赛期间的丑闻让舆论逐步获悉了事态严重性：它以猛烈的方式，揭开了自行车运动与兴奋剂结合的面纱。服用禁药的不单有遭到抵触的东方国家，也不限于缺乏体育道德的美国教练。

尽管其他项目没有像自行车那样因禁药而臭名昭著，但随着时间推移，服用兴奋剂成了人们眼中高水平比赛的普遍现象。1998 年在本土捧起世界杯足球赛冠军的法国国家队同样未能避开质疑，尤其是时任体育部长、坚决抵制兴奋剂的玛丽－乔治·比费在世界杯期间的一系列可疑做法更令人疑窦丛生。

在 1998 年 12 月召开的国际奥委会常会上,委员马克·霍德勒(Marc Hodler)揭露道:在两年前 2002 年冬奥会申办过程中,部分国际奥委会委员收受了来自盐湖城的贿赂。即使盐湖城方面的行贿数额无法与国际足坛投入的巨额资金相比,这一事件依然成了巨大丑闻。从某种程度而言,这一事件依然带有业余主义体育的影子。

在 20 世纪与 21 世纪的交汇点上,百年前奥林匹克之父顾拜旦所倡导的业余主义早已过时,并在投资者、合作伙伴金钱的重压下走向崩塌。无论不同运动项目是否有所准备,它们都在 20 世纪 80 年代至 90 年代见证了大量资金涌入体坛。当时仍有不少体育管理机构负责人是业余主义的信徒,他们必须面对管理数十亿美元的现实——这就如同一家业余剧院的负责人在几年内接管了好莱坞。在这一背景下,诱惑永远是巨大的。

这种前所未有的变化在 2001 年 ISL 的破产中体现得淋漓尽致。ISL 是前阿迪达斯一把手、将资本带入体育世界的霍斯特·达斯勒临终前创办的一家体育营销公司,其中不少参与者如今成为国际体坛的领袖级人物。对 ISL 的调查与审判证实一些足球管理机构内部存在贪腐体系,前国际足联主席、国际奥委会知名委员若昂·阿维兰热也卷入其中,但总部设在苏黎世的国际足联相对比较幸运:由于瑞士法律的复杂性、处理事务的拖延与规则本身的漏洞,该机构幸免于难。

是什么造成了上述局面发生?在走过的一个多世纪中,发韧于先驱者的理想主义的现代体育常常存在虚幻的价值观。它相信自己可以高于法律，受到特权保护，对其他场合应受谴责的行为并未加以谴责。金钱的腐蚀某种程度上将体育推向了偏离本质的阴暗面，但它同样使体育在受到相同规则与法律的制约下，与其他行业一样从金钱中受益。因此，我们可以很简单地概括今日之体育：一个庞大产业。

二

反兴奋剂活动：自我管控的失败

克莱芒·吉尤

大多数观察员及参与者都认为，反兴奋剂斗争收效甚微。据统计，在 2015 年实施的用药管控中，只有 0.6% 受到检测的运动员最终因服用兴奋剂而遭到禁赛。这个问题早已超越科学范畴，成为一个与政治和利益相关联的难题。

体育权威组织用于实施管控的资源要远远少于兴奋剂行业内的作弊手段，交易便利、研究缓慢、管控资源有限以及国际协调不力……无论从哪个角度看，进行反兴奋剂活动都关乎意愿问题。为了理解其中的缘由，我们需要回顾 1999 年世界反兴奋剂机构（负责组织高水平体育运动中的反兴奋剂活动）的成立过程。

在半个世纪的时间内，反兴奋剂活动只对一些著名案例做出过回应，比如 1967 年汤姆·辛普森的死因，1988 年本·约翰逊的药检阳性，1998 年的费斯蒂纳自行车案以及 2010 年之后俄罗斯代表团的服药事件。对于前三例，各国政府的反应是呼吁加强反兴奋剂斗争。而体育界却常常拖后腿，之后他们才如梦方醒：与其让那些对这方面几乎一窍不通的政府（冒着风险）去做杀鸡取卵之事，还不如将监管的任务交付给体育界自身。

俄罗斯危机后的政治冷漠反映出一种趋势：当局放弃体育运动的时代已经到来。正是国际奥委会认为世界反兴奋剂机构行为过于独立，所以尝试揭露其缺陷，并将其视作一种惩罚该机构的方法。如果说国际奥委会与政府保持着最好的关系，那是因为它经常凌驾于政府之上。

主导权落入政府手中

1999 年世界反兴奋剂机构的成立是一系列会议的衍生品。第一次会议是在 1988 年约翰逊检测呈阳性后于加拿大举行的，英国反兴奋剂机构前负责人米歇尔·韦洛坎参加了大部分活动。她回忆道："这十年里充满了紧张的谈判。"在斯堪的纳维亚国家的领导下，欧洲和加拿大政府的代表每两年举行一次会议，以协调他们的反兴奋剂政策。韦洛坎补充说道：

> "此后，体育组织也加入进来，因为他们需要密切关注政府的计划。1993 年，在第一次会议召开五年后，国际奥委会医学委员会也参会了。政府负责资金投入，而体育组织负责药品管制，有时也会采取强硬手段，说一些诸如'我们不需要你们的帮助，一切都将按照我们的方式来做'这样的话。这是一个违背自然的联盟，体育组织在积极贡献，但同时也意识到政府正在讨论建立实验室和国家机构的计划。这一切都是在一种相互猜忌的关系中建立起来的。"

从 1980 年到 2001 年在位期间，大权在握的国际奥委会主席胡安·安东尼奥·萨马兰奇从未对兴奋剂问题感兴趣过。国际奥委会医学委员会主席、比利时人亚历山大·德·梅罗德在奥运会期间设法强行实施严格管制，但约翰逊案之后，他在 1989 年明确拒绝成立一个配备有移动实验室的反兴奋剂机构。萨马兰奇和国际奥委会执委会的多数成员也都持相同意见。

除了国际田径联合会和国际自行车联盟（UCI）之外，其他体育项目的国际联合会对这个问题也不感兴趣。但 1998 年环法自行车赛的费斯蒂纳事件发生后，情况发生了变化。"当这些联合会看到自行车领域出现被法国警方逮捕的运动员和体育组织领导人时，他们肯定会觉得'该死，可能有一天这些事情也会发生在我们身上'！"世界反兴奋剂机构的首位主席、加拿大人理查德·庞德打趣道。对于这些联合会是否会因为担心政府控制反兴奋剂斗争而把自己的命运交到国际奥委会手中，庞德分析指出："这个问题即使不是他们的最大顾虑，也足够促使他们加入进来。"

由于美国对这个问题缺乏兴趣，各国政府也只是以一种更缓慢的步伐推进反兴奋剂活动，因此在加拿大首次会议召开 10 年后的 1998 年，这一全球机构的运作依然停留在初始阶段。但费斯蒂纳事件起到了加速器的作用，起初，萨马兰奇的唯一反应是觉得违禁产品的清单太长；但在各方的压力下，国际奥委会召开了一次关于兴奋剂的国际会议。他们得到了在体育领域发挥作用，并按照自己的方式组织活动的机会。1999 年 2 月，国际奥委会在洛桑组织了一次会议。此次会议由庞德负责，他的任务是得到一个各方满意的结果，"萨马兰奇希望会议能得出一份联合声明，即认可建立一个世界反兴奋剂机构的想法"。

体育界接过反兴奋剂大旗

会议前夕，政府代表携带国际奥委会发出的筹备文件抵达洛桑。米歇尔·韦洛坎回忆道："国际奥委会领导人萨马兰奇、庞德等人都站在中间的讲台上，而其他人都在那里倾听。"房间的一侧是留给各运动项目国际联合会的，另一边则是按字母顺序排列的政府代表席位。"国际奥委会犯了一个错误，他们没有意识到坐在一起的英国和美国代表可以交换意见。"而运动员代表则坐在最底层，如同实际情况一般远离权力的中心。

欧洲各国政府已经提前确定好一个共同战略，意见汇集在法国体育部长玛丽－乔治·比费以及致力于反兴奋剂的挪威人鲁内·安德森那里。他们希望利用一个特定情况来做文章：一周前，国际奥委会对涉及美国盐湖城冬奥会的腐败丑闻进行了"懦弱的"制裁［参见本部分第三篇］。韦洛坎表示："欧洲政府意在利用这一点对国际奥委会表明'我们不能信任你，你要尽到自己的监督职责'；另一方面，各国际联合会以东德和苏联的兴奋剂为例，表示对政府信任的缺失。"

在这样一种消极气氛中，美国四星上将巴里·麦卡弗里、一位法国共产党部长以及庞德共同提议成立一个国际奥委会反兴奋剂委员会，由各国政府、各联合会、运动员、赞助商和制药公司代表构成，但国际奥委会要保留 70% 的投票权。对此，庞德笑着说：

> 部长们已经完全疯了。他们坚持要控制委员会 50% 的投票权并威胁要离开洛桑。我打电话给萨马兰奇，他说，"啊，我知道我们不应该组织这次会议……"我回应道："坦白地讲，这个计划很完美。如果我们坚持只给他们 50%，那他们最终不得不把手伸进泥淖，承担 50% 的成本。"

第二天，国际奥委会提出的建议得到了各国政府的普遍响应。IOC 成了运作这一尚未成立组织的最大赢家，尤其是在萨马兰奇接班者竞争已经开始的背景下。萨马兰奇声明，国际奥委会可以代表各项目国际联合会的意志，并且体育运动要比政府更重要。当然，萨马兰奇度过了煎熬的 48 小时，最终，正是他的忠实手下、前国际奥委会市场总监庞德获得了成功，并成为世界反兴奋剂机构最初 9 年的负责人。

政府分歧的产生

在 1999 年的那次会议上，世界反兴奋剂机构最终成立，并将总部设在蒙特利尔。但会后，各国政府在机构内发出了不同的声音。英国人希望将权力移交给世界反兴奋剂机构，这与一心想通过国家机构在其领土保留反兴奋剂控制权力的拉丁美洲和非洲国家之间存在着明显的分歧。国际运动医学联合会代表米歇尔·里厄回忆道：

> 2005 年，法国体育部长让－弗朗索瓦·拉穆尔在商讨联合国教科文组织禁止体育兴奋剂公约时，征求了英国人的意见。该公约破坏了一些为其代言的国家，特别是非洲国家。法国是 2008 年奥运会的申办国，不想干扰国际奥委会，而国际奥委会实现了他们唯一的目的，即在奥运会期间拥有自己的反兴奋剂机构。至于各体育联合会的代表，他们希望像各洲一样拥有尽可能多的选票，并能够不费吹灰之力地达成统一。

尽管存在权力之间的制衡，但在世界反兴奋剂机构的日常运作中，政府代表和体育界代表之间很少发生争议。2003 ~ 2016 年担任首席执行官的大卫·豪曼表示，"在我任职期间，我们只投过三到四次票"。毫无疑问，这是因为世界反兴奋剂机构领导人和政府代表之间存在显著区别：前者致力于他们的全职工作，拥有大部分信息；而后者除了兴奋剂事务外，还有许多其他问题要处理。他们只是偶尔见面，难以协调，不具备谈判中的灵活性。对于两者之间可能存在的利益冲突，他总结道：

> 政府几乎不可能总是发出同样的声音。事实上，反兴奋剂斗争是由体育界来管理的。这并非没有利益冲突，因为各体育联合会同时扮演发起者和检察官的角色，这种最初的罪恶伴随着世界反兴奋剂机构一直延续到 2010 年的俄罗斯危机 [参见本部分第二十六篇]。这种冲击

可能是对反兴奋剂机构治理模式的一次全面挑战，但事实并非如此。

国际奥委会领导成立了国际检测机构 ITA，该机构将为各国际联合会和大型赛事的组织者提供服务且必须证明其独立性，但在财政上却要依赖这些联合会和 IOC。在自行车运动之后，田径运动也建立了一个独立的监督机构，以避免利益冲突。但在这两种情况下，出资人都是国际联合会。

没有迹象表明这种模式会发生根本性的变化，即以职业体育为代表的巨大经济市场的一部分无法建立一个独立运作，且具有控制程序和制衡力量的机构。

2018 年 10 月底，来自美国、澳大利亚、德国、加拿大、挪威、英国和新西兰的 17 个反兴奋剂机构和体育部门的代表齐聚白宫，抗议世界反兴奋剂机构取消对俄罗斯的制裁，并呼吁对该机构进行"深刻改革"。最恶毒的批评者是美国反兴奋剂机构主席特拉维斯·泰格特，正是他对阿姆斯特朗的控诉使其被终身禁赛。

泰格特对世界反兴奋剂组织进行反复抨击，同时继续强调他们自己的卓越工作，再考虑到这次会议选择的地点是白宫，似乎一场新的权力斗争已经到来。无论是处在平常角度还是在特定情况下，美国人都会敌视他们无法控制的国际组织。回忆起美国各大体育组织在兴奋剂问题上的松懈态度，时任世界反兴奋剂主席克雷格·里迪对法新社表示：

对泰格特及其带有批评性甚至敌意的言论来说，在过去两年半或三年的时间里，我们生活在一个自由的社会，他有权阐述自己的观点……这似乎表明，解决一切问题的唯一办法来自美国，这一点我并不认同。我们正在尽自己的一分力量，国际奥委会和各国际联合会同样如此。不能单单听任一个国家的意志做主。

参考文献

Éric MAITROT, *Les Scandales du sport contaminé*, Flammarion, Paris, 2003.

Thierry CHIRON et Cécile CHAUSSARD, *La Lutte contre le dopage : l'essentiel du droit*, LexisNexis, Paris, 2017

三

腐败：危墙之下的国际奥委会

弗朗索瓦·托马佐

1998 年 12 月 11 日，在洛桑，国际奥委会常务执行委员会召开了当年的最后一次会议，几位记者和一些奥运机构授权代理人加入了讨论。会上总结了上一年的工作和年初举行的长野冬奥会的情况，并筹备与 IT 公司 SEMA 签署新的合作伙伴合约。会议间隙，人们围在咖啡机旁讨论年末假期安排时，备受尊敬的国际滑雪联合会（FIS）主席马克·霍德勒（Marc Hodler）出现了，他已在任 47 年。

在 80 年代，作为前国际奥委会副主席，青年霍德勒已经享有很高的声誉。1980 年，他在主席之争中败给了胡安·安东尼奥·萨马兰奇。这可能是因为他出了名的直言不讳，也没有洛桑政要们满意的那种一本正经的"模样"。1972 年，他毫不犹豫地为奥地利滑雪选手卡尔·施兰茨辩护，后者被指控为职业运动员，他还揭露了国际奥委会和奥委会主席埃弗里·布伦戴奇对待业余主义问题的虚伪嘴脸。

此后，这位世界滑雪界领导者和一些记者走得很近，也取

得了他们的信任。霍德勒对坊间贪污和行贿内幕的透露令记者
大吃一惊：

> 我错失了致富的机会。国际奥委会有115个委员，
> 其中5%至7%的委员可以被收买，这由来已久。不过，
> 他们已从低级的钞票箱交易转向不再需要手工操作的腐
> 败系统。

马克·霍德勒提到了四个代理人和中介机构，"他们以向
候选城市承诺一定数目的支持票的方式赚钱"。这位伯尔尼人
补充说，腐败是因为争夺奥运会的主办权，如即将在2002年
举办的盐湖城冬奥会，还有分别于1996年和1998年结束的亚
特兰大夏奥会和长野冬奥会，以及在几个月后（2000年）就
要开始的悉尼夏奥会。

形形色色的礼物

关于盐湖城是如何获得奥运会举办权的传闻已在当时被热
议了数周之久，不过比起流言，霍德勒本人的话更像是投下了
一枚重磅炸弹。1998年11月24日，摩门教徒城的电视台曝光
了一封引发舆论热议的信，它是奥运会主办方之一的戴夫·约
翰逊（Dave Johnson）写给喀麦隆国际奥委会委员勒内·埃松
巴（René Essomba）的：组委会不能再支付他女儿的大学奖学
金。通过这封信，一套为达到目的而暗中施加恩惠的体系逐步
浮出水面，但这件事没有传出犹他州。萨马兰奇素来谨慎，他

要求立即进行秘密调查。

霍德勒的指控冷不防地将机密公之于众。国际滑雪联合会主席为什么发脾气？是对萨马兰奇的小小报复，因为在18年前的国际奥委会主席竞争中败给了萨马兰奇？还是他无法接受自己支持的瑞士锡安市输给了盐湖城？

无论何种缘由，他的论断都不是没有道理的。众人皆知，过去阿迪达斯的老板霍斯特·达斯勒和股东们是怎么干预国际奥委会和国际足联选举的［参见第三部分第二篇］。这个时代对"行贿者"和行贿手段更加宽容，霍斯特·达斯勒采取的手段也更巧妙，没有直接牵连候选城市。法国实业家安德烈·盖尔菲（André Guelfi，别名 Dédé la Sardine）在个人自传中毫无保留地讲述了他与霍斯特·达斯勒如何共同运作营销公司，即后来的国际体育与休闲公司，以及他俩又是如何掌握了国际奥委会和国际足联大权的：

> 霍斯特和我已经是这家公司的老板了，我们公司拿到了体育场、欧洲杯、世界杯和奥运会的长期独家广告合同。鉴于我们的影响力，我们能采取手段让世界杯在霍斯特指定的国家举办，以我们的地位和人际关系，我们确实要风得风，要雨得雨。

诚然如此，ISL 还是在 1998 年失去了奥运会特权，因为国际奥委会在五年前成立了自己的营销机构［参见第三部分第十九篇］。达斯勒于 1987 年去世，而盖尔菲于 1981 年被 ISL 撤职。但他仍在背后为想要举办奥运会的城市出谋划策，1998

年他为圣彼得堡奔走，尽管没有任何迹象表明他扮演了中间人和外方代理人的角色。

　　因此，即使霍德勒抢在 IOC 调查委员会之前发言，他的话也并非不可信，哪怕判断只是基于谣言和未经证实的信息。后来，他所有的指控都一一得到证实。2006 年他去世后，曾经被这位瑞士籍领导人揭发，后来担任盐湖城奥运会执行主席的共和党领袖米特·罗姆尼（Mitt Romney）向这位勇于直言的领导者致敬：

　　　　奥林匹克之家一团糟，而有人愿意指出它的不足。有人对马克铿锵有力的发言不满，但如果没有像他这样的人说实话，那么什么都不会改变。

　　实际上，盐湖城主办方一直认为他们错过了 4 年，因为长野在竞逐 1998 年冬奥会主办权时获得了最多支持。美国人决定这次要全力以赴，他们采取了业内通用的方法，也是在体育道德层面上最应该受到谴责的，比如向国际奥委会某些委员送礼：了女奖学金、滑雪旅行、免费的比赛门票、整容手术……当然还有几封信。加拿大律师迪克·庞德后来受到了 IOC 的内部调查和指控。可笑的是，他在媒体上宣称盐湖城已经“没有更多的兔子可以从帽子里出来”去赢得奥运会后，他收到了主办方以 1200 欧的价格买下的 12 只兔子。

　　戴夫·约翰逊与律师汤姆·韦尔奇（Tom Welch）是盐湖城参加竞选的两位负责人。两人总共花费了 120 万美元才得到国际奥委会委员的青睐，他们在霍德勒爆料后立即辞职。

扑灭"大火"

事情被曝光后，迈克尔·佩恩（Michael Payne）站在了风暴中心。这位前自由式滑雪运动员从 80 年代开始从事体育营销，先是与帕特里克·纳利共事，然后去了 ISL 集团和达斯勒一起工作。在 90 年代初期，正是他说服了国际奥委会自己管理营销业务，而他也成为营销部负责人。因为丑闻，被奥林匹克光环吸引了十年之久的所有赞助商都有可能离开。他解释道：

> 媒体的抨击是如此猛烈，以至于我不止一次出现在国际奥委会长达八小时的危机会议中，我不知道已经存在107 年、经历过两次世界大战的 IOC 是否能度过今日。国际奥委会根本没有内部新闻部门来应对这种媒体炒作，而且赞助商也越来越担心这些负面报道。

爆料越多，压力越大。霍德勒建议取消盐湖城的奥运会举办权，落败的候选城市（锡永、魁北克、厄斯特松德）抓住了时机。英国《金融时报》提议萨马兰奇辞职，联邦调查局和美国司法部也展开了调查。在澳大利亚，有消息暗指悉尼申办委员会也做过类似的事。

一些赞助商对此深表忧虑，如约翰·汉考克保险公司的执行董事戴维·达历山德罗（David D'Alessandro）决定从广告中删去奥运五环，直到真相大白为止："如果国际奥委会不好好调查，奥运五环不会褪色，但会被直接打碎。"在他看来，这方面的"任何失败都会让国际奥委会失去光环，并沦为俗物"。在庞德进行调查时，佩恩正乘坐协和客机和喷气飞机跨越地球，去说服可口可乐、三星、松下以及施乐的首席执行官不要惊慌。他解释道：

> 向赞助商传达的信息很简单。国际奥委会意识到这件事情非同一般的严重性，IOC 领导层必定深入调查并采取一切必要措施，恢复人们对奥林匹克理想的信心。总体而言，我们的合作伙伴出乎意料地给予我们理解。

施乐公司总裁甚至建议佩恩利用这次危机东山再起。IOC 必须迅速采取行动，并出重拳。由于没有合适的新闻部门，国际奥委会便求助于专门从事危机公关的伟达公关公司。

最终，这场无形的大火终于在 3 月 17 日当天被扑灭，因为国际奥委会举行了一次特殊会议，准备执行调查委员会和伟达公关专家的建议。IOC 在听取相关陈述后开除了 6 名委员，不久又有四位他们的同僚被除名。独立于奥运会之外的委员组成了另一个包括 80 位成员、名为"IOC 2000"的委员会，它隶属于道德委员会，负责为机构的发展进行改革研究。

除此之外，官方赞助商也被邀请提出适应发展的措施：如果国际奥委会违反了道德准则，赞助商有权单方面终止合约。这些举措虽未能完全说服批判者，但宽慰了合作伙伴的心。可口可乐市场部主管斯科特·麦库恩（Scott McCunen）说："从合同上看，我们与奥运会的关系将维持到 2008 年；但冷静地讲，我们永远致力于同奥运会合作。"

1999 年 6 月和 12 月，国际奥委会批准了"IOC 2000"委员会提出的 55 项措施。自此，国际奥委会委员的任期定为 8 年，可连选连任，最高年龄限制从 80 岁降回 60 岁（这或许是在刺激霍德勒？），而且运动员委员会的地位提高了，最具戏剧性的措施是禁止 IOC 委员访问候选城市。当萨马兰奇宣布关于改革方案的新闻发布会结束时，佩恩才得知耐克刚刚与国际奥委会签署了合作伙伴协议。

盐湖城丑闻曝光后，萨马兰奇不得不应对美国国会委员会可能针对 IOC 采取的一些报复措施。这次，来自加泰罗尼亚的国际奥委会主席萌生了一个很好的主意，他选择在口译员的帮助下用西班牙语发言，这让他的耳朵一刻都没有停止工作，也打消了美国媒体想要了解情况的念头。

迈克尔·佩恩此后参与了 F1 管理，成为伯尼·埃克莱斯顿的左膀右臂 ［参见第三部分第十七篇］。在 2015 年，他为国际奥委会鸣不平：

> 在盐湖城事件发生后，我们用了六个月的时间完成了其他人 30 年才能完成的事，一个强大组织的特质就是能将危机转化为优势。丑闻涉及的金额达数十万欧元，但在公众心中，奥运会一定是无可指摘的；但同样的事发生在足球界，公众却习以为常。奇怪的是：信封中有几张钞票，我们会感觉不正常，但是靠转卖骗来的商品，涉及数十亿美元的欺诈案却好像可以被接受。

事实表明，佩恩的话有一定道理。在国际奥委会改革计划推行两年后，ISL（达斯勒创办的这家营销公司后来由佩恩接手）申请破产。当时仍是 IOC 委员的国际足联前主席若昂·阿维兰热受到牵连，破产暴露了这位足坛领袖高达数千万美元的受贿行为。此案具体数额大约是盐湖城丑闻所涉金额的 100 倍，需要近 15 年的时间去解决，并引发了国际足联的人事调动，成了另一桩丑闻［参见本部分第二十七篇］。

参考文献

Richard W. POUND, *Inside the Olympics. A Behind-the-Scene Look at the Politics, the Scandals and the Glory of the Games*, Wiley, Toronto, 2004.

Michael PAYNE, *Olympic Turnaround. How the Olympic Games Stepped Back from the Brink of Extinction to Become the World's Best Known Brand*, Praeger, Westport, 2006.

四

勒古涅事件：权力寻租、投机取巧和俄罗斯黑手党

弗朗索瓦·托马佐

2002年盐湖城冬奥会期间，勒古涅事件成为最轰动一时的丑闻——它可能比将主办权授予摩门教总部所在地的行贿案还要严重。但是二者的根源几乎相同：巨额资金、逢场作戏的"朋友"的安排以及从冷战中继承下来的权力关系。这一次，俄罗斯黑手党的势力也有可能参与其中。

2002年2月11日，在漫长的花样滑冰双人滑比赛结束后，裁判们宣布俄罗斯选手埃琳娜·贝雷尼亚和安东·西哈鲁利泽的表现优于加拿大搭档杰米·萨莱（Jamie Salé）和大卫·佩尔蒂埃（David Pelletier），夺得冠军。这场在北美进行的比赛经过了激烈的竞争，横空出世的加拿大选手本有机会撼动苏联和俄罗斯人自1960年起在这一项目上建立的霸主地位。美国民众和各大网站都猛烈抨击了这起丑闻，其他声音则相对冷静一些。

在花样滑冰项目上，俄国人真的比加拿大人优秀吗？这是一道判断题，而这也是打分制运动（例如体操和花样滑冰）

的核心问题。结果惹人注目，打分情况使人想起东西方对抗的极端时期，那时国际比赛中的成绩超越体育本身更具政治意义。如今也是这样，美国、加拿大、德国和日本的裁判投给了加拿大选手，而俄罗斯选手则获得了俄罗斯、乌克兰、中国、波兰……和一位法国裁判的支持。法国裁判玛丽·雷尼·勒古涅（Marie-Reine Le Gougne）与"她的阵营"对立，打分立即震惊了民众及同僚。很快，她成了嫌疑分子。

比赛结束后，这一丑闻迅速发酵，然而真实的成绩远不及外交成绩重要。裁判与成绩之间的协议与滑冰运动一样历史悠久；同样地，官员和竞争对手向裁判施压也并不是新鲜事，勒古涅受到胁迫。法国滑冰联合会地位不可动摇的主席迪迪尔·加亚盖（Didier Gailhaguet）应负主要责任，他精明能干、长袖善舞。尽管丑闻爆发，2018 年他依然在位。

加亚盖并未否认曾通过"游说"的方式来提醒勒古涅：贝雷尼亚和西哈鲁利泽如果获得高分，可能会影响俄罗斯裁判在冰舞比赛中的打分——法国选手玛丽娜·安妮西娜（Marina Anissina）和格温达尔·佩泽拉（Gwendal Peizerat）原本在该项目中最有希望获胜。但是这位运动员出身的裁判在收回言论前率先控诉了加亚盖，她声称自己因支持加拿大选手常年受到国际滑冰联合会（ISU）的压迫。她确定尽管受到外界干扰，但最终是站在客观立场给俄国选手评分的。

然而，伤害已经造成。对萨莱和佩尔蒂埃而言，国际滑联的确处理得当，联合会在奥运会闭幕前做出决定：向两对选手颁发联合金牌，禁止加亚盖和勒古涅在三年内参与滑冰比赛。此后他们的命运向着截然不同的方向发展，加亚盖重新掌控法国滑冰运动；而前裁判则成为阿尔萨斯一家按摩店的主管，她只在 2010 年和 2014 年出山竞选法国冰上运动联合会主席，以抗议被自己称为"流氓"的加亚盖，因为后者在法国滑冰运动项目上具有绝对权力。在勒古涅看来，他为了保住自己的位置使了手段。

不仅如此，花滑项目中还存在不少利欲熏心之徒。2002 年夏天，勒古涅案开始审理，而该案也推动了花样滑冰评分制改革，一个叫阿林赞·托克塔洪诺夫（Alimzhan Tokhtakhounov）的俄罗斯侨民在意大利被逮捕。奥运会开始前几周，警方一直在监听与他有关的录音，怀疑他在意大利和美国洗钱。在传给联邦调查局的录音材料中，他在双人滑冰比赛开始前几天向对话人吐露："六名裁判中的四名已经被我们收入囊中。俄罗斯人会获得金牌，另一枚（金牌）属于与法国选手搭档的俄罗斯选手。"

加亚盖承认他见过托克塔洪诺夫，还因为他长了一副亚洲面孔而称其为"小台湾人"。2000 年，"小台湾人"曾建议加亚盖在法国投资冰球项目。俄罗斯奥委会称不认识他，而玛丽娜·安妮西娜却直言托克塔洪诺夫帮她找过编舞老师：

> 我在 1999 年的一次典礼上认识了他，这位先生非常聪明、友善。他认识很多俄罗斯运动员和艺术家，但我从未问过他任何关于比赛的事情。

由于缺乏证据，意大利警方将托克塔洪诺夫释放。这一名字此后经常被提起，似乎总是涉嫌洗钱，但他的形象在不断提升。他与 1995 年法国网球公开赛冠军叶夫根尼·卡费尔尼科夫（Yevgeny Kafelnikov）和马拉特·萨芬（Marat Safin）一向关系密切，经常出入莫斯科上流社会和时尚界，甚至在 2010 年写了一本与此相关的小说。

2013 年，联邦调查局逮捕了在纽约特朗普大厦公寓内安插洗钱网的 29 名嫌疑犯。"联邦派"坚信这些人在为"小台湾人"卖命，他们视托克塔洪诺夫为暴躁的黑帮老大，但是，这次行动过去七个月后，人们发现他是唐纳德·特朗普在莫斯科组织的环球小姐选美大赛的特邀嘉宾。后来在被问到这件事时，托克塔洪诺夫确认他参加过这次活动，而且已经为口袋里的票付过钱了。

参考文献

Marie-Reine LE GOUGNE, *Glissades à Salt Lake City*, Ramsay, Paris, 2003.

五

兴奋剂：DIY 时代

弗朗索瓦·托马佐

　　20 世纪 80 年代末，两件大事彻底改变了人们对兴奋剂的看法：1988 年汉城奥运会上短跑运动员本·约翰逊的兴奋剂案以及一年后柏林墙的倒塌。西方人以恐惧共产党人为借口，在体育和其他领域采取了一些不当手段，他们对于苏联和民主德国等国家长期以来的怀疑（有一些已得到证实）一直在为自身形象蒙上污秽的面纱。

　　到了 90 年代初，大众对于少数自行车运动员和举重运动员出现违规行为已经习以为常。1987 年，在特鲁瓦举行的环法自行车赛中，意大利人圭多·邦滕皮的睾酮检测呈阳性。尽管他因此受到成绩加时和缓期停赛的惩罚，却并没有被直接淘汰出局。

　　同样在 1988 年，药检呈阳性的自行车手佩德罗·德尔加多钻了规则的空子，成功拿下环法冠军。汉城奥运会上，本·约翰逊被取消参赛资格，创造了 100 米和 200 米世界纪录的美国选手弗洛伦斯·格里菲斯·乔伊娜因为身体状况异常在 38 岁时就失去了生命，这些往事都为我们敲响了警钟：似乎铁幕一侧西方国家制造的兴奋剂比东欧国家的更加普及、有效，但同样也存在地域性等问题。这些兴奋剂根本无须国家投资研发来改善其功效，无论是江湖骗子和巫婆学徒，还是狡猾的医生教练和不守纪律的药剂师，都能为渴望成功的运动员提供有效的产品。

巴尔科事件

如同其他事件一样，巴尔科实验室一开始就背负了骂名。前牙买加运动员特雷弗·格雷厄姆是美国田径界的知名教练（曾执教 2004 年奥运会百米冠军加特林），为了报复背叛自己的运动员，他告发了维克托·孔蒂领衔的巴尔科实验室，并将一根含有合成类固醇 THG 残液的针管送到了美国反兴奋剂机构（USADA）。他想方设法才弄到这个可能含有兴奋剂的注射器。经过检验，里面的确含有合成类固醇 THG（四氢体三酮）。

维克托·孔蒂曾是 20 世纪 70 年代几个摇滚乐队的吉他手，而其中一个乐队名为"纯净食品和药品法"（代指 1906 年美国出台的法律）。巴尔科实验室是他和妻子在 1984 年共同创建的，多年来他一直通过巴尔科将 THG 提供给运动员。他的客户包括一些世界上最出色的田径运动员，如世界纪录保持者蒂姆·蒙哥马利和马里昂·琼斯夫妇（育有一子），以及举重运动员 C. J. 亨特（琼斯的第一任丈夫）和英国运动员德韦恩·钱伯斯。格雷厄姆的谴责使孔蒂的行为被揭穿，即使他将责任都揽到自己身上，但团队中的其他人也都受到牵连。2005

年，他被判入狱 4 个月。

对手受到惩罚令格雷厄姆欣喜若狂。牙买加人在媒体上明确表示，他只是尽了自己的职责，其他什么也没做，但事实证明他高兴得太早了。负责对孔蒂进行调查的美国食品和药物管理局的代理人杰夫·诺维茨基是一位前篮球运动员，这位秃头硬汉对猎物穷追不舍，像翻垃圾桶一样搜索各种文件。在孔蒂那里，他找到了一封写给 USADA 的谴责信草稿，巴尔科老板在信中指责格雷厄姆通过一个神秘的墨西哥中间人给运动员服用兴奋剂。

经验丰富的诺维茨基很快就认定，信中的墨西哥人正是安赫尔·吉列尔莫·埃雷迪亚·埃尔南德斯，他是一位化学工程师的儿子，之前曾是铁饼运动员。这名绰号 Memo 的墨西哥人从 90 年代末开始与格雷厄姆合作，同时也为出价更高的人提供建议。当诺维茨基找到他时，墨西哥人只有一个选择：合作或承受牢狱之灾。Memo 对格雷厄姆的运动员进行了一番抨击，然后便再次消失在人们的视野中。

随着孔蒂和格雷厄姆的倒台，世界短跑精英的人数大幅减少。美国顶级棒球和橄榄球运动员也卷入了这起丑闻，与孔蒂有过合作经历的三名运动员琼斯、棒球明星贝瑞·邦兹和自行车运动员塔米·托马斯都在法庭上否认服用兴奋剂，但随后他们都因制造伪证被起诉判刑。至于格雷厄姆，他在 2008 年被终身停职。

刑期结束后，孔蒂继续开启他丰富的人生旅程。他在 20 世纪 70 年代经商的同时玩着嬉皮士音乐，80 年代中期他从营养学家变成了兴奋剂研究者，而服刑结束后他成了一名拳击经理，并自称是反兴奋剂运动的支持者。这位加州人一直在寻求媒体的关注，并把巴尔科案作为表达自己观点的借口，自从被释放以来，他以自己在兴奋剂问题上的经验发表了诸多激烈言论。2015 年 8 月，他对《日本时报》表示自己曾向国际奥委会委员、世界反兴奋剂机构前局长迪克·庞德［参见本部分第二篇］提出了一份 12 名运动员的名单，这 12 人都曾参加碳同位素比率测试。孔蒂认为这是检测合成类固醇摄取量的合理方法。

孔蒂深信，这些产品仍然频繁地以药膏等形式被运动员们使用着，因为用量少，他们经常能够通过药检。他举了几个例子，比如美国教练阿尔韦托·萨拉萨尔以及他的长跑运动员盖伦·鲁普和莫·法拉；短跑运动员卡梅莉·塔杰特；约翰·史密斯和他的跨栏运动员杰森·理查森，以及牙买加短跑运动员尤塞恩·博尔特（Vsain Bolt）、尤罕·布莱克和他们的教练格伦·米尔斯。

据报道，迪克·庞德认为进一步实现药品管控恐怕会"毁了奥林匹克运动"。尽管他声称从未收到过这份名单，但他觉得孔蒂"知道自己在说什么"。在同一次采访中，孔蒂表示世界反兴奋剂机构的存在只是为了保护奥林匹克运动伙伴的利益，特别是与萨拉萨尔关系密切的耐克。孔蒂继续通过他的公司 SNAC 销售膳食补充剂，同时反复质疑多个世界纪录保持者——100 米和 200 米奥运冠军博尔特的惊人速度。

利益丰厚的"食品补充剂"

转行后，孔蒂找到了老朋友安赫尔·埃雷迪亚（Memo），后者称自己为安赫尔·埃尔南德斯（母亲的姓）。安赫尔同样选择在拳击领域东山再起，并与同胞胡安·曼努埃尔以及豪尔赫·阿尔塞并肩作战，同时还以"阿梅罗精英营养"为品牌给运动员销售"食品补充剂"。这位墨西哥人发誓自己如今也坚定地支持公平竞赛，但 2016 年他的罗马尼亚裔加拿大学生卢西恩·比特药检呈阳性，他本人的在线销售网站随即停业。比特声称他吃了教练提供的不良产品，洗清了自己的部分罪名。

在 2008 年接受《明镜周刊》采访时，安赫尔还对新闻界详细陈述了北京奥运会 100 米决赛选手全部服药的情况。此后，他一直暗示与博尔特保持定期联系，但遭到了这位现已退役的牙买加冠军的否认。

孔蒂和安赫尔丝毫不掩饰对彼此的憎恨。当安赫尔借用母亲的姓氏进入拳击界时，孔蒂便透露了他过去的风波，他们还曾在推特账户上反复对喷，互相指责对方的谎言和作弊行为，还经常以起诉来相互威胁。孔蒂的拳击手安德烈·贝尔托对诺龙检测呈阳性后，大众更难分辨他们二人究竟谁对谁错了。孔蒂对此事做出回应，他表明是他的竞争对手提供了含药物的补充剂。

运动员的体育营养物质和膳食产品在互联网上种类繁多，这已成为兴奋剂产品供应商和消费者的避风港之一。巴尔科实验室的化学家帕特里克·阿诺德作为 THG 的发现者，也和孔蒂一样被判处四个月监禁。现在的他为健美运动员的几家产品供应商工作，其中一家专门生产 DHA 喷雾剂（一种被反兴奋剂组织禁止的抗衰老产品）的公司 Prototype Nutrition 自豪地宣布，他们的产品只有在咨询过联合会、医生和教练后，才可以提供给专业运动员使用。

另一家雇用阿诺德的公司 E-Pharm 能够提供"自然"刺

激睾丸激素和生长激素产生的物质，使用这些或多或少受到管控的"食品补充剂"已经成为运动员广泛使用的预防措施之一。数十名运动员现在试图证明其身体中存在的违禁产品是受污染的补充剂，从而像比特那样获得宽大处理。

2008 年的一项研究证实，当时市场上大约 15% 的食品补充剂含有成分不明的违禁产品。在 21 世纪初，网球运动员格雷格·鲁塞德斯基和博赫丹·乌利拉赫以及英国短跑运动员林福德·克里斯蒂都受益于体育当局的宽松处理，因为他们的阳性检测与这些补充剂有关。此后，体育当局多次警告运动员要注意膳食补充剂。

USADA 在 2016 年公布了一份包含约 50 种"高风险"产品的名单，这些产品主要是由一些公司从中国非法进口的。不难发现，人们只需要点点鼠标就可以从官方渠道买到用于科研而非人体使用的肽类产品。一家位于波兰的公司甚至在 2016 年底使用了终极格斗锦标赛 UFC 的标志和名称，以 UFC 制药的名义在网上销售合成代谢类固醇，如康力龙和诺龙。当 UFC 在近期雇用杰夫·诺维茨基领导其反兴奋剂部门时，大众纷纷嗤之以鼻。

参考文献

Victor CONTE, *BALCO. The Straight Dope on Steroids, Barry Bonds, Marion Jones, and What We Can Do to Save Sports*, Skyhorse Publishing, New York, 2008.

六

体育与性骚扰

弗朗索瓦·托马佐

　　体育运动重视身体条件，所以必然会牵扯到性。体育比赛（尤其是高水平的竞技）与性行为建立了一种特定的关系，所以难免会走入歧途、偏离本质。首先，因为体育是一种以身体为核心的活动，所以强健的体魄是运动员的本钱也是他们令人着迷的原因，并且这导致了一种几乎不可避免的自恋情绪；其次，因为体育包含竞争，所以也经常导致支配关系的存在。对于一些男性运动员和许多体育评论员来说，体育成绩是一种彰显特殊男子气概的标志。最后，体育迫使运动员与教练默契共事、共谋发展并且相互尊重，但这种关系会逐渐变得模糊，甚至导致犯罪。

　　一个困扰着运动员和他们亲属的问题是：比赛前是否应该做爱？人们写了成千上万的文章来探讨这个微妙的问题，几乎所有这些文章都得出了同样的结论：每个人都做自己喜欢的事情就好。拳王阿里要求自己在比赛前禁欲六周，另一些人则相反，但这个似乎是一句玩笑话的问题掩盖了某些事情。例如，未成年妓女扎希亚·德哈尔曾与卡里姆·本泽马（Karim

Benzema）和弗兰克·里贝里（Franck Ribéry）等几位法国足球明星有过性关系，这一案件最终以她的名字命名，凸显出一些知名运动员的淫秽行为。2015 年 6 月，法国跆拳道队一名退役队员因拉皮条被判处 7 年监禁，但这一判决没有引起多少反响。

没有证据表明，体育运动中的卖淫现象比在政治（如卡尔顿事件）或演艺圈中更为普遍（如 1997 年，一个名叫"Call-girls"的淫秽网站被查处，演员罗伯特·德尼罗和前网球运动员沃伊泰克·菲巴克也涉嫌参与其中）。同样，尽管体育行业内的追星现象很普遍，但这并非体育所独有。20 世纪六七十年代洛杉矶湖人队的篮球明星威尔特·张伯伦在他的自传中自吹和不少于 2 万名女性上过床……正如记者杰夫·珀尔曼在《湖人》一书中所解释的那样：

> 对艾滋病的恐惧（在当时）并不存在，而追星现象也处于高峰期。旅馆走廊里、体育场周围、体育场内到处都是年轻姑娘。她们渴望和运动员们做爱，湖人队的球员们也经常不会拒绝她们。

上述现象在职业体育界并不罕见。20 世纪 60 年代，巴西足球传奇人物加林查曾被称作"有一千个妻子的男人"。在 *Sexus Footbalisticus* 一书中，VSD 记者热罗姆·热塞尔将巴西球星罗纳尔多的 27 岁生日派对描述为一场有 300 多名年轻女性参加的盛宴，无论她们是不是职业妓女。这位全球最受欢迎的足球运动员还受到一位年轻女子凯瑟琳·马约加的强奸指控，他表示 2009 年在拉斯维加斯与她见过面，并声称他们是"自愿发生关系"。前费斯蒂纳队的治疗师威利·富特在他的《性、谎言和小自行车》一书中讲述了赛后狂欢,在橄榄球运动中,法国国家橄榄球队鼎盛时期的荒淫以及巴黎橄榄球俱乐部的淫乱派对已是臭名昭著,但人们很难区分谣传和事实。

另一方面,围绕重大体育赛事重新出现卖淫行为的谣言似乎只是一个城市传说。2006 年德国世界杯之前,曾有传闻称这次盛会吸引了 4 万名妓女,但基本上没有人知晓这个数字的出处。世界杯结束后,德国警察得到的结论是没有发现妓女人数出现任何显著的增加。在 2016 年法国欧洲杯之前,性工作者联盟的创始人之一吉尔达告诉法语电视网 TV5 Monde:"作为性工作者的我们明白,在大型比赛的晚上我们几乎接不到客。如果他们的球队赢了,观众欢欣雀跃,喝得酩酊大醉。如果球队输了,他们就直接回家了。"2016 年 4 月,法国男女平等问题高级理事会(HCE)警告说,"当节日庆祝超过法律范畴时,可能会发生大男子主义暴力"。赛后,该组织表示未能获得任何重要数字。

运动员们还很年轻,他们也需要庆祝,但是要把握好这个度。1991 年 8 月,在马孔的一次训练期间,法国队的两名链球女运动员卡特琳·穆瓦永·德巴克和米谢勒·鲁韦罗尔遭到三名男链球手的性侵。在第戎上诉法院的一番唇枪舌剑后,拉斐尔·皮奥兰蒂、让-弗朗索瓦·格雷瓜尔和洛朗·贝托洛这三名运动员因"强奸以外的性侵犯"被判处缓刑。在那次审判后,米谢勒·鲁韦罗尔提前结束了她的运动生涯,但德巴克坚持了下来,然而,她也没能回到最高水平,相比之下,这些犯了罪的男投手则被选中参加亚特兰大和悉尼奥运会。这是法国首次公开披露此类案件，被大众视为一种"欺骗"。

然而，这种形式的"仪式"似乎在高级别运动中特别普遍，并引起欧洲反对工作地点暴力侵害妇女行为协会（AVFT）的关注。然而，直到 2013 年，该组织才公布了法国国家体育、专业评定和运动员培养学院（INSEP）的一名实习生的证词。根据她的描述，性骚扰行为是幕后的一部分，特别是在训练或重大比赛中：

> 短暂失控、陷入自我疯狂不过是借口而已。要么这些家伙因为赢得胜利而兴奋，要么他们输了比赛必须想办法减压。然后，他们故意灌醉女孩，试图与她们上床，或者直接去嫖妓。

虽然有些运动员有时利用他们的明星地位或男性魅力来试图"引诱"姑娘，但教练和运动员的权力关系才是最严重的问题：前者通常利用他们对后者的掌控（有时这并不重要）来获得性好处。

自从上文提到的"链球事件"以来，人们就开始讨论类似事件。法国最受关注的案件是伊莎贝尔·德蒙若的案件，尽管这一案件可以追溯到 20 世纪 70 至 80 年代，但由于对两名未成年人的严重强奸行为，她的前教练雷吉斯·德·卡马雷在 2012 年被判 10 年监禁。作为一名退役网球运动员，德蒙若成功让自己走出了阴霾，但仍在努力提高体育界对性骚扰的认识，性骚扰仍是一个热门话题。2014 年，勒瓦卢瓦网球俱乐部的教练安德鲁·格迪斯因涉嫌在 1999 年至 2005 年强奸三名萨尔塞勒俱乐部的球员而被捕。

美国泳协已被迫将一百多名在过去30年有性侵罪行为的教练停职。就像天主教会试图掩盖其牧师的恋童癖行为一样，美国游协长期以来一直试图掩盖自己的行为，当有教练遭到指控或怀疑，他们就将其调离。在印第安纳州，布赖恩·欣德森在更衣室里拍摄他的学生，他因持有和制作恋童癖色情制品被判处33年监禁；在加州，另一名教练安迪·金被判入狱40年，原因是在长达30年的时间里，他让10岁至14岁的"受保护者"遭受了"所有可以想象到的性行为"。在他被捕前将近15年，美国泳协就已知晓他的行为……在另一个案例中，年轻的詹西·汤普森15岁时在加州西谷的俱乐部被她的教练诺姆虐待，美国泳协做出的处理结果只是调离了这名强奸犯教练。

丑闻的恶性循环仍在继续，表明这种现象的存在已经不是一天两天。2013年，64岁的戴安娜·尼亚德在未借助防鲨网保护的情况下，成为第一位从古巴成功游到美国佛罗里达州的人。她透露自己年轻时经常被她的教练杰克·纳尔逊强奸，后者是一名前奥运会游泳选手，后来负责管理美国队。2014年5月，所有受害者共同签署了一份请愿书，由前网球运动员比利·简·金创建的妇女体育基金会（WSF）倡议发起[参见第三部分第六篇]。她们谴责泳协主席查克·维尔古斯的松懈：

截至2014年5月1日，在美国奥林匹克运动史上最严重的性丑闻之一中，100多名美国游泳教练被永久开除出队。有证据证明，这些教练中的许多人都有着长期的性侵史，然而维尔古斯却允许这些人继续执教多年。

2017 年和 2018 年，体操界又被另一起丑闻所震撼。此前，一名伴随美国奥运团队近 30 年的骨科医生的恶劣行为被揭露。密歇根大学体育诊所的拉里·纳萨尔在 30 年来一直以减轻背部和臀部伤势的按摩为借口对年轻女孩进行性接触和性侵犯。在投诉他的 140 名年轻姑娘中，就包括 2016 年里约奥运会四枚金牌的获得者西蒙·拜尔斯在内的各级体操运动员。拜尔斯在 2018 年 1 月的推特上透露了这一事实，在美国反性骚扰运动 #metoo 披露和指控的高峰期，她也是受害者之一："我也是拉里·纳萨尔性虐待的诸多幸存者之一。这种行为是完全不能接受、令人厌恶和不公正的，尤其是来自一个我被告知要信任的人……不，我不会也不应该为纳萨尔、美国体操协会和其他人的罪行负责。"2017 年 3 月，美国体操协会主席史蒂夫·彭尼在接受联邦调查局调查后，被指控拖延向当局发出警告，随后引咎辞职。

2016 年底，英国足球界另一起丑闻持续发酵，青年队教练巴里·本内尔的恋童癖被揭发。此前保持沉默的约 20 名球员站出来谴责数十年前发生的恋童癖行为，这迫使英足总迅速展开内部调查，此后，调查委员会接到 250 多个电话。警报是由前克鲁队后卫安迪·伍德沃德发出的，他透露自己小时候曾受到巴里·本内尔的性虐待，其他几名职业球员也紧随其后，同意出面作证。前托特纳姆和利物浦中场保罗·斯图尔特的情况尤为严重，他被另一名教练强奸了四年，而且此案的规模并不亚于前电视主持人吉米·萨维尔的案子，萨维尔在数十名受害者被性虐待致死后遭到指控。英足总主席格雷格·克拉克称恋童癖案是"英足总历史上最严重的危机之一"。他表示，"20世纪90年代的社会对此视而不见，我们也这样做了。"

恋童癖案件不仅仅是体育运动的问题。巴里·本内尔曾试图自杀，类似的还有摄影师大卫·汉密尔顿，他被指控曾性侵一名模特，就牧师或教师而言，权力关系同样如此。但是，正如里昂社会学家菲利普·利奥塔尔所解释的那样，体育运动中性侵犯的受害者往往受到三重支配：成人对青少年，男人对女人，最后是教练对运动员。

25年来，体育领域的性暴力一直是人们关注的焦点，政府、体育联合会和各协会并没有袖手旁观。1998年，第二次世界妇女与体育大会呼吁"采取措施消除对妇女的一切形式的骚扰、剥削和暴力"。2005年，欧洲议会通过决议要求像对待工作场所的性骚扰一样对待体育运动中的性骚扰，并"确保对体育组织内的工作人员进行具体培训"。2007年，国际奥委会发表了一份"共识声明"，承认性骚扰这一现象的规模和严重性。在最近的2013年，联合国建议采取一系列针对体育运动性骚扰的措施，"因为运动员和教练员之间存在权力以及利害关系，运动员的体育活动已经与工作、教育等生活中的其他方面相互关联"。

参考文献

Jérôme JESSEL, *Sexus footballisticus*, Danger Public, Paris, 2008.

Isabelle DEMONGEOT, *Service volé. Une championne rompt le silence*, Michel Lafon, Paris, 2007.

Catherine MOYON DE BAECQUE, *La Médaille et son revers*, Albin Michel, Paris, 1997.

Philippe LIOTARD et Thierry TERRET, *Excellence féminine et masculinité hégémonique*, Sport et Genre, vol. 2, L'Harmattan, Paris, 2005.

七

愚蠢的父亲，体育运动中的过度支配

克里斯特勒·布莱

"如果我的女儿获得了成功，就证明我的存在是有意义的。"这句话恰当地总结了许多冠军之父的态度。在许多运动中都有这样的例子，一些知名运动员最初是因为他们父母的意愿才进入体坛并一步步成为运动明星，这种现象在网球中尤其普遍。下文的几位网球明星在一段动荡不安的经历后，试图通过违抗、退役或解除监护来摆脱父母的束缚。

违抗是詹妮弗·卡普里亚蒂有意无意的选择。1990年，时刻陪伴她的父亲决定让这位当时只有14岁的美国姑娘进入职业网坛。她早早地结束了自己的职业生涯，但很快有关她的新闻就登上了报纸头条，出人意料的是，这些新闻与体育无关，而是关于她涉嫌吸毒和盗窃珠宝的案情。她的父亲之前是一名电影特技演员，甚至在生下卡普里亚蒂之前就决定让她成为一名冠军明星。在20世纪90年代末她重返网坛，并于2001年10月世界排名升至第一，看上去她似乎战胜了心魔。但期望越高，失望也就越高，2010年，她病情复发，只能住院治疗，三年后，她因殴打前男友被捕。

比起卡普里亚蒂自我放逐的极端行为，其他一些运动员的反抗策略相对温和。比如安德里亚·耶格，她曾获得 1982 年法国网球公开赛和 1983 年温布尔登网球公开赛的亚军。作为一位退役拳击手，她的父亲罗兰照料着她的一切，但这个年轻姑娘的职业生涯爬得太高太快，直到她的身体达到了无法承受的地步。1984 年她的肩膀受伤，经历了 7 次以上的手术，在这段时间里，耶格与父亲的关系也一直在恶化，因为在她看来，父亲更看重她的职业生涯而不是她的身体。耶格在医院养病的经历让她意识到病魔给孩子们带来的痛苦，1987 年退役后她开始致力于儿童事业，并于 2006 年加入儿童基金会。2008 年接受《卫报》采访时，她表示：

> 16 岁时，我第一次在医院遇到患癌症的孩子们，立刻意识到帮助他们是我的义务。但这很难，我有作为一名运动员的责任，我不想让人失望……于是我想让上帝来决定，所以当我的肩膀坚持不下去的时候，我知道是时候结束职业生涯了。我心里很高兴，因为我可以全身心地照顾这些孩子了。

玛丽·皮尔斯的职业生涯也很短暂。在父亲吉姆的指引以及持续控制下，这位法国姑娘曾一度排名世界第三，并拿到两个大满贯，分别是 1995 年澳大利亚公开赛和 2000 年法国网球公开赛。但她因为伤病早早结束了职业生涯，现在她致力于毛里求斯岛上一个宗教团体的儿童事业。

除了上述几例，我们还可以想起很多受到虐待的女球员：

伊莲娜·多克奇曾遭受父亲的暴力殴打，因为她从来没能成功完成父亲为她安排的职业生涯；贪婪的父亲拿走了施特菲·格拉芙所有的收入，并最终以逃税的罪名入狱。此外，格拉芙和丈夫安德烈·阿加西一起成立了一个基金会来帮助孩子们。

《法国网球报》主编、《队报》网球部记者多米尼克·博诺不仅了解这些冠军的悲惨事迹，她自己也有过切身体会。在成为记者之前的 20 世纪 60 年代，她也曾是一名运动员，父亲从屠夫转行成为教练，认为她很有前途。"他希望他的女儿成为冠军，因为他认为这会让我开心"，她说道，"父亲想成为世界上最好的教练"。

当时，对于父母支配孩子生活的现象还没有引起社会普遍关注，所以该现象没有被下定义或招来批评。然而，这种现象确实已经存在："我看到一位父亲在女儿被打败后，从生物学上解释说'我们有自己的规则'。"

如果这种规则也同样影响到男孩，那么女孩和父亲之间的依赖关系是最普遍的。博诺认为，恋父情结起到了明显的作用，但这种现象之所以更加突出，是因为有天赋的女运动员能比男运动员更快地到达巅峰；而男性之间的比拼更公平，竞争也更激烈。"女孩们尤其需要面对的问题是，无论她们赚了多少钱，获得多大的名气，在父亲的眼中也依然是个孩子，所以父亲并未放松对她们的管教。但男孩更倾向于自由、难以管教。而女孩提升竞技状态的速度要快得多。"

然而，男孩们也不能幸免于父亲压倒性的控制。最令人震惊的例子是安德烈·阿加西，这个美国男孩从小就被迫参加训练，无论是疲倦、受伤还是生病都不能成为休息的理由。在他的自传中，他解释了自己是如何被父亲操控以满足他的愿望。父亲坚决不允许他去学校上学，因为这样才有时间训练，让他成为冠军。阿加西的父亲自他 11 岁开始就给他下药，这是心理学家所说的代理型综合征的极端案例。与妻子格拉芙共同建立基金会后，这位前网球运动员现在大部分时间都在拉斯维加斯教育孩子。

父母的失望

受父母极端行为影响的不仅仅是高水平运动员。克里斯托弗·福维奥于 2006 年被判处 8 年监禁，同样成为引人注目的头条新闻。这位来自波尔多的父亲是一名退役军人，其女儿瓦伦丁是法国网球的希望。为了帮助儿子马克西姆和女儿瓦伦丁获得比赛胜利，给他们的对手下药成了福维奥的家常便饭，这位前军官曾将氯羟去甲安定偷偷放入 28 名运动员的水瓶里。戏剧性的后果是：2003 年，25 岁的教师亚历山大·拉加代尔在一次比赛中被福维奥下药，导致他在开车时睡着最终死亡。这位前直升机飞行员在受审时说："我感觉我作为父亲的意义是由孩子们的竞技表现来决定的。"

其他一些运动员如此"剑走偏锋"只是为了养家糊口，比如阿拉万·雷扎伊，她必须不断赢得比赛才能养活自己的家人。2011 年在摆脱了家庭的束缚后，她试图重返赛场。她并不算成功的职业生涯不仅属于她个人的事业，也关乎一个虐待他的父亲、一个网球老师的事业。

然而并非一切事例都是消极的，比如威廉姆斯姐妹就在父

亲理查德的帮助下成为世界第一。两人都获得了成功，即使在
35 岁的年纪以及没有父亲帮助的情况下，她们依然是赛场上
的实力担当。博诺表示："她们接受了良好的教育，每次赛后
都要反思总结，这其中每一步都有理查德的陪伴。他受到了一
些不该有的批评。"理查德明智地选择与法国教练帕特里克·
莫拉托鲁合作，后者也向他表示敬意。他教育自己的女儿时并
没有使用上文提到的暴力手段，但在种族主义问题上的直言不
讳为他招致批评。"我只是认为网球界和商界的很多人都嫉妒
我"，理查德在小威温网夺冠后接受 NBC 采访时说，"他们更
愿意看到我在美国公开赛上扫地，或者在什么鬼地方捡棉花，
但别指望我会这样……"

　　"就威廉姆斯姐妹的例子而言，她们的父亲扮演了至关重
要的角色"，莫拉托鲁在他的著作《教练》中解释道，"他创
造了两个世界第一，这简直太神奇了。小威觉得她亏欠父亲很
多，因为他每天都投入大量的精力，花好几个小时来训练她，
而且做得很好。我认为他的伟大力量在于知道如何让他的女儿
拥有非凡的个性，在他的影响下，她们二人对自己有极大的信
心，还拥有拒绝失败的冠军心态以及远大的志向，即使没人要
求，她们也会百分百投入到工作中。很少有两个人能一起达到
这个目标。我们必须说，这不是偶然的。理查德教她们像冠军
一样思考，这使她们获得了网球以外的生活。当谈到维纳斯和
塞雷娜，或者其他来自贫穷或弱势背景的球员时，人们常说复
仇是他们的动力。但这可能只是一种激励，还不足以让他们成
为冠军。"

　　母亲们呢？她们中很少有人辱骂孩子，更多时候是起到陪

伴的作用，就像玛蒂娜·辛吉斯的母亲梅拉妮·莫利托那样，这位退役运动员给女儿取名玛蒂娜以纪念网球明星玛蒂娜·纳芙拉蒂洛娃；另一位母亲劳萨·伊斯拉诺娃培养了两名世界排名第一的选手，哥哥马拉特·萨芬和妹妹迪娜拉·萨芬娜。当伊斯拉诺娃觉得自己的水平已经不能再帮孩子们提高时，她会把接力棒传给其他教练。

支配关系的潜在转变

法国网球协会意识到了父亲与子女关系的问题，于是出版了一本名为《给父母的建议》的小册子，试图阻止不良情况的发生。法国网协的心理学家马基斯·查马利迪斯认为，无论父母还是年轻人都需要一定的指导：

> 成为父母意味着开始学习一个新的行业，陪伴你的孩子参加一个体育项目意味着开始一个更复杂的冒险。我认为有些父母拥有正直的品质和理智的自我反思方法，而其他人则痴迷于孩子的成功。有些家长需要寻求帮助才能知道如何管教孩子，但这是少数情况。另一些人则认为他们可以自己解决问题，别人对他们家庭事务的干涉是无济于事的。

查马利迪斯补充道："年轻人经常来向我询问关于如何把握好教练（如果有的话）和父亲两个角色之间的正确距离。你只需要回到家里就可以拥有世界上最好的教练，但他的建议可能适得其反，于是你就会发现自己处于两种情况之间。在这种情况下，你会陷入困境不知所措。当父母其中一人成为孩子的教练时，他（或她）就必须对自己的身份做出清楚的界定，这样孩子才能区分亲人和教练的角色。家长可能会很有献身精神，愿意为孩子付出一切，并投入精力陪伴他们，甚至是把自己的事业放在一边，专心于为孩子展开一系列职业规划，但这样也有让孩子被误导、无法摆正自己的位置、无法很好地自我表达或得到成长的风险。于是，父母与孩子间这种掌控与被掌控的关系就建立起来了，但这种关系也很可能会影响到本来的亲子关系。对于孩子来说，他们困惑于如何摆脱成功带给他们的压力。虽然能够体会到被父母所掌控，但与父母的情感联系让他们忽视了这一点。所以这已经不仅仅是网球场上一场普通的比赛了，孩子们惧怕辜负父母的期望，不想亏欠为自己投入了那么多的父母……这时如果没有外界的帮助，孩子们就不知道该如何表达自己、摆脱束缚了。"

参考文献

Dominique BONNOT, *N'oublie pas de gagner*, Stock, Paris, 2015.

Andre AGASSI, *Open*, Plon, Paris, 2009.

Grégory MICHEL et Julie SALLA, « Le syndrome de réussite par procuration chez les sportifs », *in* Greg DÉCAMPS (dir.), *Psychologie du sport et de la santé*, De Boeck, Bruxelles, 2011.

Grégory MICHEL et Julie SALLA, « Pratique sportive intensive chez l'enfant et dysfonctionnements de la parentalité : le cas du syndrome de réussite par procuration », *Annales médico-psychologiques*, vol. 10, n° 8, 2012

Grégory MICHEL, « Lola ou la réussite à tout prix », *Cerveau&Psycho*, 21 mars 2018.

八

雅典、蒙特利尔：因奥运破产

弗朗索瓦·托马佐

2004 年，在雅典奥运会开幕前夕，一个笑话在奥运场馆周围流传开来：爱开玩笑的人因奥运会筹备工作一拖再拖而担心不已，于是在开幕式开始前几个小时宣称帕特农神庙是这次工程中最先进的建筑。回首过去，那是黑色幽默；今天，在奥运会回归故乡十多年之后，希腊国家遗产中又新添废墟，即2004 年雅典奥运会的基础设施：奥林匹克体育场，游泳池，皮划艇和其他在阳光下生锈的物品放置地，无用被弃的金属和混凝土框架……

像之前所有的举办国一样，希腊必须接受承办奥运会的实际成本相比预估爆炸式的增长，并在本已严重的赤字预算中增加一笔债务。对于某些观察家来说，雅典奥运会是后来国家破产的预兆，它某种程度上加快了经济危机席卷希腊全国的步伐，这场危机还会让希腊成为欧洲经济的丑小鸭。在奥运圣火熄灭几个月后的 2005 年，欧盟开始监控希腊的财政预算。

奥运会造成了不受控的通货膨胀，不过希腊人并不是唯一不得不承受这一切的人。牛津大学的两位研究员傅以彬（Bent

Flyvbjerg）和艾莉森·斯图尔特（Allison Stewart）在 2012 年发表的一项研究中指出，所有主办方都无一例外遇到过预算吃紧的问题：

> 我们发现：奥运会在这个问题上相较其他大型项目尤为突出，超出预算的概率为100%。任何一家有如此规模的公司都不会这样坚持超出成本，有些项目能设法不超出预算，但奥运会从来没有。奥运会的平均实际超额率为179%，因此，与基础设施、重大工程或水坝等其他任何大型项目相比，奥运会的费用通常被低估。数据表明，让一个城市或一个国家决定举办奥林匹克运动会等同于发起一项财政风险很大的项目，许多城市和国家已经从支出中领悟到了这一点。

以雅典为例，举办 2004 年奥运会实际耗资约 90 亿欧元，超出预算的 97%。政府坚称奥运会过后国家不会亏损，但政府的预估只包括组委会的预算，没有考虑到要建造新机场和在首都新修地铁和电车路线。这些工程该由谁来付款？纳税人，他们支付其中的 80%，因此，看到雅典海滨前的空地林立着荒凉的围墙，人们心中定生怨恨。

当然，奥运会并非一无是处：这届赛事在体育层面上是成功的，视听媒体中心成为受欢迎的购物中心，羽毛球馆成为剧院。而且，正如希腊奥委会主席斯皮罗斯·卡普拉罗斯（Spyros Kapralos）所说，奥运会的开销仅占希腊总债务的一小部分："奥运会耗资 90 亿欧元，难道我们要把当时总计 3600 亿美元的债务归咎于奥运会吗？"

对于一些经济学家来说，组委会的风险管理反映了该国更为普遍的宽松预算问题，委员会在开幕式后宣布其赤字是欧盟最多可忍受的3%的两倍。雅典奥运会在体育上的成功甚至没有对该国的支柱产业——旅游业产生积极影响。当年，背包客们因担心奥运会人满为患，跳过希腊，转向了克罗地亚这样的廉价目的地。

最后，奥运会的唯一真正受益方是国际奥委会，当然这也是常事了。国际奥委会获得了近十亿的收入，分给主办方的部分却微不足道。这些收入来自电视转播权（占74%）、国际奥委会官方合作伙伴的产品销售权（可口可乐、松下、麦当劳、源讯、欧米茄、三星、维萨、通用电气、陶氏、宝洁、普利司通、丰田与阿里巴巴……占18%）、门票收入（约占4%）和其他周边（徽标使用权，组委会合作伙伴）。90%的收入将重新分配给国家奥林匹克委员会、国际联合会和奥运会组织委员会，而IOC则保留10%的收入。通常，国际奥委会分配给组委会的金额只是预算的三分之一。

总体来看，举办大赛预算超支的主要原因（除去为了哄骗国际奥委会而大大低估预算的情况）是体育设施建造延期。2016年的里约奥运会也是如此，花费高昂的世界杯才过去两年，巴西官员被迫匆忙组织了一项价值130亿欧元的赛事，导致整个国家因此陷入了经济危机。

蒙特利尔的惨败

候选城市与奥运会错误结合的一个典型例子就是1976年

的奥运会，承办城市蒙特利尔元气大伤，在举办当年奥运会后花了整整30年时间偿还巨额债务。当奥运真正来临时，魁北克首府的实际支出超出了预算5倍！这场惨败与地方政府脱不了干系，始于当时的市长让·德拉珀（Jean Drapeau），在宣布蒙特利尔成为候选城市时，他竟敢信口开河："蒙特利尔奥运会绝不可能亏损，就像男人绝不会怀孕。"

蒙特利尔灾难产生的原因是多方面的。首先是堪称疯狂的场馆建设，尤其是被英语国家称作"Big O"的奥林匹克体育场修建，这项任务委托给了巴黎王子公园体育场的设计师罗杰·塔伊贝尔（Roger Taillibert）。这位法国建筑师坚持自己的创意，他也的确提出了一个昂贵的项目：12000个预制构件组成40万立方米的混凝土，体现出作为蒙特利尔标志的斜塔。

体育场馆建设就占据了三分之二的奥林匹克账单，但塔伊贝尔被认为是可以控制成本和工期的。没有人预料到钢材价格会上涨，它从1973年每吨200美元上涨到三年后的1200美元；相反，能预料到的是工会的态度，他们决心利用奥林匹克场地进行加班加薪谈判。双方没能达成协议，工程晚开始了18个月，在三年的建造期中，场地工人三分之一的时间都在罢工，很多证据还表明工人故意拖延工程以增加小时工资。显然在这一切的背后，各个利益方都在谋取私利。

"奥林匹克公园和体育馆的修建展示了我从未见过的如此有组织的腐败、盗窃、低劣、怠工和冷漠。整个方案完全失败，所有参与进来的土木工程公司都知道他们可以直接去收银台取钱或别有所图。"塔伊贝尔说道。为了维护魁北克国民议会设立的奥林匹克设施管理委员会（RIO）的利益，掩盖事实真相，1975 年底的卷宗已经被人夺走了。政治家并不是最后一个利用它的人，蒙特利尔市市长让·德拉珀的得力助手杰拉尔·尼丁（Gérard Niding）用奥运场馆的经费打造了一座豪华的木屋。

与最初 3.1 亿美元的预算相比，蒙特利尔奥运会的实际总花费达到了 16 亿美元。一直到 2006 年，加拿大人才终于还清了这笔债。在这 30 年中，这座城市不得不勒紧裤腰带，延后所需的道路工程建设，并把自己加拿大金融之都的地位让给了多伦多。

一场奥运会让蒙特利尔负债累累，四年后在发表有关 1976 年奥运会费用的调查报告时，法官阿尔伯特·马卢夫（Albert Malouf）判魁北克前总理罗伯特·波拉萨免责，然后将责任归结于塔伊贝尔、德拉珀及其政府，认为他们犯有"不可思议的过失"。这份报告也让魁北克自由党一蹶不振，后者从受雇参加奥运会场馆建设的两家公司处获得了慷慨赠予。

蒙特利尔的惨败具有重大的政治影响，因为它是 1976 年 11 月 15 日魁北克人党（Parti Québécois）（分裂主义者）的勒内·莱韦斯克（René Levesque）上台的因素之一，他的当选导致数家公司和英属银行机构出走。

申办大赛，选举的跳板

蒙特利尔奥运会过去四年后，莫斯科奥运会将引起新的财政崩溃。1984 年洛杉矶奥运会完全由私人资金赞助，主办方以国际奥委会的名义成功窃取了电视广播的收入，才使得洛杉矶奥运会成为奥运史上唯一盈利的一届，也标志着奥运会和体育事业走向商业世界、营销和私营部门。罗杰·塔伊贝尔的"Big O"及斜塔仍然是过去世界的象征。

加拿大前游泳运动员迪克·庞德曾任国际奥委会副主席和世界反兴奋剂机构主席，是蒙特利尔最著名的人物之一，他另外的身份包括知名律师和麦吉尔大学的校长。庞德认为1976年蒙特利尔奥运会的预算设计被有意或无意地抹黑了。实际上，被指责的预算包含了体育场馆等基础设施的建造、道路网络的改善和地铁的扩建，之后的奥运会为最大程度地减少财务损失，不再将这些项目混在一起。"他们说蒙特利尔花了30年才买下自己的体育场，但我也是这样买房的。"庞德在2016年7月向蒙特利尔的《快报》吐露了心声。

自大、腐败、拖延和大意：蒙特利尔显然埋下了所有祸根，日后必定伤及奥林匹克机构。IOC真的想办法拉回偏差了吗？并不见得，尤其是哄抬价格的现象存在已久。早在1911年，顾拜旦就担心"最近的奥林匹克运动会的花费高得离谱"。国际奥委会主席托马斯·巴赫在2014年12月于摩纳哥举行的IOC大会上提出了2020年议程，同时他也强调举办"朴实"的奥运会的必要性，因为弗拉基米尔·普京（Vladimir Putin）几个月前在索契举办了耗资420亿美元的冬奥会，产生了一定的负面影响。巴赫表示：

> 国际奥委会与候选城市之间应加强对话，整个过程中的信息交流也要加强，确保国际奥委会维护竞选规则。希望各个城市更好地制定和推广自己的项目，并提出举办精

彩奥运会的解决方案。能既不削减运动员的比赛场地，又符合城市和地区的可持续积极发展需求。

可是，由于某些政府似乎准备花大价钱在自己的土地上举办大型体育赛事，这个愿望可能会再次落空。这类活动的财务支出或许就是一个错误命题？墨尔本大学的两位经济学家希瑟·米切尔（Heather Mitchell）和马克·弗格森·斯图尔特（Mark Fergusson Stewart）在 2015 年的《应用经济学》杂志上进行了分析：

> 为了申请和举办像世界杯足球赛和奥运会这样的赛事，世界各国政府花费了巨额资金。他们还资助职业运动队和其他大型比赛，以鼓励他们在指定地点生根发芽。我们研究了三届世界杯和五届奥运会，没有发现这些赛事对旅游业的发展有任何显著影响。根据这一结论，我们应该想一想为什么政府要继续争取此类活动的举办权。
> 研究表明，体育比赛让人们感到快乐。这启发了政客利用这种幸福感，将大型赛事讨喜的一面用于选举。该研究得出结论，想要减少政治手段对申办大型活动的干预，最佳方法是通过招标和拍卖来授予举办权，而不是至今仍在使用的砸钱方式。

实际上，奥运会经常是高层领导的选举跳板与政治筹码。例如与让·克劳德·基利同为 1992 年阿尔贝维尔冬奥组委会联合主席的米歇尔·巴尼耶（Michel Barnier），他在雅克·希拉克政府和尼古拉斯·萨科齐（Nicolas Sarkozy）政府担任几任部长后，现在已经是负责英国脱欧谈判的欧盟委员了；还有2002年盐湖城冬奥组委会主席米特·罗姆尼，他后来成为马萨诸塞州州长，在2012年美国总统大选中，他作为共和党总统候选人败给了巴拉克·奥巴马。尽管如此，在1954年至1958年，他已多次担任部长。如果需要证明意大利奥林匹克运动会负责人的经历对今后的生涯有何影响，还有一个名字值得一提——1960年罗马奥运会组委会主席朱利奥·安德烈奥蒂（Giulio Andreotti），他后来七度出任意大利总理。

参考文献

Heather MITCHELL et Mark Fergusson STEWART, « What should you pay to host a party? An economic analysis of hosting sports mega-events », *Applied Economics*, vo. 47, n° 15, janvier 2015.

Bent FLYBVJERG et Allison STEWART, *Olympic Proportions. Cost and Cost Overrun at the Olympics 1960-2012*, University of Oxford, Oxford, 2012.

九
奥运会不再只是梦想

弗朗索瓦·托马佐

我们每个人都会犯错误。2013 年 11 月，竞逐 2022 年冬奥会主办权的大幕已经拉开，刚刚上任两个月的国际奥委会主席托马斯·巴赫表示："我很高兴看到有 6 个城市来申办 2022 年冬季奥运会，这些城市及其背后的国家都很清楚奥运带来的好处。对于他们而言，举办奥运会将使一个地区在未来很长一段时间从中获益。事实上，最近的几届奥运会不仅给东道主人民带来了巨大的体育、社会和经济进步，也使许多没有获得奥运会主办权的城市注意到了申办奥运所带来的红利。"

一年的时间转瞬即逝，最初的六个申办城市中已经有四个选择退出，只剩下哈萨克斯坦的阿拉木图和北京。在申办 2008 年夏季奥运会期间，中国首都北京面临着巨大的污染问题，但由于没有人提出严重反对，北京获得了 2008 年奥运会的主办权。

在一年的时间里，国际奥委会以及克拉科夫、利沃夫、奥斯陆和斯德哥尔摩的申办者不得不面对公众的不满，同时制定政策时也要适度考虑奥运会的申办。反观其他申办者，慕尼黑在申办 2018 年冬奥会失败后希望卷土重来，但在当地居民举行全民公投后，他们早早放弃了这一念头；在波兰，类似的提议也遇到了同样的拒绝；与此同时，挪威和瑞典政府也意识到了国内公众舆论正在动摇；最后，利沃夫的候选资格也没有经受住乌克兰危机的考验。所以这些城市都选择了退出。

在索契冬奥会的巨额花费公布之后，组织一次奥运会的成本是当地民选官员及其行政人员最关心的问题，环境因素同样受到他们的密切关注，所以民众普遍认为申奥不是当务之急。意识到这种不满情绪后，国际奥委会于 2014 年 12 月在摩纳哥举行的大会上提出了《奥林匹克 2020 议程》，旨在重塑其形象，其内容主要是拒绝庞大规模、降低成本，降低对候选城市的要求，以及重新设计体育项目。然而，这些美好的憧憬并不完全令人信服。

例如，2014 年 10 月，波士顿放弃了 2024 年夏季奥运会的申办资格，把机会让给了洛杉矶。汉堡在经历了一次反响消极的全民公投后也选择了退出，波士顿的弃权令巴赫大为恼怒，他指责该市市长马丁·沃尔什食言。但这位市长回应道："在波士顿，没人能迫使我们草率地使用纳税人的钱，国际奥委会主席不能理解这点，所以他才会做出那样的表态。"沃尔什还指出，申办 2022 年奥运会最终成了两个并不算最民主的州之间的竞争。

欧洲的"民粹主义"浪潮也并不偏向于奥林匹克。罗马市长维尔吉尼娅·拉吉在竞选期间明确表态不支持罗马申办 2024 年夏季奥运会，并于 2016 年 9 月正式宣布退出。这是罗马继放弃竞逐 2020 年奥运会主办权后，再次选择退出申办。

"我们不想要一场混凝土奥运会。我们不希望在沙漠中建大教堂。"这位五星运动党成员吐露了自己的心声，往届奥运会结束后经常有体育设施被废弃，这成了她的顾虑之一。在 2017 年 2 月，反腐运动的压力也动摇了布达佩斯的申请，使得巴黎和洛杉矶分别获得 2024 年和 2028 年夏季奥运会的主办权。

残酷的事实往往证明那些批评奥运会的声音是正确的：东京成为 2020 年夏季奥运会主办权的赢家，在 2016 年宣布该届赛事组织的成本将是 270 亿美元，这几乎是他们三年前获得申办权时所说数目的四倍。所以，主办奥运会的"金元时代"成为历史了吗？

各申办城市的退出使得国际奥委会大为欣慰，最后只剩下巴黎和洛杉矶两个候选城市。2017 年 9 月 13 日，在秘鲁首都利马举行的国际奥委会第 131 次全会上，巴黎被最终确定为 2024 年夏季奥运会举办地，洛杉矶为 2028 年夏季奥运会举办地。为了安抚原本更愿意在 2024 年举办奥运会的洛杉矶继续申办，国际奥委会承诺向其提供 19 亿美元，这比以往国际奥委会分配给主办城市的金额高出三分之一。"这笔交易太好了，绝不能让它溜走。"从洛杉矶市长埃里克·加希提的表态中可见，他对于能够在今后 11 年里用这笔钱准备奥运会感到十分满意。

参考文献

« Agenda 2020 du CIO », <www.olympic.org>

十
被游说所支配的奥运会
弗朗索瓦·托马佐

盐湖城奥运会的腐败丑闻 [见本部分第三篇] 改变了奥运会申办城市的格局。贿赂和盟友之间的小交易退出历史舞台，紧接而来的是游说手段（lobbying）。在法语中，lobbying（来源于英语）这个词总是带有异国的贬义色彩，仿佛它起源于一种难以理解、毋庸置疑的"盎格鲁撒克逊"文化。

在 2012 年奥运会申办过程中，巴黎、伦敦和马德里并驾齐驱，领先于纽约和莫斯科，法国方面展示了这种文化差异和对这种新的"盎格鲁撒克逊"影响模式的灵活把握。这种对巴黎和伦敦角逐的事后描述是非常讽刺的。一方面，纽约在游说方面没有什么可效仿的，只是起不到大作用的配角；另一方面，巴黎像伦敦一样热心地练习了这种施加影响的手段，但没有达到目的。在这种情况下，是战略决策而不是实践让巴黎付出了代价。

巴黎与伦敦，针尖对麦芒

事实上，自 2002 年冬奥会后，国际奥委会为避免申办城市动用不正当手段降低奥林匹克公信力而推出新政，此后竞逐奥运资格的申办委员会不得不向它靠拢。在盐湖城奥运会之后，除评估委员会外，其他 IOC 成员被禁止前往候选城市，申办者被禁止直接与洛桑当局的任何成员联系。由法国法官帕克莱特·扎佩利领导的道德委员会负责监督这些新规则的遵守情况以及竞争的公平性（任何候选人都不允许诋毁竞争对手）。因此，正如 2012 年伦敦奥运会首席说客迈克·李后来解释的那样，各城市不得不"偶然地与国际奥委会委员会面"。整个策略是造成这些状况的原因。

在发起 2012 年奥运会的申办活动时，巴黎明显是最受欢迎的。1998 年世界杯和 2003 年世界田径锦标赛的成功举办，以及法兰西体育场、夏洛蒂体育场和贝尔西体育馆等先进体育设施都让巴黎居于领先地位。此外，这个奥林匹克主义的发源地自 1924 年以来就没有举办过奥运会，并且 1992 年和 2008 年两次申办遭拒（国际奥委会对全法国的傲慢态度明显表示遗憾）。大家以为属于巴黎的时刻到来了——因为他们吸取了过去的教训，在此次申办过程中表现得谦虚严肃。

另一方面，伦敦还有很长的路要走。英国的伯明翰和曼彻斯特有过三次失败的申奥经历，此外，由于伦敦郊区 Pickett's Lock 的一个体育场项目被放弃，英国不得不放弃组织 2005 年世界田径锦标赛。更糟糕的是，在伦敦宣布参选后不久，BBC 的《全景》栏目中有一篇报道称，记者试图用隐藏的摄像机贿赂奥运会领导人，从逻辑上讲，国际奥委会不喜欢这个节目。英国必须回到正轨，而伦敦将成为他们证明自己的机会。

也许正是在选择申办团成员的过程中，英国受到了最好的启发。首先，他们任命塞巴斯蒂安·科为伦敦奥运会申办委员会主席。这位前 800 米世界纪录保持者和两届奥运会冠军是一位享誉世界的魅力人物，也是一位曾在保守党中负责选举相关事务的政治家。在首相托尼·布莱尔的任期内，伦敦也开始了自己的发展。与时任法国总统雅克·希拉克相比，布莱尔和他的新工党代表着一种复兴和年轻。

伦敦奥组委副主席基思·米尔斯帮助英国代表团摆脱了阴霾。作为一位才华横溢的公关人员，他白手起家并最终成为英国的公关大师，他的坚定信念和倾听能力是他的重要财富。团队还补充了前工党舆论导向专家、欧足联公关总监迈克·李，他后来也被称作伦敦游说团的马基雅维利工匠。

事实上，迈克·李得到了安德鲁·克雷格等其他有影响力人物的全力支持，克雷格利用英国在世界各地的外交渠道，间接接触到国际奥委会成员。李意识到，沟通对 2012 年奥运会举办城市的最终确定至关重要。在伦敦获胜后，他解释道："媒体战略和整体布局比在酒店走廊的阴影下达成的模糊协议更为重要，这是历史上的首次。"

但迈克·李并不是唯一这样做的人。巴黎方面坚守底线，并且经常向国际奥委会道德和行为准则首席官员帕克莱特·扎佩利抱怨伦敦违反了现行的新规定。但法国方面还是聘请了两位经验丰富的英国顾问乔恩·蒂布斯和伊恩·麦克劳德，他们二人对北京和雅典的申奥成功做出过贡献。定居在洛桑的麦克劳德是一个宽厚的苏格兰人，经常出入奥运领导人会面的酒店与酒吧，在这些地方，他掌握到了最精确的档案。另一个颇具影响力的人是纽约的代表，来自美国南部的查理·巴特尔。此人总是西装笔挺，自 1996 年亚特兰大奥运会以来，他一直同许多国际奥委会委员保持亲密关系。

"最重要的是倾听"

候选城市之间竞争的"上半场"在 2004 年雅典奥运会上就已打响，伦敦方面想出了一个创新之举。迈克·李回忆道：

> 用足球术语来说，在《全景》栏目丑闻之后，我们在雅典奥运会上已经两球落后。但我们有一个能"扳平比分"的计划。很幸运的是，首相布莱尔夫妇将前往雅典会见国际奥委会成员。我们制定了一个独特的计划，为的是让我们的竞选活动走出希尔顿酒店的走廊。我们想在公开透明的环境下和国际奥委会的成员见面，比如在看台上就他们最喜欢的运动内容进行商讨。与酒店大厅相比，在一场正在进行的比赛中交换意见要容易得多。

"Lobby"在英语中意为走廊或酒店大厅，这是其他候选代表在希尔顿酒店公共区域徘徊时所采用的一种传统策略。相反，英国代表团与国际奥委会相关成员在伦敦当地的"意外"偶遇却成倍增加。塞巴斯蒂安·科和基思·米尔斯观看了 28 个奥运项目的比赛，"偶然"地将尽可能多的代表请进奥运大家庭的包厢。他们的想法甚至不是谈论伦敦的申奥，只是为了交朋友。此外，每个候选城市在雅典或比雷埃夫斯都拥有一座名为"法国俱乐部"的豪华别墅，国际奥委会的法国和英国

成员可以在那里"友好地"邀请同事，而不会违反良好行为
规则。

正如米尔斯所解释的那样，他们的目标是在 117 名国际奥
委会民选成员见面之前，尽可能多地收集他们的信息：

> 在此之后，我们将在来年举办会议和体育比赛，以
> 便和他们见面。塞布（塞巴斯蒂安）和我列出了我们
> 要接触的成员名单，我更关心商人，而他负责运动员，
> 这是合乎逻辑的。最重要的不是和他们说话，而是倾听
> 他们。

当巴黎继续维持其理论的领先优势时，伦敦将在国际奥委
会评估委员会访问时获得他们的青睐。伦敦曾经的劣势之一是
交通，但这次国际奥委会的代表乘坐了伦敦的标枪铁路，这种
高速列车能在 7 分钟内从斯特拉福德奥林匹克体育场到达国王
十字车站。

2005 年 7 月，最后一场角逐在新加坡的国际奥委会会议
上打响，此次会议将最终敲定 2012 年奥运会的主办城市。不
得不强调的一点是，伦敦在游说方面比它的竞争对手巴黎做得
好得多，英国代表在投票前三天就前往狮城准备就绪。雅克·
希拉克一直留在巴黎并在最后关头才到达新加坡，反观英国方
面，布莱尔和他的妻子切丽已经开始利用这段时间同尽可能多
的代表见面。他们在斯坦福酒店的套房里举办了茶会，这家酒
店旁边就是国际奥委会委员居住的莱佛士酒店。迈克·李事后
回忆道：

　　我甚至得不到机会出房间。这太神奇了，代表们进进
出出，我同他们进行了一次又一次的会面，这种精密的安
排甚至达到了军队级别。

　　而据布莱尔后来透露，他给每个会谈对象都详细描绘了伦
敦申奥的详细计划与愿景：

　　　　我们在竞选活动最后 72 个小时的重心是协调游说方案
和媒体策略。传播团队决心让 2012 年伦敦奥运会成为头等
大事，于是将新闻发布会与知名人士的照片结合起来，并
制定针对特定媒体的战略，确保伦敦奥运会成为头条新闻。
我们所设定的这种工作节奏没有人能独自坚持下来。

　　当托尼·布莱尔在莱佛士酒店接见塞巴斯蒂安·科时，一同
出现的还有前国际奥委会主席萨马兰奇。与此同时，伦敦邀请了
在亚洲有极高知名度的足球巨星贝克汉姆来到新加坡，他一出现
就吸引了所有当地媒体的注意，使得其他候选代表黯淡无光。

　　伦敦最后的致命一击无疑是塞巴斯蒂安·科向国际奥委会
成员所做的最后演讲。巴黎也动员了导演吕克·贝松，但在手
风琴背景下，他的电影只是展现了人们对巴黎的刻板印象而
已。伦敦受到与选民们"意外"接触的启发，通过关注年轻
人和让孩子们渴望参加奥林匹克运动而不是玩电子游戏的想
法，发掘到了一个更广泛的主题，并触及了共鸣。超过三分之
一的伦敦代表团成员是来自斯特拉福德的孩子，而斯特拉福德
的奥林匹克运动基础很匮乏：

关键在于我们的演讲更多的是关于奥林匹克理想，而不是伦敦，我们把辩论提升到一个历史性选择的高度。我们还把自己的短处转化为优势，大谈伦敦将享有的奥运遗产，并强调伦敦作为全球媒体中心，最有能力传达国际奥委会在年轻人中推广体育运动的信息。

最后，正是信息的力量让伦敦取得了成功，游说只是他们采用的一种工具而已。输掉这场竞争后，巴黎将永远对这种令人厌恶的策略进行谴责，因为这与法国的传统截然相反。作为《奥林匹克 2020 议程》的一部分，国际奥委会出台了新的规定，旨在提高奥运会游说活动的透明度。

事实上，自霍斯特·达斯勒和安德烈·盖尔菲的时代以来，除了装满钞票的牛皮纸信封（这是一个不常见的例外），定罪的方法几乎没有变化［见本书第三部分第二篇］。人们相遇交谈，共进晚餐，互相了解，在进行共同的事业之前深入交流。但是，为了防止这种情况的发生，国际奥委会现在设立了一个顾问名册，授权他们代表候选城市进行游说。"登记与注册是申办城市和/或国家奥林匹克委员会提供服务与（或者）签署雇用合同的先决条件"，IOC 官方表示，"正式接受国际奥委会的道德准则以及这些顾问和说客的行为准则，将是注册所必须遵循的"。

无论如何，巴黎已经吸取了 2012 年奥运会的经验教训。在于 2005 年 7 月遭遇失败的 12 年后，巴黎 2024 年奥运会申办委员会出人意料地聘请了迈克·李作为顾问。这一次，法国人尝到了甜头。

参考文献

Mike LEE, *The Race for the 2012 Olympics*, Virgin, Londres, 2006.

十一
"兴奋剂，那是另一回事"
——兴奋剂和民族主义

朱利安·普雷托

　　凭借每年举行的大型赛事以及被奥运会划分的竞赛日历，体育运动似乎成为 21 世纪前二十年中唯一能将人们自然地聚集在一起的活动，通过电视转播，将分散在全球各地爱好者的心联结在一起。但是体育竞赛也可以培养爱国主义，并成为一个国家国民健康状况的晴雨表。不同肤色运动员的优异表现能够增强所代表国家在世界舞台上的归属感、存在感，同时捍卫竞技层面的国家荣耀。

　　奥运会奖牌榜头名的位置竞争格外激烈，不少体育强国对此虎视眈眈。想要达到这一目标，它们尝试了各种方法——你既可以认为这些手段光明正大、合规合法，也可以指出它有悖原则。大型赛事中的民族主义思想始终没有断绝，它通常被看作"文明的幼稚疾病"。

　　20 世纪 30 年代，极权统治站上了世界体育的中心舞台。法西斯意大利在 1934 年和 1938 年两届世界杯接连夺冠，纳粹德国也成为 1936 年柏林奥运会的主要策划者——世界大赛成了两国宣传本国政治体制的工具［参见第二部分第二篇、第四篇］；而在冷战期间，苏联运动员被赋予体现"苏联人"身份的使命，而美国体育界则颂扬以个人自由和物质成就为基础的爱国主义。东西方分歧的存续以及巴拉克·奥巴马与弗拉基米尔·普京政府紧张的外交关系并未在体育领域产生影响。

2016 年里约奥运会开幕前，理查德·麦克拉伦（Richard McLaren）发布的报告仿佛让国际奥委会回到了柏林墙时代。这份长达 97 页的报告遭到了克里姆林宫的迅速谴责，认为它"破坏了稳定"。麦克拉伦是受世界反兴奋剂机构（WADA）委托进行独立调查的加拿大律师，他在报告中表示，俄罗斯当局在 2014 年索契冬奥会之前就形成了"国家兴奋剂体系"：

> 在体育部及有关部门（例如俄罗斯反兴奋剂机构）的参与下，俄罗斯已经建立了有预谋的兴奋剂体系……莫斯科的反兴奋剂实验室与俄罗斯联邦安全局（FSB）进行合作，以对抗种种反兴奋剂的手段。

"身着运动服的外交官"

体育界对国家兴奋剂计划是否存在的怀疑再次出现，很容易让人联想到前民主德国（GDR，东德）的一系列做法［参见第三部分第二十六篇］。在东德，体育扮演了"国家思想机器"的附加角色，作为二战后德意志分裂的国家，运动员俨然就是"身着运动服的外交官"。东德体育在短期内得到了迅速发展，在国际赛场上的接连胜利使该国成为继两大巨头苏联和美国之后的世界第三体育强国，体育领域的成功证明了社会主义制度的优越性，也增强了该国人民的民族自豪感。

这一时期，管理东德体育事务的是国家安全部。时任国家安全部长埃里希·米尔克（Erich Mielke）曾担任柏林迪纳摩俱乐部主席，该体育俱乐部是奥运会历史上夺牌人数最多的一家。记载这一段时期的历史文献在巴特萨罗军事学院图书馆的档案中被发现，随后由肿瘤学家韦尔纳·弗兰克（Werner Franke）和他的妻子布里吉特·贝伦东克（Brigitte Berendonk）进行整理。一系列文件显示，在 1974 年至 1989 年，有一万名东德运动员参加了"uM"（unterstützende Mittel）计划，大量服用一种基于耶拿实验室生产的睾丸激素衍生物。

在东德，男性运动员的荷尔蒙水平通常超出平均水平四倍，运动员们在创造世界纪录的同时付出了不孕的代价。一些将兴奋剂事件弄得难以收场的人员逃过了东德的处罚，例如德国统一后被任命为田径联盟教练的沃纳·高德曼（Werner Goldman），这名教练直到北京奥运会后才被德国田联开除。他遭到众多受害者的谴责，指责他无法了解受害者的困境。在德国统一 1/4 个世纪后，兴奋剂问题仍然十分敏感。

东德的做法在 90 年代受到了统一后德国的指控，但它们已经被西方体育界所复制。柏林洪堡大学研究人员在 2013 年 8 月的一份报告中揭示了这一点，该文件显示，联邦德国（FRG，西德）从 70 年代起还实施了一项兴奋剂政策，以"平等地"与处于敌对关系的兄弟抗衡。内政部下属的联邦体育研究所（BISp）进行了一项针对"数十年来提升比赛表现物质的测试"，这项计划得到了约 1000 万欧元的资金支持。围绕德国与兴奋剂的一系列谜团并未全部解开，但这已经体现了兴奋剂之于这一国家的分量。德国当局在指责其他国家滥用兴奋剂时，常常对本国运动员的晦涩行为视而不见。

在德国，运动员们不断在服药后接受血样提取。在近乎极端的训练模式与熟悉最新生理学、化学和生物创新的科学家们协助下，国际舞台上的德国运动员成了真正的"高性能豚鼠"。

直到 20 世纪 60 年代中期，反兴奋剂的斗争才被组织起来。法律将"反兴奋剂"定义为禁止向运动员提供与体育道德、规则相违背的可以提升比赛表现的援助，它的目的是维护比赛公平、保证体育产业发展过程中的经济利益。二战前，运动员们注射激素、摄入苯丙胺与使用可卡因（或咖啡因）堪称家常便饭；五六十年代，睾丸激素和合成代谢物质成为运动员服用的新型兴奋剂。

1960 年罗马奥运会上，丹麦自行车手克努兹·延森（Knud Jensen）在服用安非他命后逝世，这迫使国际奥委会颁布了制裁兴奋剂的规定。六年后，IOC 医学委员会制定了第一批兴奋剂产品清单。

同时，包括法国（1965 年）在内的许多国家先后通过了各自的反兴奋剂法。在冷战的背景下，通过质疑甚至挑衅来自不同意识形态国家的对手是一种抢占道德制高点的方式，对"自由世界"而言，苏联运动员的表现只能通过大量服用禁药解释。在他们看来，苏联当局存在"双标"行为，尤其是大肆抨击 1972 年慕尼黑奥运会获得金牌的美国游泳选手里克·德蒙特（Rick DeMont），后者因服用禁药而被剥夺了冠军。

逍遥法外的"良好自我感觉"

在不同国家运动员的竞争中，兴奋剂最终只是提高成绩的众多手段之一。它既是提升本国体育层面影响力的一种方式，也可以作为指责对手，导致其失去比赛资格的理由。显然，后者违背了奥林匹克宪章中公平竞赛的体育基本价值观。

尽管受到重商主义、腐败和弄虚作假的影响，体育运动依然是不同于其他领域的一方净土，是捍卫公平原则、追求真善美的仅存庇护所。然而，兴奋剂的入侵为竞技体育蒙上了一层阴影，破坏了比赛原有的公平公正形象与可信度。对评论员和旁观者而言，使用兴奋剂玷污了体育原本的纯粹。

以兰斯·阿姆斯特朗（Lance Armstrong）为例，这位美国车手在国际自行车联盟的庇护下统治车坛十余年，但此后被证明通过欺骗方式染指荣誉，个人形象瞬间从神坛垮塌。阿姆斯特朗赢得的多个冠军曾为美国带去巨大荣耀，他的生涯体现了公众与荣誉之间的微妙关系。因为反兴奋剂主要基于这样的原则："兴奋剂，总该另当别论。"只要阿姆斯特朗在环法自行车赛上击败对手，美国方面便会对这位患癌车手的钢铁意志大唱赞歌。

阿姆斯特朗的两位昔日队友弗洛伊德·兰迪斯（Floyd

Landis）和泰勒·汉密尔顿（Tyler Hamilton）先后因服用禁药身败名裂，另一位队友的妻子贝蒂·安德鲁（Betsy Andreu）的证词也言之凿凿，证明了他们所效力的美国邮政车队中存在系统服用兴奋剂的情况。与服用兴奋剂相比，阿姆斯特朗更大的错误是陶醉在逍遥法外的得意之中，以至于有勇气在法庭上作伪证。美国反兴奋剂机构默许了他的一系列做法，在某种程度上使其进一步坠入深渊。

阿姆斯特朗充其量只是一位"骑自行车的麦道夫"，在利益诱惑下欺骗了美国体坛。在涉及兴奋剂的问题上，所谓的道德论据始终是相对的、波动的，因此每个案件都能引发人们的怀疑：国家在对体坛明星进行调查时，是如何对幕后丑闻视而不见或加以掩盖的？"普埃托行动"就是一个经典范例，2006年，西班牙警方查处了一个涉及为高水平运动员制造兴奋剂的巨大网络，他们从幕后主谋富恩特斯医生手中扣押了211袋血样。马德里法庭2017年认为，这些证据不足以用来"发现某位运动员是否涉及本案（因兴奋剂而受罚）"，于是决定将结果保密。

西班牙当局对兴奋剂的包庇加深了众多邻国（尤其是法国）的质疑。扬尼克·诺亚（Yannick Noah）在接受《世界报》采访时，直接指控西班牙就是兴奋剂加工厂。1998年世界杯足球赛结束后，法国青年与体育部将法国队在内的运动员尿样悉数销毁，法国人对此似乎并未大跌眼镜［参见第三部分第三十五篇］。

参考文献

Werner FRANKE et Brigitte BERENDONK, « Hormonal doping and androgeni-zation of athletes : a secret program of the German Democratic Republic government », *Clinical Chemistry*, vol. 43, n° 7, juillet 1997.

Tyler HAMILTON et Daniel COYLE, *La Course secrète. Dopage et Tour de France, le témoignage qui révèle tout*, Presses de la Cité, Paris, 2012.

十二
足球与流氓组织

弗朗索瓦·托马佐

顶级体育运动和流氓组织有很多共同之处。这两个领域都有能力创造巨大的利润（据统计，2013 年体育行业收入约 7000 亿美元，这个数字几乎是有组织犯罪收入的四倍）。在这两个世界之中，人们都奉行着独有的规则，与普通的法律略有不同。如果说体育是现代世界光明的一面，而犯罪则是黑暗的一面，利益驱使着两个世界的人们走到了一起。

从起源开始追溯，体育在被编入法典之前，赌博是其主要动力：无论是赛马、摔跤还是拳击。通过合法途径或者秘密手段，博彩公司把赌注押在体育赛事上。本书有部分内容回顾了体育行业中博彩与操纵比赛的巨大规模。在这个由互联网和手机推动的新市场中，赌博已成为盗贼洗钱的一种重要方式，同时也能让黑手党起到重要的作用［参见本部分第二十一篇］。

即便钻了高贵艺术与平凡之间的空子，在这一灰色领域，拳击运动长期以来依然享受着特权。关于法国体育流氓最著名的趣闻之一是在马赛举行的一场世界锦标赛，对战双方是巴拿马的阿尔·布朗和意大利的弗朗西斯·博纳古里奥（又名弗朗西斯小子）。后者是马赛的两位教父之一弗朗索瓦·斯皮里托的表弟，弗朗索瓦与其搭档博纳旺蒂尔是贩毒先驱。

1930 年，黑帮让初出茅庐的弗朗西斯与一个名叫乔治·麦克的假美国拳击手（几天前在码头找到的一个人）进行了一场交锋，使弗朗西斯名声大噪。两年后时机成熟，弗朗西斯对世界冠军王座虎视眈眈，他的对手是让·科克托（最轻量级冠军）的朋友阿尔·布朗。比赛中，两个人都没被对方击倒在地，但结果很清楚：阿尔·布朗以大比分领先。可是公众和弗朗索瓦都认为应该算弗朗西斯赢，于是，一场骚乱、几声枪响和对裁判施加的压力让弗朗西斯被判为获胜者。但后来体育当局取消了这一判定。

马赛的鲜活例子

马赛足球俱乐部与流氓组织的勾结一直是一个公开秘密，这能完美体现出流氓组织对体育的操纵能力。据说这家俱乐部之前的诸位主席都与意大利南部的一些黑手党有联系。无论如何，当地黑社会的重要人物从来都没有隐藏过他们对足球的热情，比如马赛教父弗朗西斯·范弗伯格（江湖人称"比利时人弗朗西斯"），他总是热情地向他马赛俱乐部的朋友们提出建议。

据称，范弗伯格于 1986 年抵达马赛时遇见了带他体验当地习俗的贝尔纳·塔皮。他的侄子弗朗索瓦·范弗伯格曾在土伦俱乐部度过了一段平庸的职业生涯，但依然继续留在足球界，并以弗朗西斯的名义向经纪人施压，赚取转会佣金。弗朗西斯和弗朗索瓦分别于 2000 年和 2002 年被谋杀，在弗朗西斯的葬礼上，前马赛球员帕特里克·布隆多抬着棺材，而且马赛的前中场球员伯纳德·帕尔多也到场，他八年前曾收取了 150 万法郎的保释金，帮助弗朗西斯出狱。此外，当弗朗西斯在 1993 年一宗毒品交易案件中被判有罪时，他也向该球员支付了保释金。

2013 年 9 月，前俱乐部教练若泽·阿尼戈的儿子阿德里安在驾驶他的雷诺 Twingo 汽车时被谋杀。"我之前就说这个城市会毁掉他的孩子，看来我是对的。"他哀叹道。早先他是一名球员，后来成为俱乐部的体育总监，他的儿子在六年前被判抢劫罪。若泽在俱乐部具有领袖地位，30 多年来，他毫不掩饰自己与当地一些流氓的联系，比如他儿时的朋友理查德·德鲁达。

绰号"屠夫"的德鲁达能够联系到马赛俱乐部训练中心的医生并接受治疗，甚至想方设法让他足球水平平庸的儿子托马斯也被招入俱乐部一线队，并于 2006 年至 2009 年之间在法甲和法乙联赛中踢了四个赛季，在此期间，俱乐部将他像烫手山芋一样"保护"了起来。加入蒙彼利埃后，在主教练库尔比斯的执教下，这名后卫难得地获得了大量出场机会。托马斯这份充满猫腻的"虚假工作"在 2016 年令俱乐部的账户受到一系列调查，时任俱乐部主席迪乌夫也没能例外。

罗兰·库尔比斯也因与流氓勾连而臭名昭著。1990 年底，在一起与土伦俱乐部的幕后黑钱案中，他就被判入狱三个月。前马赛后卫帕尔多就曾是库尔比斯运作转会的对象（库尔比斯通过转会收取回扣），在两次上诉之后，帕尔多于 2009 年被判处两年监禁，这是第一起有关"马赛账目"的案件。与土伦的情况相仿，其他俱乐部在球员转会期间，通过秘密佣金、空壳公司或在国外支付的形象权，来逃避税务或贿赂中间人。这种操作堪称永恒的"经典"。

与此同时，库尔比斯也被指控于 1990 年在尼斯的赌场操纵赌局，但他侥幸逃脱死神。1996 年，他在耶尔市多米尼克·鲁蒂利的谋杀案中也中枪受伤，多米尼克是巴斯蒂亚一个名为"海风"的黑帮的嫌疑成员，当时他与库尔比斯正在讨论夺回尼斯俱乐部。

和马赛或土伦两家俱乐部类似，尼斯也是南方黑帮成员关注的焦点。2002 年，尼斯俱乐部被三个拥有特殊背景的人接管了四个月：球员让－克里斯托弗·卡诺的经纪人弗朗索瓦·穆雷、蓝色海岸地区黑帮人物的儿子罗歇·穆雷特和库尔比斯的儿子罗贝尔·卡松（马赛黑帮的重要人物之一）。一系列灰色操作证明了这个封闭的圈子已经渗透到南方足球的各个角落。

卡松在马赛的秘密事务中扮演了重要的角色。2002 年，在卡诺的带领下，俱乐部老板路易－德雷福斯前往马赛北部西米安隐蔽地区的"教父"别墅，要求卡松重新让这个过于贪婪和过于动荡的俱乐部恢复正常。卡松当时被认为是雅基·安贝尔的接班人，他被称为"愚者"，是马赛黑帮最神秘的人物之一，让·雷诺主演的电影《不朽》正是受到他们的启发。

在 20 世纪 90 年代，喜欢歌剧而不是足球的卡松经常与朋友安德烈·塞尔莫拉斯（绰号"胖德德"）以及马赛官方商店的经营者、前经纪人里夏尔·拉邦合谋，在加泰罗尼亚的海滩边谈论俱乐部事务。"胖德德"和拉邦最近因敲诈前马赛总经理让－皮埃尔·贝尔内斯而受到指控，贝尔内斯后来成为法国足球界最具影响力的经纪人。

自从在瓦朗谢纳与马赛案中被定罪以来［见第三部分第二十一篇］，贝尔内斯意欲东山再起。在他的生涯中有一个死敌：让－吕克·巴雷西（Jean-Luc Barresi）。20 世纪 90 年代，巴雷西总是为球员代理出庭，甚至在马赛总部办公。他也是 1998～2015 年马赛总理事会主席让－诺埃尔·盖里尼与前部长雷诺·米瑟利耶的朋友，巴雷西经常被他的哥哥称为该市的"教父"之一。

无论如何，当时很多案子都与他相关，即便如此，他也没有离开足球，但他糟糕的声誉使他只能在暗中操作。巴雷西的例子也意味着，在马赛和许多其他俱乐部中，转会通常是一种"抽屉交易"，代理人、中间人、经纪人、副经纪人甚至一些敲诈者都在其中分享巨额佣金，从而抬高了交易成本。

他们通常采取的另一种做法是在球员很小的时候就选中他，为他提供培训费用，帮助他成长，并在他的整个职业生涯中继续获得一少部分奖金。例如，在 2012 年，区域间专门法院的一项调查发现了科西嘉人在旺佐拉斯加牧羊人（当地的一个犯罪组织）中的重要作用，该组织是由图桑·费代里奇从吕讷的监狱中领导，自"海风"组织倒台后，该组织控制了普罗旺斯地区艾克斯的酿酒厂和俱乐部。

在 2012 年 2 月 7 日的一次突袭中，众多的被捕者中出现了克里斯托弗·达米科，他是马赛前锋安德雷·皮埃尔·吉尼亚克的经纪人，从球员职业生涯初期就开始向其提出建议。调查显示，这些足球运动员们尽管收入不高，却常常流连于风月场所，并向往名车名表，于是他们常会向身边的经纪人借贷。此外，科西嘉人还从一些转会中收取税金。

事实上，球员的确很容易成为敲诈勒索的目标，许多曾效力过马赛的球员都有类似的经历。2011 年，巴西人希尔顿成为入室盗窃事件的受害者，引得大家的关注，事发当时，六名全副武装、戴着兜帽的男子闯入希尔顿的家，对他实施暴力，并抢走他的钱财和贵重物品。此外，前比利时后卫丹尼尔·范比滕在他的自传（*Big Dan*，2014）中写道："马赛的球员如同猎物一般，很容易成为受害者。在通往训练中心的路上，球员会经过一个不受法律约束的地区，该地区由当地黑社会帮派所控制。有些人拿着刀，有些人拿着枪。他们敲诈球员并且入室盗窃。"

几年前，俱乐部的一位前主席向笔者透露他曾接到过一个电话，电话那边的人告诉他，他们已经在他的床头柜上放了一盒印有艾克斯夜总会标志的火柴，并且表示他们随时可以联系到他。

马赛的民间传说使这些黑社会的手段听上去更加厉害，但其实这在其他地方也是很普遍的，特别是在涉及转会的欺诈交易方面。"足球解密"网站在 2016 年的报道透露，世界上一些知名球员（如葡萄牙球星 C 罗）是如何逃税的，尽管这与一些大型黑社会组织没有明显联系。在这些爆料之前，阿根廷人梅西和巴西人内马尔也因转会争议而受到训诫和审判。

拉丁美洲的确是足球寄生虫的沃土。早在 20 世纪 70 年代，几乎每个人都知道国际足联主席若昂·阿维兰热与里约热

内卢的博彩大亨卡斯托·德·安德雷德之间关系很好。作为
Bangu俱乐部的非官方主席，他对裁判进行劝说，并拿着枪来
到马拉卡纳球场的草坪上，向裁判讨要说法。其他俱乐部主
席，如博塔弗戈的埃米尔·皮涅罗，也同时领导着一个秘密赌
博网络。

　　虽然马赛的球迷长期以来拥有相当大的权力，甚至有时与
黑帮有联系（例如流氓组织"South Winners"的财务主管是德
鲁达的姐夫，相比喝啤酒他们更喜欢吸大麻），但与拉丁美洲
的俱乐部相比，他们也是小巫见大巫了——这些南美人会组织
成真正的帮派，利用自己的能力，在体育场附近进行各种流氓
和贩运活动，包括贩运毒品。

　　2016年4月，一伙杀手袭击了圣保罗的科林蒂安俱乐部
的球迷，造成8人死亡。和一些马赛球员一样，巴西的著名球
员如前国脚阿德里亚诺，也都有过受害经历，阿根廷的情况也
与此类似，那里的足球流氓表面上只是俱乐部的球迷。其次，
在政客眼里，毒品贩运以及为销售各种衍生品而进行的流血斗
争，也不过是宣传方式以及可利用的工具。

　　哥伦比亚和墨西哥同样是毒品贩运者的天堂，在这些问题
上，这两个国家显然最受关注。著名的巴勃罗·埃斯科巴是麦
德林国民队的主要投资者，在他的帮助下，球队曾赢得南美最
高荣誉解放者杯冠军，1993年他死后，人们把球队的队旗和
他埋葬在一起。卡利贩毒集团也不例外，它通过米格尔和吉尔
伯托·罗德里格斯·奥雷朱拉兄弟控制了城市俱乐部
"America"数十年。2013年，梅西的父亲甚至被指控有意无意
地通过一个慈善组织在哥伦比亚参与了一项贩毒活动。

　　毒品大亨和其他一些不法商贩的兴趣不仅仅是体育。正如马赛的例子所表明的那样，一个足球俱乐部的运作方式、跨境经济、在公众和私人之间建立的桥梁、各种中介方式等互相叠加，能成为一个很好的洗钱渠道。2016 年 5 月，葡萄牙警方和欧洲刑警组织在一项名为"俄罗斯套娃"（Matrioskas）的行动中，瓦解了一个俄罗斯洗钱网络，该网络利用葡萄牙一些陷入困境的足球俱乐部来处理许多犯罪活动的收益。正如欧洲刑警组织金融部门负责人伊戈尔·安格利尼当时解释的那样："足球行业的结构、融资方式和文化方面都存在漏洞，这些漏洞很可能会被犯罪分子所利用。"

参考文献

Xavier MONNIER, *Les Nouveaux Parrains de Marseille*, Fayard, Paris, 2016.

David GARCIA, *Histoire secrète de l'OM*, Flammarion, Paris, 2013.

« Olympique de Marseille. Quand le milieu faisait la loi », *Pièces à conviction*, France 3, 13 juin 2018.

十三

球员经纪人的尴尬

弗朗索瓦·托马佐

　　随着体育商业化成为风潮，体育经纪人这一职业在足球等商业价值巨大的项目中越来越有利可图。在自由主义逐渐适用于体育运动的过程中，官方逐渐放宽管制，为经纪人完成更大手笔创造了条件。尽管 4 月 1 日是西方传统的愚人节，但国际足联在 2015 年的这一天依然做出了大幅放宽经纪人门槛的决定，"国际足联经纪人牌照制度"就此作古。

　　这一规定出台之前，国际足联对球员经纪人有着多方面的要求：必须在通过难度颇大的测试以证明自身法律与会计能力，且能提供财务担保与保险时，才能获得国际足联对经纪人资质的认可。随着新规出炉，这些条条框框也不复存在。如果您在今天想代理一名球员，只需填写一张表格，缴纳 500 欧元并出示无犯罪记录，便可以成为一名合法的经纪人，可以从代理球员运作转会、签署赞助合同与肖像权协议等一系列工作中赚取佣金。

　　为了加大改革力度，国际足联甚至玩起了"文字游戏"，用含义更广泛的 "intermédiaire"（偏向于中间人）替代了原来的"agent"（专指经纪人）。考虑到各个国家法律不同，国际足联将管理体育经纪人的权力下放给各个会员协会，由后者自行裁定一位经纪人是否有权代表球员进行谈判。这家国际足球的管理机构解释道：全球范围内只有30%的转会是通过"官方"经纪人渠道运作，其余均是通过较为隐蔽的中间人进行，显然缺乏透明度。

总之，当时已有的制度不再行之有效。这促使国际足联删去了原有制度的一些内容并进行了精简。此前通过同时代表球队与球员收钱的方式，部分缺乏职业道德的经纪人大发了一笔横财。国际足联认为有必要遏制这种不良风气，因此将中间人摆上台面，中间人在交易中亮明身份后才能开展运作。

就大部分对体育经纪人有着严格规定的欧洲国家（如法国）而言，国际足联的决定犹如一颗重磅炸弹。即使是对经纪人限制更宽松的英国，这条消息也产生了巨大的冲击，在此之前，英国通常由经纪事务所中的精英出任球员经纪人，他们还为艺术家群体提供律师与财政服务。对国际足联新规中可能出现代表球员利益的临时中间人，他们表示了极大的关注与顾虑。

英国经纪人大卫·塞利格曼（David Seligman）接受 BBC 采访时，认为圈内已经暗流涌动：在谈判桌外，拿回扣、中间人隐藏身份、冒名顶替、在避税天堂隐匿金钱……而当国际足联出台新规、放宽甚至取消监管后，这一切只会更加糟糕："假设您现在16岁或17岁，有两位经纪人想与您签约，您会如何选择？是选择对法律条款足够熟悉、愿意为您利益服务的40岁律师，还是专业能力不足却愿意带您出入夜店、购买名表豪车的人？"

国际足联对经纪人放松监管带来的影响是立竿见影的，尤其是英超这一世界上最受欢迎的职业联赛——在英格兰足总注册的经纪人数量在一年之内从原来的 518 位激增到 1516 位，几乎是原来的三倍。在某些案例中，这一新规达到了扼制不纯行为、规范经纪人动机的目标，例如法国经纪人马马迪·福法纳（Mamadi Fofana）从未通过国际足联经纪人考试，但利用自己的关系网和种种私交打通了与俱乐部、球员的联系。

部分球员对这一加强透明度的举措表示欢迎。2016 年面对《每日电讯报》的采访，法国青年队球员穆萨·登贝莱（Moussa Dembélé）讲述了新规前后的变化："以往我不得不通过持牌经纪人处理事务，这使我陷入了错误的境地。某些经纪人并不诚实，也没让我得到应得的份额。如今随着规则更改，我可以授权可靠的人进行谈判。"这位前锋从新规中获取了更多经济收益。

经纪人的坏名声

放松乃至取消对经纪人的管制，究竟开启了一个良性循环还是引发与经纪人有关的一连串负面效应？目前下定论还为时过早。正如马马迪·福法纳所言，即便是有责任心的持证经纪人，对球员的帮助也是有限的，他只是为球员庞大关系网提供合法保护的其中一环——其他中间人、父母、亲朋好友乃至敲诈者都会试图参与球员职业生涯，从中分一杯羹。

仅以法国为例，即使这是对体育经纪人拥有最严格规定的国度之一，但浑水摸鱼者长期以来依然不在少数（法国《体育法》对经纪人必须接受培训的规定依然有效，这相较国际足联此前的约束更加严格）。前持照经纪人、马赛人让－吕克·巴雷西与诸多当地政要私交甚笃，他被众多媒体称为"教父"［见上一篇］。与两个兄弟类似，巴雷西策划过一些大规模犯罪，他曾因为在马赛港口贪污被警方关押，也曾因马赛足球俱乐部的账户问题接受调查（调查持续到 2018 年底）。

法国足坛最有名的经纪人或许是阿兰·米利亚乔（Alain Migliaccio），他代理了一代巨星齐内丁·齐达内的整个球员生涯。米利亚乔与十多位法国国脚有过合作经历，包括洛朗·布兰科、弗兰克·里贝里等大牌球星。然而 2012 年，他因逃税被判五年徒刑，由于认为西班牙、法国均不是"安全国家"，米利亚乔逃到瑞士，并声称已偿还了对西班牙税务机关的债务。

在米利亚乔本人看来，自己是在法国开创了经纪人职业的一代先驱。1984 年，在处理南特后卫马克西姆·博西斯（Maxime Bossis）的事务中，他发现这名球员此前在经济与法律层面收到诸多负面建议。与此同时，米利亚乔也与马赛总经理让－皮埃尔·贝尔内斯建立了联系，这层关系使他见到了当时马赛的合作律师安德烈·比法尔（André Buffard）。此后为保障自身利益，米利亚乔用计中止了双方的合作。

1994 年，由于马赛与瓦朗谢纳假球案［参见第三部分第二十一篇］，贝尔内斯被法国足球协会终身禁止参加足球事务。两年之后，获得国际足联赦免的贝尔内斯自然而然地成了一名球员经纪人，继续与老友米利亚乔保持密切联系。四年后，由于在 1989 年埃里克·坎通纳（Éric Cantona）从马赛转会至波尔多的交易中涉嫌采取欺骗行为，米利亚乔被判处 10 个月缓刑与 30 万法郎的罚款，同时赔偿马赛俱乐部损失与利息 100 万法郎。正是这一时期，齐达内的这位经纪人在法国吃亏后，决定扎根西班牙，继续从事代理业务。

上述的这些例子曾在无数经纪人身上重演过，某种程度上败坏了经纪人这一行业的名声，几乎每个国家的足球经纪人都有过逃税、牟取回扣、操纵比赛、施加威胁等行为。

2018 年，足球经纪人中最具影响力的大鳄是葡萄牙人若热·门德斯（Jorge Mendes），这位葡萄牙巨富深受一代巨星克里斯蒂亚诺·罗纳尔多（Cristiano Ronaldo，简称 C 罗）的信任。门德斯从 20 世纪 80 年代末开始经纪人生涯，据估计他代理谈判成交的合同总额接近 10 亿欧元。作为全球最大足球经纪公司 Gestifute 的头牌，这位葡萄牙人的著名客户还包括以"狂人"何塞·穆里尼奥（José Mourinho）为首的教练、哥伦比亚人哈梅斯·罗德里格斯（James Rodriguez）与阿根廷人安赫尔·迪马里亚（Angel Di Maria）等知名球星，这位经纪人拥有超过 1 亿欧元的个人财富。

第三方所有权：另类转会运作模式

2016 年，致力于揭露足坛内幕的《足球解密》杂志打入为球员牟利的逃税大军中；以米利亚乔为例，该杂志追踪了他在西班牙时的税务状况（在 C 罗为皇家马德里效力时期）。

2012 年，英国《卫报》披露：门德斯对获得球员"部分所有权"的投资十分感兴趣。这一实践是为人所熟知的"第三方所有权"（TPO），它具体指转会交易时，俱乐部将球员经济权利的一部分出售给第三方（经纪人或投资基金）。尽管这是比较新颖的一种出售球员的方式，但还是在 2015 年被国际足联以"近乎奴役"为由全面禁止。

第三方所有权在拉丁美洲非常普遍，在东方国家与伊比利亚半岛同样流行。由于该制度下经纪人或公司拥有球员一部分的所有权，因而它允许俱乐部以超出能力范围的价格签下球员。作为回报，第三方可以在转会发生时获得一笔可观的佣金。在通过 TPO 转会的球员中，不乏阿根廷人卡洛斯·特维斯（Carlos Tevez）、哈维尔·马斯切拉诺（Javier Mascherano）、马科斯·罗霍（Marcos Rojo）与巴西人内马尔（Neymar）、大卫·路易斯（David Luiz）等著名球星。

法国球员埃利亚基姆·芒加拉（Eliaquim Mangala）同样是第三方所有权的典型例子。在他效力于葡萄牙波尔图俱乐部期间，俱乐部将他所有权的 45% 出售给了 Doyen Sports 公司，此交易中的第三方与 RobiPlus 均是投资基金行业中的领导者，两者根据地都设在避税天堂。这些公司背后都有部分球员经纪人在暗中观察，门德斯与意大利经纪人卢西亚诺·多诺弗里奥（Luciano D'Onofrio）便是例子，后者在 2007 年由于违规运作与马赛俱乐部有关的交易而被国际足联禁止参与经纪人工作。

在第三方所有权现象愈演愈烈之时，球员工会选择站在了它的对立面，管理机构也很快意识到，这一模式存在使足球运动误入歧途的风险。事实上，第三方所有者感兴趣的是球员的价值，并在转会时最大程度地利用球员为自己牟利。而在操作A球员转会到B俱乐部时，他们可能也手握B俱乐部球员的一部分所有权，自然会影响结果的公平性。

Doyen Sports是由前葡萄牙经纪人内利奥·卢卡斯（Nelio Lucas）领导的投资基金公司，该公司曾向法庭上诉、呼吁取消国际足联对第三方所有权的禁令，但这一诉求在2016年9月被驳回。巴西、阿根廷与葡萄牙等国联赛从TPO中获益颇多，他们依靠这一模式培养了大量极具天赋的年轻球员，这份禁令可能会对这些联赛造成不小影响。就道义而言，这一禁令让足球运动成了富有俱乐部的游戏，手握大把钞票的大球队不需要通过第三方就可以买入最好的球员。

在美国，第三方所有权也在体育运动中被付诸实践。2008年，棒球运动员兰迪·纽瑟姆（Randy Newsom）将自己的一部分所有权公开出售。自2013年以来，一家名为Fantex的新公司开始专门从事美国体育明星的所有权相关工作。

对经纪人门槛限制的取消诚然促成了圈内的进一步自由竞争，但并未使球员价值受到影响。球员的转会费总额逐年增加，到2018年创造了新的世界纪录。那一年夏天价值最高的转会是基利安·姆巴佩（Kylian Mbappé）从摩纳哥正式加盟巴黎圣日耳曼，费用高达1.8亿欧元。换言之，经纪人新规并未对业内顶尖的转会产生影响，最有影响力的球员和俱乐部已与经纪人之间建立了充分的信任。

就逻辑而言，转会市场的通货膨胀成了顶尖经纪人赚得盆满钵满的推手。随着新经纪人的到来，小联赛与低级别联赛更有可能受到影响，这拉大了欧洲国家联赛中顶级豪门与其他球队的实力差距：知名经纪人几乎垄断了顶级俱乐部，星味稍淡的球队、球员的事务处理过程则出现了更多新人。

从 2018 年的数起案例来看，新规并未使得球员经纪人的职业道德水平有大幅提高。当年 10 月，比利时警方在一次大规模批捕中拘押了 29 名嫌疑犯，其中包括三名球员经纪人。该国最有影响力的大鳄莫吉·巴亚（Mogi Bayat）成为落网经纪人中的一员，他与另外两人涉嫌通过转会非法赚取佣金，并暗中操纵比赛。

参考文献

Stanislas FRENKIEL, *Une histoire des agents sportifs en France. Les impresarios du football (1979-2014)*, Éditions du CIES, Neuchâtel, 2014.

十四
我们达到人类极限了吗？

奥利维耶·维尔普勒

在人类历史的长河中，"纪录"这一概念相对新颖，在体育发展史中也是如此。正如我们在本书第一部分提及的那样，该说法孕育于体育作为表演项目的时代。随着工业革命与生产力飞速发展，比较特定时间内的活动表现使得"纪录"的引入成为必需［参见第一部分第二篇及本文余下部分］。回顾体育历史，无论古代奥运会、中世纪的锦标赛还是18世纪人们下注的拳击或赛马，无一例外只记录获胜者的姓名。

对于参与者而言，最重要的不仅是胜利，同样包括喜悦——这一"定律"对于现代体育诞生前和如今的诸多项目依然适用。这份喜悦融合了参加多人项目竞争的刺激与收获，与结果、数字相比，竞争本身的过程更具价值。

19世纪末，只有少数统计学家会保留并存档田径、游泳等比赛的成绩，但他们的记载并不完全可靠。体育发展的趋势使得人们有必要在全球范围内组织规范的体育赛事、畅通的沟通机制，使得"记录"与"纪录"可以作为一条更有说服力的准绳。20世纪初，成立于1908年的国际泳联（FINA）记载了第一批世界纪录；到了 1912 年，田径比赛开始认可所有项目的世界纪录。一个属于"纪录"的时代开始了。

这一时代从拉开序幕开始，就始终处于一个微妙的循环中：人类是否能不断突破自身的身体极限？一个多世纪以来，运动员的表现呈曲线上升之势。这一变化似乎合乎逻辑，反映出人类始终在取得进步。某些被称为"超人类"的纪录引发了公众疑问：如果有运动员创造了几乎无法打破的纪录，这项运动将何去何从？人们不由得联想起 20 世纪 80 年代东欧运动员集体服用兴奋剂后的表现（尤其是在民主德国）。

正是在 20 世纪 80 年代，女子田径诞生了两项难以逾越的世界纪录。女子 800 米世界纪录是迄今为止尘封最久的女子项目，它由捷克运动员娅尔米拉·克拉托赫维洛娃（Jarmila Kratochvílová）在 1983 年创造，成绩为 1 分 53 秒 28；1985 年，玛丽塔·科赫书写了至今未破的女子 400 米世界纪录（47 秒 60）；这里也需要提到女子 100 米与 200 米短跑，两个项目的世界纪录均由美国选手弗洛伦丝·格里菲斯 - 乔伊娜在 1988 年创造，成绩分别为 10 秒 49 与 21 秒 34。而在长距离项目上，马俊仁教练门下的一批中国女将在 90 年代独领风骚。

对于观察家们而言，这些纪录也许显得并不光彩：它们或背上了服用兴奋剂的嫌疑，或是在有损运动员身体状况的条件下获得。人们时常会讨论起乔伊娜身体的惊人变化，克拉托赫维洛娃身上的"男性气概"也成为舆论谈资。南非选手卡斯珀·塞门亚（Casper Semenya）的外貌特征与男性有些相似，当她跑出接近女子 800 米世界纪录的成绩后，受到了铺天盖地的"双性人"质疑。

南非著名学者罗斯·塔克（Ross Tucker）始终是同胞塞门亚的力挺者。谈及女子田径时，他在个人网站 Sportscientists.com 上发表了自己的看法："20 世纪七八十年代，女子田径运动显然发生了根本性的变化。这一时期的纪录几乎超越了整整一代人的能力范围，以至于 30 多年来的训练手段、科技进步都相形见绌。倘若不服用兴奋剂或拥有高到离谱的睾丸酮水平，一名女运动员想要再破 400 米与 800 米纪录难比登天。"

随着表演性质在体育百年变迁之中一点点脱离发展潮流，体育比赛的纪录陷入了一个饱受质疑的时代。破纪录者或多或少被冠以"怪物"之名，"宇宙级""非凡""超人类"等词汇反映了观众对天才选手们的直观感受。

博尔特的纪录能被改写吗？

在近些年的国际田坛，尤塞恩·博尔特似乎是一个特例。尽管有人提出过类似的问题，但没人敢真正暗示这位牙买加飞人有服用禁药的嫌疑——他是有史以来男子 100 米与 200 米项目的第一人。所有人都注意到，博尔特作为一名短跑选手拥有极为突出、异于常人的身体构造与运动能力。短跑运动员通常肌肉发达、身高中等，而博尔特身材高大瘦长，比赛时步幅较大，身体异常放松。

博尔特缔造的纪录堪称恐怖：100 米 9 秒 58、200 米 19 秒 19。牙买加人的横空出世推翻了人们对田径运动惯有成功模式的认知，也引来了多方关注与研究。达拉斯南卫理公会大学的运动生物学家彼得·韦安德（Peter Weyand）在分析中指出，博尔特某种程度上颠覆了田径传统。就身体构造而言，牙买加人看上去确实异乎寻常：脊柱侧凸使他的膝盖在比赛中能比对手抬得更高；一条小腿相比另一条稍短一些，使得跑步中步伐显得并不对称。对于这些特征是否能提高速度，博尔特是否能使自己在比赛中适应这些看上去有些奇怪的特征，韦安德及其团队尚未给出定论。

20 世纪 80 年代末，一系列复杂的研究认定人类 100 米的极限是 9 秒 70。随着这一壁垒被博尔特打破，新的问题随即出现：博尔特的纪录是否能被改写？人们曾经认为鲍勃·比蒙（Bob Beamon）在 1968 年墨西哥城奥运会创造的 8.9 米跳远世界纪录达到了人类的天花板，但 23 年后美国选手迈克·鲍威尔（Mike Powell）将这一"不可能被打破"的纪录提高了 5 厘米。

然而，我们需要注意到博尔特所创造纪录的特殊性。2016 年里约奥运会之前，应用数学家大卫·森普特（David Sumpter）做了一个有趣的分析。他仔细研究了男子 100 米世界纪录的变化曲线，发现这条曲线在博尔特的时代完全不符合常规走势。博尔特 9 秒 58 的世界纪录在 2009 年柏林田径世锦赛上创造，这位三夺奥运百米飞人大战金牌的牙买加人显然"违背"了规律——如果这条曲线按照常规预期走下去，人类直到 2030 年才能达到这一成绩。那么，这将会是人类百米的上限吗？未来是否会有人做得更好？如果我们继续关注森普特的曲线，或许得等到 2031 年及以后……

博尔特的大红大紫加快了运动科学的研究步伐。其他研究人员通过使用不同的数学模型，推算出人类 100 米速

度的理论极限是在 9 秒 44 至 9 秒 48。韦安德认为牙买加人
的纪录仍存在上升空间，2012 年，他在实验室测试后发现：
当短跑运动员让一条腿以最快速度跳起时，他将获得多于
跑步状态下 30% 的动力。韦安德同时指出：对地面的冲击
力和身体重量是影响短跑运动员成绩的更重要因素，而非
运动员将双腿恢复位置的速度。作为顶级选手的博尔特会
在 0.085 到 0.09 秒内向地面施加约等于自身 5 倍体重的
力量。

在韦安德看来，短跑运动员可以充分利用这 30% 的动力
差距。这位美国学者预计人类理论上 100 米的极限水平将是 9
秒左右（达到这一成绩需要在 0.07 秒左右时间内向地面施加
自身体重 6 倍的力量），但他拒绝做出进一步的推断。2016 年
接受《卫报》采访时，韦安德表示："我认为人类的速度还有
能力大幅提升，但究竟达到什么速度？科学知识似乎并不能很
好地回答这一问题。"

与乐观派不同，一些研究人员认为博尔特的纪录意味着人
类已经达到自身极限，它是多方面因素综合作用的结果。这一
结果不仅与人类本身的进步、训练水平与技术手段的提高有
关，同样与运动员的身体构造、比赛的特定环境（天气、服
装与场地）存在关联，这一切让博尔特取得的成就堪称登峰
造极、难以复制。

法国国家体育专业评定和运动员培养学院（INSEP）所属
的科学部门、运动流行病学及生物医学研究所（IRMES）于
2015 年进行了一项工程浩大的研究，通过分析 147 个项目自
20 世纪初至今每年最佳的十项成绩后发现，属于"纪录"的

时代即将作古。法国研究人员的研究表明，多数运动项目在
20世纪80年代触碰到了生理学的上限。IRMES的数学家、参
与研究的教授若弗鲁瓦·贝特洛（Geoffroy Berthelot）的表态
言简意赅："我们已经达到了人类的极限。"

作别纯粹的"表演时代"

在若弗鲁瓦·贝特洛看来，三分之二的田径世界纪录将无
法再被超越，这意味着一个时代的句点："目前，运动员彼此
之间认为当下的纪录难以被打破。然而在20世纪20年代体育
运动组织松散时，打破纪录犹如家常便饭（包括通过作弊等
手段）。第二次世界大战后，随着体育组织架构趋向于高标
准，人们已经意识到这种超越极限的概念。于是就出现了这样
一个问题：我们是否应该将注意力仅仅放在胜利上，而忽略了
相对纯粹的过程与表演性？名次与纪录是两个截然不同的概
念，然而体育界人士并未完全划清两者界限。我们想的只是怎
样去做更多，当然这种趋势不仅停留于体育范畴，而且涉及更
多深层次的东西。"

然而对于各大体育项目联合会而言，纪录的终结是他们难
以接受的——如同经济停止增长之于证券经纪人的打击。接下
来的趋势可能是冲击新的目标：假使100米世界纪录就此无法
逾越，那为何不将目光瞄准其他项目，例如2小时内跑完全程
马拉松？尽管INSEP认为目前人类的身体机能距离冲击这一
新极限依然有很大困难，但已有众多科研团队、运动员与赞助
商在为此努力。贝特洛表示："我们一般会统计运动过程中的

氧气损失。当下人们的生活习惯使得青少年的生理表现发生变化，某种程度上制约了我们的研究。"

而在谈论到博尔特的纪录究竟能否被后人赶超时，这位 IRMES 的研究员给出了如下观点："据我所知，世界纪录出现的频率会越来越缓，它将逐渐向牢不可破的方向发展。与此同时，运动员的选拔趋向于全球化，比赛选手都是从全世界 70 亿人口中精挑细选的精英。可以这么认为：为了满足不同项目的需求，我们已经发现了适应性最强的人才。半个多世纪以来选拔机制的科学化使得博尔特创造了 100 米的神迹。我们当然不能武断地认为不会有人打破这一纪录，我们不清楚何时会发生以及这是不是最后一次。"

毫无疑问，能拥有惊人的速度，博尔特的身材是原因之一。研究显示博尔特与 1936 年奥运会百米冠军杰西·欧文斯力量相当，但在步伐上更长，因而具备了创造更好成绩的条件。然而根据 IRMES 的研究，运动员的身材已经触及了理论上的极限水平——这一点在篮球运动中得到了印证。在寻找身材更高大球员的过程中，球探们意识到他们高大的身材制约了自身爆发力，同时更容易出现关节损伤。

博尔特是否前无古人、后无来者？这注定将是很长一段时间内国际体坛津津乐道的话题。贝特洛给出了一系列假设，也点明了后来者成功需拥有的要素："打破 100 米世界纪录的新的天选之子是否已经降临？教练们是否会有大量的时间去发掘这一天才？他身边是否会有类似辅助博尔特的技术团队？他是否具备成功的社会因素？是否会从小就通过系统而科学的训练接近这一目标？我们都不得而知。"

　　提高人类运动员表现上限的一项手段是技术。"鲨鱼皮"泳衣是一个典型例子，催生了许多游泳世界纪录的刷新，最终在 2010 年遭到封杀。然而说到底，纪录存在的意义并非全球人口增长的必然结果，而是反映了人类一次次向自我理论极限发起的冲击。

参考文献

« Les JO dans l'histoire des meilleures performances d'athlétisme », IRMES, <www.insep.fr>, 25 février 2016.

Est-ce la fin des records du monde ?, podcast France Culture, émission « Du grain à moudre ».

Isabelle QUEVAL, *S'accomplir ou se dépasser. Essai sur le sport contemporain*, Gallimard, Paris, 2004.

Isabelle QUEVAL (dir.), *Du souci de soi au sport augmenté. Essais sur le corps entraîné, dopé, appareillé*, Presses des Mines, Paris, 2016.

Geoffroy BERTHELOT *et alii*, « The Citius end : World records progression announces the completion of a brief ultra-physiological quest », *PLoS ONE*, vol. 3, n° 2, février 2008.

Geoffroy BERTHELOT *et alii*, « Athlete atypicity on the edge of human acheviement : Performances stagnate after the last peak, in 1988 », *PLoS ONE*, vol. 5, n° 1, janvier 2010.

Peter WEYAND, Andrew UDOFA et Laurence RYAN, « Does symmetry matter for speed ? Study finds Usain Bolt may have asymmetrical running gait », *SMU Research News*, juin 2017.

十五

α－辅肌动蛋白3，真正的短跑基因？

弗朗索瓦·托马佐

20多年来，牙买加短跑选手在国际舞台上掀起了一股炫目的黄黑色风暴。超级飞人尤塞恩·博尔特、女子名将谢莉－安·弗雷泽（Shelly-Ann Fraser）在世界大赛屡屡折桂，引发了英国与牙买加本国研究人员的兴趣：究竟是何种神秘力量，推动着这个仅有300万人口的小国屡屡出产高水平短跑运动员？在兼顾历史文化等因素的前提下，部分研究人员将精力放在了寻找"短跑基因"上，以期破解高水平短跑背后的密码。

以牙买加人雷切尔·欧文（Rachael Irving）为代表的一批科研人员认为：从新世纪以来，在世界上最出色的短跑运动员体内，他们发现了一种生物元素——α－辅肌动蛋白3。这是一种有助于肌肉快速纤维性颤动、提供更强爆发力的蛋白质，因而对提升短跑冲刺速度格外有益。

欧文展示了此类蛋白质的三种形态：强形态（RR）、弱形态（RX）与无效形态（XX）。基于牙买加最好的短跑选手中有四分之三的体内含有 RR 这一事实，这位女科学家做出假设：该形态的 α – 辅肌动蛋白 3 正是业界寻觅已久的"冲刺基因"。不同的是，该蛋白质的弱形态似乎更有利于长距离项目（如马拉松）跑者的发挥。然而在这之后，欧文同事丹尼尔·麦克阿瑟（Daniel Macarthur）进行的一项研究表明：在肯尼亚选手体内含有更多 RR 的这一蛋白质，而他们向来以中长跑见长，而非冲刺！

这种形式的辅肌动蛋白被发现存在于牙买加 70% 的人群体内，在非洲西部同样十分常见。尽管如此，只有屈指可数的少部分人在拥有该蛋白的同时具备 100 米跑进 10 秒的能力。

其他研究者的观点并不统一。牙买加黑人医生埃罗尔·莫里森（Errol Morrison）认为，饮食同样可以影响运动成绩，如食用山药可以吸收其中类似类固醇的激素。然而对这些块根植物进行测试后，关于其是否能有效提升运动能力尚无定论。

英国遗传学家、运动生理学专家扬尼斯·皮齐拉迪斯（Yannis Pitsiladis）对牙买加短跑选手与来自高原、在中长跑项目占据统治地位的非洲选手分别进行了分析，发现他们并没有特定的遗传同质性。埃塞俄比亚跑者拥有与大部分欧洲人极为相似的基因，而肯尼亚运动员与本国普通民众的基因形态也不存在差异［参见第二部分第二十五篇］。在以皮齐拉迪斯为首的一帮研究人员看来，无论是牙买加短跑天才抑或非洲中长跑悍将，他们的成功首先应当归结于本国的历史、社会与文化。

自从亚瑟·温特夺得 1948 年伦敦奥运会 400 米项目金牌

以来，短跑就成为牙买加一项全国性的体育运动，也逐渐成为这一加勒比岛国教育的根基。这可以解释为何有一大批运动员投身到短跑项目中来，其中有一部分运动员经过严格训练具备了在国际舞台上大放异彩的能力。正如前短跑名将、牙买加田径元勋之一丹尼斯·约翰逊（Dennis Johnson）所调侃的那样，在该国寻找"冲刺基因"就如同试图搜索"雷鬼基因"一样荒谬——这与在英国或印度寻觅"板球基因"如出一辙。

基于上述探究，广义上唯一可以解释地区之间运动特长与表现差异的只有文化因素。在《国际运动科学与训练》杂志发表的联合文章中，皮齐拉迪斯、约翰逊与另一位研究人员安东尼·戴维斯（Anthony Davis）认为，种族偏见同样是影响因素之一：所谓的黑人跑者"优越论"在人们心中根深蒂固，以至于白人在运动项目的统计上倾向于自我定位；或者从小时候起，白人就会选定一项认为最适合自己闪耀的项目投入其中。正因如此，他们会有意识地与他们认为对自己"天然不利"的人群保持距离。

参考文献

Richard Moore, *Bolt, la suprémacie. Voyage en Jamaïque, l'île au trésor du sprint*, Hugo, Paris, 2015.

Daniel MACARTHUR, « The gene for Jamaican sprinting success ? No, not really », *Wired*, 10 avril 2008.

Yannis PITSILADIS, Anthony DAVIS et Dennis JOHNSON, « The science of speed : Determinants of performance in the 100 m sprint », *International Journal of Sports Science & Coaching*, vol. 6, n° 3, 2011.

十六

运动装备史：进化与限制

弗朗索瓦·托马佐

　　自从诞生之初，围绕体育运动就出现了两个并存的概念：其一关注比赛本身与胜利者的荣耀；其二关注运动表现及其结果与纪录。体育的两种概念催生了装备、器械、工具等硬件设施的不断发展，具体项目也从一开始更贴近自然、注重身体的跑步、游泳或格斗延伸到如今依靠先进科技的一级方程式赛车（F1）、顶级帆船比赛等。当相关硬件占据太多戏份时，人们可能会在竞争过程中过早触碰到某项运动的极限。以原本属于体育项目的航空为例，该行业发展之初发生了多起事故，随后从竞技体育的范畴转向纯粹的交通运输。

　　因此围绕体育运动，我们总会面临如下问题：某个项目在哪里开始、何地结束？在怎样的前提下，科技与工具的辅助可以不改变某项运动的本质与趣味性？技术的飞跃使得"能力大爆发"的观念比以往任何时候都更加可信，此时体育可以通过调整不同项目的特点与限制因素，成为技术与道德结合的试验田。

　　某些技术的运用几乎与兴奋剂无异，例如隐藏在自行车内部的引擎、大规模改善构成与性能的泳衣等。与打击兴奋剂类似，各运动项目机构发现自己陷入了难题之中：如何界定这一项目的标准？哪种物质或装备改变了竞争者之间的平衡以及提供人为优势？即使国际体育仲裁法庭（TAS）能够以此为依据并对多项案件进行裁决，他们的标准也很少融入道德因素。当兴奋剂与部分科技威胁到了体育运动的后续发展、正常成功法则与既有利益时，它们就被视作危险的因素。

是否该举起道德大棒？

当体育自 19 世纪末重生、发展以来，它始终有一个重要前提：以人为本。业余主义体育的忠实追随者甚至拒绝训练，他们认为这会使体育的纯粹性"变味"。根据现代奥林匹克之父顾拜旦的理念，体育的核心永远是"运动的价值"，意味着始终追求完美的身体状态，并尽可能减少外部因素的干预（例如化学与其他科技手段）。2011 年，遗传学家阿克塞尔·卡恩（Axel Kahn）在《幻想》杂志刊文指出，体育实际上美化了生物体固有的不平衡：

> 在我们系统性地提出意志、勇气与其他染指冠军需要的基本美德背后，首先存在的是另一种行为，即为了达到统治目的而利用生物体个体之间的不平衡加以掩盖。大多数文明尝试通过制定法律或规则保证每个人的权利与尊严均等，并在一定程度上弥补不公平，但在体育领域则恰恰相反：体育运动形成了生物学上的阶层固化，最强壮的竞

争者几乎总能赢得胜利。仅从道德角度看，弥补生物体个体间固有不平等的意愿并未令我吃惊。

在同一本杂志中，哲学家拉斐尔·韦谢尔（Raphaël Verchère）呼吁通过技术一点点缩小生物学上的不平衡。在他看来，这是保证体育尽可能公平最实在的方式：

> 当一名竞技者达到自身运动量、运动能力的极限却依然无法与对手匹敌时，他可以采取的做法相当有限：要么屈从于先天和自然因素造成的现实，听天由命；要么寻求其他方法，甚至向兴奋剂与技术"求助"——它们都直接影响着人力资本。除了循规蹈矩地工作以外，人力资本开发的所有手段都包括大型体育机构通常所说的"作弊"。

因此，决定作弊在何时适用的生杀大权掌握在了各大体育主管机构手里。在反兴奋剂斗争中［参见本部分第二十五篇］，国际自行车联盟反兴奋剂委员会主席格扎维埃·比加尔（Xavier Bigard）特意区分了"修复"与"刺激"的不同。国际田联近年颁布了新规，规定了女性运动员的睾酮含量上限，超标者不得参加女子比赛，此举是为了尽可能降低生理学差异所造成的竞技公平缺失。南非短跑运动员奥斯卡·皮斯托瑞斯（Oscar Pistorius）则是一个非常特殊的例子，他是一位双腿遭遇截肢的残疾跑者，获准在 2012 年伦敦奥运会上与健全运动员同场竞技。

皮斯托瑞斯因为两条假肢获得了"刀锋战士"的绰号，他的参赛并不意味着困扰体育当局的问题获得解决。需要讨论的不仅是他用板条替代截去的双腿征战赛场是否意味着优势，还涉及更深层次的疑问：禁止残疾运动员站上跑道是否有悖道德？就这一案例而言，"道德"的位置似乎被本末倒置了。鉴于"刀锋战士"是身体残疾导致竞争不平衡的受害者，人们替他辩护的同时忽略了其他因素。

除了如何清晰定义"自然"与否这一难题之外，各大管理机构还以"公平"的名义对技术进行了规则方面的细化：规定每个项目的运动员使用相应设备或科技手段的注意事项，甚至是义务（如果装备不同，则需要让装备等效）。显然，技术层面的支持使得运动员的生理学、训练与比赛表现得到大幅提高，但不应成为随意干扰、介入比赛结果的因素。

上述做法是汽车、自行车或滑雪等项目联合会为了追求相对公平而采取的措施。F1赛车运动的发展史正是围绕着以下两方面展开：授权的技术创新（拆卸外壳、采用涡轮发动机、规定进站次数与轮胎要求等）与车手的天赋。

自行车运动与汽车如出一辙，从早期变速器到如今被怀疑隐藏在赛车内部的发动机，都见证着新技术得到认可的漫长过程。1933年起，国际自行车联盟（UCI）禁止在比赛中使用可以水平推进的卧式自行车——车手可以躺着脚踩踏板，效果相比坐姿踩踏板更明显。60年后，苏格兰选手格雷姆·欧伯利（Graeme Obree）在一辆经过改装的"座驾"上尝试恢复旧方法，并一度短暂成为场地自行车一小时耐力赛的世界纪录保有者。

　　无论如何，官方的理念总是一致的，即所有竞争者应当配有性能相似的装备。然而根据同样的逻辑，人们可以从另一个稍显刁钻的角度做出不合常理的推断：既然运动员应当使用类似的装备，那么兴奋剂使用是否合法？这一推断受到了兴奋剂支持者的拥护。

　　围绕运动装备与道德、公平性的联系，观点不同的双方各执一词并展开了激烈辩论，但他们几乎没有得到各大联合会的统一指导。领导者们的目的很简单：在不损害比赛本身利益的前提下，最大限度地发挥竞技体育结果不可预知的魅力，用比赛的热情保持对观众的吸引。体育圈高层与运动装备制造商正是在这一点上形成了共鸣，他们推动装备与技术向"通货膨胀"发展。

商业因素的作用

　　法国运动生物学家、艾克斯马赛大学运动科学系主任埃里克·贝尔东（Éric Berton）是推动科研人员与装备商合作的第一人。他对这一话题进行了这样的总结：

　　　　当体育机构意识到过多的技术渗入会使体育变味时，他们尽管肩负经济压力也会做出改变，试图确保比赛的决定性因素在运动员本身。这是一个始终存在的问题，我们需要找到体育比赛中运动员的发挥与装备影响之间的平衡点。

　　以网球运动为例，在球拍上双层球网禁令推行之前的

1977 年，罗马尼亚选手伊利耶·纳斯塔斯（Ilie Nastase） 就"利用"这一项规则令当时的最佳运动员吉列尔摩·维拉斯（Guillermo Vilas） 颜面扫地。再如同 21 世纪前十年格外有名的"鲨鱼皮"泳衣，它帮助众多运动员打破纪录［参见下一篇］。与这些规则相关的决策首先是基于商业因素做出，而非道德或哲学层面。对此，贝尔东认为：

> 无论对于各大联合会、赛事组织方还是装备制造商而言，维护体育不可预知性的魅力都符合他们的利益。假使运动员因为技术原因被迫失去自由意志，而不得不屈从于传感器的一系列计算，那么体育将丧失其初衷。观众将会流失，装备商的销售也会受到大幅影响。

倘若各大联合会进行选择时总是将"人"的优先级放置于机器之上，那么观众（确切来说整个体育市场）都会因此受到良性刺激——观众对胜利者或最强者的种种设想与预测将与现实一一碰撞，这具有无可比拟的吸引力。

然而不可否认的是，科技的发展使其与运动紧密相连，愈发细化，可以根据运动表现的需要进行使用与调整。如果"修复"与"刺激"的区别仍然存在，那么有一点也许会令人吃惊：在该领域活跃的企业与研究人员常常会为残疾人提供帮助。电动自行车、小型高尔夫（球速更快）等一系列设备早已飞入寻常百姓家，但出于对项目本身利益的维护，它们被禁止用于比赛中。

正是基于此，实验室与体育科技相关产业链都努力做到谨小慎微，避免触及规则红线。理论上，研究人员可能会试图开发出一款不可探测的自行车发动机或起到间谍作用的传感器，用来精确获得对手在某一特定时刻的生理数据。但如果未能准确地达到目的，该承担怎样的后果？谁又该为此买单？

贝尔东承认，现有的技术已经对运动员提升比赛表现具有极大的辅助作用，但随之而来的是一系列道德层面的疑问。就拿贝尔东所在的研究部门来说，他们需要积极寻求向规则靠拢，提出合法范围内的技术措施。如果有关人员开发出更轻便的自行车或更有利于空气渗入的服装，那么他们可能会将发动机的改良放在一边，因为发动机"虽然是解决方式，但它是被禁止的"。

纵观今日体坛，已有不少工具为运动员提供技术支持，例如嵌入式传感器、增强视觉效果的眼镜。部分运动队会穿着拥有传感器的 T 恤衫，其中的 GPS 传感器会实时传输运动员的各项身体数据。这项技术可以通过监测运动员的实时身体状况，结合场地类型、天气条件等其他因素有针对性地决定比赛策略。那么在它的作用下，跑步者的自由意志是否会受到影响？贝尔东给出的看法是："对于自行车内部的耳机或功率传感器引起的争论，已经屡见不鲜：它们一定程度上阻止了车手依靠本能进行驾驶。我们其实可以从服装入手，展开进一步研究。"

但是运动员一味"按照本能"比赛是否得当呢？应当以怎样的名义？2017 年环西班牙自行车赛期间，当地媒体纷纷抨击天空车队的英国车手、前环法冠军克里斯托弗·弗鲁姆（Christopher Froome），指责他配备的功率传感器性能过于优越，而包括西班牙本土、哥伦比亚等其他国家的车手依然在用传统方式比赛。"自然"与"人为"的对立就此扩展到了对新知与经验的获取！不管是否拥有传感器，弗鲁姆最终都以合规的方式夺得了该年度环西自行车赛的冠军。然而舆论的口水战没有就此停止，人们针对自行车与汽车比赛技术的运用究竟有怎样的重要程度而争论不休。

体育圈对"自由意志"的讨论也扩散到足球运动中，尤其是国际足联决定在 2018 年世界杯上启用视频助理裁判（VAR），这一全球最重要的国家队比赛历史上首次引入实时回放辅助裁判进行判罚。VAR 技术遭到了包括前欧足联主席米歇尔·普拉蒂尼（Michel Platini）在内众多人士的反对声音，他们认为这一科技手段对足球运动的公平性与普及并无益处，因为偏远地区或民间比赛几乎不具备运用 VAR 的条件。

回顾 2018 年世界杯赛事的进程，我们至少可以确定：视频助理裁判技术不可避免地存有争议，它的未来走向将取决于是否能为比赛本身的观赏性、公平性提供长期帮助。正如"足球笔记本"网站编辑杰罗姆·拉塔（Jérômc Latta）在《世界报》官网开设专栏中指出的那样：VAR 技术肯定无法消除足球比赛中的争议，尤其是在看上去模棱两可的情况下，需要由裁判员思考后自行决定判罚。除此之外，它还冲淡了进球之后球员们情感的释放（当场上出现进球后，VAR 裁判会介入核对是否有效，经过一两分钟后确认进球无效的案例比比皆是）；最让人难以接受的一点，是它破坏了适用于任何场合体育运动的"人本因素"。

无处不在的计算机

几乎在所有体育项目中，计算机都无处不在：它成为辅助训练、制定比赛策略的必备帮手。大型棒球或足球俱乐部、网球教练都有适用于该项目的计算机软件，有条件的还会配备专门的技术分析师。这些软件与技术可以帮助教练更好地了解本队运动员与对手们的技术特点、状态变化，全面的分析有助于更好地引进符合要求的新援。

以自行车运动为例，工作团队拥有庞大的数据库与精细的建模系统。两者的结合可以使团队全面了解对方车手的比赛时间、具体表现、获奖纪录录乃至在不同场地条件下的比赛态度。当所有业余爱好者与职业车手都使用一款名为 Strava 的运动定位软件记录骑行时间等各项数据时，是否应该将他们禁赛？这显然不现实。

当技术与体育运动发生碰撞时，安全是首要考虑的因素之一。在自行车运动中，车队与车手证明比赛中使用耳机不会影响到安全；但 UCI 与有关车队体育总监协商后，还是选择了在一些相对传统的比赛中禁止使用耳机。而在包括 F1 与拉力赛等赛车赛事中，涡轮发动机由于导致事故频发被主办方列入黑名单。随着科技设备体积的不断缩小与机器人技术的飞速发展，提高运动员比赛表现的上限成为研究人员热衷的课题之一。但对于贝尔东而言，"生化电子人"（cyborg）并不一定适合体育的明天：

增强人类的表现能力是出于现实的需求。医学界已经针对它展开了研究（例如与残疾的抗争、对太空中宇航员的研究），并有可能在未来让体育赛事受益。我们可以将传感器放在千里马身上，未来它也有很大的可能运用于人类，当然，现在还有包括自然选择在内的众多传统方法。在选拔未来的奥运冠军时，中国教练通常会根据一套形态学、身体素质标准选材，许多孩子在起跑线上就已被甩下一大截。只有极少数可以成为夺得金牌的幸运儿，冠军只是一个巨大循环的终点。

在贝尔东看来，影响体育表现的因素涵盖了众多方面，技术仅仅是其中之一："体育赛场上的表现是多元素作用的综合体：外部环境；精神与身体状态；竞技与物质方面的准备……考虑到时代与场地的差异，我们几乎不可能将两次比赛表现从同一角度进行纵横对比。"此外，他还认为，在体育中心刻意强调人与物的区分并无太多意义。如果没有伸进去的脚，鞋子就无法发挥作用；没有新手操作，滑雪板也无法在银色中翱翔：

为了测试运动鞋的耐久度与老化程度以判断其价值，我们成功说服合作伙伴使用特制的机器敲打它们。优化运动鞋性能需要充分考虑使用者的感官需求，这一点十分有趣，我们的理念之一当然包括保护健康。如果装备制造商仅仅考虑性能而忽视健康（例如网球运动引发的肱骨外上髁炎），那么使用运动装备进行长期重复动作将为他们带来隐患。我们要保证尽可能地延长选手的运动寿命。

　　运动员表现与胜利的终极密码究竟在何方？贝尔东表示，它在于运动员自身综合素质与运动装备恰到好处的平衡，但仅靠装备是不可能赢得胜利的："尤塞恩·博尔特穿上彪马的定制跑鞋比一般跑鞋后跑得更快，但即使我们穿上彪马战靴与穿普通鞋子的博尔特比，也不可能跑得过他。"

　　除去上述列举的一系列技术与装备，围绕体育最新的一项革命是电子竞技。它以计算机为平台进行虚拟竞技，正越来越频繁地渗入体育当中 [参见本部分第三十四篇]。贝尔东对此总结道："电子竞技中固然存在着随处可见的科技元素，但在我看来，起到决定性作用的还是参赛选手的操作。体育亦如此，它的核心永远是'人'。"

参考文献

Raphaël VERCHÈRE, « La prothèse et le sportif », *Chimères*, n° 75, 2011.

十七
聚氨酯泳衣的禁用

弗朗索瓦·托马佐

　　2009 年 7 月，第 13 届国际泳联世界锦标赛于意大利罗马拉开帷幕，这届赛事共诞生了 20 多项世界纪录。可以说聚氨酯连体泳衣（即我们常说的鲨鱼皮）的出现使游泳运动员们在数年内取得了惊人的成绩，但不久之后，属于这种泳衣的时代就终结了。

　　该届赛事期间，在美国游泳健将迈克尔·菲尔普斯的推动下，国际游泳联合会下属的 187 个国家联合会中有 180 个决定禁止选手穿这种泳衣比赛，并于次年开始恢复纺织泳衣在男女游泳比赛中的使用。短短 4 年的时间里，运动员们身穿聚氨酯泳衣打破了 130 多项纪录。这种泳衣除了能改善水动力创造空气滞留效应，还可以增加气泡，使游泳者在更多时候浮在水面上，减少水的阻力。这种泳衣虽然造价昂贵（最受欢迎的 Jaked 01 泳衣售价超过 500 美元）、易损坏、穿着费时费力（通常需要 15 分钟以上），但可以缩短大约 8% 的比赛时间。

　　起初，这项被称为"技术兴奋剂"的创新让国际泳联措手不及，但他们最终选择阻止这一技术飞跃。考虑到这种泳衣创造的纪录甚至与高海拔游泳纪录①相当，国际泳联将这些纪录保存了下来，还成立了泳衣审批委员会（SAC），负责批准或禁止制造商设计的新泳衣。

2017 年，该委员会表示：自禁令颁布以来，他们还没有收到任何旨在通过人为方式提高泳衣性能的建议，但他们警告不要使用漂流泳衣或铁人三项泳衣。尽管如此，泳衣专家们并没有放弃寻找高性能的新材料，例如 2012 年伦敦奥运会前，制造商速比涛宣布推出一款名为 Fastskin 3 的新系统，该系统通过改进泳衣、护目镜和泳帽的水动力组合来提高性能。

泳衣掩盖兴奋剂的使用？

然而，有些人质疑这种泳衣是否掩盖了兴奋剂的大量使用。北京奥运会 100 米自由泳冠军阿兰·伯纳德表示游泳运动员"不是自行车手"，看来他好像忘记了 20 世纪的一系列案例：七八十年代东德游泳运动员的行为，以及成绩被取消的亚特兰大奥运会三冠王、爱尔兰人米歇尔·史密斯。自 2010 年以来，中国游泳运动员的"壮举"一直令人惊讶。2016 年里约奥运会上，法国冠军卡米尔·拉库尔表示中国选手孙杨的尿"是紫色的"。

禁用这种泳衣也使国际泳联保护了其商业利益。因为在游泳和田径运动中，纪录是比赛的一大看点，其传播性和稀缺性

①　自墨西哥城奥运会以来，游泳运动员和其他运动员一样，可以在高海拔地区取得更好的成绩，但这一点还没有得到证明。

会使观众的情绪更加高涨。恪守现实主义的人认为，这种泳衣可能掩盖了兴奋剂的作用，转移了人们对这些纪录背后真正原因的注意力。大众普遍怀疑游泳是最早"微量"使用兴奋剂的体育项目之一，因为"微量"意味着兴奋剂在体内可以迅速消失。早在2006年，伯努瓦·拉勒芒就在《队报》上表示：

> 这些纪录的出现打乱了原有的等级制度，但关于连体泳衣的讨论不应该阻止我们对它的质疑。之所以出现这些纪录，是因为游泳运动员的进步？还是因为连体泳衣的性能？抑或是因为法国管理不严出现了兴奋剂使用？你指的是哪种神秘兮兮的产品？

在2010年的禁令推行之后，世界纪录不再频繁出现，但这些年泳坛选手的整体水准也一直处于稳中有升的过程。对于2010年1月1日前创造的世界纪录，有一半以上都被后来穿着纺织泳衣的运动员所打破。

十八
南非世界杯的蓝军："恶棍一代"？

阿诺·拉姆赛

2012 年 11 月，刚上任两个月的法国国家足球队主帅迪迪埃·德尚曾阐述自己执教可能遇到的暗礁："对于某些人而言，想要辨别是非，知道哪些该做或不该做并不容易。足球可以反映社会的方方面面，但它相比其他任何事物都会暴露出更多的细节。"德尚是 1998 年率领法国队首夺世界杯冠军的功勋队长，他得到了法国足协的力挺与信任。

接过法国队教鞭以来，初来乍到的德尚便展现了自己铁腕治军的决心。在法国队大本营克莱枫丹基地内，他在 23 名入选国家队球员的房门上粘贴了一份应遵守的行为准则。然而，德尚的苦心没能阻止法国队内一起性爱录像带引发的丑闻爆发：球队前锋卡里姆·本泽马涉嫌作为中间人身份向队友马蒂厄·瓦尔布埃纳（Mathieu Valbuena）索要 10 万欧元赎金，以阻止这名中场球员与女友的私密视频流出。瓦尔布埃纳并未同意支付，而是选择了起诉。

这起录像带引发的司法纠纷演变成了一出肥皂剧。在 2016 年法国本土举行的欧洲杯上，本泽马没能得到国家队征召。德尚决定避免使用那些在场外制造麻烦的球员,哪怕是前任手下的核心。在德尚之前,执教法国队的同样是 1998 年世界杯夺冠功勋洛朗·布兰科。他留下的是血淋淋的教训:因为没能管理好"刺头"球员,导致 2012 年欧洲杯期间难以确保自身权威。

2012 年欧洲杯 1/4 决赛输给西班牙队后,法国足协纪律委员会对阵中的麻烦制造者开出罚单:萨米尔·纳斯里(Samir Nasri)因对一名记者破口大骂被停赛三场;杰雷米·梅内(Jérémy Ménez)同样因言获罪,由于侮辱裁判遭到一场禁赛;扬·姆维拉(Yann M'Vila)与哈特姆·本·阿尔法(Hatem Ben Arfa)也遭到处罚,前者被换下时拒绝与布兰科握手,后者在与瑞典队比赛后,于更衣室内与主教练发生口角……

尽管如此,布兰科与前任相比依然算比较幸运。两年前的 2010 年南非世界杯上,法国队达到了溃败的极点——甚至超越了体育范畴,上升到道德层面。该届世界杯预选赛对阵爱尔兰的附加赛中,"蓝军"凭借蒂埃里·亨利的手球助攻才勉强晋级。而到决赛圈阶段,整个法国队更是连续上演闹剧。小组赛第 2 轮对阵墨西哥的中场休息阶段,尼古拉·阿内尔卡(Nicolas Anelka)在更衣室内对时任主教练雷蒙·多梅内克(Raymond Domenech)爆粗口,问候了多梅内克的家人。阿内尔卡赛后被驱逐出队,这一事件直接成为《队报》的头版头条。随后队员们为了表达对阿内尔卡的支持,居然在球迷、媒体眼皮底下公开拒绝参加训练课。小组赛三场过后,法国队便遭到淘汰,早早打道回府。

法国队在南非爆发内讧后,时任卫生与体育部长罗斯利娜·巴舍洛紧急从国内飞赴非洲，试图避免事态进一步扩大。几天之后，她在国会对此发表了措辞严厉的讲话。2010 年 6 月 23 日，她在接受身为议员的前击剑奥运冠军让 – 弗朗索瓦·拉穆尔（Jean-François Lamour）的问询时表示："我只能像您一样，无助地看到灾难降临在这支法国队身上：自视甚高的球队大佬指挥着一群尚未成熟的小弟，无助的主教练被球员在更衣室架空。这一切也将法国足协推向了风口浪尖。"

在南非索韦托的一所学校内，巴舍洛得知了法国队为声援阿内尔卡而罢训的消息。她随即就此事向时任总统尼古拉·萨科齐汇报，得到了这样的回复："请你留在南非，与球员见面，当面严肃批评他们。"但相比指责球员，巴舍洛分析认为，这支球队最大的问题是缺乏强有力的主心骨与明确目标："如果更衣室内出现了帮派领袖，那意味着球队整体管理出现了问题。当你将 23 名球员与一名缺乏控制力的主帅放到封闭环境中，很难保证某些球员不会产生争取权利的做法，如此下去将出现可怕的结果。"

社会出身：更衣室 X 因素?

法国队的内讧惊动了整个国家。丑闻爆发后，哲学家兼球迷阿兰·芬基尔克罗（Alain Finkielkraut）点评道："齐达内时代之后，我们所看到的是令人心灰意冷的一批球员。"芬基尔克罗早在 2005 年就因足球出名，他对当时法国队的种族构成而深深叹息。那么，征战南非的这批球员是恶棍的一代吗？RMC 体育评论员丹尼尔·里奥洛（Daniel Riolo）对此深信不疑，他甚至在2013年出版了一本挑衅意味十足的作品《恶棍俱乐部》。该书问世后，弗兰克·里贝里将作者告上法庭，因为里奥洛在书中部分段落将这名拜仁慕尼黑中场称为"渣滓""头头"，甚至他的绰号"刀疤脸"。

里奥洛为此在Atlantico网站上给出了回应："更衣室内阶层划分十分明确，来自郊区的球员总是将自己的想法强加于人。球队内部存在大佬与懦夫：里贝里无疑是大佬之一，而约安·古尔屈夫（Yoann Gourcuff）则是一名懦夫。古尔屈夫人微言轻、与队友们缺少共同语言，因而很难融入球队。类似于封闭圈子中的人们对外界的排斥，他也遭到了排挤。法国队内部的圈子正是由郊区及其衍生物构成：大男子气概、重视金钱与高调炫富……"

任教于巴黎高等师范学院的社会学家斯特凡纳·博（Stéphane Beaud）曾出版多部与工人阶级有关的著作，他缓和了外界对于"zemmourien"① 的偏见。在2011年出版的《叛国者?》一书中，这位社会学家引用郊区的一群"小混混"掌权、促成一个团体垮台（正如大部分世俗目光对待他们那样）的例子进行反驳。他认为，里贝里、威廉·加拉（William Gallas）、埃里克·阿比达尔（Éric Abidal）等球员或队长帕特里斯·埃夫拉（Patrice Evra）之所以能够在罢训事件中影响最终决定，是因为他们早已打出名气，在俱乐部富有威望。这些因素使他们自然而然地成为国家队领军人物之一。

在博看来，这支法国队的失败主因在于球员世界杯期间的

---

① 译者注：源自法国编剧埃里克·译穆安（Eric Zemmour）的理论，该理论将爱国主义、性和宗教价值观解构为一种社会政治思想的自杀。

生存环境，而非人种或种族。为支撑自己的观点，他将 2010 年法国队与 1998 年那支最终夺冠的法国对的球员背景（出生地、成长地点、父母工作）进行了比较——那批由德尚、齐达内、利扎拉祖等人领衔的队员背景相似，大多出自社会中低阶层。因此从社会学视角看，时任主帅艾梅·雅凯手下拥有一支和谐而富有战斗力的球队。

而与那支冠军之师相比，多梅内克的法国队中混合着出自特权阶级、中产阶级与工人阶级，乃至巴黎郊区常常被人忽视的底层家庭的球员。博这样总结道："这是一批社会出身截然不同甚至互相对立的球员。他们所属阶层并无太多交集，而在备战世界杯这一有限的过程中朝夕相处，本身就是极为罕见的社会现象。彼此之间相安无事？显然困难重重。"

齐达内的 12 张红牌

当 2015 年底法国队性爱录像带丑闻曝出后，斯特凡纳·博直言："我坚持认为，2010 年世界杯球员罢训有多方面的因素。就球队人员构成来看，一方面，这支蓝军在技战术层面存在软肋；另一方面，多梅内克的教练组失去了对球队的控制，在更衣室里既没有可靠的亲信与领袖，也对球员缺乏足够威慑力。现在的这支法国队队内气氛良好，战斗力也更加强大（拥有瓦拉内、博格巴、马图伊迪、格列兹曼与马夏尔等明星球员）；由于球员时代的辉煌，现任主教练德尚有足够的威信，他也能时刻坚定自己的立场。在我看来，他首先最大限度地避免让球员被外界评论干扰，包括造成出身城市与家境寒微球员走向对立的言论。这当然有利于球队专心备战，但也引起了社会将这支球队妖魔化的遐想：无论球队的人员构成如何，有多少是移民或殖民地后裔，外界的不同声音永远不会停止。"同时他也对焦点人物本泽马给出了自己的看法。皇马前锋尚未来得及完全证明自己的清白，就被总理曼努埃尔·瓦尔斯（Manuel Valls）"推测有罪"，也被国家队主帅以"缺乏榜样作用"为由排除出队："当涉及足球问题时，不同方面的态度浮躁且无序。本泽马事件是一面镜子，一方面引发外界对球员能否在场外真正起到社会榜样作用的质疑（这需要在训练中从小培养球员的公民性），另一方面也对法国队声誉造成了损害。"

最后有一点需要提到：如果说 1998 年世界杯冠军队成员的所有优点出现在被誉为"四小天鹅"的 1987 一代（本·阿尔法、本泽马、纳斯里与梅内）身上，那未免有些荒谬。"87 四少"青年时期代表法国队获得 U17 欧洲杯冠军，令人侧目不假，但他们的心智成长速度无法与球技同步，被打上了缺乏纪律性和懒散的标签。

被问及这批球员并不成功的国家队生涯时，当事人之一的梅内认为外界对当时尚不成熟的他们提出了过多要求："我们踢球出名时甚至没有驾照，当时还无法胜任外界的过高期待。"梅内还提到了法国足坛的标志性人物齐达内，认为"齐祖"尽管在职业生涯最后一战吃了红牌，但这不会掩盖其已有的光芒与足坛地位。2006 年世界杯决赛中，齐达内头顶意大利后卫马特拉齐被红牌罚下，以一种令人诧异的方式结束了自己的球员生涯。

齐达内职业生涯各项赛事中吃到的 12 张红牌分布如下：

波尔多时期 3 张、尤文图斯时期 5 张、皇家马德里时期 2 张以及代表法国国家队的另一张。"齐祖"在国家队首次染红同样发生在世界杯上：1998 年世界杯小组赛对阵沙特阿拉伯，他面对对方队长的阻挡做出了蹬踏动作，被直接罚下。报道这一事件时，《队报》用了格外醒目的标题："不可原谅的动作。"

参考文献

Stéphane BEAUD, *Traîtres à la nation ? Un autre regard sur la grève des bleus en Afrique du Sud*, La Découverte, Paris, 2011.

Vincent DULUC, *Au cœur des Bleus. Des sélectionneurs de l'équipe de France racontent*, Stock, Paris, 2016.

Dominique SÉVÉRAC, *La Face cachée des Bleus*, Mazarine, Paris, 2016.

十九
体育经济，投机的泡沫？

弗朗索瓦·托马佐[*]

    2016 年，整个体育行业的估值约为 9000 亿美元，与今日的汽车产业旗鼓相当。在体育成为如此值钱的产业之后，人们很难用过去的目光审视它，或继续把它看作是一种单纯、包含着自我奉献和大公无私价值观的娱乐活动。

    普通观众们通常采取购买电视转播、现场门票等消费方式为体育市场助力；某一队伍的支持者将成为周边产品的重要受众；业余爱好者则带活了运动鞋、服装等装备市场；位于体育产业最顶端的无疑是各项目的明星，他们的身价都达到了上千万欧元甚至更高，年收入甚至能达到约 8800 万美元（以葡萄牙足球运动员克里斯蒂亚诺·罗纳尔多 2016 年的收入为例）。

    20 世纪 80 年代起，大量资本涌入体育圈。在许多头脑简单的理想主义者看来，这股浪潮丝毫没有改变体育的基本价值和体育行业的营销模式。他们认为体育是一种高尚、纯粹而公正的活动，吸引的对象是那些希望借体育的正面价值展示自身

---

    * 本文是与让-弗朗索瓦·布尔格合作完成的。布尔格是法国经济学博士、国际体育经济协会会员，现任利摩日大学体育法律与经济中心任研究员。

积极形象的投资人与合作伙伴。但现实并非如此：体育领导者在过往大多是自愿劳动，资本的涌入吊起了他们的胃口，他们在这块大蛋糕面前是没有办法不受诱惑的。于是，经济层面的压力转移到了运动员身上：他们只有持续贡献高水平发挥才能保证薪水不受影响，否则就有可能被更年富力强、技艺精湛的后辈们取代。

谈及资金涌入体育行业的影响，著名体育经济学家让 – 弗朗索瓦·布尔格（Jean-François Bourg）做出了切中肯綮的点评：

> 市场机制彻底放开后，体育受到了诸多资本主义元素的渗透：非法交易兴奋剂产品、非法投注、洗钱与操纵比赛……部分非法企业拥有在体育圈中大发横财的能力与免于受罚的"特权"，这吸引了跨国黑手党组织的介入，也是兴奋剂制品非法交易额达到300亿欧元的由来。
>
> 体育博彩业的规模更加惊人，每年涉及2000亿至5000亿欧元的资产流动，其中80%发生在数千个非法在线博彩平台中，这些平台一般位于世界各地的避税天堂。这些非法资金被频繁、循环地用于传统经济渠道，或用来收购职业足球俱乐部，由企业自己建造新球场，处理球员所有权等。通过成为跨国的娱乐方式与大型产业，历经变迁的体育运动需要面对来自商业世界五花八门的诱惑。

涌入：仅凭一腔热爱？

贝尔纳·塔皮是体育商业化之后法国足坛的一位风云

人物。这位商人于 1986 年入主马赛足球俱乐部成为主席，这清晰反映了众多体育投资者在产业布局方面的考量。通过收购法国豪门俱乐部，借职业自行车队推广自己的品牌 La Vie Claire（著名食品连锁店），塔皮依靠体育之手使自己名声大噪。

成为马赛老板令塔皮的知名度与信誉度上升了一大级台阶。他随后掌握了法国电视一台的部分股份，收购知名运动品牌阿迪达斯并试图建立一套综合性产业 [参见第三部分第二十篇]。日后再次就任马赛俱乐部主席时，塔皮直言道："我有能力创造出任何东西：logo、广告语、市场营销、新的产品或市场。除了恢复名誉之外，我也可以重新完成一切。"

由于诸多负面与自相矛盾的因素，塔皮苦心经营的体育帝国宣告垮塌。比赛结果的不可预测性是体育运动传达的基本价值之一，也是其魅力所在，它使体育有别于其他事先"安排剧本"的产业。然而投资人却对此感到苦恼，因为这意味着他们的巨额投入无法与收到回报画上等号。这股想法促使包括塔皮在内的部分其他投资人试图暗中践踏规则，马赛主席 1993 年头通瓦朗谢纳俱乐部的球员，以确保本队锁定联赛冠军。这场假球发生在当年欧洲冠军杯决赛前，成为法国足坛历史上最大的丑闻之一，也标志着塔皮走向失败 [参见第三部分第二十一篇]。

既然祭出大手笔与期望值不一定成正比，那么投资人为何要进军足坛呢？俄罗斯寡头富豪罗曼·阿布拉莫维奇（Roman Abramovitch）从成为切尔西俱乐部老板到夺得欧洲冠军期间，累计为球队投资约 20 亿美元。他这样做是为了什么？与之类似的还有卡塔尔国家基金，他们执掌巴黎圣日耳曼俱乐部后，每年的投资额约为 2.5 亿欧元，球队却一度连续三年无法进入欧洲冠军联赛八强……

为何前 AC 米兰俱乐部主席西尔维奥·贝卢斯科尼、雷恩俱乐部老板弗朗索瓦·皮诺（François Pinault）与一众来自俄罗斯和酋长国的亿万富翁们在足球上挥金如土？难道仅仅是因为本身对这项运动的热爱吗？布尔格以阿布拉莫维奇为例，给出了自己的看法：

> 英格兰足球的高度全球化（英超联赛的商业价值排名世界第一）吸引了诸多海外资本的涌入，其中就包括 2003 年成为切尔西老板的阿布拉莫维奇。这位俄罗斯人不计成本地持续为切尔西投资，证明他在等待回报之余还抱有其他动机。
>
> 阿布拉莫维奇（下称"阿布"）发迹于 20 世纪 90 年代。苏联解体之后，叶利钦执掌的俄罗斯政府开启大规模经济改革和非国有化进程，价值数千亿美元的国有资产以"合法"程序转移到私人手中，阿布抓住机会一跃成为寡头，从中获利颇丰。他与几位商人的嗅觉格外敏锐，在监管机构出现之前便展开行动，将苏联时期计划经济体制下的工业资产收入囊中。
>
> 此后通过投资足球，阿布试图达到改善个人形象、与当局维持良好关系的目的；此举也体现出俄罗斯富豪希望在本国之外壮大事业，保护以快速、可疑方式获取的苏联遗产。

阿布的投机之路并非一帆风顺，他曾在 1992 年因非法交易石油遭到监禁。欧洲复兴开发银行（EBRD）对他提起诉讼，理由是他旗下的 SBS-Agro 银行未能按时偿还贷款。在收购切尔西俱乐部（金额为 2.14 亿欧元）的过程中，俄罗斯人被质疑进行内线交易，在不透明的条件下清算自己的国内资产，以期为收购英格兰球队增添砝码。

无论如何，上述投资者们都将足球视作一种独特的推销手段。通过体育层面的布局（尤其是足球项目），腰缠万贯的卡塔尔王室提升了本国在世界舞台上的影响力 [参见本部分第二十二篇]。在某种程度上，足球为俄罗斯新富豪们提供了转移国内资产的途径，甚至对缓解意识形态差异产生的可能敌对情绪起到帮助。除此之外，如果你与前阿迪达斯老板霍斯特·达斯勒、耐克创始人菲利普·奈特一样怀有远见卓识，那么体育的确能提供一个前景广阔的平台。

上述原因成为近些年中国资本在国际体育市场活跃的重要推手。中资进军欧洲足坛，掌控知名俱乐部管理权不再是个案，其中不乏在全世界拥有众多球迷、充满底蕴的球队。中国投资人从贝卢斯科尼手中买下了 AC 米兰俱乐部，国际米兰俱乐部也被苏宁集团收购，两家来自意大利的俱乐部在国际足坛的名号如雷贯耳 [参见本部分第十三篇]。

困局：竞技成绩的纠葛

决定体育层面的投资是否能收到回报，竞技成绩是一个重要的衡量标准，也是难以预料的 X 因素。近 50 年的体育规则变革正在朝着有利于主要投资者的方向变化，这或许加大了投资者得到回报的可能性。高水平的业余主义体育比赛已经不复存在，取而代之的是不同级别联赛的设立、赛会制比赛中种子队制度的出现（为了尽量避免强队过早捉对厮杀遭到淘汰）。这一点促使欧洲足坛阶层固化的局面逐步形成，整个欧洲最富有的 13 家或 14 家俱乐部几乎年年进入欧冠联赛正赛阶段。

2017 年，国际足联批准了一项重大决定：将世界杯足球赛决赛圈参赛队的数量由 32 支增加到 48 支。如此扩军显然不会对竞技层面有任何帮助——它只是出于对经济利益的考量。比赛的日程安排并不首先服务于运动员的利益，而是取决于电视转播与赞助商的需求。

这种竞技让位于经济的模式使得现代体育出现了两种不同的组织形式，它们并不是绝对对立的。在欧洲，体育的传统历来是竞技成绩高过经济业绩。欧洲众多项目均设有不同级别联赛与升降级制度：如果某些球队无法在场上拿出好的表现，他们有可能降入低一个级别的联赛中；相反地，如果低级别联赛球队发挥优异，他们便有希望更上一层楼，升入经济实力、整体竞争力更强的高级别联赛。

而在大洋彼岸，美国采取了截然不同的封闭式联赛系统。除非发生破产，那些球队或"特许经营权"才有可能从主流赛事（NBA、NFL、NHL 等）中消失［参见第一部分第十五篇］。这样的组织形式刺激了资本的涌入，因为投资者们知道他们付出的真金白银将在一段足够长的时间内受到"保护"，不用因为赛场上成绩的起伏而受到过多影响［参见第一部分

第十五篇]。对于美国体育这一独树一帜的模式，布尔格进行了这样的分析：

> 自从推行以来，美国众多体育俱乐部都从这种封闭的联赛模式中受益——这些年里，四大职业联盟仅有 4 家俱乐部由于破产而被取消了注册资格。没有一家俱乐部有降级之忧，他们的头号任务是商业利润最大化而非瞬息万变的赛场形势。由此看来，"集体主义体育"体现了资本主义意志的观点是多么矛盾啊！
>
> 那么，在体育历史与文化截然不同的大洋彼岸的欧洲，这种模式是否有推行的空间？美国方面本质是支持自由主义的，它并不允许出现大量限制资本与职业运动员流动的手段出现。但在欧洲，资本的集中造成了俱乐部之间的强弱界线，财力更足的一方占据主导地位的可能更大。这种良性循环使得推行封闭性联赛并无太大必要。

然而"体育风险"的下降可能是一把双刃剑：它触及了竞技这一体育运动的根基。对于职业体育的经济层面而言，想要平衡好赢利与体育层面的竞技水准难度不小。运动员因结果需求（竞技或经济）被迫超负荷挑战自身极限，从而导致更为频密的伤病出现。运动伤病在橄榄球等高对抗运动中出现得尤其频繁且严重，头部损伤已成为公共健康的一大问题。因此，运动员的职业生涯可能会因此越来越短，他们将不得不在医务室里度过大把时间。

更为糟糕的是兴奋剂诱惑的日益猖獗。在这种恶性循环下，原先水准极高的运动项目可能为了赚钱逐渐放弃了原有的价值，一系列做法从长远看伴随着吸引力的丧失，可谓损失惨重。我们或许应该从长远角度审视一次次体育招标：它们由"高级别"体育组织者发起，且常常价格虚高。它们带来了更多观众，也释放出冲破体育投资泡沫、强化体育竞技色彩的信号，延缓了向表演性质变化的趋势。

未来：迈向新模式？

对于高水准的体育比赛而言，电视转播将是收入大头。它主要基于将电视转播权分销给不同转播商，且转播商呈现数量增加、组织分散的特点。过去二十多年间，微波通信逐步让位于特定的专业转播商（如 Eurosport）、付费电视频道（如 Canal + 与贝因体育等）。这些渠道成为转播奥运会、世界杯足球赛、环法自行车赛或法国网球公开赛等重大赛事的主要转播平台，它们根据法律要求将赛事转播分销给尽可能多的其他网络。

然而多个特定平台的过分竞争加剧了泡沫的形成，电视转播权费用节节攀高，互联网、社交媒体、智能手机等新媒体的存在（乃至越来越多的盗版链接）一定程度上使其受到威胁。年轻人的消费习惯与老一辈不同，即使身为体育迷，投入在电视机前的时间也越来越少，这削弱了传统体育转播在竞争对手面前的优势：直播的魅力与结果的不可预知性，况且还有被动接受的广告。

　　如今的体育迷们习惯了类似在线点播的方式。他们会更多订阅自己喜欢的项目与比赛，这一模式打破了存在约半个世纪的旧有框架。例如想要观看级别最高的拳击赛事或国内顶级足球联赛，必须通过付费或按次点播的途径获取直播信号。广告商因此大大减少了曝光机会，他们需要对商业运作模式进行重新洗牌。

　　技术的进步正在为体育转播商扫除最后的障碍，也保留了广播台站等传统载体。这种方式较为消耗人力物力，但成本正在减少：众多与体育相关或跟踪小型赛事的 YouTube 频道分担了压力。包括 NBA 与英格兰超级联赛在内的多家体育俱乐部都拥有了自己的官方电视台，事实上，没有什么可以阻挡国际奥委会通过对视听转播与市场营销的个性化管理达到自己的目的。国际奥委会以直接收取广告费用的方式对奥运会转播权负责，而不是将其分销到美国的网络或东道国的电视转播频道。

　　传统的体育产业如今可能处在一个微妙而朦胧的十字路口。谷歌在这方面可谓嗅觉敏锐，为了防止观众错过精彩瞬间，它将慢动作与进球回放出售给了广告商。体育赛事广告商的运营如今也发生了很大变化，他们更多将 YouTube 作为平台，以针对性地将广告投放到电视之外的社交媒体。

　　通过购买西班牙国王杯与加拿大足球联赛版权，谷歌初次尝试进军体育产业；2015 年 10 月，雅虎也通过在网络平台独家转播 NFL 比赛完成试水；脸书（Facebook）的试验则是转播一家 NBA 球队的训练。

　　显而易见，体育经济的前景十分广阔。那么体育本身的未来呢？布尔格愿意相信会有崭新元素迸发："以娱乐、舒适与健康为主要目标的体育活动逐步兴起，这是否意味着体育运动将迎来崭新的时代——不再单纯关注竞技表现？这一假设看上去有些乌托邦成分，但这一乌托邦不正是基于有利可图、成绩至上的体育现状做出的吗？"

参考文献

Jean-François Bourg, *Économie politique du sport professionnel*, Vuibert, Paris, 2007.

Jean-François Bourg et Jean-Jacques Gouguet, *Économie du sport*, La Découverte, coll. « Repères », Paris, 2012.

二十
"财政公平法案"的是与非

弗朗索瓦·托马佐

2010年,时任欧足联主席米歇尔·普拉蒂尼颁布了一项新政——"财政公平法案"(FFP)。该项法案旨在规范欧洲足球俱乐部的财政行为,保证财政健康,同时规定了俱乐部的最大亏损数额。新政出台头三年,允许俱乐部最多亏损4500万欧元;而在之后的三年周期内,俱乐部赤字不得高于3000万欧元。一旦有俱乐部越过红线,便会吃到罚单。多年以来,欧足联一直在致力于推进这项新政策的落实与深化。

欧足联这一政策的出发点很直接:在其推行时,欧洲多家俱乐部(尤其是西甲球会)财政状况出现连年亏损,而有些俱乐部为了崛起则吸引大笔外资注入,后者被普拉蒂尼称作"财政兴奋剂"。从账面角度看,FFP部分实现了出台初衷;然而将目光放到不同俱乐部之间,该政策的推行有失公允:贫富分化进一步加剧,大俱乐部逐渐形成阶层固化,部分中小俱乐部增加投入,追赶强者的道路被阻断。

欧足联怀着雄心壮志推行FFP,但这一政策在实践中对旗下最重要的俱乐部赛事——欧洲冠军联赛产生了一定负面影响：随着 FFP 逐步推行，欧冠联赛趋向于封闭化，缺少新鲜元素。这种不平衡还体现在欧足联对欧冠名额的分配上。欧冠联赛每个赛季有 32 个正赛参赛名额，其中仅英格兰、西班牙、意大利与德国就占据了半壁江山——每个国家独享四个参赛席位！在 16 个名额花落四大联赛之后，其他国家球队的参赛空间被进一步挤压，他们只能更多在欧罗巴联赛（欧足联旗下仅次于欧冠的俱乐部赛事）中分一杯羹，竞逐荣誉。

欧足联在 2017 年初发表了对财政公平法案实施的最新报告："关于超过 700 家俱乐部（欧足联会员所有协会顶级联赛球队）的详细调查表明：欧洲众球队的亏损总额连续四年出现下降，相比最初已减至 3.2 亿欧元。根据 2015 年一项类似研究的结果，扭亏为盈的欧足联成员国数量从 15 个增加到 24 个；时至今日，大约有 46 个会员协会的顶级联赛处于财政健康状态。"毫无疑问，FFP 推动了欧洲俱乐部整体财政状况走向良性循环，甚至促使部分不愿投身赤字经济的金主尝试冒险。

控制工资支出成为 FFP 的诸多规定之中的重要一环，这与美国职业体育的"工资帽"制度颇为相似。英格兰超级联赛的财政状况因此得到极大改善，仅用两个赛季就从亏损 2.91 亿欧元变为盈利 1.98 亿。然而为了避免引起大俱乐部的不满和法律纠纷，欧足联也多次对 FFP 的条款细则进行修改。以 FFP 的首个版本为例，该政策仅关注一个财年内的收支平衡，没能将此前债务（甚至是前任投资人遗留的巨额赤字）考虑在内。

事实上，FFP 从推行之初就考虑到了当时的状况，几乎相当于让中小俱乐部严格遵守规定的情况下阻断了引进天才球员的大部分可能。这一点在巴黎圣日耳曼俱乐部（PSG）身上表现得极为明显，由于违反 FFP 规定，该俱乐部在 2013～2014 赛季被限制投资，这引起了俱乐部高层与球迷的忿忿不平。于是一群对财政公平法案不满的人们成立了一个反对欧足联的组织，并表明立场："巴黎圣日耳曼的股东应当向俱乐部注资 1.4 亿欧元，以保证球队在财政与竞技方面达到已有豪门的水平，与它们分庭抗礼。"

与美国"工资帽"制度类似，FFP 同样未能避免法律纠纷。球员经纪人丹尼尔·斯特里亚尼（Daniel Striani）一案尤为引人注目。在业界大鳄、曾作为博斯曼一案的首席律师让 - 路易·杜邦（Jean-Louis Dupont）的代理下，斯特里亚尼对财政公平法案提出反垄断指控，认为 FFP 在限制投资、减少球员转会数量与削减工资水平的同时，也直接影响到了代理人的佣金收入——这一切违背了欧盟宪法的精神。在法律挑战面前，欧足联取消了亏损总额从 4500 万欧元降至 3000 万欧元的规定。

尽管对判决结果提出了上诉，但考虑到欧冠参赛队实际情况的欧足联还是做出了让步。欧足联放宽了对债务与投资的限制，使得巴黎圣日耳曼与曼城等拥有雄厚财力的俱乐部为盈利加大投入。欧足联在此之后对投资的要求更为温和，但没有放松对降低赤字这一原则的遵循。欧足联的领导者似乎在一点点认同英格兰超级联赛的模式：允许俱乐部在保证拥有足够清偿能力的前提下，暂时增加赤字补强球队。这种认同再次保护了最富有球队的利益，削弱了新贵诞生和后来居上的可能。

一旦有俱乐部没能达到财政公平法案的要求，欧足联会视实际情况对其进行不同形式的处罚。视轻重程度，具体处罚主要有简单地罚款、禁止参加欧洲比赛、转会窗口期禁止购买球员甚至扣留参加欧足联旗下比赛应得收入……但与此同时，FFP 的灵活性甚至某些细则的"宽容"增加了俱乐部规避红线的操作空间，例如巴黎圣日耳曼可以通过与卡塔尔旅游局签订一份巨额合同，以证明俱乐部 1.18 亿的收入合情合理——这显然是包括欧足联官员在内的部分专家们始料未及的。

与此同时，随着近年来水涨船高的电视转播费所占俱乐部收入比例越来越高，FFP 带来的不平衡进一步加剧。英超联赛成为从电视转播费中受益的标杆：得益于与天空体育、英国电信达成的转播协议，英格兰球队的电视转播分成相对公平。所有英超联赛的球队平分转播费总额的一半，其余分成由球队排名与转播场次决定。2016 年至 2019 年，英超俱乐部获得的转播分成总额为 69.2 亿欧元，即使垫底球队也能获得平均每年 1.16 亿欧元的电视转播收入！这一数字甚至相当于巴黎圣日耳曼每年该项收入的 4 倍。有了这一笔可观的收益，相比其他国家的俱乐部，英超俱乐部显然更容易在保证投入的同时遵守 FFP 规定。

而在同样颇受欢迎的西班牙甲级联赛中，电视转播权分配相对失衡，分配方案强化了皇家马德里、巴塞罗那两家顶级豪门的霸权地位。由于英超最具影响力的六支球队"BIG 6"（利物浦、曼城、曼联、切尔西、阿森纳与托特纳姆热刺）从 2019 ~ 2020 赛季起将获得更多海外转播收益，因此该国相对平均的分配制度能在外界压力下基本保持稳定。

　　尽管财政公平法案取得了无可辩驳的成功，但它本质上并未削弱欧洲足坛的不公平现象，反而加快了阶层固化。众多非顶级强队（欧洲排名前 15）为了生存或符合 FFP 规定，被迫将阵中最好的球员出售。新任欧足联主席亚历山大·切费林（Aleksander Ceferin）明确表示自己不会对顶级豪门百依百顺，但摆在他面前的是一摞难题。

二十一
假赌黑、非法洗钱的"皇家之路"

弗朗索瓦·托马佐

2013 年 2 月，作为欧盟警察部门的欧洲刑警组织（Europol）在大规模跨境调查"否决行动"之后，宣布摧毁了一个来自亚洲、参与假球的博彩网络。消息一出，世界足坛为之震惊：卷入此案的包括三大洲 13 个国家共计 680 场比赛，牵涉多达 425 名运动员、教练员、管理者与其他犯罪人员。身处旋涡中心的是一位新加坡华人陈锡英（外号"丹谭"），此人 20 多年前就以操纵比赛投注而闻名。

丹谭的发迹始于 20 世纪 90 年代初。当时他因欠下赌债而面临死亡威胁，随后成功完成自救。丹谭 2012 年发现自己的前同伙威尔逊·拉伊·佩鲁马尔（Wilson Raj Perumal）挪用了博彩网络的资金，随即向警方报案。此举弄巧成拙，佩鲁马尔背后的假球运作网络被警方借机一举端掉。佩鲁马尔在芬兰被捕，随后被拘留在匈牙利配合该国的假球调查。

被拘留期间，佩鲁马尔向网站 invisible dog 透露：自己此举是为了让丹谭"做出一些改变"。在该网站记者配合下，他于 2014 年出版了一本名为 *Kelong Kings* 的书。书中详细讲述了地下赌球网络的腐败行为，尤其是 2010 年世界杯足球赛淘汰赛与 1996 年亚特兰大奥运会、2008 年北京奥运会的部分比赛。

根据佩鲁马尔披露的信息，在亚洲参与假球行为屡屡得手后，丹谭 90 年代末将自己的"业务范围"进一步扩大。在浸淫圈内多年的印度人埃斯瓦拉莫西·皮莱（Eswaramoorthy Pillay）的指引下，丹谭将触手伸向了欧洲。皮莱主要在瑞士联赛中活动，与一些中小俱乐部往来密切。受到他的影响，丹谭借助自己摸索出的一套新颖大胆的运作方式，很快声名鹊起。

丹谭与佩鲁马尔深谙江湖之道。两人通过精明而不乏奸诈的手段，构建起一套特殊的假球运作系统。以球场照明系统为例，他们可以通过买通相关人员在比赛中故意引发故障甚至切断电源，导致比赛被推迟或腰斩，来保证了他们下注的比分不再改变或直接算作平局，进而从中牟取巨额利润。佩鲁马尔还回忆了 1997 年英格兰超级联赛中西汉姆联对阵水晶宫、温布尔登对阵阿森纳的两场较量，当时在体育场技术人员的"密切配合"下，他们在照明系统上做手脚的策略得到了大笔回报。

无论是丹谭、佩鲁马尔还是其他团队同伙，操纵起比赛都是手法多样。2011 年，该团队蓄意安排一支由众多低水平球员组成的冒牌"多哥国家队"前往巴林参加比赛，并疯狂下注对手破门，球员构成在当时居然能够瞒天过海，令对手感到迷惑不已！

放眼整个欧洲足坛，丹谭在意大利留下了最深刻的烙印。据佩鲁马尔回忆，该团队初试身手是在 2009 年的一场意大利乙级联赛（第二级别）中。他们操纵了阿尔比诺勒费队参加的一场比赛，随后一发不可收拾。为了谨慎起见，从不同级别之间球队较量、低级别联赛下手是该团伙的常规原则。中小俱乐部时常会面临财政窘境，他们通常会成为赌球者瞄准的对象。

佩鲁马尔对 invisible dog 表示："到 2010 年，丹谭已在亚平宁半岛积攒了不少人气，不少意大利人试图接近他，从而参与意甲与意乙级联赛投注。"丹谭在意大利赚得盆满钵满，光是从意甲联赛中就获取了 1500 万欧元。

搅动意大利足坛

想要买通球员或裁判在比赛中造假，通常需要花费 40 万至 60 万欧元的代价。丹谭的团伙还与一些中国的非法博彩网站达成协议，他们只需通过点击几下鼠标便可获悉博彩交易情况，随后通过整个团队掌握的信息进行巨额投注。团伙的其他交易在马尼拉的据点进行，该城市是体育博彩的重要活动中心。通过佩鲁马尔对"perso"玩法的诱导，该赌球团伙通过不同途径攫取了大量财富。

调查人员的报告显示：一旦团伙内部有成员违反规定，那么他将会受到包括性命之忧在内的严惩，有时甚至为保住性命而感到庆幸。警方根据佩鲁马尔提供的线索，于 2013 年 2 月 21 日在吉隆坡逮捕了丹谭，此时距离他们开始实施"否决行动"不过两周时间。丹谭的垮台是国际足坛反赌扫黑的重要一步，是打击该团伙类似的犯罪形式的一次重要胜利。

2011 年与 2012 年，丹谭在意大利足坛策划了臭名昭著的
"投注门"，多场意甲联赛被不法人员操纵，随后他们在博彩
网站上投注获利。该丑闻牵扯到众多前意大利国家队成员，其
中不乏朱塞佩·西格诺里（Giuseppe Signori）、斯特凡诺·贝
塔里尼（Stefano Bettarini）与克里斯蒂亚诺·多尼（Cristiano
Doni）等著名球星。意大利时任总理马里奥·蒙蒂（Mario
Monti）对此怒不可遏，甚至建议将亚平宁半岛的所有足球比
赛暂停两年，以对抗日益猖獗的足坛腐败。早在 2006 年夏天，
意大利足坛的另一桩假球案"电话门"震惊了世界，尤文图
斯俱乐部被剥夺联赛冠军，降入乙级联赛，而拉齐奥、AC 米
兰与佛罗伦萨等其他俱乐部也受到了不同程度的处罚。

　　丹谭在欧洲足坛广布眼线，德国也留下了他的足迹。2009
年，德国波鸿警方调查发现丹谭的团伙涉嫌卷入该国假球案。
作为"否决行动"的一部分，此案显示丹谭团伙相对外界更
封闭、更像是一个充满限制的家庭。萨皮纳一家也是如此。
2011 年，这些克罗地亚裔德国人因为非法投注十多场德国国
内联赛与欧洲比赛而被警方定罪。这一地下赌球网络由家庭
中最年轻的狂热赌徒安特·萨皮纳（Ante Sapina）构建，由
于组织形式的极简主义而格外典型：他们与相关方面的联络
与博彩投注只依靠手机进行。随着一些裁判被收买、球员收
到好处后有意在禁区内犯规的行为时常发生，该团伙的赌球
风险越来越低。

　　萨皮纳家族的收益看似如滚雪球一般增长，然而百密一
疏，最终惹火上身的还是他们的同谋。罗伯特·霍伊策
（Robert Hoyzer）是被萨皮纳家族贿赂的德国裁判之一，此人

对豪车、高档服装的嗜好成了警方重点突破的软肋。2005 年，霍伊策向警方供出了安特·萨皮纳的丑闻。这位萨皮纳家族中最年轻的成员结束短期服刑后并未收手，他与一位自己的崇拜者马里约·茨夫尔塔克（Marijo Cvrtak）展开了合作，恰逢 2006 年世界杯在德国进行，两人在克罗地亚对阵巴西的小组赛期间进行会面，相谈甚欢。

安特与茨夫尔塔克一拍即合，展示出对操纵与投注比赛令人恐怖的热情。在十多个国家的非顶级联赛小试身手过后，他们将目光对准了世界上最具竞争力的俱乐部赛事——欧洲冠军联赛，此前收受丹谭团伙多次贿赂的匈牙利德布勒森俱乐部成了他们的"摇钱树"。一切看上去进展顺利，茨夫尔塔克于 2009 年插手比利时第二级别联赛那慕尔 UR 内部事务，将其改建成一支鱼腩球队后，在其与两人旗下俱乐部交锋时疯狂投注获利！此后两人继续逍遥法外，一直到 2009 年 11 月 19 日被警方逮捕。两年后，他们被判处五年监禁。

伸向网球的魔爪

一个个赌球网络的瓦解看似是欧洲多国警方合作的重大胜利，但体坛假赌黑的现象并未从根本上得到遏制，丹谭团伙的落网同样如此。这是因为在新加坡，赌球与操纵比赛事实上成了一种产业，一些球队高层也会在会面中进行相关利益交换。与欧洲刑警组织类似，国际刑警组织开启了名为"Soga 行动"的反赌扫黑计划。2013 年全年，国际刑警就对亚洲十多家非法赌球网络进行了多达 2000 次干预，其中涉及的赌资有 20 亿欧元之多。

对于警方逮捕丹谭如此旷日持久，许多专家表示了惊讶之情。其中，加拿大记者德克兰·希尔（Declan Hill）颇具代表性，他曾撰写了囊括众多国际热点问题的《修复》一书，另一些记者对新加坡警方嗤之以鼻，他们认为警方蓄意包庇了丹谭。就连国际刑警组织都感到尴尬——他们获得了卡塔尔基金会的帮助和当地政府的扶持（有时通过腐败方式），在新加坡建立了高大宏伟的"环球创新中心"，该中心的使命之一正是与体育腐败做斗争！

此外，国际足联还承诺向国际刑警组织提供 2000 万欧元资金支持，用于一项打击足坛腐败的培训合作事宜。这项计划在环球创新中心开始实施，已出台了多种对抗操纵比赛的措施。其中规模最大的是一套名为 EWS（Early Warning System）的预警系统，它由前国际刑警组织主席拉尔夫·穆奇克（Ralf Mutschke）领导，与全世界 400 多家正规博彩公司展开合作，每年监测大约 1500 场比赛中的可疑投注。2017 年，国际足联弃用了被称作"万灵药"的 EWS，转向欧足联合作伙伴、私人体育数据公司 Sportsradar。十年来，这套名声在外的系统并未监测到任何一场可疑的比赛！诸多体育机构为了让自己以最小代价展示出足球运动廉洁的外在，令 EWS 成了显示出公平竞赛普遍性的烟幕弹之一。

足球运动远非体育中非法交易仅有的重灾区。意大利克雷莫纳的地方检察官罗伯托·迪马蒂诺（Roberto Di Martino）参与了逮捕和摧毁丹谭团伙的多次调查，他于 2011 年在会计曼利奥·布鲁尼（Manlio Bruni）的电脑中发现了涉嫌操纵体育比赛的证据。布鲁尼与前意大利足坛球星西格诺里联系密切，此次电脑中大量与网球运动员往来的 Skype 消息浮出水面，表明他确凿无疑地将贪腐之手伸向了网球运动。

两名长期在意大利国家队搭档双打的网球选手达尼埃莱·布拉恰利（Daniele Bracciali）和波蒂托·斯塔拉切（Potito Starace）与布鲁尼联系密切。2008 年，两人的行为受到两位伦敦警察厅检察官的密切留意和单独调查。检察官们早在一年前就曾遇到过类似的先例：波兰索波特锦标赛中，俄罗斯选手尼古拉·达维登科（Nikolaï Davydenko）与阿根廷选手马丁·巴萨略·阿圭略（Martin Vassallo Argüello）的比赛疑点重重，事后证明这是一场假球——排名更高的达维登科事先参与巨额投注，在故意放弃比赛后赚到了大笔赌金。

这项调查最后列出了涉嫌通过俄罗斯赌球网络参与比赛造假的 28 位球员，也促使国际网坛于 2009 年成立了反腐败组织网球诚信机构（TIU）。由于运作机制的不透明与无罪推断的根深蒂固，TIU 时常陷入有关隐瞒信息、掩盖不当行径的指责当中，但该机构始终强硬否认这些指责。然而，迪马蒂诺有权力对布鲁尼往来信件中提到的意大利球员进行调查。具体内容令这位检察官极为震惊：布鲁尼从未真正质疑过 30 余名他国有假球嫌疑的球员（其中不乏著名球星）。

2016 年 1 月，该案件由 BBC 重新发起舆论，时任英国首相大卫·卡梅伦（David Cameron）要求进行全面调查。国际网球联合会的总部位于伦敦，英国议会的一个调查委员会甚至监听了 TIU 负责人奈杰尔·威尔顿（Nigel Willerton）的对话。

二十一　假赌黑、非法洗钱的"皇家之路"　745

作为第一批调查这些假球网络的参与者，希尔对体育当局数年前创办的道德与诚信委员会提出了质疑，认为他们距离高效独立运作仍有距离。2017 年，这位加拿大记者坦言：

> 自从丹谭被捕以来，欧洲警方在全欧范围内展开了不少于 32 次调查，完成了一系列逮捕与定罪工作，干得非常漂亮。但如果就此以为一切搞掂，那将是极为荒唐的——即使体育机构的领导者们希望让大众相信足球运动是清白的。面对部分造假的比赛，他们对其中的阴暗面选择性忽略，却故作自豪地表示："问题已经得到了彻底解决，我们和国际刑警组织完成了极棒的合作。"事实上呢？国际刑警组织甚至没有开启调查的权力，因为决定权在当地警方手中。一些稍加披露的信息就已让他们沾沾自喜了。
>
> 有关机构的运作透明度还存在着另一顽疾：尽管承诺坚决打假，但像 Sportsradar 这样的公司会将更多的真相掩盖，因为它们的真实数据才是一堆堆金矿。于是乎，在它们的沉默下，我们有了一切都已得到解决的错觉。

毫无疑问，体育博彩的成功将现代体育拉回到了 19 世纪那个充满疑点的萌芽时代。现代博彩允许投注者在地球上任何地方进行即时投注，作假的方式与途径多种多样。这一点在 2012 年 5 月的一场法国手球比赛中得到充分印证，蒙彼利埃队球员赛前对对手瑟松队下注。即使贵为法国体坛的顶尖明星，当时效力于蒙彼利埃的两兄弟卢卡·卡拉巴蒂奇与尼古拉·卡拉巴蒂奇也无法逃脱惩罚。两人上诉后被处以两个月缓刑与 1 万欧元的罚款。

在博彩业依旧火爆的当今体坛，一个丹谭倒下，或许有新的丹谭正在发迹。独善其身者实在屈指可数，100% 的廉洁恐怕难以存在。

参考文献

Declan HILL, *Comment truquer un match de foot ?*, Florent Massot, Paris, 2008.

François THOMAZEAU, *L'Imposture du sport*, First, Paris, 2014.

二十二
世界杯、电视转播权、巴黎圣日耳曼
——卡塔尔人的体育外交

让－菲利普·布沙尔

2017 年夏天，巴黎圣日耳曼足球俱乐部以破世界纪录的 2.22 亿欧元转会费签下巴西巨星内马尔（Neymar），这一交易令整个世界足坛为之震惊。这桩天价转会的背后，是否有俱乐部的卡塔尔投资方维系中东地缘政治的考虑？二者看上去并不矛盾。

厘清这一转会的前因后果，可以发现很多细节都超越了足球层面。2017 年 6 月初，巴黎圣日耳曼俱乐部聘请安特罗·恩里克（Antero Henrique）为新一任体育总监，这位葡萄牙人将肩负运作惊天转会的使命。巴黎圣日耳曼俱乐部背后的财团为具有王室背景的卡塔尔体育投资公司（QSI）。高层之所以产生大手笔的想法，竞技层面是重要原因：当年欧洲冠军联赛1/8 决赛中，巴黎圣日耳曼在首回合 4 比 0 大胜的情况下居然被巴塞罗那翻盘（第二回合 1 比 6 失利）。

以这种耻辱方式被挡在八强门外，无论是球员、主教练乌奈·埃梅里（Unai Emery），还是俱乐部高层都难以接受。巴黎圣日耳曼俱乐部主席纳赛尔·阿尔－赫莱菲（Nasser Al-Khelaïfi）作为卡塔尔埃米尔（最高元首）塔米姆·本·哈马德·阿勒萨尼（Tamim bin Hamad Al Thani）在法国的代表，更是脸上无光——当时巴塞罗那俱乐部的主赞助商是来自卡塔尔邻国的阿联酋航空公司，阿联酋王室也是英格兰曼城俱乐部的所有者。被巴塞罗那淘汰前一年，巴黎圣日耳曼在欧冠 1/4 决赛中两回合不敌曼城，无缘四强。

被邻国"盯上"的卡塔尔

当恩里克在巴黎圣日耳曼履新的同时，俱乐部高层正为内忧外患的国际形势焦头烂额：沙特阿拉伯、巴林、阿联酋等众多邻国发起了对卡塔尔的联合抵制与封锁，他们指责卡塔尔为圣战组织提供资金。

卡塔尔是一个领土面积仅有 1.15 万平方公里（约为 2/3 个北京市）与 240 万人口（九成为外来人口）的蕞尔小国，丰富的清洁能源储备成为该国立足国际舞台的资本。该国的天然气储量仅次于美国、俄罗斯与伊朗，名列世界第四，液化天然气出口量甚至位居世界第一。据卡塔尔政府预估，国内天然气资源将于 2040 年左右耗尽。

由于天然气资源终将耗尽，且该国此前在政治舞台上存在感较低，卡塔尔王室打算在未来 50 年间改变发展模式，并效仿阿联酋等邻国，将重心逐步转移到休闲、旅游等第三产业。通过主权基金与王室关系，卡塔尔在海外拥有了众多宫殿，尤其是在巴黎——一项优惠的税收协定使卡塔尔人可以免交利润税，因而法国首都备受卡塔尔人青睐；在卡塔尔本土，对酒店等基础设施建设投入的大笔资金使得众多欧洲游客在冬季纷至沓来，旅游业成为重要收入来源。21 世纪初，该国就通过"大使"级别合作，定下了用旅游业提升国家形象的目标。

为了赢得 2022 年世界杯主办权，卡塔尔采用了类似的策略。他们花重金邀请齐内丁·齐达内与佩普·瓜迪奥拉（Pep Guardiola）等足坛名宿担任世界杯申办大使。疯狂烧钱的卡塔尔人创造了一项项记录，他们投资超过 2000 亿美元用于申办世界杯的基础设施建设，其中包括含有空调的球场。

申办世界杯前，卡塔尔就在不同项目中展示了投资体育的热情。环法自行车赛赛事总监克里斯蒂安·普吕多姆曾多次收到卡塔尔方面希望将环法首个赛段设在中东的请求，他曾表示："没有什么能使他们停下脚步。他们准备了一条可以在十小时内空运所有物资与人员的绿色通道，甚至打算改变赛段温度，在赛道上洒水。他们是如此热情，以至于我不得不介绍一座城市竞逐环法起点应当符合的文化标准。这一切并不是完全可以用技术或金钱换取，我们更希望由拥有更悠久自行车运动传统的国家承担这一任务，包括欧洲人部分地区甚至是澳大利亚。"竞争未果后，他们在 2002 年至 2017 年组织了在本国举行的环卡塔尔自行车赛。这几乎是唯一一项冲刺型车手有机会夺冠的公路自行车赛事，但由于缺乏影响力在 2018 年被迫取消。

经过多番尝试，卡塔尔人的努力在 2010 年收到回报：他们赢得了 2022 年世界杯的主办权，这将是首届在北半球冬季举行的世界杯。事后经卡塔尔对手调查显示，此次申办过程有超过 120 次疑似金钱交易，但获得世界杯主办权足以使这个小国成为全球焦点。申办成功也推动卡塔尔为赢得更多国际认同，而适当放宽部分国内政策。

赢得世界杯主办权之后，争议始终伴随着卡塔尔。多名工人在新建体育场时丧命，一些非政府组织纷纷谴责卡塔尔花费重金申办却不愿改善近 200 万外来劳工的工作环境。在国际足联与联合国出面后，卡塔尔方面稍稍进行了改善。与此同时，包括法国在内的多国政府对部分本国侨民在卡塔尔遭遇不公而有所警觉，纷纷提出抗议。迫于这些国家的压力，卡塔尔最终于 2016 年 12 月 14 日废除了饱受争议的"卡法拉"制度。

就在这一被称为"现代奴隶制度"的政策废止之前，国际劳工组织（OIT）专门成立了一个针对世界杯场馆建设劳工的调查委员会。调查显示，"卡法拉"这一套近乎封建的制度强迫卡塔尔本土的外来劳工（占该国人口 90%）必须依附于各自的"教父"，后者起到担保人作用。只有得到"教父"的许可，外籍劳工才能为其他雇主工作或离开卡塔尔国境。例如，当一名球员被卡塔尔俱乐部的大把美元吸引加盟，但对卡塔尔的足球环境感到失望时，其雇主可以阻止他寻找新东家或回国。

出于融入国际体育舞台的需要，卡塔尔废除这一制度有其必然性。然而"卡法拉"制度依然在部分海湾国家存在，两名法国球员查希尔·贝卢尼斯（Zahir Belounis）与斯特凡纳·莫雷洛（Stéphane Morello）就曾是受害者。贝卢尼斯于 2007 年转投阿尔贾什俱乐部，五年后将俱乐部告上卡塔尔法院要求支付拖欠的工资。由于缺少相关担保人，他不得不被封锁在卡塔尔，直到 2013 年 11 月回国前也未能申诉成功。

与贝卢尼斯同年来到中东的莫雷洛加盟了阿尔沙哈尼亚俱乐部，2013 年获得签证前在卡塔尔被非法软禁了五年之久。在回忆此事的一本书中，莫雷洛谴责了"某些卡塔尔人的暴力行为和对本国法律的蔑视"与"他们的施压、阴谋诡计与敲诈勒索"，同时对大使"处理事务时的漫不经心与不作为"深感失望。

爱丽舍宫宴会与普拉蒂尼的"倒戈"

卡塔尔主办大赛的用意不难被人理解，但 QSI 收购巴黎圣日耳曼的目的最初似乎并不明显。回顾收购的前后细节可以发现：这桩交易会是主办 2022 年世界杯的政治筹码之一。《法国足球》杂志与《世界报》将时钟回拨到 2010 年 11 月 23 日，详细记述了当天的一场宴会。此时距国际足联展开 2018 年与 2022 年世界杯主办国申办投票仅剩最后两周，时任法国总统尼古拉·萨科齐在爱丽舍宫设宴，座上宾包括卡塔尔元首阿勒萨尼、卡塔尔外交部长与时任欧足联主席米歇尔·普拉蒂尼。

根据当时国际足联主席约瑟夫·布拉特的构想，2022 年世界杯主办权将出于"外交安排"回到美国。然而在 12 月 10 日举行的最终投票中，卡塔尔却以 14 比 8 的优势完成对山姆大叔的逆袭，令舆论大呼意外。布拉特事后回忆，他此前与美国达成的君子协定"受到了来自法国总统与一名同胞的干预，且这名同胞拉来了更多与他意见相同的投票"。毫无疑问，布拉特所指的法国人正是前足坛巨星普拉蒂尼。

事实上普拉蒂尼最初是美国的支持者，而与他意见一致的几名欧足联投票者随后也纷纷"倒戈"将选票投给卡塔尔。爱丽舍宫会面一年之后，普拉蒂尼之子、前巴黎圣日耳曼俱乐部法务主管洛朗（Laurent）被 QSI 聘为瑞士布尔达体育公司的总经理，这一任命引起广泛质疑。2011 年 6 月，QSI 以 7600万欧元价格从巴黎俱乐部大股东殖民地资本投资公司主席塞巴斯蒂安·巴赞（Sébastien Bazin）手中完成对这一首都球队的收购。自 2006 年成为圣日耳曼俱乐部大股东以来，殖民地资本除了在王子公园体育场附近策划一个尚未落实的房地产项目外，基本毫无存在感。

萨科齐是巴黎圣日耳曼的忠实球迷。卡塔尔资本入主之时，这家俱乐部正面临着竞技疲软、连年亏损的窘境，加剧大股东负担的同时也在一定程度上对萨科齐形象产生了负面影响。这起收购足以引发一连串反应：以申办世界杯为最初出发点，买下 PSG 俱乐部意味着卡塔尔人为萨科齐去除了一块心病；作为回报，萨科齐通过普拉蒂尼对卡塔尔主办世界杯予以死心塌地的支持，最终使卡塔尔如愿以偿。尽管这层关系看上去有些扭曲，但并不妨碍萨科齐与巴黎圣日耳曼及其高层亲密无间。这桩收购同样有维系中东地缘政治、打通国际关系经络的考量，意味着至少到 2022 年世界杯结束之前，PSG 俱乐部都将是卡塔尔国家有力的政治资本。

影响力、利益与行业的多元融合

巴黎圣日耳曼俱乐部看中了安特罗·恩里克在足球圈的人

脉而将内马尔招致麾下。PSG 俱乐部支付了转会费（2.22 亿欧元），但这位巴西球星每年 3000 万欧元的高额薪酬具体是如何构成与支付的？QSI 每年会支付其中的大部分款项，同时卡塔尔方面沿袭"大使策略"，将球队新头牌培养成卡塔尔体育政策的形象大使，使巴西人从中获得报酬。此外，他们每年还为内马尔本人创建的基金会（为帮助巴西贫困儿童）投入大笔资金。

沙特等国的封锁是否加速了签下内马尔的进程？卡塔尔方面很快会收获预期吗？在当时的国际局势下，卡塔尔在国际舞台上赢得话语权格外重要。引入内马尔无疑有利于提升卡塔尔的国际知名度——无论是名气还是社交网络的吸引力与流量，巴西球星丝毫不逊于巴黎圣日耳曼俱乐部。在俱乐部制定营销策略的重要目的地亚洲，内马尔拥有爆棚的人气。

单纯从经济角度考虑，内马尔来到巴黎圣日耳曼无疑是一个多赢的结果。巴西球星到来之后，巴黎圣日耳曼俱乐部的市值在不到一年内就由 8 亿欧元上升到将近 10 亿欧元，球队所在的法国甲级联赛也收获了更多关注。这笔转会甚至还刺激了法国电影行业：卡塔尔王室在法国媒体行业的竞争对手 Canal + 拥有收费电影频道，该电视台在作为法甲持权转播商的同时每年会从电影产业获得一笔可观收入，内马尔的到来使他们更加盆满钵满。

法国与海湾地区之间的体育、政治与经济如何紧密结合？卡塔尔人用行动给出了答案。《世界报》记者法布里斯·洛姆（Fabrice Lhomme）与热拉尔·达韦（Gérard Davet）就访谈内容于 2016 年出版的《总统不能这样说》一书中披露：在法甲联赛电视转播权招标过程中，时任总统弗朗索瓦·奥朗德曾向QSI 旗下的体育频道贝因体育（beIN Sports）打招呼，放Canal＋频道一条生路。卡塔尔人听从了奥朗德的建议，此后贝因体育与 Canal＋同时拥有法甲联赛转播权。

卡塔尔人为法国联赛引进顶级球星，刺激法国电影业，进行谈判撤回法籍卡塔尔侨民……这是一个多元交织的当代世界，不同行业间发生着相互作用，冲突的界限随着利益、腐败、游说与影响力而趋向模糊、变化万端。由于卡塔尔与巴黎方面的密切联系，2017 年 5 月惊险当选的法国新任总统埃玛纽埃尔·马克龙（Emmanuel Macron）上任不久便呼吁海湾诸国取消对卡塔尔的封锁，开启相关谈判。

当年 8 月（即内马尔转会前后），卡塔尔重新开放领空；马克龙于 11 月 10 日前往沙特阿拉伯，与该国王储穆罕默德·本·萨勒曼（Mohammed ben Salman）商讨地区安全事宜。两人的谈话细节未被披露，法国总统与沙特"革新者"是否聊到了内马尔转会带来的爆炸性效应不得而知，但有一个事实无可辩驳：两人会面不远处，坐落着建设进入尾声阶段的 2022 年世界杯体育场。作为卡塔尔王室借足球下大棋的重要一步，内马尔的交易确实在某种程度上暂时缓和了这一中东小国面临的紧张国际局势。

参考文献

Bérengère BONTE, *La République française du Qatar*, Fayard, Paris, 2017.

Zahir BELOUNIS, *Dans les griffes du Qatar*, Robert Laffont, Paris, 2016.

Stéphane MORELLO, *Séquestré au Qatar*, Max Milo, Paris, 2015.

二十三

职业生涯结束：运动员之痛

弗朗索瓦·托马佐

在奥林匹克世界中，有一座名为奥林匹斯的山峰令众人向往，它是运动员能够到达或想要到达的神域。多年的努力与训练使他们获得胜利与认可，有时还能得到财富和地位。不过让人感到痛苦的是，体育场的半神总有一天会跌下神坛落入凡尘俗世中。对于一个运动员来说，不能参加比赛与失去生命无异，而且由于伤病或健康风险，这一天也许会突然到来。对此，运动心理学家帕特里克·鲍切（Patrick Bauche）提醒道：

> 运动员如此英勇且性感，以至于人们常常忘记一个事实：他们也只是同我们一样普通的人。他们也与常人拥有共同的情感，会因冲动、死亡、生命、爱而心潮起伏。但是可以肯定的是，如果他的身份让他获得了至高无上的权力，他就不会感到不安。这就是为什么某些拥有无限权力的运动员很难忍受记者们的反驳或令人尴尬的提问。他们心中想着：他怎么能这样跟我说话？我可是半神啊！

"当我还是超人时"

与接受批评相比，运动员更不能忍受的是走下坡路。"这是每个运动员都要面对的问题。身体是运动员的一切。"鲍切提出了这样的观点，"就像在模特界，我们可以改变模特的语调或表演形式，他们的形象是首要的；在体育界，身体机能的下降会让运动员失去赖以生存的运动能力"。

鲍切认为：运动生涯下坡路带来的迷惘、痛苦，甚至是抑郁会让这些年轻人的生活突然失去一切意义：

> 运动员有一个问题：掌握人生的不是他自己，他无能为力。他无法安排自己的日程，制订训练计划，是否参加比赛也由不得他做主。他从不需要在商店或医生那里排队等待。因此当他退役时，生活变得更加困难。但这是一个缓慢的过程，没有人能在一夜之间成为奥运冠军。运动员越往上走，越身不由己。更不必说他自己很可能也没有想过这个问题。

对于顶级运动员而言，转行的难度之大几乎与不可能画上等号，职业生涯结束是他们自身的一大丧事。前橄榄球运动员拉斐尔·普兰（Raphaël Poulain）在《我还是超人时》一书中讲述了自己在比赛结束后迅速失势的境况。这位前法国国家队和竞技俱乐部的球员 2008 年因伤病不得不退役，此时他年仅 28 岁。该书出版后，普兰在 Rue 89 网站上表达了对观众、朋友与赛前飙升的肾上腺素的怀念：

> 结束职业生涯就像掉下地狱。我陷入抑郁、毒品和酒精整整三年，当你停下来时，你会发觉消耗体力是一种内在的需求。在家里我感到很孤独，我身上留有伤疤，脑中想着过去的辉煌和现在每月仅400欧元的低收入家庭补助金——要知道几个月前我的收入是这笔钱的15倍。我还没有为结束运动员生涯之后的现实生活做好准备，高水平橄榄球员的身份让我一直没有长大，脱离了真实的世界。从精神的角度来看，我其实只是一个高个子的小男孩。

职业生涯戛然而止本身就出乎运动员的意料；如果对未来缺乏规划，退役将成为悲剧。普兰的朋友，前国际巨星杰弗里·阿巴迪（Geoffrey Abadie）就属于这种情况，他沉溺于酗酒和吸毒，在2015年逝世。第一次警告（2013年发生了摩托车事故）和前队友的支持都没能让他从长期的抑郁状态中走出来。在去世前几个月，阿巴迪向《队报》吐露：

> 16岁时，我参加了自己的第一次庆功宴，和队友们一起喝了啤酒。从那时起，我再也没有错过任何一杯酒，而且喝得越来越多，除了酗酒，我还对药物和毒品上瘾。在职业生涯的末尾，我变得反社会，在家里给自己注射毒品。直到2013年4月出了摩托车事故。根据警方的记录，那一次我灌了45杯古柯威士忌……我不知道这是夸口还是真实情况，我都不记得了。

法国国家橄榄球队前队长马克・塞西永（Marc Cécillon）的退役也是一场悲剧。那段死寂的日子让他觉得很煎熬，后来他甚至涉嫌谋杀。在退役前，对于任何一支橄榄球队来说，他都是理想的球员，是一个英俊、谨慎、爱笑、乐于助人的孩子；在退役后，他变得消沉抑郁，成了被酒精麻痹的行尸走肉。2004 年，当他的妻子威胁要离开他时，他用近距离发射的 5 枚 357 Magnum 子弹杀害了他的妻子。远离了草坪、更衣室，昔日平和的橄榄球员变成了杀人凶手。他在上诉中被判处 14 年有期徒刑，在监狱里，曾经的左侧卫在橄榄球事业之后开启了新生活，后来他因"模范行为"被假释。

因为庆功宴文化和"积极"的体育界沉默法则，运动员的一些缺点被忽略或被否认了，塞西永隐藏起来的那一面从未暴露过。之后，为了挽救形象，大家只说他游手好闲和酗酒受伤的事，他在家乡依然是大家心目中的英雄，长期以来，警察对这位"完美的"橄榄球运动员的所作所为都视而不见。他的队友阿卜杜拉蒂夫・贝纳齐（Abdelatif Benazzi）后来向《队报》坦言："我们虽然总是说橄榄球是一个大家庭，但也或多或少意识到他正在走下坡路。悲剧发生前不久，他错过了 1995 年世界杯。我们所有人都没有想过要打听他的消息。"

这个"大家庭"的所有成员相继出庭支持这个"好家伙"。但有一个女人确实死了，那就是他的妻子，在这种情形下，橄榄球无法疏导这个表面羞怯的人心中潜藏的攻击性。这位冷酷的出租车司机之子不能再系上防滑鞋，也不能离开这个让他变得光芒四射的世界，昔日的 8 号运动员骤然感到世界黯淡了。从前他是业余选手，生活里都是派对宴会和朋友伙伴；

后来他成了专业比赛选手，还赚得盆满钵满。文化冲击加剧了他的自我分裂。但是真正的与唯一的受害者，是他的妻子。不幸的是，家庭暴力统计数据表明，塞西永即使不是橄榄球运动员，也可能会以同样的方式杀死他的妻子。他在职业生涯末期放纵自己，表现出暴力倾向，橄榄球世界为他做掩护并提供不在场证明，如今，他的同伙仿佛也抛弃了他。

2011 年，被释放的塞西永在 2018 年 9 月再次回到人们的视线中。他在醉酒时殴打了他的老板，还推倒了他曾工作过的葡萄园的员工。他被处以 12 个月的监禁，缓刑 6 个月执行，还有两年的考验期和强制治疗期。

在塞西永事件之后，橄榄球界能注意到这一现象，要多亏职业医生塞尔日·西蒙，他在波尔多大学建立了一个心理机构来帮助心理焦躁的运动员和退役选手，即（有困难的）运动员支持和预防中心。正如普兰指出的那样，体育能唤起"内在需求"，所以也会让人上瘾。

对抑郁症说不

2007 年，在国家橄榄球运动员工会委托进行的一项退役研究中，社会学家艾森贝格谈到了一种"戒毒"方式：

> 我们注意到，许多运动员经常说运动就像毒品，而前橄榄球运动员在描述这段空白期，甚至可被称为戒毒期时，也是这个说法。这种比喻甚至可以延伸到某些因持续状态突然停止而引发的问题，例如焦虑和胸腺不稳定，这

些几乎完全符合戒毒的心理症状。

对于运动员而言，体育的"瘾"或许更难戒掉。因为他们当中的部分人或许从没有真正在身心方面完全成熟，却被世人视为非凡的、拥有更高地位、越过了普通人的超人类，部分投机取巧者也在兴奋剂问题上凌驾于法律之上。社会学家帕特里克·米尼翁在他的著作《兴奋剂，社会问题》（2002 年）中指出：

> 同那些别人眼中优秀的同辈交往，是精英阶层彰显自己身份的方式，这也使得体育比赛的进入资格逐步规范化，基本只能凭成绩进入。因而从事高风险运动的人和从事职业运动的精英人士认为自己与普通人完全不同：其他人不明白成为运动员意味着什么。

大量资金流入体育领域，所有运动项目日益专业化都在加剧这一现象。体育一开始就被视为一种职业，但很少有人考虑过失败或退路，一旦职业生涯突然结束，一切便化为泡影。国家体育研究所总干事蒂埃里·莫德在《费加罗报》上总结道：

> 即使就乒乓球这样鲜为人知的个人运动项目而言，一名 16 岁的乒乓球运动员在一家好的俱乐部中的月收入也能达到 3500 欧元到 4000 欧元。不过，俱乐部之后也会要求他们通过会考！

只有不到 10% 的职业足球运动员意识到退役后不被需要了。高级别的体育比赛尤其强调"胜利"的价值，使得人们忘记了会打破无敌运动员梦想的因素：衰老、失败或伤病。即便如此，运动员在退役转行时仍会隐藏受过的苦难，这些苦难在他们的巅峰时期更是会被完全否认。最重要的是，在以胜利和功绩为唯一价值导向的领域里，痛苦、脆弱不应该被看见或被承认。然而在体育行业，失败实际上更普遍，更不用说以运动员的实践难度，在职业生涯中必然会发生事故，他们的训练与在钢丝上跳舞无异。过度训练的运动员都很脆弱，而且长期的伤痛，个人或家庭问题会让他们立即被边缘化，甚至直接出局。

"10% 至 15% 的顶级运动员患有心理疾病"，西蒙解释道，为此，他在波尔多成立机构。但是，抑郁长期以来是运动员生活中的禁忌，甚至在体育字典中被剔除。如果说退役运动员的抑郁状态能在每一位失业或退休的人身上看到，那么相比昔日在人们心中的崇高地位，顶级运动员更难承受这种失落感。

然而不可避免地，肩负高层的期待和支持者的热情，许多人在面对比赛时会突然崩溃。这让人想起英国足球运动员保罗·加斯科因（Paul Gascoigne），他在成为国民巨星之后因酗酒和抑郁接受治疗；德国前国脚、拜仁慕尼黑天才球员塞巴斯蒂安·戴斯勒（Sebastian Deisler）出书讲述了他的抑郁症经历；还有英国板球运动员马库斯·特雷斯科西克（Marcus Trescothick）。

同样地，自行车运动永远不缺受虐者。放纵的生活、短暂的成功及对兴奋剂和毒品的瘾造成了真正可怕的事件，弗朗克·范登布鲁克（Franck Vandenbroucke）、马可·潘塔尼（Marco Pantani）、何塞·玛丽亚·希门尼斯（Jose Maria Jimenez）都是鲜活的案例。最近的一个例子发生在 2018 年 6 月，1997 年环法自行车赛冠军得主、德国人扬·乌尔里希（Jan Ullrich）被逮捕，又因受伤住院，他承认自己在酒精影响下多次与人斗殴。

皮埃尔·奎农（Pierre Quinon）是洛杉矶奥运会的撑竿跳高冠军，2011 年 8 月，他结束了自己的生命。在洛杉矶奥运会夺冠后，这名法国首位奥运撑竿跳高冠军在 27 岁那年完成了最后一次跳跃。退役并不是他自杀的直接诱因，但是这个可爱少言的男孩年仅 22 岁就达到了巅峰状态，此后再无让他着迷的风景。

奎农身边的人随后都谈到他是一个追求极致的人。也许这是成为冠军的必要素质。教练让·克洛德·佩林（Jean-Claude Perrin）是法国体育蓬勃发展的幕后人物，他在奎农的葬礼上总结道："你想要得到更多的东西。你已经找到你要的极致。你现在很安详。但是为此要付出怎样的代价呢？"

2009 年底，德国守门员罗伯特·恩克（Robert Enke）在与抑郁症抗争多年后卧轨自杀了，此前他一直无法向汉诺威俱乐部的球员或经理坦白。遗孀特蕾莎（Teresa）在他自杀后的第二天说道："直到最后，他都害怕被别人知道。"他的传记作者、好友罗纳德·伦（Ronald Reng）解释了困扰德国守门员的痛苦："在只追求成绩的社会中，守门员最后没有抑郁的权利。因此，罗伯特不得不花费大量精力隐藏自己抑郁的秘密。他让自己困在疾病里。"女儿拉娜 2006 年的去世对恩克带来的打击极大，他的传记还揭示了这位球员职业生涯的不稳定性，教练、队友的高期望和不断追求卓越的自我要求也导致了他的崩溃。

"总之，压力和紧张（对引发运动员的抑郁症）起着很大的作用。一方面是外界施加的压力，另一方面是运动员对自己寄予厚望。"在罗伯特·恩克去世后，门德尔教授在黑森林开了一家专门治疗抑郁和倦怠的诊所，他向法新社解释道：

> 运动员职业生涯的一切都给他们带来了巨大的身心负担。到了某一刻，他们坚持不下去了，就会生病，这是关乎社会接纳的问题。运动员也是人，难道他们就该无所不能，并自如地应对所有挑战吗？

参考文献

Patrick BAUCHE, *Les héros sont fatigués. Sport, narcissisme et dépression*, Payot & Rivages, Paris, 2005

Ronald RENG, *A Life too Short. The Tragedy of Robert Enke*, Yellow Jersey Press, Londres, 2011.

Sébastien FLEURIEL et Vincent JORIS, « "L'affaire Cécillon". Un grain de sable dans la mécanique sociale du monde rugbystique », *in* Jean-Michel FAURE et Sébastien FLEURIEL, *Excellences sportives. Économie d'un capital spécifique*, Éditions du Croquant, Vulaines-sur-Seine, 2010.

二十四

兰斯·阿姆斯特朗：神话的破灭

弗朗索瓦·托马佐

当你看见兰斯·阿姆斯特朗时，首先会惊讶于他的眼神——冷酷成为他的标志，如同金属一样冰冷，无法令人心生怜悯。他看上去冷漠无情又傲慢自大，被人们称为未入地狱的魔鬼。这种眼神让人相信他与兴奋剂并无瓜葛。

1999年的夏天，阿姆斯特朗在罹患睾丸癌传言三年之后重返赛道。作为1993年横空出世的世界冠军，这位得克萨斯人无疑拥有非凡的才能和身体潜力。生活的种种考验、悲惨的童年生活、缺席的生父和受唾弃的继父以及慈爱伟大的母亲，让他能承受一切，并为了让家庭摆脱贫穷而不断拼搏。

用老方法"暗度陈仓"

在震惊了自行车界的费斯蒂纳车队事件发生两个月后，阿姆斯特朗在1998年环西班牙自行车赛上复出了，这次回归同两年前被迫退役一样具有英雄主义色彩。这位前铁人三项运动员也是古典赛和一日赛的高手，但从未在大型分段赛中崭露头角，不过这次，他获得环西班牙自行车赛的第四名，位列已故的名将何塞·玛丽亚·希门尼斯（JoséMaria Jimenez）之后，洛朗·雅拉贝尔（Laurent Jalabert）之前，后者在之后转型为长距离车手。

比赛结果令人大跌眼镜，荒谬的假说开始四处传播。据说癌症完全改变了这个健壮的美国人，使他的新陈代谢系统紊乱。癌症使他身体瘦削，这反而提升了他在山区的运动能力，专家还解释说，提高踩踏频率也是取得佳绩的原因之一。类似的理由也被用来解释过马克·潘塔尼是如何取胜，他在不久后进入了运动成瘾的受害者名单。

无论如何，阿姆斯特朗的故事都引发了人们的好奇心。当他在 1999 年环法自行车赛开赛前两天的新闻发布会上露面时，像是完全变了一个人。在他病愈精力恢复之际，自行车界却被促红细胞生成素占领，有关人士希望能改变现状。美国邮政车队在短距离分段赛中闪耀了一整个赛季，在宽容开放的年代，他们没有回避问题。"若论反兴奋剂的斗争，自行车界比其他任何一项运动都做得更多。至于费斯蒂纳事件，我不是当事人，不便多说。"他谈道。

这一次，未出席比赛的队伍更占理。理查德·维伦克（Richard Virenque）和他的队友因丑闻被除名，自行车运动元气大伤，因此愿意相信奇迹。是的，人们要说服自己，车队已经变了。费斯蒂纳事件是一剂猛药，自行车运动的新篇章已经开启，兰斯·阿姆斯特朗是先知……。

当然，最无耻的人（或最有远见人）会自省，得克萨斯人第一次摘得环法自行车桂冠时，皮质类固醇检测呈阳性，神话就此破灭了，虽然他以用过药膏和一张后来加上日期的处方单为自己辩解。《世界报》在环法自行车赛宣布停赛一年后才披露此事，显然站在了对立面，而文章措辞里的一些小错误，让阿姆斯特朗的支持者和一开始就为他辩护的人对此事产生怀疑。

但是在幕后"行业"，人们想起了一位超人、一位仿生自行车运动员，新闻报道又提起一种在车队里流行的"基因兴奋剂"，尽管还没有证据证实这种物质的存在。沙特奈－马拉布里的反兴奋剂实验室负责人雅克·德·科拉里兹（Jacques de Ceaurriz）在接受采访谈到遗传学时耸了耸肩，表示否认。对他来说，从前的类固醇以及化学界产出的数百万个新分子仍有发展前景。

这就是兰斯·阿姆斯特朗的聪明之处，他知道如何综合利用旧的事物和新的事物，也应验了古话"越粗俗，效果越好"。美国人在 1999 年至 2005 年的环法自行车赛上连续获胜，他们是如何使用兴奋剂的呢？美国反兴奋剂机构在 2012 年对外宣称，他们不使用成熟的产品或实施"体育史上最先进、最专业和最有效的兴奋剂计划"。美国人及其同伙只是充分使用了有用的古老方法。

美国队连续 7 年"争"得冠军，但并没有使用基因操纵技术。只是求助于一些传统的皮质类固醇物质，运动员格外熟悉且永不过时的类固醇，少量的生长激素与自体输血等可追溯到 19 世纪 50 年代的方法，当然还有并未被杜绝的费斯蒂纳事件里的 EPO。阿姆斯特朗只是利用了机制的漏洞，即无法永久追踪运动员。只要在最恰当的时刻以最合适的比例服用兴奋剂就能躲过检测，微小剂量只会被暂时检测到，更何况相关机构，尤其是国际自行车联盟内部很可能还有同伙，对联盟来说，兰斯的影响力以及他在癌症之后复出取得的漂亮成绩简直是上天赐予的礼物。2018 年 7 月，他在 Freakonomics 电台的采访中做出了详细解释：实际上，一切都与 EPO 有关。具体存在两个原因：

> 第一，长久以来 EPO 都没有被检测出来，它在那时是灰色物品；第二，它只能在使用后四到五个小时内被检测到。控制起来很容易，如果您知道要在这个时间段里进行药检，仅需计算一下，这是非常简单的计算过程。……我只能说，这只是一道不涉及伪装物质或其他类似产品的计算题。

"阿姆斯特朗事件说明，这套规则已经变味了，人们知道了国际自行车联盟这样的检测机构中有内奸，知道了具体检测流程，这样数年内还可能找到解决方案。"法国反兴奋剂专家迪纳说道。

美国反兴奋剂机构的报告着重介绍了改变的部分，促成变化的是情理、强烈的作弊意愿以及熟悉流程的组织。体育部门要求了解运动员的一举一动并随时要知道他们的位置，阿姆斯特朗和他的队友非常得意，他们在最后一刻换到了同一个城市的另一家旅馆里。他们在 EPO 不能被检测到时使用了它，在有了检测方法后立即换成自体输血的方法。简而言之，他们像贩毒组织一样，在监视中相互帮助、共同腐败。阿姆斯特朗这样告诉 Freakonomics：

EPO 的检测方法被研发出来后，自体输血成为所有运动员的日常。自体输血是一种复古的方式，运动员在七八十年代就用过这种方法。我们就说："好吧，那我们就复古吧！"

"服药成为专业工作"

1998 年，未来会成为车队老板的阿姆斯特朗抛弃了法国 Cofidis 车队，加入了美国邮政车队。但他没有找新的伙伴，而是想起了比利时人扬·布鲁内尔，此人坚称他能让阿姆斯特朗成为环法冠军。兰斯做出这个决定靠的不仅仅是信念，而且是相信比利时人有真才实学——因为在他得癌症前，法国人西里尔·吉马尔（Cyrille Guimard）加入了 Cofidis 车队，也认为他有创造奇迹的潜力。

布鲁内尔是一位正直的全能选手，曾代表西班牙车队 ONCE 获得 1990 年环法冠军和 1995 年环法季军。他的职业生涯基本都在 ONCE 车队度过，该车队由经理马诺洛·塞兹（Manolo Saiz）领导，此人采用了更简单有效的方法，毫不避讳与造成 EPO 在车队大量泛滥的主导人之一、意大利医生米歇尔·法拉利的友谊［参见第三部分第三十七篇］。这位经理在 1996 年告诉《队报》：

> 法拉利和我？我们是多年的朋友。我们聊了很多，交换想法和计划，比较我们的成果，我们以彼此都能接受的方式合作。

即使多年来总是能巧妙地通过反兴奋剂检测，塞兹最终还是在 2006 年被捕了，警方从他那里搜到一个装有可疑产品和 6 万欧元的冰库，这次搜查还牵扯出"普埃托行动"事件。1998 年，受费斯蒂纳车队事件波及，队医尼古拉斯·特拉多斯（Nicolas Terrados）被查出藏有皮质类固醇和类固醇。在新世纪之初，塞兹车伍的医疗事务由车队里贩药的主要人物、专职田径和足球的医生富恩特斯负责。

简而言之，学有所成的布鲁内尔再次遇见阿姆斯特朗时，基本沿用了导师塞兹的方法，同时还委托米歇尔·法拉利为其制定了培训新手的方案。阿姆斯特朗在 2013 年接受《世界报》采访时总结道："我们的那套方法非常简单，非常保守，并非传闻中那样邪恶。"

那么，是什么让阿姆斯特朗/布鲁内尔的方法如此与众不同？是什么使它更加有效？其实是真正的专业精神和出色骗术的结合。兰斯无疑是一名非凡的运动员，一个意志坚定的人，一个为了荣耀和金钱不择手段的人，自然不会放弃使用这个最有效的非法手段。但最重要的是，布鲁内尔和新手兰斯比其他人更加自大，他们不惧世人的耻笑，蔑视体育部门、主办方、对手和公众。

就像抢劫犯一样，他们不顾行业风险，并且完全知道兴奋剂检测和传统检测方法对他们无效。阿姆斯特朗在 2013 年接受《世界报》采访时坦诚地重申："害怕兴奋剂检测？没有，从来不会。我们的方法很基础，没有风险。我更害怕海关和警察。"面对天真或复杂的体育世界，他拒绝了解现实，并自我安慰，认为费斯蒂纳事件已经完全过去了，除了"对警察的惧怕"仍然存在。

得州人兰斯在他的比利时导师的帮助下，联合随后加入的同伙上演了一出骗局，按警察的行话来说，这叫"专业手法"。在近十年的时间里，美国队称霸体育世界，他们比起其他人更敢于行动，虽然不太聪明的人会被抓住，但他们面对日益发展起来的反兴奋剂斗争时还存有侥幸心理。阿姆斯特朗的几位前队友向美国反兴奋剂机构坦言，如果他们敢泄密或叛变，将受到人身威胁。作为自行车坛的"大哥大"，阿姆斯特朗会不会恐吓忘恩负义的法国人克里斯托弗·巴松斯（Christophe Bassons）或意大利人菲利波·西梅尼（Filippo Simeoni）呢？他本人显然会公然训斥"告密者"。

我们再回到他那貌似透露了一切、实则什么都未说明的目光。他瞪向了不厚道的记者，轻视正直的对手，鄙视那些思想正统与平庸的人，还有在诡计里不起作用的糊涂虫。这俨然就是凶手的目光。

沉默法则的微妙艺术

并非所有违法行为都需要同伙才能进行。这个能让报纸大卖的美丽故事蒙蔽了许多美国媒体，更广泛地说，也包括英国的媒体。只有一家对运动权威更感兴趣的媒体，没有上当受骗，只是为兰斯让自行车运动获得前所未有的国际影响力而感到高兴。正如教父有罪但不可侵犯那样，他还扮演着治安法官的角色：一旦建立起自己的势力范围，他就会不停地散布优点和缺点，哄骗一些人，驱逐一些人，像是自行车运动员、记者、主办方或官员。他们也会建立起牢固的朋友圈。最终，积久的怨恨让老板无力回天。

"我对人太苛刻了。不是我的老朋友'贾贾'（雅拉贝尔）说的那个意思（'施刑者'），而是我表现得太像一个战士。在自行车上开战，这很完美；在外面开战，那可不行。我不能，也不会把这两面分开。"阿姆斯特朗如此告诉《世界报》。这是他唯一欣然承认的错误。他小瞧了撒谎的心理、沉默法则的微妙艺术，忘记了别人拒绝作证是出于恐惧，当然也与信心和利益有关。2012 年，支持兰斯不能获利了，人们也不必再惧怕他，因此可以毫不犹豫地抛弃他。在黑帮故事里，最终获胜的往往是污点证人。

无论如何，平等、公正、公平竞争、尊重对手，体育界距离自己宣扬的价值观还有很长一段路要走。对兰斯·阿姆斯特朗而言，"竞争对手"本质上就是敌人，甚至是钱财的竞争者，这些人会阻碍他的公司牟取暴利，还可能偷走他觊觎的财富。

如果美国反兴奋剂机构夸大自己的调查结果，公开了体育史上最复杂的关系网——阿姆斯特朗的人脉（那东德国家兴奋剂事件，巴尔科实验室事件，还有在"普埃托行动"兴奋剂事件中捣毁的关系网呢？），那么说明兰斯通过欺诈行为的确谋取了巨额财富。据估计，在他窃取环法自行车赛冠军的七年里，每年能获利 2000 万美元，倒台时的财产总额达 1.25 亿美元之巨。比起美国诈骗犯马多夫（Bernard Madoff）在非法交易中吞下的 650 亿美元虽然相去甚远，但诈骗过程如出一辙。他给上钩的人编了一个美丽的故事，事实证明那是一个巨大的骗局。2005 年，在兰斯最后一次获得环法自行车赛冠军后，他慷慨地向国际自行车联盟捐赠了 10 万美元，是良心受到谴责，还是出于回报之心？具体怎么看取决于你是否相信他是正派人士。

兰斯如今捐出再多的钱都不过分，他背弃誓言做的伪证几乎都过了时效，也许不会被起诉。此外，他在 2013 年 1 月接受美国广播公司（ABC）的奥普拉·温弗瑞（Oprah Winfrey）的采访时承认了罪行，但在此之前，他已经获得了豁免权。只有他曾经的财务合伙人仍然在攻击他，要求他偿还至少 7500 万美元，阿姆斯特朗可能必须退还他在职业生涯中获得的共计 1500 万至 2000 万美元的奖金。不过，兰斯已经在与他过去的资助者谈判了，他相信自己是一位老练的谈判代表，能避开最不利于自身的和解方案。

阿姆斯特朗事件绝不是第一个，也不是最后一个影响自行车运动和整个体育界的案例。不过，他的垮台使自行车运动成为最大受害者——在 20 世纪 90 年代和 21 世纪初，自行车运动员很少或根本不会承认作弊。

参考文献

« Has Lance Armstrong finally come clean ? (Ep. 342) », Freakonomics. com, 25 juillet 2018.

二十五
兴奋剂会何去何从？

弗朗索瓦·托马佐

2012 年兰斯·阿姆斯特朗事件以及 2017 年俄罗斯体育代表团大规模服用兴奋剂的丑闻说明了两点。高级别运动员的确使用兴奋剂，但鉴于涉事人员最终都被惩罚，似乎反兴奋剂斗争取得了进展。那么，兴奋剂在当今以及未来究竟扮演了什么样的角色？法国反兴奋剂机构前医学顾问、现国际自行车联盟医疗主任泽维尔·比加尔认为：

> 事情似乎在向好的方面发展。调查结果显示，过去十年药检阳性案例的发生率有所下降。这些调查反映了不同的国家政策和联盟的规定差异，我们理应关注这些数据并从中得到一些结论。显而易见的是，未来情况会变得更好。除了俄罗斯主导的国家兴奋剂事件外，不会再出现别的惊世丑闻了，因为我们可以检测出一切物质或手段。

世人都知道，反兴奋剂斗争永远跟不上作弊者的脚步。但是，随着 1999 年世界反兴奋剂机构（WADA）和国家反兴奋剂机构的成立，双方的差距正在变小。兴奋剂检测方法已经取得积极进展，运动员追踪制度以及生物护照（用于观察运动员血液参数的可疑变化）的创建对此起到了遏制作用。反兴奋剂斗争者的心态也发生了变化，他们转变了思路，从过去的被动抵抗变为未雨绸缪地去鉴别可能会被用来提高成绩的物质和疗法。比加尔表示：

> 人们普遍认识到了这一点，但我们还没有取得反兴奋剂的最终胜利。我们仍然需要采取更激烈的斗争方式，更准确的检测方法，反兴奋剂斗争永远没有尽头。世事不断地变化发展，想要实现零兴奋剂是不可能的事情。

不过，对"人体机能"进一步的认识和前期检测的确有助于让实验室追上服用兴奋剂选手的步伐。"我们现在非常清楚肌肉、人体机制是怎样适应训练的，也知道在自然状态下和受化学物质影响下限制运动员发挥的因素是什么。"这位 UCI 反兴奋剂负责人继续说道：

> 我们与制药业保持着密切的联系，因此我们了解他们研究的主要方向以及这些产品在 10 年或 15 年内进入市场的可能性。有了这层关系，我们可以尽早发现提高身体机能的物质，因此就可以采用相应的检测手段。科学界现已掌握几乎所有兴奋剂物质，包括未来会出现在科学参考数

据库 PubMed 中的①物质。我们了解到阿根廷某团队正在用小鼠进行试验，利用一种物质让它们的行动速度加快，进行科学观察后，我们立刻获知了他们的违规情况。

大约十年前，世界反兴奋剂机构发现并迅速检测出一批还未进入市场的兴奋剂物质，例如 Aicar 和 GW1516。这类物质被归类为"激素和代谢调节剂"，有很大的副作用，极其危险，因此制药公司也放弃了生产。尽管对那些铤而走险的使用者风险极大，但他们很容易从网上获取这类物质〔参见本部分第五篇〕。2012 年，哥伦比亚医生阿尔贝托·贝尔特兰在马德里机场过海关时被逮捕，安检人员在他的行李箱中发现了 Aicar。俄罗斯自行车选手瓦列里·凯科夫 2013 年对 GW1516 药检呈阳性，这之后又陆续出现了 6 起服用该药品的案例。

这两种物质属于"模拟运动家族"，如此命名是因为它们模拟了运动对身体的影响。尽管使用这类物质有很大的风险，但是制药行业对其十分青睐，因为它们可用于治疗糖尿病和超重人群，同时又不需要病人运动。对于健康人来说，这类物质能让训练效果提升十倍，也因此吸引了作弊者的研究兴趣。从理论上讲，2008 年发现的 GW1516 效果十分惊人，但是研发它的制药公司 GSK 因其导致恶性肿瘤的特性选择停产；Aicar 的副作用更可怕，它可以激活一种存在于神经

① 由国家生物技术信息中心和美国国家医学图书馆共同建立：https://www.nlm.nih.gov/bsd/pubmed.html。

元、肝脏和胃黏膜中的酶 AMPK，因此注射它会让人体发生
恶性连锁反应。

尽管存在巨大风险，但与许多其他物质一样，这类产品还
是通过非法网站在互联网上出售。圣地亚哥研究人员罗恩·埃
文斯（Ron Evans）目前正在研究 GW1516 的轻型版，同时，
数十个实验室试图用服药来代替体力训练。另一种物质 S107
同样极受关注，蒙彼利埃的 Inserm 实验室对其进行重点研
究——它能大大改善受试小鼠的肌肉性能。医生对它感兴趣是
因为它可以用于治疗心脏病（心脏也是一种肌肉），当然它肯
定也会引起运动员的注意。包括 GAS6（提升红细胞生成素效
能的基因，服用微量兴奋剂就能达到预期效果）在内的其他
分子一开始同样用于医疗行业，后来就被用作丰富兴奋剂种
类了。

转基因运动员

基因治疗的发展及其在体育界中的应用也让反兴奋剂部门
感到担忧。基因操纵技术可以修改运动员的基因，以推动有效
物质在比赛中发挥作用，或增加可以改善体内氧合作用和利于
提升肌肉量的元素（例如促红细胞生成素、生长激素或以
PPAR 为主的蛋白质）。按照比加尔的说法，长久以来被认为
遥不可及的基因兴奋剂现已投入使用，但是他保证，研究人员
已经找到了解决方案。如果无法检测到人工植入体内的基因，
不能将它们与"天然的"基因区分开，反兴奋剂实验室还可
以找出植入基因的工具：

通常情况下，这类基因被装于惰性病毒中，然后通过注射进入人体。一旦进入细胞，胶囊就会打开，基因片段会融合并发挥出预期的效果。我们有检测出这些病毒胶囊的方法，尤其是腺病毒类，这是治疗中最常用的物质。

比加尔所担心的是基因治疗研究人员所说的"基因剪刀"，即一些能切割患病基因的酶。该技术在医学上有光明的发展前景，可用于从体内去除抑制机能的基因。"有一种基因专门抑制肌肉的生长：肌生长抑制素。基因剪刀将是解决它们的理想工具，花费不高又易于实施。"他这样点评道。

2006 年 1 月，从对托马斯·斯普林斯泰因（Thomas Springstein）的判决中我们得知，这位前民主德国教练一直在运动员不知情的情况下使用基因药物 Repoxygen，它可用于治疗贫血和辅助自然生成 EPO。这件事被揭露后，世界反兴奋剂机构在 2009 年决定严肃对待转基因运动员。基因操纵并非没有危险，白血病和癌症频发已经显示基因治疗本身的局限性。这也是为什么反兴奋剂部门认为运动员不会冒着风险去做手术。

更让比加尔神经紧绷的，是促合成代谢雄性激素物质的出现。这种物质属于类固醇模拟物，受到行业欢迎是因为它们可以减缓老年人肌肉萎缩，在老龄化严重的发达国家拥有巨大市场。另一类型产品是内源性激活剂，主要起兴奋剂作用，能刺激体内 EPO 自然产生。这类药物被用于治疗肾衰竭，可以被检测出来，第一起涉及这类产品的案例发生在 2015 年的法国，竞走运动员贝特朗·穆利内对 FG4592 药检呈阳性。不过基因

剪刀可以成为这类产品的完美替代品，因为它可以直接消除
EPO 产生的酶。

方法问题

实际上，如今反兴奋剂斗争宝库能检测到除自体输血以外
的几乎所有兴奋剂手段。9 位意大利研究人员于 2018 年 2 月
在《当前药物生物技术》上发表了有关该问题的最新研究，
证实了这一观察结果："迄今为止，没有任何完善的、受到国
际认可的方法能直接检测自体输血，该方法只能通过目标血液
参数的纵剖面图显示。"比加尔坦言："这仍然是一个热点问
题，现在没有足够可靠的自体输血标记。"

美国研究人员劳伦·彼得森（Lauren Petersen）备受瞩目
的成果也没能说服比加尔。彼得森提出，细菌移植路线可能会
被用于兴奋剂使用。作为一名高水平自行车运动员，她对数十
名美国专业自行车运动员的微生物群（肠道菌群中存在的数
十亿细菌）进行了研究，她发现其中两种细菌 Prevotella 和
Methanobrcvibacter smithii（M smithii）在过度训练的运动员体
内所占的比例要比业余选手高得多。从那时起，她认为将这些
细菌植入肠道菌群也能提高人体机能，但这位杰克逊大学的研
究员拒绝采取这种方法。

这个假设并不完全荒谬，彼得森的自身经历证实了这一
点：她 11 岁起就患有莱姆病，经历了反复的抗生素疗程（破
坏了全部或部分微生物群）后却依旧没有痊愈。因此，她决
定利用高水平运动员的粪便来恢复被抗生素削弱的微生物群。

结果令人惊讶，细菌的移植不仅治好了她的病，还提升了她的自行车运动水平。比加尔对此嗤之以鼻：

> 这只是一个毫无说服力的个案而已。目前，我们仍不清楚细菌菌群与人体表现之间的关系。有些人会说："我进行了微生物菌群移植，身体机能得到了提升"，这和在小酒馆里聊天有什么区别！

对于 UCI 的医疗主任和反兴奋剂工作人员来说，反兴奋剂斗争事业最缺的是可普及检测的资金，因为检测费用高昂。为了不增加检测次数，体育部门已经建立了档案和生物护照，以便监测某些运动员血液参数异常变化的情况，但从法律的角度来看，这并不是证明其使用兴奋剂的理想选择。

档案是可以用来测定的，例如类固醇、生理或生物力学档案。这种方法存在可信度问题。至于生理护照，泽维尔·比加尔认为，这"无法设定一个肌肉量发展的上限"。同样，一些自封的媒体专家用这种力量来分析环法车手在山区的表现，似乎"完全不现实"。比加尔更支持建立内分泌护照，它可用于研究生长激素和与之结合的 IGF-1 激素的作用机制。

参考文献

Jean-François Bourg et Jean-Jacques Gouguet, *La Société dopée. Peut-on lutter contre le dopage sportif dans une société de marché?*, Seuil, Paris, 2017.

Nicola Twilley, « The pill to make exericse obsolete », *The New Yorker*, novembre 2017.

F. Donati *et alii*, « Detecting autologous blood transfusion in doping control. Biomarkers of blood aging and storage measured by flow cytofluorimetry », *Current Pharmaceutical Biotechnology*, vol. 19, n° 2, 2018.

« Liste des substances et méthodes interdites », Agence mondiale antidopage, 2018 : <www.wada-ama.org/fr/node/8531>.

二十六
俄罗斯兴奋剂事件：一场政治危机

克莱芒·吉尤

　　如果这件事被克里姆林宫和白宫加以评论，其主要参与者是俄罗斯情报部门和美国司法部门，那这还只是单纯的体育故事吗？这样的剧本在国际体坛成了现实。从 2013 年到 2018 年，俄罗斯危机打击了本就脆弱的反兴奋剂斗争事业，危机事件极具政治色彩：俄罗斯当局在幕后的操纵是丑闻的源头，美国当局则发挥了推波助澜的作用，最后，这个世界第二大体育团体在 2018 年被赦免。世界反兴奋剂机构在一个月前决定恢复因丑闻而停业的俄罗斯反兴奋剂机构的资格。

　　2018 年 10 月 31 日，所有反对者聚集在白宫：选择这个地点展示出体育界对世界反兴奋剂机构日益增长的敌意，人们认为世界反兴奋剂机构受到了外部势力的影响，又因不顺从美国人被进一步削弱。反对者再次表示，世界反兴奋剂机构被部分体育联合会控制了，其中一半是该机构的执行委员会。考虑到强大的俄罗斯、威严的总统弗拉基米尔·普京以及对体育界慷慨资助的俄罗斯国有公司，世界反兴奋剂机构屈服了。

　　免除对俄罗斯的惩罚只是大大小小让步行为中的最新一

次，世界反兴奋剂机构的妥协让俄罗斯肆无忌惮地在 2012 年伦敦夏季奥会以及 2014 年索契冬季奥会上作弊，更何况，这一年是俄罗斯负责兴奋剂检测。2018 年，俄罗斯遭到禁赛，不能参加平昌冬奥会，这一次俄罗斯国旗没有升起，俄罗斯代表团不得不以"俄罗斯奥林匹克运动员"的头衔参加比赛。这是大家期待已久的惩罚。

不过，还是让我们回到丑闻的源头。

令人不安的样本

世界反兴奋剂机构是在 2007 年（采取行动的十年前）开始意识到俄罗斯在滥用药物。根据那一年的电子邮件，国际田联告知世界反兴奋剂机构"在当前检测机制下，无法从俄罗斯处取得样本"。检测本身不会出现意外，因为采样器一般要经过医生或教练才能与运动员接触。

令人担忧的检测结果还是出现了。在 21 世纪前十年，各个国际联合会把收集的数据汇集在 ADAMS 平台上，其中俄罗斯人的血液值数据令人恐慌。我们查阅的图表来自一个把生产红细胞当成一个运动项目的国家，他们不顾运动员的安危，就像 15 年前人们最开始使用促红细胞生成素那样。一些竞走运动员的铁蛋白含量（摄入铁以增强 EPO 的效果）警示了负责评估生物护照的专家（生物护照用于分析运动员血液值的变化，如果有人工操纵的情况发生也能及时察觉）。

世界反兴奋剂机构很清楚失控的状况：2011 年发布了一项由该机构生物护照负责人提出的统计研究结果（基于国际

田联在 2001 年至 2009 年收集的样本），结果显示，约一半的俄罗斯人血液中含有兴奋剂物质。

现在，怀疑变成了事实。在 2008 年北京奥运会开始之前，七名俄罗斯女运动员因乱动样本被禁赛。"这好像是一个有组织地使用兴奋剂的例子"，IOC 医学委员会主席阿恩·伦格奎斯特说。2009 年，国际冬季两项联合会主席也对俄罗斯有组织地使用兴奋剂的行为公然表示震惊。在接下来的几年里，他没有发表过任何言论：俄罗斯冬季两项领导人收买了他，让他保持沉默，2018 年世界反兴奋剂机构的调查以及后来的奥地利警方都证实了这一点。

2010 年 2 月，俄罗斯反兴奋剂机构的检测员维斯塔里·斯特拉诺夫（Vitali Stepanov）与 800 米选手尤利娅·鲁萨诺娃（现改为斯特拉诺娃）步入婚姻殿堂，他向世界反兴奋剂机构的官员透露了俄罗斯的做法。那是在温哥华奥运会快结束时，他在一家酒店遇到了两位谈话者以及世界反兴奋剂机构聘请的调查员，在他们的引导下，斯特拉诺夫讲了很多细节。随后，俄罗斯国家田径队的其他举报人补充了现行做法，还提到了与国际田联主席拉米·迪亚克（Lamine Diack）及其党羽的串通一气。

当时，世界反兴奋剂机构唯一的调查员杰克·罗伯逊（Jack Robertson）非常专业：在美国的反兴奋剂警察中，他对墨西哥蒂华纳联盟展开了有史以来规模最大的行动。但是他很快意识到，他没有足够能力收集到应对俄罗斯的有力证据，他的增援要求一直被驳回，所以无法动用警察的权力。2013 年底，他决心让斯特拉诺夫夫妻与德国公共广播联盟的调查记者泽佩尔特联络。经过一年的调查，德国公共广播联盟真实地揭露了俄罗斯田径界的行为。

前国际羽毛球联合会主席、国际奥委会副主席克雷格·里迪（Craig Reedie）当选世界反兴奋剂机构（WADA）负责人后也毫无作为。2017 年 5 月，杰克·罗伯逊在电子邮件中描述了机构高层令人难以置信的消极状态：

> 在克雷格·里迪的领导下，我看到了世界反兴奋剂机构从进步机构转变为反动机构，他优先考虑的是媒体关注的事情。这些都是国际奥委会任命他为主席的理由。

德国公共广播联盟的调查于 2014 年 12 月播出后，里迪一直保持沉默并要求新闻办公室监视媒体报道。他的第一反应是与俄罗斯沟通，私了此事，然而，来自全世界的强烈抗议迫使世界反兴奋剂机构发起新的调查。为了防止里迪插手调查，首席执行官大卫·霍曼（David Howman）成立了一个独立委员会，并任命以行动理论闻名的世界反兴奋剂机构创始人理查德·庞德（Richard Pound）为主席。杰克·罗伯逊表示：

> 我与霍曼的谈话以及在调查期间对里迪态度的观察使我得出这样的结论，即俄罗斯严重违反了世界反兴奋剂条例，里迪对此无动于衷。比起追究国际联合会和国际奥委会成员的责任，他更想要维护和平、避免冲突。他想要看上去干干净净的体育世界，并不想展示肮脏的兴奋剂。

这位世界反兴奋剂机构主席当时还兼任国际奥委会的副主席，2016 年，他迫于压力下台了。"里迪对待利益冲突太过随便"，霍曼在 2017 年 3 月与我们会面时悄悄说道，"当时我们正在洛桑的豪华酒店享用早餐，前主席与他只有三桌的距离。相比俄罗斯政府直接施加的压力，国际奥委会（俄罗斯成员以及自 2013 年 9 月起担任国际奥委会主席的托马斯·巴赫）施加的压力更大。俄罗斯在国际奥委会中的影响力实在太大了"。

庞德委员会开展调查期间，里迪向纳塔利娅·杰拉诺瓦（Natalia Jelanova）发送了几封邮件，主要是告诉她不必担心。杰拉诺瓦受强硬的俄罗斯体育部长维塔利·穆特科（Vitali Moutko）之命，任反兴奋剂顾问一职。

罗琴科夫的泄密

庞德于 2015 年 11 月发布的报告仅涉及田径运动，证实了德国公共广播联盟的消息，同时呼吁叫停俄罗斯反兴奋剂机构和俄罗斯运动员。报告中的几句话暗指这种兴奋剂使用机制可能也存在于其他运动项目中，因此世界反兴奋剂机构的运动员委员会要求发起新的调查。霍曼对此表示：

> 里迪回应称，没有可靠证据：他不希望委员会继续调查下去，尽管他知道还能挖出更多信息。要是没有罗琴科夫的证词，调查工作就要止步于此了。

　　格里高里·罗琴科夫（Grigory Rodchenkov）是莫斯科反
兴奋剂实验室和索契奥运会的前主任，他在 2016 年 5 月向
《纽约时报》和 CBS 的爆料迫使里迪采取行动。里迪取消了理
查德·庞德的调查权，国际奥委会认为他的行动过于我行我
素。调查被委托给了另一位加拿大律师理查德·麦克拉伦
（Richard McLaren），而他的调查表明罗琴科夫所言非虚。

　　尽管麦克拉伦的报告在里约奥运会开始前几周就发布了，
并且世界反兴奋剂机构反复劝告，但国际奥委会还是做出了与
国际残奥委员会截然相反的决定，仍授予俄罗斯参赛资格。国
际奥委会主席托马斯·巴赫从未想过俄罗斯人会缺席奥运会。
霍曼在 2003 年至 2016 年担任世界反兴奋剂机构秘书长，他评
估了政治因素对俄罗斯有关决定的影响程度：

　　　　这种事如果发生在一个较小的国家，这个国家早就被
　　奥运会除名，被国际奥委会禁止参赛了。这就是俄罗斯的
　　力量。高级官员对地缘政治问题的敏感度远超原则问
　　题——不得使用兴奋剂，更不能建立兴奋剂使用机制。但
　　是，俄罗斯的情况比东德的情况还要严重得多。

　　作为西德 70 年代奥运会的击剑冠军，巴赫知道这种类比
的意义。但他更知道与普京建立友谊的意义，后者是第一个祝
贺他在 2013 年当选国际奥委会主席的人。巴赫与克里姆林宫
的主人关系密切，但他很少公开表态，哪怕是在丑闻爆发后。
因为俄罗斯的公司一直赞助国际奥委会，该国还举办了许多国
际比赛，包括诸如青年锦标赛这类无利可图的比赛，俄罗斯已

然是奥林匹克运动会不可或缺的盟友。

　　三份报告（庞德的报告和麦克拉伦的两份报告）还不至于让国际奥委会有所行动。但是，国际奥委会也不得不委托前瑞士奥委会主席塞缪尔·施密德（Samuel Schmid）仔细开展调查，调查结果与之前无异，于是2017年12月，IOC宣布了一项具有象征意义但实际上无足轻重的强有力惩罚措施：禁止俄罗斯奥委会参加平昌冬季奥运会。赛后，俄罗斯奥委会被恢复资格，尽管在冬奥会期间有两名"来自俄罗斯的奥林匹克运动员"的药检呈阳性。

俄罗斯当局的操纵

　　在2018年9月，世界反兴奋剂机构投票决定恢复俄罗斯反兴奋剂机构的地位，以此作为此案的最终裁定。俄罗斯机构承诺会重新分析在莫斯科实验室密封保存的样本，并根据结果宣布新的禁赛决定。

　　事情结束了？美国不一定这样想。如我们所见，白宫发出呼吁要求世界反兴奋剂机构进行整顿，并要求该机构更加独立于国际奥委会……但美国人没能如愿。华盛顿威胁要暂停对世界反兴奋剂机构的资金支持（占该机构总预算的13%）。实际情况是：美国反兴奋剂机构主任特拉维斯·泰格特（Travis Tygart）的想法经常被强加给其他国家的反兴奋剂机构。

　　俄罗斯丑闻被曝光以来，美国当局积极谴责俄罗斯，欢迎举报人罗琴科夫来美国，并按规定为他提供证人保护服务。在他之前，斯特拉诺夫夫妇也受到美国接待，罗琴科夫医生越过

大西洋后，美国司法部就他检举的事件展开了调查。2018 年
10 月，美国司法部又起诉了 7 名俄罗斯间谍，因为他们在两
年前以黑客手段入侵了数据库并从主要的国际体育机构和反兴
奋剂机构如国际奥委会、世界反兴奋剂机构、国际足联和国际
田联等处获取了电子邮件。黑客攻击使化名为"奇幻熊"的
俄罗斯特务局让某些机构名誉扫地，因为这些机构散布被窃取
的文件威胁到了俄罗斯体育事业。

　　这只是危机期间俄罗斯国家机构介入的众多行动之一。在
索契奥运会反兴奋剂实验室进行的一项夜间行动中，俄罗斯联
邦安全局官员交换了兴奋剂样本。2016 年 2 月，俄罗斯反兴
奋剂机构的两任主席（2008～2015 年）在两周内接连死亡，
他们本来身体健康，其中的尼基塔·卡马耶夫（Nikita Kamaev）
本来正要与英国记者一起撰书。这怎能让人们忽视背后的俄罗
斯特务机构？在这场危机期间，俄罗斯当局采取了各种行动，
包括我们从可靠消息来源获悉的做法，他们试图通过国际刑警
组织逮捕罗琴科夫，但因不了解其居住地而没有成功。

　　不过，俄罗斯这样疯狂是为了防止兴奋剂丑闻威胁到俄罗
斯当局。在这一点上，俄罗斯还算成功，因为莫斯科从未承认
自己与这事有丝毫关联，而且一直在玩文字游戏，挑起了一场
漫长的论战。首先是理查德·麦克拉伦，他在与俄罗斯人谈判
后决定删除"国家兴奋剂"的说法，他认为这种表述有直指
弗拉基米尔·普京的含意。然后是塞缪尔·施密德，他比理
查·麦克拉伦做得更多，他没有提及"制度化兴奋剂"或
俄罗斯操纵。施密特的委员会谨慎地指出，他们没有找到
"任何书面的、独立公正的证据证明俄罗斯国家最高机构支

持或了解有组织的使用兴奋剂制度和操纵样本的事"。

实际上，普京直接授意的说法只是从罗琴科夫的补充证词中推测出来的，俄罗斯总统对事情的始末都很清楚。鉴于俄罗斯运动员在 2010 年冬奥会上的糟糕表现，他要求采取一切措施，确保四年后俄罗斯在自己家门口的索契冬奥会上夺得尽可能多的金牌。

参考文献

Icarus, documentaire de Bryan FOGEL, Netflix, 2017, 121 min.

二十七

暴风雨中的国际足联

阿诺·拉姆赛

2015 年 5 月，1998 年起始终占据国际足联主席之位的约瑟夫·布拉特在祖国瑞士成功连任。然而在新一任大选开始前两天（5 月 27 日），一场前所未有的大地震深深震撼了这一国际足球的最高管理机构。27 日清晨，瑞士检方应美国司法机关要求展开行动，他们来到国际足联代表下榻的苏黎世五星级酒店 Baur-au-Lac，取得客房钥匙后逮捕了七名国际足联高官。

瑞士当局逮捕的七人中包括了两位国际足联执委：开曼群岛人杰弗里·韦伯（Jeffrey Webb）、乌拉圭人欧亨尼奥·菲格雷多（Eugenio Figueredo）。此次行动总共涉及 14 人，其中 9 人曾经或当时在国际足联工作。检方的起诉书指出：自 20 世纪 90 年代以来，他们累计收受了约 1.5 亿美元（约合 1.32 亿欧元）的贿赂与回扣。美国联邦调查局（FBI）同样参与了本案调查，他们将查克·布拉泽（Chuck Blazer）的录音带作为重要突破口。蓄着长灰胡子的布拉泽在 1998年至 2013 年担任过国际足联执委一职，并曾任中北美及加

勒比海地区足协秘书长。调查发现：布拉泽涉嫌进行了多项
欺诈行动。在被捕前四年，他曾为逃避牢狱之灾与 FBI 探员
合作，戴着一条微型领带悄悄录下了个人参加的国际足联会
议内容！

在此次苏黎世突击搜捕同时，瑞士检方也对国际足联总部
进行了搜查，目的是调查 2018 年与 2022 年世界杯主办权投票
过程中涉嫌洗钱与非法运作的情况［最终这两届世界杯分别
由俄罗斯与卡塔尔主办，参见本部分第二十二篇］。

一个多世纪前的 1904 年，国际足联在巴黎第 1 区宣告成
立。历经了百年变迁，这一机构从草创之初的相对封闭、低调
到如今的日进斗金，让足球运动在世界范围内发生了翻天覆地
的变化。2014 年，国际足联的收入突破了 20 亿美元大关。与
如今通货膨胀下的巨额收入形成鲜明反差的是 40 年前的国际
足联：当时的 FIFA 一穷二白，只拥有八名雇员。时任秘书长
布拉特为了付清员工薪水，不得不四处向银行借贷。

这一切随着若昂·阿维兰热的到任而发生了根本性的变
化。这位巴西人执掌国际足联（1974～1998 年）期间，通过
苦心经营电视转播权与市场开发帮助该机构走上了"富起来"
的道路［参见第三部分第三篇］。他的继任者布拉特进一步提
升了足球运动的价值：2016 年正式离任之时，国际足联的年
收入是他刚上任时的 10 倍。

国际足联在苏黎世总部的变化也印证了这股变迁。2006
年，FIFA 决定搬出原先位于索嫩贝格山的办公大楼，将总部
新址搬至不远处的一栋现代化建筑。国际足联新总部建设耗资
近 2 亿美元，大约一半的建筑位于地下，可以容纳来自 40 多

个国家与地区的 400 名员工在美轮美奂的霓虹灯下工作。布拉特 2011 年曾表示：“人们做出决策的地点应当从侧面照亮。”

FIFA 总部涉及日常管理、财务与竞赛组织等诸多事务，位于组织架构顶层的是国际足联理事会（相当于政治局），其成员由国际足联代表大会（相当于最高权力机构）任命，下属其他委员会亦是如此：紧急事务委员会、道德委员会、财务委员会、纪律委员会与裁判委员会……

这起发生在 2015 年的丑闻让国际足联陷入了全球舆论旋涡之中。事发之后，2018 年世界杯主办国俄罗斯总统弗拉基米尔·普京（Vladimir Poutine）指责美国，认为华盛顿方面意欲阻止布拉特连任：“他们的做法是对国际组织运作规则的严重践踏，是将本国管辖权强加于人的表现。”时任法国外交部长洛朗·法比尤斯（Laurent Fabius）随后则呼吁推迟该届大选。

瑞士检方行动之后，国际媒体迅速跟进，丑闻缠身的 FIFA 一时间成为热点话题。德国方面，《图片报》报道此事时刊登了一张布拉特的照片，并配以文字“出去”；而在瑞士的另一近邻法国，《解放报》用了“FIFA Nostra”作为标题将国际足联与黑手党联系在一起，《队报》头版头条的标题是“登峰造极的丑闻”，并刊发了名为《腐烂》的社论。

接下来数天内，这场地震依然余波未平：时任欧足联主席米歇尔·普拉蒂尼原本在一年前宣布不会参加国际足联下一届大选，但丑闻事发后，这位前法国足坛巨星要求布拉特辞职。在一场临时新闻发布会上，普拉蒂尼对外界透露：“我对他说：‘够了，都够了。国际足联的形象太差了，我希望你能离开。’布拉特给出了这样的回应：‘这一切都太晚了，我不会离开。'但在当时，更换主席是唯一能改变 FIFA 的途径。"

时年已经 79 岁的布拉特不愿放弃继续连任，从而获得本人第五个任期的可能性。瑞士人此次大选的对手是比自己小 40 岁的约旦王子阿里·本·阿尔侯赛因（Ali ben Al Hussein），更为老辣的布拉特再次连任。然而这一次，他的主席位置只坐了几天：在外界的多方压力下，布拉特于 6 月 2 日宣布辞职并呼吁选出新主席。

湮没的加西亚报告

布拉特在宣布辞职时已经感受到了多方重压。他的声明意味着国际足联将推迟数月进行大选，但这依然无法阻止 FIFA 内部继续发生大地震。2015 年 7 月 12 日，瑞士检方发声：在对 2018 年与 2022 年世界杯主办权竞选过程的调查中，有 81 起交易被银行认定涉嫌洗钱。9 月 17 日，由于被英格兰媒体报道涉嫌在黑市倒卖 2014 年世界杯门票以攫取高额利润，法国人杰罗姆·瓦尔克（Jérôme Valcke）被剥夺了国际足联秘书长一职。

瓦尔克被解职 8 天后，原本对国际足联主席之位虎视眈眈的普拉蒂尼也成为旋涡中心人物。瑞士检方要求他就 2011 年收到一笔可疑的 180 万欧元款项接受调查，法国人解释称这是自己 1999 年 1 月至 2002 年 6 月担任布拉特顾问时所获酬劳，而布拉特因这笔交易与一份被认定违法的 FIFA 比赛电视转播合同遭到起诉。10 月 2 日，可口可乐、麦当劳、VISA 与百威等国际足联的几家大型赞助商纷纷发声，要求布拉特"立刻辞职"——瑞士人的如意算盘是在 2 月份新一届主席敲定前继续管理 FIFA 日常事务。

6 天之后，国际足联道德委员会痛下杀手：将布拉特、普拉蒂尼与瓦尔克停职 90 天；前 FIFA 副主席与主席候选人之一的韩国人郑梦准因 2018 年与 2022 年世界杯申办幕后的违规行为，被禁止参与足球事务 6 年（国际体育仲裁法庭此后将这位现代汽车继承人所受处罚缩短为 15 个月）。

布拉特遭到"禁足"之后，时任非洲足联主席、69 岁的喀麦隆人伊萨·哈亚图（Issa Hayatou）临时代理 FIFA 主席一职。普拉蒂尼与国际体育仲裁法庭进行了漫长的拉锯战，上诉之后，禁止他参加足球事务的期限被缩短到了 4 年（此前判决为 8 年）；布拉特一开始同样遭到 8 年禁足，经上诉减刑至 6 年。但考虑到他的高龄，事实上这一结果意味着瑞士人提前告别了浸淫多年的足球圈。

这一年的国际足联内部动荡的猛烈程度堪称前所未有。应美国方面加大对国际足联贪腐调查的要求，当年 12 月 3 日又有两名 FIFA 高官在苏黎世遭到逮捕。他们涉嫌在市场开发过程中收受了数百万美元的贿赂，并被拘留引渡。

意大利人圭多·托尼奥尼（Guido Tognoni）曾是 1990 年、1994 年两届世界杯的项目主管，他与国际足联的法务合作持续多年，直到 2003 年才画上句号。布拉特事发后，托尼奥尼直言："自从 40 年前阿维兰热初来乍到之时，国际足联就开始滋生腐败的土壤。布拉特并非始作俑者，但他始终对 FIFA 内部的贪腐抱有容忍态度以保住自身权力。阿维兰热才是最初的那个。"

尽管国际足联的性质是一个国际组织，但它依然受到总部所在地瑞士的法律管辖，不少总部设于瑞士的机构亦然。以 ISL 一案为例［参见第三部分第十九篇］，该案主角国际体育与休闲公司位于瑞士楚格州，主营体育营销，专门管理世界杯的电视转播权销售与市场营销合同。然而该公司由于负债高达 3 亿瑞士法郎，于 2001 年宣告破产。国际足联对此感觉受到了冒犯，于是提起诉讼，结局却令他们大跌眼镜：楚格州当地检察官在调查过后决定追究 FIFA 责任，理由是 FIFA 涉嫌袒护 ISL，误导检方调查！

此后的一系列调查文件显示：阿维兰热及其女婿里卡多·特谢拉确实收受了 ISL 的贿赂，同时另有 14 人从中获得回扣！2008 年，鉴于当时反向佣金依然披着合法的外衣（卖方向中介机构支付高于要求的佣金，并在交易后秘密收回多余金额的行为），瑞士检方决定不对此事做出深究。2010 年 5 月，该案最终结案。

国际足联道德委员会是一个专为打击 FIFA 内部腐败而创建的独立机构，时任主席是前纽约检察官迈克尔·加西亚（Michael Garcia）。他应 FIFA 之邀进行调查，并专门撰写了一份报告，涉及竞逐 2018 年与 2022 年世界杯主办权过程中的贪腐行为。加西亚原本准备重审此案，但工作的繁杂与国际足联的懒惰使他格外不悦，他在 2014 年 12 月选择拂袖离去。这名曾为 FIFA 服役的老员工表示："任何独立的管理委员会、调查者或仲裁委员会都无法改变这一机构的内部文化。"

布拉特对加西亚的辞职感到"惊讶"，但观察者们认为：

加西亚实际上对布拉特的侄子菲利普产生了怀疑。菲利普·布拉特（Philippe Blatter）是盈方体育传媒集团的经营者，盈方建立在原 ISL 的基础之上，是业内与体育营销、电视转播权相关的领导者之一，与 FIFA 关系密切。该集团拥有来自 12 个国家的约 600 名员工，与 25 个体育项目的 160 名持权方签有合同。

2014 年，盈方的收入超过了 8 亿美元，利润相比过去三年翻了两番。该集团早早从国际足联手里拿下了 2018 年、2022 年两届世界杯的电视转播与商业开发权。2015 年 2 月，盈方集团迎来新主人：来自中国的万达集团以 10.5 亿欧元的巨资战胜诸多竞争对手，成功完成并购！该集团还拥有 Match Hospitality 公司 5% 的股份，后者与国际足联合作多年，直到 2023 年都将负责 FIFA 旗下全部赛事的门票销售。自 1998 年起，Match Hospitality 就独家推出了世界杯"款待球票"服务（获得更好观赛位置的同时可享受招待餐会、自助餐饮和专业礼宾等其他服务），但该公司的招标环境始终难言透明。

布拉特的"最后战利品"

丑闻爆发后，一系列事件表明：足球世界的正义正在持续遭到破坏。2017 年 2 月，国际足联道德委员会成立了调查与审判小组，要求涉嫌卷入 FIFA 腐败丑闻的前危地马拉足协主席布赖恩·吉梅内斯（Brayan Jimenez）、哥斯达黎加足协一把手爱德华多·李（Eduardo Li）终身禁止参与足球事务。

吉梅内斯于 2016 年 1 月在危地马拉首都郊区的一栋高档

公寓内被捕，随后被引渡到美国；爱德华多·李则出现在2015 年 5 月瑞士当局逮捕的第一批 FIFA 高官中。在美国接受庭审时，两人对密谋敲诈勒索的罪行供认不讳，在出售国家队比赛电视转播权过程中，他们通过与私人公司的合作边获利边扩大影响力。美国检方声称：有证据表明两人存在着利益纠葛、收受贿赂与其他贪腐行为。

　　无论如何，国际足联的工作还得继续。2016 年 2 月，瑞士人詹尼·因凡蒂诺（Gianni Infantino）当选 FIFA 新一任主席［参见下一篇］。在成为自诩的改革者之前，这位多次参与欧足联赛事抽签，为人熟知的瑞士人首先要面临收拾前任残局的任务。翌年 3 月，国际足联决定不再延长与两位道德委员会主席的合作，包括打击经济犯罪的专家瑞士人科尔内尔·博尔贝伊（Cornel Borbély）、原先作为布拉特与普拉蒂尼停职一案法官的德国人汉斯－约阿希姆·埃克特（Hans-Joachim Eckert）。

　　此后，两人不无遗憾地做出回应：“这事实上是 FIFA 为改变做出努力的终点，道德委员会的工作不适合某些员工或负责人。”他们在任期间曾呼吁将道德委员会运营更加透明化，并获得向媒体传递信息的权利。从 2015 年开始，该委员会共进行了 194 次调查，对 70 人最终定罪。

　　普拉蒂尼的“禁足令”最终由 6 年减为 4 年，但他对国际体育仲裁法庭的决定并不买账。2017 年 3 月，在最后一次公开露面已有一年、昔日的左膀右臂因凡蒂诺已成为国际足联主席时，这位曾经的欧足联主席、FIFA 一把手竞争者对《世界报》敞开心扉，谈到了自己耻辱背后的心路历程。普拉蒂尼认为这一切都是阴谋作崇，但他并未点出煽风点火者的名字。谈及一系列针对自己的行为时，法国人没有回避布拉特在他本人失去信任、逐渐垮台过程中扮演的角色：

　　99%的人对我表示支持，但只有1%对我伸出了援手——没有任何一个FIFA会员协会的代表。FIFA内部各派之间充斥着各种暗中操控。我始终希望他们能够说出实情，但遗憾的是，这一刻从未到来。

　　一直到最后，布拉特依然在尝试自保。他从未捍卫过包括我在内其他人的利益，是我有生以来见过最自私的人。布拉特总说我是他身边最后的战利品，但他就是个骗子。当我在2015年5月28日面对他说出"够了，都够了"之后，我就知道他一直在盯着我，更不用说他曾嫉妒过我的球员生涯。我上一次见到布拉特是在2016年8月的国际体育仲裁法庭，他仿佛什么事都没发生过，还在跟我开玩笑。

作为一名球员时期与退役后均在足坛呼风唤雨的人物，憋着一口气的普拉蒂尼决心为自己复仇。即使是禁足期间，他也从未排除过东山再起的可能性。他曾表态："这一切还没结束。"这位法国人复出之后，国际足联接下来将面临怎样的处境？一出崭新大戏或许又将拉开。

参考文献

Éric BERNAUDEAU, *Blatter, un monde à vendre*, Jacques-Marie Laffont éditeur, Paris, 2016.

二十八
因凡蒂诺是谁？

"我想成为一名职业足球运动员，但我知道我做不到，因为我没有那个天赋。所以我想到了另一种选择：我可以成为足球运动员的律师。"这是詹尼·因凡蒂诺在他13岁时的一篇作文中所写的。1970年3月23日，这名卡拉布里亚移民的儿子出生在瑞士瓦莱州，多年后他实现了自己幼年时的梦想。2016年2月26日的苏黎世，在一系列令人震惊的腐败事件过后，这位意大利裔瑞士律师在第二轮投票中以115票对88票的优势击败竞争对手巴林人谢赫·萨勒曼，当选国际足联新任主席。

"足球经历了一段充满危机的艰难时段，但现在一切都结束了。我们必须采取良好的治理政策并保持事务的透明度。"这是他立下的誓言。2016年，因凡蒂诺的薪资为140万欧元，这比他前任的薪水低了58%。这是因为当年国际足联的账目都出现了创纪录的亏损，3.47亿欧元。

这名塞普·布拉特的继任者将不再只是被称为"欧足联的那个光头"，这一外号是因为人们经常能在欧足联各种仪式上看到这位形象颇有特点的官员。因凡蒂诺之所以经常出现在抽签场合，是因为他欧足联秘书长的身份以及能讲多种语言的能力，此外他也是一名摄像爱好者，是米歇尔·普拉蒂尼（前欧足联主席）的得力助手，并在普拉蒂尼被停职后成功上位［参见本部分第二十七篇］。2016 年，因凡蒂诺成为国际足联第 11 任主席，任期至 2019 年，他上任后所要面临的挑战就是恢复国际足联的信誉以及公众和赞助商的信任。

尽管不太擅长踢球，但因凡蒂诺和意大利裔的朋友们共同创立了福尔戈尔足球俱乐部（队名意为"闪电"），这是瑞士最低级别联赛的一支球队，可见因凡蒂诺对于足球这项运动的钟爱。他的父亲曾在火车上工作，是一名国际米兰球迷，他的母亲在瑞士瓦莱州的布里格（拥有 12000 名居民）车站拥有一家报亭，年幼的因凡蒂诺正是在那里从父亲口中了解到体育新闻。周末，他勤工俭学解决了自己在弗里堡大学学习法律的所有学杂费。

1995 年，他被任命为在纳沙泰尔新开设的国际体育研究中心的一名律师。"1997 年，锡永在输给莫斯科斯巴达后因球门横梁低于正常标准提出上诉，当时因凡蒂诺正是我的律师。"当时的锡永主席克里斯蒂安·康斯坦丁回忆道，"他给我留下了很好的印象。但 2011 年时，他变了，因为当时他已经是欧足联秘书长，迫于国际足联的压力，他取消了锡永的欧联杯参赛权。"

在西班牙足协工作一年后，因凡蒂诺于 2000 年进入欧足联法律部门。他与一位黎巴嫩人结婚，成了四个孩子的父亲，并且很快就发展了自己的人脉网，他知道如何运用专业能力和奉献精神使自己成为不可或缺的人。

世界杯扩军至 48 队时代

自那之后到 B 计划（A 计划是接任普拉蒂尼）奏效使他成为国际足联主席之前，因凡蒂诺从来没有成功当选……他一步步耐心地从组织中晋升：2004 年成为欧足联法律事务主管，三年后成为秘书长助理（他开始获得普拉蒂尼的信任），2009 年成为欧足联秘书长。利用他的律师背景，他帮助普拉蒂尼建立了"财政公平法案"［参见本部分第二十一篇］。他在 2010 年解释了推行这一新政的缘由：

> 2009 年，我们意识到欧洲的顶尖俱乐部（约 660 家）一年损失了 12 亿欧元。如果我们还不采取行动，这必然会导致欧洲足球的灾难。这是我们和俱乐部达成的共识，我们要改变未来。

2015 年，当国际足联陷入混乱时，他出人意料地提出参加主席竞选。他的致辞中只字未提他的上司普拉蒂尼（当时这个法国人遭到停职处罚）。普拉蒂尼并不把因凡蒂诺当回事，但他错了。前欧足联主席本以为自己的这位得力助手会在合适的时候退出竞选，但他低估了因凡蒂诺的雄心壮志，也忽视了瑞士人对足球未来发展战略的兴趣。

自从被任命为国际足联主席以来，这个光头就一直勤勤恳

恳地工作。他对国际足联的一些行政人员进行了大清洗，排除
了那些没有完全忠于他的人。尽管受到了一些批评，他还是成
功提出将世界杯扩军至 48 支球队的计划。因此，从 2026 年
起，48 支球队将被分为 16 个小组，每个小组将有两支球队出
线进入淘汰赛，这就意味着世界杯的比赛场次也将增加至 80
场，可以进一步提高财政收入。根据国际足联的一份报告，与
2018 年俄罗斯世界杯相比，如果世界杯成功扩军，所带来的
收入将增加 6.4 亿美元，电视转播权收入将增加 5.05 亿美元，
营销收入将增加 3.7 亿美元。

　　2018 年 11 月"足球解密"网站公布的一些文件（尤其是
mediapart 网站在法国所公布的）也进一步揭示了这位国际足
联新主席的做法。这些文件证实了国际足联前首席调查员科尔
内尔·博尔贝伊［参见本部分第二十七篇］被辞退以及哥伦
比亚法官玛丽亚·罗雅斯取代她的情况。"足球解密"披露的
这些文件同时还揭示了因凡蒂诺是如何在国际足联的审核确定
前，提早向各国足协支付数亿美元的资金，以便在 2019 年 5
月他连任之前赢得他们支持的。

二十九
"机械兴奋剂",自行车上的小马达?

克莱芒·吉尤

当体育学者研究电动自行车的历史时,他们往往会发现媒体实在过于天真了。之所以这样说,其一是因为这些媒体信任一名自认为是天才的匈牙利发明家,并对他的谎言大加渲染;其二在于这些记者居然认为运动员能在没有机械帮助的情况下完成那些壮举。总而言之,这是一个迄今依旧被热议并且尚未被证实的谣言:伟大的冠军们是通过在自行车上安装电动助力装置才赢得了比赛。

自行车上也能装发动机?这恐怕只是谣传,并且它违背了这项运动所传递的价值观——坚忍前行。所以当这一谣言从 2009 年开始传播时,即使是那些经历过兴奋剂时代的骑手们也屏住了呼吸。有一些人将"机械兴奋剂"一词替换为"技术欺诈",因为用"机械兴奋剂"这个词来形容这种作弊情况似乎程度过轻。虽然这听上去违背了体育道德,但好像车手们获胜的关键依旧在于腿部发力而非依赖发动机。

神奇的加速器

时间拨回到 2010 年：在一辆从巴黎开往鲁贝的火车上，一位科菲迪斯车队的年轻职业骑手来到一位摄影师那里，谈论着当天的获胜者、瑞士人法比安·坎塞拉拉的自行车制造的噪音是多么"滑稽"。接下来的一周，法国奥运会车手安东尼·鲁对《法国洛林共和报》表示，"整个球队都在问我，是不是坎塞拉拉的自行车上有一个引擎"。当时这番话被视为是在暗示 CSC 车手的出色表现是源于化学动力。事实并非如此，但关于引擎的谣言已经传遍了整个车队。

此前一周的环法兰德斯赛上，坎塞拉拉突然加速，但他却没有从车座上做出抬起臀部的常规加速动作，极高的踏板速度使得他一下子超越了所有的对手。每场比赛他都会更换自行车，然后一骑绝尘独自领跑，并一举获得了历史上最受欢迎的两场环法兰德斯赛冠军。但人们再没能找到他的比赛用车。

接下来的几周内，自行车坛第一次听说了伊斯特万·瓦尔哈斯这个匈牙利人。他用近乎完美的言辞把自己介绍给意大利媒体，如同一位电动自行车模型的发明者，这种车的原理很简单，通过车把上一个简单的装置即可发出命令把车激活。在意大利国家广播电视公司 RAI 的一份报告中，退役车手兼顾问达维德·卡萨尼展示了瓦尔哈斯所提供的这种模型，之后国际自行车联盟 UCI 便邀请了这位工程师免费到访他们位于瑞士艾格勒的总部。

在停车场的隐蔽处，UCI 体育与技术部主任、法国人菲利普·舍瓦利耶对这台模型进行测试后，得出的结论是：这种机械噪音太大、机体太重，根本无法使用。然而为了对这一结论进行回应，UCI 在环法自行车赛上计划进行一项 X 射线测试，但很快由于成本过高胎死腹中。然后质疑的声音便消失了，大家觉得根本没有什么神奇的加速器，直到 2015 年……

在环意自行车赛上，阿尔贝托·孔塔多尔的换车行为和他超音速一般的加速令两名前冠军获得者马里奥·奇波利尼和肖恩·凯利（现在成了一名顾问）公开怀疑这名西班牙人的车上装有发动机。两个月后，洛朗·雅拉贝尔和塞德里克·瓦瑟尔在环法自行车赛上对克里斯托弗·弗鲁姆大喊："我们觉得你的自行车踏板是自动的!"所有这些经历过兴奋剂时代的骑手都对他们所看到的表现大吃一惊。

UCI 在比赛结束后随机选择了几辆自行车用扫描仪进行检测，之后他们开发出一种更大众的方法来检测磁场，因为磁场的出现意味着发动机或电池的存在。因此，所有的自行车都可以在赛前或者赛后进行测试。2016 年 1 月的第一个检测结果是：一名年轻的比利时冬季越野赛车手范登·德里斯切被捕，她在"希望世界杯"上使用的自行车秘密配备了奥地利品牌 Vivax 的发动机。她把电池隐藏在一个罐子里，并把启动控制安装在车把上，这种装置就像类固醇兴奋剂一样，是一种高效、廉价但易于检测的技术，只有年轻人才会冒这个风险。

意大利媒体随后报道了 UCI 的平板电脑无法检测到的技术。它只需 5 万欧元就可以将发动机安装在后轮轮毂中，并且该轮毂可通过蓝牙远程激活或将其连接到监测心率的仪器上，据意大利记者报道，电磁轮系统可能需要花费 20 万欧元。UCI

曾表示有几种技术是可以使用的，但他们的检测系统可以识别所有技术。

颇具才华的匈牙利人

这些意大利媒体报道都是来源于瓦尔哈斯。这位体格健壮的匈牙利人于 1971 年出生在该国城市佩奇，如今他定居在匈牙利南部的一个工业城市，2016 年 12 月，我们在这里遇见了他。平日里他会骑摩托车去欧洲各地检查客户的设备。作为一名前业余自行车运动员和一名杰出的物理学学生，他在 1992 年结束短暂的职业生涯后开始做些小买卖。如今，他在寄给潜在投资者的简历中，自称是"一位自学成才的研究发明家和核物理专家"。他表示自己的专利还可以用于 F1、无人机、热泵，等等。

瓦尔哈斯把办公大楼一层的三个房间用作工作室，并在那里改装了几十辆自行车，据他表示，其中一些车是为艾迪·莫克斯和肖恩·凯利等知名车手设计的，还有一些是为居住在摩纳哥的一级方程式赛车手创造的。几份报告显示，瓦尔哈斯一直在寻找潜在客户，比如骑手和行业合作伙伴等。那些称信任他的人当初是被他的魅力和天生的同情心所吸引，但现在他们只会说他是一个伪君子、一个骗子、一个黑客，仅凭他的本事根本不可能发明出 UCI 系统检测不到的电动自行车。

法国投资者马克西姆·朱利安曾与瓦尔哈斯合作过一年，为造福大众，他们共同设计了一个赛车项目。朱利安表示，"当瓦尔哈斯面对一位真正的工程师时，他往往无法回答对方的问题。此外他的设备质量很差,他唯一的本事只是做做售后服务罢了"。

纵然瓦尔哈斯总是滔滔不绝的介绍他的产品多么出色,但他始终无法提供一些令人信服的证据。考虑到金钱收益,他在美国哥伦比亚广播公司(CBS)的调查节目《60分钟》中保证,兰斯·阿姆斯特朗在环法自行车赛获得七连冠的过程中都使用了他提供的装备。经过一年的调查,他的这些话没有被证实。

2016年,瓦尔哈斯在环法自行车赛上面对法国警方时声称,一支世界高水平车队正在摩纳哥公国附近一个小镇的机库里运送非法买卖的自行车。他甚至绘制了示意图,但拒绝透露给他们具体地点或街道的名字。当被问及是如何确定他的系统被专业人士所使用时,他笑着回答道:"那些小家伙们来找我,问我要XL大小的全黑色自行车,然后自己在上面作画。"尽管瓦尔哈斯的行为被媒体视作篡改自行车,但在2016年新的UCI检测系统出现以前,一些圈内人士仍然坚信他这种加速系统是存在的。

"可能有些车手的确使用了这种装置,因为之前的旧系统(在德里斯切家中发现的,编者注)的确起到了非凡的辅助作用,这种管控是十分可笑的。"车手樊尚·瓦特莱说道。作为瓦尔哈斯的好友,他认为相比公路自行车,这种装置对越野自行车影响更大。

从2010年到2016年,可疑的赛场表现成倍增加。比如在车手停止踩踏板后,车轮还会继续转动;孔塔多尔的机械师紧张地看着他的手表,在机器进入扫描仪之前操纵着自行车的后轮；一支车队在参加 2015 年米兰至圣雷莫赛事时拒绝意大利警方在没有调查委托书的情况下进入其卡车车间；法国电视二台利用热照相机，在七名意大利赛事参加者的后轮或车架内发现了可疑热源……

瓦尔哈斯表示，发动机在高踏板频率下是有效的。环法自行车赛的三连冠得主弗鲁姆以其惊人的加速而闻名，这种加速正是通过增加这种频率来实现的，因此，他受到了怀疑。

2016 年，当相关单位考虑加强对自行车的管控之时，一位顶级自行车教练微笑着说，"今年像弗鲁姆那样的情况变少了，这很有趣，不是吗？"一年前，费斯蒂纳队的前教练、反兴奋剂活动人士安托万·瓦耶曾发布一段弗鲁姆 2013 年在冯杜山的比赛视频。功率传感器数据显示，尽管她的速度大幅增加，但心率在加速时甚至从未超过 160，选手所属的天空车队从未否认这些数据的真实性。

这次数据泄露提醒世人：自行车从来就不是一个完全封闭的圈子，其中隐藏着不少秘密。尽管兰斯·阿姆斯特朗外表令人生畏，但一名亲属的证词使他遭到终身禁赛，这名亲属在证词中提到曾目睹阿姆斯特朗注射药品，并与他谈论过相关内容。但与使用兴奋剂不同的是，使用电动装置意味着想完全隐瞒真相是不可能的，因为至少骑手的机械师知道整个计划。时间会给予人们发言的自由，如果电动自行车装置能得到正确的使用，自行车界总有一天会接受这种革新。

参考文献

Moteurs, ça tourne, documentaire de Thierry VILDARY, France Télévisions, 2016.

Enhancing the bike, documentaire de Bill WHITAKER, CBS, 2017.

三十
我们应该相信"边际收益"吗?

克莱芒·吉尤

　　2012 年伦敦奥运会期间,英国自行车协会体能主管兼天空车队总经理戴夫·布雷斯福德别出心裁地提出了"边际收益"的概念,他将自行车运动问世以来许多研究人员或修补人员的工作称为:让自行车和车手并驾齐驱。根据布雷斯福德的定义,边际收益的初始含义是:如果把所有与骑自行车相关的要素分解,然后争取在每一项上都提高 1%,当把它们放在一起时,就会得到显著的进步。

　　实践证明,这一理论果然实现了成绩的跃升。这位英国人表示,该方法使得他的车手在 2012 年至 2018 年六次赢得环法自行车赛冠军。在训练、生理学、恢复、营养、设备和心理学等方面,天空车队聘请了每个领域的专家,使得他们的预算明显高于其竞争对手。天空车队的这个革命性的方案也被其他车队纷纷效仿,但效果不一:该团队曾组织媒体到其位于曼彻斯特的竞赛部门进行参观,了解这一主题。

　　布雷斯福德是一位沟通专家,并与前英国首相托尼·布莱尔的战略专家阿拉斯泰尔·坎贝尔关系密切。他成功地将边际收益变成了英国的一个知名招牌,并在付费演讲和畅销书中对边际效益进行阐述。这一理论已经渗透进商业、教育和英国体育的其他领域。

在布雷斯福德之前,21 世纪初英国体育界还有另一位著名的光头教练:曾入选英格兰橄榄球代表队的克莱夫·伍德沃德。作为 2003 年的世界杯冠军,英格兰橄榄球队将澳大利亚牙医帕迪·伦德提出的非核心原则应用于这项运动。伦德博士和伍德沃德在橄榄球队的工作中引入了 127 个"小细节",他们认为是这些"小细节"帮助他们赢得了第一个世界冠军头衔。这是另一个让人想起"边际收益"的故事。

但在自行车圈子内,人们并不认为天空车队发明了任何东西。福斯托·科皮在赢得比赛的前一天选择吃腌制肉、喝牛奶,在不知情的情况下取得了边际收益;西里尔·吉马尔也颠覆了 20 世纪 70 年代他成为体育总监时所确立的秩序,他将自行车手送到风洞里,研究他们的姿势并引入了透镜轮。

但是,保守的自行车界并没有原谅布雷斯福德——因为他曾暗示兴奋剂文化能更有效地实现惊人的快速效果,导致车队忽视了其他提高成绩的途径。然而,许多当代车队并没有等待天空车队邀请其他竞技专家来丰富他们的知识和训练方法。自行车圈子对天空车队以及布雷斯福德并不友好,许多人嘲笑英国队的骑手,因为他们在赛后会继续骑"滚轮"(一种家庭训练的方式),以帮助身体逐步恢复。但在那之后,几乎所有的嘲笑他们的人都采用了这种方法。

其他一些创新方式听上去有些可笑,例如天空车队在巴士入口处配发抗菌凝胶,以降低感染风险;此外他们还为车手们提供个性化的床垫，让他们无论去到哪家酒店都要换上自己的定制款……

随着时间的推移，这些花招最终也对布雷斯福德造成了不利影响。天空车队的克里斯·弗鲁姆通常选择在下坡时进行冲刺并因此获得了四次环法冠军，他的成功方法或许看似不寻常，但也远远算不上创新，更与边际收益毫无关联。此外，当弗鲁姆如同布拉德利·威金斯（2012 年环法自行车赛冠军）一样，在大赛前获得皮质类固醇或哮喘产品的治疗性使用豁免时，一些人开始质疑边际收益的概念是不是包含过多的内容了。威金斯在结束职业生涯时，曾在伦敦的一次会议上做出这样的分析：

> 我一直认为（边际收益）在很大程度上是微不足道的。但有很多人都从中牟利，比如布雷斯福德一直在用它推销自己。作为运动员，首先你必须做到最基本的东西：练习骑车，努力工作，成绩的事谁也说不好。让你成为一名更好的运动员的原因在于你的身体素质和你的工作强度，而不是睡在特定的床垫或枕头上。

参考文献

David WALSH, *Inside Team Sky*, Simon & Schuster, Londres, 2013.

三十一

冲浪、滑板、滑雪板和跑酷：叛逆的运动员与这些另类运动

奥利维耶·维尔普勒、弗朗索瓦·托马佐

音乐热潮和体育的兴起是 20 世纪最具影响力的两场群众运动，青年人对运动和流行音乐（流行乐、摇滚、说唱）的喜爱带动了两者共同发展。20 世纪 40 年代的爵士乐、50 年代的摇滚乐、60 年代的灵魂乐和流行乐、70 年代的朋克和雷鬼以及 80 年代的说唱吸引了大量青年人为之陶醉。

无巧不成书，也正是这些年轻人为运动服装的发展提供了灵感［参见第三部分第二十五篇］。詹姆斯·迪恩出演的电影《无因的反叛》使 T 恤衫得到推广；因为便于跳舞，篮球鞋深受年轻人的追捧；60 年代摇摆伦敦时期，最受年轻人欢迎的时尚穿着是 Fred Perry 的 polo 衫、厚运动外套、运动鞋以及棒球帽，如今这些都已经成为嘻哈文化的标志性服饰，同时也彰显了运动和音乐之间的相互影响。

虽然一边是承载着个人卫生和严谨精神的体育运动，而另一边却是以反叛和自我毁灭著称的音乐热潮，但无数人都在这两个领域之间建立起相互联结的桥梁，从转型成音乐家的退役

运动员到那些热爱足球、篮球的音乐人，都体现了这种紧密联系。2000 年后，长期抵制体育的"知识分子"（至少是在法国）抓住了体育之于文化的重要意义，在这个角度下创作一些媒体标题来美化体育运动（例如 So Foot，Les Cahiers du Foot，Pédale 等媒体），并树立了一些体育明星（如足球明星乔治·贝斯特和迭戈·马拉多纳）作为与摇滚明星同样的叛逆象征。此外，运动与演艺事业的另一个相似之处在于，一些体育明星开始像摇滚说唱明星一样死于吸毒或酗酒，如乔治·贝斯特和马尔科·潘塔尼。

正如本文开头所述，体育和流行音乐以浪漫的理想主义作为发展源泉，这两种"亚文化"很大程度上在英吉利海峡彼岸的英国实现了一次广泛扩散，这也许并非巧合。英国浪漫主义者将他们的叛逆精神、异于常人乃至丑陋的生活方式与对自然和运动的过度热爱结合起来。他们是第一批步行、骑马、乘船游行或是参与拳击和击剑比赛的人。

因此，体育和"叛逆"自 19 世纪末以来一直共存，但同时也总有人希望脱离制度化体育所强加的规则。在英国的浪漫主义者眼中，对自然和体力劳动的热爱不是通过竞争精神去传递，而是通过超越自己，寻求达到或超越极限的目的。

冲浪哲学

这场盛大的冲浪热潮正是来源于冲浪运动本身。英国青年运动的诞生与年轻人们所欣赏的音乐风格息息相关，尤其在 20 世纪 70 年代后期，这些音乐吸引了大量死忠支持者以及足球迷，但冲浪仍然是唯一一项在体育和音乐两个领域之间进行融合的运动。

对于最热情的爱好者来说，冲浪更像是一种生活方式，而不是一项运动，并且总是伴随着特定的原声配乐（如冲浪音乐的代表们：海滩男孩、美国组合 Jan & Dean、60 年代的冲浪吉他之王迪克·戴尔、80 年代的冲浪朋克）、专属服饰以及一种居无定所的生活方式（以大众面包车和车顶放冲浪板的木质旅行车为标志）。最初与冲浪有联系的服装品牌 Quiksilver、Rip Curl 和 O'Neill 也都逐渐变成了国际大公司。O'Neill 的创始人杰克·奥尼尔于 1952 年在旧金山的海滩上开了一家小店，主要面向少数冒着海浪冲击的人们。波利尼西亚人和船只关系密切，数百年来将冲浪这项文化传统视作己出，这项传统运动拥有比其他运动更悠久的历史。

冲浪的生活方式是由最狂热的爱好者所决定的。他们需要不断寻找最完美的海浪，因此他们每一天都要沉浸在这种艺术中。这一运动的特殊之处在于，它与自然和海洋这些充满敌意的元素有着非常密切的联系。在体育运动主流化的同时以及体育规章制度和联合会的指导下，它也得到了长足发展，自然和地形是主要的影响因素。在与他人切磋之前，冲浪者、滑板运动员或滑雪板运动员（他们都被称为"骑手"）必须首先征服海洋、陆地、马路以及各种地形，竞争的目的在于挑战自己并获得同行们的尊重，而不是打败他们。《今日冲浪者》网站准确地总结了冲浪者的真实生活：

　　首先，他们生活的一切都与海洋息息相关，并且要接受这种心态。与海浪相比，似乎所有其他事都变得不重要了。一般而言，有两种适合冲浪的生活方式：一种是坐在海边，每天在同一个地方冲浪；另一种是放弃正常的生活，周游世界，不断寻找完美的海浪。无论选择哪种生活，爱好者们都必须节省开支以实现目标，对于居无定所的他们来说，常态的舒适生活已经成了过去式。

在澳大利亚社会学家乔恩·斯特拉顿看来，这种冲浪哲学实际上是休闲社会的产物，因为人们渴望一个"永恒的夏天"。然而，这种运动已经诞生了 70 年，爱好者们认为它只是一项边缘运动，他们长期以来一直抵制将其制度化。

纯粹主义与复兴

因此直到 1964 年，即第一个国际冲浪协会 ISA 成立的那一年，这项运动才组织了第一次世界锦标赛，而这一运动向职业化的转变引发了激烈的争论。约翰·斯科特是 20 世纪 60 年代最伟大的冲浪者之一，他强烈反对竞争，并表示职业冲浪者"舍弃了自由，换来的不过是海浪、时间、地点、年龄和性别的限制"。相比之下，1968 年世界冠军夏威夷人弗雷德·海明斯认为，职业冲浪给人一种"干净、健康的冲浪形象"并"大大提高了这项运动的技术含量"。

此外，纯粹主义者还反对冲浪者在评委的监督下在同一波浪中相互对抗，这种对抗形式现在已成为职业冲浪比赛的常规。最后，海明斯于 1976 年创建了国际职业冲浪协会（IPS），

1983 年成立了职业冲浪协会（APS）。在此之后，今天的冲浪比赛由国际冲浪协会（负责制定法规并维持与国际奥林匹克运动的关系）以及世界冲浪联盟（前身是 APS）共同管理，以组织专业的男性和女性参加比赛。

这一发展无疑让冲浪运动在世界范围内蓬勃兴起，却没有说服原始冲浪的支持者。自由冲浪者继续捍卫着没有阻碍没有竞争的冲浪运动，比如美国人莱尔德·汉密尔顿——他以对冲浪的热情，在电影中作为替身出镜以及其他贡献而闻名于众。通常来说，大多数冲浪者以前都是专业人士，他们最终都回到原点，选择了人类与海浪搏击的最原始方法。

之后，由冲浪所衍生出的其他"反叛"运动（如滑雪板或滑板）也经历了同样的"复兴"，并且纯粹主义者和专业人士、反叛分子和官员之间始终保持着紧张关系。若非如此，那么冲浪的故事将永远只是轶事。

滑板是在 20 世纪 50 年代由冲浪者创造的一项运动，其最初目的是在"湿滑的地面"上继续练习。滑板爱好者和冲浪者一样，最初并不是在体育场或是室内场所，而是借助身边的环境直接进行训练。滑板运动的成功仍然与肾上腺素的需求、独立性、对波西米亚生活的向往以及拒绝权威等元素联系在一起。冲浪者会寻找没有游泳者冒险的地方玩冲浪，而滑板者的天堂除了建筑以外，也包括城市、道路、人行道、楼梯或停车场。通过与艺术、音乐、时尚和街头艺术的联系，这些衍生运动成功得以丰富。有了它们，体育创造了自己的反文化。

随着轮式滑板在 20 世纪 70 年代的成功以及 21 世纪头十

年的复苏，特定品牌的服装或设备应运而生，超出了运动本身并创造了一个将爱好转变为消费的市场。滑板运动员或滑雪板运动员必须与其他人群分享他们的娱乐空间，这迫使政府不得不立法监管。70 年代中期，人们在废弃的游泳池里建立滑板公园，并且地点逐渐锁定在公众视线之外的贫民窟。技术高超的滑板运动员可以冲到坡道和楼梯上做出特技动作，这些画面通过电影、视频、照片、专业媒体（如 *Thrasher* 杂志）或视频游戏得到广泛传播，使得他们能够以自己的艺术为生。

最有名的一群滑板爱好者还建立了小组织，设计了自己的造型，使他们看上去更接近摇滚或说唱明星。就像上文提到的冲浪一样，滑板圈内也免不了冲突。竞技滑板运动员和纯粹主义者、运动员和艺术家、贫民区乃至滑板新规则的支持者之间莫衷一是，他们之间的分歧很快公之于众。尽管世界滑板联合会、国际滑板联合会和国际极限运动联合会等多个组织都试图调和矛盾，但滑板运动在很大程度上仍不受任何权威的约束。这些机构甚至觉得有必要采取强制措施来提高存在感，同时还要保证不能把这些爱好者都吓跑。国际滑板联合会表示，他们的使命在于："滑板运动不需要被控制，但它需要支持。这就是我们能提供的最大帮助。"

2016 年，仍在寻求复兴的国际奥委会宣布，滑板运动将正式进入 2020 年东京奥运会，这一消息点燃了人们的热情。国际奥委会主席托马斯·巴赫收到了一份带有 7500 多个滑板爱好者签名的联名信，他们在信中表示，无论如何也不想把滑板同奥运会联系在一起："滑板不是一项竞赛，不存在赢家和输家，它的意义在于两个人一起分享乐趣。"反奥林匹克的先驱、法国滑板运动员维克托·佩尔格兰在 2018 年接受《世界报》采访时表示："滑板是诞生在街头的运动，所以必须留在这里。我会努力确保滑板不会影响到与我们没有任何关系的人。"

商业剥削背后的危机

如果滑板运动员注意到滑雪板的情况，他们就有理由为自己感到担忧了。滑雪板同样起源于冲浪，同样的自由和独立价值观激励着这项运动的发展，但它在一定程度上被滑雪运动及国际滑雪联合会所吞噬，因为滑雪板佼佼者从 1998 年就开始参加奥运会了。滑雪板运动的主要场地（如高地和雪山等）早已被利益丰厚的滑雪运动所占据。最终，文化和几代人的冲突使新一代得到同化，而老一代人从中部分受益。

因为盈利能力或安全的考虑，大多数滑雪板明星都已经选择屈服于合理的规章制度。然而，创造力仍然是叛逆背后的驱动力，为了逃避体育机构及其高管，他们需要提前采取行动。所有衍生运动都因为建立联合会或融入奥林匹克运动（滑雪板、小轮车等）而得到复兴，或通过赞助商组织比赛继续蓬勃发展。比如由 ESPN 组织举办、能量饮料红牛赞助的世界极限运动会，仍保有一个自由发展的空间。

在城市中，跑酷这项运动于 20 世纪 90 年代迅速发展，并且保持了其唯一性。借鉴武术、体操和跑步动作，退役的消防员大卫·贝尔创造了这项运动。由吕克·贝松编剧、大卫·贝尔主演的电影《暴力街区 13》吸引了一众年轻人加入跑酷运动。具体来说，这项运动的核心是在城市里"画"一条两点之间最短的路线，之后通过技术动作来躲避街道、家具、墙壁、阳台等阻碍。这项运动的目的是让年轻人"探索自己的极限以及社会的边界，在被明确禁止前尽可能走得更远"。

对海洋、山脉和街道等原始空间的探索，继续激励着反对商业剥削的运动员们。他们总是不约而同地追寻着同样的感觉：挑战人类的极限和自然的力量，也同时需要应对权威和法律的阻挠。与那些被认为是冒险家而不是运动员的登山者一样，他们中的一些人开始征服未知的领土，他们是从不为明天的成绩而发愁的一批人。其中，美国人安迪·刘易斯在走扁带领域（从走钢丝衍生而来）中占据重要地位，这是一种通过表演技巧在天地之间行走的运动。有时在未经许可或缺少安全绳的情况下，他会在建筑物之间、峡谷上方、美国国家公园内甚至两个热气球之间行走，刘易斯还练习野生基础跳跃。这些惊人之举使他数次被罚款甚至承受牢狱之灾。他声称这是一种不明智的行为："最好的办法就是否决野生基础跳跃的合法性，这样可以打消一部分并不了解如何正确跳跃的人铤而走险的念头。"

参考文献

Matt WARSHAW, *The Encyclopedia of Surfing*, Harverst Books Harcourt, Londres, 2003.

Éric SERRES, *Sports alternatifs, sports d'aujourd'hui*, Actes Sud Junior, Arles, 2010.

三十二
残疾人体育，体坛的"健康之选"？

朱利安·普雷托

2012 年的夏季奥运会与残奥会在伦敦举行。此次残奥会的吉祥物被命名为"曼德维尔"，这是为了向残奥会的发源地与残疾人体育的先行者致敬：德国犹太医生路德维希·古特曼于二战期间来到英国，在斯托克·曼德维尔医院救治战争伤员。1944 年，古特曼萌生了在患者中间适度组织体育比赛的想法；4 年后，当奥运会在伦敦举行时，古特曼组织了第一届斯托克·曼德维尔运动会，成为残奥会的雏形［参见第二部分第八篇］。

斯托克·曼德维尔运动会的规模此后逐步扩大，于 1960 年首次走出伦敦、来到当年夏季奥运会主办地罗马，在奥运会结束后一周揭幕。到 1988 年的汉城，这项运动会最终演变为官方性质的残奥会——不仅同样在当年夏季奥运会的举办城市打响，组织架构也与健全人参加的奥运会别无二致，这一模式延续至今。

草创之初，残奥会的参赛群体主要面向轮椅上的运动员，随后根据残疾人运动员的不同类别新增了特定的比赛项目。创建于 1989 年的国际残奥委（IPC）对残疾人运动员的类型进行了进一步区分：四肢瘫痪与截瘫、同化性神经系统后遗症、截肢与被视作截肢的情况、轻微大脑麻痹；包括肌肉萎缩、配备电动轮椅的重度残疾；盲人与视力残疾者、精神疾病患者……通过对残疾人运动员的残疾类别、残疾程度与运动能力分级，IPC 制定了夏季残奥会的 22 个大项与冬季残奥会的 5 个大项。

与健全人参加的竞技体育相似，残疾人运动的首要精神依然是保证公平。竞争在残疾类别与程度相似的运动员之间展开，但它开展之初就不得不面临一大问题：不同残疾人参赛者的个体状况存在差别，对比赛项目分级的方法是否合情合理？部分弄虚作假的行为随即不可避免地产生，也有部分残疾人运动员呼吁"公平"，这使得残疾人运动左右为难。

南非"刀锋战士"奥斯卡·皮斯托瑞斯是残疾人运动员中知名度极高的一位，这位田径运动员最终获准与健全运动员同场竞技；相比之下，聋人运动员则从未得到参加残奥会的权利，即使他们认为耳聋不会影响身体的运动能力。2004 年至 2012 年间，由于难以鉴别运动员是否真正受到精神疾病影响、防止别有用心者趁机造假，IPC 将精神残疾类运动员从残奥会参赛名单中暂时划去；从 2016 年的里约热内卢开始，申报精神残疾类的运动员必须持有心理医生的精神残疾证明才能参加残奥会。

像残奥会折射出的那样，残疾人体育长期以来面临一个棘手的核心问题：在何种情况下展开比拼，对于参赛选手而言意味着真正公平？通常的做法是按照年龄、体重（摔跤与举重等项目）或性别（有时也会面临"双性人"的情况）加以区分，但也会在个别项目与定义的一致性上发生分歧。当出现类似于"刀锋战士"与健全运动员展开直接交锋，或残疾人运动员的比赛成绩接近正常人的情况时，残疾人运动的特殊性便会饱受质疑。

2016 年里约残奥会上，阿尔及利亚选手阿卜杜勒 - 拉蒂夫·巴卡（Abdellatif Baka）夺得了 T13 级（视力障碍，但未到全盲程度）男子 1500 米比赛的金牌。罕见的奇景发生了：前四名选手的速度都超过了一个月前健全人参加的里约奥运会 1500 米冠军得主——美国选手马修·森特罗维茨（Matthew Centrowitz）！健全人与不同残疾人在诸多方面存在区别，这些差异推动了某些仅限于残疾人参加的项目被纳入奥林匹克计划当中。

曾经两夺残奥会轮椅网球冠军的法国选手斯特凡纳·乌代（Stéphane Houdet）就曾表达过，希望在时机成熟时将轮椅网球纳入健全人奥运会的比赛项目中。作为一项由残疾人设计、在残疾人体坛广为流行的运动，轮椅网球同样可以由健全人参与，而且他们不见得比残疾人运动员更具优势。因此，让健全人投身这项运动在理论上是可操作的。

残疾人运动员是这一话题的核心。随着所参加项目更多进入大众视野、走向流行，他们希望的只是更紧密地与体育联系在一起。与奥运会相比，主办城市留给残奥会的预算少得可怜，但 2012 年伦敦残奥会在这方面起到了表率作用：赛事规模、关注度与媒体报道都达到了一个新高度。2016 年里约残奥会期间，法国各电视台累计直播时间超过了 100 小时；主办方卖出 210 万张门票，低于四年前伦敦创纪录的 280 万张，但相比 2008 年北京残奥会的 170 万张要高出一筹。

残疾人运动从业者意识到：他们比赛的关注度之所以得到提升，某种程度上是因为观众不健康甚至有些窥淫癖的好奇心，以及他们对命运悲惨一面的抗争。2008 年，时任法国残疾人体育联合会主席热拉尔·马松（Gérard Masson）在《十字架》报上评论道：

> 残疾人运动员展示出的第一形象是战斗者。当舆论愈发将残奥会渲染成一项体育盛事时，我们从命运悲惨一面中走出来的难度就越大，这对我们是极大的伤害。我们不愿仅仅因"勇敢"就受到赞扬与好评，而希望因为我们首先是高水平的运动员，仅仅是身体相比其他选手可能或多或少存在缺陷。所谓的"勇气"并不是排在第一位的。

转变与阵痛

除去竞技层面本身，残疾人运动也传递出体育中健康阳光的一面：它们远离了健全人世界中利欲熏心的体育市场、金钱与屡见不鲜的腐败和兴奋剂腐蚀。然而，这一块"净土"在发展过程中也受到了侵蚀。随着关注度的提升，部分项目发生改变，残疾人体育也发生了偏移，更不用说别有用心者早就虎视眈眈。

奥斯卡·皮斯托瑞斯具有极高的关注度，他的案例意味着残疾人运动发生了由大众体育向明星体育的转变。2013 年，皮斯托瑞斯因在家中枪杀了女友里瓦·斯滕坎普（Reeva Steenkamp）而被判处六年监禁。如果说体育明星与杀人犯的身份之间没有因果联系，这位南非选手的举动则显露出冠军荣耀使自身性格更狂妄、傲慢的迹象。

由于先天性疾病，皮斯托瑞斯在出生 11 个月后就接受了截肢手术，他参加比赛依靠的是"J"型碳纤维刀锋假肢，因而得名"刀锋战士"。2012 年，国际体育仲裁法庭（TAS）推翻了国际田联的禁令，允许皮斯托瑞斯参加健全人的奥运会 400 米项目。在该届奥运会上，"刀锋战士"还作为南非接力队的一员参加了 4×400 米项目，帮助自己的祖国杀入决赛。

作为首位获准参加健全人奥运会的残疾人选手，皮斯托瑞斯试图动用商业与媒体手段，为自己"残疾人运动先驱者"的地位大肆造势，有时甚至会参加一些令人疑惑的商业活动，从中捞金。2013 年 12 月 3 日，趁卡塔尔当局在多哈举办一场体育论坛的间隙，"刀锋战士"参加了由南非沙索集团赞助的一场表演赛，与一匹纯种阿拉伯赛马"马塞拉蒂"展开 200 米较量。比赛结果再度引发热议：皮斯托瑞斯在起跑不占优势的情况下最终击败了阿拉伯赛马！这场比赛被各大媒体以"奔跑如风"为标题竞相报道，获得了卡塔尔奥委会与残奥委员会的支持，他们认为这有助于肯定残疾人在社会中的价值。

皮斯托瑞斯的成功让这名跑者成为残疾人运动的天然推广大使。与诸多前辈类似，"刀锋战士"因自己的受欢迎程度成了南非的体育名片之一。许多国家都会利用体育明星的影响力对本国进行宣传，以期增强"软实力"［参见本部分第二十二篇］。无论出于商业还是政治目的，残疾人运动的重新兴起让人们再度意识到：健全人最近几十年里能做到的，残疾人一样可以。

总部设在德国波恩的 IPC 大有成为"小型国际奥委会"之势，有时其做出的决策相比洛桑的 IOC 同事要果敢许多。与国际奥委会的组织架构不同，国际残奥委是一个民主机构，由 176 个成员协会的国家（地区）残奥委代表组成。2016 年里约残奥会之前，世界反兴奋剂组织独立委员会主席麦克拉伦公布了一份调查报告，指出俄罗斯运动员曾在 2014 年索契冬奥会期间大规模服用禁药［参见本部分第二十六篇］。消息一出，IPC 剥夺了所有俄罗斯运动员参加当年残奥会的资格，对此国际残奥委首席执行官哈维尔·冈萨雷斯（Xavier Gonzalez）解释道：

> 对于所有被剥夺参赛资格的俄罗斯残奥运动员，国际残奥委深表同情。我们的主要目标是为残疾人运动员提供展示运动才华、令世界为之感动的平台，然而很遗憾，鉴于俄罗斯当局的行为，他们关上了本国运动员参加残奥会的大门。

而在同年的里约奥运会上，国际奥委会看上去没有勇气采取类似的严格举动，他们允许 271 名俄罗斯运动员前往巴西参赛。俄罗斯以组织自己的残疾人运动会这一方式作为回应。普京政府还授意黑客侵入世界反兴奋剂组织资料库，披露了一些机密资料：约有 30 名参加里约残奥会的运动员获得许可，被准许使用规定中明令禁止的药品。

这种颠覆规则的情况在健全人的体育赛场已屡见不鲜，部分运动员为了胜利铤而走险，在背后通过各种手段获得服用禁药的便利。这一趋势也蔓延到残疾人体育中，某些运动员同样会像正常人那样不惜代价试图作弊。残疾人运动的组织有时会融入众多人为因素，难以明确界限，这为弄虚作假提供了温床。

残奥会历史上最大的丑闻发生在参加 2000 年悉尼残奥会的西班牙智力障碍篮球队身上。西班牙队 12 人大名单中有 10 人事后被证明没有任何身体或精神方面的残疾。这起带有欺诈性质的丑闻发生后，国际残奥委不得不暂时终止了智力障碍的比赛项目，以研究更有效的测定智力状况的方法，来对运动员进行界定。

事后调查显示，为了从西班牙电信、西班牙对外银行两大赞助商处获取补助，时任西班牙智障运动协会会长隐瞒了让健全人参加残疾人比赛的事实。残奥会造假的弊端由此凸显：个别运动员通过模仿，强调自身"障碍"而瞒天过海，从而获得与残疾人运动员竞技的机会，后者大多数情况下不具备与健全人同等的实力。

除此之外，英国广播公司的一项报告也震惊了残疾人体育界：脊椎受损运动员在某项运动中的成绩反而有 15% 的提升空间。这种自主神经反射异常通常是人为增加血压与心率形成的。健全人参加运动时，血压升高属于正常现象，但对于脊髓受损的人并非如此。为了让血压上升到与健全人相同的水平，部分残疾人运动员甚至不惜动用近乎野蛮、有损身体的方式：防止膀胱排空；破坏脚趾；电击小腿乃至睾丸……这些都是加剧中风风险的行为。2008 年的一项调查更是显示，17% 的残奥会运动员承认自己有过自残行为。

复兴之后迎来阵痛，不再是"一股清流"的残疾人体育依旧任重道远。

参考文献

Jean-Philippe NOËL, *Sports et handicaps : le handisport*, Actes Sud, Arles, 2012.

Anne MARCELLINI, *Corps, sport, handicaps*. Tome 2 : *Le mouvement handisport au xxi*ͤ *siècle*, Téraèdre, Paris, 2014.

三十三
我们真的需要体育馆与竞技场吗？

弗朗索瓦·托马佐

新千年以来，诸多体育场馆与其他类型的"竞技场"在全世界如雨后春笋般不断涌现。体育产业的经济影响力日益增长，带动城市建筑界对体育运动倾注了极大热情。然而一系列问题接踵而至：这些新建场馆与配套设施是否真正有必要，是否发挥了其应有的作用？一些体育赛事如今不再具备公有性质，公共资产应当以何种方式继续对其提供支持？作为2016年欧洲杯足球赛的东道主，法国用独具一格的场馆建设与翻修演绎了富有表现力的范例。

2010年，法国获得了2016年欧洲杯足球赛的主办权，这场欧洲足坛的盛事将时隔32年重返法兰西。获得主办权后，法国国内对体育场建设大开绿灯，新建与翻修工程如火如荼地推进。根据欧足联的要求，符合条件的场馆与配套设施建设成为必需：欧足联规定主办国必须拥有至少两座容量超过50000人、三座容量超过40000人与四座容量超过30000人规模的球场，以便给欧足联官员、赞助商留足位置。

单纯从球场容量要求来看，法国超额完成了欧足联要求。

该国符合标准的球场最终达到十座：四座达到 50000 人标准的球场（圣德尼的法兰西体育场、马赛的韦洛德罗姆球场、里尔的皮埃尔 – 莫鲁瓦球场与里昂的卢米埃尔球场），容量满 40000 的球场有三座（巴黎的王子公园球场、波尔多的大西洋球场与圣埃蒂安的若弗鲁瓦 – 吉夏尔球场），达到 30000 人规模的球场有三座（尼斯的安联 – 里维拉球场、朗斯的费利克斯 – 博拉尔特球场与图卢兹市政球场），总体而言完全达标。

2016 年欧洲杯场馆的建设与翻新工作预计将耗资 20 亿欧元，实际则远远超过了这一数字，这笔费用的一半由纳税人承担。考虑到四座球场是通过政府与社会资本合作（PPP 模式）建设，纳税人可能不得不付出更多，PPP 合作模式由政府部门（市、地区与国家）牵头签署合同，私营部门推进公共事务处理。私营部门将从场馆的年租金中长期获利，这些租金通常是建造方费用的两倍。值得注意的是，建造方的成本还包括法国万喜集团（Vinci）用于高速公路与巴黎到波尔多间高速铁路的投资，纳税人与游客们的到来使其收回了近 50 年的成本。

法国借鉴的这一模式受到了 20 世纪 90 年代英国方面的启发。2004 年，法国进行了首次类似尝试，但受到了地区审计机构与参议院报告的质疑。2016 年 5 月，行政司法系统展开调查，最终由国会认定：波尔多大西洋球场的建设过程中，PPP 模式无效。这一球场为 2016 年欧洲杯专门新建，是波尔多俱乐部的新主场。

尽管对于私营部门而言，PPP 模式通常有利可图，但体育场馆建设的案例证明该模式在体育圈内并不适用。对公共部门与私营合作伙伴而言，这是一种双输的选择，可能带来极大的负面效应。以万喜集团承建、2013 年下半年开放的安联 – 里维拉球场为例，该球场最初的修建预算为 2 亿欧元，实际耗资达到 3.72 亿欧元。这座位于尼斯的球场被普罗旺斯地区审计机构质疑，即通过 PPP 模式为体育场馆筹措资金。2015 年，审计法庭对球场建设进行财务调查后指出：

> 该体育场主要用于尼斯足球俱乐部的主场比赛，在其他时间则用于举办音乐会或其他竞技性质的活动。它并不属于市政府提供公共服务必需的场馆。

私营合伙人的意外收获

2016 年欧洲杯为市政项目建筑方与他们的私营合作伙伴（如万喜、布依格、埃法日等）提供了天赐良机。相比于新球场建设的投入，球场周边的房地产与商业开发项目拥有潜在的可观利润，这极大地勾起了他们的兴趣。2010 年之前的一系列研究持这样的观点：大型体育场馆与配套设施将对扎根于此的俱乐部极为有利，也会丰富当地所在社区的产业，增加经济收益。在此基础上，旅游研究机构 Protourisme 在 2010 年做出研究，预计 2016 年欧洲杯的场馆建设对经济直接与间接刺激将达到 80 亿欧元，创造 15000 个就业岗位。

同年，得到法国足球职业联盟授权的营销机构 Sportfive 统计显示，欧洲杯新场馆的建设将为各俱乐部带来 1.83 亿欧元的额外收入。万事俱备，只欠打开潘多拉的盒子，有关方面从零开始推动公私合作的伙伴关系。就法律层面而言，地方政府只有在紧急或极为复杂的情况下才考虑后者。当时兴建新球场的复杂性尚未确定，且考虑到欧洲杯比赛的重要性，有关政府将其视作紧急事务进行说明。尼斯走在了前面，这一模式在该城市已持续了一段时间。

然而，如果不选择除 PPP 模式的其他解决方法，有关方面有可能陷入困境。位于里昂的卢米埃尔球场（又名奥林匹克公园球场）便是一个例子，它的建造全部动用私企资金完成——尤其是球场所有者里昂足球俱乐部，该体育场也是最接近专业足球场的一座。包括朗斯、巴黎（王子公园球场）在内的其他城市则采用更为传统的租赁方式（或行政租赁场地，时长通常为 99 年），这一做法持续了近一个世纪，早在 1927 年兴建罗兰 - 加洛斯体育场时就已开始。

图卢兹与圣埃蒂安选择了为工程自筹资金。由于仅涉及翻修，它们的花费将远远小于新建。这些计划的反对者并未指出一点：筹集的资金本可以用于相比体育更为紧急的行业，在里尔，一个名为"体育场之下"的组织始终强烈反对皮埃尔 - 莫鲁瓦体育场的建设。他们认为体育场新建有违 PPP 模式的初衷，以不当的方式获得了优先权：

> 这座体育场修建工程的最大丑闻之一在于：它加重了公共财政负担，阻止地区政府将资金用到更需要的地方去。我们可以回想起一项对市民的调查，在普通大众眼中，体育的优先级远远落后于其他事项。

几乎所有场馆新建与翻修的实际花费都超过了预算，包括尼斯（建筑方万喜，预计耗资 2 亿欧元，实际耗资 3.72 亿欧元）、波尔多（建筑方万喜与法亚，预计耗资 1.67 亿欧元，实际耗资 1.83 亿欧元）、马赛（建筑方布依格，预计耗费 2.67 亿欧元，实际耗资 5.51 亿欧元）与里尔（建筑方埃法日，预计耗资 2.88 亿欧元，实际耗资 4.1 亿欧元）等场馆。即使在花费最低、落选欧洲杯主办城市的勒芒，花在球场建设上的 1.04 亿欧元投入也远远超过预算（3500 万欧）。正如上法兰西地区审计法庭 2017 年对皮埃尔 - 莫鲁瓦体育场指出的那样：超出的花费很容易被解释，建筑方低估了赢得合同的预算。"在没能正确估算建造体育场花费的情况下，（建筑方）埃法日就无法完全赢得合同，并展示该公司的技术实力。"

此外就公私伙伴的关系而言，提供给决策者的信息往往是将财政安排往低处预估。里尔、波尔多、马赛与尼斯的四座场馆分属当地的法甲俱乐部，这些俱乐部要向私营建筑方支付租金。以波尔多为例，地方政府每年给万喜集团支付 280 万欧元，而波尔多俱乐部一年的租金为 380 万欧元，租赁合同的时长是 30 年，从理论上讲，这将为建筑方带来超过 2 亿欧元的回报。他们可以从大西洋球场的经营中获益，并将获益所得用于投资与贷款。但考虑到市政厅向议员提供的实际投资信息不足，国务委员会拒绝了最初签署的 PPP 协议。

国务委员会给出的拒绝理由是："这种形式的合作协议当中，公共权力机构的初始投资看似较低，但从长远角度看将会是巨大的负担。法律规定了议员在决定授权签署此类合同之前的具体要求，包括提供整体年平均成本、合同总价的评估等。"

　　近年来，法国国内对 PPP 模式协议的质疑主要基于以下事实：这些协议通常将私人合作伙伴的咨询公司巧妙捆绑，很大程度上使后者受益的同时损害了纳税人的利益。但当这一模式与足球场馆建设发生碰撞时，情况则不一致，这些场馆开放之初首先处于亏损状态，对私人投资者并无好处。位于里尔的皮埃尔 – 莫鲁瓦在落成的头五年（2012～2017 年）遭遇了累计 5000 万欧元的亏损，体育场运营方试图通过多种活动吸引其他运动，周边的商店与餐厅并不叫座。体育场的座位数量是增加了，起初被新鲜元素吸引的部分观众随着热度的消退而减少。

　　这一案例不仅发生在里尔，尼斯乃至马赛都有类似的经历。位于马赛的韦洛德罗姆球场容量在 60000 人到 67000 人，但自从翻修完毕，到 2018 年 3 月，球场的平均上座率仅有约 50000 人。里尔足球俱乐部主席杰罗姆·赛杜（Jérôme Seydoux）2017 年提及皮埃尔 – 莫鲁瓦体育场时表示："有些戏剧性的是，三位合作伙伴（埃法日、里尔当地政府与里尔俱乐部）都囊中羞涩。我们必须寻找到合适的替代方案。"同样在波尔多，私人建筑方有关重启谈判的尝试以失败告终。

　　体育场运营还存在着一个不可或缺的因素：竞技成绩。当主队取胜时，看台上人头攒动、群情激昂；而当主队陷入低迷，观众席有时会空出一大片。勒芒俱乐部在 21 世纪初首次升上法国甲级联赛，但它在 2013 年降入了国家联赛（第三级别联赛）并遭到破产清算。勒芒的悲剧与本队主场脱不了干系：这座 PPP 模式下建造的球场于 2011 年对外开放，随即令俱乐部陷入了巨大的财政困境，地方当局与公民不得不对建筑方的租金负责。为了及时止损，这座体育场成了法国国内首座寻求命名的场馆。为了获取赞助商每年的投入，体育场由原来的 Mutuelles MMA 更名为 MM 竞技场。

西甲双雄，难以复制的范例

在诸多城市的场馆之中，里昂显得有些特立独行。安盟球场位于里昂郊区 Décines 的奥林匹克公园内，是里昂足球俱乐部及其主席让 - 米歇尔·奥拉斯（Jean-Michel Aulas）的得意之作。尽管公共部门没有为这座球场的建设提供任何资金，但投入了足足 2 亿欧元用于改善周边环境、道路网络与公共交通。该球场及周边建设本质上姓"私"，但仍有不少公共资金投入了这一项目中，潜在的收益显而易见。

里昂集团管理着旗下足球俱乐部，该集团在新球场落成不久后的 2017 年营收增长 15%，翌年收入增长 16%，营业额达到 2.9 亿欧元。新球场归里昂俱乐部所有，自 2016 年对外开放以来，每年为俱乐部创造的门票收入约为 4000 万欧元。由于里昂 2017 年起连续一年半没有欧洲冠军联赛可踢，因此票房收入相比预期稍低。但这不影响奥拉斯的雄心壮志，他立志将里昂俱乐部打造成法国版本的拜仁慕尼黑——至少两家球会看上去都在经济上做出了绝妙的选择。有趣的是，在 2019 ~ 2020 赛季欧洲冠军联赛半决赛中，里昂与拜仁慕尼黑上演了直接对话。

事实上，在欧洲足坛，大部分能盈利的体育场都是 100%

归俱乐部所有。拜仁慕尼黑就是一个经典案例，该俱乐部的主场是专门为 2006 年世界杯建造的安联竞技场。2014 年，安联竞技场提前七年帮助俱乐部收回了投资，这很大程度上得益于阿迪达斯、奥迪汽车与安联保险等一干赞助商，同时也与这支巴伐利亚俱乐部在球场上的成功表现、全球范围内数百万球迷的支持密不可分。

位于伦敦的酋长球场同样是类似的成功范例，这座球场属于阿森纳俱乐部，2006 年通过出售冠名权获得了部分建设资金。为球场冠名的是阿森纳主赞助商阿联酋航空，该公司为新球场投资 1.5 亿欧元，超过了总预算的三分之一。在竣工后至少 15 年内，该球场始终将冠以"酋长"之名。

在建成十多年后，拜仁慕尼黑与阿森纳的球场在门票收入方面高居欧洲第三与第四。横亘在他们面前的，是来自西班牙两家顶级豪门的主场——巴塞罗那俱乐部的诺坎普球场、皇家马德里俱乐部的圣地亚哥·伯纳乌球场，它们分别落成于 1957 年与 1947 年，多年来通过门票、赞助商的赞助赚取了巨额收入。

然而，这两家豪门的成功模式可能难以被复制。体育场馆的盈利能力最终基于相当简单的数据：成为一家受欢迎的顶尖俱乐部 100% 的资产；位置坐落在利于观众出行的大都市地带，若有可能，像伦敦、巴黎、巴塞罗那或马德里那样位于市中心则再好不过。然而这样的条件并非每座城市都具备，倘若刻意照抄照搬，结局可能会迎来惨败。这应当是南特俱乐部高层所考虑到的——他们计划在 2023 年新建一座容量达到 40000 人的新球场，取代现在的主场博茹瓦尔。

最后，同样有一点不容忽视：在新建球场连带的增加就业、商业开发与周边房地产项目、提供税收优惠等领域，市政当局承诺的收益是否真正存在？至少以当局的名义看，新建体育场馆的工作在官员面前是合理的。但令人疑惑的是：尽管较早的研究（尤其在英国）似乎表明，新体育场馆建设对周边或整座城市的经济影响不大，然而近十年以来，我们并未看到太多反映新场馆对经济影响的具体数据或资料。正如一位业内专家所分析的那样，新建体育场馆的工程对于万喜、布依格或埃法尔这种级别的企业既是一个展示平台，也是通向城市及相关地区其他相对谨慎但利润更高产业的铺路石。

参考文献

Les Contrats de partenariat : des bombes à retardement ?, Rapport d'information de MM. Jean-Pierre SUEUR et Hugues PORTELLI, fait au nom de la Commission des lois du Sénat, Paris, 2014.

Stéphane MERLE, « L'Euro 2016, révélateur des enjeux de l'aménagement des grands stades en France », *Géoconfluences*, ENS-Lyon, 2011.

三十四
电子竞技冲击传统体育

弗朗索瓦·托马佐

　　21 世纪 20 年代的大幕已经拉开，与奥林匹克有关的一大话题成为舆论热议的焦点：我们熟知的电子竞技（主要通过控制台或电脑操作）是否很快会出现在奥运赛场上？毫无疑问，这一新兴事物将会引发舆论的不同观点。

　　在此前的国际奥委会常会上，IOC 主席托马斯·巴赫并未发表对电子竞技的反对意见。他只是强调：所有包含暴力元素、违背奥林匹克精神的项目都将被排除在奥运会赛事之外。正在进行筹备工作的奥运主办城市（从 2024 年巴黎开始）也已重申了对这种崭新运动形式进入奥林匹克大家庭的支持。巴黎奥组委主席托尼·埃斯坦盖（Tony Estanguet）认为："年轻一代对电子竞技的浓厚热情也令我们十分感兴趣，这为我们提供了一个更好认识这一代人的平台。"

　　2017 年底接受《队报》采访时，巴黎市政厅体育项目负责人让－弗朗索瓦·马丁斯（Jean-François Martins）曾许诺：当 2024 年巴黎奥运会到来之时，法国首都将成为一座电子竞技之都：

以坐拥罗兰－加洛斯与法网公开赛的网球之都巴黎为例，世界上有部分城市是某些体育项目的中心地带。我们希望借举办奥运会这个契机，通过一系列活动，建立相关公司与产业，使巴黎成为一座电竞重镇。我们至少希望将法国首都建设为欧洲电竞的中心，我们认为巴黎拥有达到目标的一切能力。

体坛升起的流星

"电竞入奥"有如一场轮盘赌。近几次奥运会主办权竞争中，胜出者都具有类似的特点：肯定并强调年轻一代的价值。由于担心奥林匹克运动失去对年轻人的吸引力，国际奥委会将更多贴近30岁以下年轻人的项目引入奥运会中，如夏季奥运会的小轮车、冬季奥运会的单板滑雪。但与电竞的风靡和发展势头相比，这些传统体育项目都要相形见绌。

电子竞技不仅在2017年一年内就创造了7亿美元的收入，也发生了革命性的变化：最优秀的玩家完成向职业选手的转变，像其他项目的运动员一样接受训练、领取高薪，参加万众瞩目的比赛——据统计，全球各类电竞比赛每年吸引观众的数量超过了3亿。2017年，英雄联盟全球总决赛在北京鸟巢体育场打响，这座2008年奥运会主体育场当天涌入了约4万名观众，足见电子竞技的巨大吸引力。

在围绕电子竞技进入奥运会的种种讨论中，经济成为不可或缺的因素。作为拥有巨大体量的新兴产业，部分电竞产业的先锋们已经提前出击，让国际奥委会看到了这项运动的潜力。2018 年冬奥会在韩国平昌举办，国际奥委会利用比赛间隙在这片电竞热土上组织了英特尔（R）极限大师赛平昌电子竞技锦标赛，反响热烈。2022 年亚洲运动会主办方也已确认：将把电竞作为官方正式比赛项目，并为获胜者颁发奖牌。

上述两个案例的成功离不开中国互联网巨头阿里巴巴。阿里巴巴主营电子商务，在 2015 年成立了专门负责体育业务的部门——阿里体育。阿里体育的一项目标是帮助中国在未来不久赢得世界杯足球赛主办权，该集团成立之初就与国际足联达成协议，拿下了世界杯的冠名权。2022 年亚运会将在阿里巴巴集团总部所在地杭州进行，该集团为了让电竞成为奥运会正式比赛项目，已投资约 1.35 亿美元。

对于阿里巴巴集团而言，目标再明确不过：通过成为国际体育（尤其是电子竞技）的主要赞助商与运营商，希望能在门票与周边产品销售中占到最大程度的份额。为了达到这一目标，阿里巴巴创始人马云在 2016 年里约奥运会前与 IOC 签下了奥运史上最贵的巨额赞助单，合同价值高达 8 亿美元。电子竞技在亚洲范围内极为火爆，且直接关系到阿里巴巴的核心业务，这使得该集团拥有了实施该战略的原动力。

然而，想要使电子竞技成为体育运动的核心，还会面临多重阻力。早在 1999 年电竞萌芽之初，有关该项目是否应该归入体育范畴的争论就已开始；随着电竞的日趋流行，这一争论已成为过去时。电子竞技与传统体育同样拥有比赛、观众与冠军，也存在着类似的商业模式。2016 年，最火爆的电竞游戏《英雄联盟》全球总决赛吸引了 4300 万线上观众，但我们离十亿数量级电视观众的奥林匹克还有不小距离，这是一个不容忽略的事实。

然而就竞赛规则与具体组织而言，电子竞技相比现代体育还有不小差距，它大致相当于足球运动发展到 19 世纪中叶的水平：每个项目都有游戏制造者自行制定的一套规则与"联赛"，如同 150 年前的英国，每一所公立学校的足球规则都有很大出入。体育改革者与企业家们渴望让这一项价值巨大的新兴运动在奥林匹克舞台上开花结果，但与国际奥委会打交道的电竞相关国际机构尚不成熟，且呈现各自为战的态势，它们只能代表电竞未来的一些方向。

群雄逐鹿的时代

为了促进电竞运动的推广，阿里巴巴集团不惜血本，投入了大量真金白银。2009 年，国际电子竞技联合会（IeSF）在韩国宣告成立，阿里巴巴提供了多达 1.35 亿欧元的资金支持，开始全面涉足电竞领域。IeSF 是韩国电竞联合会的一个分支机构，除了怀有促成"电竞入奥"的雄心外，还将面临一场难以避免的法律纷争。他们的对手是暴雪、拳头游戏这样的业内顶级游戏开发商，这些开发商无意在找到合适代理方之前轻易让出知识产权。

更糟糕的是，IeSF 还不得不面对竞争对手崛起的事实：2016 年，在英国政府的支持下，国际电子竞技委员会（IeGC）正式成立。这一非营利组织与 IeSF 具有直接竞争关系，在2016 年里约奥运会与 2018 年平昌冬奥会上组织了小型电竞比赛，并计划在 2020 年东京奥运会①上进一步扩大电竞影响力。在巴西，他们选择了《神之浩劫》与《任天堂全明星大乱斗》两款相对温和的格斗类游戏，使其登上奥运舞台。但由于下一届亚运会将在 IeSF 与阿里巴巴的地盘上进行，我们届时很难看到 IeGC 组织新的比赛项目。

要想让电子竞技真正在世界范围内联合起来并成立官方组织，有关方面还必须与已有的联盟与比赛展开竞争。例如另一大巨头电子竞技联盟（ESL），它的背后有国际奥委会的主要合作伙伴英特尔提供赞助，是目前最大的私人电子游戏平台；或者世界电子竞技大赛（WCG），该比赛与韩国三星集团联系密切，自诩为"电子竞技的奥运会"……即使阿里巴巴与 IeSF 很早就在电竞领域进行了布局，它们依然将面对旷日持久的激烈竞争。纯粹就定义而言，电子竞技是一个很难形成团结的领域——那些最受欢迎的游戏由存在竞争关系的开发商运营。玩家究竟根据何种标准选择他们心仪的游戏？这本身几乎就是一个无解的问题，无形中也制约了电竞走向世界范围的"大一统"。

由于早些时候宣布"不会将含有暴力色彩的项目纳入奥运项目"，国际奥委会主席巴赫实际上已经关上了《英雄联盟》、《守望先锋》与《使命召唤》等热门游戏进入奥运会的大门。上述三款游戏在全球范围内热度极高，被排除在奥运会之外意味着失去最棒的电竞选手、顶尖的团队和数量极其可观的观众。有一种声音是将足球、网球等体育项目的电竞比赛加入奥运项目，但实际效果有可能适得其反——它固然会勾起玩

---

① 译者注：东京奥运会被推迟到了 2021 年。

家的兴趣，但对观众而言并非那么简单，他们更想看到游戏中操纵的球员在现实舞台上的表演。

从兴起至今，电子竞技的发展态势异常迅猛。《守望先锋》2016 年一经问世，立刻火遍全球，热度甚至超过了 2009 年推出的爆款游戏《英雄联盟》。在此之前，玩家们更多在 1998 年至 2000 年发行的《星际争霸》中纵横寰宇、收获乐趣。游戏市场的不断扩大为电竞扩展影响力提供了重要保证，但市场因素还谈不上稳定。IOC 是否应当在每届奥运会上都对规则进行调整？正如前文提到的那样，体育主管部门与游戏发行者之间存在着权力竞争，这一棘手问题短期内还无法得到解决。

传统体育世界中的兴奋剂也蔓延至电竞领域。部分职业电竞选手会服用一种名为"聪明药"（Adderall）的安非他命类物质保持精神兴奋，这严重违背了奥运会反兴奋剂的相关规定。

除此之外，电竞入奥还存在着一个根源性的问题：由于在成长土壤、文化环境等方面也许与奥林匹克运动相去甚远，电竞选手或许没有绝对的融入必要。其实，电竞可以效仿一些其他项目的例子：被看作一度游走在奥运项目边缘、最终成功入奥的极限项目；功能饮料集团红牛发起的"红牛 24 小时"……这些比赛与项目都保留了体育无惧挑战、勇于开拓的精神，然而如果采取这样的策略，有关部门可能会担心面临过大的财务风险。

如同昔日的阿里巴巴，作为 2024 年奥运会东道主的巴黎也开始了电竞领域的大规模布局。巴黎方面正在构建一个专为电子竞技服务的平台，该平台首先服务于数十个新兴游戏公司，并为当地带来创新、收入与新的就业机会。到 2024 年奥运会正式揭幕之时，我们很可能会见证历史。

引领体育未来走向？

历经一个半世纪轰轰烈烈的发展历程，体育的未来看上去会越来越紧密地与电竞相连。电竞的载体不同于自行车、汽车等纯机械载体，而是极为精密的计算机。其他项目考验的是身体躯干的运动能力，电竞则扩展了大脑的活动范围，考验着参赛选手的智慧与精神，同样是人类不断突破自我的见证之一［参见本部分第十六篇］。电子竞技或许象征着人类运动的未来趋势，因为它逐步抹去了人脑与机器、身体与精神的区分。

然而要想成为引领者，电竞的前路依然漫长。与其他项目类似，电竞运动需要淡化男性的绝对统治力（在某项参与对象不分性别的运动中，尽管女性运动员有闪光的表现，但占据压倒性地位的依然是男性）。体育科学博士、法国电竞领域社会学专家尼古拉·贝松布（Nicolas Besombes）2018 年 3 月面对《队报》时曾直言道：

> 从历史角度看，即使始终有女选手参加，也无法改变电子游戏作为一种文化产品主要面向年轻男性的事实。尽管电子竞技是一门可以消除身体与性别差异的项目，但它很难在短短数月内使过往 30 多年的社会秩序发生革命性变化。

在 2018 年平昌冬奥会《星际争霸 2》电竞特邀赛上，加拿大女选手斯卡莉特（原名萨沙·霍斯汀）力压一众男选手夺冠，显示如今电竞行业的发展趋势：从吸引更多女选手参与为出发点，创建更多女子电竞比赛。这一趋势的初衷意在扩大电竞影响力，然而实际操作中可能适得其反。

除上述这一特定问题之外，还有一个疑团留待体育爱好者破解：在现代体育发展一个半世纪之后，电竞的兴起是否能在英国的大学中揭示体育运动的总体状况？有趣的是，今日之电竞与 19 世纪英国公立学校中的橄榄球项目存在异曲同工之妙。当时的橄榄球运动激起了不同学校之间学生的竞争与对抗意识，这种对抗被看作有利于身体素质与精神品质的提高。电竞与之相仿，只是两者形式有别：橄榄球是在球场上的激烈对抗，而电竞则是在屏幕前就特定场景展开较量，它们的目标都是击败对手。早期英国运动员捍卫的是他们所在的学校、城市、国家或旗帜，而 21 世纪电竞选手则需要为他们团队的品牌荣誉而战。

体育运动的先锋们认为自己是价值的承担者，但这些"价值"的竞逐方式时常引起质疑，且歌颂了少数群体（男性、白人、富豪）对大多数普通男性女性的统治地位。第一批体育运动的参与者身上象征着一种理想模式，即集体主义超越了工业革命下的企业家精神与个人主义精神。可是要想严格鉴别电竞从业者的"精神气质"具有相当难度，电竞的特殊性决定了这种精神气质不会是简单的愉悦、机敏、快速获利甚至是同一项目的一致性，它们可能会因具体游戏的不同而发生区别。我们还必须意识到：如今不少体育明星拥有多个赞助商和巨额薪水，这可能会导致他们将体育的"价值"引入歧途。

对最初的运动员而言，他们会怀着超越人类极限的目标参加体育比赛，交锋的对手在天性、身体构造与运动能力方面都相对接近；电竞项目考验了参赛者的"手速"与大脑的决策能力，但这些选手真正需要击败的是机器、计算机、程序或算法。传统体育项目在高山、水面上等不同地形竞争，流传着对胜利者与纪录的讴歌，而电竞选手与机器的对抗某种程度上注定是输多赢少的较量。

在电竞中，与其说是两支队伍在同一场比赛中竞争，不如说是一场淘汰赛，一支队伍注定将输给不可战胜的机器。电子竞技试图突破传统的"人类界限"，创造出非自然人、虚拟化的人类形式作为玩家对手。在发展过程中，电竞冒着颠覆我们一个多世纪来对体育运动传统认知的风险前进：或需要选手付出"不近人情"的体力和脑力劳动，或使人体适应机器的要求，或将比赛转变为类似现代国际象棋与围棋的对抗形式……

电竞爱好者们意识到：他们正在颠覆传统的体育定义，在崭新的领域劈波斩浪。托比亚斯·谢尔曼（Tobias Sherman）曾在体育营销集团 IMG 担任全球电竞总监，随后成立了工作室 Foundry IV，致力于电子游戏的开发，并试图让电竞成为"新体育"的代名词。

2018 年夏天在参加一次论坛时，谢尔曼接受了 Medium 网站采访，吐露对电竞时局的看法：电竞的诸多项目都有"e"（电子）作为前缀，这一前缀强化了电竞项目给人的"虚拟"印象，会使部分传统体育项目的从业者望而却步；但这些人假如不掌握体育或金钱的优势地位，本身就不是问题。在谢尔曼看来，为了吸引更多的传统体育投资者，电竞有必要对自身形象进行重新包装；而致力于发展电子竞技的在线博彩平台Luckbox则认为，这种语义上的变化不会改变实质："如果电子竞技（e-sport）是一项运动，那么就没必要加上'e'这个前缀。"

与现代体育先锋们如出一辙，电竞行业的推动者笃信他们发明了一项与过去截然不同的崭新项目，具体规则有待进一步细化。有趣的是：诸多在线博彩平台开设了与电竞相关的投注，获利水涨船高。这样的结合完全符合互联网的利益，但也反映出电竞与其他项目相似地"被带偏"——于是在电竞领域，人们谈论起如何弄虚作假，如何使用诡计降低对手网速……应当记住的是，博彩业正是在19世纪末通过对拳击运动及其观众的"渗透"而逐步壮大。

我们是否正在见证一种崭新现象的诞生呢？抑或电子竞技将会像国际奥委会所期望的那样，被纳入传统体育范围？如同我们将对体育史过往的发问作为起点，这一连串联结体育过去、现在与未来的提问将为本书画上句号。

参考文献

Rémy CHANSON, *Le Guide de l'esport*, Hors Collection, Paris, 2017.
Philippe RODIER, *Jouez sérieux. Le phénomène esport raconté par les gamers*, Marabout, Paris, 2017.

图书在版编目（CIP）数据

世界体育秘史／（法）弗朗索瓦·托马佐主编；孙奇，李畅，杨雅乔译.－－北京：社会科学文献出版社，2021.4
（思想会）
ISBN 978－7－5201－8133－4

Ⅰ.①世… Ⅱ.①弗… ②孙… ③李… ④杨… Ⅲ.①体育运动史－世界 Ⅳ.①G811.9

中国版本图书馆 CIP 数据核字（2021）第 050490 号

· 思想会 ·
世界体育秘史

主　　编／〔法〕弗朗索瓦·托马佐（François Thomazeau）
译　　者／孙　奇　李　畅　杨雅乔

出 版 人／王利民
责任编辑／刘学谦

出　　版／社会科学文献出版社·当代世界出版分社（010）59367004
　　　　　　地址：北京市北三环中路甲 29 号院华龙大厦　邮编：100029
　　　　　　网址：www. ssap. com. cn
发　　行／市场营销中心（010）59367081　59367083
印　　装／北京盛通印刷股份有限公司

规　　格／开　本：880mm×1230mm　1/32
　　　　　　印　张：27.125　字　数：609 千字
版　　次／2021 年 4 月第 1 版　2021 年 4 月第 1 次印刷
书　　号／ISBN 978－7－5201－8133－4
著作权合同
登 记 号　／图字 01－2020－6053 号
定　　价／138.00 元